中文社会科学引文索引(CSSCI)来源集刊

边疆考古研究

RESEARCH OF CHINA'S FRONTIER ARCHAEOLOGY

第7辑

教育部人文社会科学重点研究基地
吉林大学边疆考古研究中心

科学出版社
北 京

内 容 简 介

　　《边疆考古研究》是教育部人文社会科学重点研究基地吉林大学边疆考古研究中心编辑的系列学术丛书。本辑收录考古调查报告及研究论文32篇，内容涉及中国边疆及毗邻地区的古代人类、古代文化与环境。

　　本书可供文物考古研究机构及高校考古、历史专业学生参考、阅读。

图书在版编目（CIP）数据

边疆考古研究·第7辑／教育部人文社会科学重点研究基地　吉林大学边疆考古研究中心编 . —北京：科学出版社，2008

　　（中文社会科学引文索引（CSSCI）来源集刊）

　　ISBN 978-7-03-023724-8

　　Ⅰ. 边…　Ⅱ.①教…②吉…　Ⅲ. 边疆考古 – 研究 – 中国 – 文集

Ⅳ. K872-53

　　中国版本图书馆 CIP 数据核字（2008）第 199870 号

责任编辑：宋小军　曹明明／责任校对：宋玲玲
责任印制：赵德静／封面设计：陈　敬

科 学 出 版 社 出版
北京东黄城根北街16号
邮政编码：100717
http://www.sciencep.com

中国科学院印刷厂 印刷
科学出版社发行　各地新华书店经销

*

2008 年 12 月第　一　版　　　开本：787×1092　1/16
2008 年 12 月第一次印刷　　　印张：28 1/4　插页：8
印数：1—1 700　　　　　　　字数：660 000

定价：108.00 元

（如有印装质量问题，我社负责调换

目　　录

吉林省东部旧石器时代人地关系初探

程新民[1]　陈全家[2]　赵海龙[3]　李　阳[1]　丁　未[1]

（1. 吉林大学地球科学学院，长春，130061；2. 吉林大学边疆考古研究中心，
长春，130012；3. 吉林省文物考古研究所，长春，130033）

吉林省东部山地受第四纪全球气候变冷的影响，到目前为止该地区只发现旧石器时代早、中期遗址各一处，由于晚期气候的变化和人口密度增加，古人类开始大举向北迁徙，所以旧石器时代晚期遗址已经发现 16 处。目前除集安市没有发现旧石器时代遗址外，整个吉林东部山地均有旧石器时代遗址的发现。

一、地质地貌概况

吉林省东部山地是以著名的郯庐大断裂北延部分，是以四平—长春断裂为界，以西为松辽平原，以东为东部山地，其地理坐标为东经 124°～131°，北纬 41°～45°。行政区划主要包括长春市和四平市的一部分以及吉林市、延边朝鲜族自治州、辽源市、白山市和通化市。

整个山地从西向东逐步增高，具有西低东高的特点，最高峰为长白山天池的白云峰，海拔 2691 米，而且还是东北的屋脊（最高峰），最低点为图们江口，海拔仅 4 米。

东部山地分布有较多中生代和新生代火山，著名的新生代火山有伊通火山群、缸窑火山群、龙岗火山群和长白山火山群，其喷发时代自西向东，由老变新，其绝对年龄从大屯火山距今 7000 万年，伊通火山群 1000 万～3000 万年，龙岗火山群 200 万～300 万年到天池火山 1702 年的最后一次喷发。这些火山喷出岩多为玄武岩，也有少量的浮岩和黑曜岩。但中生代火山喷出的火山岩以安山岩为主，夹有流纹岩和厚层的黑曜岩（九台市上河湾镇）。

东部山地大地构造方向为北东向，主要断裂带有：四平—长春断裂，伊通—舒兰断裂带，辉发河—敦化断裂带。其中分布较大的山间盆地有伊舒地堑盆地，蛟河盆地，桦甸盆地，敦化盆地和延吉盆地。

东部山地分布有五大水系：辽河水系、松花江水系、鸭绿江水系、图们江水系和绥芬河水系。主要河流有饮马河、辉发河、松花江、鸭绿江和图们江等。这些山区河流多发育有四级阶地和山区的二级夷平面等六级层状地貌，与河流阶地相对应的还有四层洞穴。

上述的山间盆地，河流阶地和洞穴都为古人类活动和栖身提供了良好的场所。

吉林省地貌按照李四光教授的地质力学的理论将亚洲东部列为新华夏构造体系，共分为三个隆起带和三个沉降带。吉林省就处在新华夏系的第二隆起带和第二沉降带内。也是以四平-长春断裂为界，以西为第二沉降带（含丰富石油），以东为第二隆起带。地貌单元也按其分为西部松辽平原和东部山地两大地貌单元。其中东部山地又以辉发河深大断裂带为界，以西为长白山低山丘陵区和以东的长白山中低山区。

长白山中低山区，包括张广才岭，龙岗山脉及其以东的广大山区，总面积 71000 平方公里，占吉林省总面积的 38%，海拔为 800～1000 米，相对高差在 500 米以上，该区森林茂密，有大面积原始森林分布，建有国家级长白山自然保护区。

长白山低山丘陵区，西以四平—长春断裂带为界，东至辉发河断裂带，总面积 41000 平方公里，约占吉林省总面积的 22%。海拔为 400～1000 米，相对高差 200～800 米。

吉林省东部山地属温带湿润—半干旱季风气候区，冬季较长，夏季短促。春秋两季风较大，天气多变，年平均气温 -3～7℃，最冷在一月，最热为七月份，全年无霜期 120～150 天左右，山区 100 天以下。年平均降水量为 350～1000 毫米，尤以长白山天池一带及老爷岭以南地区较多，6～8 月份降水量占全年降水量的 60%。

二、旧石器遗址简介

东部山地自晚更新世以来一直是古人类活动的主要场所。目前共发现旧石器洞穴遗址 4 处（表一），旷野遗址 12 处（表二）。

三、原料的开发与利用

古人类遗址中最多最易保存的文化遗存是石器，因为它不易风化，可以在地层中长期保存，所以石器成为研究古人类最直接的证据。但石器石料与地质学上的矿物学和岩石学密切相关。古人类要制造工具必须选用硬度大、致密、光滑、不易崩裂、有光泽、有一定颜色的矿物或岩石作为石料。

表一 吉林省东部旧石器时代晚期洞穴遗址一览表

序号	遗址名称	地点	经纬度	洞口海拔及高出河水面高度（米）	洞口朝向及大小	洞穴围岩及时代	洞穴成因及形成时代	旧石器数量（件）	石料	主要化石	骨制品	考古时代	主要资料来源
1	仙人洞	桦甸寿山	126°37′ 43°9′	460 110	168° 高2.87米 宽3.1米	灰岩	早更新世形成的构造溶蚀洞	47	主要为角岩，其次是石英和流纹岩，极少量石英	斑鬣狗、鸭、雉、鼢鼠	10多件，其中1件磨制骨器	旧石器时代早至晚期	陈全家等[1]
2	仙人桥洞	蛟河拉法	127°20′ 43°50′	481	320° 高0.75米 宽1.8米 长13.1米	晚侏罗世形成的白岗岩	中更新世形成的构造坍塌洞	2	花岗细晶岩硅质岩			旧石器时代晚期	陈全家等[2]
3	石门山洞	安图明月	128°55′ 43°5′			石灰岩	中更新世构造碎隙洞			安图人牙齿及猛犸象—披毛犀动物群成员		旧石器时代晚期	姜鹏等[3]
4	仙人洞	抚松	127°17′ 42°18′	502 50	130° 高4.5米 宽4.5米	震旦纪形成的叠层石灰岩	中更新世构造溶蚀洞	5	石英斑岩玄武岩	最后鬣狗、披毛犀、野马、马、鹿等		旧石器时代晚期	王文兴[4]，姜鹏[5]

表二 吉林省东部山地旧石器时代旷野遗址一览表

序号	遗址名称	地点	经纬度	地理位置及海拔	阶地类型及形成时代	文化层沉积物及成因	试掘面积（平方米）	石器数量（件）	石料种类及分比	考古时代	主要资料来源
1	新乡砖厂	蛟河市拉法镇	127°20′ 43°48′	Ⅱ级阶地 海拔290米	晚更新世形成的冲积阶地	河流相褐色黏土层		6	角岩、硅质岩与火山凝灰岩	旧石器时代中期（距今约6.2万年）	陈全家[2]
2	西山	吉林市九站	126°28′ 43°57′	Ⅲ级阶地 海拔210米	中更新世形成的冲积—侵蚀阶地	风成黄色亚黏土层		16	脉石英、硅质岩、黑曜岩	旧石器时代晚期	陈全家等[2]
3	郡家店（地点）	吉林省辉南县	126°15′30″ 42°27′05″	Ⅱ级阶地 海拔414米				57	石英、黑曜岩为主，还有蛋白石、燧石和流纹岩	旧石器时代晚期	陈全家等[6]
4	新屯西山	抚松县	127°16′11″ 42°33′	山间盆地 海拔572米		风成的黄色亚黏土层	70	30	巨型黑曜岩石核（17.4千克）	旧石器时代晚期	陈全家等[7]
5	石人沟	和龙市	128°48′45″ 42°11′20″	山坡台地 海拔790米		风成、残积形成的含黄土的粗砂夹角砾层	52	1331	以黑曜岩为主（99.93%）	旧石器时代晚期（距今约1.5万年）	陈全家等[8]
6	柳洞	和龙市	129°6′23″ 42°19′11″	Ⅱ级阶地			4	231	黑曜岩为主，还有安山岩、少量流纹岩、玛瑙	旧石器时代晚期	陈全家[9]
7	北山	珲春市	130°15′8″ 49°8′3″	Ⅱ级阶地 海拔114.1米		风成黄色亚黏土层		52	黑曜岩（86.5%）、流纹岩、脉石英、角页岩及凝灰岩	旧石器时代晚期（距今约2万年）	陈全家等[10]

续表

序号	遗址名称	地点	经纬度	地理位置及海拔	阶地类型及形成时代	文化层沉积物及成因	试掘面积（平方米）	石器数量（件）	石料种类及百分比	考古时代	主要资料来源
8	立新	安图县	128°11'15.3" 42°41'37.6"	IV级阶地 高出河水面50米	早更新世地形成冲积—侵蚀阶地	风成的粉砂质黄土层	4	71	流纹斑岩（53.5%）、黑曜岩（21.1%）、石英岩（18.3%）、石英（5.6%）、砂岩（1.4%）	旧石器时代晚期	陈全家等[11]
9	沙金沟	安图县	128°16'02.9" 42°36'02.9"	III级阶地 海拔646米 高出河水面36米	中更新世地形成的侵蚀阶地	风成、残积的含角砾黄色亚黏土层	2	82	以黑曜岩为主（90.2%）和少量的石英、石英岩及燧石	旧石器时代晚期	陈全家等[12]
10	菁头	和龙市	128°58'20.7" 42°48'51.9"	II级阶地 海拔725米 高出河水面25米	晚更新世地形成的冲积阶地	风成黄色亚黏土层	4	216	以黑曜岩为主（84.3%）及少量的石英、安山岩、变质页岩	旧石器时代晚期	陈全家等[13]
11	下白龙	图们市	124°35' 48°31'	III级阶地				31		旧石器时代晚期	陈全家等[14]
12	红嘴子（地点）	长春市郊	125°15' 43°41'	I级阶地	全新世地形成的冲积阶地	河流相黄褐色砾砂层		3	石英岩、水晶酸性火山岩	旧石器时代晚期	程新民等[15]

目前在旧石器遗址中发现的主要矿物有石英、水晶、燧石和蛋白石，前二者化学成分都是 SiO_2，后二者为含结晶水的 SiO_2，石英和水晶的区别是水晶为发育完整的单晶体，燧石与蛋白石的差异在于它们成因不同，前者为沉积形成，后者为岩浆热液形成。它们的摩氏硬度均为 7，都非常致密、光滑、具各种色彩，常成贝壳状断口，容易加工成各种类型的石器，是旧石器遗址常见的石料。

但旧石器遗址中的石料并非都是矿物，而矿物只占一小部分，而绝大多数是岩石，自然界中岩石的种类很多，根据成因可分为火成岩，沉积岩和变质岩三大类，其中以沉积岩分布最广，约占陆地面积 75%，火成岩和变质岩仅占 25%。但就质量而言，火成岩和变质岩占地表总质量的 75%。部分可作为加工石器石料。火成岩主要是火山喷出岩和某些超浅层结晶比较细的岩石，有些火山喷出岩完全是玻璃质，称为火山玻璃或黑曜岩，常见的石料还有花岗细晶岩、流纹岩、英安岩、玄武岩和凝灰岩等。

作为吉林东部旧石器遗址的主要石料，它硬度大（摩氏硬度为 7），致密均一，具脆性，易形成贝壳状断口，是最容易加工成工具的石料。这些石料来源吉林东部大规模新生代火山和中生代火山喷发的火山玻璃——黑曜岩。目前发现的黑曜岩产地仅局限于长白山天池火山周围。但古人类所选择的黑曜岩石料是否都来自长白山天池，有待进一步的工作。

石料主要在河滩中采集获得，也不排除有开采的黑曜岩。

四、旧石器遗址与层状地貌之间的关系

在吉林省东部共分布六级层状地貌，分别为二个夷平面，四级河流阶地。这些层状地貌高的老、低的新，分布在这些层状地貌上的遗址也具有相关性。

分布在吉林省东部Ⅰ级夷平面，形成于古近纪。在古近纪早期东部地区构造运动长期稳定，外动力地质作用盛行，并削高填低形成准平面，到了古近纪末在喜山造山运动的影响，吉林东部地区构造运动上升，外力地质作用下切，将后来的准平面切割成许多孤立的山头，这些孤立的山头基本在一个平面上，这个可以连接的平面就是东部的Ⅰ级夷平面，也就是目前吉林省东部各个山头。到了新近纪早期，又有一个构造运动相对较长时期的稳定，形成了Ⅱ级夷平面。这两级夷平面主要形成于古近纪和新近纪，由于那时人类还没有诞生，就更谈不上有旧石器遗址的分布，实践也证明在东部山地的Ⅰ、Ⅱ级夷平面的各个山头上就从来没有发现过旧石器遗址。

在吉林省东部发育有松花江、东辽河、鸭绿江、图们江和绥芬河五大水系，这五大流域水系均分布有四级阶地。一般认为各河流的四级阶地是经四次构造的稳定和上升作用形成，在构造运动稳定时形成阶地面，构造运动上升时形成阶地陡坎，阶地越高，形成时代越老；由此类推，旧石器遗址分布的位置越高，时代越老。也就是说分布在Ⅳ级阶地上安图县立新遗址应早于分布在Ⅲ级阶地沙金沟和下白龙遗址,更早于分布在Ⅱ级阶地上的其他遗址,分布在Ⅰ级阶地遗址就更年轻些,大多属于新石器时代遗址。

洞穴遗址也具有同样的道理,因为洞穴的形成也具有河流阶地形成机制,也就是说构造稳定是经地下水长期作用,形成洞腔,构造上升形成层状洞穴,多次构造运动上升,形成多层溶洞,而且常与河流阶地相对应的四层洞穴,例如蛟河拉法山。高的洞穴老,低的洞穴新。按照这种形成理论,桦甸寿山仙人洞遗址时代应该早于抚松仙人洞遗址。因为寿山仙人洞遗址高出河水面110米,而抚松仙人洞只高出河水面50米。

这是由于古人类没有盛水的容器,他必然要选择离水源比较近的地方居住,如果要爬很高的山路,会使它们生活很不方便。这些遗址现在都远离水源,是由于构造运动上升和地形变迁的缘故,而当初这些遗址都是水源比较近,取水方便的地方。

当时古人类对洞穴遗址选择除了取水方便外,还要求洞口朝阳,暖和、干燥、不滴水,洞口有较平坦的地方等。这个理论在集安得到验证,例如国东大穴,洞口朝南,大厅也宽敞平坦,但试掘两个探方,均没有发现旧石器,后来才找到没有发现旧石器的原因是洞顶较薄,洞顶滴水严重,如果是雨季滴水会更严重,所以滴水潮湿是不适于古人类居住,找不到旧石器也理所当然。

在东部发现旧石器露天遗址中,都有一个共同的特点,地势开阔,阶地突出呈舌形。这是古人类为了狩猎便于瞭望能及时发现猎物。

通过地貌学研究,一般认为Ⅳ级阶地形成于早更新世,Ⅲ级阶地形成于中更新世,Ⅱ级阶地形成于晚更新世,Ⅰ级阶地和河漫滩形成于全新世。但在吉林东部发现的旧石器遗址的形成时代大大晚于阶地形成的时代,这是由于这些遗址的文化层沉积物大多都属于风成的黄色亚黏土,也就是该风成黄色亚黏土都是阶地形成之后形成。如果是在阶地冲积层内发现的旧石器,将与阶地的形成时代是有相关性。例如在蛟河市新乡砖厂的遗址就位于二级冲积阶地,其文化层为红褐色黏土层,该黏土层就是冲积阶地二元结构上部的河漫滩相,下部为河床相的砾石层,文化层上部还有后期风成的浅黄色蒜瓣状亚黏土层,该层形成时代较晚,而下部冲积物二元结构形成较早,与二级阶地同时形成晚更新世早期,上面河漫滩相就应为晚更新世早期偏晚,同位素绝对年代测定也证实了这一点。新乡砖厂出土的猛犸象牙,经北京大学考古学系实验室采用铀系法测定,其绝对年代为6.2万±0.6万年,因此其地质年代应为晚更新世早期偏晚,相当于旧石器中期的晚段,她是东部唯一在冲积层中的旧石器遗址,也是吉林省唯一一处旧石器时代中期遗址。

五、结　论

第一,吉林省东部山地共发现16处旧石器遗址,其中洞穴遗址4处,旷野遗址12

处（含 2 处地点）。其中旧石器时代早、中期遗址各 1 处，其余 14 处均为旧石器时代晚期遗址（地点）。从以上不同时间段发现的遗址或地点的数量分析，当时的东部山区在旧石器时代早期就有了人类活动，而到了旧石器时代晚期人口的数量在不断地增加，人们不只居住在山洞内，而主要居住在旷野的阶地上，遗址多选在背靠高山面向河流的阶地向前伸出的部位，由于自然环境适合人类生存，人类的活动更加频繁，从已发现的遗址数量已经证实。

第二，上述 16 处旧石器遗址中文化层的沉积物类型有洞穴堆积物 4 处，冲积物原生层 1 处（蛟河砖厂），再搬运冲积物 1 处（长春红嘴子），无地层 1 处（辉南邵家店），其他遗址均属风成黄土沉积。从沉积类型分析来看，洞穴是人类很理想的居住场所，但是对山洞的要求还是很高的，一是洞口的朝向，最好是东、东南、南和西南；二是洞内有一定的活动空间；三是距水源较近；四是洞内比较干燥。具有以上条件的洞穴并不多见，所以东部山区发现的洞穴遗址比较少。也有部分的人类在河漫滩上进行生产和生活，当枯水期时人们就在河漫滩上活动，进入洪水期时人们就退到一级阶地以上。在旧石器时代晚期东北地区属于干冷的风成黄土的气候环境下人口数量和分布范围都有很大的发展。

第三，在 16 处旧石器时代遗址中的石器石料以黑曜岩为主，其次为流纹斑岩、石英岩、安山岩、角岩、硅质岩、石英、花岗细晶岩、石英斑岩、玄武岩、脉石英、燧石流纹岩、蛋白石、玛瑙、角页岩、砂岩、火山凝灰岩、变质页岩、水晶、酸性火山岩、硅质灰岩等 23 种岩石和矿物，它们的摩氏硬度均超过 6，都是制作石器的理想原料，其中最优质的石料是黑曜岩，该类原料到目前为止，仅在旧石器时代晚期开始出现并迅速扩大了分布范围和遗址数量，有些遗址的黑曜岩数量占 95% 以上，由于吉林省东部山地的火山众多，无论是中生代火山，还是新生代火山都喷出了大量的火山玻璃—黑曜岩，他给吉林东部的古人类提供了大量的理想的优质石材以及生产和生活的必需品，人们对原料的开发和利用得到了全面的发展。

综上所述，吉林东部山区的古人类为了自身的生存和发展，他们合理的利用自然环境和科学的开发利用自然资源，建立了和谐的人与自然的关系，创造了辉煌的历史文化，为东北亚旧石器文化的研究提供了宝贵的实物资料。

附记：该文是教育部人文社会科学重点研究基地 2006 年度重大研究项目研究成果（编号 06JJD780003）。

注　释

[1]　陈全家. 吉林桦甸寿山仙人洞旧石器遗址试掘报告 [J]. 人类学学报，1994，13（1）：12 ~ 19.

[2]　陈全家. 吉林市地区首次发现的旧石器 [A]. 东北亚旧石器文化 [M]. 1996：247 ~ 258.

［3］ 姜鹏. 吉林安图晚更新世洞穴堆积 ［J］. 古脊椎动物与古人类，1975，13 （3）：197～198.

［4］ 王文兴. 吉林抚松发现旧石器时代文化遗址 ［J］. 人类学学报，1993，12 （2）：89～94.

［5］ 姜鹏. 吉林抚松仙人洞旧石器时代遗址 ［A］. 东北亚旧石器文化 ［C］. 1996：205～210.

［6］ 陈全家，李有骞，赵海龙. 辉南邵家店地点的旧石器 ［J］. 北方文物，2006 （1）：1～7.

［7］ 陈全家. 抚松新屯西山旧石器古营地遗址试掘报告 ［J］. 人类学学报 （待刊）.

［8］ 陈全家，王春雪，方启等. 延边地区和龙石人沟发现的旧石器 ［J］. 人类学学报，2006，25 （2）：106～114.

［9］ 陈全家，王春雪，方启等. 吉林和龙柳洞2004年发现的旧石器 ［J］. 人类学学报，2006，25 （3）：208～219.

［10］ 陈全家，张乐. 吉林延边珲春北山发现的旧石器 ［J］. 人类学学报，2004，23 （2）：138～145.

［11］ 陈全家，赵海龙，方启等. 延边安图立新发现的砾石石器 ［J］. 人类学学报，2008，27 （1）：45～50.

［12］ 陈全家等. 吉林安图沙金沟发现的旧石器 ［J］. 华夏考古，2008 （4）.

［13］ 陈全家. 吉林和龙青头旧石器晚期遗址的发现及初步研究 ［J］. 考古与文物，2008 （2）：3～9.

［14］ 陈全家，霍东峰，赵海龙. 图们下白龙发现的旧石器 ［A］. 边疆考古研究 （第2辑） ［C］. 北京：科学出版社，2004：1～14.

［15］ 程新民，陈全家. 产春郊区红嘴子发现的哺乳动物化石和旧石器 ［J］. 长春地质学院学报，1993，23 （2）：71～78.

Preliminary Study on the Relationship of Human-environment at Upper Paleolithic in East Jilin Province

CHENG Xin-min   CHEN Quan-jia   ZHAO Hai-long   LI Yang   DING Wei

Based on behavioral and adaptive perspectives, this paper discusses some issues, such as geology and geomorphy of East Jilin Province, discoveries and distribution of Paleolithic sites, selection and exploitation of raw materials, relationship between Paleolithic sites and geomorphy. For ensuring their own survival and development, prehistoric hominids exploited natural resources reasonably and established a harmonious relationship between human and environment.

朝鲜半岛旧石器材料及工业类型的初步研究

——兼谈对吉林省东部地区旧石器研究的几点认识

李有骞　　陈全家

（吉林大学边疆考古研究中心，长春，130012）

一、前　　言

　　朝鲜半岛位于欧亚大陆东缘的中部，属温带季风气候，海洋性特征显著。境内多山地与丘陵，盆地与水系发达，在更新世的大多时间都是人类栖息的理想之所。事实也已经证明，在这块面积比我国吉林省稍大的土地上发现了 1000 余处旧石器地点，其中经正式发掘的有 70 余处。

　　由于政治、语言、研究倾向等方面的原因，我国旧石器学界对这位"邻居"的了解还非常有限。目前，除少量译著和译文外，几乎没有我国学者对半岛旧石器问题进行讨论的成果。中韩两国旧石器研究的交流还停留在起步阶段，韩国旧石器学者在我国用韩文和英文发表的数篇文章也如石沉大海，没有引起中国同行的共鸣。我们对朝鲜半岛旧石器的陌生与韩国学者对中国旧石器的熟悉形成了巨大的反差。在东亚的旧石器研究中，日本、俄罗斯和韩国的跨国研究取向对我国旧石器的研究具有借鉴意义。

　　事实上，在不考虑朝鲜半岛旧石器资料的情况下，对东亚大陆旧石器时代人类迁徙、工业[1]类型和文化演化所作出的结论也难以全面、真实和公正。对朝鲜半岛及我国周边其他国家旧石器知识的匮乏严重阻碍着中国旧石器研究的发展。认识总有一个由浅入深、由表及里的过程，如果本文能够唤起少数从事旧石器研究人员对朝鲜半岛的兴趣，那么对于笔者来讲已经是莫大的荣幸了。由于笔者的精力、能力以及我国目前对朝鲜半岛旧石器的认识基础，本文以介绍重要遗址的材料为主，兼谈对半岛旧石器工业的认识。因资料搜集、外文水平等方面的困难，文中可能会有偏谬之处，欢迎来自多方面的批评指正。

　　朝鲜半岛的旧石器研究开始于 1935 年对潼关镇遗址的发掘，发现的 2 件黑曜岩石片和一些骨质、角质工具并未引起足够的重视[2]。系统的研究是在 20 世纪 60 年代屈浦里和石壮里的发掘才开始的。1979 年开始的全谷里遗址的发掘具有重要的意义，在该遗址进行了古生态和古地质方面的研究。近 30 年来伴随如忠州水库、住岩水库和高速公路等基础建设的进行，发现了垂杨介、上舞龙里、金窟和月坪等大批重要的旧石器时代遗址。遗址数量的增加和研究人员的增长大大促进了朝鲜半岛旧石器研究的发展，他们在东亚早期石器工业、细石叶技术的传播、冰楔和火山灰断代等方面取得了巨大的成就。但是在人工制品的辨识、重要遗址的年代和石器的分类等方面的问题以及南北方的长期隔离状态仍是朝鲜半岛旧石器研究所面临的困难。

二、主 要 遗 址

朝鲜半岛北部多高山、南部多丘陵、东部为山地、西部为平原。主要河流有豆满江即图们江（中朝界河）、鸭绿江（中朝界河）、大同江、汉江、锦江、蟾津江和洛东江，除鸭绿江以外这些河流两岸都发现了旧石器遗址（图一）。旧石器遗址多位于二、三级阶地上和石灰岩洞穴内。在平壤、首尔、堤川、大田和光州市附近遗址的密度较高。本文即以河流为主线介绍半岛的主要遗址。汉江流域遗址众多，面貌多样，并根据韩国国内旧石器研究的实际情况，本文把汉江流域分为临津江—汉滩江、北汉江和南汉江分别叙述。为行文方便把位于日本海沿岸的遗址并入相邻地区叙述。

（一）豆满江流域

豆满江为中朝两国的界河。除上文提到的潼关镇遗址外，在该地区还发现了屈浦里遗址和鮒浦里遗址。

屈浦里遗址   位于距豆满江河口约 10 公里的地方。隶属于咸镜北道先锋郡（雄基郡）劳西面屈浦里。1963 年进行发掘，共有 6 个地质层，但没有到达基岩。其中 V 和 VI 层为旧石器文化层，为以石英制品为主的早期文化层和以角页岩制品为主的晚期文化层。分别称为屈浦文化 I 期和 II 期。

在屈浦里 I 期的文化层中发现了当时人类建造和居住的窝棚遗迹。窝棚内东北角有玢岩的大石块，是制作石器的石砧，其周围散布着石英制品。该层石器的种类和数量不多，包括砍砸器、刮削器、尖状器、石核和石片等（图二）。报告认为应该属于旧石器时代的中期（大约距今 10 万年）[3]。

屈浦里 II 期的石料以黑绿色的角页岩和大理石为主，还有石英岩，器类包括砍砸器、端刮器等，存在间接剥片和压制修理技术。遗址研究者推测其年代为大约距今 4 万~3 万年。屈浦里遗址以北 5 公里的鮒浦里遗址与屈浦里 II 期的石器特征接近[4]。

（二）大同江流域

朝鲜半岛的中、北部石灰岩洞穴发达，在平壤市周边发现了如黑隅里、青青岩、大岘

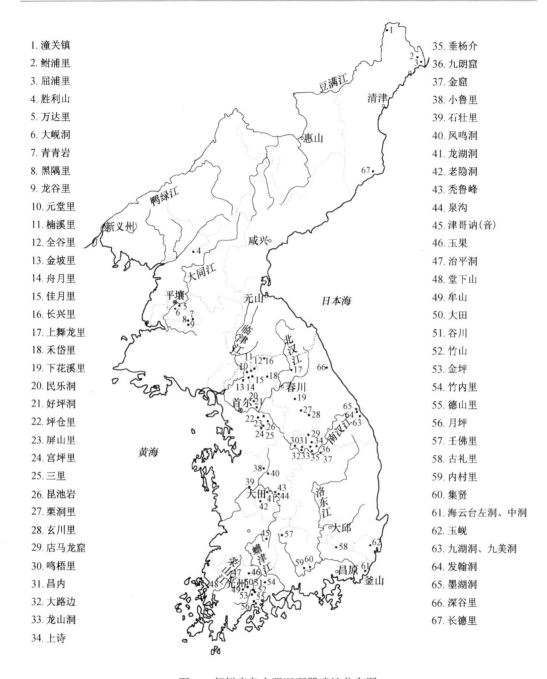

1. 潼关镇
2. 鮒浦里
3. 屈浦里
4. 胜利山
5. 万达里
6. 大岘洞
7. 青青岩
8. 黑隅里
9. 龙谷里
10. 元堂里
11. 楠溪里
12. 全谷里
13. 金坡里
14. 舟月里
15. 佳月里
16. 长兴里
17. 上舞龙里
18. 禾岱里
19. 下花溪里
20. 民乐洞
21. 好坪洞
22. 坪仓里
23. 屏山里
24. 宫坪里
25. 三里
26. 昆池岩
27. 栗洞里
28. 玄川里
29. 店马龙窟
30. 鸣梧里
31. 昌内
32. 大路边
33. 龙山洞
34. 上诗

35. 垂杨介
36. 九朗窟
37. 金窟
38. 小鲁里
39. 石壮里
40. 凤鸣洞
41. 龙湖洞
42. 老隐洞
43. 秃鲁峰
44. 泉沟
45. 津哥讷(音)
46. 玉果
47. 治平洞
48. 堂下山
49. 牟山
50. 大田
51. 谷川
52. 竹山
53. 金坪
54. 竹内里
55. 德山里
56. 月坪
57. 壬佛里
58. 古礼里
59. 内村里
60. 集贤
61. 海云台左洞、中洞
62. 玉岘
63. 九湖洞、九美洞
64. 发翰洞
65. 墨湖洞
66. 深谷里
67. 长德里

图一　朝鲜半岛主要旧石器遗址分布图

洞、胜湖 3 号等一批含大量动物化石和人骨化石的洞穴遗址，为朝鲜半岛古气候和古环境的研究提供了丰富的材料。其中比较重要的旧石器遗址有黑隅里、龙谷里和万达里洞穴。

黑隅里遗址　1966 年发现，位于祥原郡西北 2 公里秃鲁峰（117.58 米）南坡的石灰岩洞穴内，洞穴东西约 30 米、南北最大宽为 2.5 米。发掘者由西向东把洞穴分成 4

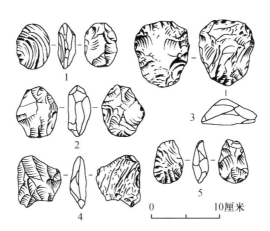

图二　屈浦里遗址上层的石器

个区域。遗址共有 5 个地质层，文化遗物位于第 4 层，与之共出的动物化石中的绝灭种
占 1/2 以上。报告人根据出土的动物化石判断，时代相当于中更新世，即大约 60 万～
40 万年前。以硅质石灰岩和石英作为制作石器的主要原料，石器加工方法包括碰砧法
和锤击法两种。典型器物有手斧形石器（주먹도끼석기）、梯形石器（제형석기）和尖
状石器（뾰쪽끝석기）等，都是可见少数疤痕的类似砍砸器的大型粗糙工具。石片直接
使用，二次加工的石片不多[5]。该遗址可能是朝鲜半岛年代最早的旧石器遗址，但是
对该遗址的年代[6]以及石器的人工性质还没有达成共识[7]。

　　龙谷里遗址　位于平壤市祥原郡龙谷里，包括 2 个洞穴遗迹。1980～1981 年进行
发掘，出土了人骨、动物化石、石器和骨器。一号窟长约 40 米、宽约 25 米，堆积厚度
为 21.05 米，共分 13 层，8～11 地质层为旧石器时代（1～4 文化层），第 12 堆积层（5
文化层）出土有新石器时代的遗物。报告中 1、2 文化层经热释光测得的年代为 40 万～
50 万年前，但以后经铀系法测得 1 文化层仅为 7 万年前，2 文化层为距今 49900 ±2710
年和距今 46100 ±2000 年。后来热释光测得 1 文化层为 11.1 万年前。与石器共出有人
类（*Homo sapiens sapient*）化石。第 1 文化层发现砍砸器 11 件，以单面砍砸器为主，除
1 件为砂岩外，其余均为石英质（图三，1、2）；第 2 文化层共出土石器 21 件，主要为
多面体石核、砍砸器和切割器，以双面加工为主，单面加工少见。石料以硅质岩
（52%）和石英（36%）为主，还有少量的砂岩（8%）和花岗岩（4%）（图三，3～
5）。第 1 文化层和第 2 文化的石器都采用碰砧法和锤击法加工。第 3 文化层出土石器
14 件，主要为小手斧和石片工具，80% 为石英，其余为硅质岩和花岗岩，出现了压制
剥离（pressure-flaking）技术。第 4 文化层出土的遗物主要包括石片和石片工具，而石
片工具主要是以粗糙修理的标本和以修理工具过程中剥落的碎片制成的小工具为主
（图三，6）。在第 11 地质层（第 4 文化层）出土了人像雕刻品，有学者认为该层应该
属于新石器时代。二号窟距一号窟 2 公里，长 10 米，全部堆积为 3.9 米，共分 10 个地

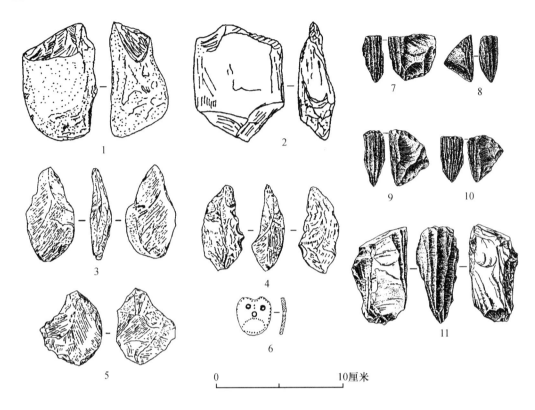

图三　龙谷里（1、2. 第 1 文化层　3～5. 第 2 文化层　6. 第 4 文化层）、万达里（7～11）遗址的石器

质层，含 2 个文化层（第 8、9 地质层）。第 1 文化层为旧石器时代，出土了尖状器、刮削器等，第 2 文化层为新石器时代[8]。

万达里遗址　位于平壤市胜湖区万达里的石灰岩洞穴内，1979～1980 年发掘，与石器共出的还有骨器以及动物和人骨化石。该遗址共发现 13 件石器。8 件细石核中有 7 件用黑曜岩制成，细石核都为楔形，用双面器和厚大的石片简单加工而成（图三，7～11）。从石器的类型可以判断，该遗址属于旧石器时代晚期[9]。

（三）临津江—汉滩江流域

该区域 30 年来发现了包括著名的全谷里遗址在内众多的以阿舍利风格为特征的旧石器遗址。

全谷里遗址　位于首尔东北涟川郡汉滩江岸边的台地上，共由 5 个地点组成，海拔均在 50 米左右。分别于 1979～1983、1986、1991～1992 年进行发掘。除手斧外，在该遗址还发现了砍砸器、刮削器、锥、石核和石片等（图四，1～9）。文化堆积位于玄武岩之上，根据 K/Ar 法测得玄武岩的年龄为 27 万年[10]。但是该遗址的年代一直是学术界争论的问题。

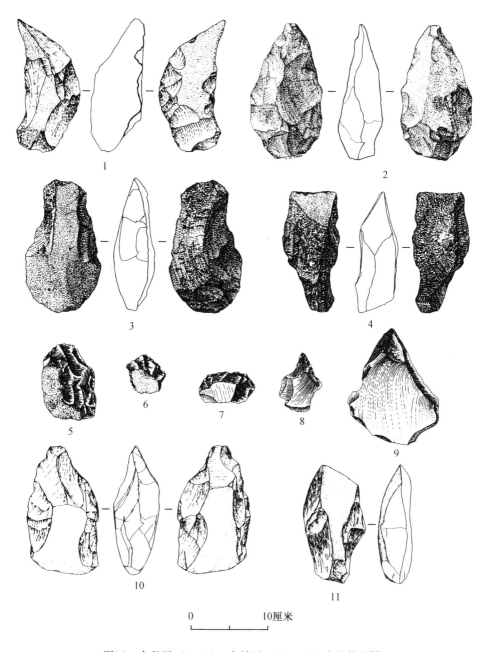

0　　　　10厘米

图四　全谷里（1~9）、金坡里（10、11）遗址的石器

金坡里遗址　位于京畿道坡州郡临津江南岸，包括两个地点。发现于 1989 年，至 1992 年共进行了 4 次发掘。石器与全谷里相似，器类包括两面加工的手斧、尖状砍砸器、横刃斧、砍砸器、刮削器、多面体石球、大型石锤、石核和石片。石料大部分为石英岩，还有硅质岩。运用直接打击法和碰砧法加工，并且后者运用的不多，二次加工的不多（图四，10、11）。在第二地点发现了石器拼合资料。

该地区与全谷里、金坡里遗址石器面貌类似的以手斧为代表的砾石工业的遗址还有元堂里[11]、舟月里和佳月里等。此外该流域还发现了长兴里、楠溪里、长波里、长山里、高浪浦里、白衣里、三和里、麻田里、东梨里、新沓里、古文里、中里等包含少量资料的遗址。

（四）北汉江流域

上舞龙里和下花溪里是该地区重要的旧石器遗址。

上舞龙里遗址　位于江原道杨口郡，1987～1989 年发掘，这里共集中了 10 处旧石器地点，但其中经过发掘的只有 4 处。文化层不厚，几乎就处于地表。江原大学校调查团共发掘石器 2718 件，地表采集 3694 件。第 1 地点第 2 文化层为 7 万～12 万年前，大部分遗物都为石英制品，属旧石器时代中期。第 1 文化层为 2 万～5 万年前，发现有细石核和细石叶等，属旧石器时代晚期。在第 2 地点发现有大量的黑曜岩的石叶和细石叶制品以及石叶毛坯的修边斜刃雕刻器、圆头刮削器等，为典型的旧石器时代晚期遗址[12]（图五，1～4）。

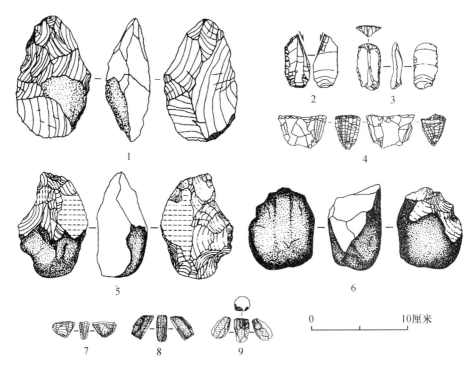

图五　上舞龙里（1～4）、下花溪里（5～9）遗址的石器

下花溪里遗址　位于江原道洪川郡，距上舞龙里不远的洪川江岸边。1983 年发现，1990～1991、2004 年发掘。包括三个地点。第 1 地点分为 9 个地质层，其中第 2 地质层

为文化层，发现的器类以刮削器、切割器、雕刻器和尖状器数量最多。还见有大部分为黑曜岩制成的细石叶及细石核，同时还发现带有古老特征的砍砸器、双面器和大型的刮削器[13]（图五，5~9）。从细石核的特征看，该遗址应该属于旧石器时代晚期的最末阶段。

此外在北汉江流域还发现了好坪洞、民乐洞、禾岱里和深谷里（日本海岸边）等遗址。

（五）南汉江流域

忠州水库淹没区的考古调查时，在该地区发现了金窟、垂杨介等一批重要的遗址。

金窟遗址（俭窟或锦窟）　遗址位于忠清北道丹阳郡忠州水库淹没区内。保留了从旧石器时代早期至青铜时代的7个文化层。其中第1、2文化层发现了具有阿布维利文化特征的石器。阿舍利、勒瓦娄哇类型的石器出自4b和4a层（图六）。第2文化层的年代为距今185807年（E. S. R），第3文化层的年代为距今107410年。第4文化层为后期旧石器时代[14]。

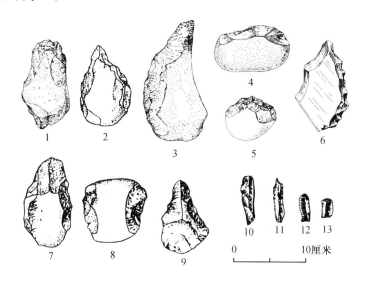

图六　金窟遗址的石器

（1、2. 第1文化层　3~6. 第2文化层　7~9. 第3文化层　10~13. 第4文化层）

垂杨介遗址　是我国学者比较熟悉的一处韩国旧石器遗址，位于丹阳郡赤城面艾谷里。该遗址包括3个地点，其中第1地点和第3地点为旧石器时代，于1983~1985年、1996年、2001年进行发掘。第1地点共包括10个地质层，其中含5个文化层，石器主要发现在Ⅳ层（旧石器时代晚期）和Ⅴ层（旧石器时代中期）。第3地点发现了旧石器时代中期的文化层。旧石器时代中期文化层主要分布在以砂岩为主的砾石层之上，出土了用直接打击法制作的刮削器、尖状器、手镐等多用途的工具。旧石器时代晚期文化层是黏土层，90% 的石器为页岩（shale），石器主要用直接打击法生产，间接打击法和压制剥片技术也被使用，有大量以精练的技术进行二次加工的工具。发掘出土的典型器物有手斧、砍砸器、刮削器、刀形石器、有柄尖状器和细石核[15]（图七，1～5）。该遗址对有柄尖状器和细石叶技术在东亚的传播问题的解决具有重要的意义[16]。

鸣梧里遗址　位于东经128°04′09″、北纬36°57′24″。遗址包括8个地质层，其中第2地质层为文化层，属旧石器时代中期。石器包括手斧、砍砸器、石核、切割器、刮削器、钻和雕刻器等。石料以石英、石英岩为主，还有板岩、脉石英和千枚岩等[17]（图七，7、8）。

昌内遗址（昌溪）　位于堤川郡寒水面沙器里，1982、1983年进行发掘，Ⅱ区的时代为旧石器时代晚期，特别是以奥瑞纳手法和鱼鳞式加工的圆形刮削器最具特点（图七，6）。此外还发现可供3～4人的集团居住的面积为10平方米的房址，这是利用了拽石的狩猎用帐篷式房子，并发现了采集食用的核桃等果实[18]。

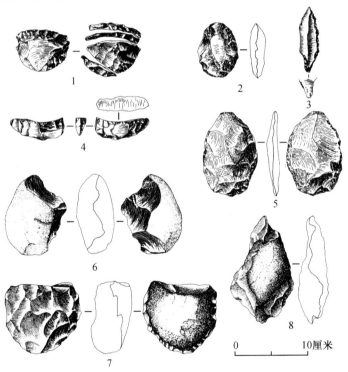

图七　垂杨介（1～5）、昌内（6）、鸣唔里（7、8）遗址的石器

屏山里遗址　位于京畿道杨平郡屏山4里的南汉江左岸。1992、1993～1994年发掘。包括3个旧石器文化层。第3文化层为中期旧石器时代。第2文化层主要有砍砸器、雕刻器、砾石石锤、圆盘形石核石器、石核和石片（图八，1～4）。

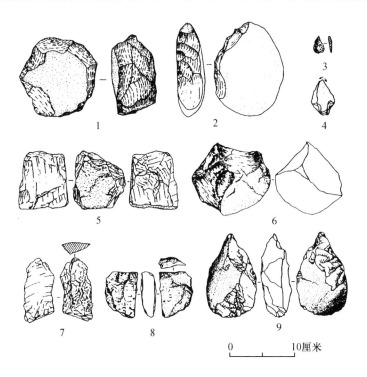

图八　屏山里（1、2. 第 2 文化层　3、4. 第 1 文化层）、
坪仓里（5～7）、三里（8、9）遗址的石器

坪仓里遗址　位于京畿道龙仁郡。只确认了一个文化层，出土了丰富的石质工具，不但包括用燧石的砾石制成的如砍伐切割形状的大型工具，而且还有大量的石片工具：去掉茎的尖刀工具、端刮器、刮削器和凿（图八，5～7）。该遗址的研究者认为它处于旧石器时代中期向晚期的过渡阶段。

大路边遗址　位于忠清北道堤原郡寒水面鸣梧里，也被称作鸣梧里 B 地点。1983～1984 年发掘，发现了与全谷里遗址类似的手斧。但是该遗址石器的人工性质存在疑问[19]。

宫坪里遗址　位于京畿道广州郡都尺面，1986 年发掘，发现有砍砸器、切割器、刮削器等，为后期旧石器时代遗址。

三里遗址　位于京畿道广州郡，与宫坪里遗迹相似。包括 3 个文化层（图八，8、9）。

在该地区还发现了如上诗岩、九朗窟、昆池岩和龙山洞等重要的旧石器遗址。

（六）锦江流域

该区域的石壮里遗址是韩国最早发现的旧石器时代遗址。此外还发现了泉沟、小鲁里、龙湖洞、老隐洞、凤鸣洞和秃鲁峰等多处旧石器时代遗址。

石壮里遗址　朝鲜半岛重要的多层遗址，共进行了 12 次的发掘，分为 2 个区。遗址位于公州郡的锦江右岸，标高 7～15 米。第二区共分 12 个文化层。遗址获得了多个 [14]C 测年数据：第 1 区后期居住址的灰烬标本显示为 20830±1880（AERIK-8）年，第一区深 3.5～3.7 米的木炭标本 30690±1880（AERIK-5）年，属于雕刻器—刮削器文化层[20]。

（1）一区的文化遗物

① 雕刻器—刮削器文化层

原料以石英为主，还有少量的斑岩、玢岩、流纹岩、硅长岩和燧石。工具以端刮器、刮削器和雕刻器为主。端刮器包括扇形（13 件）、长方形（1 件）、椭圆形（1 件）和鼻形（3 件）；刮削器包括凸刃（6 件）和直刃（5 件）；雕刻器包括笛咀形、喙嘴形、交互两面以及石叶雕刻器（图九，1、2）。

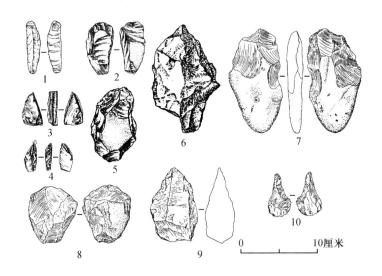

图九　石壮里遗址的石器

1、2. 一区雕刻器—刮削器文化层　3～6. 一区居住层　7～10. 二区第 9 文化层

② 后期旧石器时代居址

居住址内外出土了熊、狗、鲸、鸟等动物的"雕刻品"（目前韩国国内学者多数持谨慎或否定态度）。石器以刮削器、端刮器以及雕刻器为主（图九，3～6）。原料以石英为主（57.91%），其次为花岗片麻岩和巨晶花岗岩等。石器制作技术包括直接打法、圆柱锤击法和间接打法。遗址见有典型的细石核和细石叶。

（2）二区的文化遗物

① 第 1 文化层（单面砍砸器文化层）

发掘面积 1 米×1.5 米。出土石器 21 件，刮削器以石英（2 件）和石英脉（4 件）岩为原料。另外还有 2 件石英质的尖状器。与周口店 13 地点的下文化层相似，推断为旧石器时代前期。

②　第 2 文化层［手镐（啄啄器）、手锛文化层］

③　第 3 文化层（两面砍砸器、刮削器文化层）

以石英类的刮削器为主。单面加工的传统仍较强，出现错向剥离和锯齿刃的二次加工。还有两面交互加工的标本。

④　第 4 文化层（手斧、手锛文化层）

以石英岩、片麻岩和角闪岩的刮削器为主。手斧出现、两面加工传统成立。

⑤　第 5 文化层（手斧、两面砍砸器文化层）

以尖头器、砍砸器和刮削器为主，砍砸器占有比较重要的地位。

⑥　第 6 文化层［刮削器、手锛（突出把手的刮削器文化层）］

⑦　第 7 文化层（小形石片石器文化层）

本层与水洞沟石器技术接近。

⑧　第 8 文化层（尖头器、刮削器文化层）

石片石器数量增加。

⑨　第 9 文化层（砾石砍砸器文化层）

以两面砍砸器和刮削器为主，前期与水洞沟石器相似，后期与丁村文化石器相似（图九，7 ~ 10）。

⑩　第 10 文化层（陡刃刮削器、尖头器）

与石壮里第 1 区的同层，约 3 万年前。

⑪　第 11 文化层（刮削器、尖头器文化层）

以刮削器、尖状器、砍砸器为主，偶见手斧。

⑫　第 12 文化层（细石叶石核文化层）

第一区的"雕刻器—刮削器文化层"与之相对。

研究者认为 1 ~ 6 文化层为前期旧石器时代，7 ~ 9 文化层为中期旧石器时代，10 ~ 12 文化层为后期旧石器时代。在第 4 文化层出土了阿布维利式的手斧，第 5 文化层出土了阿舍利式的手斧，第 9 文化层出土了采用克拉克当技法与勒瓦娄哇技法的石器。在晚期的文化层中发现了细石核。实际上，石壮里遗址下层石器的人工性质还存在疑问。

泉沟　位于清源郡，1978 年进行发掘。包括 5 个地质层，其中第 3 层和第 4 层为文化层。发现 910 件标本，其中 499 件为工具。其中绝大多数以石英为原料，偶尔采用燧石和斑岩等其他原料。用这类岩石加工的工具都修理得精细。初级产品以石片为代表，但也发现有石叶。初级产品由直接打击技术获得，但也有一些产品具有非直接打击技术的特征。端刃和侧刃刮削器占全部工具的 3/4。其中一些是刮削器和雕刻器的复合体。还有斜刃雕刻器。端刮器是该遗址的主要特点。它们由陡向加工石片的端边制成。刮削器的端刃圆宽，向末端收缩，其中一件是典型的船形刮削器[21]。从石器特点看属旧石器时代晚期（图一〇，1 ~ 4）。

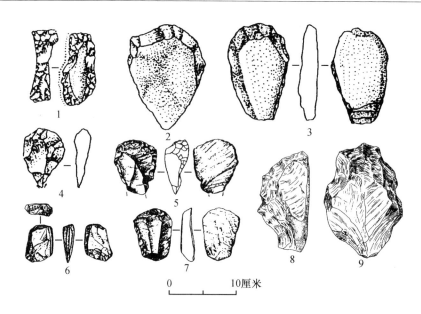

图一〇　泉沟（1~4）、龙湖洞（5~7）、小鲁里（8、9）遗址的石器

小鲁里遗址　位于清源郡小鲁里。该遗址已经确立了 3 个文化层，出土于最下面的第 3 层（旧石器时代中期）和第 2 层（旧石器时代晚期）的石器是用燧石制成的。第 3 层的石器由各种形制的刮削器组成，包括端刮器和凿状工具，而第 2 文化层的遗物包括砍伐切割工具、刮削器、石片和石核等（图一〇，8、9）。

龙湖洞遗址　位于大田市，1999～2000 年发掘。包含从上至下的 4 个文化层。其中第 3、4 文化层位于冰楔之下。第 1 文化层发现了端刮器和双尖尖状器。第 2 文化层发现了石叶制成的边刃刮削器和有柄尖状器。第 4 文化层发现了砍砸器。第 1 文化层为后期旧石器时代，第 2、3 文化层为中、后期旧石器时代，第 4 文化层为距今 10 万年的中期旧石器时代[22]（图一〇，5~7）。

老隐洞遗址　位于大田市。1998～1999 年发掘。包括 A、B 两区。4~7 层为更新统，7 层为中期旧石器时代文化层（AMS 测得为距今 54720 年）。发现有细石核、细石叶、圆头刮削器、雕刻器。

凤鸣洞遗址　位于清州郡。1998 年发现，1999 年正式发掘。包括 A、B 两区。发现有拼合组。

秃鲁峰遗址　位于清原郡。包括第二窟、第九窟、新窟、处女窟和兴洙窟[23]。

（七）蟾津江流域

该区域主要位于全罗道内，实际上本节也包括了与蟾津江流域紧邻的荣山江流域。近些年在全罗南道发现了大量的旧石器时代遗址。

玉果遗址 位于谷城郡。包括舟山里和松田里两个地点。舟山里，位于谷城郡玉果面舟山里，1990 年发掘，发现 117 件石器，大部分为泥岩，少量为硅质岩类和石英制品。包括石核、石叶、石锯、刮削器等（图一一，7、8），应该不早于距今 1.5 万年。松田里，位于舟山里沿河而下 4 千米。石器共 214 件，以石核、石片、石叶、砍砸器、刮削器和石锯为主，大部分为泥岩，部分为石英或板岩，距今约 1.5 万年[24]。

谷川遗址 位于胜州牛山里，1986～1989 年进行发掘。包含 11 个地质层，其中第 4 层和第 7 层发现了分别属于旧石器时代晚期和中期的文化层。在中期的文化层中发现了砍砸器和尖状器等（图一一，1、2）。在晚期的文化层中发现了细石核、雪橇形修片、石叶和石锤等[25]。

金坪遗址 位于胜州新坪里，1986 年在支石墓发掘时发现。共发现石器 207件，以石英和泥岩为主。遗物包括石核、石片、石叶、刮削器、雕刻器和尖状器等[26]。

大田遗址 位于和顺郡南面泗洙里大田村，1987 年住岩大坝淹没区调查的一部分，1987～1989 年发掘。在厚 1 米的细砂层中的文化层包括在上下两层，下部多方形石块，上部为砂质黏土。下层，出有刮削器、砍砸器等。上层，出有石核、石片、手斧、砍砸器、石球、石锤等（图一一，12～14）。上下两层的石器的组合特征及其相似，应为旧石器时代晚期早段[27]。

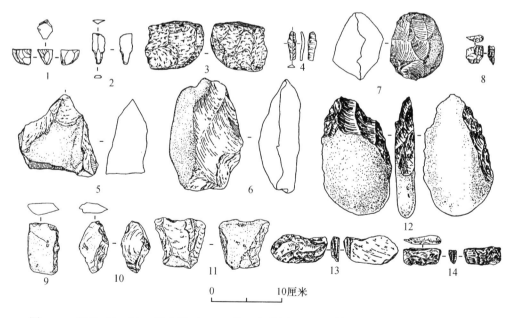

图一一 谷川（1、2）、竹内里（3、4. 第 4 文化层 5、6. 第 1 文化层）、玉果（7、8）、
　　　 牟山（9～11）、大田（12～14）遗址的石器

竹山遗址　位于顺天德山里，1988～1989 年汉城大学发掘团进行发掘。1、2 层为耕土层，3 层为暗褐色的土壤层，4 层为成分复杂的红色黏土堆积层，5 层砾石层。发现 200 余件遗物，大部分为泥岩，只有砍砸器为石英岩。包括石核、石片、石叶、砍砸器、刮削器、有肩尖状器等。距今 1.3 万～1.2 万年，也有人认为距今 16400 年[28]。

竹内里遗址　位于全罗南道顺天市黄田面竹内里，蟾津江的支流——黄田川的左岸。1996～1997 年发掘，厚约 5 米的堆积中发现了四个旧石器文化层（图一一，3～6）。

以大型石片为特征的第 1 文化层与全谷里、金坡里、舟月里、佳月里等旧石器时代中期的文化相似。第 4 文化层的流纹岩制成的石叶以及脉石英的端刮器、砂岩的削器与镇安的津哥讷（音）、密阳的古礼里相似。第 2、3（在 1.8 万～1.5 万年前的上部冰楔构造之下，约 2 万年左右）、4（在 2.5 万～2.4 万年前的始良 Tn 火山灰之上）旧石器文化层属于旧石器时代晚期。第 1 文化层属于旧石器中期（位于距今 20270 年的下部冰楔构造之下，最后冰期的初期，约 6 万年）[29]。

牟山　位于和顺郡牟山里，1999 年发掘，发掘面积 1675 平方米。文化层位于两个冰楔地层之间的黏土层内。石器包括剥制长石片的石核、石片、石砧、砍砸器和刮削器等（图一一，9～11）。石料以石英脉岩为主，还有硅质岩、硅长岩和砂岩等。该遗址属于旧石器时代中期[30]。

该地区比较重要的遗址还有月坪、治平洞和山月洞[31]等遗址。

（八）洛　东　江

洛东江为韩国第一长河流，该区域与日本本州和九州仅隔一条朝鲜海峡。该区域发现的遗址有古礼里、佐洞（日本海岸边）、中洞（日本海岸边）、壬佛里和内村里等。

古礼里遗址　位于密阳郡丹场面古礼里，1993 年发现，1996～1997 年发掘，发掘面积为 2000 平方米。包含上、下 2 个文化层。石料以角页岩和安山岩为主，还有少量的石英、水晶、硅质岩、角岩、斑岩和砂岩等。遗址以石叶石核、石叶以及用石叶制作的工具（尤其是有柄尖状器）为特征[32]（图一二，1～5）。

海云台佐洞、中洞　位于釜山市海云台区，两遗址相距不足 300 米。两处遗址均为单文化层。佐洞发现的石器包括石砧、石锤、石核、石叶以及长石片等，石料以角页岩为主，还有石英、安山岩、凝灰岩和水晶等。中洞 95% 的石器都用角页岩制成，包括的器类有细石核、细石叶、石叶、刮削器、雕刻器、尖状器和斧形工具等。细石核的制作类似日本的涌别技法和兰越技法。从埋藏情况和石器特征来看，佐洞早于中洞，但都属于旧石器时代晚期[33]（图一二，6～9）。

该地区发现的旧石器遗址还有壬佛里、内村里、集贤和玉岘等。

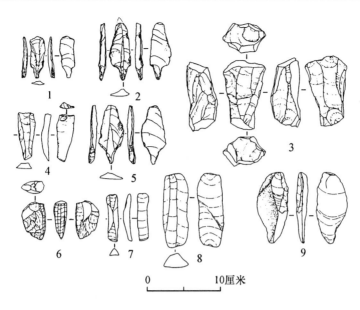

图一二　古礼里（1~5）、海云台中洞（6~8）、海云台佐洞（9）遗址的石器

三、年代与工业类型

　　朝鲜半岛的学者对岛内旧石器时代的划分和工业类型的认识还存在许多争议。裴基
同把半岛的旧石器分为以石叶技术为特征的石器群和不规则特征的石器群，分别属于旧
石器时代的后期和前期[34]。崔茂藏根据与中国旧石器材料的对比把半岛旧石器分成前、
中、后三期。前期以黑隅里遗址为代表，中期以全谷里、龙谷里、鸣梧里、金窟、屈浦
里Ⅰ期和楠溪里遗址为代表，后期以屈浦里Ⅱ期、鲋浦里、石壮里上层、垂杨界上层、
上舞龙里上层和玉果等遗址为代表[35]。李鲜馥把旧石器的前期和中期按有无手斧分开。
李隆助则把旧石器中期划分出以砍砸器、切割器和多面体工具为基础的砾石工业、使用
手斧的砾石工业和石片工具工业三种类型[36]。李宪宗认为朝鲜半岛旧石器时代晚期应
该包括砾石工具传统、石片工具传统和细石叶传统三种类型[37]。

　　造成分歧的最大原因是以全谷里为代表的汉滩江和临津江流域石器群的年代问题。
关于全谷里遗址的年代见解十分多样，幅度从约40万年前至5万~4万年前。综合起
来主要有三种观点[38]。第一种观点是裴基同根据基座玄武岩的年龄和遗址红土层与中
国洛川红土层的对比，认为遗址应为20万~18万年前。第二种观点是李鲜馥认为遗址
的年代为5万~4万年前，但最近提出的断代为13万~7.5万年前。第三种观点是李隆
助认为遗址的年龄应为12.5万年。但不论何种认识，都应该把汉滩江和临津江流域的
石器群为代表的具有阿舍利风格的运用砾石制作石器的方法看做是朝鲜半岛最早的旧石
器工业。到目前为止，在朝鲜半岛还没有发现超出中更新世的人工制品。

　　在没有全面收集朝鲜半岛旧石器报告资料的情况下，若要对半岛的旧石器工业类型有一个准确、全面的认识几乎是不可能的。根据目前我们掌握的材料仅可以对半岛内石器制作工业的发展有一个宏观的认识。我们根据加工工具毛坯的特点，认为在朝鲜半岛至少可以分辨出四种"工业类型"。第一种为砾石工业，这是朝鲜半岛已发现的最早的制作石器的工业，以砾石加工的石核工具如手斧、砍砸器为特征，代表遗址是全谷里、金坡里、龙谷里和金窟。第二种为石片工业，以石片作为加工工具的主要毛坯，代表遗址是屈浦里上层、昌内和泉沟，在砾石工业和石叶工业的关系上石片工业具有承上启下的意义。第三种为石叶工业，以石叶的剥制和有柄尖状器的出现为特点，代表遗址是古礼里、竹内里、垂杨介和龙山洞。第四种为细石叶工业，细石叶石核的使用是该工业最显著的特征，代表遗址是垂杨介上层、上舞龙里上层、下花溪里、万达里、金坪和竹山等。总体来讲各项工业类型在遗址的比重有时代上的差别，从早到晚表现出从砾石工业开始，经石片工业、石叶工业到细石叶工业的登场顺序，但直到旧石器时代的晚期砾石工业也没有绝迹。在石料的使用上表现出了从石英、石英岩向页岩、黑曜岩等多种优质石料的转变。用于生产石片的勒瓦娄哇技术在朝鲜半岛虽然有偶尔的发现，但与西伯利亚和中亚相比，该项工业在岛内还不具有重要的意义。

四、余　论

　　朝鲜半岛与我国的东北地区山水相连，目前我国东北地区已发现旧石器遗址 30 余处。有学者根据文化特点、工业传统和分布地区将我国东北地区的旧石器划分为三种类型。第一种类型是主要分布在东部山区的以大石器为主的工业，包括庙后山遗址、新乡砖厂、抚松仙人洞和小南山遗址等。第二种类型是主要分布在东北中部丘陵地带的以小石器为主的工业，包括金牛山、小孤山、鸽子洞、周家油坊和阎家岗等。第三种类型是主要分布在东北西部草原地带的以细石器为主的工业，包括大布苏、大坎子、大兴屯和十八站等遗址[39]。这种"山区大、丘陵小、草原细"的观点对东北旧石器研究产生了广泛、深刻和有益的影响，对东北旧石器时代石器工业类型的认识具有历史性的概括意义。但是这项认识还仅为阶段性的成果，近些年吉林大学和吉林省考古研究所在吉林省东部地区发现了石人沟[40]、柳洞[41]、北山[42]、下白龙[43]、立新[44]、砂金沟[45]等多处旧石器遗址，其中既包括属于东部山区大石器为主的遗址（下白龙），还包括典型的包含石叶、细石叶和细石核的遗址（石人沟、柳洞、砂金沟和北山等）。此外重要的是还发现了以砾石工具为主兼有细石叶的立新遗址。随着考古发现的增多，该区域石器工业类型的问题变得更为复杂，已经不是可以用"大石器工业类型"可以概括的。以前关于东、中、西三种工业类型的认识是由于发现遗址数量少、且属于不同历史阶段的客观原因造成的，因为根据相邻的朝鲜半岛旧石器工业情况，各工业类型除地域差别外，更多地表现的应是时间上的关系。我国东北地区各遗址的年代问题已经成为解决区域石工业类型的最大障碍。环境适应、工业传统、遗址性质（如营地、石器制造场等）和年代都应该是探讨石器工业的重要依据。总体来讲，朝鲜半岛的四种工业类型在我国的东北地区也有类似发现，由各种工业生产的石器在各遗址比重的不同和同一种工业类型的细化而显现出的各类石器组合或石器群，具有时代上的差别。

朝鲜半岛的旧石器成果对我国东北尤其是吉林省东部的研究工作具有很好的借鉴意义。主要包括以下几点。

（1）在朝鲜半岛发现了以全谷里遗址为代表的砾石工业的产品，以砾石制成的石核式工具在整个朝鲜半岛均有分布，在俄罗斯黑龙江流域的菲利莫什卡、库玛拉Ⅰ、乌斯季图和滨海地区的奥西诺夫卡（下层）[46]也有发现，最近在我国的安图立新遗址也有发现。无疑我国东北尤其是吉林省东部地区是解决东北亚砾石工业年代、起源、类型、传播和演变问题的中心区域。同时，我国学者对东北亚砾石工业与我国南方砾石工业的关系研究也具有得天独厚的优势。

（2）朝鲜半岛发现了如上舞龙里、下花溪里、万达里等多处含黑曜岩原料石器的遗址，在俄罗斯滨海地区也有类似发现，在我国吉林省的东部也发现了大量以黑曜岩为原料的遗址。对于黑曜岩产地的研究已经成为探讨人类在旧石器时代晚期利用自然资源、人群流动、社会组织等方面的重要手段之一。

（3）以石叶及石叶产品为代表的石叶工业在朝鲜半岛先于细石叶出现，后与细石叶共存。我国的吉林东部地区也发现了包含石叶和细石叶的遗址。石叶工业的传播以及与细石叶工业的关系也是进行吉林省东部地区旧石器研究时需要讨论的课题之一。

（4）朝鲜半岛和我国吉林省东部地区的土壤呈酸性，动物骨骼难以保存，在黄土地区根据动物化石判断年代的方法无效。韩国旧石器学者在冰楔和火山灰等方面的研究取得重要成果，这为我国吉林省东部地区进行类似的研究奠定了一定的实践基础。

（5）目前我国的旧石器石制品的分类及命名还没有一个统一的标准，即使是我国的旧石器学者在把握不同作者的各自石器名称时也需要十分小心谨慎，因为同名异器和异名同器的情况普遍存在。共同的分类体系和命名原则是相互沟通和交流的基础。近些年在吉林省东部地区发现了数量众多的旧石器标本，如何整理（分类和命名）这些标本已经成为需要面对的一个问题。深入学习和认真研究相邻的东北亚其他国家旧石器学界的分类体系和命名原则应该是优先考虑的方向，因为一个成熟的分类体系不仅可以反映具体材料的特点，还要适宜与广大地区的其他材料进行对比研究。类型学分类的最主要的目标就是找出可以与其他相似的遗址材料进行对比的那些石器。在开展吉林省东部地区更深入的旧石器研究的过程中，应建立更加合理的分类体系。

总之，朝鲜半岛的旧石器研究经验、方法和成果对我国东北乃至整个东北亚地区都具有重要的借鉴意义。可以忽视邻人成果的年代已经一去不复返了。只有通过中、韩、朝、俄、日各国展开国际合作，才能更完整地揭示东北亚史前历史的真实面貌。

附记：因实际的困难，朝鲜半岛许多重要的发掘报告笔者并未看到，对部分遗址的描述只能依据多位作者的研究性论文相互印证和补充得出，在此不一一列出，敬请谅解。同样的原因，笔者在朝鲜半岛旧石器资料的把握和理解上可能存在某些偏误，希望随着中国与韩朝两国之间交流的增多和国内关于朝鲜半岛旧石器材料的丰富，这些问题能够早日得到解决。本文英文摘要经中国科学院研究生院王春雪校对，作者在此深表谢意。

本项研究得到教育部人文社会科学重点研究基地基金（06JJD780003）资助。

注　释

［1］　　工业（industry）在本文中除引述他人观点外仅限于中古英语的 industrie［技巧（skill）］之意，非指“时代和性质相近的多个组合的集合体”.

［2］　　直良信夫. 朝鲜潼关镇发掘旧石器时代的遗物［A］. 满蒙报告［C］. 1940：1～12.

［3］　　麻生优、加藤晋平、藤本强. 日本の旧石器文化（4）——日本周边の旧石器文化［M］. 东京：雄山阁，1984：97～104.

［4］　　朝鲜民主主义人民共和国社会科学院考古研究所，李云铎译. 朝鲜考古学概要［M］. 哈尔滨：黑龙江省文物出版编辑室，1983：13.

［5］　　麻生优、加藤晋平、藤本强. 日本の旧石器文化（4）：日本周边の旧石器文化［M］. 东京：雄山阁，1984：104～113.

［6］　　韩昌均，申淑桢，张镐寿. 朝鲜先史文化研究［M］. 首尔：白山资料院. 1995：9～104.

［7］　　А. П. Деревянко, Каменный век северной. Восточной и центральной Азии［M］. Новосибирск：1975：117.

［8］　　崔茂藏. 韩国·旧石器文化［M］. 首尔：集文堂，1994：88～106.

［9］　　А. П. Деревянко, П. В. Волков. Ли Хонджон, Селемджинская позднепалеолитическая культура［M］. Издательство Института археологии и этнографии, Новосибирск, 1998：82.

［10］　　a. 冯宝胜. 朝鲜旧石器文化研究［M］. 北京：文津出版社，1990：68～117；

　　　　b. 郑永和. 韩国全谷里遗迹（下）［J］. 旧石器考古学，1985（30）：135～154.

［11］　　崔茂藏. 韩国京畿涟川元堂里旧石器遗址第三次发掘报告［A］. 庆祝贾兰坡院士九十华诞国际学术讨论会论文——垂杨介及她的邻居们［C］. 北京：科学出版社，1999：71～77.

［12］　　崔福奎. 江原道旧、中石器遗迹［A］. 旧石器文化［C］. 首尔：延世大学出版社. 2002：197～246.

［13］　　А. П. Деревянко, П. В. Волков. Ли Хонджон, Селемджинская позднепалеолитическая культура［M］. Издательство Института археологии и этнографии, Новосибирск, 1998：85.

［14］　　李隆助. 韩国中原地区的旧石器文化［J］. 辽海文物季刊，1996（2）：171～179.

［15］　　李隆助、禹钟允. 韩国丹阳垂杨介遗址最新发掘及研究成果［A］. 庆祝贾兰坡院士九十华诞国际学术讨论会论文——垂杨介及她的邻居们［C］. 北京：科学出版社，1999：183～188.

［16］　　Lee yung-jo, Ha Moon-sig, Yun Yong-hyun. Microblade cores in korea with special reference to the tool-making techniques of suyanggae［A］. Позданий палеолит ранний неолит Восточной Азии и

Северной Америки［C］. Владивосток，1996.

［17］　崔茂藏. 韩国의旧石器文化［M］. 首尔：集文堂，1994：72～81.

［18］　李隆助. 韩国中原地区的旧石器文化［J］. 辽海文物季刊，1996（2）：171～179.

［19］　东潮. 韩国旧石器时代研究におけろ一つの论争［J］. 旧石器考古学，1983（26）：131～134.

［20］　麻生优、加藤晋平、藤本强. 日本の旧石器文化（4）——日本周边の旧石器文化［M］. 东京：雄山阁，1984：118～165.

［21］　А. П. Деревянко，П. В. Волков. Ли Хонджон，Селемджинская позднепалеолитическая культура［M］. Издательство Института археологии и этнографии，Новосибирск，1998：84.

［22］　朴希贤. 南汉江旧石器遗址［A］. 旧石器时代文化［C］. 首尔：延世大学出版社，2002：177～196.

［23］　李隆助. 朝鲜半岛的旧石器文化［J］. 华夏考古，1998（2）：106～112.

［24］　А. П. Деревянко，П. В. Волков. Ли Хонджон，Селемджинская позднепалеолитическая культура［M］. Издательство Института археологии и этнографии，Новосибирск，1998：88.

［25］　a. 李隆助、禹钟允、河文植. 牛山里［A］. 住岩·水没地域文化遗迹发掘调查报告书（Ⅴ）［C］. 光州：全南大学博物馆，1988：63～124；
　　　　b. 李隆助、尹隆贤. 牛山里旧石器遗迹［A］. 住岩·水没地域文化遗迹发掘调查报告书（Ⅶ）［C］. 光州：全南大学博物馆，1990：77～140.

［26］　李鲜馥，姜贤淑，李教东，金容河，成春泽. 新坪里·德山里·后期旧石器遗迹［A］. 住岩·水没地域文化遗迹发掘调查报告书（Ⅶ）［C］. 光州：全南大学博物馆，1990：21～76.

［27］　李起吉. 全南的旧石器文化［J］. 历史与考古信息·东北亚，2006（2）：30～38.

［28］　李鲜馥，姜贤淑，李教东，金容河，成春泽. 新坪里·德山里·后期旧石器遗迹［A］. 住岩·水没地域文化遗迹发掘调查报告书（Ⅶ）［C］. 光州：全南大学博物馆，1990：21～76.

［29］　李起吉. 韩国顺天竹内里遗迹の旧石器文化［J］. 旧石器考古学，2001（62）：11～21.

［30］　李起吉. 和顺牟山遗址［M］. 光州：朝鲜大学博物馆，2002.

［31］　李起吉. 韩国广州山月洞·旧石器［A］. 东北亚旧石器文化［C］. 首尔：白山文化，1996：111～119.

［32］　朴英哲. 徐姈男. 韩国密阳古礼里旧石器遗迹の发掘调查概要［J］. 旧石器考古学，1998（57）：83～90.

［33］　河仁秀. 海云台中洞·佐洞遗迹の旧石器文化［J］. 旧石器考古学，2000（60）：83～93.

［34］　裴基同. 韩半岛の前期、中期旧石器时代［J］. 旧石器考古学，2001（62）：1～10.

［35］　崔茂藏. 韩国·旧石器文化［M］. 首尔：集文堂，1994.

［36］　李宪宗. 朝鲜半岛旧石器时代中期文化研究［J］. 历史与考古信息·东北亚，2006（1）：108～120.

［37］　Ли Хонджон，Характер. Датировка и периодизация верхнего палеолита Кореи［A］. Позданий палеолит ранний неолит Восточной Азии и Северной Америки，Владивосток［C］. 1996：162～167.

［38］　李宪宗. 朝鲜半岛旧石器时代中期文化研究［J］. 历史与考古信息·东北亚，2006（1）：108～120.

［39］　陈全家.（东北）旧石器时代考古，东北古代民族·考古与疆域［M］. 长春：吉林大学出版
　　　　社，1997：196 ~ 197.

［40］　陈全家，王春雪，方启，赵海龙. 延边地区和龙石人沟发现的旧石器［J］. 人类学学报，
　　　　2006，25（2）：106 ~ 114.

［41］　陈全家，王春雪，方启，胡钰，赵海龙. 吉林和龙柳洞 2004 年发现的旧石器［J］. 人类学学
　　　　报，2006，25（3）：208 ~ 219.

［42］　陈全家，张乐. 吉林延边珲春北山发现的旧石器［J］. 人类学学报，2004（2）：138 ~ 145.

［43］　陈全家，霍东峰，赵海龙. 图们下白龙发现的旧石器［A］. 边疆考古研究（第 2 辑）［C］.
　　　　北京：科学出版社，2004：1 ~ 14.

［44］　陈全家，赵海龙，方启等. 延边安图立新发现的砾石石器［J］. 人类学学报，2008，27
　　　　（1）：45 ~ 50.

［45］　陈全家，赵海龙，程新民等. 吉林安图沙金沟发现的旧石器［J］. 华夏考古，2008（4）.

［46］　А. П. 克鲁沙诺夫. 苏联远东史——从远古到 17 世纪［M］. 哈尔滨：哈尔滨出版社，
　　　　1993：15 ~ 29.

附表　朝鲜半岛主要旧石器遗址

序号	流域	名称	所属区域		类型	发掘年份
			道	郡		
1	图们江	潼关镇	咸镜北道	钟城	旷野	1935
2		鲋浦里	咸镜北道	雄基	旷野	1964
3		屈浦里	咸镜北道	雄基	旷野	1963 ~ 1964
4	大同江	胜利山	平安南道	德川	洞穴	1972 ~ 1973
5		万达里	平壤市	胜湖区	洞穴	1979 ~ 1980
6		大岘洞	平壤市	力浦区	洞穴	1977
7		青青岩	平壤市	祥原	洞穴	1969 ~ 1970
8		黑隅里	平壤市	祥原	洞穴	1966 ~ 1970
9		龙谷里	平壤市	祥原	洞穴	1980 ~ 1981
10	汉滩江	元堂里	京畿道	涟川	旷野	1995、1998
11		楠溪里	京畿道	涟川	旷野	1989
12		全谷里	京畿道	涟川	旷野	1979 ~ 1983、1986、1991 ~ 1992
13		金坡里	京畿道	坡州	旷野	1989 ~ 1992、1999
14		舟月里	京畿道	坡州	旷野	1993
15		佳月里	京畿道	坡州	旷野	1993
16		长兴里	江原道	铁原	旷野	1998 ~ 2000

序号	流域	名称	所属区域		类型	发掘年份
			道	郡		
17	北汉江	上舞龙里	江原道	杨口	旷野	1987~1989
18		禾岱里	京畿道	抱川	旷野	2005
19		下花溪里	江原道	洪川	旷野	1990~1991、2004
20		民乐洞	京畿道	坡州	旷野	1994~1995
21		好坪洞	京畿道	南杨	旷野	2003~2004
22	南汉江	坪仓里	京畿道	龙仁	旷野	1998
23		屏山里	京畿道	杨平	旷野	1992~1994
24		宫坪里	京畿道	广州	旷野	1986
25		三里	京畿道	广州	旷野	2003
26		昆池岩	京畿道	广州	旷野	2001
27		栗洞里	江原道	横城	旷野	1998
28		玄川里	江原道	横城	旷野	1982
29		店马龙窟	忠清北道	提川	洞穴	1973~1980
30		鸣梧里	忠清北道	堤原	旷野	1983~1984
31		昌内	忠清北道	提川	旷野	1982~1983
32		大路边	忠清北道	提川	旷野	1983~1984
33		龙山洞	忠清南道	大田	旷野	2005
34		上诗	忠清北道	丹阳	洞穴	1981
35		垂杨介	忠清北道	丹阳	旷野	1983~1985、1996
36		九朗窟	忠清北道	丹阳	洞穴	1986、1988、1998、1999
37		金窟	忠清北道	丹阳	洞穴	1983~1985
38	锦江	小鲁里	忠清北道	清原	旷野	1997~1998
39		石壮里	忠清南道	公州	旷野	1964~1974、1990、1992
40		凤鸣洞	忠清北道	清州	旷野	1999
41		龙湖洞	忠清南道	大田	旷野	2000~2001
42		老隐洞	忠清南道	大田	旷野	1998~1999
43		兴洙窟	忠清北道	清原	洞穴	1982~1983
		秃鲁峰2窟	忠清北道	清原	洞穴	1976~1978
		处女窟	忠清北道	清原	洞穴	1983
		新窟	忠清北道	清原	洞穴	1980
		秃鲁峰9窟	忠清北道	清原	洞穴	1983
44		泉沟	忠清北道	清原	旷野	1978
45		津哥讷（音）	全罗南道	镇安	旷野	2000

序号	流域	名称	所属区域		类型	发掘年份
			道	郡		
46	蟾津江	玉果	全罗南道	谷城	旷野	1989
47		治平洞	全罗南道	光州	旷野	1996
48		堂下山	庆尚南道	咸平	旷野	1997
49		牟山	全罗南道	和顺	旷野	1999
50		大田	全罗南道	和顺	旷野	1988～1989
51		谷川	全罗南道	顺天	旷野	1987
52		竹山	全罗南道	顺天	旷野	1987～1988
53		金坪	全罗南道	顺天	旷野	1987
54		竹内里	全罗南道	顺天	旷野	1998
55		德山里	全罗南道	金海	旷野	1988～1989
56		月坪	全罗南道	顺天	旷野	1998
57	洛东江	壬佛里	庆尚南道	居昌	旷野	1998
58		古礼里	庆尚南道	密阳	旷野	1997～1998
59		内村里	庆尚南道	晋州	旷野	1997
60		集贤	庆尚南道	晋州	旷野	2001
61	日本海（东海）岸边	海云台	庆尚南道	釜山	旷野	1992～1993、2001
62		玉岘	庆尚南道	蔚山	旷野	1998～1999
63		九湖洞	江原道	东海	旷野	1992
		九美洞	江原道	东海	旷野	1992
64		发翰洞	江原道	东海	旷野	1996
65		墨湖洞	江原道	东海	旷野	1994
66		深谷里	江原道	溟州	旷野	1984
67		长德里	咸镜北道	花台	旷野	1962

Preliminary Study of Paleolithic Sites and Industrial Types in Korean Peninsula: Several views on the Paleolithic Study in East of Jilin Province

LI You-qian　　CHEN Quan-jia

For several decades already, scholars engaged in Paleolithic studies have known and discussed the issues of Paleolithic study in Korean Peninsula. According to distribution of sites in

Korean Peninsula, this article introduces some information of over 30 sites. Based on the viewpoints of researchers in Korean Peninsula, we think that Paleolithic sites can be divided into four industrial types: *the Peddle Tool Industry*, *the Flake Tool Industry*, *the Blade-based Tool Industry* and *the Microblade-based Micro-tool Industry*. These industrial types are integrated into a complicated chronological local culture. Therefore, we can conclude that the same types appeared in the Northeast China, and suggest several views on the studies of Paleolithic for the East of Jilin Province.

黑曜岩产源研究的国内外研究现状
及发展趋势综述

刘　爽[1,2]　吴小红[1]　陈全家[2]

（1. 北京大学考古文博学院，北京，100871；2. 吉林大学边疆考古研究中心，
长春，130012）

一、研 究 意 义

黑曜岩是一种岩浆喷出型的火山玻璃，其质地优良者经过打制边锋锐利，在远古时代被亚、非、欧、美等大陆的人类广泛用于制作工具，可随身携带并用于远程贸易。由于能够产生遗留至今的黑曜岩的火山数量有限，而不同时段不同地域火山喷发形成的黑曜岩具有不同的地球化学特征，因此，黑曜岩具有判定矿料产源的"示踪作用"。通过对遗址中黑曜岩制品与原料产地关系的判断，可以了解史前人类贸易、迁徙和文化交流路线，以及对矿产资源的开发利用等情况，在人类遗存相对稀少的史前历史研究中具有重要的学术价值。

二、国内外研究现状及发展动态分析

国外在 19 世纪初开始关注遗址中出土的黑曜岩制品，20 世纪五六十年代开展了全球性的调查研究。目前，国际上已有多个专门的黑曜岩研究机构和实验室，建立了世界各地的黑曜岩数据库（缺乏中国境内的数据）。据不完全统计，仅美洲一地，与黑曜岩产源相关的研究成果近百项，其中有学术论文与专著，还有博硕士学位论文。

早期的研究工作采用发射光谱[1]、中子活化[2]和 XRF[3,4]分析，将黑曜岩按元素特征分组，有时还与石器的形制联系起来进行研究，开辟了黑曜岩研究新的领域。但必须承认由于当时分析的样品数量少，而且黑曜岩矿产资源的调查不够充分，所能信靠的结论有限，但其工作对后人的研究产生了很大影响。

1965 年，科林·伦福儒等学者根据希腊北部一些新石器时代遗址拥有大量产自米洛斯的黑曜石的状况，指出：早在公元前六七千年，希腊史前人类已具备造船和航海能

力；1967～1974 年，对希腊伯罗奔尼撒半岛的法郎契特洞穴的发掘中，在中石器时代后期地层遗存发现了大量的鱼骨化石和用黑曜岩（来自于东南的米洛斯岛）制作的石器，是世界上人类航海活动或海上运输迄今所知的最早的证据材料[5]。至此，黑曜岩在人类迁徙行为研究中的作用受到了重视。

R. E. Taylor《Advances in Obsidian Glass Studies：Archaeological and Geochemical Perspectives》一书对黑曜岩研究首次进行了综合论述[6]，阐明考古学与地球化学相结合的研究方法在黑曜岩研究中的重要性和应用前景，具有里程碑作用。随后，各国科技考古工作者不断尝试使用不同的检测技术和分析方法，在计算机科学、化学分析技术及数据处理方法日新月异的推动下，黑曜岩产源研究在解决史前人类迁徙、经济形态、资源利用及文化交流等方面发挥了越来越令人瞩目的重要作用。

1986 年，Richard E·Hughes 采用 EDXRF 等方法对加利福尼亚州东北部和俄勒冈州中南部两个地区出土的黑曜岩制品进行了分析，并采用 SPSS 聚类统计分析方法，以痕量元素 Rb、Sr、Y、Zr、Nb（ppm）为变量对这两个地区的黑曜岩进行了考古学研究，揭示了石器制造者对资源利用的不同模式，反映了古代人类行为的动态发展变化[7]。科林·伦福儒等人应用主微量元素分析方法以及裂变径迹法对近东地区出土黑曜岩制品进行了综合研究，结果表明，近东地区新时代早期遗址黑曜岩的产地来源有四个：安纳托利亚中部两个，主要输送到塞浦路斯、安纳托利亚和 Levant 地区到巴勒斯坦一带；安纳托利亚东部亚美尼亚两个，主要输送到伊朗的扎格罗斯山区的一些遗址如 Ali Kosh。在接近黑曜岩产地的遗址，黑曜岩占打制石器的 80%，说明在"供应区"（距离产地 320 公里的范围内）之内，人们直接从产地采集黑曜岩，在"供应区"之外，黑曜岩的发现表现为指数缩减，表明它是由一个村庄传给下一个村庄，以这种形式不断地被输送传递[8]。这是对黑曜岩判源工作开展得最为成功的案例之一。

M. Steven Shackley 作为国际上颇具声望的黑曜岩研究专家，对自 Taylor 之后 20 多年的黑曜岩考古成就及理论和方法进行了总结和回顾，充分肯定了黑曜岩研究在史前考古和古人类行为研究中的重要意义和价值[9]。Mar. Alan Giambastiani 的博士论文将矿源的研究与西部大盆地古人类定居迁徙等活动结合起来，成功地揭示在火山高原地区黑曜岩应用的时空模式以及由此昭示的石器技术和定居迁徙方式的长时段变化[10]，为我们的研究提供了一定的方法学上的借鉴。

B. Constantinescu 等学者对罗马尼亚的 Transylvania 地区新石器时代遗址黑曜岩石器矿料产源进行研究，采用 PIXE、micro-PIXE 及 XRF 等技术，对矿源指示作用较强的元素对的比值（Ti/Mn-Rb/Zr、Ba/Ce-Y/Zr）做二维散点图分析，判断出这些黑曜岩制品的三个不同来源路线，揭示出公元前 5000 年末期在中欧和东欧存在的贸易交流网和超过 1500 公里的交流路线[11]，从而有助于阐明古代中东欧人群之间演化关系等重要历史课题。

裂变径迹法（FT）自 1971 年被引入到黑曜岩的矿料产源研究中，经过 20 多年的积累，其理论和方法不断进步，成为对化学元素分析方法的有效补充[12]。2001 年，R. Badalian 等学者指出由于实验误差的缘故，FT 法在判断同一地域短时间段内不同的火山喷发年代时存在一定的问题，但可以通过铀系测年及化学成分判源等方法进行互补研究[13]。随后，同一课题组的进一步研究表明[14]，该法可以对年轻火山的年龄进行判断，并可以分辨由人类加热行为导致的裂变径迹的变化，从而测定黑曜岩制品加工时的年龄，以与通常的火山喷发的“地质年代”相区别，首次提出用 FT 法判断黑曜岩石器制造年代判定方法，具有重要的学术意义。

LA-ICP-MS 法由于具有无损快速、灵敏度高、检出限低等优点在黑曜岩分布及矿源的研究中发挥了重要的作用[15]。Jelmer W. Eerkens 等学者应用此技术，对美国加利福尼亚州的重要遗址之一——Owens 村不同时期的黑曜岩石器形制、数量、大小与矿料产源距离之间的关系进行比较分析，结合已有的研究成果，揭示这一地区史前人类行为方式，论述了相关的定居模式、流动频率、资源利用、石器制造、贸易交换等方面内容，不仅提供了详尽的实验操作规程，并应用水合层的结果对样品的代表性进行检讨，为同类课题的研究提供了方法学上的典范[16]。

当前，国际上对黑曜岩矿源的研究越来越呈现多种方法结合研究的趋势。ICP-MS、ICP-AES 和 LA-ICP-MS 被应用在土耳其的柴特尔·休于遗址，三种方法间的互相印证增加了分析结果的可信度[17]。在南美洲，黑曜岩矿源研究主要应用化学元素分析和裂变径迹定年法。2008 年，Ludovic Bellot-Gurlet 等学者使用 ICP-AES、ICP-MS 和 PIXE 方法，测定主量元素与微量元素（包括稀土元素）的含量并分为 10 个元素组，与裂变径迹法测定的年代结合起来，对哥伦比亚和厄瓜多尔的黑曜岩矿源进行详尽细致地描述和比较研究。在分析一些黑曜岩制品的年代与由元素组成判断的矿源年代不符的原因时，作者认为：一种可能是由于在同一地区的火山不同时段喷发造成；另一种可能是存在还没有被发现的潜在的矿源，从而得出更多的区域性调查需要继续进行的结论[18]。

从岩石磁性的角度对黑曜岩的产源进行研究始自 1983 年[19]，J. Urrutia-Fucugauchi 将这种方法应用于墨西哥中部火山带的研究，在强调了这种方法的经济适用、无损便捷的优点后，他进一步指出由于存在磁性重叠导致的精度不够等问题，更细致的工作以及与化学成分分析相结合是进行产源研究的有效手段[20]。

R. H. Tykot 在总结考古判源研究的方法和应用时指出：对矿源全面的地质调查和揭露是对人工制品进行分析的基础。在地中海地区黑曜岩的研究中，元素特征和裂变径迹法定年是最有成效的方法，同时强调有代表性样品的选择对最终结果起着重要的作用，并认为地质学家、考古学家和化学家之间的相互合作以及系统研究是非常必要的[21]。

在东北亚，日本、俄罗斯等在黑曜岩的研究方面已经取得一系列显著成果。1949

年，日本在群马县新田郡岩宿附近的火山灰堆积崖面上发现黑曜石制品，确认为日本列岛首次发现的旧石器遗址，开创了日本史前史研究的新纪元[22]。日本不仅有专门的研究期刊，更把东北亚地区的黑曜岩研究推向综合的分析阶段[23]。俄罗斯学者 Kuzmin 等人也开展了相关方面的研究，对史前时期黑曜岩制品在远东地区的利用和传播进行了系统研究[24][25]。远东的萨哈林岛（即库页岛）经裂变径迹法断代和中子活化分析，确定有一部分黑曜岩产自日本的北海道。长白山的石料应该是滨海地区黑曜岩石器的来源之一，遗憾的是，长白山矿源的样品只有四个，且采自朝鲜。中国矿源资料数据的缺乏严重影响了相关研究结论的可靠性。

综上所述，国际上黑曜岩矿料产源的研究集中在新矿源的调查发现和应用各种现代科技方法，如 XRF、PIXE、INAA、LA—ICP-AES、ICP-MS、FT（裂变径迹法定年）、K-Ar 法测年、HD（水合层定年）等进行地球化学、成矿及工具制造年代以及物化性质分析，在明确矿源特征的基础上，判断遗址出土的黑曜岩制品的来源，从而能够进一步揭示人类行为变化的趋势和原因，具有物理、化学、地质、考古等多学科综合研究的特点，并向矿源的全面调查和揭露、全样品数据库建设、提高方法精确度、数据的科学处理和解读以及多种方法结合等方向发展。

与国外近半个世纪轰轰烈烈的黑曜岩研究工作形成鲜明对比的是我国这方面工作的相对沉寂。周边国家如俄罗斯、日本、朝鲜[26]的学者在对相关课题进行研究时，关于黑曜岩重要的产地之一——我国长白山区矿源的数据只能付诸阙如，极大地影响了该区域相关研究进展。

自 20 世纪 60 年代始，中国境内陆续有黑曜岩人工制品出土，但多是零星的发现，以吉林省为最多，其次是黑龙江[27]和内蒙古地区[28]，河北[29]较少。相关的工作侧重考古类型学研究，对黑曜岩材料的综合分析做得不够，矿料产源的研究未见报导。

本世纪初，在吉林大学边疆考古研究中心的工作下，黑曜岩人工制品开始有大宗的发现，且集中在吉林省东部。陈全家教授主持调查和发掘工作，先后在吉林延边珲春北山[30]、和龙石人沟[31]、和龙柳洞[32]、辉南邵家店[33]、抚松新屯西山[34]、延边安图立新[35]等遗址发现黑曜岩近万件，特别是在 2007 年大洞遗址的发掘中，不仅有大量的黑曜岩石器及残片，还发现砾石原料，对溯源而上寻找原生矿源提供了重要线索。对这些遗址的文化性质进行类型学分析的同时，发掘者亦意识到：通过微量元素分析等方法对遗址内石制品所用黑曜岩的来源作进一步工作、以探究古人类的活动范围及路线、证明当时与邻近地区是否存在着文化交流是非常必要的[36]。在《吉林省旧石器时代晚期细石叶工业技术分析》[37]一文中，进一步强调黑曜岩探源工作是今后需要努力的方向之一。

目前已知的矿源主要位于吉林省九台市和长白山天池周围。前者的黑曜岩风化严重，杂质较多，是否为古人利用，尚不得而知。而研究者对于古人类所选择的黑曜岩石料是否都来自长白山，亦尚存疑虑[38]。王春雪等从原料的岩性、来源与分布、原料的成因及开采方式等方面对吉林省东部地区旧石器遗址石制品的原料进行研究[39,40]，但仍然缺乏主微量元素组成等地球化学特征分析，对矿源的地面调查需要全面进行。

三、开展多学科合作，进行黑曜岩矿料
产源的综合性课题研究

纵观国内外已有的研究成果，吉林大学边疆考古研究中心与北京大学考古文博学院决定开展多学科合作，强强联合，优势互补，进行黑曜岩矿料产源的综合性课题研究。

课题命名为"吉林省东部史前遗址黑曜岩制品矿料产源及相关的人类行为研究"，旨在促进我国黑曜岩矿产资源的调查和矿料产源的研究工作，在对中国境内长白山区黑曜岩矿源和吉林省东部史前遗址黑曜岩制品进行系统研究的基础上，建立相关数据库，并与周边国家及地区的研究成果进行对比研究，有望填补东北亚地区中国黑曜岩资料的空缺，为东北亚史前居民跨区域的迁徙和文化贸易交流提供重要依据。

附记：该文是教育部人文社会科学重点研究基地2006年度重大研究项目研究成果（编号06JJD780003）。

注　释

［1］　Colin Renfrew etc. The Characterization of Obsidian and Its Application to the Mediterranean Region
　　　［J］. *The Proceedings of Prehistoric Society*, 1964, 30: 112.

［2］　S. A. Durrani etc. Obsidian Source Identification by Fission Track Analysis ［J］. *Nature*, 1971,
　　　233: 242.

［3］　Thomas R. Hester etc. The Obsidian of Tres Zapotes, Veracruz, Mexico ［J］. *Papers on Olmec and
　　　Maya Archaeology*, University of California Department of Anthropology Berkeley, 1971: 65 ~ 131.

［4］　Thomas R. Hester etc. Technology and Geologic Sources of Obsidian Artifacts from Cerro De Las Me-
　　　sas, Veracruz, Mexico, with Observations on Olmec Trade ［J］. *Papers on Olmec and Maya Archae-
　　　ology*, University of California Department of Anthropology Berkeley, 1971: 133 ~ 141.

［5］　张富强. 地中海和西亚地区黑曜石考古含义述略 ［J］. 世界历史, 1988, 4: 123 ~ 132.

［6］　R. E. Taylor etc. *Advances in Obsidian Glass Studies: Archaeological and Geochemical Perspectives*
　　　［M］. Park Ridge, New Jersey, Noyes Press.

［7］　Richard E. *Hughes Diachronic Variability in Obsidian Procurement Patterns in Northeastern California
　　　and Southcentual Oregon* ［M］. 1986.

［8］　Colin Renfrew etc. *Archaeology: Theories Methods and Practice* ［M］. Thames and Hudson Ltd,

London，2000.

[9]　M. Steven Shackley. *Archaeological Obsidian Studies Method and Theory* ［M］. New York，1998.

[10]　Mar. Alan Giambastiani. *Prehistoric Obsidian Use on the Volcanic Tableland and its Implications for Settlement Patterns and Technological Change in the Western Great Basin* ［M］. 2004.

[11]　B. Constantinescu etc. Obsidian provenance studies of Transylvania's Neolithic tools using PIXE，micro-PIXE and XRF ［J］. *Nuclear Instruments and Methods in Physics Research B*，2002，189：373 ~ 377.

[12]　l. Bellot-Gurlet etc. The Fission-Track Analysis：An Alternative Technique for Provenance Studies of Prehistoric Obsidian Artefacts ［J］. *Radiation Measurements*，1999，31：639 ~ 644.

[13]　R. Badalian etc. An international research project on Armenian archaeological sites：fission-track dating of obsidian ［J］. *Radiation Measurements*，2001，34：373 ~ 378.

[14]　C. Chataigner etc. Provenance studies of obsidian artefacts from Armenian archaeological sites using the fission-track dating method ［J］. *Journal of Non-Crystalline Solids*，2003，323：167 ~ 171.

[15]　B. Gratuze. Obsidian Characterization by Laser Ablation ICP-MS and its Application to Prehistoric Trade in the Mediterranean and the Near East：Sources and Distribution of Obsidian within the Aegean and Anatolia ［J］. *Journal of Archaeological Science*，1999，26：869 ~ 881.

[16]　Jelmer W. Eerkens etc. Measuring prehistoric mobility strategies based on obsidian geochemical and technological signatures in the Owens Valley，California ［J］. *Journal of Archaeological Science*，2007，5：1 ~ 13.

[17]　Tristan Carter etc. A new programme of obsidian characterization at Catalhoyuk，Turkey ［J］. *Journal of Archaeological Science*，2006，33：893 ~ 909.

[18]　Ludovic Bellot-Gurlet etc. Obsidian provenance studies in Colombia and Ecuador：obsidian sources revisited ［J］. *Journal of Archaeological Science*，2008，35：272 ~ 289.

[19]　J. M. McDougall，D. H. Tarling and S. E. Warren. The magnetic sourcing of obsidian samples from Mediterranean and near Eastern sources ［J］. *Journal of Archaeological Science*，1983，10：441 ~ 452.

[20]　J. Urrutia-Fucugauchi. Preliminary result of a rock-magnetic study of obsidians from central Mexico ［J］. *Geofisia Internacional*，1999，38：83 ~ 94.

[21]　R. H. Tykotz. *Scientific methods and applications to archaeological provenance studies* ［M］. 2004.

[22]　黄慰文. 日本旧石器考古新进展 ［J］. 人类学学报，1989，8（1）：84.

[23]　小畑弘己. Study on the changes of hunting instruments from Pleistocene to Holocene in Far East and the Sea of Japan Rim ［M］. 平成16年（2004）.

[24]　Y. V. Kuzmin etc. Sources Archaeological Volcanic Glass In The Primorye（Maritime）Province，Russian Far East ［J］. *Archaeometry*，2002，44（4）：505 ~ 515.

[25]　Yaroslar V. Kuzmin etc. Sources of Archaeological Obsidian on Sakhalin Island（Russian Far East）［J］. *Journal of Archaeological Science*，2002，29：741 ~ 749.

[26]　LEE Heon Jong. Role of Obsidian in Upper Paleolithic，Korea ［J］. 黑耀石文化研究，第4号，2006.

[27]　王祥滨，张志成. 宁安市渤海镇西安村东遗址发掘简报［J］. 北方文物，2004（4）.

[28]　马秀. 内蒙古锡盟贺斯格乌拉的细石器文化遗存［A］. 考古学集刊（4）［C］. 北京：中国社会科学出版社，1984：64～75.

[29]　朱之勇，高星. 虎头梁遗址楔型细石核研究［J］. 人类学学报，2006，25（2）：129～142.

[30]　陈全家，张乐. 吉林延边珲春北山发现的旧石器［J］. 人类学学报，2004，23（2）：138～145.

[31]　陈全家，王春雪，方启. 延边地区和龙石人沟发现的旧石器［J］. 人类学学报，2006，25（2）：106～114.

[32]　陈全家，王春雪，方启. 吉林和龙柳洞2004年发现的旧石器［J］. 人类学学报，2006，25（3）：208～219.

[33]　陈全家，李有骞，赵海龙. 吉林辉南邵家店发现的旧石器［J］. 北方文物，2006，1：1～7.

[34]　陈全家，赵海龙. 抚松新屯西山旧石器古营地遗址［J］. 人类学学报，待刊.

[35]　陈全家等. 延边安图立新发现砾石石器［J］. 人类学学报，2008，27（1）：45～50.

[36]　陈全家等. 吉林延边地区和龙石人沟旧石器遗址试掘报告［J］. 人类学学报，待刊.

[37]　王春雪等. 吉林省旧石器晚期细石叶工业技术分析［J］. 北方文物，待刊.

[38]　程新民等. 吉林省东部旧石器时代人地关系初探［A］. 边疆考古研究（第7辑）［C］，北京：科学出版社，2008，待刊.

[39]　王春雪等. 试析吉林省东部地区旧石器晚期遗址石质品原料的开发与利用［J］. 人类学学报，待刊.

[40]　王春雪等. 试析吉林和龙石人沟旧石器时代晚期遗址古人类的技术与行为［A］. 边疆考古研究（第6辑）［C］. 北京：科学出版社，2007.

The summarization about the actuality and development trend of the obsidian provenance research in China and the abroad

LIU Shuang　　WU Xiao-hong　　CHEN Quan-jia

This paper summarize the actuality and development trend of obsidian provenance research in China and the abroad in order to provide the theory foundation to develop the relative and integrative tasks.

鄂伦春狩猎采集生活的考古学意义

宋宝峰[1]　王艳梅[1]　陈胜前[2]

（1. 内蒙古自治区鄂伦春博物馆，阿里河，165450；2. 吉林大学边疆考古研究中心，长春，130012）

一、问题的提出

考古学研究人类过去的文化系统，然而考古学家面临的总是非常零碎的材料。考古学研究的困难之处就在于他们不知道考古遗存在多大程度上能够反映过去的文化面貌。首先，考古学家不了解过去的文化系统是如何运作的；其次，他们不知道人类活动与考古遗存之间的关系如何，究竟哪些东西会被废弃，哪些东西能够保存下来，其间是否有规律可循；最后，考古学家没有把文化遗存缀合成文化系统的经验。而这些正好都是民族考古学可以提供的！

当前困扰旧石器考古学的"莫斯特难题"和新石器考古学的"考古学文化问题"都在质疑考古学这门学科基本逻辑推理的合理性[1]。考古学家从考古材料中究竟能够推导出哪些可靠的知识呢？"莫斯特难题"的症结在于考古学家不知道所研究的石器组合究竟能说明什么？从石器组合中能否推导出族群的存在？或者说是人群的划分？"考古学文化的问题"则在于考古学家不知道实物材料代表的考古学文化与古人实际生活中的文化有多大的差异性，考古学文化究竟是什么？是经济形态层面上的文化还是意识形态层面上的文化？民族考古学研究从已知的对象出发，探讨物质遗存与文化之间的关系，协助考古学家在零碎的考古材料与理解过去社会之间架起一道桥梁，所以说它对以上两个难题的澄清与解决都有帮助，也就是为考古学的发展排除关键的障碍。

西方考古学与民族学的关系非常密切。大量的民族学调查和研究让考古学家在研究考古材料时有许多可以参考的知识，不少考古学家直接参加到民族学研究中去，从考古学研究的目的出发，从事民族考古学的研究。以狩猎采集者的研究为例，叶伦（Yellen）对非洲卡拉哈里地区布须曼人的研究和北美洲西北海岸的印第安人的研究让我们看到生态因素对人类适应具有重要的影响[2]，同样依赖狩猎采集，西北海岸的印第安人发展出了复杂社会阶段的形态。类似的研究非常之多，考古学家从事民族学的研究虽然并不都是以研究遗址形成过程为目的，但是他们提供的背景知识极大地丰富了考古学家对遗址多样性的了解。

宾福德（Binford）从1969到1973年对阿拉斯加州的努那缪提（Nunamiut）爱斯基

摩人的研究最为经典[3]，从遗址的宏观结构来看，它让考古学家了解到狩猎采集者遗留下来的遗存非常多样，一个人类群体可以产生多样的遗址，遗存的形态差异可能非常明显，但是不能因此就把不同形态的遗存归为不同的群体；从遗址的微观结构分析方面，宾福德让我们看到遗址空间使用与各种自然因素之间的关系，比如风向、温度等等。后过程考古学同样很重视民族考古学对遗址过程研究的贡献，作为后过程学派的主要创始人，霍德（Hodder）曾经对东非畜牧民族进行研究，发现性别因素影响遗物的废弃分布[4]。

当代考古学中谢弗（Schiffer）从另外一个角度来研究遗址过程，他研究的对象不限于处在狩猎采集或原始农耕阶段的民族，而是包括当代各种社会群体。他研究遗存的整个废弃过程，在遗址中堆积物中区分出八种类型，促进了考古学家对遗址过程的理解，进而发展出"行为考古学"这个研究方向[5]。

目前来说，我国的考古学与民族学研究是截然分开的，从考古学的角度来研究民族学材料还少有尝试。同样对于遗址形成过程的研究还处在萌芽阶段，绝大部分考古学家还没有意识到考古遗存究竟与人类的行为及文化系统之间有着怎样的关系。本文的目的就是做一个这样的尝试，探讨遗存与人类行为之间可能的关系形态。

二、研究的思路：困难与方法

鄂伦春人是我国罕有的在近现代还保持着流动狩猎采集生计方式的民族，据清文献记载，鄂伦春族在17世纪中叶主要分布在贝加尔湖以东，黑龙江以北，直到库页岛的广大地区。以精奇里江为中心进行活动。17世纪40年代，鄂伦春人绝大多数从黑龙江以北陆续迁到黑龙江南岸，在大小兴安岭的原始森林中游猎[6]。

无疑把鄂伦春人与史前的狩猎采集者进行简单的类比是不合适的。我们知道鄂伦春人历史上就生活于复杂的政治经济体系之中，深受当时社会环境的作用，也就是现在流行的世界体系（world system）理论所强调的文化的互相影响与控制[7]，比如说鄂伦春人从属于地方的管理机构，国家复杂的政治构架、周边日益深入的文化接触都深深地影响到鄂伦春人。就鄂伦春人独特的狩猎采集生计而言，近现代研究者所看到的鄂伦春人，他们骑马、利用枪支进行狩猎，狩猎的目的不仅仅为自身食用，而且有很强的商业化色彩，比如他们割取鹿茸、猎取貂皮、采集人参用以交换粮食、纺织品和弹药，和史前的狩猎采集者步行、利用弓箭标枪等简单的工具进行非商业化的狩猎采集无疑有很大的区别。骑马与利用枪支赋予鄂伦春狩猎者以前所未有的流动性与独立性，狩猎的合作单位减小，利用的地理范围扩大。在这个意义上来说，鄂伦春人可以称为"森林专家"、"专业化的狩猎者"，和史前的狩猎采集者不可相提并论。

然而问题不在于能不能进行类比，而是如何进行可行的类比。我们可以排除历史因素的影响，只选择具有考古学意义的方面进行类比。鄂伦春人和史前的狩猎采集者一样过着高度流动的生活，完全不进行食物生产，只是在自然环境中狩猎采集。流动采食是狩猎采集社会的关键变量，就像农业生产对于传统社会，市场经济对于当代社会一样，它深刻影响社会的基本结构。再者，如果我们从考古学研究的角度来看，我们可以将之视为一种最贴近狩猎采集方式的模拟实验，从考古学家所关心的问题出发，把这个"实验"的结果与考古材料进行对照，发现考古材料存在的问题与可能揭示的信息。本文所关心的包括两个方面的问题：一是流动采食对遗存多样性与保留程度的影响，即究竟有哪些遗存可能保留下来，它们是否具有类似于考古学文化的风格相似性；二是流动采食生活基本的工具功能构成，这对于我们了解史前狩猎采集者的工具功能时将有宝贵的借鉴意义。

三、鄂伦春人的狩猎采集生活

鄂伦春人的采集是在春、夏、秋三季进行的。组织形式随其社会发展程度的差异而有所不同。鄂伦春人的早期采集，在家庭公社时期可能是集体进行的；但是到了一夫一妻的小家庭成为社会的基本生产单位以后，还是 3~5 人进行，但采集品归小家庭所有。在采集的季节，老太太、青壮年妇女，有时还带小孩去采集，一方面是为了可以多采些野菜，另一方面大人要向儿童传授采集的知识。

鄂伦春族采集野菜、野果、植物块根、菌类、药材、鸟蛋等。在采集的茎叶之类的野菜中，有昆毕勒（柳蒿芽）、坑古拉（山芹菜）、地牢出（黄花菜）、卡列拉（野韭菜）、苏的（野葱）等。野果有英额格特（稠李子）、茉莉格特（山丁子）、古格特（都柿）、嘎呼古石（刺木果）等。菌类植物有淹包逃（针蘑）、库兰木古（花脸蘑）、查拉巴木古（桦树上长的木耳）等。采集最多的野菜是柳蒿芽和山芹菜，其次，是黄花菜和酸姜叶，把这些野菜晒干，一家要储备足够食用一冬的，其他野菜都是随采随吃。稠李子也可以晒干储备起来，冬天做饭时当饭豆食用[8]。如果对鄂伦春人的生活居址进行孢粉分析，那么这几类植物恐怕要占绝地优势的地位。

鄂伦春人的生计以狩猎为主，历史文献记载男女都参加狩猎，女性主要狩猎居址附近的小型动物，如兔子、鸟类等[9]。近代民族学材料记载只有男性外出狩猎，女性负责家务。男性一年大部分时间在山林中游猎，猎取的野兽，就地进行剥皮、开膛、卸开（并不在营地进行！），然后用马驮回来。狩猎以外的时间，在家里制作些生产上所需要的简单工具，如刀柄、斧把、鱼钩、推叉、滑雪板、枪架、鹿哨等。男人有时出外狩猎超过一个月，猎获物以晒干肉条的形式带回来[10]，动物的骨架不带回营地。

鄂伦春狩猎对象有几十种，但长期赖以生活的野兽主要是：狍子、鹿、犴、野猪和熊，其中尤以狍子为多。兽肉不但是日常生活的必需品，而且用于喂马和猎犬，皮张还是衣着和其他生活用品的原料。清末时期，每年打猎的时间只有半年，即每年5、6两个月份打鹿茸，10月份落雪后到翌年2月份打貂皮，在这两个季节中，遇到生活上所需要的其他野兽也打。除此之外，根据生活上的需要，随时也会打一些。鄂伦春人的狩猎技术主要表现于三个方面：对生产工具的熟练使用，对猎场地形的熟悉，对野兽习性和生活规律的掌握。以猎鹿为例，夏季是打鹿茸的季节，鹿一般活动在高山有风而凉爽的地方，猎人在这个季节来到之前，就在山边草甸子上放荒火，烧出方圆六七里的地方，让这里长出青草，吸引鹿来吃，猎人就隐蔽在树丛中准备捕猎[11]。

四、鄂伦春人的狩猎采集生活与遗存的多样性

1. 鄂伦春的活动地类型

鄂伦春人的居所包括：便携式的"斜仁柱"（或称"仙人柱"）、固定的住房即"乌顿柱（土窑子或地窖子）"和木刻楞房、简易住房桦皮棚即"林盘"和"库米"、秋季住房"开依搭柱"等几种，相关的遗存还可以包括临时物品堆放点（奥伦）、野外临时过夜的宿营点、猎获物屠宰点、狩猎蹲守点、墓葬、祭祀地等[12]。

"斜仁柱"是最主要的居住形式（图一），一年四季都使用。它由细树干、桦树皮或兽皮搭建而成。鄂伦春语"斜仁"是木杆，"柱"是房屋，是就其骨架而言的。因为

图一　森林中的斜仁柱

骨架是用木杆撮立而成的所以又叫"撮罗子"。先用两根"阿权"（主干）带权的木杆相互咬合起来，然后把六根"托拉根"（带权的树干）斜搭在"阿权"上互相卡住，然后在顶部套一个"乌鲁包藤"（柳条圈），再用 20 几根木杆搭在周围，呈圆锥形，这样斜仁柱的架子就搭成了。"斜仁柱"骨架的覆盖物有五种：第一种是从桦树上剥下来未加工的桦树皮，他们称其为"搭路"。把这种桦树皮像瓦一样，一块一块地覆盖在"斜人柱"的骨架上，用绳索捆牢。由于桦树皮较厚，搭成以后"斜仁柱"内部较暗，但是这种覆盖物防雨和防冰雹性能很好。第二种是"铁克沙"，它是"搭路"的进一步发展。它是把桦树皮里外凸凹不平的部分剥掉，最后只剩中间的薄皮，再把这种树皮在锅里蒸煮，晒干后能保持柔软而且呈半透明状，这样的"斜仁柱"内部的光线好，但怕冰雹。第三种是用芦苇覆盖，以上三种是夏季使用的。第四种是"额尔敦"（兽皮覆盖物）是冬季覆盖"斜仁柱"用的。第五种是布围子，是布匹进入鄂伦春族地区后出现的[13]。

"斜仁柱"的结构简单，构建方便，一家人一个小时左右就可以搭建起来，搬迁时骨架留在原地不动。这样的话偶尔猎人游猎至此，还可以将之用作临时宿营点。这也就是说，无论是夏季营地，还是冬季营地，它们的功能并不是单纯唯一的，它们可能被再使用，但遗址的功能可以变化。而且这样的居址并不限于一个族群的人使用，只要是森林中过夜的人，都可以使用。鄂伦春人还习惯于在"斜仁柱"中留下一些东西，比如工具与食物，以方便后来者使用[14]。

鄂伦春人的"斜仁柱"往往呈"一"字形排列，最多至 10 多户，保持一间、两间的间隔[15]，其东南侧为"奥伦"，产房位于"斜仁柱"的西南大约几十米远的地方[16]。

木刻楞房（或称"莫纳"）是把一丈五尺高的圆木劈成两半，一根根立起来，搭成圆锥形的骨架，上面覆盖蒿草，然后培上土。这种房子只能住上一个冬天，春季搬出后就不要了，入冬再造。

"乌顿柱"（土窑子）是就地挖成长方形的坑，上面搭盖圆木与蒿草，培土踩实。内有火炕或冷铺并有炉灶。毕拉尔鄂伦春人过去冬天大部分住这种房子。

"林盘"和"库米"都是夏季住的房子，搭起房架后，四周不做墙，前者类似于"斜仁柱"；后者只是半圆形，火塘在室外。

"开依搭柱"，是一种秋季住的房子，它的构造是立上四根柱子，上端四面用横木相接，顶端再搭一些椽子，然后铺上蒿草，四周一般不遮蔽，内部的铺位同于"斜仁柱"。

"雅塔安嘎"（产房），和"斜仁柱"的形式相同，但比较小，而且内部无火塘。

临时物品堆放点（奥伦），除了用于营地之外，在出猎途中的森林深处也会搭建，以便获得临时补给。这个临时的仓库一般建在几根相邻的树木之间，砍掉树枝，搭起平台，然后在上面堆放物品。

野外临时过夜的宿营点，这是出猎的临时住所，一般用帐篷，火堆在帐篷之外。使用的时间也就是一个晚上。

　　猎获物屠宰点，鄂伦春人猎获动物之后，如果离营地比较近，就会运回营地，有时会叫女性来运。如果在较远的地方出猎，就只能就地屠宰分割，熏晒成肉干带回。猎人在开膛的地方，会把狍、鹿、犴的肝与肾生吃掉。

　　狩猎蹲守点，鄂伦春猎人会通过蹲碱场，蹲守烧荒的草甸子、动物必经之路、水泡子等来捕猎，等待的时间从几小时到十几个小时，猎人在蹲守点吃点东西，但很少生火；即便生火，时间也很短。

　　墓葬，鄂伦春人采用树葬（又称风葬或天葬）、土葬与火葬，树葬实际上是二次葬，因为一周年后死者的亲属要来收集遗骨，再行土葬。火葬限于暴死的人和孕妇。氏族有共同的墓地，墓地的选择有讲究，一般要选择地势高、向阳并有雾气缭绕的地方[17]。

　　祭祀地，鄂伦春人奉行万物有灵的观念，天神、月神见于各种神像上，火神、山神、河神、风神等自然神也是经常礼拜的，某些动物也是神，氏族还有自己保护神，还有专司各种职能的神。"斜仁柱"的后面都有一两棵小树，挂几个小圆桦皮盒，是供神偶用的，这里也是严禁妇女所到的场所。各种神偶用木雕、草编、桦树皮雕刻、刺绣在皮与布上，或是画在布与纸上。萨满则是专门的祭祀者，而一般人的祭祀是随时可以进行的，比如用动物的肩胛骨进行占卜[18]。

2. 室内空间结构

　　"斜仁柱"的内部陈设有许多讲究，内部正面（对着门的位置）铺位叫"玛路"，在"玛路"正中高一米的往左几根"斜仁"上悬挂着 4 ~ 5 个小圆桦皮盒，里边装有"博如坎"（木质神偶），在"玛路"的右侧供奉着狍皮上用马尾刺绣的"昭路博如坎"（马神）。在"玛路"里侧放着桦皮箱和皮口袋，里面装着老年男人和小孩的衣服以及其他东西。"玛路"两侧是放枪支好子弹袋的地方。"玛路"是老年男人和男客人的席位。他们认为妇女不洁，严禁到这个席位上来。"玛路"两侧的铺位叫"奥路"，右侧的"奥路"是年长夫妇的座位，左侧"奥路"是青年夫妇的座位。在"奥路"里侧放着桦皮箱、皮口袋等，里面装着衣服、粮食、肉干等。一进门的右侧放置马具，左侧放食具。在左侧的"奥路"的上方处有一横木杆，是用来挂小孩摇篮用的。中间是火塘，用以取暖、炊事好保存火种，终年不熄灭[19]（图二）。

　　鄂伦春族在铁器传入以前，可以说没有什么炊具，一般是将肉放入大型动物的胃中加水吊在火上烤，并不时地往表面涂水，以免某个部位被烤破，待野兽胃烤成焦黄的时候，里面的肉也熟了。吃肉的时候可以连"锅"一起吃掉；大型动物的头盖骨也可以作为煮食物的工具；桦皮桶也可以煮肉，把小块肉放入桦树皮桶里加水，然后将烧烫的石头投入其中反复多次直到水开肉熟，在野外狩猎的时候，猎人将马镫烧红反复放入桦树皮桶中将肉煮熟。17 世纪以前，鄂伦春族几乎所有炊具、餐具都是桦树皮做的[20]。所以在火塘周围所可能发现的就只能是一堆烧裂的石头以及残碎的动物骨骼。

图二　火塘遗存

3. 居址的选择与放弃

　　鄂伦春人根据季节和猎物多寡而游动，不同的季节选择居址有不同的标准。秋冬两季住在山沟里背风向阳的地方，这个地方要有烧柴、泉水和好的牧场；春夏两季住在河边有树丛、草长得早、有给马打蚊烟的朽木、洗衣、洗澡和钓鱼方便的地方[21]。不管什么季节，鄂伦春人选择房址都要靠近河边，他们忌讳在孤树下建房，也忌讳在死水洼旁、石柱山下、石洞附近和祖坟的北面搭盖房屋[22]。这些考虑是长期经验的总结，有出于生活的便利，也有处于安全的考虑。影响居址选择的因素还包括当地的生态条件，比如我们习以为常地认为这个地区的人们选择居址时应该选择山南水北，这样可以避风向阳；实际上，在我们的调查中发现位于温库图林场附近的一处鄂伦春人冬季居址就违背了这个原则，这个居址据使用者介绍，前后使用了六七年时间。选择这个位置的主要原因：一是此处是靠山河（即河流靠近山脚），取水方便；二是有一片较宽阔的台地，而北岸的地势陡峭，缓坡少；三是大兴安岭地区向阳坡蒸发量大，树木不及阴坡茂盛，无论是建筑用材，还是生活用柴，都要比河北岸方便。一般说来，狩猎采集者选择居址首先考虑用水的方便；其次，是采集燃料方便；再次是避风[23]。对于鄂伦春人而言，有没有放牧马匹的草场也是重要的考虑因素之一。

　　相对于选定居址而言，放弃居址的原因要更多样，营地附近的猎物减少、居址周围的垃圾增多是主要的原因。除了生计的考虑、安全的顾忌之外，还有宗教禁忌因素的作用，比如发现一种可以发出咕噜咕噜声音的蛇就会导致鄂伦春人搬迁[24]。

4. 遗存的存留与可发现程度

鄂伦春人活动留下的遗存最为集中的是冬季营地，次之是夏季的营地。营地中遗存主要包括：来自于附近的木料，用作建材、工具的原料与燃料；采集的食物与药材；狩猎回来的动物产品，如皮毛、筋骨、肉干等；交换来的物品，主要是枪支、工具、纺织品、粮食等；再就是人们之间交换的礼物。前面已经说过，动物的骨骼不是都带回来的。

所有遗存真正能够耐腐蚀的只有火塘和少数动物骨骼，以及特殊材料做的物品，如石制品、玻璃制品、金属制品等。破坏遗存的因素除了自然腐烂的原因之外，大兴安岭地区森林火灾频繁，在森林中搭建的"斜仁柱"、木刻楞房与桦皮木棚都会被烧毁，在我们的调查了解到，森林过火可能是破坏遗存的最大因素。另外一个出人意料之外的因素就是植被的替代，新的树木长起来之后会进一步破坏从前的居址格局，甚至可能破坏火塘。最后一个因素是狗，每个猎人都养一两条猎犬，它会咬碎动物的骨骼，让它们更加零散、更容易腐烂[25]。最后埋在森林落叶腐殖层中的动物骨骼，即使没有上述因素的破坏，也容易腐烂。唯一可能存留的只有围住火塘的炉边石（参见图二），当然，它们也会被土层覆盖。我们可以说，在林木茂盛的地区，遗存的存留与可以发现的程度是非常低的（表一）。相对而言，林木稀少的地方，比如湖滨、河沿、林缘、苔原、沙漠边缘等遭遇前两个破坏因素的概率就要低一点。

表一　鄂伦春人活动地类型与保存可能性

居址类型	居留时间	破坏因素	遗留物	发现可能
土窑子 地窖子	长可达到六七年	自然腐烂、烧荒、森林火灾、树木生长、狗的啃咬、人为废弃	火塘、少量碎骨耐腐烂的器物	有可能
木刻楞房	一个冬天	同上	同上	可能性小
冬居斜仁柱	不超过三年	同上	同上	有可能
夏居斜仁柱	十天半个月	同上	同上，但数量少	可能性小
简易桦皮棚	冬季居址附近夏季使用，火塘在户外	同上	火塘	可能性小
开依搭柱	秋季使用	同上	火塘、碎骨、柱洞	可能性小
奥伦	常年使用	自然腐烂、火	少量耐腐蚀的物品	不可能
猎物屠宰点	数小时	自然腐烂、火、树木生长、狗的啃咬	动物骨骼	基本不可能
狩猎蹲守点	以小时计	同上，但不包括狗		基本不可能
墓葬	数代人使用	自然腐烂	人骨、耐腐蚀的随葬品	有可能
祭祀地	不固定	自然腐烂、火	卜骨、萨满用物	基本不可能

所谓"基本不可能"是指在一般条件下不可能，如果反复以一个山洞作为狩猎蹲守瞭望点就有可能形成较为丰富的遗存，也就有可能被发现；再如一个冬季营地又被用做临时宿营地，也会随冬季居址一起被发现。

5. 鄂伦春人的游动能力与居址之间的关系

民族学上记载的鄂伦春人具有一些工具与帮助，让他们拥有更为有效的流动条件。这其中最为重要的是畜力的使用，在广泛使用马之前，鄂伦春人使用驯鹿。驯鹿是一种蹄瓣大、体轻、善于穿行森林和沼泽地区的牲畜，能负重百余斤，可以在搬家时驮运家具，出猎是驮运猎获物，有了驯鹿的帮助，鄂伦春人就可以扩大从一个猎区到另一个猎区的游动次数与范围[26]。鄂伦春人的驯鹿被淘汰，至少有200年的历史，过去鄂伦春人每次出猎要带几只，驮运猎物。驯鹿主要以食用苔藓为主，没苔藓它是不能生存的。鄂伦春人搬到黑龙江南岸以后，驯鹿因缺少苔藓而被迫淘汰。而马的使用则赋予鄂伦春人比驯鹿更好的速度与驮运能力。马的引入曾经使北美从事农业生产的印第安人重新回到狩猎采集生计当中[27]。鄂伦春人是在驯鹿被淘汰后开始饲养马匹的。鄂伦春人的马来源有以下几种：一是用鹿茸和貂皮从达斡尔人和汉人交换来；二是从俄国商人那里买；三是被编入八旗兵的一部分都发给马匹，退伍以后马匹带回去。鄂伦春人的马没有专人放养，一年四季都是散放在草甸子中，在各个季节根据水草的好坏，更换牧场。马从小有喂盐的习惯，冬季骑乘的马匹常喂鹿、犴（驼鹿）、狍肉[28]。

另一个有助于鄂伦春人游动的工具就是桦树皮船。鄂伦春人早期普遍用它捕鱼。桦树皮船轻便耐用浮力大，船体呈梭形，两端收拢呈流线型，在行驶时阻力小而速度快，划时用单桨较多。可载一人和100公斤重的猎物。在不用时，可将桦树皮船沉入岸边浅水中，以防船体干裂。因船体轻一人便可扛走，非常适用于水上狩猎。

滑雪板（廷那）是鄂伦春人另一种古老的狩猎工具。用松木制作，长5尺，宽半尺，厚4分，前端向上弯曲，弯度较大，尾端也向上弯，但是弯度小，中间有皮条做的套子，把脚伸进后向前推即挂住，底部用鹿皮，毛尖向下。滑行时候两手撑竿，向后推滑行，在雪地上行走如飞。

这些工具的使用不仅仅是提高了鄂伦春人的游动能力与迁徙频率，人们的活动范围也得到扩大，相对而言，居址的密度降低了。与此同时，为了养马的方便，鄂伦春人选择居址必须要靠近牧场，便于养马，还有为了利用水上交通凭水而居，这些因素可能不是史前的狩猎采集者所有的。

五、工具的功能构成

无论采用什么样的方式，狩猎采集生活的工具功能构成是基本一致的。我们将鄂伦春人工具功能构成分成狩猎工具、采集工具、捕鱼工具和手工工具四种。以鄂伦春人的狩猎工具来说，采用的方式可以分为远程射猎、近程射杀、诱捕、利用各种设施（如陷阱、地弩、套子、伏木等）来羁杀；狩猎到猎物之后，就需要屠宰分割处理，如此等，尽管工具类型、式样有着各种各样的差别，但是功能的单位是稳定的。而在农业社会中，无论农业简单到何种程度，器物的功能单位仍然与狩猎采集者不同。因此，鄂伦春人的狩猎采集生活对于我们了解狩猎采集的基本工具功能构成就有重要的帮助（表二）。从民族学材料来看，鄂伦春人的狩猎工具经历了逐渐变化的过程[29]。

表二　鄂伦春工具功能单位的构成

	工具类型	鄂伦春人的工具	考古对应物	功能
狩猎工具	远程射猎工具	弓箭、枪支	弓箭、投掷器	射杀 刺杀
	近程射杀工具	扎枪	石矛头、标枪	
	羁杀工具	陷阱、地弩	？	
	诱捕工具	狍哨、鹿笛	？	
	屠宰工具	猎刀、小弯刀	石刀	
采集工具	挖掘工具	尖木棒	？	砍伐
	砍伐工具	斧子	砍砸器	
	盛器	皮口袋、桦皮桶	？	
	刮取工具	桦皮刮果器	？	
捕鱼工具	钓鱼	鱼钩	鱼钩	
	叉鱼	渔叉、推钩	渔叉、推钩	
	弓箭射鱼	弓箭	弓箭	
	挡鱼	柳条篱笆	？	
手工工具	制革工具	带齿与不带齿的鞣皮工具 扎皮具	刮削器、骨刀、石刀	刮削、切割
	制皮工具	针、猎刀、剪刀	石锥、钻、石刀	切割、锥钻
	毛纺工具	狍骨纺坠		
	制作桦皮工具	猎刀、狍角锥、钢锥、马尾线、水柳根野藤、熬松香灌空隙	石刀、骨刀、锥、钻、骨针	同上
	木作工具	斧子、猎刀	石刀	砍伐、切削
	骨器制作	铁刀	石刀	切削

图三　鄂伦春人的弓箭

弓箭　弓背是用落叶松和"包马子"木制作，弓弦最初是鹿、犴、狍子的筋搓绳制作的；箭杆是用"包马子"木或南北条等硬木料制作的；箭头早期用鹿、犴骨制作，有了铁以后用铁钉制作，箭尾夹有三片羽翎，弓长五尺，箭杆长三尺，箭头长三寸（图三）。

伏弩（地箭）　主要是用它打水獭、貂等小野兽。

枪支　枪支大约是 300 多年前传入的。开始是火枪。火枪有三种，一是"良沙"（火绳枪）射程约 30 米；二是"钢的"（火燫枪）射程约 30 米；三是"英陶克"（洋炮）射程 70 ~ 80 米。大约在 1900 年前后，从俄国传入了"别拉弹克"枪。"别拉弹克"枪分两种：一种是"沙拉达克"（长枪）；另一种是"尼力开依尼斯"（短枪），这些枪的射程距离大约在150米左右。子弹是与俄商人或汉商人交换得来的。后来鄂伦春人在长期的实践中，学会了制作这种子弹。在民国初年，又有现代步枪传入鄂伦春地区，射程达200～400米。

枪架（西将湖）　是松木制作的，将一根长1.5米的树杆劈成两半，将两个扁面对起来，在上边40公分的地方钻孔，用皮条连接。用枪时候枪架支起来呈"X"形，这是每个猎人必备的工具。

鄂伦春人的采集工具很简单。采集野菜用手摘，挖掘根茎植物时用"乌勒文"（尖木棒），采集小粒果实时用"古约文"，即桦树皮制、口沿呈锯齿舌形的桶，用它把果粒刮进桶中，另外就是用斧子把树砍倒采摘。采集来的野菜果实晒干后储存在"乌塔汉"（皮口袋）和"木灵开"（桦皮桶）里。

捕鱼工具比较多样。"挡亮子"、下鱼囤是用编织物来捕鱼；渔叉与推钩用来叉鱼，一旦刺中，钩就会脱离竿头，但以绳子与竿头相连，待鱼气力衰竭后再把鱼拉上岸来。另外还钓鱼和用弓箭或是枪支射鱼的方法，至于用渔网捕鱼是从外面输入的。鄂伦春人还划桦皮船去叉鱼，这样就不局限在河湖边缘捕鱼了[30]。

手工制作主要包括制革、制作皮制品、制作桦树皮工具、制作木器骨器以及毛纺织等，至于铁器制作与铅器制作是很晚近的事，都是外面传入的。鄂伦春人的制作皮革，是把剥下的兽皮放在阴凉的地方风干，然后才进行加工。鄂伦春人制作的皮制品种类很多，绝大多数皮制品是用狍皮制作的，其次是鹿、犴皮，也用其他的兽皮制作，但是数量很少。一般用各种动物的筋做线缝制，经久耐用。

桦树皮具是鄂伦春人手工制作另一类主要产品，它有很好的防水、抗腐蚀性能，以此制成的器具轻便、易携带、不易破碎，是鄂伦春人常用的生产工具和生活用品。桦树皮器具形式多样，桦树皮器主要有碗、篓、盆、盒、桶、箱、刮果器、撮子、小孩摇车、挎包、帽盒、刀鞘、大箱、火柴盒、神盒、针线包、烟盒等，上面刻压着各种图案和花纹。桦树皮器具从古到今，依照形体特征来说，因受桦树皮材料横向纤维组织结构的局限，器具形体造型多呈圆柱体形状和四方体形状。传统的桦树皮加工技艺有四个步骤：一是剥取树皮，二是将皮子浸软或煮软，三是剪裁缝合，四是装饰图案（图四）。装饰手法有用砸压的，也有用剪贴的[31]。

图四　鄂伦春人的桦树皮具

显然，鄂伦春人这些手工工作对于史前的狩猎采集者而言，尤其是旧石器时代晚期的狩猎采集者，都是必需的，此时这些技术也都已经具备。唯一的区别就是所用工具质地有一些区别，鄂伦春人因为受到周边民族的影响，已经使用枪支、马匹和一部分金属工具。这些东西提高了狩猎采集的效率，但并没有改变狩猎采集生活的内容，因此通过我们现在了解到的内容反过来去推导史前狩猎采集者可能存在的活动，对于考古学家了解构成居址行为的性质是非常有帮助的。从鄂伦春人的工具功能构成分析，我们了解到所有这些手工工作都是在营地中发生的，而狩猎、采集、捕鱼活动则是在营地外发生的。因此，我们可以期待在营地遗址发现的物质遗存应该多与工具的修理与加工相关的，我们不大可能获得有关狩猎、采集、捕鱼这类发生营地之外活动的直接证据。

六、考古学上的讨论

东北地区从旧石器时代晚期开始就有明确的人类生存证据，活动范围不仅包括在草原地区的金斯太遗址，还有广泛存在的渔猎文化遗址以及东部森林带中含黑曜石石制品遗存。鄂伦春人狩猎采集生活是一种狩猎特化适应的孑遗。我们推断鄂伦春人所生活的区域在史前与历史时期都是狩猎采集经济的边缘地区，纯松林、泰加林区域物种单调，净地表生产力多以乔木形式存在，动物资源也不丰富，并不适合狩猎采集的生活方式[32]。在周边民族的排挤过程中，鄂伦春人跟所有近现代的狩猎采集者一样逐渐被排挤到边缘地区，形成相对特化的适应。因此他们的适应方式不能代表史前狩猎采集者的适应方式，但是他们还保留着狩猎采集者最关键的特征——游动性，这就可以为我们分析游动狩猎采集对遗存的影响与工具功能单位的构成提供宝贵参考。

相对于史前的狩猎采集者而言，鄂伦春人的遗存更难保存下来，最主要的原因是他们采用的用具多是有机物，更容易腐烂和被破坏（比如铁器），而史前狩猎采集者所运用的石制品则不会存在这样的问题；次之，鄂伦春人利用驯鹿与马匹运输，尤其是骑马出猎，用马套车、马拉雪橇等很大程度上提高了他们的游动能力、扩大了活动范围，因此在同等面积的区域，遗存的分布密度大大降低，这也导致发现的可能性降低；再者，鄂伦春人生活于兴安岭地区的森林之中，频繁的烧荒、森林火灾与植被替代对遗存的破坏极大；最后，历史上鄂伦春人处在农耕乃至工业化的社会的包围之中，他们的生活范围变化非常大，而有文献可查的鄂伦春人的历史不过数百年，和史前狩猎采集者动辄成千上万年时间周期相比，他们留下的遗存本身就很有限。

也就是说，史前的狩猎采集者要比鄂伦春人生活的区域有更好的自然条件，而且他们可能留下更多的考古遗存。鄂伦春人活动遗存保存程度分析表明最有可能保存下来是火塘、耐腐烂的器物和少量的动物骨骼。从旧石器考古的发现来看，用火遗迹、石制品与动物化石是主要的发现对象，比如近年来在旧石器时代晚期的宁夏水洞沟遗址第 2 地点就相继发现多处用火遗迹，伴生大量石制品与少量动物化石遗存。而我们经常把有与石制品伴生的大量动物化石遗存都归为人类狩猎或者利用动物骨骼的结果，这和狩猎采集者的生活习惯相违背。若非一次性屠宰大量动物（比如驱赶动物坠岩、入湖等方式一次性猎获大量动物）形成屠宰场动物骨骼集中堆积。在生活遗址中，无论是冬季居址还是夏季居址都难以形成大量动物化石遗存的形成。

再者，在鄂伦春人的所有外来物品中，礼物与工具（尤其是枪支）无疑是来源最远的，这一点跟旧石器时代的遗址的情况是一致的，人类不大可能搬运大量的动物骨骼到遗址中来，除非是用作工具原料的部分。一个遗址中，礼物的来源可能是最远的；次之，就是石器的原料。目前，旧石器时代考古遗址中关于礼物的关注还非常之少，比如水洞沟遗址中发现的鸵鸟蛋皮制作的串饰就不能简单认为原料来自于当地，礼物来源于上千公里之外在狩猎采集者中并不罕见[33]。石器原料，如优质的制作细石叶的原料常常都来自于遗址之外很远的地方（可能以百公里计）。近年来在陈全家先生在吉林东部找到的众多黑曜石地点即证明史前时期可能存在的原料流动。

如果史前狩猎采集者的居址也如同鄂伦春人这样排列的话，那么一个遗址的范围长度可达百米，而宽度较小。当然，狩猎采集者的居址布局是多种多样的，如布须曼人的采用环形布局（Yellen）[34]，色里（Seri）印第安人如同鄂伦春人都是线性布局[35]，印度的比合尔人（Birhor）采用的则是不规则的布局[36]。究竟采用何种布局，主要跟文化传统、还有当地的自然条件有关，在坡地上生活的鄂伦春人采用环形布局是比较困难的。

鄂伦春人居址中重要活动就是工具的制作与修理，从表二中我们看到的许多功能单位需要在居址中完成的，因此在一个保存完整无缺的遗址中应该可以看到很多工具加工造成的废弃物。除去手工工具外，其他工具的使用都在居址之外。一个有计划废弃的遗址中应该都是损坏的物品。对于使用石质原料的狩猎采集者而言，遗址中大量存在的应该是加工修理所导致的碎片与碎屑，此外就是与手工工具有关的器物——它们是在居址内使用的。所以，我们对这些手工工具所做的微痕分析大多是加工树木、皮毛、动物骨骼的痕迹。

七、结　　论

我们把鄂伦春的狩猎采集生活当作现代对史前狩猎采集的模拟，这种实验无疑只是尝试性的，它的合理性建立在对居址多样性、保留可能性以及工具功能单位构成的分析基础上，这些方面相对于社会组织结构、社会发展阶段来说更客观可信。在此基础上，分析鄂伦春人生存的特殊历史与自然条件，我们因此可以排除那些可能不会存在于史前狩猎采集者身上的因素。鄂伦春人的狩猎采集活动所留下的遗迹类型是多种多样的，主要是按季节性与活动的功能来区分，然而能够保存下来可能性比较小，最有可能保存下来可能是有破土活动冬季居址（如地窖子），其他遗迹中最有可能保存下来是火塘，这也就启示考古学在发掘研究史前狩猎采集者的遗存时应该注意寻找火塘遗迹，然后根据周边遗存的分布形态与功能判断来确定当时人们的行为过程与遗址功能。由于鄂伦春人缺乏史前狩猎者拥有的耐腐蚀的石制品，他们的活动踪迹更难以被发现和证明；最后，可能得到部分保存是动物骨骼，鄂伦春人的如集食者（Collectors）式的狩猎方式使得带回营地的动物骨骼只是猎物中的一少部分，加之猎狗的啃咬、自然的破坏，能够保存下来是有限的。居址内的屠宰活动并不频繁，尤其是大型的食草动物，即使有马匹襄助的鄂伦春人也不会运回营地，这也就是说，居址中发现大量大型食草动物的化石遗存的时候必须谨慎对待。

从鄂伦春人的活动中我们也了解到在居址中发生的行为主要是各种手工活动，包括工具的修理与加工，而狩猎采集工具的使用并不在居址之内。在所有遗物遗存中，礼物和工具原料是来源可能最远的东西。这种特征同样也存在于史前的狩猎采集者中，它启示考古学家要注意居址内活动只是狩猎采集者活动的一个部分，而且主要是修理与加工。

显然，对于研究史前狩猎采集者的考古学家，特别是旧石器考古学研究者们，必须深入了解狩猎采集活动的基本规律。这会有助于我们理解史前人类的行为过程、理解考古遗存本身所代表的意义。本文只是初步地讨论了鄂伦春人狩猎采集生活对于考古学研究一些意义，希望以之抛砖引玉，促进更多的相关研究。

致谢：本文得到人事部海外科技人才项目启动经费的支持。在此，我们要感谢鄂伦春自治旗文化部门的支持，感谢鄂伦春的老人们，特别是已届八十高龄的白老旗长与在风雪中帮助我们寻找遗址的温库图林场的苏老先生！图三、四所用照片由顾桃拍摄，在此一并致谢！

注　释

[1]　　a. 陈胜前. 考古推理的结构 [J]. 考古，2007（10）：42 ~ 51；

　　　　　b. 陈胜前. 考古学文化观. 待刊.

[2]　　Yellen, D. R.. *Archaeological Approaches to the Present* [M]. Academic Press, New York. 1977.

[3]　　Binford, L. R. *Nunamiut Ethnoarchaeology* [M]. Academic Press, New York. 1978.

[4]　　Hodder, I. *Symbols in Action: Ethnoarchaeological Studies of Material Culture* [M]. Cambridge University Press, Cambridge. 1982.

[5]　　a. Schiffer, M. B. *Behavioral Archaeology* [M]. Academic Press, New York. 1976；

　　　　　b. *Formation Processes of the Archaeological Record* [M]. University of New Mexico Press, Albuquerque. 1987；

　　　　　c. *Behavioral Archaeology: First Principles* [M]. University of Utah Press, Salt Lake City. 1995.

[6]　　马克. 黑龙江旅行记 [M]. 北京：商务印书馆，1977.

[7]　　Wallerstein, I. *The Modern World-System* [M]. Academic Press, New York. 1974.

[8]　　《民族问题五种丛书》内蒙古自治区编委会. 鄂伦春社会历史调查（第二集）[M]. 呼和浩

特：内蒙古人民出版社，1984.

[9]　〔日〕浅川四郎，永田珍馨著，赵复兴译. 兴安岭之王·使马鄂伦春族［M］. 海拉尔：内
　　　　蒙古文化出版社，1999.

[10]　莫秀珍. 我的家庭及莫氏家族. 刘晓春著，鄂伦春历史的自白［M］. 呼和浩特：远方出版
　　　　社，2003：3～48.

[11]　同注［8］.

[12]　a.《民族问题五种丛书》内蒙古自治区编委会. 鄂伦春社会历史调查（第一集）［M］. 呼
　　　　和浩特：内蒙古人民出版社，1984；
　　　　b. 同注［8］；
　　　　c. 吴雅芝. 最后的传说：鄂伦春文化研究［M］. 北京：中央民族大学出版社，2006.

[13]　同注［12］.

[14]　a.〔苏〕阿尔尼谢耶夫著，王士燮，沈曼丽，黄树南等译. 在乌苏里莽林里——乌苏里山区
　　　　历险记［M］. 北京：人民文学出版社，2005；
　　　　b. 在乌苏里的莽林里——德尔苏·乌扎拉［M］. 北京：人民文学出版社，2005.

[15]　a. 秋浦. 鄂伦春社会的发展［M］. 上海：上海人民出版社，1978；
　　　　b. 同注［9］.

[16]　于学斌. 文化人类学视野中的鄂伦春居住文化［J］. 内蒙古社会科学，2006，27（3）：87～90.

[17]　同注［12］，c.

[18]　同注［12］，c.

[19]　同注［8］.

[20]　赵复兴. 鄂伦春游猎文化［M］. 呼和浩特：内蒙古人民出版社，1990.

[21]　同注［8］.

[22]　同注［12］，c.

[23]　Binford, L. R. *In Pursuit of the Past*［M］. University of California Press, Berkley. 1983.

[24]　同注［9］.

[25]　同注［23］.

[26]　同注［15］，a.

[27]　　Binford, L. R. *Constructing Frames of Reference*［M］. University of California Press,
　　　　Berkeley. 2001.

[28]　同注［8］.

[29]　同注［20］.

[30]　赵复兴. 鄂伦春族研究［M］. 呼和浩特：内蒙古人民出版社，1987.

[31]　同注［8］、［30］.

[32]　同注［27］.

[33]　宾福德曾经做过一个实验，他在加州大学用化学材料做了一些彩球，送给阿拉斯加的爱斯基
　　　　摩人，然后他给北欧的考古学家发信，让他们注意这些彩球所到达的地方. 三年之内，这些
　　　　彩球就通过礼物的不断交换传递，到了北欧极地土著手中.

[34]　同注［2］.

[35]　Ascher, R. Ethnography for archaeology: a case from the Seri Indians [J]. *Ethnology*, 1962: 1: 360 ~ 369.

[36]　William, B. J. Establishing cultural heterogeneities in settlement patterns: an ethnographic example [M]. In: S. R. Binford and L. R. Binford (eds.), *New Perspectives in Archaeology*, Aldine, Chicago. 1968: 161 ~ 170.

Archaeological Significance of Orogens Hunting-Gathering

SONG Bao-feng　　WANG Yan-mei　　CHEN Sheng-qian

An unavoidable problem in contemporary archaeology is how to translate archaeological data into behavior in a scientific way. It involves in two major archaeological assumptions such as "Mousterian Problem" and archaeological culture. Ethnoarchaeology most likely bridges the gap between archaeological data and human behavior. Orogens uniquely keep hunting-gathering in Northeast China till fifty years ago. Based on three recent investigations in Orogens and available ethnographic data, this paper attempts to explore which part of Orogens activities would leave materials that could be found, and remark the possibility of each type under discovery. It also analyzes the composition of tool function in hunting-gathering, since the units of tool function are stable whether metal tools were used or not. Orogens tools consist of hunting, gathering, fishing, and several handcraft activities, among which archaeological counterparts can be found with similar functions. Therefore we argue that fire-used remains, a limited amountmount of animal bones, and some durable artifacts in a Orogens winter camp, could barely survive in the processes including natural decay, forest fire, plant replacing, dog chewing and intentional destroy. Most activities happened in residential camps are domestic and handcraft work, whereas hunting, gathering, and fishing all took place outside camps. This stimulates archaeologists to expect what evidence they may able to find, and what may not. No doubt we know the horse-riding, gun-used Orogens in a modern trade system is not a fossil of prehistoric hunter-gatherers, but we see their hunting-gathering lifeways as a kind of experiment in site formation process. It definitely can produce some useful information for archaeologists who take pains in understanding archaeological records.

小河沿文化年代和源流

索秀芬[1,2]　李少兵[1]

(1. 内蒙古自治区文物考古研究所，呼和浩特，010011；2. 内蒙古师范大学
历史文化学院，呼和浩特，010010)

20 世纪 70 年代提出小河沿文化命名[1]，但在学术界，关于文化命名问题还存在争议，有的学者主张用"雪山一期文化"替代"小河沿文化"[2]。实际上，关于小河沿文化和雪山一期文化都有广义和狭义之分，广义上讲，两种文化内涵相同，只是命名不同而已；狭义的小河沿文化分布在辽西地区（内蒙古东南部和辽宁西部），狭义的雪山一期文化分布在北京、天津和河北北部地区。笔者同意用小河沿文化命名这类遗存，本文采用广义的小河沿文化概念。目前发掘和调查资料证明，小河沿文化主要分布在辽西地区、北京、天津、河北北部和中部地区[3]。在燕山南北广大地区内，小河沿文化存在着地域差别。有的学者把小河沿文化划分为石棚山、雪山一期和午方三个类型[4]；有的学者划分为小河沿和午方两个类型[5]。虽然小河沿文化类型研究比较深入，但对它存在年代还有分歧，其源流研究还不够深入，下面就其年代和源流两方面进行讨论。

一、年　　代

关于小河沿文化的年代争论较多，归纳起来有两种观点，一种观点认为晚于红山文化，早于夏家店下层文化，年代约在公元前 2920 以近[6]或距今 4500～4000 年[7]，有学者直接称为"后红山文化"[8]；另一种观点认为与红山文化晚期年代相当，与庙底沟文化大体同时，约当公元前 4 千纪初到前 4 千纪后叶前段左右小河沿文化可能出现，在半坡四期相当的阶段，即公元前 4 千纪末到前 3 千纪初左右得到发展[9]或大体相当于仰韶文化晚期即仰韶文化三期，年代在公元前 3600～前 2900 年[10]。

下面就日前发掘材料，对小河沿文化的相对年代和绝对年代，以及与其他文化比较，确定小河沿文化存在的年代。

1. 相对年代

白音长汗遗址[11]北部小河沿文化灰坑 AH40 打破红山文化四期灰坑 AH42，白音长

汗遗址的小河沿文化遗存处于小河沿文化四期阶段，从以上灰坑打破关系看，红山文化四期早于小河沿文化第四期。白音长汗遗址东北部地区，普遍存在三层地层，第一层是表土层，第二层是小河沿文化层，第三层是红山文化层，第三层以下是生土，兴隆洼文化半地穴房址挖在此层中，第二层红山文化遗存包含红山文化二、四期，从地层叠压关系看，白音长汗遗址小河沿文化四期晚于红山文化二、四期。

南台地遗址[12]中夏家店下层文化房址 F3、F12 分别打破小河沿文化地层，证明小河沿文化早于夏家店下层文化。

在雪山遗址[13]第 1 地点灰沟 H16 打破灰坑 H17，H17 属雪山一期遗存，H16 属雪山二期遗存，雪山一期遗存早于雪山二期遗存。

镇江营子遗址[14]第三期雪山一期类型地层叠压在第二期后冈一期文化之上，被第四期雪山二期叠压，雪山一期类型晚于后冈一期文化，早于雪山二期文化（龙山文化）。

北福地遗址[15]第三期雪山一期类型打破第二期镇江营子一期文化遗迹，雪山一期类型早于镇江营子一期文化。

午方遗址[16]龙山文化水井打破午方类型地层，午方类型早于龙山文化，即小河沿文化三期早于龙山文化。

从以上遗址地层和遗迹间的叠压打破关系看，小河沿文化四期晚于后冈一期文化、红山文化四期，小河沿文化三期早于龙山文化，小河沿文化早于夏家店下层文化。

2. 绝对年代

小河沿文化^{14}C 测年较少，总计有 6 个测年（表一）[17]。石棚山墓地 M54、M35 使用人骨测年，数据明显偏晚，不予采用。雪山遗址、午方遗址用木炭测年，燕园遗址用木头测年，石棚山墓地 M76 用树皮测年，年代范围在公元前 3640 ~ 前 2667 年，这些木质^{14}C 测年数据应该反映了小河沿文化所处真实年代。

表一　小河沿文化^{14}C 测年表

标本出土位置			测定年代	树轮校正年代		标本
遗址墓葬	单位	实验室编号	（半衰期 5730 年）	按达曼表（距今年代）	按高精度表（公元前）	物质
石棚山	M76	WK-82-8	4345 ± 80	4830 ± 180	BC2915-2667	树皮
	M54	ZK-0740	3785 ± 100	4135 ± 120	BC2200-1940	人骨
	M35	ZK-0542	3640 ± 120	3955 ± 135	BC2040-1740	炭化骨
雪山	T225H11	WB82-58	4880 ± 90		BC3640-3374	木炭
午方	T3（2）	ZK-1234	4435 ± 105		BC3040-2783	木炭
燕园		BK97070	4400 ± 100	2858 ± 100		木头

3. 与其他文化比较

分布在内蒙古中南部的庙子沟文化[18]绳纹筒形罐、侈沿曲腹盆、直口折腹盆（钵）、敛口曲腹钵与小河沿文化同类器形态相同，反映了两种文化同处于一个时代。庙子沟文化所处时代相当半坡四期阶段，年代为距今5500～5000年，推测小河沿文化的年代与庙子沟文化年代相近。辽东半岛的小珠山遗址小珠山中层文化地层中勾连纹与平行斜线间隔的对顶三角纹共出，与红山文化四期勾连纹相近，平行斜线间隔的对顶三角纹与小河沿文化彩陶相近，只不过前者为实三角，而后者为空三角，但在口沿内常有与前者相同的实三角，两者时代应相当，也就是说红山文化四期和小河沿文化彩陶同时，红山文化四期相当于半坡四期（距今5500～5000年），小河沿文化的年代大概也在这个时期。大汶口文化的八角星纹分布相当广泛，见于汶、泗流域的大墩子、野店、西夏侯、大汶口和渤海之中的大黑山岛北庄遗址，并波及江淮之间的青墩和江南地区的崧泽、潘家塘等遗址，流行时间为大汶口文化早期阶段偏晚和中期阶段偏早（距今5800～5200年）[19]。属小河沿文化的南台地遗址F4居住面上彩陶器座和尊上的八角星纹[20]与大汶口文化八角星纹形同，推测是大汶口文化传入的，传入时间大致在大汶口文化早期阶段偏晚和中期阶段偏早的时间段。以上小河沿文化与庙子沟文化、小珠山中层文化、大汶口文化的陶器比较说明部分小河沿文化年代为距今5800～5000年。

属于小河沿文化的老鸹窝山墓地[21]M6：2，筒形罐，微侈口，微束径，鼓腹，双耳，与属于阿善文化的阿善遗址H55：0[22]相似。属小河沿文化的石棚山墓地[23]M43：1，盆，敞口，斜直壁，与属于阿善文化的小官道遗址AH③：2敞口盆[24]形制相近。以白燕遗址[25]H538为代表的白燕一期文化早期敛口钵（H538：42）和直口深腹钵（H538：45）分别与小河沿文化同类钵形制（石棚山墓地M35：1、M57：1）相近。以白燕遗址F2为代表的白燕一期文化晚期侈口筒形罐（F2：70），与小河沿文化的老鸹窝山墓地M6：3形制相似。白燕遗址T2006⑫：1，豆，直口，深腹豆盘，喇叭形豆座，与小河沿文化的石棚山墓地M31：6形制相同，前者属于白燕类型早期。属白燕一期文化的童子崖遗址[26]H8：2，钵的上部饰半重环纹和平行竖线纹彩陶，与小河沿文化同类纹饰相近。庙底沟二期文化晚期垣曲古城东关遗址[27]出土的盆（IH231：10）与小河沿文化的老鸹窝山墓地出土的折腹盆（M4：2）相近，均为上腹直，下腹呈反弧形，小平底，区别在于前者宽口沿，后者口沿较窄。从陶器相同或相近看，部分小河沿文化年代应与阿善文化、白燕一期文化与庙底沟二期文化同时，年代距今5000～4500年。

在河北省唐山市大城山龙山文化遗址[28]中，出土的折腹盆（T8②：250），侈口，折腹，下腹反弧，与小河沿文化折腹盆形制相同，说明部分小河沿文化下限可能已经进入到龙山文化阶段。

由以上分析来看，小河沿文化最早可能出现在大汶口文化早期偏晚阶段或中期偏早阶段，经由半坡四期、庙底沟二期，进入龙山文化时期。

二、源　　流

小河沿文化半地穴圆形房址很可能受富河文化[29]影响而产生。小河沿文化敞口尊形器由赵宝沟文化敛口、直口、侈口尊形器[30]发展而来。小河沿文化的 S 形几何纹、F 形几何纹、菱形几何纹，也由赵宝沟文化同类纹饰发展而来[31]。小河沿文化的半重环纹和重三角纹分别由红山文化的鳞纹和叠错三角纹发展而来，筒形罐、钵，来源于红山文化。小河沿文化的绳纹和方格纹应来源于南部的中原或西南部的长城地带中部地区，位于晋中的义井类型的密而细垂带纹[32]发展为小河沿文化的细而粗垂带纹。小河沿文化和庙子沟文化的直领双耳壶、折腹盆、侈口曲腹盆、侈沿鼓腹罐均有承袭关系，前者沿袭了后者的基本器型，并进行了发展。多绘于小河沿文化钵口沿内的垂三角纹彩陶来源于庙子沟文化。小河沿文化的八角星彩陶图案和镂空豆器座受大汶口文化影响所致。

小河沿文化一经形成于燕山以北地区后，其中一支向南越过燕山，在燕山南麓和河北省北部，形成素面陶为特征的雪山一期类型。然后向南推进到河北省中部地区，与当地文化结合并吸收周围一些文化因素形成了午方类型。吸收豫北冀南的大司空文化[33]的篮纹、方格纹和弧线三角、圆环、圆点、波纹、S 形彩陶，发展起以刮条纹为特色的纹饰，在器型上吸收了大司空文化敞口斜壁碗、折腹罐、束颈罐、敞口盆等。大司空文化流行的敛口钵、折腹盆等器类也是小河沿文化的主要器类。午方类型细泥黑陶和白陶、敞口斜壁带耳盆、覆豆式器盖、有段石锛来源于山东地区大汶口文化[34]。在晋北地区的大同水头、浑源县庙坡、右玉县丁家村等遗址发现的平行线纹、重三角纹、折腹盆形豆可能是受小河沿文化影响所致[35]。

在燕山南北地区尽管小河沿文化和夏家店下层文化之间还有缺环，但两者之间有明显的承袭关系。夏家店下层文化继承了小河沿文化圆形半地穴房屋建筑风格[36]，尤其在夏家店下层文化早期圆形半地穴房屋更加流行，进一步发展成在穴壁周围贴建石头墙壁。夏家店下层文化的侧壁浅洞室墓和壁龛[37]由小河沿文化土洞墓发展而来。夏家店下层文化延续了小河沿文化的泥质磨光黑陶、彩绘、雷纹、方格纹、绳纹、附加堆纹，在夏家店下层文化早期绳纹较细，与小河沿文化细绳纹接近，附加堆纹上两文化均有压印窝。夏家店下层文化折腹盆、浅腹盆、盂（尊）、浅盘高柄豆、壶等陶器承继了小河沿文化同类器，盂和空足结合产生了夏家店下层文化标志性陶器筒腹鬲。红山文化的璧、环、镯、璜等玉石器经过小河沿文化，在夏家店下层文化中得以发展。

小河沿文化在赵宝沟文化、富河文化和红山文化的基础上，不断吸收其周围的庙底沟文化、义井类型、大汶口文化、大司空文化因素，形成小河沿文化。小河沿文化是夏家店下层文化重要源头。

注　释

[1] 辽宁省博物馆，昭乌达盟文物工作站，敖汉旗文化馆. 辽宁敖汉旗小河沿三种原始文化的发现 [J]. 文物，1977（12）：1～21.

[2] 韩建业. 论雪山一期文化 [J]. 华夏考古，2003（4）：46～54.

[3] a. 国家文物局主编. 中国文物地图集·内蒙古自治区分册 [M]. 西安：西安地图出版社，2003；

b. 郭大顺. 辽西古文化的新认识 [A]. 庆祝苏秉琦考古五十五年论文集 [C]. 北京：文物出版社，1989：203～215；

c. 北京市文物研究所. 北京考古四十年 [M]. 北京：北京燕山出版社，1990：14～25；

d. 国家文物局主编. 中国文物地图集·天津分册 [M]. 北京：中国大百科全书出版社，2002；

e. 郑绍宗. 河北考古发现与展望 [J]. 文物春秋，1992 增刊：1～20.

[4] 索秀芬，李少兵. 小河沿文化类型 [A]. 边疆考古研究（第6辑）[C]. 北京：科学出版社，2007：88～102.

[5] 同注 [2].

[6] 杨虎. 辽西地区新石器—铜石并用时代考古文化序列与分期 [J]. 文物，1994（4）：37～52.

[7] 郭大顺. 辽宁史前考古与辽河文明探源 [J]. 辽海文物学刊，1995（1）：14～22.

[8] 辽宁省文物考古研究所，赤峰市博物馆. 大南沟——后红山文化墓地发掘报告 [M]. 北京：科学出版社，1998.

[9] 朱延平. 辽西区新石器时代考古学文化纵横 [A]. 内蒙古东部地区考古学文化研究文集 [C]. 北京：海洋出版社，1991：9～14.

[10] 同注 [2].

[11] 内蒙古自治区文物考古研究所. 白音长汗——新石器时代遗址发掘报告 [M]. 北京：科学出版社，2004.

[12] 同注 [6].

[13] 北京市文物研究所. 北京考古四十年 [M]. 北京：北京燕山出版社，1990：22～25.

[14] 北京市文物研究所. 镇江营子与塔照——拒马河流域先秦考古文化的类型与谱系 [M]. 北京：中国大百科全书出版社，1999：49～53，418～419.

[15] 河北省文物研究所. 河北易县北福地史前遗址的发掘 [J]. 考古，2005（7）：3～9.

[16] 河北省文物研究所. 河北容城县午方新石器时代遗址试掘 [A]. 考古学集刊（5）[C]. 北京：中国社会科学出版社，1987：61～77.

[17] a. 中国社会科学院考古研究所. 中国考古学中碳十四年代数据集（1965～1991）[M]. 北京：文物出版社，1991；

b. 北京大学城市与环境学系. 燕园遗存调查简报 [J]. 考古与文物，2002 增刊（先秦考古）：9～12；

c. 表中除燕园的一个数据外，其余均采用 1988 年国际 ^{14}C 会议确认的高精度树轮校正表校正.

［18］ 内蒙古自治区文物考古研究所. 庙底沟与大坝沟［M］. 北京：大百科全书出版社，2003.

［19］ 栾丰实. 仰韶时代东方与中原的关系［A］. 海岱地区考古研究［C］. 济南：山东大学出版社，1997：114～133.

［20］ 辽宁省博物馆，昭乌达盟文物工作站，敖汉旗文化馆. 辽宁敖汉旗小河沿三种原始文化的发现［J］. 文物，1977（12）：1～21.

［21］ 同注［8］.

［22］ 内蒙古社会科学院蒙古史研究所，包头市文物管理所. 内蒙古包头市阿善遗址发掘简报［J］. 考古，1984（2）.

［23］ 同注［8］.

［24］ 巩启明，吕智荣. 榆林地区新石器时代文化遗存［A］. 中国考古学会第八次年会论文集（1991 年）［C］. 北京：文物出版社，1996：50～68.

［25］ a. 晋中考古队. 山西太谷白燕遗址第一地点发掘简报［J］. 文物，1989（3）：1～21；
b. 晋中考古队. 山西太谷白燕遗址第二、三、四地点发掘简报［J］. 文物，1989（3）：22～34.

［26］ 国家文物局，山西省考古研究所，吉林大学考古系. 晋中考古［M］. 北京：文物出版社，1998.

［27］ 中国历史博物馆，山西省考古所，垣曲县博物馆. 1982～1984 年山西垣曲古城东关遗址发掘简报［J］. 文物，1986（6）：27～40.

［28］ 河北省文物管理委员会. 河北唐山市大城山遗址发掘报告［J］. 考古学报，1959（3）：17～35.

［29］ 中国科学院考古研究所内蒙古工作队. 内蒙古巴林左旗富河沟门遗址发掘简报［J］. 考古，1964（1）：1～5.

［30］ 中国社会科学院考古研究所内蒙古工作队. 内蒙古敖汉旗小山遗址［J］. 考古，1987（6）：481～506.

［31］ 赵宾福. 赵宝沟文化的分期与源流［A］. 中国考古学会第八次年会论文集［C］. 北京：文物出版社，1996：1～12.

［32］ 韩建业. 中国北方地区新石器时代文化研究［M］. 北京：文物出版社，2003.

［33］ a. 河北省文物管理处. 磁县下潘汪遗址发掘报告［J］. 考古学报，1975（1）：73～116；
b. 中国科学院考古研究所安阳发掘队. 安阳洹河流域几个遗址的试掘［J］. 考古，1965（7）：326～338；
c. 中国社会科学院考古研究所. 安阳鲍家堂仰韶文化遗址［J］. 考古学报，1988（2）：169～188.

［34］ 山东省文物管理处，济南市博物馆，大汶口——新石器时代墓葬发掘报告［M］. 北京：文物出版社，1974.

［35］ a. 北京大学考古系，雁北地区文物工作站，偏关县文化馆. 山西大同及偏关县新石器时代遗址调查简报［J］. 考古，1994（12）：1057～1062，其中的水头遗址；
b. 山西省考古研究所，右玉县图书馆，山西右玉丁家村新石器时代遗存［J］. 考古，1985（7）：662～663.

[36] 中国科学院考古研究所内蒙古工作队. 赤峰药王庙、夏家店遗址试掘报告 [J]. 考古学报, 1973 (2): 111~144.

[37] 中国社会科学院考古研究所. 大甸子——夏家店下层文化遗址与墓地发掘报告 [M]. 北京: 科学出版社, 1996.

The time, fountainhead and direction of Xiaoheyan Culture

SUO Xiu-fen   LI Shao-bing

The Xiaoheyan culture could probably emerge at the late stage of the early period of the Dawenkou Culture. And it developed through the forth stage of the Bapo Culture, the second stage of Miaodigou Culture, and then entered into the time of the Longshan Culture. The forming foundation of the Xiaoheyan culture is the Zhaobaogou Culture, the Fuhe culture and the Hongshan culture. And in this process, it constantly absorbed the cultural factors from those around, such as the Miaodigou Culture, the type of Yijing, the Dawenkou Culture and the Dasikong Culture. The Xiaoheyan Culture is a very important origin where the Lower Xiajiadian Culture begins.

马城子诸洞穴墓葬遗存的分期与相关问题

段天璟

（吉林大学边疆考古研究中心，长春，130012）

以千山山脉为主干的辽东丘陵地区，南面濒海，东北部与长白山脉毗连。以辽河口和鸭绿江口一线为界，可将该地区分为南部面向海洋的辽东半岛丘陵地区和北部面向大陆的辽东丘陵北部地区。辽东半岛丘陵地区拱卫渤海，与胶东半岛呈犄角之势；辽东丘陵北部地区则是沿海地区连接内陆的重要缓冲地带。

笔者曾就辽东半岛上的岳石文化遗存的相关问题进行过探讨[1]。在此基础上，我们进一步将目光投向辽东丘陵北部地区，考察该地区夏商时期考古学文化遗存的分期、年代及文化交流等问题。

一、马城子诸洞穴墓葬遗存的分期与编年

1979 年，辽宁省博物馆等单位在辽宁本溪山城子庙后山 B、C 洞发现了一类新的青铜时代文化遗存，发掘者认为，这类遗存"在埋葬风俗、生活器皿和生产用具上均具自身特点"并将其命名为"庙后山文化类型"[2]。李恭笃先生指出，在本溪北甸近边寺 2 号洞，发现有这类遗存叠压于"以新石器时代的直筒罐为主的文化遗存"之上的层位关系，并进一步归纳了庙后山文化的基本特征[3]，继而将分布于太子河上游以马城子 B 洞下层为代表的新石器时代文化遗存称为"马城子文化类型"，将以山城子 B 洞为代表的青铜时代文化遗存称为"庙后山文化类型"[4]。随着本溪地区马城子 A、B、C 洞、张家堡 A 洞、山城子 B、C 洞、北甸 A 洞等洞穴墓葬遗址的发掘[5]，该类遗存的发现日渐丰富。《马城子》报告将此类文化遗存命名为"马城子文化"，并认为"马城子文化"分布于辽东山区，与同时期辽河平原上的顺山屯文化属"由同一个古老的文化传统发展延续而来的，分布于不同地区的两个分支"[6]。赵宾福先生认为"新乐上层文化"、"老虎冲类型"、"顺山屯类型"、"望花类型"、"庙后山文化"等应属于同一种考古学文化，并用统称之为"马城子文化"[7]。

鉴于学界对此类遗存的内涵、性质等问题，尚存在不同意见。这里，我们暂将以《马城子》报告发表的早期青铜时代各洞穴墓葬为代表的文化遗存统称为马城子诸洞穴墓葬遗存。

　　马城子诸洞穴墓葬遗存的分期问题是讨论辽东丘陵地区文化交流的基础，也是解决周边地区相关文化遗存的年代与源流等问题的关键。

　　在该类遗存中，张家堡A洞、山城子B、C洞墓葬出土了一定数量的陶器，发现了具有分期意义的层位关系，为我们解决这类遗存的分期问题提供了条件。

　　该类遗存的陶器器类比较简单，主要有壶、罐、钵、碗、杯、盆等。以壶数量最多。例如，张家堡A洞墓地共出土陶器309件，其中壶157件，占出土器物总数的50.8%。同时，陶壶的种类较多、形态多样。因此，陶壶可以作为分期的指征性器物。

　　观察马城子诸洞穴遗存出土陶壶的形态，可以发现，《马城子》报告按照陶壶的颈部形态将其分成了斜颈、直颈、鼓颈、短颈等类，一同并列的还有竖耳、横耳以及卷沿类陶壶（表一）。其中，斜颈和直颈类壶均有腹部无耳和有耳两种形态，同时因耳的做法不同还有竖、横桥状耳及竖、横盲耳、三角形盲耳等形制；而竖或横耳类壶的颈部特征既有直颈，又有斜颈，耳部特征也是既有桥状耳又有盲耳。该类遗存陶壶的颈部形态与耳部特征存在大量重合于同一类壶上的情况。

表一　马城子诸洞穴墓葬遗存出土陶壶的器类一览表

地点		直颈壶		斜颈壶			鼓颈壶	短颈壶	器类
器类		无耳	有耳	无耳	有耳		无耳	无耳短直颈	
马城子	A洞	8	0	22	0		0	0	
			1桥状		0				竖耳壶
	B洞	12	0	0	0		0	2	
	C洞	12	0	22	竖方盲耳4		0		
			0		桥状1				竖耳壶
张家堡A洞		9	桥状盲耳1	93	竖桥状耳8		3	卷沿壶1	
			0		竖盲耳11				竖耳壶
			桥状盲耳4		桥状盲耳12，	桥状横耳15			横耳壶
山城子	B洞	3	乳丁1　堆纹3	51	桥横盲耳6	桥状竖耳2	0	0	
			盲耳1		0	0			竖耳壶
	C洞	0	0	7	三角盲耳3	桥状竖耳2	2	0	

　　注：数字表示件数。

　　根据以上情况，我们可以认为，有耳壶系斜颈或直颈无耳壶直接加上耳制成，无耳斜、直颈壶与有耳斜、直颈壶除无耳外，整体特征并不具有本质的差别。另外，短颈壶的颈部近直，卷沿壶的敞口、沿部斜直的特征，若降低斜颈壶颈部的高度便可制成。

　　因此，我们在观察陶壶的形态时，可依据颈部特征把陶壶分为斜颈、直颈、鼓颈三类。由于鼓颈壶发现的数量不多，从早至晚在形态上没有太大的变化，暂不做讨论。

　　下面，我们先来看斜颈壶。

张家堡 A 洞发现有 52 座墓葬，分布于第 2、3、4 层。

第 2 层，有 M1~10、15~18、26、39、42、48 等 18 座墓葬。

第 3 层，有 M11~14、19~25、27~36 等 21 座墓葬。

第 4 层，有 M37、38、40、41、43~47、49~52 等 13 座墓葬。

另外，张家堡 A 洞墓地还发现了五组墓葬间的叠压打破关系。其中四组属于第 2 层墓葬叠压第 3 层墓葬（M2→M11，M4→M12，M5→M13，M7→M19），一组属于第 3 层墓葬间的打破关系（M11→M20）。

将张家堡 A 洞墓葬出土的各类陶壶和陶罐的型式及其底部特征按照层位进行排比（表二），便可发现，张家堡 A 洞第 4 层墓葬出土的斜颈壶有小平底和假圈足两类。第 2、3 层墓葬出土的斜颈壶中始见圈足。另从第 4 层 M50：3 假圈足壶（图一，8）的出现较第 3 层 M36：3、1 圈足壶（图一，1、2）早等现象均可看到，假圈足壶的出现早于圈足壶。同样地，出土于不同层位的竖耳壶、横耳斜颈壶以及叠唇罐、横耳罐等的底部特征均存在这一现象。这说明，圈足特征的出现晚于假圈足。从这一规律出发，在逻辑上可以认定仅出土于第 4 层的小平底壶如 M46：5（图一，13）的出现应较假圈足壶更早。这样，我们就初步总结出了斜颈壶底部从早到晚的形态演变特征，即壶底部由小平底到假圈足再到圈足。

表二　张家堡 A 洞墓葬陶壶的底部特征一览表

层位	斜颈（无耳）壶	竖耳（斜颈）壶	横耳（斜颈）壶	直颈壶	鼓颈壶
2	圈足、假圈足、平底	圈足、假圈足	平底、圈足、假圈足	假圈足	假圈足
3	圈足、假圈足	假圈足	平底、圈足、假圈足	假圈足	假圈足
4	小平底、假圈足	假圈足	假圈足	假圈足	

我们还发现，张家堡 A 洞第 2~4 层墓葬均出土Ⅶ6 式斜颈壶。而原报告发表了三件该式斜颈壶标本，其中第 4 层的 M46：5 为小平底、第 3 层的 M20：7 和第 2 层的 M10：3 底部呈假圈足。这一方面再次证明了上文总结出来的规律，更提示我们，斜颈壶的发展演变存在着更加复杂的轨迹。

更有趣的是，查《马城子》报告附表四—4《张家堡 A 洞墓葬登记表》可以发现，第 4 层的部分墓葬仅出土小平底斜颈壶，例如，Ⅲ1 式斜颈壶如 M45：1 与Ⅶ6 式斜颈壶如 M46：5 在 M45 中共出，二者均为小平底。而第 4、3 层中亦存在部分小平底斜颈壶与假圈足斜颈壶共出的墓葬，第 3、2 层中亦有部分的圈足斜颈壶与假圈足或小平底斜颈壶共出的墓葬。由此，我们将具有三种斜颈壶组合方式的墓葬分成早晚相继的三组，并将这些墓葬和其中出土斜颈壶的型式列成表三。

表三更加清晰地表现出：斜颈壶的小平底特征最早出现，此后出现的假圈足特征一直沿用到了使用圈足的时期，而平底的特征在圈足时期亦有发现，因此，斜颈壶小平底、假圈足和圈足特征的演变属于新不代陈、新旧共存式的发展。

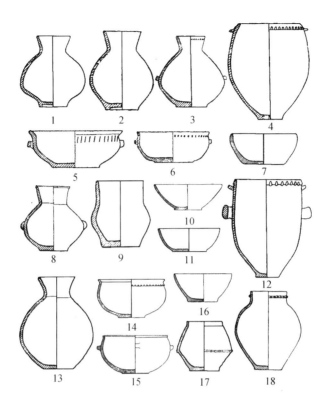

图一　张家堡 A 洞墓葬出土陶器

1. Ⅴ1 斜颈壶（M36：3）　2. Ⅲ5 斜颈壶（M36：1）　3. Ⅲ2 横耳壶（M36：9）　4. Ⅱ3 叠唇罐（M36：17）　5. Ⅰ1 横耳钵（M36：5）　6. Ⅲ3 横耳钵（M36：6）　7. Ⅲ 敛口钵（M36：7）　8. Ⅰ竖耳壶（M50：3）　9. Ⅰ直颈壶（M50：7）　10. Ⅰ2 碗（M50：6）　11. Ⅰ1 碗（M50：2）　12. Ⅱ1 叠唇罐（M50：1）　13. Ⅶ6 斜颈壶（M46：5）　14. Ⅰ1 叠唇罐（M46：4）　15. Ⅲ1 横耳罐（M46：2）　16. Ⅲ1 碗（M47：1）　17. Ⅲ直颈罐（M47：3）　18. Ⅰ直颈罐（M47：4）

表三　张家堡 A 洞墓葬斜颈壶的分组表

组	层位	斜颈（无耳）壶[8]	竖耳（斜颈）壶	横耳（斜颈）壶	底部特征组合	单位
三	2	Ⅵ2、Ⅶ3、Ⅶ4、Ⅶ5、Ⅶ6、Ⅷ1、Ⅷ2、Ⅷ3、Ⅷ4、Ⅷ5、Ⅷ6、Ⅲ5	Ⅲ、Ⅱ2	Ⅰ3、Ⅲ1、Ⅲ2、Ⅳ、Ⅴ	圈足 假圈足 小平底	M2、3、5～13、15、16、18、26、39、42
	3	Ⅱ2、Ⅱ3、Ⅲ3、Ⅲ4、Ⅲ5、Ⅳ、Ⅴ1、Ⅴ2、Ⅵ1、Ⅶ1、Ⅶ2、Ⅶ6	Ⅱ1、斜Ⅸ1、斜Ⅸ2、斜Ⅸ3、斜Ⅸ4	Ⅰ2、Ⅰ3、Ⅰ4、Ⅱ1、Ⅱ2、Ⅲ2、Ⅳ		M11、17、20、21、25、29～36
二	3	Ⅱ2、Ⅱ3、Ⅶ1	斜Ⅸ1	Ⅰ4	假圈足 小平底	M22、24、27、28
	4	Ⅰ、Ⅱ1、Ⅲ2、Ⅷ5				M37、38、41、43、44
一	4	Ⅲ1、Ⅶ6	Ⅰ	Ⅰ1	小平底	M45、46、50、52

　　斜颈无耳壶从早到晚的形态和组合演变特征同样也适用于斜颈有耳壶。例如，张家堡 A 洞 I 型竖耳壶、I 1 式横耳壶为平底，这两类壶存在于仅有小平底斜颈壶的第一组中，而第三组中的竖耳和横耳斜颈壶则出现了假圈足和圈足共生的特征（参见表三）。这也再次说明斜颈有耳壶与斜颈无耳壶具有相同的演化规律。

　　我们根据上文得出的结论，将张家堡 A 洞墓葬出土的其他器物的形式亦排列出来，去掉不具有分期意义的器物列成表四。我们还可以看到，第 4 层 M49 出 I 1、I 3 式陶碗，可将其归入第一组，M47 出 II 1 式叠唇罐，其年代当属第二组，M51 既出土第一组的 III 1 式斜颈壶又出土第二组的 II 1 式斜颈壶，该墓的年代属于第一、二组之间或第二组。第 3 层 M14 出 II 2、III 2 式横耳罐、第 2 层 M4 出土 IV 5、V 2、VI 2 式横耳罐等器物，均属于第三组。第 3 层的 M19 既出第二组的 I 3 式叠唇罐又出第三组的 II 2 式横耳壶、II 2 式横耳罐，它们的年代介于第二、三组之间或属于第三组。

表四　张家堡 A 洞墓葬其他器物分组表

组	直颈壶	鼓颈壶	罐				钵				碗	杯
			直领	横耳	叠唇	敛口	叠唇	横耳	敛口	鋬耳		
三	II 1 II 3 III 1 III 2 III 3 III 4	I 1 I 2 II	IV V	II 2 II 3 III 1 III 2 III 3 III 4 III 5 IV 1 IV 2 IV 3 IV 4 IV 5 IV 6 IV V 1 V 2 V 3 VI 1 VI 2 VI 3	I 2 I 4 II 2 II 3 III 1 III 2 III 3 III 4 III 5 IV 1 IV 2 IV 4 IV 5 V	III IV 1	II III 1 III 2 IV 1 IV 2 V VI 1 VI 2	I 1 I 2 II 1 II 2 III 2 III 3 IV V 2	II	III III IV	I 4 II 4 III IV 1 IV 2 V 1	I 2 III IV VI 1 VI 2
二	I 2 II 2			I 2 III 1	I 3 II 1 III 2	I II III	II III 1 IV 1 IV 2 IV 3	I 2	I		II 2	II 1 V 1 V 2
一	I 1		II	I 2 II 1	I 1 III 1	I	I		I		I 1 I 2 II 3	

　　另外，M1、M12、M13、M23、M40、M48 不出陶器。但 M1、48 属第 2 层可归入第 3 组，第 3 层的 M12、13、23 年代应不早于第 2 组，第 4 层 M40 的年代应属第一或二组。

　　山城子 C 洞发现有 12 座墓葬，分布于第 2、3、4 层。其中，不出陶器的墓葬有 M3、4、6、8 四座，出土陶壶的墓葬有 M1、2、5、7、10、11、12 等七座。

　　山城子 C 洞 4 层的 M7：4 斜颈壶底部为凹底（图二，13）。《马城子》报告附表四—6《山城子 C 洞墓葬登记表》显示，在 M7 中，M7：4 II 2 式壶与 M5：4 IV 1 式假圈足壶（图二，7）共生。同样的情况，在该洞第 2 层的墓葬中也有出现（表五）。从上文可知，假圈足壶出现于张家堡 A 洞二组时期，从该洞墓葬仅出土斜颈假圈足壶不见圈

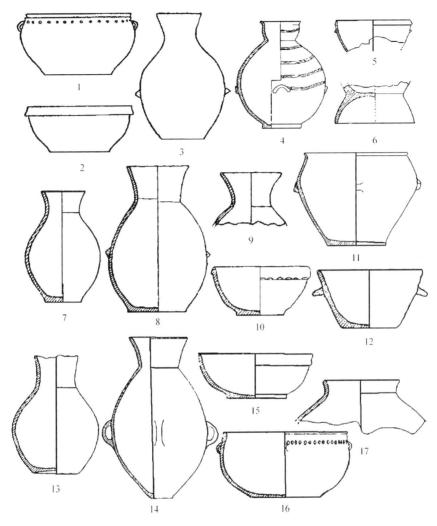

图二　山城子 C 洞墓葬出土陶器

1. Ⅱ杯（M1：9）　　2. Ⅱ叠唇钵（M1：10）　　3. Ⅲ斜颈壶（M1：8）　　4. 鼓颈壶（M2：2）　　5. 碗（M2：3）
6. 圈足器底（M8：1）　　7. Ⅳ1 斜颈壶（M5：4）　　8. Ⅲ斜颈壶（M5：2）　　9. Ⅳ2 斜颈壶（M11：8）　　10. Ⅲ叠唇
钵（M11：1）　　11. 横耳罐（M11：9）　　12. Ⅰ杯（M11：3）　　13. Ⅱ2 斜颈壶（M7：4）　　14. Ⅰ斜颈壶
（M7：5）　　15. Ⅱ叠唇钵（M7：2）　　16. Ⅰ叠唇钵（M7：6）　　17. 斜颈壶（M7：1）

足壶的组合特征可判断，山城子 C 洞第 2～4 层墓葬的年代大致属于相当张家堡 A 洞第
二组时期。我们还可以看到，山城子 C 洞 M5：2（图二，8）与 M1：8（图二，3）相似，
二者皆为Ⅲ型斜颈假圈足壶，M7：5 Ⅰ型斜颈壶（图二，14）腹部呈枣核状的形态与张
家堡 A 洞Ⅸ1 式斜颈壶相似，而张家堡 A 洞Ⅸ1 式斜颈壶与假圈足壶共生的现象出现于
张家堡第二组时期。这些现象再次证明，山城子 C 洞的出土陶壶的七座墓葬年代当与
张家堡 A 洞第二组相当。第 2 层的 M9 虽然不出陶壶，但与 M1 同出Ⅲ型陶杯，故二者
年代大致相当。

表五　山城子 C 洞墓葬陶壶的底部特征一览表

层位	斜颈壶		鼓颈壶		单位
2	Ⅱ1、Ⅲ、Ⅳ2	凹底、假圈足	M2∶2 等 2 件	假圈足	M1、2、10
3	Ⅲ、Ⅳ1、Ⅳ2	假圈足			M5、11
4	Ⅰ、Ⅱ1、Ⅱ2、Ⅳ1	凹底、假圈足			M6、7、12

　　山城子 C 洞凹底斜颈壶的发现暗示出，在斜颈壶由假圈足向圈足的演变过程中，圈足的产生很可能是假圈足的制法受到了凹底壶工艺的启发所致。

　　直颈壶呈现出来的演变规律似乎不很明显。在表二可以看到，张家堡 A 洞墓葬第 2、3、4 层墓葬中出土的直颈壶底部皆为假圈足，没有发现圈足或平底的特征。

　　山城子 B 洞发现了 T2②∶22 类圈足直颈壶和 M5∶9 类平底直颈壶（图三，1、11）。《马城子》报告图一七五发表了山城子 B 洞部分墓葬的层位关系：M4、M5、M9、M10、M11→②→③，并指出，该洞的 11 座墓葬均分布在第 2 层内。可以看到：T2③∶20 假圈足直颈壶（图三，6）早于 T2②∶22 圈足直颈壶（图三，1），似乎在直颈壶中亦存在着底部由假圈足演变为圈足的规律。

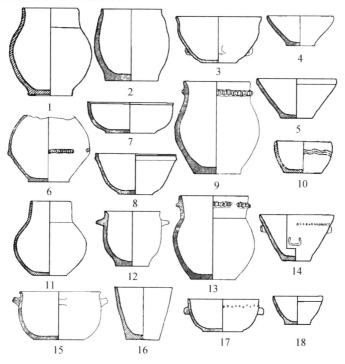

图三　山城子 B 洞墓葬出土陶器

1. Ⅱ直颈壶（T2②∶22）　2. 大口瓮（T2②∶34）　3. Ⅱ盆（T2②∶61）　4. Ⅰ浅腹碗（T2②∶38）　5. Ⅰ叠唇碗（T2②∶63）　6. Ⅲ2 直颈壶（T2③∶20）　7. Ⅰ1 折口钵（T2③∶40）　8. Ⅰ叠唇钵（T2③∶43）　9.1 直领罐（T2③∶33）　10. Ⅲ浅腹碗（T2③∶65）　11. Ⅰ直颈壶（M5∶9）　12. Ⅰ1 竖耳罐（M11∶7）　13. Ⅰ直领罐（M11∶1）　14. Ⅱ多耳碗（M5∶6）　15. Ⅱ横耳钵（M11∶5）　16. Ⅱ杯（M11∶6）　17. Ⅲ横耳钵（M11∶1）　18. Ⅲ1 叠唇碗（M11∶4）

　　然而，在层位上晚于 T2②：22 类圈足壶的 M5、M11 皆出土 M5：9 类小平底直颈壶。这一情况的出现，是否说明直颈壶的演变存在着一条不同于斜颈壶的轨迹，亦即，假圈足演变为圈足再变为小平底呢？

　　我们仔细审视该洞部分墓葬还能发现一个很值得注意的现象：M4～7、M9、M11 为二次捡骨葬，即为迁葬。因此，这几座墓葬所处的应不是其原生层位，他们与第②、③层的相对早晚关系存在多种可能。鉴于山城子 B 洞的直颈壶亦发现了由假圈足发展为圈足的情况，我们依此规律将 M5：9 类小平底直颈壶出现的年代排在 T2③：20 类假圈足壶之前。

　　这样，我们可以推知，直颈壶亦存在由小平底向圈足演化的现象，也走了一条与斜颈壶同样的发展道路。

　　按照该洞墓葬出土斜颈壶和斜颈壶的底部特征并结合层位关系，我们将山城子 B 洞的墓葬分为三组（表六）。其中，M9：4 与张家堡 A 洞二组 M2：11 斜颈壶（图四，27）相似，M8：5、M4：7 分别与张家堡 A 洞三组 M20：21、M36：3 斜颈壶（图四，7、24）相似，说明其年代相当[9]。

表六　山城子 B 洞出土的斜颈壶和直颈壶的底部特征表

组	墓葬	斜颈壶		直颈壶		竖耳壶		备注	同时期单位
	M4	Ⅳ、Ⅶ	假圈足、圈足					迁葬	
	M7	Ⅶ	圈足					迁葬	
	M8	Ⅱ、Ⅵ	假圈足、圈足						
三	M1	Ⅲ	假圈足						T2②
	M3					1	假圈足		
	M2			Ⅲ1	假圈足				
	M10			Ⅱ2	假圈足				
二	M9	Ⅰ、Ⅴ	假圈足、平底					迁葬	T2③
一	M5　M11			Ⅰ	平底			迁葬	

　　我们以张家堡 A 洞出土的斜颈无耳壶及该洞和山城子 B、C 洞出土的部分斜颈有耳壶和直颈壶的形态为例，将斜颈壶和直颈壶的演变轨迹列成图四，并以此为标准将这三个洞穴的墓葬分为三组。

　　第一组：包括张家堡 A 洞第一组[10]和山城子 B 洞第一组；

　　第二组：包括张家堡 A 洞和山城子 B 洞第二组、山城子 C 洞诸墓葬；

　　第三组：包括张家堡 A 洞及山城子 B 洞第三组。

　　《马城子》报告发表的马城子 A、B、C、北甸 A 洞等四个洞穴墓葬址没有发现层位关系。另外，新宾老城石棺墓[11]、东升洞穴、牛心山洞[12]、本溪三道河屯虎沟、程家村[13]、谢家崴子[14]、桓仁大梨树沟[15]等遗址亦发现了同类文化遗存。我们根据上文得出的斜颈壶和直颈壶的演变规律将此类遗存分为三期（表七）。并将具有分期意义的陶壶、罐、碗、钵、杯等器物列成图五、图六。

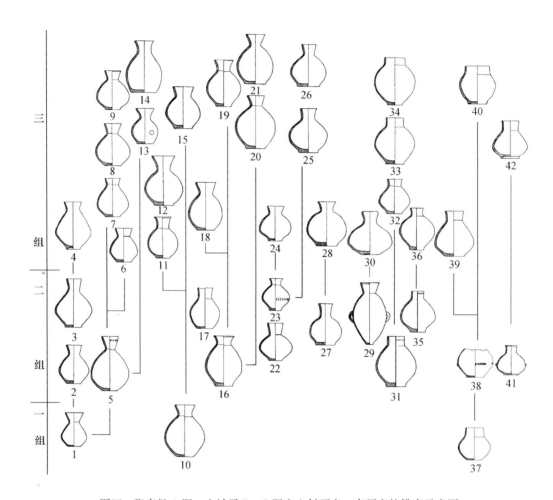

图四　张家堡 A 洞、山城子 B、C 洞出土斜颈壶、直颈壶的排序示意图

斜颈壶：1. Ⅲ1（M45:1）　2. Ⅲ2（M38:1）　3. Ⅱ1（M37:1）　4. Ⅲ4（M20:8）　5. Ⅰ（M41:5）　6. Ⅲ3（M30:3）　7. Ⅳ（M20:21）　8. Ⅷ1（M6:8）　9. Ⅷ2（M42:5）　10. Ⅶ6（M46:5）　11. Ⅶ6（M20:7）　12. Ⅵ1（M20:17）　13. Ⅵ2（M9:9）　14. Ⅶ3（M2:9）　15. Ⅲ5（M36:1）　16. Ⅶ1（M24:4）　17. M7:4　18. Ⅶ2（M20:5）　19. Ⅶ5（M7:10）　20. Ⅶ6（M10:3）　21. Ⅶ4（M2:12）　22. Ⅱ3（M28:3）　23. Ⅱ2（M27:3）　24. Ⅴ1（M36:3）　25. Ⅷ4（M6:9）　26. Ⅶ3（M9:6）　27. Ⅷ5（M2:11）　28. Ⅷ6（M42:6）　29. Ⅸ（M28:6）　30. Ⅴ2（M30:10）

直颈壶：31. M45:7　32. M3:2　33. M4:1　34. M2:15　35. M44:3　36. M35:1　37. M5:9　38. T2③:20　39. M29:3　40. T2②:22　41. M28:1　42. M7:8　（17. 山城子 C 洞　37、38、40、42. 山城子 B 洞　余为张家堡 A 洞　"｜" 表示传承或演变，"└"或"┘" 表示延用）

表七 马城子诸洞穴墓葬遗存的分期表

期	张A、山B、C洞	马城子A洞	马城子B洞	马城子C洞	北甸A洞	老城	东升	虎沟	程家村	谢家崴子	大梨树沟
晚	三组	M5、7、12、18、27	M9、10	M2、7、11					√		√
中	二组	M1~4、8、10、11、14、19~22、23~26、28、29	M1~5、7、8、11、13、14	M1、6、9、10、13~18、20、22	M2	M2、4	√	√		√	√
早	一组	M13、17		M3~5、21	M1、3						
备注	马A洞M15、马C洞M8、23的年代介于早、中期间或属于中期，马A洞M9的年代介于中、晚期间或属于晚期										

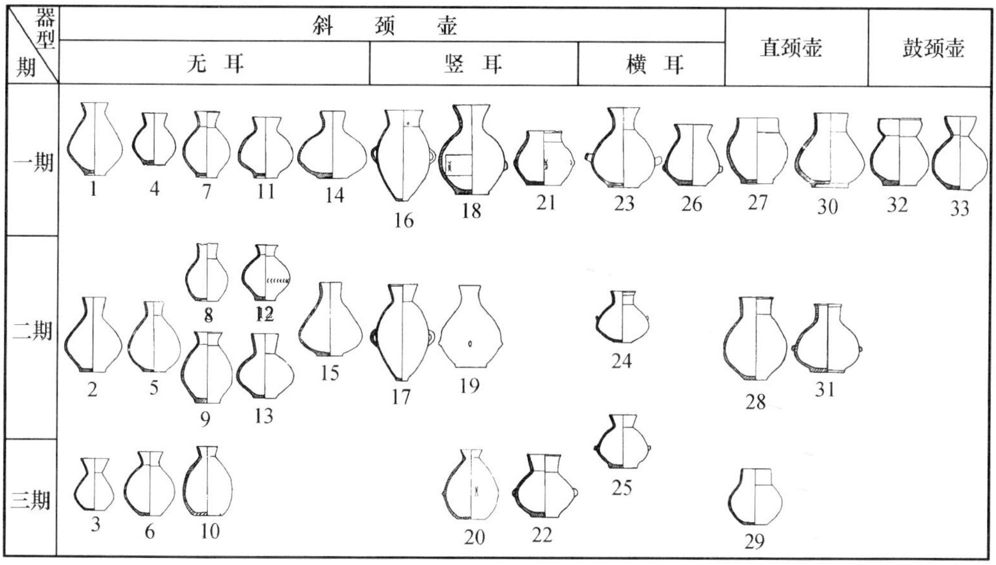

图五 马城子诸洞穴墓葬遗存陶器分期示意图（1）

1. M20:8 2. M37:1 3. M45:1 4. M36:1 5. M1:1 6. M46:5 7. M7:10 8. M7:4 9. M24:4 10. M1:1
11. M36:3 12. M27:3 13. M28:3 14. M30:10 15. M22:3 16. M25:1 17. M28:6 18. M2:5 19. M10:7 20. M3:3
21. M3:1 22. M50:3 23. M8:4 24. M25:5 25. M45:11 26. M33:3 27. T2②:22 28. M13:9 29. M5:9 30. M7:8
31. M28:1 32. M34:12 33. M9:4 （1~4、6、7、9、11~14、16~18、22~26、31~33. 张家堡A洞 5、15、
19. 马城子C洞 8. 山城子C洞 10、20. 老城 21、27. 山城子B洞 28~30. 马城子B洞）

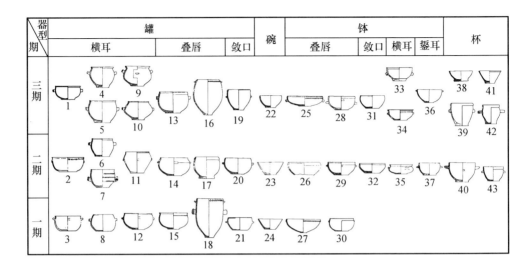

图六　马城子诸洞穴墓葬遗存陶器分期示意图（2）

1. M9：5　2. M9：2　3. M11：5　4. M6：3　5. M6：13　6. M20：18　7. M45：6　8. M3：1　9. M6：4　10. M17：1　11.
M11：9　12. M46：2　13. M5：1　14. M28：4　15. M46：4. 16. M36：17　17. M8：1　18. M50：1　19. M4：2　20.
M28：2　21. M1：4　22. M34：9　23. M41：6　24. M52：3　25. M33：4　26. M25：2　27. M45：8　28. M3：1　29. M30：9
　30. M7：6　31. M30：12　32. M41：2　33. M7：21　34. M36：5　35. M24：2　36. M25：4　37. M23：7　38. M16：3
39. M9：7　40. M28：5　41. M30：4　42. M6：6　43. M27：4　（1、4~7、9、10、12~16、18~20、22~25、27~
29、31、32、34~36、38~43. 张家堡 A 洞　2、3. 山城子 B 洞　8、21. 老城　11、30. 山城子 C 洞　17、26、
33. 马城　　　　　　　　　　子 C 洞　37. 马城子 A 洞）

　　正如《马城子》报告指出，马城子诸洞穴墓葬基本上是成排埋葬的。对照以上分期结果，我们可以发现，马城子各洞穴墓葬的从早到晚的排列存在一定顺序。例如，张家堡A 洞 5 第四层墓葬可分三排，为自每排的中心向两边排列。第三层墓葬分洞口、洞里两个墓区。洞口区墓葬可分为四排，基本上呈自南向北排列。洞里区的墓葬为自洞口向洞里埋葬。山城子 B 洞的 10 座墓葬中有 4 座系迁葬，其埋葬顺序不明确。马城子 A 洞墓葬系自中间向洞口和洞里排列。马城子 B 洞靠近洞中部和洞内的墓葬较早而近洞口的墓葬较晚，系自洞内向洞外排列。马城子 C 洞墓葬居于中心的 M21、5 及靠近洞口的 M3、4 较早，故该洞墓葬的排列总体上为自洞口向洞里排列，在各排上来讲为自中心向两边排列。可见，马城子不同洞穴墓葬的排列顺序虽然存在部分差异，但这些洞穴内墓葬的埋葬顺序显然都经过了事先的规划。

　　马城子诸洞穴墓葬遗存共有 8 个 [14]C 数据（表八）。从中可知，该类遗存第一期的 2 个数据的年代为公元前 1900~前 1600 年之间，大致相当于中原地区的夏时期。第三期 5 个数据的年代皆为公元前 1400~前 1100 年，大致相当于中、晚商时期。第二期仅有的一个数据年代偏晚，进入了第三期的年代范围内。由于第二期的年代应介于第一、三期之间，我们根据绝大多数的碳素年代判断，第二期年代应为公元前 1600~前 1400 年，相当于早商时期。

表八 《马城子》报告部分墓葬¹⁴C数据一览表

期	单位	标本号	材料	公元前	树轮校正（B.C.）
晚	张家堡A洞M7	ZK—2164	木炭	1030±55	1185±95
	张家堡A洞M4	ZK—2163	木炭	1115±60	1290±140
	张家堡A洞M11	ZK—2165	木炭	1140±55	1320±135
	张家堡A洞M14	ZK—2166	木炭	1165±60	1405±140
	山城子B洞M7	PV—265	人骨	1310±80	
中	马城子A洞M7	WB84—23	木炭	1025±70	1230±145
早	山城子B洞M5	PV—266	人骨	1610±80	
	张家堡A洞M52	ZK—2167	木炭	1635±65	1935±90

二、岳石文化与辽东丘陵地区南、北部的文化交流

《胶东辽东》一文就辽东半岛上的岳石文化进行过简要的梳理，指出双砣子二期文化遗存的性质属于岳石文化。要之，辽东丘陵北部地区的考古学文化是否也存在着与岳石文化接触和交流的可能呢？

笔者曾揭示出，辽东半岛上的岳石文化遗存与长海县上马石瓮罐葬遗存间存在交流的现象[16]。我们还可以发现，上马石瓮棺葬中被《胶东辽东》归入B组中的部分陶器，具有一定的马城子诸洞穴墓葬遗存特征，例如，张家堡A洞M45：1、M38：1壶（图七，1、4）与上马石瓮M13：1、瓮M15：1（图七，9、10）相类。这一现象暗示着辽东半岛南部上马石瓮棺葬遗存与马城子诸洞穴墓葬遗存间亦在存在着交流。

看来，上马石瓮棺葬体现出三类文化因素：一类具有本地文化传统的器物，以瓮M9：1、瓮M1：1、瓮M11：1为代表（图七，11~13），一类受到了岳石文化的影响，以瓮M14、瓮M12：1、瓮M16：1、瓮M17：1、瓮M17：2（图七，14~18）为代表，一类受到了马城子诸洞穴墓葬遗存的影响（图七，9、10）。

可见，辽东地区北部与南部间存在着文化交流。

下面，我们再回到辽东丘陵地区北部。

在马城子诸洞穴墓葬遗存早、中期遗存里，可以看到岳石文化的影响，例如，山城子B洞M11：1罐、M11：6杯、马城子B洞M13：8罐、（图七，2、3、5）与岳石文化同类器物牟平照格庄H11：67、T10③：9、泗水尹家城T267⑦：41、T289⑦：16相似（图七，19~22）；还有，张家堡A洞M41：4、M47：4罐（图七，7、8）分别与烟台芝水T6⑪：16、照格庄H9：20、尹家城T152⑦：31相似（图七，23~25）。

然而，岳石文化的脚步并未停留，而是由辽东地区继续北进，正如笔者在《胶东辽东》一文中所指出，在下辽河流域的高台山文化中亦发现了岳石文化因素[17]。

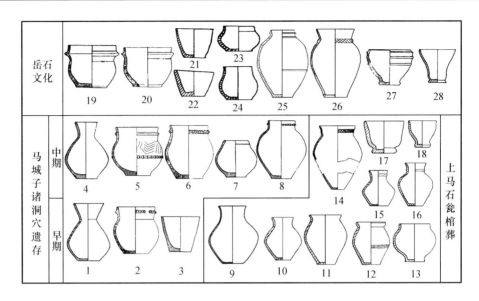

图七　岳石文化与辽东丘陵地区诸考古学文化遗存的关系示意图

1. M45:1　2. M11:1　3. M11:6　4. M38:1　5. M13:8　6. T2③:33　7. M41:4　8. M47:4　9. 瓮 M13:1　10. 瓮 M15:1　11. 瓮 M9:1　12. 瓮 M1:1　13. 瓮 M11:1　14. 瓮 M14　15. 瓮 M12:1　16. 瓮 M16:1　17. 瓮 M17:1 18. 瓮 M17:2　19. H11:67　20. T10③:9　21. T267⑦:41　22. T289⑦:16　23. T6○11:16　24. H9:20　25. T152⑦:31　26. T215⑦:17　27. H9:20　28. T6⑨:18（1、4、7、8. 张家堡 A 洞　2、3. 山城子 B 洞　5. 马城子 B 洞　6. 山城子 B 洞　9~18. 长海上马石　19、20、24. 牟平照格庄　21、22、26. 泗水尹家城　23、28. 烟台芝水　27. 青州郝家庄）

可见，在上文勾勒出的历史图景中，我们不仅可以发现辽东丘陵北部地区受到了岳石文化的影响，更可以看到辽东地区北部的马城子洞穴墓葬遗存对南部的考古学文化遗存产生了一定影响。实质上，下辽河流域的高台山文化的影响也渗透到了辽东丘陵地区，并通过此地传播到了胶东半岛上。

三、辽东丘陵地区在岳石文化之后的文化发展

当辽东半岛上的岳石文化及其同时的瓮棺葬消失后，羊头洼类型出现了。

陈光先生曾指出，羊头洼类型与上马石瓮棺葬遗存相比"整个器物群的作风发生了质的变化。例如器底由假圈足全变成圈足和凹底；弦纹变成划纹和刺点纹饰；圈足罐形制多样富于变化"[18]。笔者在《胶东辽东》一文中提出，羊头洼类型的来源可能不仅仅是辽东半岛上的岳石文化和上马石瓮棺葬遗存两个，并指出羊头洼类型的带刻划和刺点纹的圈足罐的做法可能继承了辽东半岛新石器时代的后洼下层文化和稍晚的蚊子山遗址同类陶壶的作风。

辽东丘陵地区北部的马城子诸洞穴墓葬遗存的陶壶等器物自晚期开始不见了岳石文

化因素，说明该类遗存晚期开始的时间与羊头洼类型大体一致。与此同时，该类遗存中圈足的做法也开始盛行起来。这一现象与辽东半岛上发生的情景惊人地相似。

不同的是，辽东半岛在岳石文化存在时和消失后的考古学文化发生了本质的变化，而辽东丘陵北部地区的考古学文化却未中断，一脉相承地发展了下来。至于两地陶器圈足出现的原因是否一致，目前仍无法定论，但圈足作为辽东地区岳石文化之后出现的时代特征，颇耐人寻味。

从目前的研究来看，岳石文化对辽东半岛地区产生了深远的影响，为羊头洼类型的产生奏响了序曲，而辽东丘陵北部地区的马城子诸洞穴墓葬遗存虽受到了岳石文化的影响，但仍旧走着自己的道路，并在岳石文化时期就与辽东半岛地区产生了交流。岳石文化之后，二地区虽出现了共同的时代特征，但它们的文化性质不同，走着各自的发展道路。辽东半岛地区的考古学文化，正如孙守道、郭大顺先生业已指出，表现出沿黄渤海和鸭绿江流域的发展趋向[19]。而马城子诸洞穴墓葬遗存，则很可能成为长白山地部分石构墓葬遗存的源头。

附记：该成果得到"吉林大学哲学社会科学博士科研启动基金项目（2006BS34）、'985工程'项目"资助。

注　释

[1]　段天璟. 胶东半岛和辽东半岛岳石文化的相关问题 [A]. 边疆考古研究（第2辑）[C]. 北京：科学出版社，2004.（文中简称《胶东辽东》）.

[2]　辽宁省博物馆，本溪市博物馆，本溪县文化馆. 辽宁本溪县庙后山洞穴墓地发掘简报 [J]. 考古，1985（6）：485～496.

[3]　李恭笃. 辽宁东部地区青铜文化初探 [J]. 考古，1985（6）：551.

[4]　李恭笃. 本溪地区三种原始文化的发现与研究 [J]. 辽海文物学刊，1989（1）.

[5]　齐俊. 本溪地区太子河流域新石器至青铜时期遗址 [J]. 北方文物，1987（3）；辽宁省文物考古研究所，本溪市博物馆. 马城子——太子河上游洞穴遗址 [M]. 北京：文物出版社，1994.（文中简称《马城子》报告）.

[6]　辽宁省文物考古研究所，本溪市博物馆. 马城子——太子河上游洞穴遗址 [M]. 北京：文物出版社，1994：294.

[7]　赵宾福. 中国东北地区夏至战国时期的考古学文化研究 [D]. 长春：吉林大学博士学位论文，2005：137.

[8]　《马城子》报告中，张家堡A洞出土的斜颈壶除Ⅸ型为竖耳外皆无耳，故本文将原报告的Ⅸ型斜颈壶归为竖耳（斜颈）壶，简称"斜Ⅸ"型.

[9]　山城子B洞M9：4、M8：5、M4：7见《马城子》报告第239页图九一二-2，第241页图一九三-1、3.

[10]　根据上文得出的规律，张家堡A洞M45中平底斜颈壶（M45：1）与假圈足直颈壶（M45：7）

共生，故其年代当介于张家堡 A 洞一、二组之间或属第二组.

[11] 李继群，王维臣，赵维和. 新宾老城石棺墓发掘报告 [J]. 辽海文物学刊，1993（2）.

[12] 抚顺市博物馆，新宾满族自治县文物管理所. 辽宁新宾满族自治县东升洞穴古文化遗存发掘整理报告 [J]. 北方文物，2002（1）.

[13] 魏海波. 本溪连山关和下马塘发现的两座石棺墓 [J]. 辽海文物学刊，1991（2）.

[14] 齐俊，刘兴林. 本溪水洞遗址及附近的遗迹和遗物 [J]. 辽海文物学刊，1988（1）.

[15] 梁志龙. 桓仁大梨树沟青铜时代墓葬调查 [J]. 辽海文物学刊，1991（2）.

[16] 旅顺博物馆，辽宁省博物馆. 辽宁长海县上马石青铜时代墓葬 [J]. 考古，1982（6）：591 ~ 596.

[17] 段天璟. 胶东半岛和辽东半岛岳石的文化的相关问题 [A]. 边疆考古研究（第 2 辑）[C]. 北京：科学出版社，2004：140.

[18] 陈光. 羊头洼类型研究 [A]. 考古学文化论集（二）[C]. 北京：文物出版社，1989：132.

[19] 孙守道，郭大顺. 辽宁环渤海地区的考古发现与研究 [A]. 考古学文化论集（四）. 北京：文物出版社，1997：10.

The Period of Machengzi Caves Relics and Some Relevant Problems

DUAN Tian-jing

This paper divided the machengzi caves relics into three periods. Based the preceding research achievements, it revealed that this part of relics were related to the yueshi culture and other relics in jiadong peninsula. This paper determined that there were some common time features in the jiaodong hills before the yueshi culture, which became the important cultural background for producing stone tombs.

夏时期下辽河平原地区考古学文化刍议

——以高台山文化为中心

唐　淼　　段天璟

（吉林大学边疆考古研究中心，长春，130012）

下辽河平原地区地处辽东丘陵与辽西丘陵之间，东、西辽河交汇处以北，南到辽东湾，系下辽河及其支流冲击而成的平原地区。夏时期，该地区生长着"平安堡二期"遗存和高台山文化[1]。

学界曾对高台山文化的年代、分期、文化性质等问题进行过较深入的讨论，对高台山文化的认识经历了一个逐渐清晰的过程，成为我们进一步分析和认识夏时期下辽河平原地区考古学文化面貌的基础。

20 世纪 70 年代，高台山遗址的发掘者把墓葬等单位中发现的以壶、高足钵、壶式罐等器物为代表的遗存划入到了新乐上层文化的范畴[2]。20 世纪 80 年代初，有学者意识到了这类文化遗存与新乐上层文化的不同，从而提出了"高台山上层文化类型"的命名[3]；有学者进一步指出，这类文化遗存的年代属于青铜时代早期[4]。但是，这个时期学界虽然认识到了康平县顺山屯遗址[5]发现的"顺山屯类型"与高台山文化具有一定的区别，但仍认为其属于高台山文化[6]。彰武县平安堡遗址[7]发现的平安堡三期遗存为学界进一步解决高台山文化的相关问题提供了条件。在此基础上，学界就高台山文化的内涵、分期等问题展开了有益的讨论[8]。

应该指出的是，关于高台山文化夏时期遗存的辨识及其与"平安堡二期"遗存的关系等问题，仍需进一步讨论。本文拟在前人研究的基础上，辨析夏时期下辽河平原的考古学文化遗存并梳理其关系，进而初步探讨夏时期该地区与周边地区的文化关系。

一、高台山文化的分期与夏时期遗存的辨识

本文先从高台山文化的分期入手，从而辨析和了解夏时期的高台山文化遗存，并为进一步分析高台山文化与"平安堡二期"遗存的关系奠定基础。

1. 从彰武平安堡遗址看高台山文化的分期

目前发现的高台山文化遗址主要有高台山、平安堡、公主屯后山[9]、赵家店村[10]、阜新平顶山[11]、勿欢池[12]等。其中，平安堡遗址出土的高台山文化材料器类丰富、层位关系清楚，是解决高台山文化分期问题的重要遗址。

平安堡遗址分居住址和墓葬两个部分。

关于平安堡居住遗址的分段，大体上有两种意见。

第一种意见以《平安堡》报告为代表，将平安堡居住址分为三段[13]。第二种意见以《关于高台山文化若干问题的探讨》（以下简称《探讨》）为代表。《探讨》认为，第一，第Ⅲ段 H3057 和 H3072 两单位的文化性质已经超出了高台山文化的范畴，其年代可晚到平顶山三期；第二，第Ⅱ段的 H1007、H1008 应划入第Ⅲ段；第三，第Ⅰ段应该合并入第Ⅱ段。于是，《探讨》将平安堡居住址划分为两期。

实质上，以上两个分期方案都有地层上的支持，从研究的不同需要出发进行分期。应该承认，《探讨》指出的"Ⅰ段材料较少"确实抓住了第一种意见的症结。笔者基本同意第二种意见的分期结果，但应指出的是，第二种意见关于某些器类形态的把握，需进一步讨论。

首先，关于《探讨》所述的 A、C 型鬲的早晚关系问题分析如下：按照《平安堡》报告关于第Ⅰ、Ⅱ、Ⅲ区各地层的对应关系，并查阅《平安堡遗址遗迹开口层位及分期分段一览表》、《平安堡遗址第三期文化遗存墓葬登记表》，发现有一组层位关系：Ⅲ区①（Ⅰ区②）→H3053→Ⅰ区③（Ⅲ区②）→H1007→Ⅲ区③（Ⅰ区④）→H3094，从而证明了《探讨》中所举的 A、C 型鬲从早到晚的顺序为，H3094：1、H1007：3、H3053：1（图一，26、14、1）。《探讨》中举出的平安堡 1979 年采集的鬲（《探讨》图一，2）的形态除有一横錾手外，与 H3053：1 类鬲无异，而《探讨》中 B 类鬲的早晚关系显示，横錾手并非时间早晚的特征。可见被《探讨》一文划分为 A、C 两种类型的鬲，实际上很可能是早晚关系。而这类桥状扳耳鬲的早晚变化主要应该在器腹部，即 H3094：1 为斜腹，H1007：3 上腹部较鼓，H3053：1 为筒腹。

然后，我们发现出土于第一种意见所言的同一段的其他类器物也具有一定的形态差别。例如，开口于 T105③层下的 H1007：1 豆（图一，20）与开口于 T326①层下的 H3038：4 豆（图一，7）间存在着比较明显的区别。

这样，笔者参考以上第一、二种意见，根据辽宁彰武平安堡遗址报告和简报发表的鬲、甗、罐、盆、豆、鼎、杯等代表性器物早晚不同的形态特征，将该遗址居住址的分期进行一些调整并分为三段（图一）。

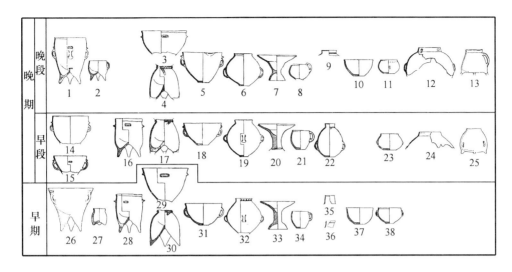

图一 平安堡高台山文化居住址出土陶器分期示意图

1、2、14～16、26～28. 鬲（H3053:1、T108③:4、H1007:3、H3052:9、H1012:1、H3094:1、H1059:1、T103④:7） 3、4、17、29、30. 甗（H3038:8、H3053:9、F3005:1、H3094:3、H3094:4） 5、18、31. 盆（H3006:1、H3086:1、T101⑤:9） 6、8、19、21、32、34. 罐（H1002:1、H3075:1、M1003:1、H1003:4、H3080:1、G1003:4） 7、20、33. 豆（H3038:4、H1007:1、T312③:1） 9、22、35、36. 壶（H3053:2、H3054:9、H3115:1、H3115:3） 10、37. 碗（H3053:6、G1004:5） 11、23、38. 钵（H3107:1、H3112:1、T112④:6） 12、24. 瓮（H3038:10、F3005:2） 13、25. 鼎（G3003:2、H3054:8）

第一段，包括Ⅰ区第4、5层、Ⅲ区第3层及其下开口的单位。以 G1003、G1004、H1021、H1059、H3115、H3080、H3089、H3094、T101⑤、T103④、T112④、T301③、T312③、T316③、T336③等单位为代表。

第二段，包括Ⅰ区第3层和Ⅲ区第2层下开口的单位。以 M1003、H1003、H1007、H1012、H1039、H3021、H3052、H3054、H3086、H3112、F3005 等单位为代表。

第三段，包括开口于Ⅰ区第2层下、Ⅲ区1层下开口的单位和Ⅰ区3层。以 H1002、H3006、H3013、H3038、H3053、H3074、H3075、H3085、H3107、G3003、T103③、T108③等单位为代表。

正如《探讨》指出，高台山文化居址和墓葬出土的陶器存在一定差别，因此不能一并讨论分期问题。这里，我们从平安堡墓地出发对高台山文化墓葬中出土器物的型式及年代划分谈谈自己的意见。

高台山文化墓葬出土的陶壶按照耳的有无，存在无耳和有耳两类形态。无耳壶中有素面和带附加堆纹两类。而附加堆纹不见施于有耳壶之上，有耳壶根据耳部的形态可以分为桥状耳和瘤状耳两类（表一）。可以看到，无耳素面陶壶除耳和纹饰外，其颈腹部形态与其他类陶器无异。

表一　高台山文化墓葬陶壶的分类

壶			
无耳		有耳	
素面	附加堆纹	桥状耳	瘤状耳

　　从平安堡墓地出土的素面无耳陶壶来看，这些陶壶据其腹部形态可以分为长腹（图二，1、18）、圆腹（图二，2、19）、垂腹（图二，3、4、20）三类。平安堡墓地共出土 13 座墓葬，其中 M3002、M3011～3013 开口于Ⅲ区第 3 层下。M3001、M3003～3010 开口于Ⅲ区第 2 层下。将陶壶按其层位关系排摆，可以发现，长、圆、垂腹三类腹部形态的陶壶在第 2、3 层下开口的墓葬中均有发现，故其腹部形态并没有区分时间早晚的意义。然而，第 3 层下开口墓葬出土的陶壶皆为直颈（图二，18～20），第 2 层下开口墓葬出土的陶壶颈部口小底大（图二，1～4）。M3012：2 虽为圈足带盲耳壶，但其亦为直颈（图二，27）。可见，此类陶壶早晚形态的差别亦体现在颈部。实际上，带附加堆纹及有耳陶壶可以认为是无耳素面壶加上相应部分构成的。由此推断，陶壶颈部形态具有判断年代早晚的意义。平安堡墓地出土的陶碗、钵、罐等或是早晚形态几无差别，或是没有可以对比的器物，因此暂不能概括其早晚形态差别。

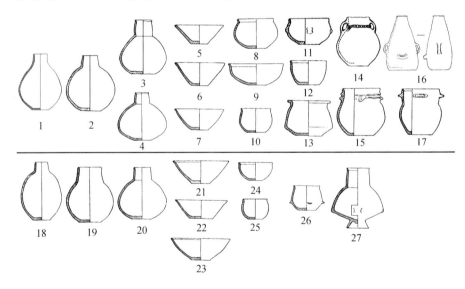

图二　平安堡高台山文化墓葬出土陶器

1～4、16、18～20、27. 壶（M3006：1、M3008：2、M3007：1、M3005：4、M3003：1、M3002：1、M3013：1、M3011：2、M3012：2）　　5～7、21～23. 碗（M3005：2、M3010：1、M3005：3、M3013：3、M3011：3、M3002：2）

8～10、24、25. 钵（M3001：1、M3006：4、M3006：3、M3013：2、M3011：1）　　11～15、17、26. 罐（M3004：1、M3008：1、M3009：1、M3010：2、M3006：2、M3005：1、M3012：1）

（1～17 为第②层下开口出土　18～27 为第③层开口下出土）

于是，我们根据陶壶的形态及其层位关系，可将平安堡墓地划分为两组，第一组包括开口于Ⅲ区第 3 层下的 M3002、M3011 ~ 3013，第二组包括开口于Ⅲ区第 2 层下的 M3001、M3003 ~ 3010。根据平安堡遗址Ⅰ、Ⅲ区地层对应关系可以推断，第一组的年代当不晚于居住址第一段，第二组的年代当不早于居住址第二段。据此，我们可将平安堡高台山文化居址和墓葬分为两期：早期包括居址和墓葬的一组，晚期包括居址二、三组和墓葬三组。

由于阜新勿欢池、新民高台山等遗址没有可供参考的层位关系，我们利用平安堡遗址的结果对其进行分期。

勿欢池 M15：2 壶（图三，17）长腹、直颈的形态与平安堡 M3002：1（图二，18）相似，M15：5、6 壶（图三，18、19）圆腹、直颈的形态与平安堡 M3013：1（图二，19）相似。这也再次从组合关系上反映出各类陶壶的早期特征，亦说明勿欢池 M15 的年代与平安堡早期相同。还有，M26：1、2 壶（图三，13、14）虽颈部饰附加堆纹，但均为圆腹直颈，年代应属早期。G1：1、M3：4 壶（图三，1、5）皆为素面圆腹，颈部口小底大，年代属晚期。而 M16：5 壶为素面长腹直颈，且 M16：3 壶带耳圆腹，颈部口小底大（图三，9、10），年代应介于早、晚期之间或为晚期。于是，我们可将勿欢池墓葬亦分为早晚两段：早段以 M15、26 为代表，晚段以 M3、G1 为代表，分别与平安堡高台山文化早、晚期相对应。

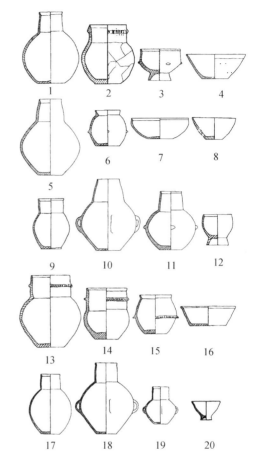

图三　勿欢池 G1、M3、15、16、26 出土陶器
1、2、5、9 ~ 11、13、14、17 ~ 19. 壶（G1：1、G2：4、M3：4、M16：5、M16：3、M16：1、M26：1、M26：2、M15：2、M15：5、M15：6）　3、12. 圈足钵（G1：3、M16：4）　4、8、16、20. 碗（G1：2、M16：2、M26：3、M15：3）　6、15. 罐（M3：6、M26：4）　7. 钵（M3：5）

高台山墓葬出土陶壶亦可以分为长腹、圆腹、垂腹三类（图四，1 ~ 5、12 ~ 17、23 ~ 26），我们可根据壶的颈部形态将该高台山墓葬分为早、晚两段，分别与平安堡早、晚期对应（图四）。高台山 76M5：2 罐的形态与平安堡 H3054：9 除去耳后相似，这也再次证明了我们对两遗址居址和墓葬间对应关系的推断。

我们也可以概括出与这些陶壶共生的圈足钵、罐等器物的早晚形态特征。圈足钵大

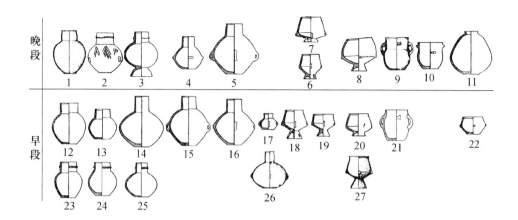

图四　高台山墓葬陶器分段示意图

1~5、12~17、23~26. 壶（80T6M86：2、76M6：1、76M3：1、腰 M742：1、腰 M744：1、76M7：2、76M1：2、腰 M745：1、76M4：1、腰 M743：3、76M12：1、腰 M794：3、腰 M741：1、80T1M111：2）　6~8、18~20、27. 圈足钵（腰 M742：1、76M5：1、腰 M744：2、76M4：2、腰 M743：2、腰 M745：2、80T1M111：1）　9~11、21、22. 罐（80T1M76：1、腰 M742：3、76M5：2、76M4：4、76M1：1）

体可以分成两类，一类为折腹处有竖耳（图四，6、7、18、19），一类为折腹处有瘤或无耳（图四，8、20、27）。这两类钵早段圈足较明显，晚段圈足较浅、圈足底部凸起明显或为假圈足。陶罐早期敛口，晚期直口（图四，9、10、21）。正如《探讨》所言，陶罐可按照耳部特征分为饰竖桥耳和饰对称錾耳两类，但由于材料的限制，饰对称錾耳类罐（图四，10）的早期形态尚不明确。

依据上述标准，高台山遗址见于发表的 31 座墓葬中，腰 M73013、腰 M741、腰 M743、腰 M745、76M1、76M4、76M7、76M12、腰 M794、80T1M79、80T1M111、80T2M82、80T2M53、80T3M74、80T3M93、80T6M91 属早期；腰 M731、腰 M732 腰 M742、腰 M744、76M3、76M5、76M6、76M10、80T1M76、80T2M54、80T6M66、80T6M86 属晚期。

尽管居住址与墓葬的陶器存在差别，但也可以看到，墓葬中出土的陶壶、圈足钵、罐等器物也为确定居址的某些单位提供了帮助。例如，高台山 80 东扩 H1：3 壶属素面竖耳直颈壶，其年代当属早期；高台山 80 北扩 H1：3 罐的形态当属晚期。另外，高台山 76 东 T1H1：2 鬲、公主屯后山 80T2H2：1 鬲与平安堡三段 H3053：1 鬲相似；公主屯后山 T4M3：1、T3M2：1 罐与平安堡二段 M1003：1 罐相似。

这样，我们也可以确定居住址中一些单位的年代，东高台山 80 东扩 H1 属早期；76 东高台山 T1H1、T1H3、T4H1、76MT3H1、东高台山 80 北扩 H1、80T1H4、80 东扩 H2、公主屯后山 80T2H2、T3M2、T4M3 属晚期。

平顶山 M107：2、M108：1、M102：3 素面陶壶圆腹、直颈显具有早期特征（图五，9、6、2）。M108：3 罐，敞口、颈部明显；M102：1 圆腹竖耳壶颈部口小底大，皆属于晚期（图五，8、1）。因此，M107 的年代属于早期，而 M102、M108 的年代介于早、晚期之间或属于晚期。

2. 高台山文化夏时期文化遗存的辨识

高台山文化与位于其东方的夏家店下层文化关系密切[14]。这里，不再赘述相关材料。下面，我们参照夏家店下层文化的年代，判定高台山文化的夏时期遗存。

阜新平顶山遗址发现一组叠压打破关系：③→M107→④→M109。其中，平顶山 M109:1 壶（图五，12）素面红胎、鼓腹直颈等形态特征显然不属于夏家店下层文化，而是具有上文所述的高台山文化遗存早期特征。可见，M109 虽然从大多数陶器的特征上可以判定属夏家店下层文化（图五，13~15），但这些器物与具有高台山文化特征的器物共生。同类共生的情况在 M107 中亦有发现（图五，9~11）。

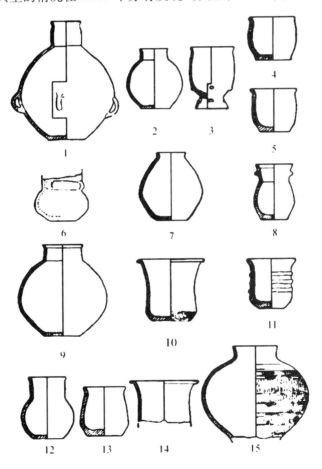

图五　平顶山 M102、107、108、109 出土陶器

1、2、6、9、12. 壶（M102:1、M102:3、M108:1、M107:2、M109:1）　3. 圈足钵（M102:3）　4、5、7、8、15.（M102:4、M102:5、M108:2、M108:3、M109:3）　10、11、13、14. 尊（M107:1、M107:3、M109:2、M109:4）

平顶山 M109：4、M107：1 尊（图五，14、10）分别与夏时期夏家店下层文化的丰下 T17⑤：2、南山根 T9②：16 相似[15]。

据此，我们可以大致判断，上文所述高台山文化早期遗存的年代约相当于夏时期。

二、"平安堡二期"遗存与高台山文化的关系

"平安堡二期"遗存与高台山文化具有密切的关系，正如《探讨》所指出，该类遗存的发现在很大程度上填补了偏卜子文化向高台山文化过渡的空白[16]。我们发现，"平安堡二期"遗存与上文所述的高台山文化早期遗存间有很大共性。

从陶系上看，"平安堡二期"遗存与高台山文化几无差别；在纹饰上，高台山文化具有的刻划三角纹、锯齿纹和附加堆纹在平安堡二期中均能找到（表二）。而平安堡二期的刻划斜线纹可以视作三角纹的简化或变体（图六，20），戳印连点纹的做法在高台山文化附加堆纹上亦可以见到（图六，11，19、30）。

表二　"平安堡二期"与高台山文化早期陶系、纹饰的比较

特征 遗存	陶系		纹饰
	陶质	陶色	
平安堡二期	均夹细砂	主要呈黄褐和灰褐色，个别器表施红衣，有的表里经过打磨	刻划内填平行线三角纹、锯齿纹、斜线纹及戳印连点纹、附加堆纹
高台山文化	均为夹砂陶	以灰褐和黄褐为主，少量打磨并施红色陶衣	刻划三角纹、锯齿纹、附加堆纹

从陶器器型上看，"平安堡二期"遗存的器类均可以在高台山文化早期遗存中找到对应者（图六）。例如，平安堡 H1032：1 双耳罐去一耳后与 G1003：4 罐的形态相类（图六，14、1），H1032：3 颈部饰附加堆纹直颈壶口沿酷似腰高台 M741：1 壶（图六，15、2），这也再次证明了上文对高台山文化早期陶壶形态的判断。

应注意的是，平安堡二期遗存发现了两件陶空足根（图六，31、32），限于目前目前材料，我们尚不能明确指出二器究竟属陶鬲或甗足。但我们知道，偏卜子文化的基本陶器组合为罐、壶和极少量的钵，未见到陶鬲或甗等空三足器[17]。从这个角度来讲，"平安堡二期"遗存的特征更接近高台山文化。

综上，"平安堡二期"与高台山文化早期遗存陶系、纹饰相同，器物组合一致，因此，笔者认为二者应属同一考古学文化，即平安堡二期为高台山文化最早的遗存。

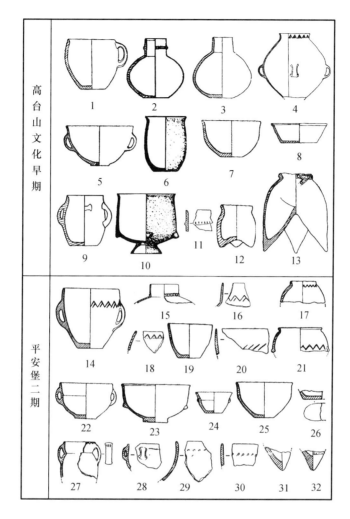

图六　高台山文化早期与平安堡二期陶器对比图

1、4、6、9、27. 罐（G1003：4、H3038：1、80T2M53：2、76M4：4、H1031：10）　2、3. 罐（M741：1、M3011：2）
5、14、22~24. 盆（T101⑤：9、H1032：1、H1031：2、H1031：3、H1031：1）　7、19、25. 钵（G1004：5、H1060：1、H1031：9）　8. 碗（M26：3）　10. 圈足钵（80T2M82：2）　12. 鬲（H1059：1）　13. 甗（H3094：4）　11、15~18、20、21、29、30. 陶器口沿（H731：3、H1032：3、H1032：4、H1032：6、H1032：5、H1027：2、H1027：3、H1031：11、H1031：2）　26. 陶器底（H1031：15）　28. 陶器耳（H1031：13）　31、32. 陶足根（H1031：14、H1029：1）

（2、6、9~11. 高台山遗址　8. 勿欢池遗址　余为平安堡遗址）

三、夏时期高台山文化与周边地区文化的关系

可以看到，陶鬲、陶甗等空三足器的出现是高台山文化与同一谱系的偏堡子文化的重要区别。那么，高台山文化这类陶器的来源就有两种可能，由外传入或独立创生。讨

论这个问题，还得从夏时期的高台山文化遗存与周边文化的关系谈起。

笔者曾指出，岳石文化的足迹自胶东半岛进入到了辽东半岛，并与高台山文化发生了交流[18]。亦有研究表明，岳石文化亦对千山山地的考古学文化遗存施加了影响[19]。

这样，我们可以更清晰地了解高台山文化陶甗等陶器的来源。夏时期高台山文化陶甗的足、腹部形态特征及甗腰部饰附加堆纹等作风（图七，19）显然与岳石文化同类器（图七，2、5）相似。同样，还有腹部饰附加堆纹的陶罐（图七，20、21）与岳石文化（图七，9）的陶盒等器类风格相仿。另外，腰高台山 M742：1（图七，18）虽晚于夏时期，但其整体形态及口部饰一对錾式耳的作法似模仿了岳石文化的子母口陶罐（图七，1、4）。由此看来，高台山文化的陶甗、陶罐等类器物应来自岳石文化或受到其影响（图七，Ⅰ）。

同时，胶东半岛的岳石文化遗存中也发现了带有高台山文化特征的因素。例如烟台芝水 TG2⑧：224、TG2⑧：221 钵（图七，10、11）的颈腹部竖桥形双耳的作法具有明显的高台山文化特征（图七，14）。

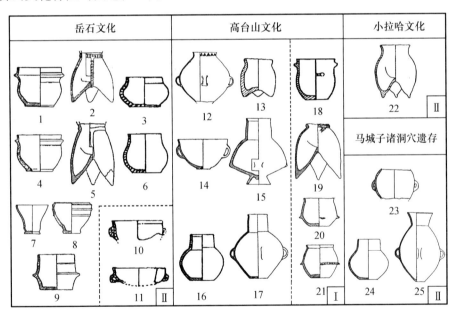

图七　高台山文化与周边地区文化关系示意图

1、3、4、6、12、18、20、21、23. 罐（H11：67、T6⑪：16、T10③：9、H9：20、H3080：1、腰 M742：1、M3012：1、M26：4、M5：24）　2、5、19. 甗（H24：8、H6：68、H3094：4）　7. 杯（T6⑨：18）　8. 碗（H9：20）　9. 盒（G3：20）　10、11. 钵（TG2⑧：224、TG2⑧：221）　13、22. 鬲（H1059：1、F3028：3）　14. 盆（T101⑤：9）　15～17、24、25.（M3012：2、76M1：2、M15：5、M5：9、M7：5）（1、4、6、9. 牟平照格庄　2. 泗水尹家城　3、7、10、11. 烟台芝水　5、8. 青州郝家庄　12～15、19、20. 平安堡　16、18. 高台山　17、21. 勿欢池　22. 肇源白金堡　23. 马城子 B 洞　24. 山城子 B 洞　25. 山城子 C 洞）Ⅰ. 来自岳石文化　Ⅱ. 来自高台山文化

岳石文化与高台山文化的交流意味着，岳石文化对周边地区的强力渗透，是讨论夏时期下辽河平原的高台山文化与周边地区文化关系的重要背景。

除了以岳石文化为主导的文化关系外，高台山文化亦向外输出影响。已有学者指出，夏家店下层文化相当程度地接受了高台山文化的影响[20]。笔者同意这一观点，并不再赘述。

我们还发现，高台山文化对辽东丘陵地区的马城子诸洞穴遗存[21]产生了重要影响。正如上文所述，高台山文化具有双耳作风的盆、竖桥四耳壶及素面无耳壶（图七，14、17、16）等器类可以在下辽河流域新石器时代考古学文化遗存中找到前身，应属高台山文化的土著文化因素。因此，马城子 B 洞 M5:24 双耳圆腹罐、山城子 B 洞 M5:9 素面壶、山城子 C 洞 M7:5 四耳壶（图七，23～25）等陶器，很可能受到了来自高台山文化的影响。

此外，远在松嫩平原的小拉哈文化早期遗存中发现了白金堡 F3028:3 类素面鬲[22]（图七，22），显非本地文化因素。而距离松嫩平原最近的彰武平安堡早期 H1059:1 类素面鬲（图七，13）则显示出了白金堡 F3028:3 类素面鬲的来源，即自高台山文化传入。

可见，高台山文化形成之后，在受到岳石文化影响的同时，亦形成了具有显著自身特征的文化传统，并向周边地区输出影响，从而成为下辽河平原及周边地区的重要文化中心。

附记：该成果得到"吉林大学哲学社会科学博士科研启动基金项目（2006BS34）、'985 工程'项目"资助。

注　释

[1]　赵宾福. 中国东北地区夏至战国时期的考古学文化研究 [D]. 吉林大学博士学位论文，2005：78.

[2]　a. 沈阳市文物管理办公室. 新民高台子新石器时代遗址和墓葬 [J]. 辽宁文物，1981（1）；

　　　b. 沈阳市文物管理办公室. 新民县高台山遗址 [J]. 考古，1982（2）：121～129；

　　　c. 新民县文化馆，沈阳市文物管理办公室. 新民高台山新石器时代遗址 1976 年发掘简报 [A]. 文物资料丛刊（7）[C]，北京：文物出版社，1983；

　　　d. 沈阳市文物管理办公室. 新民东高台山第二次发掘 [J]. 辽海文物学刊，1986，创刊号.

[3]　曲瑞琦. 沈阳地区新石器时代的考古学文化 [A]. 辽宁省考古、博物馆学会成立大会会刊 [C]. 1981 年.

[4]　李晓忠，蔺新建. 下辽河流域早期青铜文化谱系研究 [J]. 辽海文物学刊，1991（1）：47～60.

[5]　辛占山. 康平顺山屯青铜时代遗址发掘报告 [J]. 辽海文物学刊，1988（1）

[6]　田耘. 顺山屯类型及其相关问题的讨论 [J]. 辽海文物学刊，1998（2）：68～78.

[7]　a. 辽宁省文物考古研究所，吉林大学考古学系. 辽宁彰武考古复查记略 [J]. 考古，1991（8）：673～683；

　　　b. 辽宁省文物考古研究所，吉林大学考古学系. 辽宁彰武平安堡遗址发掘简报 [J]. 辽海文物学刊，1989（2）：99～109；

　　c. 辽宁省文物考古研究所，吉林大学考古学系. 辽宁彰武平安堡遗址 ［J］. 考古学报，1992
（4）：437～472. 以下简称《平安堡》；

　　d. 孙杰. 辽宁彰武县平安堡遗址调查记 ［J］. 辽宁文物，1986（6）.

［8］　　a. 朱永刚. 论高台山文化及其与辽西青铜文化的关系 ［A］. 中国考古学会第八次年会论文
集 ［C］. 1996：139～156；

　　b. 赵宾福. 关于高台山文化若干问题的探讨 ［A］. 青果集（Ⅰ）［C］，北京：知识出版社，
1993：273～284. 以下简称《探讨》.

［9］　　沈阳市文物管理办公室. 新民县公主屯后山遗址发掘简报 ［J］. 辽海文物学刊，1987（2）.

［10］　张少青，许志国. 辽宁康平县赵家店村古遗址及墓地调查 ［J］. 考古，1992（1）：1～10.

［11］　辽宁省文物考古研究所，吉林大学考古学系. 辽宁阜新平顶山石城址发掘报告 ［J］. 考古，
1992（5）.

［12］　辛岩. 阜新勿欢池遗址发掘简报 ［J］. 辽海文物学刊，1997（2）：20～29.

［13］　辽宁省文物考古研究所，吉林大学考古学系. 辽宁彰武平安堡遗址 ［J］. 考古学报，1992
（4）：469.

［14］　朱永刚. 论高台山文化及其与辽西青铜文化的关系 ［A］. 中国考古学会第八次年会论文集
［C］，1996：149.

［15］　张忠培. 夏家店下层文化研究 ［A］. 中国北方考古文集 ［C］. 北京：文物出版社，1990：
191，图一-3、7.

［16］　赵宾福. 关于高台山文化若干问题的探讨 ［A］. 青果集（Ⅰ）［C］. 北京：知识出版社，
1993：281.

［17］　赵宾福. 东北石器时代考古 ［M］. 长春：吉林大学出版社，2003：284.

［18］　段天璟. 胶东半岛和辽东半岛岳石文化的相关问题 ［A］. 边疆考古研究（第 2 辑）［C］. 北
京：科学出版社，2004：139.

［19］　段天璟. 马城子诸洞穴墓葬遗存的分期与相关问题 ［A］. 边疆考古研究（第 7 辑）［C］. 北
京：科学出版社，2008，待刊.

［20］　朱永刚. 论高台山文化及其与辽西青铜文化的关系 ［A］. 中国考古学会第八次年会论文集
［C］. 1996：154.

［21］　辽宁省文物考古研究所，本溪市博物馆. 马城子——太子河上游洞穴遗址 ［M］. 北京：文物
出版社，1994.

［22］　黑龙江省文物考古研究所，吉林大学考古学系. 黑龙江肇源县小拉哈遗址发掘报告 ［J］. 考
古学报，1998（1）.

On the Archaelolgy Cultures of Xialiaohe Plain in the Xia Dynasty

TANG Miao   DUAN Tian-jing

This paper has divided the Gaotaishan Culture into 2 periods. It concluded that early period Gaotaishan Culture is in the Xia Dynasty. It also said that the relics of the second period in Ping'anbao site should belong to the Gaotaishan Culture. It believed that the Gaotaishan Cluture not only exchanged cultural elements with the Yueshi Culture but also affected the Xiajiadianxiaceng Culture, the Machengzi caves relics, and the Xiaolaha Culture. The Gaotaishan Culture was the center of Xialiaohe Plain.

新乐上层文化研究

霍东峰[1] 华阳[2] 付珺[3]

(1. 吉林大学边疆考古研究中心，长春，130012；2. 吉林省高句丽研究中心，
长春，130012；3. 湖北秭归文物事业管理局，秭归，443600)

新乐上层文化是下辽河地区青铜时代的一支考古学文化，其因首先发现于沈阳新乐遗址而得名。1973年沈阳市文物管理办公室对新乐遗址进行了发掘，发掘者将以鼎、鬲、甗等三足器为代表的一类遗存命名为"新乐上层文化"，但事实上并未能将其与以条形附加堆纹陶片为代表的遗存（即偏堡子文化）区分开来[1]。1980、1981、1982年沈阳新乐遗址博物馆、沈阳市文物管理办公室对新乐遗址进行了抢救性发掘，明确了它在年代上要晚于偏堡子文化，属青铜时代文化[2]。

有关这类遗存的发掘报告和研究文章，对新乐上层文化的相关问题理解并不相同。有学者认为高台山文化在下辽河地区演变为顺山屯类型，然后顺山屯类型进一步发展为新乐上层文化[3]；还有学者认为下辽河区继高台山文化之后分化为年代相近、面貌各异的文化遗存，分别为顺山屯类型、新乐上层文化，法库湾柳遗存、苏家屯老虎冲遗存等，并指出抚顺望花遗址及相关遗存可并入新乐上层文化[4]；近年来，又有学者认为抚顺望花类型、法库湾柳遗存、康平顺山屯类型、苏家屯老虎冲类型部分遗存均属新乐上层文化范畴，年代上与高台山文化相当[5]。综上所述，学术界对于新乐上层文化的年代、来源的看法不尽相同，对于其文化内涵的认识还比较模糊。

因此新乐上层文化亟待解决的问题，首先要明确其文化特征，以此为基点通过对其区域范围内遗址的分析，并与周邻其他考古学文化比较，明确其分布范围，在此基础上对该文化作进一步深入的研究。

一

下辽河地区青铜时代考古学文化有高台山文化、新乐上层文化，辽东区与新乐上层文化相邻的为马城子文化。学界对于高台山文化[6]、马城子文化[7]的认识趋于一致，为明确新乐上层文化的特征组合提供了有利条件。

目前考古资料表明，新乐上层文化陶器均为夹砂陶，以红褐色为主，少量灰褐。器类以鼎、甗、壶等素面陶三足器为主。鼎多为敞口，浅腹，平底或圜底，鼎足有圆锥、

棱柱、扁长方形等多种式样。甗均为敞口细腰深腹，腰部饰有附加堆纹，另外少数甗的腰部饰有两个对称的竖桥耳，这一现象可能是区别于其他文化的主要特点之一。壶均为侈口，短颈，溜肩，弧腹，小平底。甑、碗、钵数量亦较多。需要注意的是，新乐上层文化中鬲的数量极少，相反鼎的数量不仅较多，而且演变规律明晰，可见鬲并非是新乐上层文化的典型器物，更可能是受到以鬲为主要器物的高台山文化影响而来的，所以，过去把鬲作为该文化代表性器物的认识应予以修正。石器多为磨制，少量打制。器类以刀为主，还有少量斧、锛、砍砸器等。石刀上多有 1 ~ 3 个钻孔，多为对钻法钻制而成。

二

对于新乐上层文化分布范围的北界，学界还存在有一定的争议。有学者认为该文化的北界可至下辽河以西地区，进而将康平顺山屯、法库湾柳等遗址出土的遗存也纳入到新乐上层文化的范畴之中[8]。也有学者认为该文化虽与这两遗址出土的遗存有一定的联系，但区别是主要的，故认为它主要还是分布在下辽河以东的地区。可见要明确这一文化的分布范围，就要首先明确这两个遗址出土遗存与新乐上层文化之间的关系，也就是明确其文化属性，这样才能更有利于对该文化作进一步的讨论。

1. 康平顺山屯遗址

顺山屯遗址位于康平镇西泡子水库边的"西山"台地上，1973 年文物普查中发现，1977 年辽宁省文物考古研究所对该遗址进行了发掘，揭露面积约 70 平方米，清理墓葬14 座、房址 3 座、灰坑 10 个[9]。报告将该遗址分为早晚两期，但同时又认为早晚遗存无大的变化，对此，可作如下分析。

报告指出遗迹的开口均在第②层下，打破第③层（生土）。报告中发表的具有叠压打破层位关系有以下三组：

（1）T1②→H1→M5→M9

（2）T3②→M1、M2、M10→F2→F1

（3）T3②→M1、M2、M10→M6、M7、M8→F1

通过对发表遗物单位的检视，墓葬与居址出土遗物有较大的区别，因此拟分别进行讨论。

报告指出 F1 和 F2 发现于 T3，为同一房址的两次堆积，并且 F2 是利用 F1 的废址稍加扩延而成，其东、南、北壁是利用 F1 的原壁，西壁是在 F1 西壁基础上扩建而成，这些迹象表明 F1 在年代上要早于 F2，但二者可能在时间上不会相隔太久，可将二者视为一组。

H1 中有两件鬲，H1:1 鬲与 F2:1 鬲同属单把鬲，前者较后者裆部为高，后者较前者腹部外鼓；H1:2 鬲与 F1:2 鬲属同型鬲，前者较后者裆部为矮，后者较前者腹部外鼓。

T3②：1 鬲的裆部较 F1：1 鬲为高，而 F1：1 鬲的腹部外鼓远甚于 T3②：1 鬲。

据上述分析，可以将顺山屯遗址居址分为两段：

早段：以 F1、F2 为代表；

晚段：以第②层、H1 为代表。

墓葬虽然有层位关系，但从发表陶器型式来看，很难再探讨其分段，因此我们暂将这 14 座墓葬视为一组。

顺山屯遗址中共发掘墓葬 14 座，包括遭到破坏后清理的 4 座墓葬。报告指出遗迹的开口均在第②层下，可知这些墓葬的年代不会晚于居址晚段。

M1、M2、M6、M7、M8、M10 等 6 座墓葬开口于第②层下，并且打破 F1 或 F2，另外 M9：2 罐与 M6：1 罐形态相近，可知这 7 座墓葬与居址的年代相若；M4：3 罐与 H1：8 罐形制相同，其年代大致相当于居址晚段。由上述分析可知绝大多数墓葬的年代与居址相当，据此可知这 14 座墓葬的年代应与居址相当。

顺山屯遗址的文化内涵比较复杂，结合其周边地区的青铜时代考古学文化来看，该遗址出土的陶器含有三种文化因素（图一）。

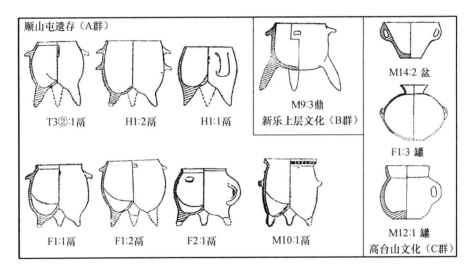

图一　康平顺山屯遗址陶器文化因素图

A 类：以单把鬲、錾耳鬲等器物为代表。这两类鬲的腹部均圆鼓，可能是受到了魏营子文化花边鼓腹鬲的影响，但从鬲饰錾耳、单把的特点来看，应反映了来自于高台山文化的特点；顺山屯 M10：1 鬲领饰附加堆纹的特点，与魏营子文化"花边鬲"相同，而其腹部形态与高台山文化鬲的腹部又较为接近。上述种种迹象都表明，这类遗存是在吸收高台山文化的基础上，又受到来自于魏营子文化强烈的影响，发展而来的一种新的考古学遗存即顺山屯遗存。

B 类：以顺山屯 M9 为代表的新乐上层文化因素。顺山屯 M9：3 鼎与新乐 T12：2 鼎形制接近，其应该是新乐上层文化向北传播的结果，但从顺山屯M9:3鼎口沿下饰有四个錾耳的情况来看，可能同时也吸收了高台山文化陶器上饰錾耳的特点。

C类：以双耳盆、小口双耳罐、单把罐为代表的高台山文化因素。双耳盆、小口双耳罐是高台山文化的典型器物，演变关系明确[10]，顺山屯这类器物可能是来自于高台山文化。另外一些器物上的局部特征可能体现了高台山文化的因素，如顺山屯M12:1单把罐，其单把的特征可能就是受高台山文化影响而产生的；顺山屯M14:1罐口沿下饰有附加堆纹，这种饰纹方法在高台山文化同类器上多有发现，同时也不排除可能受到魏营子文化的影响。

顺山屯遗存与新乐上层文化遗存共存于顺山屯遗址中，说明二者年代相近。从顺山屯遗存鬲腹形态、领饰附加堆纹的特点来看，无疑是受到魏营子文化的强烈影响，由此可见，顺山屯遗存、新乐上层文化的年代可能要略晚于高台山文化。

需要指出的是，早年在内蒙古哲里木盟小库伦曾收集两件花边鼓腹鬲，明显具有魏营子文化陶鬲的特点，这类遗存或许是魏营子文化和顺山屯遗存之间的中间环节，也就是说魏营子文化沿科尔沁沙地南缘即库伦、科旗进入下辽河流域与高台山文化遗存结合后形成了"顺山屯遗存"。

2. 法库湾柳遗址

湾柳遗址位于法库县湾柳街村东南台地上，自1979年发现以来曾做过多次调查和征集，1986年进行了试掘，1988年辽宁大学历史系发掘了该遗址，揭露面积516平方米，清理灰坑7个、墓葬1座[11]。通过整理法库湾柳遗址调查、发掘材料我们发现其文化内涵比较复杂，通过文化因素的分析，可以分为以下三群（图二）。

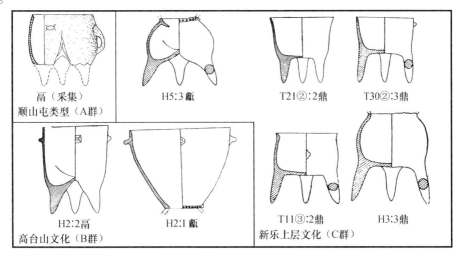

鬲（采集）
顺山屯类型（A群）

H5:3甗

T21②:2鼎

T30②:3鼎

H2:2鬲

H2:1甗

高台山文化（B群）

T11③:2鼎

H3:3鼎

新乐上层文化（C群）

图二　法库湾柳遗址陶器文化因素图

A 群：湾柳遗址曾征集到一件单把鬲，其形制与顺山屯类型的单把鬲形制相似，可能其来自于顺山屯类型。

B 群：以湾柳 H2 为代表的高台山文化因素。湾柳 H2 中出土的直腹腔陶鬲、甗盆与高台山文化中的同类器物相同，依据湾柳 H2 出土陶器的特征及其组合来看其文化性质无疑应该属于高台山文化范畴，其年代相当于高台山文化晚期。湾柳遗址中还出有一些盆、豆、瓮等器物，从形制来看与高台山文化的同类器物更为接近，进一步说明高台山文化对该地区文化影响之深。

C 群：湾柳遗址中出土的鼎、甗可能来自于新乐上层文化的影响。湾柳遗址出土 4 件鼎，层位关系由早至晚为 T11③:2 鼎→H3:3 鼎→T21②:2 鼎、T30②:3 鼎，从鼎的形制来看，鼎的口沿由折沿、敛口变为敞口，弧腹演变为直腹，圜底变为平底，鼎足外撇到竖直，其演变规律明显，可能反映了新乐上层文化鼎的演变规律，因此法库湾柳遗址的层位关系及其鼎的演变规律为探讨新乐上层文化提供了重要的参考依据。湾柳 H5 中发现一件甗的下半部，其袋足部分同于新乐上层文化的甗，但需要指出的是该甗有腰隔，腰隔甗在下辽河乃至其周边地区都极少见到，其究竟是偶然制作而成，还是来自于较远地区的影响，尚不清楚。

从上述三群器物在湾柳遗址中所占比重来看，无论是器物数量还是种类，B 群都居于主导地位，据此我们同意有学者提出的该遗址文化性质应属于高台山文化晚期[12]，而其自身特点可能反映了其与高台山文化在年代、地域方面的差异[13]，是否可以划分为高台山文化晚期的一个地方类型，目前尚难以确定。但不可否认的是，湾柳遗址中出土的陶器含有较多的新乐上层文化因素。从地理位置来看，法库介于康平和沈阳之间，法库湾柳遗址所处位置更接近于新乐上层文化的中心分布区，而且从该遗址较顺山屯遗址更强烈的反映来自于新乐上层文化的影响，说明新乐上层文化由南向北，由强渐弱的文化传播态势。

根据上述分析，并结合目前的考古发现来看，新乐上层文化主要分布在下辽河以东地区。其北部、西部以辽河为界，东到长白山延续部分及其千山，南至浑河，地势平坦，海拔在 100 米以下。从行政区划上来看，主要以沈阳市为中心，包括抚顺西部部分地区。

三

有学者称下辽河以东地区新乐上层文化遗址已发现 40 多处[14]，也有学者称发现 200 多个地点[15]，但经过发掘的遗址非常之少。目前已发掘的遗址有新乐、辽大·百鸟公园等遗址，这两处遗址是认识新乐上层文化分期的基础。另外抚顺望花等遗址的调查资料也可纳入这一认识之中。

2004 年，沈阳市文物考古研究所对辽宁大学学生宿舍、研究生教学楼两地点进行了发掘[16]，发掘者认为它们的地层是可以相互对应的，但从已发表的材料来看，我们认为还是将这两地点的遗存分开来讨论比较好。由这两个地点的层位关系及其陶器来看，很难再将它们各自进一步细分，这样我们将两地点的遗存分别视为辽大宿舍、辽大研教楼两组遗存来进行比较与分析。

辽大宿舍复原四件鼎，均为折沿，弧腹，圜底近平，三足外撇较甚。辽大研教楼H3：1鼎，沿外撇，弧腹，平底，三个竖状足。参照法库湾柳遗址中鼎的演变规律可以推知辽大宿舍组在年代上可能要早于辽大研教楼组。据此辽大·百鸟公园遗址可以分为两段：早段以辽大宿舍组遗存为代表，晚段以辽大研教楼组遗存为代表（图三）。

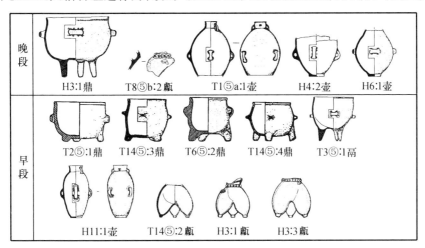

图三　辽宁大学新乐上层文化遗存分段图

新乐遗址报告[17]在发表器物时并未交代陶器的出土层位，我们也就无法按单位来对这些陶器进行讨论。

新乐T12：2鼎与湾柳T11③：2鼎形制相同，新乐SV73：5鬲与辽大宿舍T3④：1鬲雷同，新乐A52：41甗与辽大宿舍T14⑤：2甗袋足相近。

新乐SV74：49鼎形制与辽大研教楼H3：1鼎近似，新乐T12：1甗袋足与辽大研教楼T8⑤b：2甗形制接近，新乐SV74：1甗与新乐T12：1甗形制相近。

由上述分析，新乐遗址新乐上层文化遗物可以分为两段（图四）。

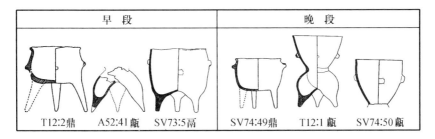

图四　新乐遗址新乐上层文化遗存分段图

早段：以新乐T12：2鼎、新乐SV73：5鬲、新乐A52：41甗等器物为代表，与辽大宿舍组遗存年代相当；

晚段：以新乐SV74：49鼎、新乐T12：1甗、新乐SV74：1甗为代表，与辽大研教楼组遗存年代相当。

　　抚顺地区调查发现"以夹砂红褐陶三足器为特征的青铜文化遗存"，即"望花类型"[18]。

　　望花和石油二厂东山遗址的鼎折沿、弧腹、圜底，三足外撇，同于辽大宿舍复原的四件鼎、新乐 T12:2 鼎，孤家子遗址甗与新乐 A52:41 甗、辽大宿舍 T14⑤:2 甗袋足近似。其年代与辽大宿舍组遗存、新乐遗址早段可能相当（图五）。

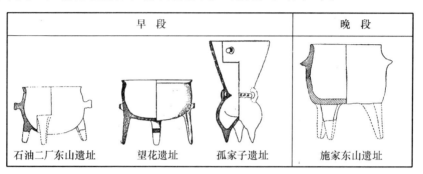

图五　抚顺地区新乐上层文化遗存分段图

　　施家东山遗址的鼎敞口，弧腹，平底，三足竖直，与辽大研教楼 H3:1 鼎、新乐 SV74:49 鼎形制接近。年代上可能与辽大研教楼组遗存、新乐遗址晚段相当。

　　这样我们可以将新乐上层文化可以分为两期：

　　早期：以辽大宿舍组遗存、新乐早段、望花和石油二厂东山遗址的鼎、孤家子遗址甗等为代表；

　　晚期：以辽大研教楼组遗存、新乐晚段、施家东山遗址的鼎为代表；

　　以上述分期认识为基础，将新乐上层文化的典型器物鼎、甗、壶阶段性变化概括如下（图六）。

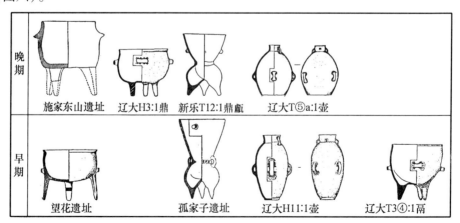

图六　新乐上层文化分期图

鼎　从早到晚口沿由折沿、敛口变为敞口，弧腹演变为直腹，圜底变为平底，鼎足外撇到竖直。

鬲　袋足部分从早到晚由溜肩变为鼓肩。

壶　从早到晚，壶整体由瘦变胖，壶最大径由肩部下移至近腹中部。

四

新乐遗址中新乐上层文化叠压在偏堡子文化堆积之上，明确了它在年代上要晚于偏堡子文化。沈阳道义青铜时代遗址发掘表明[19]，它又叠压在战汉时期堆积之下，推测它的年代介于新石器—战汉时期。

东高台山遗址上层出有 S7450 鼎[20]，圜底，三足外撇，与新乐上层文化早期鼎的风格一致，东高台山上层遗存属高台山文化晚期，可推知新乐上层文化的年代应不早于高台山文化晚期，这也再次验证了前文对新乐上层文化年代认识的正确性。

对于新乐上层文化的下限，目前的考古资料还不能很好地回答这一问题。关于这一点，通过对沈阳"老虎冲遗存"的分析似乎可以得到一些线索。

老虎冲遗存因沈阳老虎冲遗址的发掘而得名，沈阳市文物考古工作队曾于1978、1979 年对该遗址进行了两次抢救性清理，发掘灰坑 9 个，出土的陶器有壶、罐、鼎、鬲等[21]，陶器特征明显区别于新乐上层文化，相反却与辽东地区的双房遗存有较多的一致性，因此老虎冲遗存实际就是双房遗存向下辽河流域扩张的遗存，二者属同一文化类型遗存，双房遗存的年代相当于西周早、中期前后至战国早期[22]。

从现有的发掘资料来看，新乐上层文化与双房遗存的陶器并不互相共存于同一单位之中，结合双房遗存分布的最北界已达沈阳，也就是新乐上层文化的中心分布区来看，似乎可以说明双房遗存向北传播至沈阳地区时，新乐上层文化已经退出该地区，据此可以推知新乐上层文化应早于双房遗存，这样我们进一步可以明确新乐上层文化的年代为商末—周初。

商末—周初时期，下辽河以西地区主要分布有两类考古学遗存：①高台山文化晚期遗存，以法库湾柳遗址为代表；②高台山文化与来自大、小凌河流域的魏营子文化的结合形成的顺山屯遗存。新乐上层文化则主要分布于下辽河以东地区。

西周早、中期前后，双房遗存在辽东半岛形成后，并由南向北传播至下辽河地区，正是由于这种文化的挤压，使新乐上层文化、高台山文化及其后续诸类遗存、马城子文化不得不向第二松花江流域迁移，促使这些文化之间的融合而发展成为西团山文化。

致谢：本文在写作过程中得到了朱永刚老师的悉心指导，谨此致谢。

注　释

［1］　沈阳市文物管理办公室. 沈阳新乐遗址试掘报告［A］. 新乐文化论文集［C］. 沈阳：沈阳
　　　　新乐遗址博物馆，2000：18～40.

［2］　沈阳新乐遗址博物馆，沈阳市文物管理办公室. 辽宁沈阳新乐遗址抢救清理发掘简报［J］.
　　　　新乐文化论文集［M］. 沈阳：沈阳新乐遗址博物馆，2000：60～77.

［3］　李晓钟，蔺新建. 下辽河流域早期青铜文化谱系研究［J］. 辽海文物学刊，1991（1）：47～
　　　　60；赵宾福. 关于高台山文化若干问题的探讨［A］. 青果集（I）［C］. 北京：知识出版
　　　　社，1993：273～284.

［4］　朱永刚. 东北青铜文化的发展阶段与文化区系［J］. 考古学报，1998（2）：133～151.

［5］　赵晓刚. 沈阳地区新乐上层文化初探［D］. 吉林大学硕士学位论文，2007.

［6］　朱永刚. 论高台山文化及其与辽西青铜文化的关系［A］. 中国考古学会第八次年会论文集
　　　　［C］. 北京：文物出版社，1991：139～156.

［7］　辽宁文物考古研究所、本溪市博物馆. 马城子——太子河上游洞穴遗址［R］. 北京：文物出
　　　　版社，1994.

［8］　赵晓刚. 沈阳地区新乐上层文化初探［D］. 吉林大学硕士学位论文，2007.

［9］　辛占山. 康平顺山屯青铜时代遗址试掘报告［J］. 辽海文物学刊，1988（1）：27～40.

［10］　赵宾福. 关于高台山文化若干问题的探讨［A］. 青果集［C］，北京：知识出版社，1993：
　　　　273～284.

［11］　曹桂林，许志国. 辽宁法库县湾柳遗址调查报告［J］. 北方文物，1988（2）：18～20；铁岭
　　　　市博物馆. 法库县湾柳街遗址发掘报告［J］. 辽海文物学刊，1990（1）：31～41；辽宁大学
　　　　历史系考古教研室，铁岭市博物馆. 辽宁法库县湾柳遗址发掘［J］. 考古，1989（12）：
　　　　1076～1086.

［12］　中国社会科学院考古研究所编著. 中国考古学·夏商卷［M］. 北京：中国社会科学出版社.
　　　　2003：620～627.

［13］　朱永刚. 论高台山文化及其与辽西青铜文化的关系［A］. 中国考古学会第八次年会论文集
　　　　［C］. 北京：文物出版社，1991：139～156.

［14］　沈阳市文物管理办公室. 沈阳市文物志［M］. 沈阳：沈阳出版社，1993：17～18.

［15］　沈阳新乐遗址博物馆、沈阳市文物管理办公室. 辽宁沈阳新乐遗址抢救清理发掘简报［J］.
　　　　新乐文化论文集［C］. 沈阳：沈阳新乐遗址博物馆，2000：60～77.

［16］　赵晓刚. 辽宁大学青铜时代遗址发掘简报［A］. 边疆考古研究（第 5 辑）［C］. 北京：科学
　　　　出版社，2006：294～326.

［17］　沈阳市文物管理办公室. 沈阳新乐遗址试掘报告［A］. 新乐文化论文集［C］. 沈阳：沈阳
　　　　新乐遗址博物馆，2000：18～40.

［18］　抚顺市博物馆考古队. 抚顺地区早晚两类青铜文化遗存［J］. 文物，1983（9）：58～65.

［19］　沈阳道义青铜时代遗址发掘资料整理中.

［20］　沈阳市文物管理办公室. 沈阳新民县高台山遗址［J］. 考古，1982（2）：121～129.

［21］　刘焕民，周阳生. 沈阳老虎冲青铜时代遗址发掘简报［J］. 博物馆研究，2005（2）：38～42.

［22］ 王巍. 双房遗存研究［A］. 庆祝张忠培先生七十岁论文集［C］. 北京: 科学出版社, 2004: 402~411.

Research on The Xin Le Upper Culture

HUO Dong-feng   HUA Yang   FU Jun

The paper gives a further expression of Xinle Upper Culture based on the research of former scholars. In the first part it defines the content of the culture. Furthermore, through the analysis of Faku Wanliu and Kangping Shunshantun remains, the paper comes to a conclusion that the remains of Faku Wanliu belong to later Gaotaishan Culture and Kangping Shunshantun remains were a new archaeological culture called Shunshantun Type. As a result, it is clear that Xinle Upper Culture mainly covers the east of Xia Liao River. According to the evolutive rule of Ding in the remains, the Culture can be divided into two parts, the earlier and the later. And the time of Xinle Upper Culture can be dated to late Shang Dynasty to early Zhou Dynasty.

白浮墓葬的微观分析与宏观比较

韩金秋

（吉林大学边疆考古研究中心，长春，130012）

北京昌平白浮墓葬发现于 20 世纪 70 年代，是一处重要的西周中期墓地[1]。由于该遗存所处地域、文化面貌的复杂性，从资料发表到目前，学者们对文化属性、墓主族属及与其他文化的关系等问题争议颇多[2]。本文拟在现有研究的基础上对白浮墓葬进行微观和宏观两个角度研究，希望能对上述问题的解决起到一些作用。

一、白浮墓葬的微观分析

考古学文化遗存可以分为遗迹和遗物两大类，墓葬也可以分为遗迹部分和遗物部分，遗迹部分为葬具、葬式、墓葬附属设施等，遗物部分为随葬品。

（一）"遗迹"的微观分析

1. 葬具结构比较

（1）白浮 M2、M3 葬具的再探讨

白浮墓葬有三座墓葬，编号为 M1、M2、M3。M1 墓室狭小，随葬品只有一小玉系璧，在此从略。据简报，M2 的葬具为木椁，M3 的葬具也是木椁而且"椁室……结构与 M2 完全相同"，可以认为两座墓的葬具是结构相同的单一木椁。但在陈述 M2 车马器的位置时使用了"棺椁顶部"一词，似乎意味着 M2 有木棺。前后文表述的矛盾难免让人疑惑：白浮 M2、M3 到底有没有木棺？从椁室规格看，M2 为 3.3 米 ×1.95 米，M3 为 2.8 米 ×1.39 米，椁室的尺寸完全能容纳木棺。从两座墓随葬的青铜礼器看，M2 一鼎一簋，M3 二鼎二簋，具备使用一椁一棺的等级条件。因此白浮 M2、M3 使用棺椁的可能性是存在的，但也不能排除两座墓为单椁墓的可能。中原的单椁墓都是随葬品很少的平民墓，但仍可发现葬具只有单椁的高级贵族墓，如琉璃河燕国墓地的 Ⅱ M202[3]。如果能够确定其中确无木棺，那么以单椁为葬具有可能是燕国的高级贵族的葬俗之一。无论白浮两座墓属于上述哪种情况，它的葬具体现的都是中原文化的葬俗，特别与燕国的相似度较大。

（2）白浮 M2、M3 葬具与同时期西周葬具的比较

白浮 M2、M3 的木椁结构为：墓底有两条垫木，垫木上有容纳椁室底板的凹槽，椁室底板用方木条纵向排列而成，其上为方木条垒成的椁室四壁，南北两壁的端板有半圆形的卯与东西壁的侧板的榫接合，椁室平面呈"Ⅱ"形。这种形制的椁室在西周很普遍，虽然没有发现完全相同的，但椁室的细节部分则为西周墓葬所常见。以垫木为例，晋侯墓 M92、M113、M33 的垫木也有容纳椁底板的凹槽[4]。再如椁室的平面形状，在天马曲村遗址可辨椁平面形状的 225 座墓中，"Ⅱ"形的墓为 109 座[5]，约占 48.5%。晋侯墓地介绍详细的 14 座墓葬中，至少 8 座椁室平面为"Ⅱ"形[6]。西周墓葬木椁侧板与端板多数以直角的榫卯连接，但琉璃河Ⅱ M202 头箱挡木与椁壁的连接则采用了半圆形的榫卯连接方式。经对比可以看出，白浮墓葬的木椁结构与西周时期大、中型墓相近，与晋国墓葬和琉璃河墓葬的相似度较高，考虑到地理位置的邻近，白浮墓葬的木椁使用制度应来源于燕文化[7]。

2. 腰坑

白浮 M2、M3 都有腰坑。腰坑是商文化墓葬的典型特征。西周时期，使用腰坑的人群扩大，除了商遗民外，还有受商文化影响的非商族人，也包括部分底层周人[8]。而姬姓周人墓葬中几乎不见腰坑。在典型的周人墓地中，如扶风北吕墓地[9]和洛阳北窑墓地[10]则不见腰坑，西周诸侯国君墓地如北赵晋侯墓地也不见腰坑，因此可以判定白浮墓主不是姬姓周人。商遗民墓葬使用腰坑的同时还有其他商文化特征，如随葬商式陶器，建有二层台等。白浮中随葬的陶鬲与商式鬲完全不同，也没有二层台，可见不是商遗民。晚商时期，冀北地区分布着众多与商王朝关系密切的如孤竹等方国[11]，白浮墓正处在此范围内，这两座墓的腰坑应是这种关系的残余。

3. 白膏泥

白浮 M2 的椁室周围和椁室底部施有白膏泥，M3 的椁底板下也有白膏泥。白膏泥（也称为青膏泥）是一种防水性极佳的泥土，东周时期经常被用作墓葬的防腐材料。西周时期，除白浮墓葬外，晋侯墓 M113、144 也使用了白膏泥，而且用法与之相同。晋侯墓 M113、144 的时代为西周中期偏早的穆王前后，与白浮墓的时间大体相合或者更早。目前还没有发现其他西周墓葬使用白膏泥，但使用积炭则很多，如晋侯墓地多数墓葬、张家坡 M170[12]等，虽然材料不同，但都具有防潮防腐的功能。从以上发现看，以白膏泥、木炭等作为墓葬防腐材料的做法至迟兴起于西周中期，使用者仅限于王侯和高级贵族。邻近白浮的琉璃河西周墓地中不见使用白膏泥的现象。但琉璃河西周城址中一处夯筑台基的黄土中掺有白膏泥[13]，可见燕人对白膏泥的防潮功能是有所认识的，可以期待琉璃河未来会发现使用白膏泥的墓葬。白浮墓葬使用白膏泥的做法可能来源于燕国。

（二）"遗物"的微观分析

1. 陶鬲

白浮 M2 出土陶鬲 1 件，M3 出土陶鬲 1 件、仿铜陶鬲 1 件[14]。简报认为陶鬲与琉璃河 M54 陶鬲相同，以后多数文章皆从之。但陈光先生认为是本地陶鬲吸收了周式鬲特点而形成的融合型陶鬲[15]。我们赞同陈光先生的观点。反观张家园上层文化中很多陶器，也是兼具本地和周文化两种风格[16]。

2. 兵器类

从文化因素构成角度可以分西周组合和北方组合。

西周组合有铜戈（也有铅戈）、盾饰、矛、勾戟等，这种组合与西周早、中期的宝鸡强国墓地 BZM8、BZM4 及琉璃河 I M52、I M53、M1029、M1193 类似。只是白浮墓葬缺少中原墓葬常见的扁茎短剑，这可能与扁茎剑到西周中期已经不复流行有关[17]。各种兵器的形制也与中原者相同。不同的是，白浮墓的兵器要远远多于中原中型墓乃至强伯、晋侯墓葬，与琉璃河墓地中高级墓葬如 M1193、M1029 中兵器相若[18]。说明白浮墓主的军事等级与权力与西周贵族相同，与燕国贵族的相似度尤其明显。但在墓葬规格和青铜礼器方面，白浮墓葬与琉璃河墓葬这两座墓葬相距甚大，可见白浮墓主的军事地位高于其政治地位。

北方组合有短剑、管銎斧、啄戈、三銎长体刀、胄等。短剑有四种。

（1）曲柄铃首剑（报告中称为匕首）

晚商时期在鄂尔多斯地区、晋北有发现[19]，白浮这件剑柄变短铃变长（图一，1），铃瓣数目较少，铃下无小环，为晚期形制，但柄部的几何形纹饰则与晚商的刀剑纹饰相似，说明该剑具有过渡特点。

（2）帽首剑

来源于卡拉苏克文化[20]，最显著的特征是帽形首（分浅帽形和半球形），槽型剑柄，断面成"C"字形。早期的剑格突出无凹缺，剑身呈三角形，柱脊，剑首常有环纽；晚期的剑格突出凹缺明显，剑身呈长条形，剑脊为菱形，剑首无环纽。白浮 M3：22 Ⅱ式中剑身较短者即为晚期形制（图一，2）。

（3）北方文化风格与"卡拉苏克剑"的融合型短剑

分为两种。一种剑身为卡拉苏克式，剑柄纹饰则为北方式，如白浮 M3：22 "Ⅱ式"中剑身较长者即为此例（图一，5），剑柄的交叉线纹常见于商周的北方文化青铜器，如铜镜[21]、管銎斧[22]等（图二，1、2）。空心的剑柄也常见于北方文化刀剑，如哑巴庄环首刀柄[23]（图一，10）。

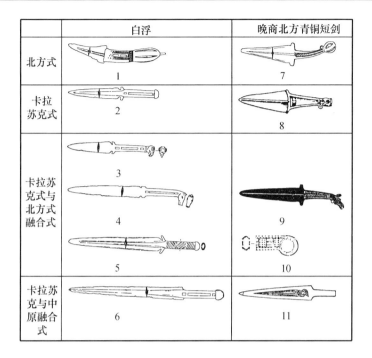

图一　白浮墓葬出土的青铜短剑及与商周北方青铜短剑的比较

1. M3：16　2. M3：22　3. M3：22　4. M3：22　5. M3：22　6. M2：7　7. 出自鄂尔多斯　8. 米努辛斯科盆地采集　9. 摘
自《大草原の骑马民族》图8　10. 任丘哑巴庄 H76：10　11. 白草坡 M2：35

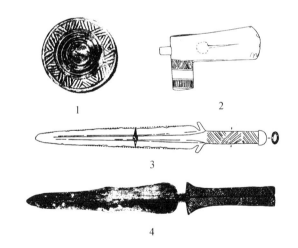

图二　商周饰有交叉线纹的青铜器

1. 张铁山收藏　2. 新民大红旗出土　3. 白浮 M3：22　4. 南山根出土

另一种剑身为卡拉苏克式，剑首则为北方式，如白浮 M3：22Ⅲ式中的两件（图一，
3、4），一为马首一为鸟首，晚商北方青铜器中也有马首刀剑，形象生动（图一，9），

白浮的马首比较呆板，呈浅浮雕式。目前鸟首在商周北方青铜器中还没有发现，但以动物头装饰刀剑的首部是北方文化的传统[24]，白浮鸟首剑与这种传统相符。白浮鸟首的眼睛还保留着晚商时期兽首眼睛的筒状，体现了兽首从早到晚的过渡特点。

（4）"卡拉苏克剑"与中原扁茎剑的融合型短剑

白浮 M2:7（图一，6），剑首与剑柄为卡拉苏克短剑式，剑身狭长无格与西周早期的扁茎剑相仿。扁茎剑可能源于西亚[25]，大量出土于西周早期的高级贵族墓葬中，成为中原文化的器物，西周中期很少发现。这种融合型短剑的出现时间正与扁茎剑消失的时间衔接。

白浮管銎斧器身较短，斧刃外弧较甚，具有管銎斧的晚期特征（图三，3），与天马曲村 M6231:47 相似[26]，都属于朱永刚先生所分的 Aa 型 II 式[27]，从分布于南流黄河两岸的保德类型的 Aa 型 I 式长管銎斧发展而来。与 Aa 型 I 式相比，Aa 型 II 式的分布向东、南转移。白浮的 Aa 型 II 式管銎斧应是西来的。

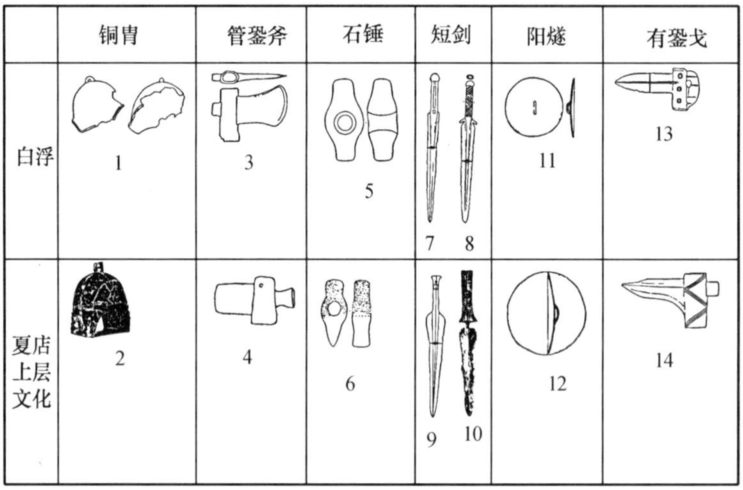

	铜胄	管銎斧	石锤	短剑	阳燧	有銎戈
白浮	1	3	5	7　8	11	13
夏店上层文化	2	4	6	9　10	12	14

图三　白浮墓葬与夏家店上层文化同类器物的比较

1. 白浮（M3:1）　2. 南山根（M101:29）　3. 白浮（M3:17 上）　4. 南山根（M101:47）　5. 白浮（M2:28）　6. 小黑石沟（M8501 出土）　7. 白浮（M2:7）　8.（M3:22）　9. 大泡子（M1 出土）　10. 南山根出土　11. 白浮（M3:30）　12. 敖汉山湾子出土　13. 白浮（M2:20）　14. 南山根东区墓葬出土

白浮啄戈 M2:20 体现了两种文化因素：援部形状与西周的铜戈相似；管銎及其后部的半圆形内则是西亚的管銎斧、啄所特有[28]（图四，5~8）。但白浮 M2:20 已经不见了西亚半圆形内上的柱状突起，可能因时代较晚，柱状突起退化。与白浮 M2:20 相似的啄戈还见于外贝加尔和米努辛斯克盆地[29]（图四，2~4），可以将其归为一群。米努辛斯克盆地的啄戈属于卡拉苏克文化，外贝加尔啄戈文化属性不明。将白浮 M2:20 与上述两地啄戈比较，可以发现后者的形制较为简化，半月形内变小，弦纹消失，可能是晚期的特点，换言之，这些啄戈可能是白浮啄戈流传过去后产生的晚期形制。这说明

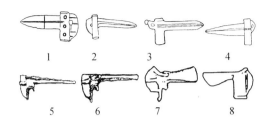

图四　白浮啄戈与境外啄戈及管銎斧比较

1. 白浮 M2:20　2. 出土于外贝加尔　3、4. 米努辛斯克博物馆　5. 出土于洛雷斯坦　6. 出土于尼哈温德　7. 洛雷斯坦收集品　8. 出土于乌尔（2~4 摘自乌恩《殷周文化与卡拉苏克文化的关系》　5~8 摘自武大鹏硕士论文《洛雷斯坦暨西亚管銎斧的研究与比较》）

在卡拉苏克文化影响白浮（短剑）的同时，白浮也对卡拉苏克文化存在影响。

白浮墓葬中的三銎长体刀处于长体刀发展序列的最后[30]。从形制上看，刀背的乳钉与石楼类型长体刀相同，略上翘的刀锋与黑豆嘴类型的长体刀相仿，可见白浮长体刀应是这两种北方文化的融合品。

白浮 M2、M3 分别出土一件铜胄（图三，1），琉璃河 M1193 也出土有同样的铜胄，据研究这种铜胄为北方文化器物[31]，与中原文化铜胄迥然不同。从类型学演变的序列观察，白浮铜胄应从柳林高红铜胄发展而来。

白浮 M3:17 是一件特殊兵器，不见于他处。其形态与周式舌形钺较接近[32]。只是内部与刃部等宽，为三个突齿。保德类型中的长管銎斧也有这种装饰，有学者认为这种管銎斧来源于西亚[33]。显然，这种兵器是周式钺与管銎斧的融合品，林沄先生认为是"介于北方系战斧和中原系的钺中间的形式"是很有见地的[34]。

从文化因素的角度看，白浮墓葬中的北方兵器可以分为单一文化兵器和多种文化融合型兵器。单一文化兵器有铃首剑、冒首剑、管銎斧、胄、长体刀。涉及的文化有北方文化和卡拉苏克文化，前者器物 4 种，后者器物 1 种。多种文化融合型兵器有 4 件短剑、啄戈、三銎长体刀，涉及的文化组合有北方文化、卡拉苏克文化，北方文化、中原文化，中原文化、西亚青铜时代文化。可以看出，在白浮墓葬北方兵器组合中，北方文化占主要地位。卡拉苏克文化次之。虽然卡拉苏克文化因素只有短剑一种，但这种短剑却和北方文化进行了多种形式的融合。中原文化和西亚青铜时代文化因素仅被北方文化吸收到个别器物中，其中西亚文化因素应是晚商时期管銎斧、扁茎剑等文化因素东来的余绪。

3. 青铜礼器类

也分为两种：一种如贯耳壶、带纹饰的鼎残片等，体量较大，纹饰精致，属实用器物无疑。另一种如部分鼎、簋，器形很小，素面无纹，制作粗糙，有可能是专门制作的明器。这是白浮墓葬礼器的第一个特点。这些礼器中，除了贯耳壶属于西周中期外，其余都具有西周早期特征，如铜鼎腹直立而不是垂腹，其他礼器上也没有中期的特点[35]。墓葬的时代为西周中期，而礼器却多数为西周早期，这是白浮墓葬礼器的第二个特点。

以上两个特点在同时期的中原墓葬中不多见。从上文分析的葬具和兵器看，白浮墓主属于高级贵族之列，但青铜礼器与这种地位不对称。白浮墓葬的鼎簋组合与西周葬俗一致，但整体观察，其中对青铜礼器的使用不像中原那样严格和严肃。或许这也是白浮墓葬的文化属性非中原的一个表征。

4. 工具类

也可分两种。中原式的锛凿，北方式的刀子和石锤（图三，5）。白浮墓葬中的锛凿形制与中原的同类器物别无二致，显然属于中原文化。白浮 M2 中的刀子则属北方文化，弓背的刀身、刀身与刀柄连接处有下栏体现出北方刀子的一般特征[36]。刀柄上排列 7 个圆圈、刀首为鸟首，刀柄上有圆圈的装饰可能是乳钉纹的简化，北方的短剑和长体刀上常见乳钉纹，如阎家沟短剑[37]和石楼后任家沟长体刀[38]。鸟首应和短剑的鸟首一样是北方文化的影响。石锤中间有一孔。同样器物在卡约文化中数量较多[39]，年代也较早[40]，有相对完整的演变序列，因此那里可能是有孔石锤的流行区之一。妇好墓中也出土 1 件[41]，白浮石锤的形制与上述数件非常相近，有可能是它们的继续发展。

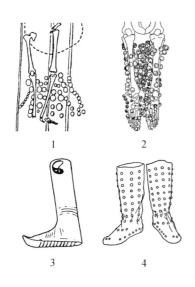

图五　白浮墓葬铜泡与其他遗存
靴子的比较

1. 白浮 M2 墓主腿部的铜泡　2. 沈阳郑家洼子 M6512 墓主腿部的铜泡　3. 柳林高红墓葬出土的铜靴形器　4. 沈阳郑家洼子 M6512 靴子复原

5. 腿甲泡

白浮 M2、M3 中出土大量小铜泡（图五，1），M2 中的铜泡分布于墓主小腿部，M3 中的铜泡分布于墓主身体周围。类似的发现还见于沈阳郑家洼子春秋时期墓葬 M6512[42]，墓主小腿有规律地排列较多小铜泡，报告推测这些铜泡是皮靴上的装饰，所言甚是（图五，2、4）。白浮 M2 中的铜泡的排列不似郑家洼子 M6512 那样有规律，报告中也没有具体描述，从墓葬平面图看，铜泡皆正面朝上，脚部没有铜泡，报告中推测为护腿甲，但这种小铜泡直径不超过 2 厘米，即便密集排列中间也留有很多空隙，能否起到护腿的作用值得怀疑。铜泡的数量、位置均与郑家洼子 M6512 铜泡相同，白浮 M2 小铜泡为皮靴装饰的可能性更大。着齐膝皮靴是北方民族的习俗，《说文·革部》中的"鞮"："革履也，胡人履连胫谓之络鞮。"[43] 在早于胡人的北方文化中也见到这种皮靴，除郑家洼子外，柳林高红出土一件铜靴形器[44]，为皮靴的模型（图五，3），底长4.1、靴高6.3厘米，如果按照成人鞋长41厘米计算，则实际靴筒长为63厘米，属于齐膝皮靴无疑。柳林高红遗存的年代为西周早、中期[45]，出土遗物多与白浮墓葬相同而形制更早，白浮墓葬中的皮靴可能来自柳林高红遗存为代表的北方文化。

6. 墓葬中的古文字

白浮墓葬中出土的古文字材料有M2、M3出土的甲骨文和M2戈、戟上的π字形铭文。两座墓葬中的甲骨文都已破碎，简报中只释读出"其祀"、"其尚上下韦驭"、"贞"、"不止"等文字，由于缺少上下文，难以知晓其义。有学者认为"其"就是冀北商周铜器上常见的"其"，进而得出白浮墓葬属于其国或蓟国的结论。我们认为，有"其"字铭文的铜器分布甚广[46]，其国的地望是一个十分复杂的问题，以上结论似有进一步商榷的必要。值得注意的是，白浮甲骨文的字体具有晚商特点[47]，与琉璃河西周甲骨文不同，为白浮墓葬不属于西周文化提供了佐证。

铜戈、戟上的铭文一般考证为"其"字，与墓葬中甲骨文上的"其"同义，认为白浮墓葬的是箕方或蓟、基方遗存[48]。商周甲骨文、金文中有专门的"其"字，不写作"π"形，"π"形只是战国时期"其"字的下半部分，将"π"释为"其"证据不足。据此断定白浮墓属于箕方也应从长计议。从字形上看，"π"字与商周常见的挂缰钩有相似之处，与鹿石上的挂缰钩形象几乎完全相同（图六）。因此我们设想，这个字可能是摹写挂缰钩形象的氏族铭文。由于目前仅见此两例，难以对其进行释读。从与鹿石上的挂缰钩的相似看，我们推测这一氏族可能与驾驭车马有密切关系，或许就是他们往来于广阔的北方地带，将中国的北方文化与欧亚草原东部的诸文化如卡拉苏克文化联系起来，使得北方地带和卡拉苏克文化中都出现了对方的器物。甚至晚商时期车马在中原的突然出现也与他们有关。当然，兵器上的铭文不一定就是墓主所属的氏族，但这个铭文为研究白浮墓葬在中国北方地带与欧亚草原文化的交往提供了线索。

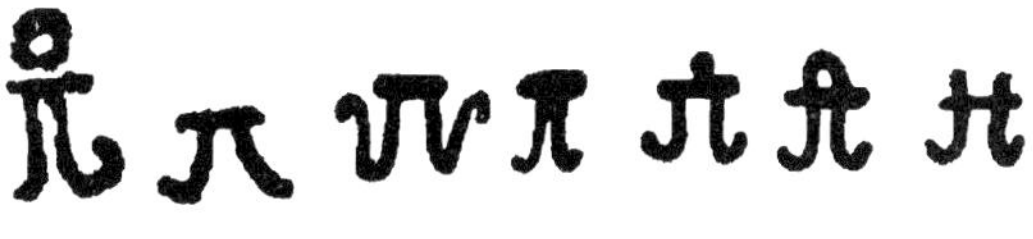

1   2   3   4   5   6   7

图六　白浮铜器铭文与鹿石挂缰钩图形比较

1. 白浮M2:35铜戟内部铭文　2. 白浮M2:36铜戈内部铭文　3~7. 蒙古鹿石刻画的挂缰钩图形

通过以上的微观分析，可以得出如下结论。

（1）白浮墓葬可以分为商、周、北方文化三种文化因素。其中西周文化因素包括除腰坑外的所有遗迹部分，青铜礼器，陶器，兵器中的戈、矛，阳燧等，工具中的斧锛凿。商文化因素有腰坑和甲骨文。北方文化因素有晚商时期北方文化、卡拉苏克文化、西亚青铜时代文化的兵器、工具、服饰品。各文化因素在墓葬中的地位、作用不同。

西周文化因素最多，体现了墓主的政治地位、军事等级、日常习用。从这些文化因素可以看出墓主遵从西周礼制。从考古学文化格局观察，白浮周围是张家园上层文化分布区[49]，白浮墓的大量西周文化因素显得很突兀。这与晚商时期灵石旌介墓葬的情况相似[50]，都是土著文化分布区内含有中原文化因素的高级墓葬，可能这是商周中原王朝对北方民族的一种通用策略。虽然日常生活的陶器有浓厚的周文化风格，但本民族特色依然存在。这也与灵石旌介墓葬类似，反映了北方民族首领在文化面貌上的两面性。

商文化因素最少，可以看做商文化对当地土著文化影响的延续。在西周文化的挤压下，只有精神深处的腰坑葬俗和甲骨文字体保留着商文化的痕迹。

北方文化因素指明了墓主的文化归属。虽然这些文化因素与西周文化因素相比很少，但特色鲜明。白浮墓几乎囊括了当时全部的北方式兵器，服饰用品也有强烈的北方特色，只有北方民族的人才能如此。陶器具有本地（北方）和西周文化两种因素，与张家园上层文化的陶器一致，因此也可以看做是北方文化因素。陶器的归属很大程度上决定了墓葬的文化属性。我们同意白浮墓葬属于北方文化系统的土著文化、墓主为首领的结论[51]。

（2）白浮的北方文化因素包括北方文化、卡拉苏克文化、西亚青铜文化因素。在当时北方文化处于相对弱势的情形下，呈现如此多的不同文化因素共存的现象是引人深思的。虽然这三种文化因素以前都在北方地带都有发现，但白浮墓葬中呈现出一些新特点，首先北方文化因素都是晚商北方文化器物的大集合，说明当时北方人群流动的频繁。其次，卡拉苏克文化与北方文化的交流更为深入。西周时期，卡拉苏克文化与北方文化交流的内容发生了变化，冒首剑成为卡拉苏克文化传播到北方地带的主要器物，而且与北方文化因素结合产生融合型短剑。白浮影响卡拉苏克文化的挂缰钩、啄戈也是以前所不见的。

二、白浮墓葬的与其他墓葬的比较研究

（一）白浮 M2 与西周女性墓葬及妇好墓的比较

目前西周墓地中，可确定为女性的墓葬中很少有能够和白浮 M2 相提并论的墓葬。多数女性墓葬都不出青铜器，如张家坡可确定为女性墓的 23 座墓葬中（一座为井叔夫人墓 M163，被盗一空，其余都是保存完好的），只有 2 座有青铜器，1 座出土一鼎，1 座出土一镟和方形器。只有在保存完好的诸侯夫人墓葬出土较多青铜器，如晋侯夫人墓和弲伯夫人墓，这些墓葬的规格和随葬品等级高于白浮 M2，但可以作为周高级女性墓葬的代表。晋侯夫人墓和弲伯夫人墓的共同点是：随葬品中除了青铜礼器外，随葬大量的玉石骨角饰品，不见青铜斧锛凿等工具以及兵器、阳燧。白浮 M2 则正相反，在玉石器中能称得上饰品的只有一件玉戈和"器把"（还有一件螳螂形的玉觿，应为工具），根本不见动物形饰品和佩饰，与中原女性墓形成强烈反差。出土有斧锛刀等工具，与西周墓葬的工具组合几乎相同。兵器多达 38 件，几乎包括当时所有种类。如果单纯从随葬品看，这更像是一座男性墓葬。大量的兵器透露出浓厚的尚武风气。我们认为，白浮 M2 与西周女性墓葬的差别不是等级不同的结果，而可能和墓葬的文化属性有关。

如果说白浮 M2 是西周女性墓葬中的一个"另类"，那么妇好墓则是商代女性墓葬中的"另类"。把这两个"另类"放在一起比较，则可以将二者归入"同类"。首先，两座墓葬北方文化色彩浓厚。白浮 M2 的北方青铜器有三銎刀、胄、冒首短剑、有銎啄戈、鸟首刀，妇好墓的北方青铜器有鹿首刀、环首刀、铜镜、铜铃笄形器等，两个墓葬的北方青铜器几乎涵盖了商周时期所有的北方青铜器种类。动物首刀子为两个墓葬共有。另外二个墓葬都有石锤，目前中国北方仅有此一件与妇好墓的石锤完全相同。其次，墓主都是高级军事将领。两座墓葬各自都是当时同类墓葬中随葬兵器较多者，而且都包含有象征军权的兵器，妇好墓中的是大铜钺，白浮 M2 是勾戟。综合以上两个特点，妇好和白浮 M2 墓主的相似度要远大于其他墓葬。对白浮墓葬文化属性，不少学者认为是土著文化系统，本文前揭也得出了同样的观点。有学者认为妇好是北方民族的人[52]，如果这种说法成立，那么妇好与白浮 M2 墓主都属于北方民族的妇女，两个墓葬中的诸多共同点也得到了解释。

（二）白浮墓葬与柳林高红墓葬的比较研究

柳林高红墓葬不是正式发掘所得，难以知晓墓葬"遗迹"方面的信息。出土物有管銎斧 1、矛 1、有銎钺 1、胄 1、铃首剑 1、双环首刀 3、靴形器 1、铃 1、球铃器若干。白浮墓葬与高红墓葬共有的器物有管銎斧、胄、铃首剑（图七），上文已经说明二者的管銎斧和胄有明显的演变关系。白浮墓葬中没有双环首刀，但其中的帽首剑也是和双环首刀一样来自卡拉苏克文化[53]。白浮墓铜泡也与高红的靴形器有关。通过这些相同点，可以认定白浮墓葬与柳林高红墓葬有十分密切的关系。白浮墓葬属于张家园上层文化，柳林高红墓葬属于保德类型，二者同属于北方青铜文化系统，这是两者文化面貌趋同的前提。而西周时期中原文化的扩展和由此导致的北方民族人群移动则是直接原因。

从地理方位上看，高红位于西部，白浮位于东部。在整个青铜时代，北方地带西部的器物始终存在一个自西向东的传播过程，夏代有扁喇叭口耳环，早商晚期有花边鬲、蛇纹鬲等[54]。遗物流转的背后可能是人群的移动，白浮墓葬中与高红相似器物的出现

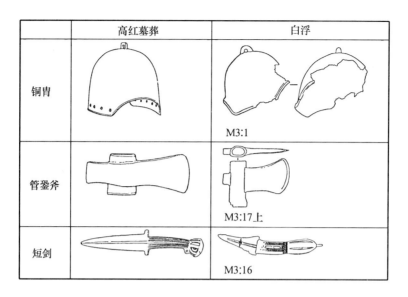

	高红墓葬	白浮
铜胄		M3:1
管銎斧		M3:17上
短剑		M3:16

图七　白浮墓葬与柳林高红墓葬同类器物的比较

也不能排除人群移动的可能。古文字学者的研究对此具有启发意义。裘锡圭先生的《释"无终"》一文认为[55]，陕西绥德墕头村墓葬中铜戈的"无终"族徽与左传中的无终属于同一族群。左传中"无终"的地望在河北北部一带，无终存在从早到晚自西向东的迁移过程[56]。虽然不能肯定墕头墓主属于"无终"族，但可以料想无终距石楼类型也不会远。保德类型与石楼类型年代部分重叠，地域一致[57]，所以无终铜戈也有可能来源于保德类型。而且无终属于狄人[58]，石楼和保德类型的族属一般认为也是戎狄系统[59]。目前对无终等北方民族东迁的时间、路线还有颇多分歧。但可以肯定，东迁的时间要早于左传的成书年代。在西周早中期，晋陕一带的北方民族就可能已经开始了东迁，"启以夏正，疆以戎索"的政策虽然有和平殖民的色彩，但周人的扩张势必导致戎狄的流散播迁（也有部分融入了周文化中）。而小盂鼎记载西周早期的大规模战争则无疑造成戎狄的流离失所[60]。迁移的方向可能有多种，沿着前代就已经形成的"东迁"路线向东无疑是比较好的选择。白浮墓葬中与柳林高红墓葬的相似性可能就是在这样的背景下产生的。当然，人群的迁移是个非常复杂的问题，不能简单把相似器物与同一人群等同。但人群的移动确实是造成两地器物相似的重要原因。

（三）白浮墓与夏家店上层文化墓葬的比较

二者的相同点体现在四个方面，首先，随葬的兵器种类基本相同（图三）。与白浮墓葬相似，夏家店上层文化的兵器也可以分为中原与北方两群，中原的兵器有戈、矛、镞，北方的兵器有胄、剑、管銎斧、管銎钺等，两群的内容与白浮墓葬的两群基本相同。特别在北方兵器组合中，胄存在明显的形制演变关系，白浮为 Aa 型 Ⅱ 式，夏家店上层文化的几件胄为 Aa 型 Ⅲ 式[61]。短剑中都有卡拉苏克式的冒首剑。有学者认为夏家店上层文化的銎柄直刃剑是从白浮的空柄短剑发展而来[62]，白浮空柄剑的三角形交叉纹饰与南山根出土短剑的柄部相同[63]（图二，6），也应该存在着影响关系。管銎斧（钺）的管銎与援部都有明显的折角，这是管銎斧发展到晚期的重要特征（图三，3、4）。其次，工具组合相同。二者的工具组合都为斧锛凿刀。二者刀的关系最密切，白浮墓葬的刀子为鸟首刀，夏家店上层文化中也有不少动物首的刀子，如鹿首刀、牛首刀、羊首刀等，这些兽首刀和白浮的刀子一样是晚商时期北方文化影响的结果[64]。第三，二者都随葬阳燧，而且都是素面。白浮墓葬中出土两面，夏家店上层文化出土 10 余面。目前最早的阳燧出土于西周早期墓葬张家坡 M178，但对其是否为阳燧还有争议[65]，确定为阳燧的较早例子是扶风黄堆 M60 中出土者，时代为西周中期[66]。从这些发现看，目前中原发现的阳燧要早一些，白浮和夏家店上层文化的阳燧有可能来源于中原。第四，二者都随葬有西周文化的礼器，而且都具有早期特点，白浮墓葬的铜鼎 M3:8 为西周早期形制，小黑石沟 M8501 尊也为西周早期，同墓的无耳簋的鸟纹为西周中期，却是晚商形制[67]。这种晚期墓葬出有早期特点器物的现象在北方文化中很常见。

在白浮墓葬与夏家店上层文化墓葬的四个相同点中，戈、矛、阳燧、礼器的体现出西周文化的影响。兵器是实战用具，不受观念影响而可以为不同文化吸收。阳燧作为取火工具，为夏家店上层文化吸收也很正常。但目前发现的阳燧集中分布于关中、辽西两地，白浮则位于中间，这种分布格局是否反映了阳燧的北传途径值得研究。礼器差别最大，应反映了二者对中原礼制的态度不同，白浮墓葬的礼制虽然与中原文化有所不同（上文分析），但总体看是接受了中原礼制，而夏家店上层文化则较为排斥，可能只是将其作为稀罕物随葬起来。这四个相同的方面说明了作为地域相邻、时代相近的北方文化存在着密切的交流，导致文化面貌趋同性的加强。二者都含有大量的中原文化因素，反映了二者都面临着西周文化的影响，由于地理位置和历史传统的原因，白浮墓葬的中原化比较深入，而夏家店上层文化仍保持着完整的北方文化色彩。白浮在西周文化和夏家店上层文化之间充当了缓冲器的作用，当进入西周晚期，白浮一带的张家园上层文化完全被周文化同化殆尽[68]，中原文化与夏家店上层文化直接面对的时候，后者的消亡也为期不远了。

以上分别将白浮墓葬与商周女性墓葬、柳林高红墓葬、夏家店上层文化墓葬做了比较。以上四类墓葬的文化属性与白浮墓葬都不同，但它们的共同点则揭示了西周时期北方文化的几个问题：①与妇好墓的相似性和与西周女性墓的巨大差异，说明白浮 M2 女性较高的地位不为中原文化具有，而为北方文化常见。②与柳林高红墓葬的高度相似性说明西周文化的扩张引起了北方地带西部人群的东移，造成了北方文化格局的变化。③与夏家店上层文化的相似性说明了通过张家园上层文化部分北方青铜器流入夏家店上层中，并且张家园上层文化阻滞了中原文化的渗透，使夏家店上层文化得以发展壮大。

三、结　语

白浮墓葬在时间上处于北方文化的两个高潮期——晚商和两周之际中间。地域上，南北向处于中原文化和更北的北方文化的交界地带，东西向处于北方文化带中部和东部的结合部，这种时空的节点位置决定了白浮墓葬对研究商周时期北方文化格局的变化以及北方文化与中原文化关系的重大意义。本文从微观和宏观两个角度对白浮墓葬进行了分析与比较。首先，白浮墓作为北方文化的墓葬，礼制方面完全是中原的，而在服饰和兵器方面还保留着本民族传统，体现出文化面貌的两面性。说明中原文化对北方文化高级贵族的影响以礼制的输出为主。其次，白浮墓葬承袭了晚商和西周早期大部分北方青铜器，又对更晚更北的夏家店上层文化产生影响，同时也与更北的卡拉苏克发生关系。最后，通过白浮墓葬与商周时期其他墓葬的比较可以看出中原文化与北方文化的互动关系。由于西周晋国势力扩展，高红墓葬的北方因素东流到白浮墓葬所在的燕山南麓地区，为张家园上层文化和夏家店上层文化注入了新的活力。同时，张家园上层文化也在一定程度上削弱了中原文化的北进势头，为夏家店上层文化的发展壮大提供了契机。

注　释

［1］　北京市文物管理处. 北京地区的又一重要考古收获——昌平白浮西周木椁墓的新启示 ［J］. 考古，1976（4）：246～258.

［2］　这方面的论述有：

a. 陈平. 燕史纪事编年会按 ［M］. 北京：北京大学出版社，1999；

b. 韩嘉谷. 燕国境内诸考古学文化的族属探索 ［A］. 北方考古研究 ［C］. 郑州：中州古籍出版社，1999：294～311；

c. 乌恩. 北方草原考古学文化研究 ［M］. 北京：科学出版社，2006；

d. 陈光. 北京考古五十年 ［A］. 新中国考古五十年 ［C］. 北京：文物出版社，2000：10、11.

［3］　北京市文物研究所. 琉璃河西周燕国墓地（1973～1977）［R］. 北京：文物出版社，1995：16.

［4］　a. 北京大学考古系、山西省考古研究所. 天马—曲村遗址北赵晋侯墓地第五次发掘 ［J］. 文物，1995（5）：4～38；

b. 北京大学考古文博院、山西省考古研究所. 天马—曲村遗址北赵晋侯墓地第六次发掘 ［J］. 文物，2001（8）：4～21.

［5］　北京大学考古系商周组、山西省考古研究所编著. 天马—曲村（1980～1989）（第二册）［R］. 北京：科学出版社，2000：296.

［6］　a. 北京大学考古系，山西省考古研究所. 1992 年天马—曲村遗址墓葬发掘报告 ［J］. 文物，1993（3）：11～30；

b. 北京大学考古系，山西省考古研究所. 天马—曲村遗址北赵晋侯墓地第二次发掘［J］. 文物，1994（1）：4～31；

c. 山西省考古研究所，北京大学考古系. 天马—曲村遗址北赵晋侯墓地第三次发掘［J］. 文物，1994（8）：4～21；

d. 山西省考古研究所，北京大学考古系. 天马—曲村遗址北赵晋侯墓地第四次发掘［J］. 文物，1994（8）：22～33；

e. 北京大学考古系，山西省考古研究所. 天马—曲村遗址北赵晋侯墓地第五次发掘［J］. 文物，1995（5）：4～38；

f. 北京大学考古文博院，山西省考古研究所. 天马—曲村遗址北赵晋侯墓地第六次发掘［J］. 文物，2001（8）：4～21.

［7］ 这里的燕文化定义取自陈光. 西周燕国文化初论［A］. 中国考古学的跨世纪反思［C］. 香港：商务印书馆，1999：363～397.

［8］ 彭文. 从蜀墓腰坑的设置看巴蜀文化与关中文化的交流［J］. 考古与文物，1996（6）：45～52.

［9］ 罗西章. 扶风北吕周人墓地［R］. 西安：西北大学出版社，1995.

［10］ 洛阳市文物工作队. 洛阳北窑西周墓地［R］. 北京：文物出版社，1999.

［11］ a. 郑绍宗. 商周金文和河北古代方国研究［A］. 北方考古研究［C］. 郑州：中州古籍出版社，213～222；

b. 李学勤. 试论孤竹［A］. 新出青铜器研究［C］. 北京：文物出版社，1990：54～59.

［12］ 中国社会科学院考古研究所编著. 张家坡西周墓地［R］. 北京：中国大百科全书出版社，1999：31.

［13］ 源自网络 www. xici. net/b697962/d58300805. htm.

［14］ 林沄. 早期北方系青铜器的几个年代问题［A］. 林沄学术文集［C］. 北京：中国大百科全书出版社，1998：289～295.

［15］ 陈光. 北京考古五十年［A］. 新中国考古五十年［C］. 北京：文物出版社，1999.

［16］ 乌恩岳斯图. 北方草原考古学文化研究［M］. 北京：科学出版社，2007：260.

［17］ 钟少异. 试论扁茎剑［J］. 考古学报，1992（4）：129～146.

［18］ a. 中国社会科学院考古研究所. 北京琉璃河1193号大墓发掘简报［J］. 考古，1990（1）：21～30；

b. 中国社会科学院考古研究所、北京市文物工作队. 1981～1983年琉璃河西周燕国墓地发掘简报［J］. 考古，1984（5）：405～416.

［19］ 杨建华. 燕山南北商周之际青铜器遗存的分群研究［J］. 考古学报，2002（2）：166.

［20］ 李刚. 中国北方青铜器的欧亚草原文化因素［D］. 南开大学博士学位论文，2004：45.

［21］ 王趁意. 中国早期铜镜的纹饰之谜［J］. 收藏家，2004（10）：33～36.

［22］ 喀左县文化馆等. 辽宁喀左县山湾子出土商周青铜器［J］. 文物，1977（12）：23～34.

［23］ 河北省文物研究所，沧州地区文物管理所. 河北省任丘市哑巴庄遗址发掘报告［J］. 文物春秋，1992年增刊：220，图四七-10.

［24］ 乌恩. 殷至周初的北方青铜器［J］. 考古学报，1985（2）：135～156.

［25］　林沄. 中国北方长城地带游牧文化带的形成过程［A］. 燕京学报（新十四期）［C］. 2003：122.

［26］　北京大学考古系商周组、山西省考古研究所编著. 天马—曲村（1980～1989）（第二册）［R］. 北京：科学出版社，2000：303.

［27］　朱永刚. 中国北方的管銎斧［J］. 中原文物，2003（2）：30～50.

［28］　参见武大鹏. 洛雷斯坦暨西亚管銎斧研究［D］. 吉林大学硕士学位论文，2006.

［29］　乌恩. 中国北方青铜文化与卡拉苏克文化的关系［A］. 中国考古学研究［C］. 北京：科学出版社，1986：135～150.

［30］　韩金秋. 长体刀起源再研究［A］. 公元前 2 千纪的晋陕高原与燕山南北［C］. 北京：科学出版社，2008：93～108.

［31］　王彤. 中国北方商周时期的铜胄［D］. 吉林大学硕士学位论文，2007. 本段有关铜胄的论断皆引自该文.

［32］　刘静. 先秦时期青铜钺的再研究［J］. 故宫博物院院刊，2007（2）：52～79.

［33］　朱永刚. 中国北方的管銎斧［J］. 中原文物，2003（2）：30～50.

［34］　林沄. 早期北方系青铜器的几个年的问题［A］. 林沄学术文集［C］. 北京：中国大百科全书出版社，1999：289～295.

［35］　朱凤瀚. 古代中国青铜器［M］. 天津：南开大学出版社，1995：792.

［36］　林沄. 商文化青铜器与北方地区青铜器关系之再研究［A］. 考古学文化论集（一）［C］. 北京：文物出版社，1987：129～155.

［37］　王永刚，崔风光，李延丽. 陕西甘泉县出土晚商青铜器［J］. 考古与文物，2007（3）：11～22.

［38］　绥德县博物馆. 陕西绥德发现和收藏的商代青铜器［A］. 考古学集刊（2）［C］. 北京：中国社会科学出版社，1982：41～43.

［39］　a. 青海大通上孙家寨墓葬中出土 1 件，俞伟超. 古代西戎和羌、胡考古学文化归属问题的探讨［A］. 先秦两汉考古学论文集［C］. 北京：文物出版社，1984：180～192；
　　　　b. 湟源大华中庄墓葬出土 3 件，青海省湟源县博物馆等. 青海省湟源县大华中庄卡约文化墓地发掘简报［J］. 考古与文物，1985（5）：11～34；
　　　　c. 下半主洼墓葬出土 1 件，青海省文物考古研究所等. 青海循化县半主洼卡约文化墓葬发掘简报［J］. 考古，1996（8）：27～44.

［40］　张文立. 青海地区青铜时代文化研究［D］. 吉林大学博士学位论文，2001：37.

［41］　中国社会科学院考古研究所. 殷墟妇好墓［R］. 北京：文物出版社，1981：199.

［42］　沈阳故宫博物院等. 沈阳郑家洼子两座青铜时代墓葬［J］. 考古学报，1975（1）：141～155.

［43］　沈阳故宫博物院等. 沈阳郑家洼子两座青铜时代墓葬［J］. 考古学报，1975（1）：141～155.

［44］　杨绍舜. 山西柳林县高红发现商代铜器［J］. 考古，1981（3）：211～212.

［45］　蒋刚，杨建华. 陕北、晋西北南流黄河两岸出土青铜器遗存的组合研究［J］. 文物世界，2007（1）：11～19.

［46］　孙敬明. 考古发现与 史寻踪［A］. 胶东考古研究文集［C］. 济南：齐鲁书社，2004：386～398.

[47]　齐心. 北京地区出土的西周甲骨文 [A]. 2004 年安阳殷商文明国际学术研讨会论文集 [C].
　　　　北京：社会科学文献出版社，2004：612～614.

[48]　a. 韩嘉谷. 燕国境内诸考古学文化的族属探索 [A]. 北方考古研究 [C]. 郑州：中州古籍
　　　　出版社，1994；

　　　　b. 金岳. 孤竹族探源 [J]. 辽海文物学刊，1992 (1)：106～115.

[49]　乌恩岳斯图. 北方草原考古学文化研究 [M]. 北京：科学出版社，2007：254.

[50]　张忠培. 晋中考古 [R]. 北京：文物出版社，1999：201.

[51]　认为白浮墓葬属于北方文化的论著有：

　　　　a. 陈光. 北京考古五十年 [A]. 新中国考古五十年 [C]. 北京：文物出版社，1999；

　　　　b. 陈平. 燕史纪事编年学会按 [M]. 北京：北京大学出版社，1995；

　　　　c. 韩嘉谷. 燕国境内诸考古学文化的族属探索 [A]. 北方考古研究 (四) [C]. 郑州：中
　　　　州古籍出版社，1994；

　　　　d. 乌恩岳斯图. 北方草原考古学文化研究 [M]. 北京：科学出版社，2007：254.

[52]　林嘉琳 [美]. 商代的艺术与认同——中原及其四邻 [A]. 商文化国际学术讨论会论文集
　　　　[C]. 北京：中国大百科全书出版社，1998：323～332.

[53]　高滨秀. 大草原の骑马民族——中国北方の青铜器 [M]. 东京国立博物馆，1997：161.

[54]　a. 林沄. 夏代的中国北方系青铜器 [A]. 边疆考古研究 (第 1 辑) [C]. 北京：科学出版
　　　　社，2001：1～12；

　　　　b. 韩嘉谷. 花边鬲寻踪——谈我国北方文化带的形成 [A]. 北方考古研究 (四) [C]. 郑
　　　　州：中州古籍出版社，1994；

　　　　c. 李水城. 中国北方地带的蛇纹器研究 [J]. 文物，1992 (1)：50～57.

[55]　裘锡圭. 释无终 [A]. 裘锡圭学术文化随笔 [C]. 北京：中国青年出版社，1999：64～73.

[56]　何景成对商周铜器及古文献的"无终"族进行了系统论证，本段与无终相关的部分即引自该
　　　　文. 参见何景成. 商周青铜器族氏铭文研究 [D]. 吉林大学博士学位论文，2005：93～99.

[57]　蒋刚，杨建华. 陕北、晋西北南流黄河两岸出土青铜器遗存的组合研究 [J]. 文物世界，
　　　　2007 (1)：11～19.

[58]　何景成. 商周青铜器族氏铭文研究 [D]. 吉林大学博士学位论文，2005：93～99.

[59]　田广金. 鄂尔多斯式青铜器 [M]. 北京：文物出版社，1985.

[60]　a. 马承源主编. 商周青铜器铭文选 [M]. 北京：文物出版社，1988：41～44；

　　　　b. 王立新. 试论长城地带中段青铜时代文化的发展 [A]. 庆祝张忠培先生七十岁论文集
　　　　[C]. 北京：科学出版社，2004：365～385.

[61]　王彤. 中国北方商周时期的铜胄 [D]. 吉林大学硕士学位论文，2007.

[62]　朱永刚. 试论我国北方地区銎柄式柱脊短剑 [J]. 文物，1992 (12)：65～72.

[63]　中国青铜器全集编辑委员会编. 中国青铜器全集 (15) [M]. 北京：文物出版社，1995：图
　　　　三四.

[64]　杨建华. 燕山南北商周之际青铜器遗存的分群研究 [J]. 考古学报，2002 (2)：166.

[65]　中国社会科学院考古研究所. 沣西发掘报告 [R]. 北京：文物出版社，1962：121.

[66]　a. 周原博物馆. 1995 年扶风黄堆老堡子西周墓清理简报 [J]. 文物，2005 (4)：4～25；

　　　　b. 罗西章. 阳燧 [J]. 寻根，1996（3）：28.

[67]　赤峰市博物馆、宁城县文物管理所. 宁城小黑石沟石椁墓调查清理报告 [J]. 文物，1995
　　　　（5）：4~22.

[68]　对张家园上层文化的下限多数学者认为不过西周中期，乌恩先生则认为要到西周晚期到春秋
　　　　早期，分布地向北退至燕山一带，所论甚是. 参见乌恩岳斯图. 北方草原考古学文化研究
　　　　[M]. 北京：科学出版社，2007：256.

The microcosmic analysis and macroscopical comparision on Baifu tombs

HAN Jin-qiu

　　Baifu tombs locates at Changping county in Beijing. Because of the complexity in contents, it has bring many controversary about cultural character and the grave owner's identity. In first part, The article divides the tombs into two parts , one related to the burial custom and the other buried in the tombs. Then analyses them separately, which called microcosmic analysis. In second part, the article compares baifu tombs with another graves dating from Shang and Zhou dynasty, which called macroscopical comparision. Finally, the author comes to conclusion that Baifu tombs belongs to Northern cultural, and it provides a key to understand the relationship between Northern culture and Central plain culture during middle Zhou Dynasty.

白金宝文化的分期与年代

赵宾福

（吉林大学边疆考古研究中心，长春，130012）

白金宝文化是嫩江流域发现年代较早，材料积累较多，时间位置处于"古城类型"之后、汉书二期文化之前的一种青铜时代遗存。最新研究结果表明，白金宝文化赖以命名的白金宝遗址，实际上包含了四个不同时期不同性质的文化遗存[1]，因此今天人们所说的白金宝文化应该重指以白金宝遗址第三期为代表的遗存。由于已往发表的属于白金宝文化的出土材料分遗址和墓地两种，故以下先对遗址出土材料和墓葬出土材料分别进行分段研究，然后再进一步探讨两种材料的时段对应关系和整个白金宝文化的分期与年代问题。

一、遗址材料的分段

从目前发表的材料来看，白金宝文化的遗址材料主要出自黑龙江肇源白金宝、古城、小拉哈、望海屯、卧龙、肇东后七棵树、哈土岗子，杜尔伯特官地和吉林镇赉坦途西岗子，乾安后入字井屯等遗址。其中以肇源白金宝遗址的材料最为丰富，因此以下先来讨论白金宝遗址的出土材料。

1. 肇源白金宝遗址出土的白金宝文化遗存的分组研究

白金宝遗址是 1964 年调查发现的，1979 年做过一次复查。1974、1980 年和 1986 年先后进行过三次发掘。

已发表的 1974 年第一次发掘出土材料[2]，经深入研究可重新区分为两种完全属于不同性质的文化遗存，一种为年代较早的"古城类型"遗存，一种是年代较晚的白金宝文化遗存[3]。属于白金宝文化的 74H1（74 代表 1974 年发掘出土，下同）、74F1、74T1②、74T2②、74T3②、74T5②六个单位共发表陶器标本 49 件，除 74F1：10、74F1：11、74T1②：2 三件为早于白金宝文化的类型品（系混入晚期单位中的"古城类型"遗物）以外，其余 46 件标本中有 29 件为完整或叮复原陶器，1 件为器物口沿残片，16 件为纹饰标本。2004 年，笔者曾依据单位间的层位关系和陶器间的共存关系，首次将这 6 个单位自早至晚划分成了 A、B、C 三个年代组：A 组以 74F1 为代表，B 组以 74H1 为代表，C 组以 74T1②、74T2②、74T3②、74T5②为代表[4]。1974 年发掘出土的 A、B、C 三组陶器可参见图一。

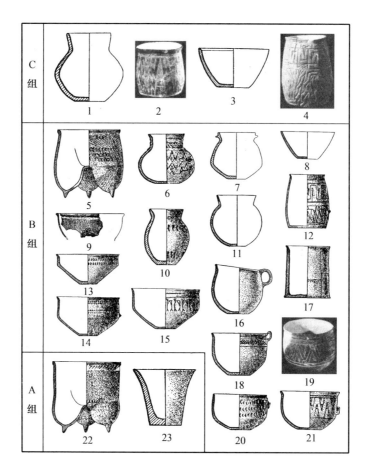

图一　白金宝遗址 1974 年第一次发掘出土的白金宝文化陶器的分组

1. 鼓腹罐（74T1②:4）　　2、4. 直腹罐（74T5②:1、74T3②:2）　　3. 钵（74T3②:4）　　5. 鬲（74H1:63）　　6. 壶
（74H1:15）　　7、10、11. 鼓腹罐（74H1:121、140、17）　　8. 钵（74H1:9）　　9. 鬲口残片（74H1:11）　　12、17. 直腹
罐（74H1:18、10）　　13～15、20、21. 盆（74H1:52、1、30、23、16）　　16、18、19. 杯（74H1:7、33、84）
22. 鬲（74F1:4）　　23. 杯（74F1:4）

已发表的 1986 年第三次发掘出土材料[5]，经重新研究可区分为早晚有别性质不同
的四种考古学文化[6]。其中属于白金宝文化的遗迹单位，由于彼此间未发表层位关系，
因此给分组研究带来了很大的困难。但是通过对出土器物的观察和进一步与 1974 年第
一次发掘材料分组情况的比较，笔者同样将其中出有陶器的 13 个单位区分成了三个年
代组[7]。具体结论是：86H3342（86 代表 1986 年发掘出土，下同）、86H3187、
86F3046、86H3056、86H3155、86F3004、86F3010 等 7 个单位的年代与 A 组同时可并
入 A 组，86F3006、86H3291 两个单位的年代与 B 组同时可并入 B 组，86F3021、
86F3008、86H3042、86F3017 等四个单位的年代和 C 组同时可并入 C 组。1986 年发掘
出土的 A、B、C 三组陶器可参见图二。

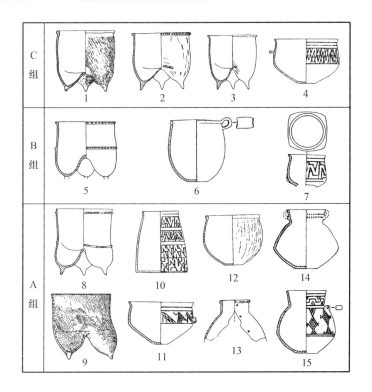

图二　白金宝遗址 1986 年第三次发掘出土的白金宝文化陶器的分组

1～3. 鬲（86F3021：1、86F3008：3、86H3042：2）　4. 盆（86F3017：15）　5. 鬲（86F3006：1）　6、7. 杯（86H3291：1、2）　8、9. 鬲（86H3342：2、86H3187：1）　10. 直腹罐（86 H3342：5）　11. 盆（86H3155：1）　12、14. 罐（86F3010：8、86F3046：14）　13. 瓮（86F3004：21）　15. 壶（86H3056：7）

这样，除了 1980 年第二次发掘材料没有发表和 1979 年复查材料因缺乏可供比较的器形而无法进行分组讨论外，已发表的白金宝遗址 1974 年第一次发掘材料和 1986 年第三次发掘材料可自早至晚统一合并为三个大的年代组：

A 组：8 个单位，分别是 74F1 和 86H3342、86H3187、86F3046、86H3056、86H3155、86F3004、86F3010。

B 组：3 个单位，分别是 74H1 和 86F3006、86H3291。

C 组：8 个单位，分别是 74T1②、74T2②、74T3②、74T5②和 86F3021、86F3008、86H3042、86F3017。

2. 其他遗址出土的白金宝文化遗存的组别分析

肇源古城遗址　1984 年试掘。从《松嫩平原陶鬲研究》一文[8]介绍的材料来看，该遗址 H2 出土一件绳纹直腹鬲（H2：1），直口尖唇，深筒形腹，腹壁陡直，高分裆，深袋足，袋足底端剖面弧度较钝呈半球状，实足根直立，口沿下部与器身中部贴有施按

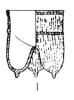

图三　古城遗址和小拉哈遗址出土的
白金宝文化陶器

1. 鬲（古城 H2∶1）　2. 鬲（小拉哈 H1003∶1）

3. 罐（小拉哈 T132②∶1）

压纹的附加堆纹（图三，1）。其整体造型与白金宝遗址 B 组 86F3006∶1（图二，5）相同，因此可并入白金宝遗址 B 组（附带说明的是该灰坑内同出的属于"古城类型"的高领鬲口残片，应看做是晚期单位中扰入的早期遗物）。

肇源小拉哈遗址　1992 年发掘。全部遗存共分三期（新石器时代遗存、小拉哈文化、汉书二期文化），但不见白金宝文化的主体遗存，只有两件器物在形制或纹饰方面分别表现出具有一定的白金宝文化的作风。一是 H1003∶1 素面筒式鬲，敞口、直壁、高裆、肥足（图三，2），另一件为 T132②∶1 罐，侈口、鼓腹、小底、腹施篦点几何纹（图三，3）。报告认为"从这两件陶器的造型和纹饰特点来看，其年代很可能处在白金宝文化和汉书二期文化之间，代表了两种文化过渡阶段的遗存，只是限于此次发现的这方面材料较少，故暂将其并入年代较晚的汉书二期文化当中。若日后材料日益丰富，则可重新考虑将这类遗存单独确立为一种新的文化"[9]。现在看来 T132②∶1 应该是被扰入到汉书二期文化地层当中的白金宝文化陶器，H1003 应该是属于白金宝文化的一个独立单位，其内出土的 H1003∶1 素面直腹鬲，造型上应该是白金宝遗址 C 组 86F3008∶3 素面鬲（图二，2）的晚期形态。但由于在现有的材料当中很难找到与其年代对应的其他器类，因此单独划为一个阶段，条件还不成熟。故这里暂将其归并到白金宝遗址 C 组当中，并认定其年代应该排在白金宝 86F3008∶3 素面鬲之后。

肇源卧龙遗址　1984 年发掘。据发掘结束后发表的简讯可知，该遗址揭露面积为 400 平方米，清理半地穴式房址 3 座、土坑竖穴墓 3 座和各类灰坑 30 个。依据出土遗物和地层关系，发掘者将遗址区分为两期：第一期以筒腹高裆鬲及夹蚌陶筒形罐为特征，属于白金宝文化；第二期以大口矮裆鬲、束腰支座以及红衣陶器为代表，属于汉书二期文化[10]。最近又有学者指出"该遗址有三个时期的文化堆积，一期以大口筒形罐、杯等素面陶器为代表……二期遗存的文化性质同于白金宝遗址的主体遗存；三期遗存的文化性质同于吉林大安汉书二期文化"[11]。看来无论是两期还是三期，其中包含有白金宝文化遗存是确定无疑的。只是限于目前尚未公开发表材料，因此遗址本身的分期问题还有待日后做进一步的讨论。

杜尔伯特官地遗址　1957 年调查发现[12]。采集的篦点纹陶片和素面宽柄杯等明显属于白金宝文化的遗物，其中的一件残陶鬲（见原报告图版玖，3），表面施十分规整的几何形篦点纹，在目前经正式发掘出土的材料中，尚找不到可供比较的同类标本。不过从这件器物的直壁、高档、深袋足等特点上看，与白金宝遗址 A 组或 B 组的陶鬲相近，因此年代亦应不超出 A、B 组的范畴。

肇源望海屯遗址 新中国成立前的三四十年代就已发现，五六十年代做过调查[13]，并据此提出"望海屯类型"概念，后又有人认为"白金宝文化可区分为早晚两个类型，即"白金宝类型"和"望海屯类型"[14]。由于"望海屯类型"的内涵和性质比较模糊，所以 1985 年乔梁先生利用工作之便，又对望海屯遗址进行了专门的考古调查。据此次调查采集的标本观察，发现望海屯遗址主要包括了两类不同性质的遗存。第一大类遗存以施篦点纹、指甲纹、按压纹和戳印纹陶片为主，可辨器型为鬲、花边口沿罐（鬲）、支脚和陶壶等。其中又可以细分为两种，一种据含有较多的篦点纹和鬲的袋足较胖判断，应属于白金宝文化遗物，另一种据陶支脚的形态、较多的花边口沿和红衣陶判断，应属于汉书二期文化遗物。不过这两种遗存均属于嫩江流域的土著遗存。第二大类遗存器表多为素面，器型主要为各种形式的鼎、重沿口陶片以及实心柄豆、横桥状耳和瘤状耳等，面貌与吉林农安田家坨子遗址出土的遗存接近。由于望海屯遗址包含了两类三种不同时代不同性质的文化遗存，因此建议不再使用"望海屯类型"这一模糊性概念[15]。由此不难看出 1985 年的调查，首次摸清了望海屯遗址的基本文化内涵和各种遗存的文化性质，也证明了该遗址确实包含有白金宝文化的遗存。但由于历次调查采集的标本均很零碎，因此很难确定它们在白金宝文化中所处的时间位置。

黑龙江肇东后七棵树[16]、哈土岗子[17]和吉林镇赉坦途西岗子[18]、乾安后入字井屯[19]等遗址调查所得的白金宝文化篦点纹陶片或袋足鬲腿标本，因组别特征不显，故难以做进一步的分析。

3. 遗址材料的分段

从以上分析不难看出，白金宝文化的遗址材料虽所属地点较多，但经过正式发掘并公开发表材料的地点较少，有些遗址只不过是通过调查在地表采集到了属于白金宝文化的陶片而已。由于在目前可以看到的属于白金宝文化的各遗址材料当中，其总体特征均未超出前文依据白金宝遗址 1974 年和 1986 年两次发掘材料所确定的 A、B、C 组遗存的年代范畴，因此以白金宝遗址为主体确定的上述具有年代早晚意义的 A、B、C 三组遗存，实际上也就代表了整个白金宝文化遗址材料的三个不同发展时段。即：

第一段：以 A 组为代表；

第二段：以 B 组为代表；

第三段：以 C 组为代表。

一至三段可以排定的具有分段意义的陶器，可参见图四。

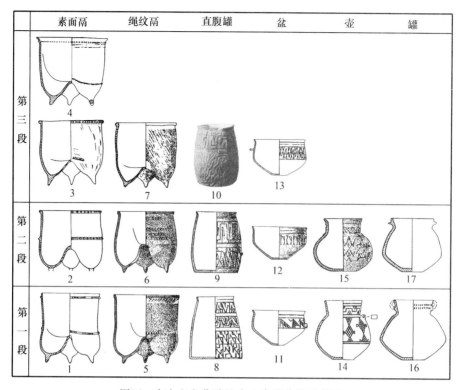

图四　白金宝文化遗址出土陶器分段示意图

1～4. 素面鬲（白金宝 86H3342：2、86F3006：1、86F3008：3、小拉哈 H1003：1）　　5～7. 绳纹鬲（白金宝 74F1：1、74H1：63、
86F3021：1）　　8～10. 直腹罐（白金宝 86H3342：5、8674H1：11、8674T3②：2）　　11～13. 盆（白金宝 86H3155：1、
74H1：64、86F3017：15）　　14、15. 壶（86H3056：7、74H1：15）　　16、17. 罐（86F3046：14、74H1：121）

二、墓葬材料的分段

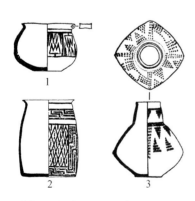

图五　汉书 M102 和东山头 M2
出土的白金宝文化陶器
1、2. 罐（汉书 M102：1、2）
3. 壶（东山头 M2：35）

1974 年发掘出土的大安汉书 M102[20]，共随葬两件陶器，一件（M102：1）为单耳篦纹敛口罐（图五，1），一件（M102：2）为饰复合篦纹的筒形罐（图五，2）。这两件陶器无论是器形还是纹饰，均与白金宝文化遗址中出土的同类器相同。据此将汉书遗址 M102 认定为白金宝文化的墓葬，当无异议。

1962 年调查清理的大安东山头 M2，随葬了一件陶壶（M2：35），其特点是圆颈、方折腹、颈腹饰三角形篦点纹（图五，3）。由于 M2 除了这件陶壶以外，还共出有与汉书 M102：2 相同的"饰复合篦纹图案的筒形罐"[21]，由此可以确认该墓也应该是白金宝文化的墓葬。

这样，以汉书 M102 和东山头 M2 两墓出土陶器为标准（①壶罐组合、②方折腹壶、③饰三角形或复合箆纹图案、④不施红陶衣），比照本地区其他调查或发掘出土的墓葬材料，可进一步认定讷河二克浅出土的早期墓葬、富裕小登科出土的早期墓葬和大安东山头出土的早期墓葬，均为白金宝文化的墓葬。林甸牛尾巴岗和乾安后入字井屯采集的少数完整陶器，也应该是白金宝文化墓葬中的随葬品。

1. 讷河二克浅墓地早期墓葬的分组研究

二克浅墓地自 1960 年调查发现[22]以来，先后进行过两次发掘，共清理墓葬 94 座，其中 1985 年发现墓葬 26 座[23]，2001 年发现墓葬 68 座[24]。两次发掘结果证明，这些墓葬分别属于两个不同时期的文化遗存。

早期墓葬出有较多的青铜器，不见铁器。随葬的陶器主要以夹细砂黄褐陶为主，器表打磨不精，多施纹饰，以三角、方块、条带、几何等不同形状的箆点纹数量最多，其次为鹿纹和变形鹿纹，不见红衣陶。基本器型为壶、罐、钵等。很显然，他们应该是白金宝文化的墓葬（发掘者称其为"白金宝文化二克浅类型"[25]或"一种新的考古学文化类型"[26]）。

晚期墓葬普遍使用铁器随葬，出土的陶器多素面施红衣，典型器物如折沿筒腹罐、三足兽形器和瘦体端肩壶等，均与早期墓葬存在着本质的区别，表现出了鲜明的自身特点。由于这类遗存在以往发掘的呼伦贝尔嘎仙洞遗址[27]和最近发掘的讷河红马山遗址中都有不同程度的发现[28]，因此很可能代表了年代晚于汉书二期文化的一种新的考古学文化。

二克浅早期墓葬目前已发表材料的共有 15 座，其中 85M6 应为新石器时代墓葬[29]，01M65（01 代表 2001 年发掘出土，下同）内随葬有椭圆形口红衣陶匜，应为汉书二期文化墓葬，其余 13 座（01M31、32、34、35、36、37、40、42、51、60、61、63 和 85M8）才是白金宝文化的墓葬。

在属于白金宝文化的 13 座墓葬当中，01M31、32、34、36、40 未见陶器发表，其余 8 座随葬有陶器的墓葬主要具有以下特点：

（1）01M37 打破 01M51，表明墓葬的形成时间有先有后；

（2）壶、罐、钵为基本器物组合，其中壶的数量占绝对多数；

（3）同一墓葬共出的陶壶既有杯形口和直口之分（01M35、01M63），又有圆鼓腹和方折腹之别（01M63）；

（4）不同墓葬出土的陶壶，口部（无论是杯形口还是直口）和腹部（无论是圆鼓腹还是方折腹）形态上均存在一定的差异。

从以上四点出发，依据各墓出土陶器组合和形制特征的差异，可将上述 8 座墓葬区分为 A、B、C 三组：

A 组：以 01M42、51、60、61 为代表；

B 组：以 01M63 为代表；

C 组：以 01M35、37 和 85M8 为代表。

关于三组之间的年代关系，可以从以下四个方面来加以分析。

首先，A 组的 01M51 被 C 组的 01M37 打破，暗示出 C 组墓葬的年代可能晚于A 组。

其次，A 组 01M61：1 圆鼓腹壶（图六，1），形制与小拉哈文化时期的小拉哈遗址H0001：14 和 F2001：9 陶壶非常接近，因此年代应该较早。

再次，C 组 85M8：1 圆鼓腹陶壶（图六，5）和 01M35：1 方折腹陶壶（图六，7），从整体形态上看，应该是汉书二期文化平洋墓地 M159：1 红衣壶（见原报告图四十，1）[30] 和松原后土木遗址采集红衣壶（见原报告图一，2）的祖型[31]，从而反映出该组的年代应该较晚。

最后，从 B 组陶器的形态上看，应该介于 A、C 两组陶器之间，比如 01M63：8 圆鼓腹壶（图六，2）无疑是 A 组 01M61：1 同类壶（图六，1）的发展，01M63：12 方折腹壶（图六，6），显然是 C 组 01M35：1 同类壶（图六，7）的前身。

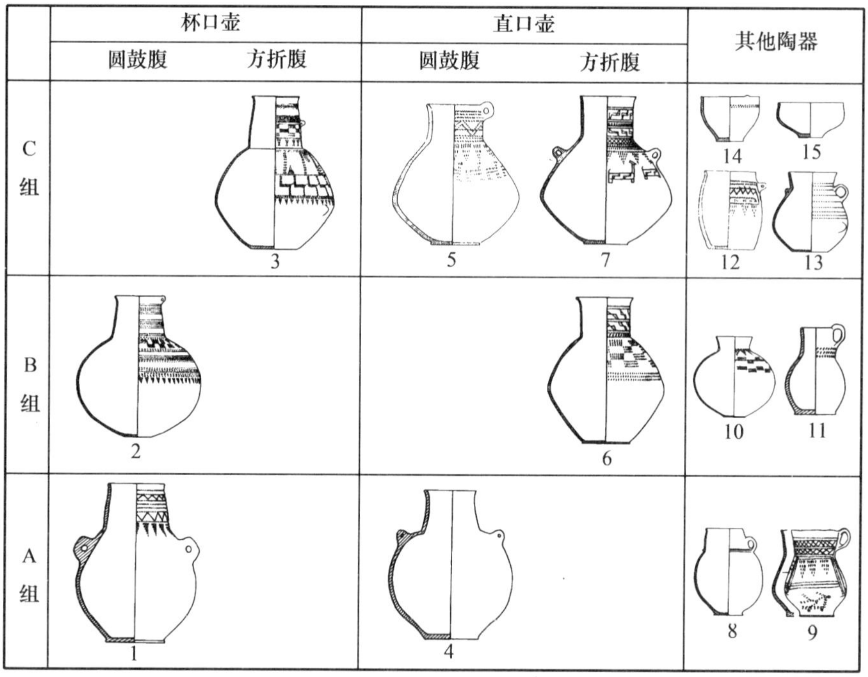

图六　二克浅墓地出土的白金宝文化墓葬陶器分组示意图

1.（01M61：1）　2、6、10、11.（01M63：8、12、11、9）　3、7、13、15.（01M35：3、1、4、7）
4.（01M60：4）　5、12.（85M8：1、2）　8.（01M42：1）　9.（01M51：1）　14.（01M37：2）

通过以上分析和比较，可以认为二克浅墓地的 A、B、C 三组之间，应该存在着年代上的早晚关系，即 A 组早于 B 组，B 组早于 C 组。

A、B、C 三组墓葬一部分具有明显递进演化关系的陶壶可参见图六。

2. 富裕小登科墓地早期墓葬的分组研究

小登科墓地共发现墓葬 17 座。1960 年调查时清理墓葬 4 座（编号分别为 1、2、3 号墓和"多人葬坑"[32]，后者经 1985 年复查核实"应是 1 座二次多人合葬墓"[33]），1981 年征集墓葬材料 4 座（编号分别为一、二、三、四号墓）[34]，1985 年清理墓葬 9 座（编号为 M101 ~ 109）[35]。在这 17 座墓葬当中，随葬有陶器并发表了材料的只有 1960 年清理的 1 号墓（以下称 60M1）、1981 年征集的 1、2、3 号墓（以下称 81M1、81M2、81M3）和 1985 年清理的 M101、M102（以下称 85M101、85M102）。

关于小登科墓葬的性质和年代以往说法不一，有人认为"小登科的绝对年代要比白金宝早，小登科出土的高领小口鼓腹罐、仿皮囊壶等器物在白金宝遗址中仍可见到，可见它们之间存在一定的继承关系……它们应是同一文化的不同发展阶段"[36]。也有人认为"很难把小登科墓葬归到白金宝文化中去……小登科墓葬的年代大体上要比白金宝文化晚……应与平洋墓葬的年代大体相当或略早"[37]。其实从上述发表了陶器材料的 6 座墓葬来看，小登科墓地应该存在着早晚两个时期两种不同文化的墓葬。

晚期墓葬以 85M101、102 为代表，出土的陶器绝大多数施有红陶衣。如 85M101:1 杯口壶，红衣脱落，形制与白金宝文化墓葬的陶壶区别较大，而与平洋墓葬出土的属于汉书二期文化的 M111:92 和 M207:3 壶接近[38]。85M102:1 小口罐，底部内凹、施红陶衣，造型与肇东后七棵树遗址出土的属于汉书二期文化的 T1②:1 罐相同[39]。由此看来，这组墓葬的性质应该属于汉书二期文化。

早期墓葬以 60M1 和 81M1 ~ 3 为代表，出土的陶器以细泥黄褐陶和夹砂红褐陶为主，器表经过打磨但不施红陶衣，基本器型为圆鼓腹壶和仿皮囊的方折腹壶，有的陶壶表面还施有篦点纹。如 60M1:2 圆鼓腹壶的"颈部和肩部有组成三角形或长方形的篦纹图案"，81M1:1 圆鼓腹壶的"腹部以上饰有篦点纹，其组合是靠近领部为一圈或两圈平行篦点纹，其下为一圈倒三角形篦点纹……三角形篦点纹以下又为两圈平行的篦点纹"。据此分析，该组墓葬的性质应该属于白金宝文化。

进一步观察这几座属于白金宝文化的墓葬材料，可大致将其分为 A、B 两组（图七）。A 组以 81M1 和 81M2 为代表，B 组以 81M3 和 60M1 为代表。两组墓葬所随葬的陶器，型式上基本与二克浅墓地所表现出的情况相同，即同样存在着圆鼓腹的杯口壶和方折腹的杯口壶，而差别则是共存有一种喇叭口陶壶。由于这种喇叭口壶不施红陶衣，并且在 81M1 内与施三角形篦点纹的圆鼓腹壶同出，因此使我们有理由相信它是与杯口壶和直口壶并存的另外一种类型的陶壶。

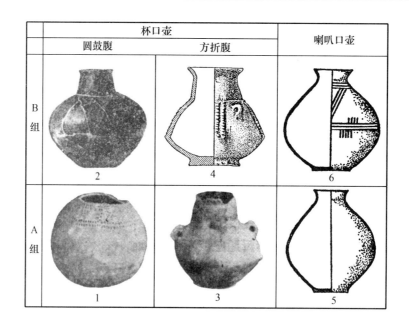

图七　小登科墓地出土的白金宝文化墓葬分组示意图

1、5.（81M1:1、2）　　2、4.（60 M1:1、2）　　3.（81M2:1）　　6.（81M3:1）

3. 大安东山头墓地早期墓葬的组别分析

东山头墓地出土的材料，主要是 20 世纪 60 年代初期通过考古调查和清理所获得的，其工作主要有三次。第一次是 1960 年上半年的调查，除采集到一部分完整陶器（应为墓葬随葬品）以外，还清理了 2 座墓葬（材料未见报道）[40]。第二次是 1960 年下半年清理墓葬 3 座[41]。第三次是 1962 年的调查和试掘，发现墓葬两座[42]。从采集的完整陶器和清理的几座墓葬材料来看，东山头墓地实际上包含了两个不同时期的文化遗存。

1960 年上半年调查采集的一件直颈双耳壶（见原报告图四，1），形态与平洋墓地 M149:2 双耳圆腹壶（见原报告图四○）接近。下半年清理的 3 座墓葬，有 2 座随葬有陶壶。其中 3 号墓出土的一件为直口、圆鼓腹、表面施红陶衣（见原报告图五），形制和吉林松原后土木 M1:1 红衣壶（见原报告图二，1）相同[43]。2 号墓出土的一件壶，据描述同样是施红色陶衣，且腹部施有细绳纹，其器表装饰特点与平洋墓地 M184:1 和 M188:1（见原报告图四三，2、3）具有很大的共性。由于这些遗存明显具有汉书二期文化陶器的一般特征，因此其性质应该属于汉书二期文化。

除上述列举的遗存以外，其他遗物均属于年代较早的白金宝文化。其中 62M2:35 壶，杯形口、方折腹，颈部和上腹部施三角形篦点纹（图八，14），从纹饰和造型上看应该是二克浅墓地 C 组 01M35:3 杯口壶（图八，2）的前身，因此年代可视为与二克浅墓地的 B 组同时。1960 年采集的一件"腹部不甚圆"的陶壶（图八，24），总体造型应该属于方折腹直口壶系列，据其腹部高度和口部特点来看，应该是二克浅墓地 B 组 01M63：12 直口壶（图八，16）的祖型，其年代当可早到二克浅墓地的 A 组。同时采集的另外一件陶壶（原报告图四，3），器表施三角形篦点纹，腹部和口部特点与二克浅 A 组 01M42：1 圆鼓腹杯口壶（图八，25）相同，因此年代应与二克浅 A 组同时。采集的一件筒形罐（图八，10），总体形态与二克浅 C 组 85M8：2（图八，11）接近，因此可暂将其年代看作与二克浅墓地的 C 组相当。采集的另外两件杯和盂，由于发表的图片比较模糊，形制不清，故暂不作组别分析。

4. 其他地点出土墓葬材料的说明

大安汉书遗址 1974 年发掘出土的属于汉书一期的 M102，其内随葬的篦点纹筒形罐（图八，19）在大安东山头 62M2 内亦有发现[44]，因此两墓年代应该相当。

林甸牛尾巴岗遗址出土的一件直口圆腹壶[45]，器表施篦点三角纹带、回纹带和动物纹带（图八，5），其纹饰特点与二克浅 C 组 01M35：3 陶壶（图八，2）表面纹饰相比，风格基本相同。从口、腹整体形状上看又与汉书二期文化平洋墓地 M108：16 壶相近（应该是它的前期形态）。据此，可判定该器物的年代应该与二克浅墓地的 C 组同时。

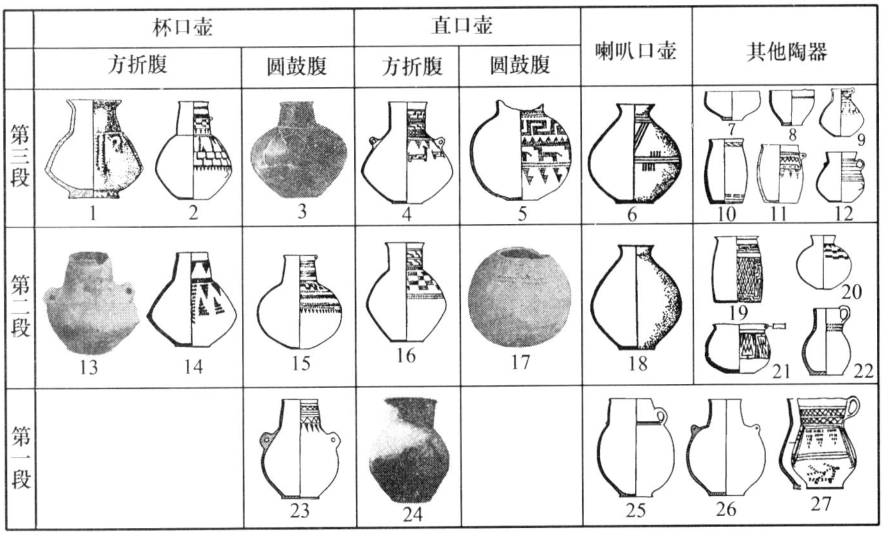

图八　白金宝文化墓葬出土陶器分段示意图

1、3、6、13、17、18. 富裕小登科出土（60M1：1、60M1：2、81M3：1、81M2：1、81M1：1、81M1：2）　2、4、7～9、11、12、15、16、20、22、23、25～27. 讷河二克浅出土（01M35：3、01M35：1、01M35：7、01M37：2、85M8：1、85M8：2、01M35：4、01M63：8、01M63：12、01M63：11、01M63：9、01M61：1、01M42：1、01M60：4、01M51：1）　5. 林甸牛尾巴岗采集　10、14、24. 大安东山头出土（60 采集、62M2：35、60 采集）　19、21. 大安汉书出土（M102：2、M102：1）

　　吉林乾安大布苏东岸后入字井屯遗址出土的一件陶壶[46]，扁腹、方体、高直颈，腹施篦点纹条带和三角形篦纹带（原报告图七，3）。从器形和纹饰特点上看，这件陶器很可能也是墓葬中的随葬品。但由于目前很难找到可供对比的同类材料，故这里暂不作进一步的分析和比较。

5. 墓葬材料的分段

　　大安东山头早期墓葬和汉书一期墓葬与二克浅墓地早期墓葬的组别对应关系已于前述，林甸牛尾巴岗和乾安后入字井屯的出土陶器也做了相应的说明。

　　进一步观察小登科早期墓地出土的两组陶器，不难发现属于 B 组的 60M1∶1 圆鼓腹杯口壶（图七，2），肩较鼓、下腹明显内收。从这种壶的演进趋势上看，它应该位于二克浅墓地 B 组 01M63∶8（图六，2）之后。由此看来，小登科墓地的 B 组应与二克浅墓地的 C 组同时。

　　小登科墓地 A 组的 81M1∶1 陶壶（图七，1），口部虽残，但腹部圆鼓，因此在小登科墓地的分段图中暂将其归入了"杯口壶"的圆鼓腹系列当中（因该墓地本身未见其他口的圆鼓腹壶）。其实，圆鼓腹壶可分为两种，一种为直口，另一种为杯形口。将小登科 A 组 81M1∶1 陶壶与这两种壶的腹部作一对比，便不难发现它应该属于直口圆腹壶的系列，并且在形态上可以看做是牛尾巴岗出土的直口圆鼓腹壶（图八，5）的前身。由于小登科墓地 A、B 两组之间的杯口方折腹壶和喇叭口壶各自联系比较紧密（图七，3~6），彼此之间不会有太大的时间间隔，因此小登科 A 组的年代不仅早于二克浅 C 组，而且应该与二克浅墓地 B 组相当，而早到二克浅 A 组的可能性很小。

　　综合以上分析，以二克浅墓地早期墓葬的分组结果为依托，对比其他地点的墓葬材料，我们可最后将白金宝文化的墓葬遗存区分为三个大组。由于这三个大组彼此间具有年代早晚意义，因此可更名为三段：

　　第一段：以二克浅墓地 A 组为代表，另包括东山头采集的少数标本；

　　第二段：以二克浅墓地 B 组为代表，另包括小登科墓地 A 组、东山头 62M2 和汉书 M102；

　　第三段：以二克浅墓地 C 组为代表，另包括小登科墓地 B 组、东山头和牛尾巴岗采集的部分标本。

　　以上一至三段具有明显演变关系的陶器以及同时期共出的其他陶器，可参见图八。

三、文化分期与年代

1. 文化分期

　　遗址分段和墓葬分段是文化分期的基础。白金宝文化遗址和墓葬出土的陶器虽然在种类上存在着一定的区别，但从以上确定的各自分段结果来看，两类遗存的整体演进速率是基本同步的。

首先，墓葬二段出土的篦点纹筒形罐和敛口罐，无论是器形还是纹饰，都与遗址二段所见的同类器相同，特别是东山头 62M2 内出土的直腹罐和汉书 M102：2 直腹罐（图八，19），整体形态与白金宝 8674H1：11 直腹罐（图四，9）十分接近，从而表明墓葬二段应与遗址二段相当。这组对应关系的确定，也在一定程度上指示出了墓葬一、三段和遗址一、三段彼此年代对应的可能性。

其次，墓葬一段的二克浅 01M51：1 单耳罐（图八，27）与遗址一段的白金宝 86H3056：7 单耳"壶"（图四，14）相比，表面纹饰构图虽有不同，但使用的网格状施纹手法是完全一致的。器物形态虽不完全一样，但从均为大敞口、鼓腹、下腹内收、有明显台底、口部或上腹部安装一耳等几方面特点可以看出，其整体神韵是基本相同的。这说明墓葬一段和遗址一段之间，年代的确是相互对应的。

最后，从墓葬三段的二克浅 01M35：4（图八，12）和遗址三段的白金宝 74T1②：4（图一，1）来看，两件器物的造型特别是外部整体轮廓基本上没有太大的区别，不同之处仅在于前者口部以下安装了一大一小两个器耳。另外，东山头和二克浅出土的属于墓葬三段的两件直腹罐（图八，10、11）与遗址出土的直腹罐（图四，8、9、10）属同类器物，从形态上看它们应该排在遗址三段白金宝 74T3②：2 直腹罐（图四，10）之后，年代当晚于遗址三段以白金宝 86F3008：3 和 86F3021：1 陶鬲（图四，3、7）为代表的年代，而应与遗址三段中以小拉哈 92H1003：1 陶鬲（图四，4）所代表的年代相当。

这样，以遗址和墓葬的各自分段和彼此之间的年代对应关系为基础，可将整个白金宝文化自早至晚划分为三期：

早期：以遗址第一段和墓葬第一段为代表；

中期：以遗址第二段和墓葬第二段为代表；

晚期：以遗址第三段和墓葬第三段为代表。

以上文化分期与遗址和墓地的分段、分组之间的对应关系可参见表一。

表一　白金宝文化分期与遗址和墓地分段、分组对应关系一览表

文化	遗址材料			墓葬材料				
期别	段别	白金宝	其他遗址	段别	二克浅	小登科	东山头	其他墓葬
晚期	三段	C 组	小拉哈 H1003、T132②：1	三段	C 组	B 组	1960 年采集的部分标本	牛尾巴岗采集标本
中期	二段	B 组	古城 H2	二段	B 组	A 组	62M2	汉书 M102
早期	一段	A 组		一段	A 组		1960 年采集的部分标本	

注：①二克浅、小登科和东山头三处墓葬材料均为其所在墓地的早期墓葬；

②因组别特征不明而无法进行归组的遗址或墓地的调查材料没有列入。

2. 年代判定

白金宝遗址揭露的层位关系表明，白金宝文化遗存叠压在"古城类型"遗存（商代晚期）之上，又被汉书二期文化遗存（战国时期）所叠压。卧龙、古城和汉书等遗址也存在着同样的地层关系。这说明白金宝文化的相对年代应该晚于"古城类型"而早于汉书二期文化，时间跨度应处在晚商之后至战国之前，即西周至春秋时期。

从白金宝遗址采集的属于白金宝文化的 ^{14}C 检测标本来看，目前已测得的数据共有 4 个[47]。其中属于白金宝文化早期的数据共有 2 个，一个是 86F3004 居住面木炭，测定结果为距今 2930 ± 55 年，树轮校正值为公元前 1097 ~ 前 928 年。另一个是 86F3010 木炭，测定结果为距今 2960 ± 55 年，树轮校正值为公元前 1157 ~ 前 995 年。从两个数据结果来看，白金宝文化遗址材料的第一段，年代应大致处在西周早期。

属于白金宝文化中期的数据，准确地说只有一个，即 74H1 木炭。经测定，其结果为距今 2790 ± 65 年，树轮校正值为公元前 918 ~ 前 810 年。另外一个数据是 86H3060 木炭，经检测其结果为距今 2800 ± 50 年，树轮校正值为公元前 919 ~ 前 820 年。由于 86H3060 没有发表陶器，因此具体属于哪个阶段无法确定。但是从该单位的 ^{14}C 测定结果来看，其年代与属于二段的 74H1 相同。由此看来，这个单位属于第二段的可能性较大。这样，参考以上两个 ^{14}C 测定数据，我们可初步判定白金宝文化遗址材料的第二段，年代应相当于西周中期。

白金宝文化晚期的单位彼此间年代跨度可能较大，因为以小拉哈遗址 H1003 为代表的遗存虽然被暂时归到了该期当中，但是这个单位所代表的阶段应该明显晚于以白金宝 86F3008:3 素面鬲和 86F3021:1 绳纹鬲为代表的阶段。换言之，在目前所确定的白金宝文化晚期遗存当中，实际上可能还包含了两个小的阶段。如果日后发现了更多的相当于小拉哈 H1003 的资料，那么就可以考虑把它们从现在的晚期当中分离出来而单独确立为一期。

从陶器形态上看，白金宝文化晚期陶器和年代稍晚的汉书二期文化早期陶器之间一脉相承，连接紧密，中间不存在太大的缺环。因此这两个文化的年代衔接点应该基本相同。从 ^{14}C 测定数据来看，白金宝文化晚期 H1003 木炭测定结果为距今 2520 ± 70 年（树轮校正值为公元前 500 年），晚于白金宝文化晚期的汉书二期文化早期单位平洋 M141 木炭检测结果为距今 2475 ± 75 年（树轮校正值为公元前 460 年）。由此看来，白金宝文化晚期的年代下限可晚到春秋末期，整个晚期的年代应为西周晚期至春秋晚期。

附记：本文得到教育部人文社会科学重点研究基地重大研究项目"嫩江流域新石器至青铜时代考古学文化的年代序列及相关问题研究"（项目编号：02JAZJD780003）和教育部"新世纪优秀人才支持计划"项目基金资助。

注　释

［1］　赵宾福，关强. 白金宝遗址四期说与白金宝文化遗存三段论［A］. 庆祝张忠培先生七十岁论文集［C］. 北京：科学出版社，2004.

［2］　黑龙江省文物考古工作队. 黑龙江肇源白金宝遗址第一次发掘［J］. 考古，1980（4）：311～324.

［3］　赵宾福，关强. 白金宝遗址四期说与白金宝文化遗存三段论［A］. 庆祝张忠培先生七十岁论文集［C］. 北京：科学出版社，2004.

［4］　赵宾福，关强. 白金宝遗址四期说与白金宝文化遗存三段论［A］. 庆祝张忠培先生七十岁论文集［C］. 北京：科学出版社，2004.

［5］　黑龙江省文物考古研究所，吉林大学历史系考古专业. 黑龙江肇源白金宝遗址1986年发掘简报［J］. 北方文物，1997（4）：10～22.

［6］　赵宾福，关强. 白金宝遗址四期说与白金宝文化遗存三段论［A］. 庆祝张忠培先生七十岁论文集［C］. 北京：科学出版社，2004.

［7］　赵宾福，关强. 白金宝遗址四期说与白金宝文化遗存三段论［A］. 庆祝张忠培先生七十岁论文集［C］. 北京：科学出版社，2004.

［8］　乔梁. 松嫩平原陶鬲研究［J］. 北方文物，1993（2）：17～22.

［9］　黑龙江省文物考古研究所，吉林大学考古学系. 黑龙江肇源县小拉哈遗址发掘报告［J］. 考古学报，1998（1）：61～101.

［10］　乔梁. 肇源县卧龙青铜时代和早期铁器时代遗址［J］. 中国考古学年鉴（1985）［C］. 北京：文物出版社，1985.

［11］　杨志军，许永杰等. 二十年来的黑龙江区系考古［J］. 北方文物，1997（4）：5～9.

［12］　黑龙江省博物馆. 嫩江下游左岸考古调查简报［J］. 考古，1960（4）：14～19.

［13］　a. 丹化沙. 黑龙江肇源望海屯新石器时代遗址［J］. 考古，1961（10）：23～28；
　　　　b. 丹化沙等. 松花江中游和嫩江下游的原始文化遗址［A］. 东北考古与历史（第1辑）［C］. 北京：文物出版社，1982.

［14］　杨虎等. 黑龙江古代文化初论［A］. 中国考古学会第一次年会论文集［C］. 北京：文物出版社，1980.

［15］　思晋. 望海屯遗址略记［J］. 北方文物，1987（1）：19～22.

［16］　黑龙江省文物考古研究所等. 黑龙江肇东县后七棵树遗址发掘简报［J］. 北方文物，1988，（3）：41～48.

［17］　黑龙江省文物考古研究所等. 黑龙江省肇东县哈土岗子遗址试掘简报［J］. 北方文物，1988，（3）：22～27.

［18］　吉林省博物馆. 吉林镇赍县细石器文化遗址［J］. 考古，1961（8）：34～39.

［19］　吉林省文物工作队. 吉林乾安县大布苏泡东岸遗址调查简报［J］. 考古，1984（5）：12～21.

［20］　吉林大学历史系考古专业，吉林省博物馆考古队. 大安汉书遗址发掘的主要收获［A］. 东北考古与历史（第1辑）［C］. 北京：文物出版社，1982.

［21］　吉林大学历史系考古专业，吉林省博物馆考古队. 大安汉书遗址发掘的主要收获［A］. 东北

考古与历史 (第1辑) [C]. 北京: 文物出版社, 1982.

[22] 黑龙江省博物馆. 嫩江沿岸细石器文化遗址调查 [J]. 考古, 1961 (10): 13~16.

[23] 安路, 贾伟明. 黑龙江讷河二克浅墓地及其问题探讨 [J]. 北方文物, 1986 (2): 33~38.

[24] 黑龙江省文物考古研究所. 黑龙江讷河市二克浅青铜时代至早期铁器时代墓葬 [J]. 考古, 2003 (2): 11~23.

[25] 安路, 贾伟明. 黑龙江讷河二克浅墓地及其问题探讨 [J]. 北方文物, 1986 (2): 33~38.

[26] 黑龙江省文物考古研究所. 黑龙江讷河市二克浅青铜时代至早期铁器时代墓葬 [J]. 考古, 2003 (2): 11~23.

[27] 呼伦贝尔盟文物管理站. 鄂伦春自治旗嘎仙洞遗址1980年清理简报 [A]. 内蒙古文物考古文集 (第二集) [C]. 北京: 中国大百科全书出版社, 1997.

[28] 黑龙江省文物考古研究所和吉林大学考古系2003年发掘材料, 现存黑龙江省文物考古研究所.

[29] 赵宾福. 嫩江流域三种新石器文化的辨析 [A]. 边疆考古研究 (第2辑) [C]. 北京: 科学出版社, 2004.

[30] 黑龙江省文物考古研究所. 平洋墓葬 [M]. 北京: 科学出版社, 1990.

[31] 松原市博物馆. 吉林省松原市后土木墓葬清理简报 [J]. 北方文物, 1998 (2): 21~26.

[32] 黑龙江省博物馆. 嫩江沿岸细石器文化遗址调查 [J]. 考古, 1961 (10): 45~49.

[33] 黑龙江省文物考古研究所. 黑龙江小登科墓葬及相关问题 [J]. 北方文物, 1986 (2): 19~25.

[34] 张泰湘, 曲炳人. 黑龙江富裕县小登科出土的青铜时代遗物 [J]. 考古, 1984 (2): 22~29.

[35] 黑龙江省文物考古研究所. 黑龙江小登科墓葬及相关问题 [J]. 北方文物, 1986 (2): 19~25.

[36] 张泰湘, 曲炳人. 黑龙江富裕县小登科出土的青铜时代遗物 [J]. 考古, 1984 (2): 22~29.

[37] 黑龙江省文物考古研究所. 黑龙江小登科墓葬及相关问题 [J]. 北方文物, 1986 (2): 19~25.

[38] 黑龙江省文物考古研究所. 平洋墓葬 [M]. 北京: 科学出版社, 1990: 图四一-4, 图八三-3.

[39] 黑龙江省文物考古研究所等. 黑龙江省肇东县后七棵树遗址发掘简报 [J]. 北方文物, 1988 (3): 71~79, 图三-4.

[40] 吉林省博物馆. 吉林大安东山头细石器文化遗址 [J]. 考古, 1961 (8): 11~15.

[41] 吉林省博物馆. 吉林大安东山头古墓葬清理 [J]. 考古, 1961 (8): 16~19.

[42] a. 张忠培. 白城地区考古调查述要 [J]. 吉林大学社会科学学报, 1964 (1): 23~26;
b. 吉林大学历史系考古专业, 吉林省博物馆考古队. 大安汉书遗址发掘的主要收获 [A]. 东北考古与历史 (第1辑) [C]. 北京: 文物出版社, 1982.

[43] 郑新城. 吉林松原市后土木村发现古代墓葬 [J]. 考古, 1999 (4): 44~51.

[44] 吉林大学历史系考古专业, 吉林省博物馆考古队. 大安汉书遗址发掘的主要收获 [A]. 东北考古与历史 (第1辑) [C]. 北京: 文物出版社, 1982.

[45] 金铸. 黑龙江林甸牛尾巴岗发现青铜时代墓葬 [J]. 北方文物, 1985 (4): 32~41.

[46] 吉林省文物工作队. 吉林乾安县大布苏泡东岸遗址调查简报 [J]. 考古, 1984 (5): 78~83.

[47] 中国社会科学院考古研究所编. 中国考古学中碳十四年代数据集 (1965~1991) [M]. 北京: 文物出版社, 1991.

The Period and Date of the Baijinbao Culture

ZHAO Bin-fu

This paper divided the sites relics of Baijinbao culture into three periods. It also divided the tombs relics of Baijinbao culture into three periods. Finally by comparing the potteries, this paper divided the Baijinbao culture into early period , middle period and later period. The date of early period is the early stage of Xizhou dynasty. The date of middle period is the mid-term of Xizhou dynasty. The date of later period is from late Xizhou dynasty to late spring and autumn period.

夏家店上层文化在中国北方青铜器发展中的传承作用

杨建华

（吉林大学边疆考古研究中心，长春，130012）

中国北方的青铜器文化是一个有自身特色的青铜器群，分布在介于中原农业文明与欧亚草原畜牧文化之间的北方地带，是由当地居民创造的独特的青铜文化。整个先秦时代的北方青铜文化出现过两次文化发展高峰，其表现是数量大，种类多，分布广泛，而且各地的青铜器具有明显的共性。第一次高峰是在商末周初，以兽首、铃首和环首的曲柄刀、剑等器物为代表；第二次高峰是在春秋中期到战国末期，代表性器物是双鸟回首剑、鹤嘴斧以及动物形装饰的竿头饰和腰牌饰等*。

夏家店上层文化的青铜器主要分布在西拉木伦河及其以北地区、老哈河以及支流地区[1]。它的年代主要在西周时期到两周之际，正处于北方青铜器的两次发展高峰之间。这时的中国北方的东部是发达的夏家店上层文化，西部有年代延续时间很长但是不太发达的卡约文化。夏家店上层文化的青铜器继承了商末周初北方青铜器的一些传统，并对后来的东周时期的北方青铜器有所影响，因此这个文化对于中国北方青铜文化的发展具有一定的传承作用。分析夏家店上层文化的青铜器在中国北方青铜文化中的传承作用，一方面可以明确夏家店上层文化一些青铜器的源流以及各地青铜文化之间的联系，另一方面可以明确夏家店上层文化在中国北方青铜文化发展中的地位。

一

夏家店上层文化的青铜器中，有一些是承袭了商末周初北方青铜器的文化传统。其中一部分是来自长城沿线的商末青铜器；还有一部分是来自当地燕山南北的商末青铜器；还有一部分是来自年代大体同时的燕山南麓的北方青铜器。

1. 来自长城沿线的商末青铜器

目前可以确认的与夏家店上层文化青铜器有渊源关系的商末北方青铜器主要来自南

---

* 由于这时期已经有少量铁器，这一阶段在欧亚草原又被称之为早期铁器时代。

流黄河两岸的保德青铜器群[2]。在保德青铜器群的柳林县高红遗址出土的青铜器中有青铜盔（图一，2）。夏家店上层文化中也出土了几件青铜盔。我们把目前发现的几件年代比较确定的盔放在一起进行形态比较，会发现它们基本的变化规律：商代晚期殷墟出土的中原式青铜盔只有前开脸，没有后开口（图一，1）；高红所属的保德北方青铜器群，年代在商末到西周中期，盔的后部有开口，这是中原式与北方式最大的区别。高红的盔是目前见到的年代最早的北方式青铜盔，盔前开脸很低。西周中期白浮墓葬[3]出土的盔（图一，3）与高红的相比，前开脸的高度向上提了，开口变大。通过这些不同时期铜盔形态的比较我们发现，盔的基本变化是遮盖的部位越来越小，从而使得戴头盔的人的活动更加自如。白浮墓葬中出土的头盔虽然前开脸变高，但是后开口很低，可以看成是中原殷墟头盔的遗风。夏家店上层文化的青铜盔形态不一。可以分为两种类型：A型与高红的相同，前开脸是圆弧状（图一，4，5）；B型前开脸顶部中间出弧尖[4]（图一，6），这与欧亚草原黑海沿岸库班地区的Kelermes墓葬出土的相似[5]，具有草原文化因素（图二）。按照前面分析的头盔的前开脸由低向高的发展趋势看，夏家

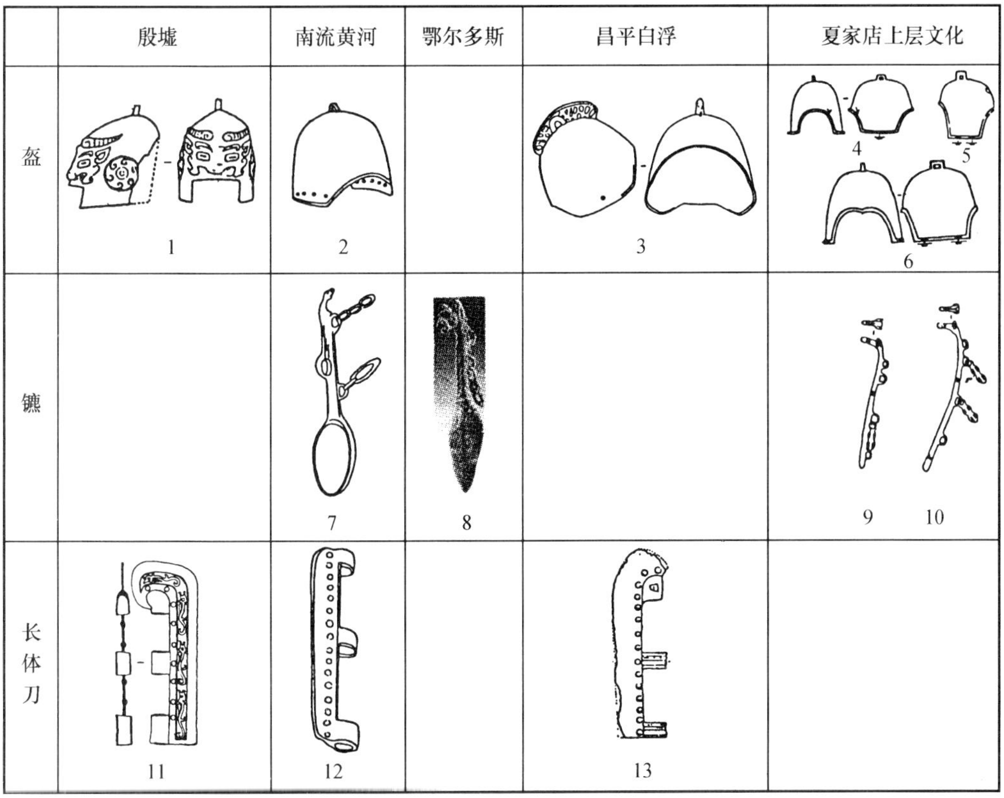

	殷墟	南流黄河	鄂尔多斯	昌平白浮	夏家店上层文化
盔	1	2		3	4　5 6
镰		7	8		9　10
长体刀	11	12		13	

图一　来自南流黄河两岸商周北方青铜器的影响

1. 侯家庄西北岗 M1004：R15338　2. 柳林高红墓葬　3. 昌平白浮 M2：6　4. 宁城小黑石沟 M8061：212　5. 宁城瓦房中 M791：188　6. 宁城汐子山北嘴 M7501：13　7. 石楼曹家垣　8. 鄂尔多斯征集　9、10. 宁城小黑石沟 M8061：210　11. 殷墟西区 M1713：94　12. 石楼后兰家沟　13. 昌平白浮 M2：24

图二　凯列尔梅斯出土铜盔

店上层文化的头盔可以分为早晚两期，早期是以小黑石沟 M8061 为代表，前开脸和后开口都比较低（图一，4），晚期以瓦房中 M791 的为代表，前开脸和后开口都向上提，头盔的内腔变窄（图一，5）。早期头盔属于夏家店上层文化的南山根类型，晚期的属于夏家店上层文化的东南沟类型[6]。东南沟类型是夏家店上层文化的最晚的类型，已经向南发展到了河北北部。

在蒙古的石板墓中出土了青铜盔[7]，与夏家店上层文化的 A 型头盔相同（图三）。一件出土在 Kholtost Nuga 的 M1，另一件出土在 Emgent Khoshuu 遗址的 M3，从前后开口的高度看，M1 的早于 M3 的盔。而且这两件铜盔还有重量与厚度的差别：M1 的盔壁厚 1.2 厘米，重 1850 克；M3 的壁厚 1 厘米，重 1000 克。这说明盔的器壁厚度与遮盖面积的大小都是这两件铜盔重量不同的原因。所以无论从形态还是重量与厚度看，M1 铜盔的年代当早于 M3 的（从这些分析中可以看出，目前对铜盔的分析还受到资料发表的是否全面的限制，还有相当一部分重要信息没有公布）。有意义的是蒙古石板墓出土的铜盔与中国北

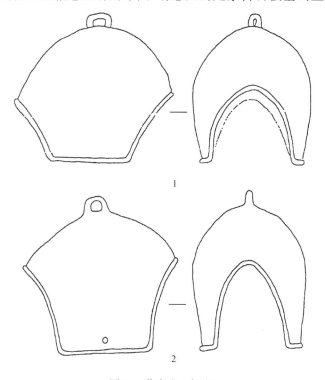

图三　蒙古出土铜盔
1. 霍勒托斯特 1 号石板墓　2. 额姆根特 3 号石板墓

方地区流行的 A 型铜盔相同，这说明同样处于欧亚草原东端的蒙古高原与中国北方在青铜时代的联系非常紧密，它们构成了欧亚草原青铜时代最东端的文化区。

通过对铜盔的分析可以看出，中国北方的铜盔从南流黄河两岸向东北方向传播，到达燕山以南又向北传布到夏家店上层文化，而且还到达更北的蒙古高原。这是一条连接长城沿线到长城以外再到蒙古高原的青铜时代北方青铜器的传布路线。

夏家店上层文化另一件与保德青铜器群有关的器物是兽首马镳。在保德类型发现并发表的马镳有三处：山西吉县上东村[8]、石楼外庄村[9]和曹家垣[10]。在这三处发现中，曹家垣的勺形器是征集到的，外庄村的是 1976 年农民在平整土地时发现的，这两处都只收集到 1 件，只有吉县上东村的是科学发掘的，墓中出土 2 件完全相同的勺形器，放置在人骨左侧腰部。这些马镳的形状都是蛇首带环勺形，发表时都称作"勺形器"。经过与欧亚草原同类器物的比较，可以确认这是马镳[11]（图一，7）。保德青铜器群的三处马镳的长度在 9 厘米到 13.8 厘米之间，应该是同一种用途的器物。勺柄还有三个纽。上下纽应该是连接缰绳的，中间的纽是连接马衔的。在鄂尔多斯征集的一件"马首勺"，长 11.7 厘米，勺长 5.4 厘米，也应是同一种用途的器物[12]（图一，8）。

在夏家店上层文化的内蒙古宁城县小黑石沟 M8061[13] 出土了与上东村和鄂尔多斯征集马镳相近的马镳（图一，9），墓中出土 2 件马镳，器身更加瘦长，通长分别为 16.5 厘米和 19 厘米，蛇首变成鹿首，3 个纽变成 4 个纽，纽孔套连的叶状环变成了扁体凸面镂孔联珠形饰件。这种由短粗向细长的发展与黑海北岸的马镳是相同的。

在《大草原的骑马民族——中国北方的青铜器》这本图录中[14]，我们发现了介于保德青铜器群的蛇首勺形马镳与夏家店上层文化鹿首马镳之间的一些过渡环节。其中的一件"兽首匕"长 10.2 厘米[15]，整体形状与上东村的蛇首勺形马镳相近，但是整体更加接近"S"形。马镳上端由蛇首变为兽首，与鄂尔多斯征集到的马首马镳相似（图四，2）。另一件马镳是细长形铃首马镳[16]，整体形状与小黑石沟的马镳相似，但是下端仍然保留勺形的遗风。这本图录中的两件馆藏品使得中国北方马镳的演变序列更加完整（图四，1）。

商周之际北方的马镳的演变与分布再一次证实了夏家店上层文化的青铜器继承了保德青铜器群的北方青铜文化传统，它的传播路线仍然是从南流黄河两岸沿长城

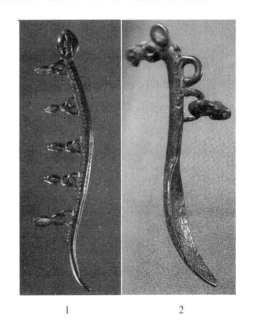

图四　日本馆藏马镳

1.《大草原的骑马民族》（图27）　2.《大草原的骑马民族》（图28）

地带向东，经过鄂尔多斯高原，到达燕山以北。

还可以作为这条传播路线旁证的是长体刀[17]。这种器物在殷墟由较多的发现，是以长方形"穿"和"内"与柄相连（图一，11），后来传到陕西淳化的黑豆嘴遗存的山西石楼青铜器群中（图一，12）。在石楼青铜器群中与北方文化因素相结合，变成北方青铜器中特有的有"銎"长体刀，这种器物也是从南流黄河两岸向东沿长城地带传播，目前只发现在昌平白浮墓地（图一，13）。在夏家店上层文化中尚未见到这种器物。但是从夏家店上层文化吸收很多白浮墓葬中中原与北方结合的器物看（见下文），这种有銎长体刀出现在夏家店上层文化中也在情理之中。

2. 来自当地的燕山南北的商末青铜器

夏家店上层文化青铜器中来自燕山南麓商末青铜器的主要是兽首刀。它是商周之际在长城沿线非常流行的一种北方青铜器，而且在殷墟也有发现。它的演变系列较为清楚。最早的一件为抄道沟的鹿首刀（图五，1）[18]，与之相似的还有兴城县杨河[19]、绥德墕头村[20]、殷墟妇好墓[21]和张家口怀安[22]等，这说明这种刀子最早分布于长城沿线，而且主要是东部地区。后来这种刀向北传播，与抄道沟的刀较为相近的是朝阳县二十家子[23]和奈曼旗东犁[24]的兽首刀（图五，2，3），这两把刀仍保留了环纽，但刀身弓背不明显了。内蒙古林东塔子沟的兽首刀[25]的环纽已消失（图五，4）。内蒙古敖汉旗五十家子的羊首刀[26]和河北兴隆县小河南[27]的牛首刀已经地方化了，刀柄和刀刃的横隔不明显（图五，5，6），刀身近直。敖汉热水汤[28]和老南船石砬子 M741[29]上的马首和牛首刀柄上由于已经装饰了夏家店上层文化的纹饰（图五，7，8），因此是夏家店上层文化的青铜工具。燕山以北的兽首刀，如二十家子、东犁、塔子沟和五十家子发现的刀，都介于夏家店下层文化与夏家店上层文化之间，属于何种考古学文化目前还不清楚。但是有一点可以明确，夏家店上层文化的兽首刀就是来源于燕山南麓以青龙抄道沟和兴城杨河为代表的商末北方青铜器，它们向北发展，分布到燕山以北，并被后来的夏家店上层文化所吸收。

从兽首刀的发展我们可以看出，目前见到的最早的商末周初的北方青铜器在燕山南麓的长城沿线，很可能这里是商末周初北方青铜器的发源地，然后逐渐向北传播，经朝阳、赤峰、巴林左旗到奈曼，这支一直延续到夏家店上层文化中。

3. 来自周代燕山南麓的北方青铜器

与夏家店上层文化年代、地域以及文化面貌最接近的当属昌平白浮墓葬的北方青铜器。白浮对于夏家店上层文化来说，更像是一个文化传播的中转站，一方面它把来自南流黄河两岸的北方青铜器如高红的铜盔从这里再传到夏家店上层文化，另一方面它又把上一阶段广泛分布于燕山以南的中原与北方青铜器结合的新器形传到了夏家店上层文化中。第一方面我们上文已经分析过，在这里着重讨论第二方面。

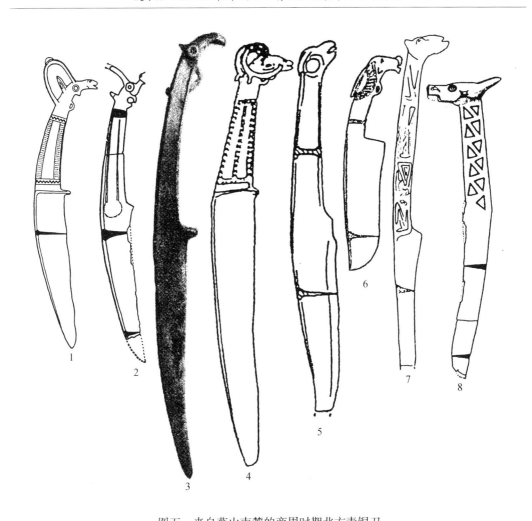

图五　来自燕山南麓的商周时期北方青铜刀
1. 青龙抄道沟窖藏　2. 建平二十家子朝阳山　3. 奈曼东犁　4. 林东塔子沟　5. 敖汉五十家子　6. 兴隆
小河南窖藏　7. 敖汉热水汤　8. 建平老南船石碰山 M741

青铜戈和钺是典型的中原式青铜器，在受到境外管銎斧的影响后，在北方地区流行两者融和的管銎戈与管銎钺。但是这种带有中原文化因素的北方青铜器在夏家店上层文化之前是没有越过燕山的[30]。只有到了夏家店上层文化，由于与中原文化联系的加强，才使得这种器物传到了燕山以北的夏家店上层文化中。夏家店上层文化中具有中原混合因素的器物主要有管銎戈和管銎钺（图六，1，3）。这里的管銎斧，斧身宽，刃部呈扇形，明显收到中原钺的影响（图六，2）。这些器物的形制与白浮墓葬中的最为接近（图六，4~6），管銎与器身有明显的分界线，这是由于器身与管銎的厚度不同造成的，说明管銎与器身没有很好的融合在一起，与真正的北方青铜器中的管銎类器物还存在着差别。因此有可能夏家店上层文化的这类器物是从白浮传到这里的。

白浮墓葬中的北方青铜器最有特点的是菌首直柄短剑，这种剑在燕山以北的烧锅营

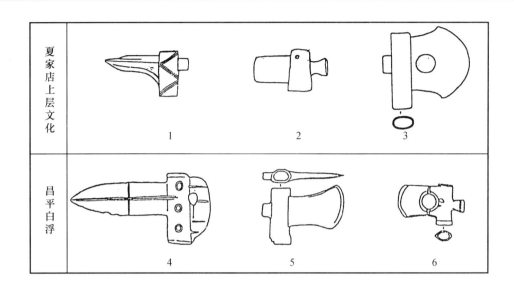

图六　来自燕山南麓西周北方青铜器的影响
1. 宁城南山根东区石椁墓　2. 宁城南山根 M101：47　3. 汐子山北嘴 M7501：22　4. 白浮 M2：20
5. 白浮 M3：17　6. 兴隆小河南窖藏

子[31]、小河南[32]以及甘肃合水九站[33]都有发现，但是这些地点的器物组合完全不同。所以比较合理的解释应该是这种具有南西伯利亚卡拉苏克式青铜器特点的菌首直柄剑分布到了中国北方地区，并被白浮的军事首领所采用。

白浮墓葬位于燕山以南，这一地区在西周时期的北方文化是当地的张家园上层文化。而张家园上层文化与夏家店上层文化是分布于燕山南北两侧的北方土著文化，它们之间当有着密切的交往。只是张家园上层文化由于西周燕文化的不断扩大发展，没有能够像燕山以北的夏家店上层文化那样达到自己文化发展的鼎盛时代就被燕文化逐渐取代了。在这样的历史背景下我们就能够理解白浮墓葬与夏家店上层文化的密切联系了。

二

夏家店上层文化的鼎盛时代是在西周晚期与东周早期，例如现在已经发现的南山根石椁墓[34]与小黑石沟的墓葬[35]。此后这一文化就逐渐衰退了。这大概与历史记载中的齐桓公伐山戎有关。但是这一文化的影响仍然残留在后来的附近文化中。这些影响按其与夏家店上层文化的距离可以分为冀北东部、冀北西部与北方长城沿线的内蒙古地区和甘宁地区。

1. 对冀北东部的影响

这一地区与夏家店上层文化无论是在年代上还是地域上都最为接近。主要的考古发现是隆化县三道营村骆驼梁墓葬、下甸子墓，滦平县苟子沟、窑上墓葬和白旗砖厂墓[36]。从发表的几座墓看，主要的随葬品是短剑、刀子和服饰品。短剑的种类有銎柄剑、兽首剑、双环首剑和剑格有纹饰的花格剑。刀子的形态主要是齿柄刀和双环首刀。服饰品类有长方形铜管、单体虎饰牌和圆形扣饰。

　　这一阶段的剑和刀明显地受到夏家店上层文化的影响。例如隆化三道营骆驼梁 M8 出土短剑的剑首是一立体的动物（可能是熊），腹下有穿（图七，7）。宁城县南山根 1958 年发现的一批铜器，有两把青铜短剑，各铸一动物立于柄端，其中之一可能是熊[37]（图七，2），骆驼梁和南山根这两把剑首上的动物伫立姿态基本相同。

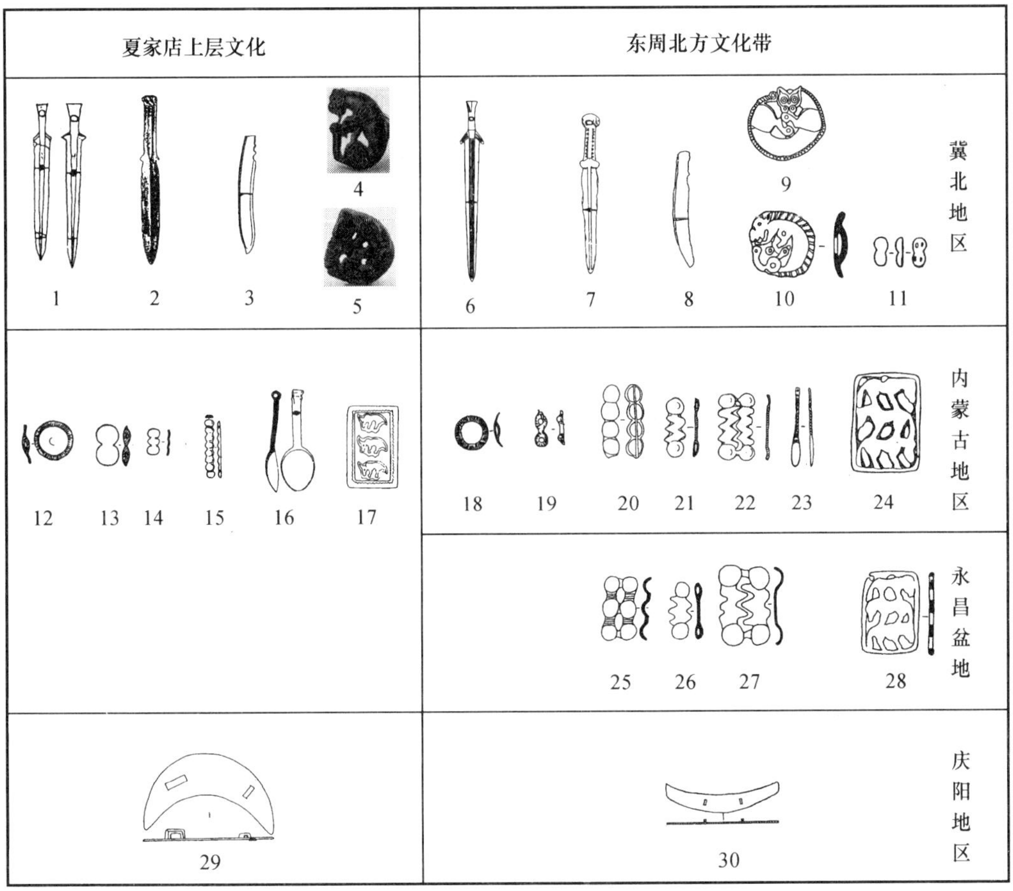

图七　夏家店上层文化对东周北方文化带的影响

1、4、5、17. 小黑石沟 M8501　2. 南山根东区石棺墓　3. 南山根 M3：6. 隆化三道营骆驼梁 M5：1　7. 隆化三道营骆驼梁 M8：1　8. 隆化三道营骆驼梁 M8　9. 河北康保　10. 玉皇庙 YYM18：12-9　11. 玉皇庙 YYM20：8-1　12. 龙头山Ⅱ M1：3　13. 周家地 M45：46　14. 龙头山Ⅱ T0402③·2　15. 周家地 M1：1　16. 南山根 M4：17　18. 西园 M3：3　19. 西园 M2：24　20. 桃红巴拉 M1：40　21. 毛庆沟 M2：4　22. 西园 M2：8　23. 西园 M6：2　24. 桃红巴拉 M5：7　25. 西岗 M14：1　26. 西岗 M136：3　27. 西岗 M56：5　28. 西岗 M74：8　29. 宁城天巨泉 M7301　30. 庆阳城北车马坑

最重要的影响是夏家店上层文化中数量最多的銎柄剑和齿柄刀在这里的大量出现。隆化骆驼梁 M5、滦平窑上墓和白旗砖厂墓都出土了銎柄剑（图七，6）。与夏家店上层文化的銎柄剑相比（图七，1），冀北銎柄剑的剑身与剑柄的长度之比所占比重更大，就是说剑身有加长的趋势，而且剑脊有血槽，剑格外凸明显（剑格外凸，呈蝶式护手是这个时代的特点）。这些变化都说明了东周时期的銎柄剑的杀伤力更大了。冀北地区的齿柄刀（图七，8）似乎是没加改造就直接从夏家店上层文化（图七，3）那里拿过来使用的。但冀北地区的长方形铜管是夏家店上层文化不见的，表明它们是两种不同的考古学文化。夏家店上层文化没有把针随身携带的习惯，而冀北地区东周时期北方系青铜文化把装有针的铜管随身携带，挂置在腰带上，这是东周时期整个北方文化带的特点，欧亚草原也具有同样的习俗，这一方面反映了冀北东周时期游动性的增强，另一方面说明夏家店上层文化与东周北方文化带是两个完全不同的时代。

冀北东周北方系青铜文化的早期与夏家店上层文化东南沟类型都分布在河北省东北部与内蒙古东南部交界的地区，因此这些影响是非常直接的、大量的。正是这些影响，造成了东周时期冀北地区的东部与中西部有很大差别，但是随着夏家店上层文化遗风的减弱以及中原影响的增强，冀北地区东部与中西部的差别也逐渐消失。

2. 对冀北中西部的影响

这一地区有几批墓地资料（军都山[38]、小白阳[39]和甘子堡[40]等），但是来自夏家店上层文化的影响数量比冀北东部地区少，主要是齿柄刀，而且只是在早期有少量发现，例如小白阳墓地出土过一把这样的刀。新近出版的《军都山墓地——玉皇庙》报告[41]全面的报道了玉皇庙墓地的发现，从中我们了解到这里玉皇庙墓地随葬的卷曲动物纹牌饰与夏家店上层文化的有承袭关系。夏家店上层的卷曲动物纹饰牌的动物形象有正面与侧面两种，均出土于小黑石沟墓葬（图七，4、5）。玉皇庙文化的卷曲动物纹也分为正面与侧面两种，正面的发现于河北唐保（图七，9），玉皇庙墓地出土了 31 件（报告称"团兽形"大铜扣），均为侧面（图七，10）。

3. 对内蒙古地区东周时期北方青铜文化早中期的影响

内蒙古东周时期北方青铜文化早期的遗存发现数量很少。它的特点是以缝缀的泡饰和不见青铜短剑为代表，属于这一时期的遗存有准噶尔旗宝亥社青铜器群[42]、包头西园春秋墓地[43]、土默特旗水涧沟门铜器群[44]和伊金霍洛旗明安木独村墓[45]。

这时的随葬品主要有銎戈、刀、马衔以及服饰品类。其中的服饰品有夏家店上层文化的影响。服饰品中有带扣、联珠饰和铜泡。这种以铜扣缝缀在衣物上的装饰手法在夏家店上层文化中非常流行，并延续到东周时期北方青铜文化的早期。从考古发现的位置看，这些扣饰主要装饰在人身体的上半部。从东周北方青铜文化中期开始，服饰品以带扣和腰饰牌为主，这与骑射和挂置工具武器的需要有关。

　　夏家店上层文化的泡饰一种是素面，一种是有放射性纹饰（图七，12）。内蒙古东周时期的北方文化早期有两种泡饰，一种是表面有放射线纹的（图七，18），与夏家店上层文化的相似，另一种是有二三周方点或圆点纹的铜扣，这种纹饰不见于夏家店上层文化。而且这种纹饰见于当地中期的带扣上。内蒙古东周北方文化早期还有（宝亥社和西园的装饰物）双联珠饰和铜匙（图七，19，23）。应当是受夏家店上层文化的影响。如果说夏家店上层文化与东周时期北方文化带早期以泡饰为主要装饰是时代特征的相似，那么两地都有的带有放射线装饰的铜泡以及联珠饰应当是文化特征的相似。

　　在相当于春秋晚期到战国早期的东周北方文化的中期，服饰品中以腰饰牌为主。以毛庆沟墓地为例[46]，这种饰牌分为两类，一类是上下对成的鸟纹饰牌，后简化为云纹饰牌，另一类是联珠饰，这应当是夏家店上层文化联珠饰的影响，但是它又有自己的独立发展。夏家店上层文化的联珠饰均为圆珠形（图七，13~15），东周北方的联珠饰有圆珠形（图七，20），也有“之”字形锯齿状的（图七，21），这种“之”字形的联珠饰排在一起，可以咬合在一起，非常紧密，又能弯曲自如，起到腰饰牌的作用。夏家店上层文化的联珠饰均为单排，东周北方的联珠饰有单排，也有双牌甚至三排的（图七，22），而且多牌的年代更晚，制作粗糙。联珠饰的背纽也不同。夏家店上层文化联珠饰的背面没有明显的纽，可能是将整体固定在衣物上，最明显的是周家地墓地的联珠饰（图七，15）。东周北方文化的联珠饰的背纽一般是在联珠饰的两端（图七，21），这样可以将许多联珠饰串在一起，固定在腰带上。总之，东周北方文化联珠饰的这些变化都说明这时的联珠饰是为了装饰腰带的。但是其形态又是从夏家店上层文化的联珠饰发展来的。内蒙古地区的东周北方文化中期还有一种与夏家店上层文化相似的器物——三马牌（图七，17，24），见于桃红巴拉和忻州窑子等地，数量不多，但是分布比较广。

4. 对甘肃宁夏东周时期北方青铜文化早中期的影响

　　这个地区距离夏家店上层文化最远，影响分为两种情况。第一种情况是与沙井文化的联系。新近出版的《西岗柴湾岗》的考古报告[47]使我们对沙井文化有了更多的了解，沙井文化有大量与夏家店上层文化以及内蒙古东周北方文化相似的联珠饰和三马牌饰（图七，25~29），而以固原杨郎马庄墓地为代表的北方文化主要是简化的云纹饰牌，少见联珠饰。

　　在庆阳城北发现的一座葬马坑，出土的65件马甲饰（图七，30）[48]，形状与内蒙古宁城夏家店上层文化晚期宁城县天巨泉M7301出土的“月牙饰”[49]非常相似（图七，29），可以看成是夏家店上层文化对这一地区零星的影响。天巨泉M7301月牙形器的尺寸是：长18.5、最宽处5.85、厚0.25厘米。庆阳出土的长的两组为22件长16.2~20、宽2.8~3.8厘米，短的三组43件长13~16.5、宽2.5~4厘米。这种马甲饰我们在欧亚草原也见到，并且复原了它们的用法（图八）[50]。

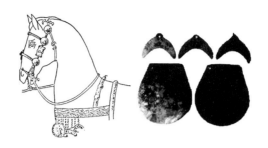

图八　欧亚草原马甲使用方法

　　从夏家店上层文化影响的分析可以看出，夏家店上层文化虽然在春秋中期以后已经衰落，但是仍然对春秋中期兴起的东周北方文化带产生了一些影响。这些影响分为两种情况：一种是直接的影响，即当地的器形与夏家店上层文化的基本相同。这种情况主要见于东周北方文化带的早期，受其影响最大的是对冀北的东部地区，有夏家店上层文化中最主要的銎柄剑和齿柄刀；对内蒙古地区的影响有泡饰、联珠饰和铜匙。第二种情况是对夏家店上层文化的器物加以改造，使之更加符合自身需要，并成为该文化的一个主要特点。这主要见于内蒙古地区中期和沙井文化的联珠饰，出现了"之"字形和多排联体的，器纽形制也发生了变化，从而适应了装饰腰带的需要。所以夏家店上层文化对东周时期长城沿线北方文化带的影响中最有意义的还是第二种情况，它的影响更为深远。第一种情况其原因主要是地域上的便利所形成的简单的传播，第二种情况则是由于社会生活方面的相似，才使得内蒙古地区把夏家店上层文化的联珠饰继承并发展了下去。夏家店上层文化与内蒙古和沙井文化相似的这些文化因素，也出现在蒙古东部的石板墓中。东周北方文化带中不同文化吸收夏家店上层文化影响的不同情况很可能暗示了各族群之间的联系与区别[51]。

三

　　夏家店上层文化继承北方青铜器的渠道有三条：第一条来自长城沿线的商末青铜器；第二条来自当地燕山南北的商末青铜器；第三条来自年代大体同时的燕山南麓的北方青铜器。从这三条渠道中我们可以看到商末周初北方青铜器的主要流向：第一条是通过青铜盔、马镳和长体刀的分期与分布的变化所表现出来的，是从南流黄河两岸—鄂尔多斯高原—燕山南麓—燕山以北—蒙古高原；第二条是以兽首刀的分析所呈现出来的，由燕山南麓—燕山以北；第三条是由白浮的管銎戈与钺等器物所表现出来的，也是燕山南麓—燕山以北。第二条与第三条路线相同，他们的不同之处在于第二条是在商代晚期，第三条是在周代早期，说明了从燕山南北从商代晚期到西周早期始终有北方青铜文化的向北传播，而且不同时期传播的器物和其中包含的文化因素是不同的。这三条路线的共性是从与中原相近的北方到与草原相近的北方，这暗示着中国商代晚期的北方青铜器很可能是起源于长城沿线。而且蒙古高原与中国北方的文化关系最为密切。有学者在研究卡拉苏克文化的冶金[52]时提出卡拉苏克文化的冶金是从南西伯利亚的米努辛斯克盆地起源，然后一支向图瓦传播，另一支向蒙古传播，又从蒙古到鄂尔多斯，在鄂尔多斯形成次生冶金生产中心，然后向中国北方的其他地区传播，最后传到中原地区这样一种假说。但是这种假说还没有器物的年代学的支持。而我们分析的夏家店上层文化青铜器中的一部分来自长城沿线的商末北方青铜器恰好是与这个假说相反的传播方向，即从南向北的传播路线。我们并不是说这个从南向北的传播证据就否认了从北向南的构想。但是这个证据可以说以兽首刀为代表的东部欧亚草原的分布不是从北向南的。夏家店上层文化中也有草原传入的影响，例如立兽和柄部成排纹饰的刀或剑，我们将另文讨论。所以在讨论草原文化传播时应该具体到器物的年代、器形的演变以及具体的传播物的发现地点。因为不同时代有不同的传播发展方向，而且同一时代不同的器物也可能有不同的来源，可以并存几种传播路线，不能够以偏概全。所以欧亚草原东部地区2千纪的冶金与青铜器的生产与传播还有待更多的新发现。

　　最近读到库兹米纳的一本关于印度-伊朗人起源的新书[53]，在谈到蒙古石板墓的青铜盔时，她认为石板墓有堆纹陶，而堆纹陶是安德罗诺沃文化的特点（图九），所以青铜盔也是从安德罗诺沃文化传来，而且不仅到了蒙古，还传播到外贝加尔以及中国北方。但是从目前发现看，安德罗诺沃文化没有青铜盔，而

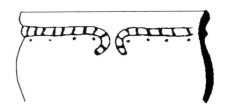

图九　安德罗诺沃文化的附加堆纹陶器

且从上文对铜盔演变的分析看，中国北方的铜盔中最晚的夏家店上层文化的铜盔与蒙古石板墓的铜盔大体同时。而且在夏家店上层文化中有两类铜盔，一类是中国北方的铜盔，一类是与欧亚草原有相似性的铜盔，蒙古高原目前发现的都是前一种，反映了蒙古高原与中国北方的密切联系，它们构成了欧亚草原最东端的一个青铜器分布区。

　　夏家店上层文化对后来北方青铜文化的影响由近及远在逐渐递减，在最近的冀北东部只是一种简单的延续，并且逐渐消失。其中影响最为深远的是联珠饰，在内蒙古地区和更西部的沙井文化经过改造成为一种腰饰牌。在甘宁地区这种影响只是零星的。值得注意的是，夏家店上层文化的联珠饰也见于蒙古高原的石板墓文化中。这种饰牌分布的背后是否具有某种历史意义有待进一步的探讨。

　　夏家店上层文化的青铜器是多元的，它以自身特色的銎柄剑和齿柄刀为主，并有中原文化的影响，部分地继承了中国北方青铜文化的传统，并吸收了草原青铜文化的因素。因此这个青铜文化才能达到如此高的青铜器制造的成就。在公元前1千纪初期的整个欧亚草原，只有图瓦地区的阿尔然大墓能够与夏家店上层文化的发展水平相比，他们共同成为广义的斯基太时代骑马游牧文化的前驱者。

注　释

［ 1 ］　刘国祥. 夏家店上层文化青铜器研究［J］. 考古学报，2000，（4）：451～499.

［ 2 ］　保德青铜器群的划分详见杨建华，蒋刚. 公元前 2 千纪的晋陕高原与燕山南北［C］. 北京：
　　　　科学出版社，2008.

［ 3 ］　北京市文物管理处. 北京地区的又一重要考古收获——昌平白浮西周木椁墓的新启示［J］.
　　　　考古，1976（4）：246～258.

［ 4 ］　a. 刘国祥. 夏家店上层文化青铜器研究［J］. 考古学报，2000（4）：451～499；
　　　　b. 王彤. 中国北方商周时期铜胄［D］. 吉林大学硕士学位论文，2007.

［ 5 ］　L. K. Galanina. Die Kurgane von Kelermes. Steppenvolker Eurasiens［M］. Band I Moskau，
　　　　1997：TAFEL15.

［ 6 ］　以河北东南构墓葬为代表，见河北省博物馆，河北省文物管理处. 河北平泉东南沟夏家店上
　　　　层文化墓葬［J］. 考古，1977（1）：51～55.

［ 7 ］　Erdene bataar. Burial Materials Related to the History of the Bronze Age in the Territory of Mongolia
　　　　［A］. *Metallurgy in Ancient Eastern Eurasia From the Urals to the Yellow River*［C］. Edited by
　　　　Katheryn M. Linduff. 2004.

［ 8 ］　吉县文物工作站. 山西吉县出土商代青铜器［J］. 考古，1985（9）：848～849.

［ 9 ］　杨绍舜. 山西石楼新征集到的几件商代青铜器［J］. 文物，1976（2）：94.

［10］　山西吕梁地区文物工作室. 山西石楼褚家峪、曹家垣发现商代铜器［J］. 文物，1981（8）：
　　　　49～53.

［11］　杨建华，Linduff，K. 试论“勺形器”的用途——兼论晋陕高原商周青铜器的武装化与移动
　　　　化［A］. 杨建华，蒋刚主编，公元前 2 千纪的晋陕高原与燕山南北［C］. 北京：科学出版
　　　　社，2008.

［12］　中国内蒙古文物考古研究所，韩国高句丽研究财团. 内蒙古中南部的鄂尔多斯青铜器和文化
　　　　［M］. 2006：143，图47.

［13］　宁城县文化馆，中国社会科学院研究生院考古系东北考古专业. 宁城县新发现的夏家店上层
　　　　文化墓葬及其相关遗物的研究［A］. 文物资料丛刊（第 9 辑）［C］. 北京：文物出版社，
　　　　1985：23～58.

［14］　东京国立博物馆. 大草原的骑马民族——中国北方的青铜器［M］. 东京，1997.

［15］　东京国立博物馆. 大草原的骑马民族——中国北方的青铜器［M］. 东京，1997：图27.

［16］　东京国立博物馆. 大草原的骑马民族——中国北方的青铜器［M］. 东京，1997：图28.

［17］　韩金秋. 商周长体刀起源再研究［A］. 杨建华，蒋刚主编，公元前 2 千纪的晋陕高原与燕山
　　　　南北. 北京：科学出版社，2008：93～108.

［18］　河北省文物局文物工作队. 河北青龙县抄道沟发现一批青铜器［J］. 考古，1962（12）：
　　　　644～645.

［19］　锦州市博物馆. 辽宁兴城县杨河发现青铜器［J］. 考古，1978（6）：387.

［20］　绥德县博物馆. 陕西绥德发现和收藏的商代青铜器［A］. 考古学集刊（2）［C］. 北京：中

国社会科学出版社，1982：41～43.

[21] 中国社会科学院考古研究所. 殷墟妇好墓 [M]. 北京：文物出版社，1980：图版六六-1.

[22] 刘建忠. 河北怀安狮子口发现商代鹿首刀 [J]. 考古，1988 (10)：941.

[23] 建平县文化馆，朝阳地区博物馆. 辽宁建平县的青铜时代墓葬及相关遗物 [J]. 考古，1983 (8)：679～694.

[24] 李殿福. 库仑、奈曼两旗夏家店下层文化遗址分布与内涵 [A]. 文物资料丛刊 (7) [C]. 北京：文物出版社，1983：98～114.

[25] 王未想. 内蒙古林东塔子沟出土的羊首铜刀 [J]. 北方文物，1994 (4)：31.

[26] 邵国田. 内蒙古敖汉旗发现的青铜器及有关遗物 [J]. 北方文物，1993 (1)：18～25.

[27] 王峰. 河北兴隆县发现商周青铜器窖藏 [J]. 文物，1990 (11)：57～58.

[28] 邵国田. 内蒙古敖汉旗发现的青铜器及有关遗物 [J]. 北方文物，1993 (1)：18～25.

[29] 建平县文化馆，朝阳地区博物馆. 辽宁建平县的青铜时代墓葬及相关遗物 [J]. 考古，1983 (8)：679～694.

[30] 杨建华. 燕山南北商周之际青铜器遗存的分群研究 [J]. 考古学报，2002 (2)：157～173.

[31] 建平县文化馆，朝阳地区博物馆. 辽宁建平县的青铜时代墓葬及相关遗物 [J]. 考古，1983 (8)：679～694.

[32] 王峰. 河北兴隆县发现商周青铜器窖藏 [J]. 文物，1990 (11)：57～58.

[33] 王占奎. 甘肃合水九站遗址发掘报告 [A]. 考古学研究 (三) [C]. 北京：科学出版社，1997：300～477.

[34] 辽宁省昭乌达盟文物工作站，中国科学院考古研究所东北工作队. 宁城县南山根石椁墓 [J]. 考古学报，1973 (2)：27～38；中国科学院考古研究所东北工作队. 内蒙古宁城县南山根102号石椁墓 [J]. 考古，1981 (4)：304～308；中国科学院考古研究所内蒙古工作队. 宁城县南山根遗址发掘报告 [J]. 考古学报，1975 (1)：117～140.

[35] 赤峰市博物馆，宁城文物管理所. 宁城小黑石沟石椁墓调查清理报告 [J]. 文物，1995 (5)：4～22.

[36] 郑绍宗. 中国北方的青铜短剑的分期及形制研究 [J]. 文物，1984 (2)：37～49.

[37] 李逸友. 内蒙昭乌达盟出土的铜器调查 [J]. 考古，1959 (6)：图二-5、6，276～277.

[38] 北京市文物研究所. 北京延庆军都山东周山戎部落墓地发掘纪略 [J]. 文物，1989 (8)：17～35.

[39] 张家口市文管所，宣化县文化馆. 河北宣化县小白阳墓地发掘报告 [J]. 文物，1987 (5)：45～51.

[40] 贺勇，刘建中. 河北怀来甘子堡发现的青铜墓群 [J]. 文物春秋，1993 (2)：23～40.

[41] 北京市文物研究所. 军都山墓地——玉皇庙 [M]. 北京：文物出版社，2007.

[42] 伊克昭盟文物工作站. 内蒙古准噶尔旗宝亥社发现青铜器 [J]. 文物，1987 (12)：81～83.

[43] 内蒙古文物考古研究所，包头市文物管理处. 包头西园春秋墓地 [J]. 内蒙古文物考古，1991 (1)：13～23.

[44] 郑隆. 大青山下发现一批铜器 [J]. 文物，1965 (2)：50～51.

［45］　伊克昭盟文物工作站，伊金霍洛旗文物保护管理所. 内蒙古伊金霍洛旗匈奴墓［J］. 文物，1992（5）：79～81.

［46］　内蒙古文物工作队. 毛庆沟墓地［A］. 鄂尔多斯式青铜器［C］. 北京：文物出版社，1986：227～315.

［47］　甘肃省文物考古研究所. 永昌西岗柴湾岗［M］. 兰州：甘肃人民出版社，2001.

［48］　庆阳地区博物馆，庆阳县博物馆. 甘肃庆阳城北发现战国时期葬马坑［J］. 考古，1988，（9）：852.

［49］　宁城县文化馆，中国社会科学院研究生院考古系东北考古专业. 宁城县新发现的夏家店上层文化墓葬及其相关遗物的研究［A］. 文物资料丛刊（9）［C］. 北京：文物出版社，1985：23～58.

［50］　КОННИ ВСАДНИК. Взгляд СквозьВека［M］МОСКВА. 2003：33.

［51］　参见杨建华. 中国北方东周时期两种文化遗存的辨析——兼论戎狄与胡的关系［J］. 待刊.

［52］　Sophie Legrand，Karasuk Metallurgy. Technological Development and Regional Influence［A］. *Metallurgy in Ancient Eastern Eurasia from the Urals to the Yellow Rivers*［C］. Edited by Katheryn Linduff The Edwin Mellen Press. 2004：152.

［53］　E. E. Kuzmina. *The Origin of the Indo-Iranians*［M］. Leiden Boston，2007：Fig109-19，724.

The heritage and develop role of Upper Xiajiadian Culture in the Northern Bronze complex of China

YANG Jian-hua

The Upper Xiajiadian Culture was just between the late Shang-early Zhou periods and Eastern Zhou period. It inherited from northern Bronze of Late Shang along the Great Wall and Yanshan Mountain area, and bronzes of Early Zhou from south Yanshan Mountain. These three origins show distribution northward. The Upper Xiajiadian Culture also had influence on Northern belt of Eastern Zhou period, such as eastern part and western part of North Hebei, Inner-Mongolia, and as far as Gansu. The analysis of the inheriting and developing role of Upper Xiajiadian Culture in the Northern Bronze of China, we can see origins of some bronze of Upper Xiajiadian Culture and the relations of different northern bronzes, and appreciate its important role in the development of northern bronze.

大南沟石棚山墓地形态研究

陈　畅

（南开大学历史学院，天津，300071）

　　大南沟墓地，位于内蒙古赤峰市迤北约 25 公里的大南沟村南，由相距 2 公里的石棚山墓地和老鸹窝梁山墓地组成。该墓地的考古收获最先见诸《昭乌达盟石棚山考古新发现》[1]，而后出版了《大南沟——后红山文化墓地发掘报告》[2]（以下简称《报告》）。石棚山墓地发现墓葬 77 座，墓葬间没有叠压打破关系，有 74 座介绍了葬式、随葬品及其出土位置等情况。老鸹窝梁山墓地发现墓葬 6 座，没有发表墓葬平面图等重要资料。本文拟对石棚山墓地的资料重新分析，揭示墓葬埋葬顺序和器物组合关系在空间上的分布规律，结合葬俗等重要信息，研究墓地形态。

一、陶器分析和墓葬分期

　　随葬品是研究墓地时间属性和墓地形态的重要依据。74 座墓葬中随葬陶器的墓葬 60 座[3]，未见陶器的墓葬 14 座。这里选择随葬的陶罐、钵、碗、豆、盆 5 类常见器进行类型学研究。

1. 罐

　　分为筒形罐、带耳罐、敞口罐三类。

　　筒形罐　最常见的陶器类型，随葬筒形罐的墓葬占陶器墓的 79.7%。按有无附耳分为二类。

　　有耳类　按穿耳和实耳区分为 A、B 两型。

　　A 型　穿耳。按口、耳形态对应关系分三亚型。

　　Aa 型　竖穿耳，敛口。根据口部收敛程度和腹部曲率变化分三式（图一，1～3）。Ⅰ式标本 M8：2、M20：5、M33：6、M38：2、M39：3、M50：1、M59：3，Ⅱ式标本 M67：15、M68：2、M71：4，Ⅲ式标本 M4：1、M60：5、M61：2、M66：1。

　　Ab 型　竖穿耳，侈口。标本 M14：7、M60：4（参见《报告》图六六，7）。

　　Ac 型　横穿耳，侈口。根据最大径位置的变化分为三式（图一，7～9）。Ⅰ式标本 M2：2，Ⅱ式标本 M52：1，Ⅲ式标本 M22：1、M28：2。

B 型　实耳。个体通高与口径的比值的平均数为 0.93，罐的几何外轮廓呈扁方者（即小于或等于平均值）为 Ba 型；罐的几何外轮廓呈近方或长方者（即大于平均值）为 Bb 型。

Ba 型　按口部收敛程度变化和最大腹径与底径比值差距的变化分三式（图一，10～12）。Ⅰ式标本 M3:2、M40:2、M72:3，Ⅱ式标本 M26:2、M34:4、M70:6、M77:1，Ⅲ式标本 M31:3。

Bb 型　根据罐最大径位置的变化分为三式（图一，4～6）。Ⅰ式标本 M19:5、M36:2、M76:18，Ⅱ式标本 M23:4、M25:3、M27:4、M28:1、M37:2、M41:1、M57:3，Ⅲ式标本 M4:2、M30:4。

需要说明的是，M3:3、M32:3、M55:1、M64:2 四件标本没有耳的文字介绍，根据线图推测，非 B 型即 Ac 型。《报告》介绍具有实耳的筒形罐 23 件，具有横穿耳的 4 件，故暂将此 4 件视为实耳类的 B 型，则有 M55:1 和 M64:2 为 BaⅠ式，M3:3 为 BaⅡ式，M32:3 为 BbⅡ式。

无耳类　3 件。标本形态与 B 型相似，暂依 B 型的形式划分，M51:2 近于 BaⅡ式，M73:12 近于 BbⅠ式，M48:4 近于 BbⅢ式。

带耳罐　根据口径和腹径的比例分二型。

A 型　口径小于腹径。根据耳部特征分二亚型。

Aa 型　双耳罐，根据最大腹径位置和罐身曲线的曲率变化分三式（图一，13～15）。Ⅰ式标本 M29:1，Ⅱ式标本 M70:5、M77:2，Ⅲ式标本 M28:4。

Ab 型　动物造型附耳，标本 M36:1（参见《报告》图三六，7）。

B 型　口径大于腹径。根据腹部和耳部形态特征分二亚型。

Ba 型　鼓腹，竖耳。按最大腹径位置和曲率的变化分二式（图一，16、17），Ⅰ式标本 M76:1，Ⅱ式标本 M46:2。

Bb 型　折腹，横耳，标本 M27:5（图一，18）。

敞口罐　根据罐身形态特征分二型。

A 型　通体曲线流畅。标本 M28:7、M55:3、M77:3（参见《报告》图三五，2）。

B 型　器身靠近底部处有折棱。标本 M23:7、M43:2、M56:1（参见《报告》图七八，7）。

2. 钵

分为素面钵和彩陶钵二类。

素面钵　几何外轮廓扁方，根据器身近底部的收缩变化分二式（参见《报告》图一一三，3；图三三，2）。Ⅰ式标本 M28:12、M40:1、M55:4、M64:3、M72:1，Ⅱ式标本 M24:1、M25:2、M30:3、M41:2、M54:4。

彩陶钵　根据口部收敛程度以及钵身曲率和高度变化分三式（图一，19～21）。Ⅰ

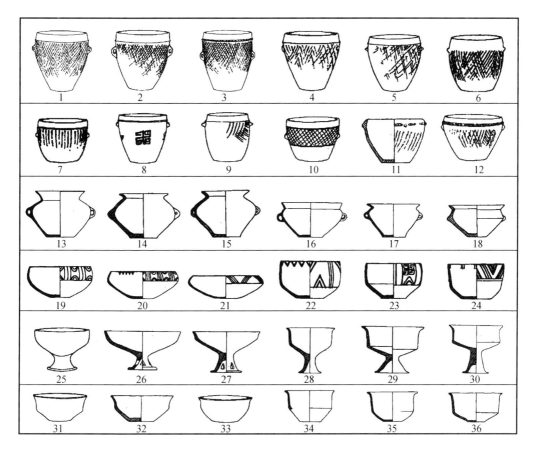

图一　主要陶器分类排序图

1～3. Aa 型筒形罐Ⅰ～Ⅲ式（M59：3、M68：2、M61：2）　　4～6. Bb 型筒形罐Ⅰ～Ⅲ式（M76：18、M27：4、M30：4）
7～9. Ac型筒形罐Ⅰ～Ⅲ式（M2：2、M52：1、M28：2）　　10～12. Ba 型筒形罐 Ⅰ～Ⅲ式（M40：2、M34：4、M31：3）
13～15. Aa型带耳罐Ⅰ～Ⅲ式（M29：1、M70：5、M28：4）　　16、17. Ba 型带耳罐Ⅰ、Ⅱ式（M76：1、M46：2）
18. Bb型带耳罐（M39：1）　　19～21. 彩陶钵Ⅰ～Ⅲ式（M29：4、M27：6、M35：1）　　22、23. A 型彩陶碗Ⅰ、
Ⅱ式（M53：2、M20：1）　　24. B 型彩陶碗（M31：9）　　25～27. Aa 型素面豆Ⅰ～Ⅲ式（M19：2、M67：9、M60：6）
28～30. Ab型素面豆Ⅰ～Ⅲ式（M42：1、M67：16、M22：2）　　31～33. Aa 型盆Ⅰ～Ⅲ式（M51：2、M28：11、
M31：2）　　34～36. Ab 型盆Ⅰ～Ⅲ式（M40：3、M52：4、M41：3）

式标本 M20：3、M29：4、M33：7、M64：1、M67：11、M73：2，Ⅱ式标本 M3：1、M18：1、
M27：6 ，Ⅲ式标本 M35：1、M74：5。

3. 碗

分为素面碗和彩陶碗二类。

素面碗　根据器身与底部结合处曲线变化分二式（参见《报告》图七五，4；图一
一五（续），12）。Ⅰ式标本 M38：3、M25：4，Ⅱ式标本 M67：12。

彩陶碗　按碗壁分二型。

A 型　直壁。根据壁与碗底部结合处的曲线变化分二式。Ⅰ式标本 M53：2，Ⅱ式标

本 M20∶1、M57∶1（图一，22、23）。

B 型　斜壁，标本 M31∶9（图一，24）。

4. 豆

分素面豆和彩陶豆二类。

素面豆　按口部差别分三型。

A 型　侈口，按豆盘形态特征分二亚型。

Aa 型　斜壁，按口缘和豆盘底部形态变化分三式（图一，25～27）。Ⅰ式标本 M19∶2、M36∶3、M38∶1、M39∶2、M50∶4、M59∶4、M67∶1、M67∶6、M71∶2，Ⅱ式标本 M27∶3、M67∶3、M67∶7、M67∶9、M67∶10、M68∶3，Ⅲ式标本 M18∶2、M23∶3、M60∶6、M61∶1、M66∶3、M70∶4。

Ab 型　直壁折盘，圆锥形底，根据口缘外侈角度和豆盘形态的变化分三式（图一，28～30）。Ⅰ式标本 M19∶3、M42∶1，Ⅱ式标本 M14∶6、M53∶1、M67∶16，Ⅲ式标本 M22∶2。

Ac 型　柿形盘，标本 M44∶1（参见《报告》图九四，1）。

B 型　敛口，按盘口收敛程度分二式（参见《报告》图七九，3；图七八，3）。Ⅰ式标本 M7∶1、M29∶3，Ⅱ式标本 M28∶3、M74∶3。

C 型　敞口，标本 M14∶2（参见《报告》图六六，2）。

彩陶豆　发表的 3 件标本器形差别较大，M24∶3 与 B 型Ⅰ式豆形态相同，M31∶6 豆盘与彩陶碗 A 型Ⅰ式相似，M54∶8 豆盘与彩陶钵Ⅱ式相似（参见《报告》图三七，1～3）。

5. 盆

分侈口和敞口二型。

A 型　侈口，根据盆壁不同分二亚型。

Aa 型　弧壁。根据腹部曲率以及口沿外侈程度变化分三式（图一，31～33）。Ⅰ式标本 M51∶2，Ⅱ式标本 M28∶11、M32∶7、M32∶8、M52∶3，Ⅲ式标本 M31∶2。

Ab 型　直壁折腹，按折棱以下部分与折棱以上部分高度的比例变化分三式（图一，34～36）。Ⅰ式标本 M40∶3、M8∶1，Ⅱ式标本 M20∶2、M26∶3、M32∶6、M52∶4，Ⅲ式标本 M41∶3。

B 型　敞口，标本 M20∶4、M43∶1（参见《报告》图七○，4；图九三，1）。

在正常死亡的情况下，墓地形成是一个渐进的过程。对墓地进行分期，就是确定适当的时间间隔，将墓地中的各墓葬置入一定的时间维度中，以求得墓葬埋葬的先后顺序。根据随葬陶器型式组合变化可将陶器组合分为三组，依器物式别变化的递进关系推订为三期（表一）。

表一　陶器组合分期表

期别	筒形罐				带耳罐		彩陶钵	素面钵	彩陶碗 A	素面碗	素面豆			彩陶豆	盆	
	Aa	Ac	Ba	Bb	Aa	Ba					Aa	Ab	B		Aa	Ab
一期	I	I	I	I	I	I	I	I		I	I	I	I			I
二期	II	II	I II / II	II	I / II	II	I / II	II	I / II	II	I II / II	II		√	I / II	II
三期	III	III	III	II / III	II / III	II	II / III				III	III	II	√	III	III

注：由于不能肯定 M20、M28 和 M54 三座合葬墓是否为一次葬，暂且将每座合葬墓按男女各自的随葬陶器析为两座，记为 M20♂、M20♀、M28♂、M28♀、M54♂、M54♀。

由此推导出随葬不同陶器组合墓葬的对应期别（表二）。

表二　墓葬分期表

一期	7　8　19　20♀　33　36　38　39　40　42　50　55　59　64　72　73　76	2　29　24
二期	3　9　14　20♂　25　26　27　28♂　32　34　46　51　52　53　67　68　77	54♂　37
三期	4　15　18　22　23　28♀　30　31　35　41　48　57　60　61　66　70　71　74	
不明	13　43　44　56　58　54♀	

注：据墓葬分期可以推知 M20 和 M28 为二次合葬墓。因 M54 的女墓主一边无随葬品，故无法判断究为一次或二次葬。下文涉及合葬墓时均视为两座单人墓。没有随葬陶器以及《报告》发表资料缺失的墓葬的期属，自当不明。

二、墓地布局和墓地结构

墓地布局和墓地结构墓地是构成墓地形态的主要内容。墓地形态研究，是以随葬品分析和墓地分期为基础，结合全部可发掘的墓葬信息，从既有的考古资料中归纳出葬俗和随葬品的特征组合在时间和空间的分布规律，以探讨墓地人群组织方面和非物质方面的问题。

墓地布局，指墓地平面上墓葬的分布以及墓葬间的相对位置关系。《报告》根据石棚山墓地地势的差别和墓葬分布特点、密集程度，将墓地从平面上分为三个墓区。B 墓区地势较高，墓葬密集，距坡下墓群距离较远，位置相对独立；A 墓区和 C 墓区地势较低，根据墓葬头向东北和头向西南分为两区，该分区可从，参见图二。

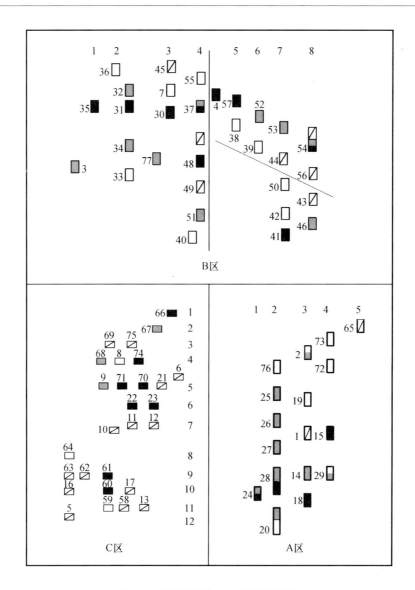

图二　墓葬平面分布和分期示意图

图中以白色块标示一期墓葬、浅灰色块标示二期墓葬、深灰色块标示三期墓葬，期别不明陶器墓、非陶器墓以及《报告》缺少资料的墓葬用一斜线标示。B区M3、M4、M77三座墓葬为第一次调查时清理，具体位置不确定，因此平面图仅示意期别，无法计入行列

　　整片墓地只有3座男女合葬墓，见于A、B两区，头向相反。A区除合葬墓M20之女性和M28之男性，其他墓主的头向基本落在0°到40°之间；B区除M54之男性，其他墓主的头向都落在40°到70°之间；C区墓葬头向西南，落在220°至240°之间，参见图三。

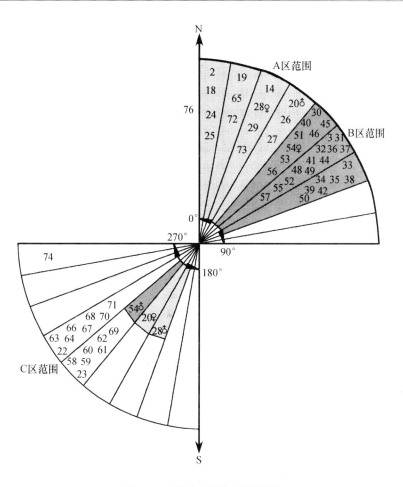

图三 三墓区死者头向统计图

将第二节墓葬分期结果带入各个墓葬，并按照三墓区的墓葬排列顺序汇列成表三。

表三 各区典型陶器墓葬对应期别一览表

A 区	一期墓葬	19	20♀	72	73	76				2	29
	二期墓葬	14	20♂	25	26	27	28♂				
	三期墓葬	15	18	28♀						24	
B 区	一期墓葬	7	33	36	38	39	40	42	50	55	
	二期墓葬	3	32	34	46	51	52	53	57	77	
	三期墓葬	4	30	31	35	41	48			37	54♂
	期别不明	43	44	56	54♀						
C 区	一期墓葬	8	59	64							
	二期墓葬	67	68	70	71						
	三期墓葬	22	23	60	61	66	74				
	期别不明	9	13	58							

由表三可以看出，三个墓区均包含一期、二期、三期墓葬，表明三个墓区的启用时间是同步的，而废弃时间也基本一致，三个墓区经历了大体相同的时间过程。将墓葬的分期结果逐一标记到墓地分区图上，就可清晰地看出三个墓区墓葬的埋葬顺序，参见图二。

A、B、C 三区埋葬顺序的基本特征为：

A 区第一、二、四列为一组，平面位置靠近该区上下边界的墓葬形成时间早，位置居中的相对较晚，区别于第三列从早到晚的顺序，因而将第三列作为另一组。

B 区第一、二、三、四列为一组，平面位置靠近该区上下边界的墓葬形成时间早，位置居中的晚，与 A 区第 1 组相同；第五、六、七、八列作为另一组，平面位置靠近上下边界的墓葬形成时间晚，位置居中的早。

C 区因材料限制无法将各行墓葬按时间特征分组，但从平面相对位置看来大体可将坡上的第一至第七行作为一组，坡下的第八至第十二行作为另一组。

墓地结构，指墓地布局的原则。墓葬分期和墓地埋葬顺序表明，各个墓区各个行、列在墓地的形成过程中并行存在，可以认为各个墓区各个行、列的发展处于相对静止的状态，墓地布局规划没有改变，时间的影响可以忽略；同样，当各组墓葬随葬品的基本组合没有发生改变，且各类器物随时间变化速率几乎相同时，可以认为使用器物的人群组织不变，墓地结构相对稳定，时间的影响应当忽略。若将墓地比作汽车，各墓区好比汽车上的一排排座位，按一定方式排列的座位不会因汽车的行驶（时间的推移）而改变固有的位置；各组墓葬好比车上的乘员，他们如果相互认识，就会按照亲疏尊卑就座，人和车的相对关系也不会因车的行驶（时间的推移）而改变；如果墓地布局好比是乘员的座次表，那么墓地结构就是乘员就座的秩序和规则。因此，墓地布局具有空间的连续性和时间的稳定性，墓地结构也不会因时间的推移而发生变化，因此存在于同一墓地单位的墓葬和随葬品都应视为是"同时"的，在考察墓地结构时，墓葬分期便失去了意义，构成墓地的各"要素"具有"共时性"是墓地结构研究的前提。本文以"共时"的视角，考察各个墓区各个行、列、各组墓葬之间的关系、墓区与墓葬分组的关系。

在分区的基础上考察个体墓葬中随葬品和葬俗的组合关系，不仅能进一步认识各墓区之间的文化异同，而且还能看出各个墓区内部人群之间的关系。三个墓区中以筒形罐数量最多、器型最常见，因此依筒形罐将随葬筒形罐的墓葬分类：

第一类，随葬 Aa 型筒形罐、Aa 型豆的墓葬；

第二类，随葬 Ba 型筒形罐、素面钵、A 型盆的墓葬；

第三类，随葬 Bb 型筒形罐与带耳罐、素面豆，Bb 型筒形罐与素面钵、素面豆，Bb 型筒形罐与素面钵、A 型盆的墓葬。

三类墓葬在三个期别都有存在，各类别墓葬没有时间的先后顺序，"共时性"前提成立。

随葬 Ac 型筒形罐的墓葬 4 座，与第三类墓葬的随葬品组合方式类似，将其归入第三组；将无筒形罐但随葬带耳罐、素面豆、素面钵或 A 型盆的墓葬根据组合特征推测相应所属类别。三类墓葬在墓地平面的分布情况如图四所示。图中白色块墓葬代表第一类组合方式、深灰色块墓葬代表第二类组合方式、浅灰色块墓葬代表第三类组合方式、一半为白色一半为浅灰色块的代表一或三类组合墓葬，一半浅灰一半深灰色块代表二或三类组合的墓葬。从图四可以观察到：

A 区第一、二、四列墓葬陶器的组合方式基本为第二、三类交替出现，而中间第三列组合方式不明显，因此上 A 区各列墓葬在陶器组合方式的搭配形式依然能够划分为两组，结果与埋葬顺序分组基本一致。

B 区的第一、二、三、四列墓葬陶器的组合方式基本为第二、三类交替出现，第五、六、七、八列组合方式为第一、三类，若在 M38、M39、M44、M56 和 M50、M43 之间画一条分界线 m，第一类陶器组合方式基本属于分界线两侧的第一行的墓葬，即 M38、M39、M44、M56 、M50 和 M43；第三类和一或三类陶器组合分布在分界线两侧的第二、三行，即 M57、M52、M53、M42、M46 和 M41。显然 B 区各列墓葬陶器组合方式的搭配形式依然能够划分为两组，结果同样与埋葬顺序分组一致，参见图二。

概括说来，以第二、三类陶器组合随葬的墓葬由两端向中间逐次埋葬；以第一、三类陶器组合随葬的墓葬由中间向两端依次按行列埋葬。

C 区因墓葬材料残缺，只能就目前结果大致判断第一、二、三、四行和第九、十、十一、十二行为第一类组合形式；区别于中间第五、六、八行出现的第一、二、三类组合方式。Ab 型豆和 Ab 型盆只见于坡上一组。

以上三类典型陶器的组合方式代表了三种不同的习俗传统，亦即代表了三个人群。为方便起见，现分别将使用这三类陶器组合方式的人群名为甲人群、乙人群和丙人群。由墓葬的埋葬顺序、陶器的组合特征等现象的分布倾向，可以得到墓区平面布局内不同人群的分布，引导出认识各墓区结构的主要途径。

三个墓区内部有如下对应关系：

（1）A 区，左右两侧第一、二、四列的乙、丙人群与中间的文化成分复杂且人群分类不明的人群相比，文化成分相对单纯，应视为一个整体，乙、丙人群作为稳定的结合体与非乙非丙的人群对应。

根据墓葬平面图，头向北或东北的墓葬中，第一、二、四列墓葬主人向右手侧屈膝，而第三列墓葬主人向左手侧屈膝。

根据随葬彩陶在墓地中的出土位置可知，乙、丙人群使用竖线分割的构图方式绘制彩陶盛器的环带状图案，分类不明的人群则采用折线构图方式与之对应，看来彩陶图案的构图方式具有区分人群的作。

Ab 型素面豆只见于第三列，可能也具有标示人群的意义。

素面筒形罐只见于第四列墓葬，推测乙、丙人群内部可能存在二分结构，这一结构的构成为［乙、丙人群集团一∶乙、丙人群集团二］，而不是［乙集团∶丙集团］，参见图四。

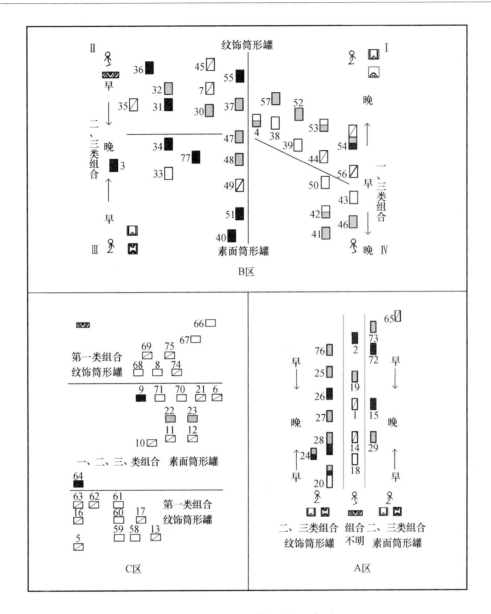

图四　墓葬类别与葬俗分布示意图

（2）B 区，左侧第一至第四列乙、丙人群与右侧第五至第八列甲、乙人群对应。

墓区左侧一组的墓葬因埋葬顺序的缘故中间部分与两端相比较为疏朗，若将南北向的、横切右侧列的分界线 m 延长至左侧，将一至四列也从中间分开，那么加之东—西向墓葬人群分组的界线，此区墓葬按逆时针方向分为四组，第Ⅰ组：M54、M56、M53、M44、M52、M39、M57、M38、M4；第Ⅱ组：M55、M37、M47、M45、M7、M30、M36、M32、M31、M35；第Ⅲ组：M3、M34、M33、M77、M48、M49、M51、M40；第Ⅳ组：M50、M42、M41、M43、M46。

头向东北的墓葬中仅有第Ⅱ组的 M31 和第Ⅳ组的 M43、M46 葬主人向左手侧屈膝，其余均向右手侧屈膝。

墓区内出土的随葬彩陶盛器环带状图案具有竖线和折线两种构图方式，以竖线方式构图的彩陶盛器见于Ⅰ、Ⅲ组，以折线方式构图的见于第Ⅱ组，第Ⅳ组未见彩陶。

素面筒形罐见于第Ⅲ、Ⅳ组，即分割线 m 以下的墓葬，筒形罐纹饰的差别显示 B 区同 A 区相近，存在甲、丙人群和乙、丙人群内部分组，墓葬在左右二分的基础之上又沿坡上下区分，分别为Ⅰ对应Ⅳ、Ⅱ对应Ⅲ。属于甲、丙人群的Ⅰ、Ⅳ组中，甲人群墓葬皆为一期，并且均沿分割线 m 两侧分布，丙人群墓葬为二、三期，位于 B 区两侧边缘行的位置，两组的成员存在以 m 为对称轴的人群对应关系——坡上［丙：甲］和坡下［甲：丙］。Ⅱ、Ⅲ组中乙、丙人群结合，见不到这两群人分块埋葬现象，参见图四。

（3）C 区墓葬只能就器组方合式大致判断上下两侧第一、二、三、四行和第九、十、十一、十二行甲人群与中间第五、六、八行的甲、乙、丙人群对应。C 墓区的墓主人均向左手侧屈膝，只见折线彩陶纹样，素面罐见于中间含乙、丙人群的，Ab 型豆只见于坡上一组，参见图四。

从墓区之间空间相对位置来看，A 区、C 区地势较低，彼此间距小，而距离地势较高的 B 区较远。山坡下的 A 区、C 区和山坡上的 B 区构成对应关系，而 A 区和 C 区之间又构成了第二层对应关系。在微观上，A 区和 C 区的墓葬平面布局皆为两侧布列文化面貌相对一致的墓葬与中间所夹的文化面貌相对复杂的部分对应，人群结构的表象是三分的，但实质是二分的。B 区墓地平面呈左右二分，与之对应的是乙、丙人群和甲、丙人群的对立，丙人群介于甲、乙人群之间，因此 B 区的墓葬分布体现出的人群结构的表象是二分的，实质是甲、乙、丙人群的三元对立。三个墓区具有两种内部结构，这是一个三元和二元的转换。若将三个墓区中文化相对单纯，个体数目比例大的人群作为该区主体，则 A 墓区属乙、丙人群，B 墓区属甲、乙、丙三个人群，C 墓区属甲人群。墓地结构为 B 墓区对应 A 墓区与 C 墓区，参见图五。

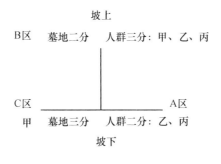

图五　墓地结构示意图

三、结　论

（1）石棚山墓地分为 A、B、C 三墓区，各区墓葬均分为三期，三个墓区形成和延续的时间大体相同。

（2）墓葬随葬品的组合分为甲、乙、丙三类，各类墓葬存在于三个墓区和三个期别；三类墓葬分别对应三个人群。

（3）B 墓区属于甲、乙、丙人群，该墓区呈二分结构；A 墓区属于乙、丙人群，该墓区呈三分结构；C 墓区属于甲类人，该墓区呈三分结构。整个墓地呈"B 墓区∶A 墓区∶C 墓区"结构。

（4）A 区死者头向基本在 0°到 40°之间，B 区死者头向基本在 40°到 70°之间，C 区死者头向西基本在 220°至 240°之间，三墓区死者头向间存在一定对应关系，即 C 区∶A 区∶B 区。

（5）随葬彩陶器与葬俗具有一定对应关系，即死者向左手侧屈膝的葬俗大体对应折线方式构图的彩陶器，死者向右手侧屈膝的葬俗大体对应竖线方式构图的彩陶器。

附记：本项研究得到南开大学 2008 年度人文社会科校内青年项目资助。

注　释

［1］　李恭笃. 昭乌达盟石棚山考古新发现［J］. 文物，1982（3）.

［2］　辽宁省文物考古研究所，赤峰市博物馆. 大南沟——后红山文化墓地发掘报告［R］. 北京：科学出版社，1998.

［3］　《报告》第 24 页说两片墓地总的陶器墓数量共有 63 座，这一数字是刨除石棚山墓地第一次调查时清理的 M3、M4、M77 三座墓葬后得到的.

A Study on Shipengshan Cemetery Pattern at Da nan gou

CHEN Chang

This thesis analyzed the chronology of Shipengshan cemetery at Danangou, Chifeng, Inner Mongolia. The burial artifacts are re-classified and ordered. The graves were divided into three phases based on the combinational features and sequences of the artifacts. The cemetery can be divided into three sections, which were started around same time; each section has its own form order. According to the layout, the differences on the orientation of the tombs, combinational features of burial artifacts, pattern style of painted pottery and body remains all show the structure of this cemetery.

水手营子青铜连柄戈的年代与属性

井中伟

（吉林大学边疆考古研究中心，长春，130012）

一

　　1986 年 4 月，辽宁锦县（今凌海市）水手营子村出土 1 件罕见的青铜连柄戈[1]（图一，1）。该戈形制特殊，戈头与柲连体合铸而成，全长 80.2 厘米；戈头直援直内无胡无阑，援长 20、宽 4、厚 0.6 厘米，援中有脊，截面呈菱形；长方内长 3.8、宽3.2 厘米，周边起框，中间下凹；援内通长 26.6 厘米；铜柲截面呈扁椭圆形，表面饰由凸线交叉构成的连续菱格纹，每个菱格内又填以小而密集的联珠纹，柲顶端有向内侧弯卷的"冒"，柲底端有光素无纹的扁球形"镈"。它是目前辽西地区所见时代最早的铜戈，是研究我国北方早期青铜文化的重要实物资料。

　　究其具体年代，目前学术界有夏代和商代早期两种看法。林沄先生将其定为夏代的依据是，此戈的援部较窄长，与偃师二里头遗址出土的属于二里头文化三期的铜戈形制相近[2]（图一，2），由此认为二者的年代大体相当，"它无疑是中原系铜戈影响下的产物"[3]。王成生先生甚至认为，"此戈也有可能早到二里头文化二期"[4]。关于后一种看法，简报曾指出此戈的形制"具有若干早商戈的时代特征"。李海荣先生认为它是由中原商式戈"经过地方改造"而成，其年代"相当于中原地区的早商二里冈时期"[5]，然而他并未提供具体的断代依据。

　　2005 年我在撰写博士毕业论文时，采纳了上述林沄先生的观点，但又考虑到文化因素的远距离传播可能需要一定的时间，因而曾将水手营子青铜连柄戈的年代推定为"约相当于中原二里头文化四期"[6]。鉴于它在早期北方系青铜器研究中具有断代标尺意义，现在看来有必要再详细讨论一下。

　　首先就戈头造型而言，目前发现的中原二里头至二里冈文化时期铜戈，前锋溜尖，援身平直，上下刃基本以中脊线对称，内部恰位于援本中间，援内通长一般在 27 厘米以上，极少有短于 25 厘米者。由此认为水手营子青铜连柄戈的年代约相当于二里头文化三、四期或"早商二里冈时期"，大体上都是可行的。值得注意的是，该戈的内部周边起框，中间下凹。这一特征目前不见于中原夏代的二里头期铜戈，而见于商代的二里

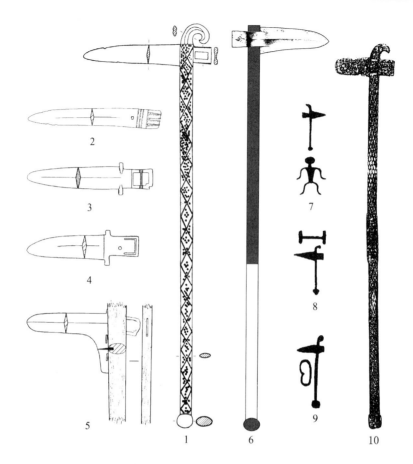

图一　北方地区连柄铜戈与中原夏商铜戈之比较

1. 锦县水手营子墓葬出土　2. 偃师二里头Ⅲ采：60　3. 郑州铭功路 MGM2：4　4. 藁城台西
M23：2　5. 安阳小屯 GM234：10　6. 安阳侯家庄 M1004：3　7.《集成》13·8143　8.《集成》
13·8233　9. 安阳后冈 M21：3 爵铭　10. 京都藤井斋成会有邻馆收藏（7、8. 采自《殷周金
文集成》；9. 采自《考古》1993 年第 10 期）

冈期铜戈，如年代属于二里冈上层一期的郑州铭功路西 MGM2：4，通长 25.5、援宽 4.4
厘米，内部正背两面安柲处的后端各铸有一长方形凹槽框[7]（图一，3）。二者略有差
异的是，后者除了援部略短宽外，凹槽框和内下角还有相应的缺角，它后来演变成了早
商至西周早中期铜戈内下角常见的歧状突刺[8]。

　　其次从纹饰上看，水手营子青铜戈柲上的菱格纹和内填的联珠纹，均能在偃师二里
头遗址出土的属于二里头文化第四期的铜器上找到相同或相近的装饰。如标本
87YLVM1：1 铜鼎的腹部饰有细凸线构成的比较宽疏的带状菱格（简报称"网格"）
纹[9]（图二，1）；标本 2000YLⅢC：1 铜钺的近肩部饰带状菱格（简报称"网格"）纹
一周，花纹凸起，网格较密[10]（图二，3）；标本Ⅴ采 M：66 铜斝的腰部饰细凸线四周，
相间有三周联珠（报告称"圆圈"）纹[11]（图二，4）。此外，在该遗址出土的 1 件七

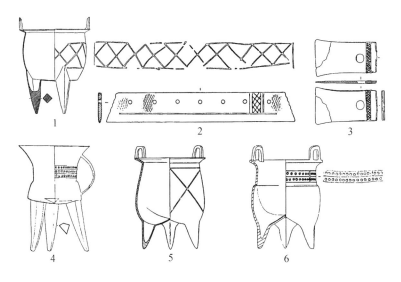

图二　中原夏商器物上常见的菱格纹与联珠纹

1. 偃师二里头（87YLVM1:1）　2. 偃师二里头（ⅦKM7:3）　3. 偃师二里头（2000YLⅢC:1）　4. 偃师二里头（Ⅴ采M:66）　5. 郑州杨庄（C2:豫0013）　6. 郑州商城（97T143M1:1）

孔玉刀（ⅦKM7:3）上亦饰比较细密的菱格划纹[12]（图二，2）。菱格纹与联珠纹在中原二里冈时期的青铜容器上仍延续使用，除少数用作主纹外，如年代为二里冈上层一期的郑州杨庄C2:豫0013铜鬲腹部饰宽疏的细凸线菱格纹（报告称"×纹"）[13]、郑州商城97T143M1:1铜鬲颈部饰联珠纹两周[14]（图二，5、6），大多数则是作为以兽面纹或夔纹为主纹的辅助性纹饰了。

再者，判定水手营子青铜连柄戈的年代还需借助与之同墓共出的3件陶器。折肩陶鬲1件，侈口，下腹明显斜收，口至肩素面，腹至足饰绳纹（图三，1）。其形制特征与唐山小官庄石棺墓戊:3陶鬲[15]、香河庆功台M1:22陶鬲[16]以及大厂大坨头H1:6陶鬲[17]相似（图三，2～4）。折腹陶盆（或称"尊"）2件，均敞口，深腹，小平底，上下腹折棱明显，上部素面，下部饰绳纹（图三，5）。其形制特征与唐山小官庄石棺墓戊:1陶尊、香河庆功台M1:9、5陶尊相似（图三，6～8）。根据现有的文化分期研究成果，一般认为唐山小官庄墓戊略早于大厂大坨头H1，但在具体年代判定上略有分歧，如李伯谦先生认为前者相当于夏代晚期偏晚，后者相当于商代前期偏早[18]；赵宾福先生认为前者相当于夏代，后者相当于商代早期[19]；蒋刚认为唐山小官庄墓戊与香河庆功台M1均相当于商代二里冈下层时期，大厂大坨头H1相当于商代二里冈上层时期[20]。由此我们可知，折肩陶鬲存在着口沿由斜折到翻卷、裆部由高变为矮、器体由窄瘦变宽胖的演变趋势。至于折肩尊，则存在着口沿由宽沿外侈到窄沿近平、上腹由外敞趋于内收、下腹折棱由不明显到明显的演变趋势[21]。遵循这两类陶器的演变规律，在类型学排比上，水手营子陶鬲、尊均应处于唐山小官庄石棺墓戊陶鬲、尊的前面，且两者间衔接紧密，并

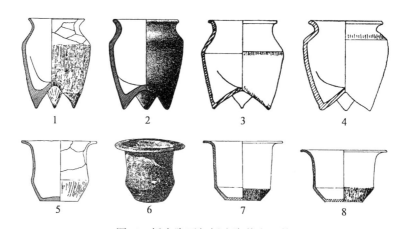

图三　折肩陶鬲与折腹陶尊之比较

1、5. 锦县水手营子墓葬出土　2、6. 唐山小官庄墓（戉：3、1）　3、7、8. 香
河庆功台（M1:22、9、5）　4. 大厂大坨头（H1:6）

不存在缺环。因此，水手营子墓葬的年代当不晚于唐山小官庄石棺墓戉。

　　基于以上比较，我们有理由判定，水手营子青铜连柄戈的年代约相当于中原二里头
文化四期或夏商之际。

二

　　诚如上文林沄先生所言，水手营子青铜连柄戈"无疑是中原系铜戈影响下的产
物"。除了前面我们已经知道的戈头形制与戈柲纹饰均具有中原特征外，戈柲顶端向内
侧弯卷成羊角状的"冒"和底端光素无纹的扁球形"鐏"，在中原商代铜器铭文中均有
非常形象地描绘（图一，7～9），并且戈柲通长、截面形状以及鐏形在中原商代考古中
均有相似的发现。如藁城台西 M17 墓主右侧摆放一木柲长 87 厘米的有銎戈，左侧放置
一木柲长 85 厘米的戈、矛联装戟，柲已腐朽，截面不明[22]。安阳小屯西地 GM234 所
出铜戈（GM234:10）的木柲截面作前后等宽的椭圆形，长径 4.4、短径 2.2 厘米[23]
（图一，5）。安阳殷墟侯家庄 M1004 出土了 70 件带柲有銎铜戈，木柲全长 100 厘米，
横截面呈椭圆形，长径 3 厘米，下端装有径约 4 厘米的扁球形木"鐏"，柲上段 58 厘米
的长度涂红色，下段 38 厘米的长度涂白色，"鐏"涂红色，柲顶端伸出銎口约 1.5 厘
米[24]（图一，6）。

　　尽管如此，水手营子青铜连柄戈又因"经过地方改造"，而具有明显的自身特色。
如戈头、柲、冒与鐏整体连铸，菱格纹与联珠纹搭配装饰，如此造型与构图方式在中原
地区迄今未见。日本京都藤井斋成会有邻馆收藏 1 件青铜连柄戈，全长 76.5 厘米，造
型与水手营子戈非常相似[25]（图一，10）。根据照片观察，此戈援较短，前锋圆钝，
可能援前部原有残损，后被古董商请匠师修磨而成的[26]。戈内上有"凹"字形浅槽，

目前所知这种制法在中原系铜戈上最早见于藁城台西 M23[27]（图一，4），年代相当于二里冈期向殷墟一期的过渡阶段。戈柲上的菱格纹较水手营子戈细密且格内不填联珠纹，中间一段略凸鼓似后铸，近下端的一段饰由细凸线间隔的斜向联珠纹带。比较可知，日本收藏的这件连柄戈在年代上要晚于水手营子戈，且很可能也出自辽西地区，由此说明水手营子戈的发现并不是孤立的、偶然的。

既然水手营子青铜连柄戈系当地铸造，而确定其文化属性最有力的证据，是上文提到的与之同墓共出的 3 件陶器。众所周知，折肩陶鬲和折腹陶尊分别是大坨头文化和夏家店下层文化的代表性器物。这两支考古学文化的关系甚为密切，前者典型的鼓腹鬲、折肩鬲、簋等在后者的陶器群中屡有所见，而后者最具特色的折腹尊、尊形鬲等也频见于前者，并且这种相互之间的联系在中晚期还有不断加强的趋势，可以说它们在某种程度上已构成了一个层次更高的"亲缘文化区"[28]。从地域上看，锦县水手营子古墓位于辽西地区，属夏家店下层文化；唐山小官庄墓戊和香河庆功台 M1 则位于冀东地区，属大坨头文化。而这三座墓随葬的陶器均以折肩鬲、折腹尊为基本组合，这不仅充分说明了两者的文化亲缘关系，由此也暗示了中原系铜戈影响辽西地区的大致路线。

此外，作为辅证，目前在大坨头文化分布区发现了刀、镞、耳环、指环等小件铜器，在夏家店下层文化分布区除了发现有上述种类外，还见有铜杖首和陶铸范等[29]。表明它们已经具备了一定的青铜冶铸技术，自然有条件、有能力铸造出青铜连柄戈的。

综上所述，水手营子青铜连柄戈的年代约相当于中原二里头文化四期或夏商之际，其文化性质当属夏家店下层文化。

附记：该研究成果得到国家社会科学基金（批准号 07XKG003）、"吉林大学'985工程'项目"资助。

注　释

［1］　齐亚珍，刘素华. 锦县水手营子早期青铜时代墓葬［J］. 辽海文物学刊. 1991（1）：102～103.

［2］　中国社会科学院考古研究所. 偃师二里头——1959～1978 年考古发掘报告［R］. 北京：中国大百科全书出版社，1999：169.

［3］　林沄. 夏代的中国北方青铜器［A］. 边疆考古研究（第 1 辑）［C］. 北京：科学出版社，2002：4.

［4］　王成生. 辽宁出土铜戈及相关问题的研究［A］. 辽宁考古文集［C］. 沈阳：辽宁民族出版社，2003：231～232.

［5］　李海荣. 北方地区出土夏商周时期青铜器研究［M］. 北京：文物出版社，2003：22、59、190，附表四.

［6］　井中伟. 先秦时期青铜戈·戟研究［D］. 吉林大学博士学位论文，2006：117.

［7］　河南省文物考古研究所. 郑州商城——1953～1985 年考古发掘报告（中册）［R］. 北京：文物出版社，2001：713～714.

［8］　井中伟. 先秦时期青铜戈·戟研究［D］. 吉林大学博士学位论文，2006：23～24、61～62.

［9］　中国社会科学院考古研究所二里头工作队. 河南偃师二里头遗址发现新的铜器［J］. 考古，1991（12）：1138～1139.

［10］　中国社会科学院考古研究所二里头工作队. 河南偃师市二里头遗址发现一件青铜钺［J］. 考古，2002（11）：31～32.

［11］　中国社会科学院考古研究所. 偃师二里头——1959～1978 年考古发掘报告［R］. 北京：中国大百科全书出版社，1999：342～343.

［12］　中国社会科学院考古研究所. 偃师二里头——1959～1978 年考古发掘报告［R］. 北京：中国大百科全书出版社，1999：341～342.

［13］　河南省文物考古研究所. 郑州商城——1953～1985 年考古发掘报告（中册）［R］. 北京：文物出版社，2001：802.

［14］　河南省文物考古研究所. 郑州商城新发现的几座商墓［J］. 文物，2003（4）：4～20.

［15］　安志敏. 唐山石棺墓及其相关的遗物［J］. 考古学报，1954（7）：77～86.

［16］　廊坊市文物管理处，香河县文物保管所. 河北香河县庆功台村夏家店下层文化墓葬［J］. 文物春秋，1996（6）：26～32.

［17］　天津市文化局考古发掘队. 河北大厂回族自治县大坨头遗址试掘简报［J］. 考古，1966（1）：8～13.

［18］　李伯谦. 论夏家店下层文化［A］. 纪念北京大学考古专业三十周年论文集［C］. 北京：文物出版社，1990：150～170.

［19］　赵宾福. 辽西山地夏至战国时期考古学文化时空框架研究的再检讨［A］. 边疆考古研究（第 5 辑）［C］. 北京：科学出版社，2006：36～37.

［20］　蒋刚. 太行山两翼北方青铜文化的演进及其与夏商西周文化的互动［D］. 吉林大学博士学位论文，2006：40～41.

［21］　卜箕大. 辽西地区青铜时代文化［D］. 吉林大学博士学位论文，1998：11.

［22］　河北省文物研究所. 藁城台西商代遗址［R］. 北京：文物出版社，1985：134、149. 报告中两处介绍戟秘长度略有出入.

［23］　中国社会科学院考古研究所. 殷墟发掘报告（1958～1961）［R］. 北京：文物出版社，1987：248.

［24］　梁思永，高去寻. 侯家庄第五本·1004 号大墓［R］. 台湾：历史语言研究所出版，1968：35.

［25］　东京国立博物馆. 大草原の骑马民族——中国北方の青铜器［M］. 东京：东京国立博物馆，1997：11、156，图3.

［26］　林沄. 夏代的中国北方青铜器［A］. 边疆考古研究（第 1 辑）［C］. 北京：科学出版社，2002：4.

［27］　河北省文物研究所. 藁城台西商代遗址［R］. 北京：文物出版社，1985：133、134.

［28］　王立新. 辽西区夏至战国时期文化格局与经济形态的演进［J］. 考古学报，2004（3）：245.

［29］　林沄. 夏代的中国北方青铜器［A］. 边疆考古研究（第 1 辑）［C］. 北京：科学出版社，2002：2、3.

Dating and Cultural Attribute of the Bronze Dagger ge with Bronze Shaft bi Excavated in Shuishouyingzi Village, Linghai City

JING Zhong-wei

In the article, the study suggests that the bronze dagger ge with shaft bi excavated in shuishouyingzi village was about the same time as the four stage of Erlitou culture in the central plain region, according to its formal and decorative features and the potteries excavated in company with it. Furthermore, it proves that the weapon was cast in the local and attributed to Xia-jiadian Lower-layer archaeological culture.

新疆扎滚鲁克文化初论

邵会秋

（吉林大学边疆考古研究中心，长春，130012）

在新疆南部的车尔臣河和克里雅河流域，分布着以扎滚鲁克古墓群为代表的一类遗存，该类遗存早在20世纪20年代就被发现，1928年瑞典的贝格曼曾在这一地区采集和征集了一定数量的陶器，其中包括4件折肩钵和1件彩陶双耳壶[1]，迄今为止这一类遗存已经发表的资料包括扎滚鲁克一号墓地、扎滚鲁克二号墓地[2]、加瓦艾日克墓地[3]、圆沙古城及周边墓地[4]等，分布的区域主要集中在塔里木盆地的车尔臣河流域和克里雅河流域（图一）。

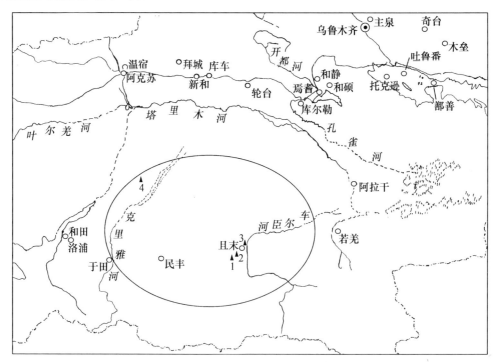

图一　扎滚鲁克文化遗存分布示意图

1. 扎滚鲁克一号墓地　2. 扎滚鲁克二号墓地　3. 加瓦艾日克墓地　4. 圆沙古城及周边墓地

一、典型墓地分析

已发表的资料中，扎滚鲁克一号墓地经过了多次调查和发掘，资料也相对丰富，这个墓地位于昆仑山北麓车尔臣河的西岸堆积阶地上，距离且末县扎滚鲁克村西 2 公里。墓地地表破坏严重，有些墓葬中部下陷，呈环状。1985 年新疆博物馆等在该墓地发掘了 5 座墓葬[5]，1986 年和 1987 年采集了部分遗存，1989 年巴音郭楞蒙古族自治州文管所又清理了墓葬 2 座[6]。1996 年新疆博物馆等在一号墓地进行了大规模发掘，共清理墓葬 102 座，并发表了发掘报告[7]，以下将以这次发掘资料为基础进行分析。

扎滚鲁克一号墓地 1996 年发掘的墓葬主要集中在古墓群的南区（图二），其中除了属于东汉时期的报告中第三期文化 11 座墓葬外（分布图中涂黑的墓葬），可以将其他发掘的墓葬划分为 A、B 两组，A 组是集中在南区东部的长方形竖穴土坑墓和长方形竖穴土坑棚架墓，共有 78 座；B 组是墓地南区西部的刀把形单墓道竖穴棚架墓，包括 M4、M14、M24、M34、M44、M54、M55、M64、M65 共 9 座墓[8]。

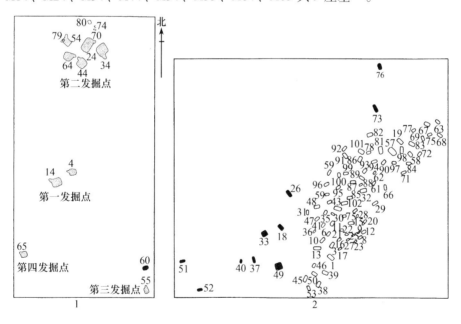

图二　扎滚鲁克一号墓地 1996 年发掘墓葬分布图

1. 南区西部墓葬　2. 南区东部墓葬（内填斜线为刀把形单墓道墓葬，内涂黑为报告中第三期文化墓葬）

A 组墓葬和 B 组墓葬不仅分布区域存在着规律，墓葬形制和随葬品都存在着较大的差别。A 组墓葬均为长方形竖穴土坑墓或长方形竖穴土坑棚架墓，绝大部分尸骨葬式为仰身下肢上屈。分为单人葬和多人合葬两种，多人合葬墓人骨分层埋葬，一般人数在 5 人以下（图三，1、2）。墓葬随葬品种类较少，以折肩圜底钵和单耳折肩钵为主（图

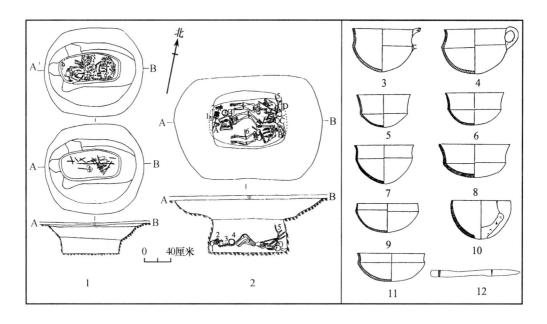

图三　扎滚鲁克一号墓地 A 组墓葬形制与主要随葬器物

1. M2 墓葬平剖面图　2. M102 墓葬平剖面图　3～11. 陶钵（M2:1、M102:1、M42:1、M67A:1、M102:4、

M38:1、M84:1、M102:2、M91:1）　12. 铜刀（M84:10）

二，3～11），一般器表有黑色陶衣。此外还有少量的带流罐和铜刀、木梳、骨勺、木纺轮等器物。

　　B 组墓葬都是刀把形单墓道竖穴棚架墓，流行 10 人以上的丛葬（图四，1）。B 组墓葬随葬品数量较为丰富，以陶器和木器为主，陶器主要有带流罐、单耳圜底罐、无耳罐和圜底钵（图四，2、18～23），随葬的木器数量特别多，除了大量的木盒（图四，6、14、15、）、木桶（图四，17）、木筒、单耳木杯（图四，24）、木盘和双联小木罐（图四，16）等容器外，还有木弓、木纺轮（图四，4、5、29）、木竖箜篌（图四，9、10）、木梳（图四，11、12、25～27）、木腰牌饰（图四，3、7、28）和其他一些木制的工具。另外在该组墓葬中还出土有彩绘木板、漆器和纨、缦、绢、锦、刺绣等丝织品以及铁剑、铁铆钉和铁戒指等铁器。B 组墓葬很多器物上都刻有纹饰，主要有漩涡纹、三角纹和一些动物纹。

　　通过上面分析可以发现，扎滚鲁克一号墓地 A 组墓葬数量较大，而且存在着一组打破关系，表明该组墓葬存在着时代早晚关系，折肩钵是墓葬中出土数量较多的一种器物，从形制上看，可以分为深腹和浅腹两种，浅腹折肩钵在索墩布拉克文化和吐鲁番苏贝希文化中都有少量发现，年代都不早于战国，而深腹折肩钵，在新疆境内除了扎滚鲁克古墓群外，少有发现，仅在流水墓地发现有类似的器物[9]。但在境外的费尔干纳楚斯特文化中较为流行，流水墓地和楚斯特文化年代都不会晚于公元前 1 千纪上半叶，因

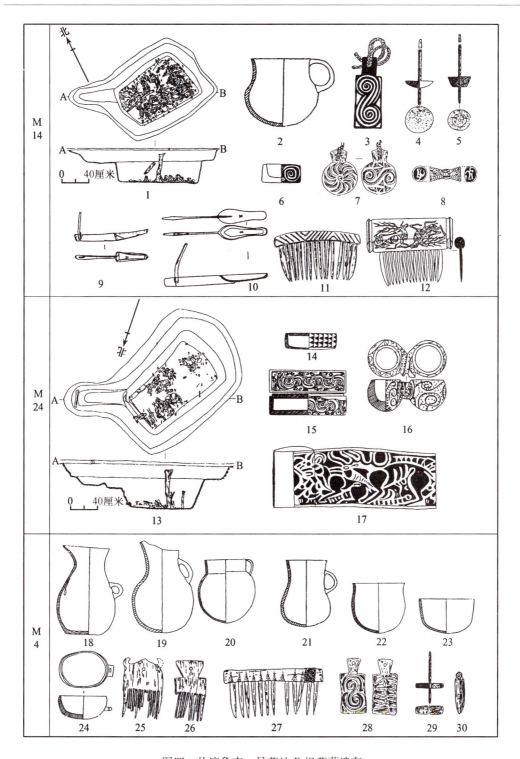

图四　扎滚鲁克一号墓地 B 组墓葬遗存

1. M14 平、剖面图　2、18～23. 陶器　3、7、8、28. 木腰牌饰　4、5、29. 木纺轮　6、14、15. 木盒
9、10. 木竖箜篌　11、12、25～27. 木梳　13. M24 平、剖面图　16. 双联木罐　17. 木桶　24. 单耳木杯　30. 眉石

此从这一点看来折肩钵应是由深腹向浅腹演变。但由于可以用来佐证的随葬品数量非常少，我们只能暂时将 A 组墓葬分为早晚两段，早段流行深腹折肩钵，晚段流行浅腹折肩钵。另外晚段墓葬中可能还出现了带流罐，虽然目前发表的墓葬中未见带流罐与折肩钵共存，但扎滚鲁克一号墓地中出土的带流罐通体瘦高，流口宽短，多鼓腹或垂腹，均为素面，与群巴克类型晚段的同类器相似，年代可能与察吾呼文化晚期同时。丝绸制品和漆器均出自 B 组墓葬，这些制品大多应是从中原地区输入的，这些器物有的可以晚到西汉时期[10]。M24 木梳上刻有的反转动物纹（图四，12）和木桶上刻有的怪兽纹（图四，17），在阿尔泰地区的巴泽雷克文化中都最为流行，年代不早于战国时期。这些都说明 B 组墓葬的年代不会太早。但由于 B 组墓葬中往往埋葬多人，因此墓葬本身年代跨度应该很大，因此我们推测，B 类墓葬年代可能在战国-西汉时期，年代上限应该不会早于公元前 5 世纪。

扎滚鲁克一号墓地共 7 个 ^{14}C 数据，其中部分数据偏早，发掘者认为墓地年代在春秋早期至西汉之间，我们基本赞同这一年代范围，但仅有 A 组墓葬可能早到春秋时期，而 B 组墓葬，上面的分析表明不会早于战国时期。

综上所述，扎滚鲁克一号墓地 A 组和 B 组墓葬应该更多的体现了年代的差别，但 A 组中也存在着与 B 组墓葬同时期的墓葬。虽然从发表的资料看 1996 年发掘的该期墓葬这种特征不明显，但在 1985 年发掘的五座墓中，虽然墓葬形制与 B 组墓葬不同，随葬品却显示出了极大的相似性（图五），尤其是木制纺轮和木梳。我们可以这样推测，

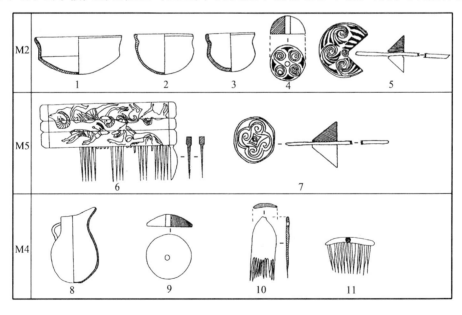

图五　扎滚鲁克一号墓地 1985 年发掘部分随葬品

1~3. 陶钵　4、5、7、9. 木纺轮　6、10、11. 木梳　8. 带流罐

在春秋时期 A 组墓葬就已经开始出现，但随葬品非常简单，仅有圜底陶钵和少量的木器，到战国时期，由于受到外来文化的影响，或有部分外来移民，墓葬中出现了少量的带流罐，墓地中也出现了面积较大的刀把形单墓道竖穴棚架墓，也就是 B 组墓葬，而墓道的出现可能是为了方便进行多人埋葬，因此 B 组墓葬均为丛葬墓。

二、其他墓地分析

1. 扎滚鲁克二号墓地

墓地位于且末县托格拉克勒乡兰干村与扎滚鲁克村交界地带的"黑沙梁"上。1996 年在该墓地发掘了两座墓葬。由于墓地破坏严重，地表看不出明显封堆。发掘的两座墓葬均为刀把形单墓道竖穴土坑棚架墓（图六，1），一号墓内葬 30 个个体，其中除 2 个骨架完整外，大部分骨架不全，缺失或少或多。二号墓葬中葬死者 27 个，骨架残缺严重，少数葬在尸床上，大部分发现在填土和墓底，经鉴定尸体大部分属于成年人，但也存在一定数量的儿童，可辨认的葬式有仰身屈肢和侧身屈肢。

墓葬中随葬陶器较为丰富，陶器大部分施黑色陶衣，手制。主要有单耳罐、带流罐和钵（图六，2~8），其中一件带流罐为平底（图六，6），形制与扎滚鲁克一号墓地96M4 出土的器物相似（图四，18）。木制随葬品的数量非常多，包括各种木容器、纺轮（图六，13、14）、木竖箜篌（图六，11）、木弓、木盒（图六，10）、木梳等，墓葬中金属器的种类较为单一，其中铁器仅有铁刀和铁锥，铜器有带扣（图六，5、9）、铜镜（图六，12）和铜匕。此外还出土了一定数量的骨器和石器，主要有骨梳、眉石和砺石等器物。

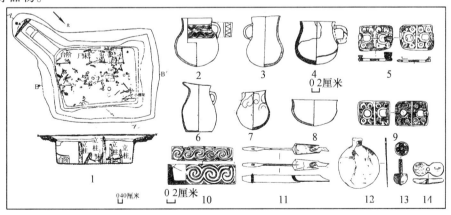

图六 扎滚鲁克二号墓地墓葬和随葬品

1. M2 墓底平面图和墓葬剖面图 2~4. 单耳罐 5、9. 铜带扣 6、7. 单耳带流罐 8. 陶钵 10. 木盒 11. 箜篌 12. 铜镜 13、14. 木纺轮（3、10 出自 M1，其余均出自 M2）

从墓葬形制和随葬品看，扎滚鲁克二号墓地这两座墓葬与一号墓地的 B 组墓葬遗存相似，发掘者认为扎滚鲁克二号墓地这两座墓葬都属于西汉时期遗存[11]，我们基本赞同，考虑到埋葬人数众多，其年代上限可能早到战国时期。

2. 加瓦艾日克墓地

墓地位于且末县托乎拉克勒克乡加瓦艾日克村，南距县城约 3 公里。1995 年中国社会科学院考古研究所在该墓地清理墓葬 12 座[12]。在该墓地发掘简报中发表了墓葬 4 座，除了 M6 年代在东汉时期外，其他 3 座墓葬 M1、M3、M5 均与扎滚鲁克一号墓地属于同一类遗存。这 3 座墓葬均为长方形竖穴土坑棚架墓，墓中有火烧痕迹，多人合葬，尸体分层埋葬，可分 2~3 层。可辨葬式均为仰身下肢上屈葬。其中 M1 埋葬 12 人，M3 埋葬 17 人，M5 埋葬 5 人。

从随葬的陶器和木器种类和形制看（图七，1~25），M1 和 M3 与扎滚鲁克一号墓地 B 组墓葬非常的相似，年代也应相近，这也表明在刀把形单墓道竖穴棚架墓出现以后，长方形竖穴土坑棚架墓仍然继续存在，但合葬的人数明显增多。而相比之下 M5 合葬人数少，随葬品种类较少以折肩钵为主（图七，26~28），与扎滚鲁克 A 组墓葬相似，年代可能稍早于 M1 和 M3。加瓦艾日克墓地共测得 10 个 ^{14}C 数据，绝对年代主要集中在公元前 5 世纪到公元前 3 世纪之间。这也基本符合上述的推测。

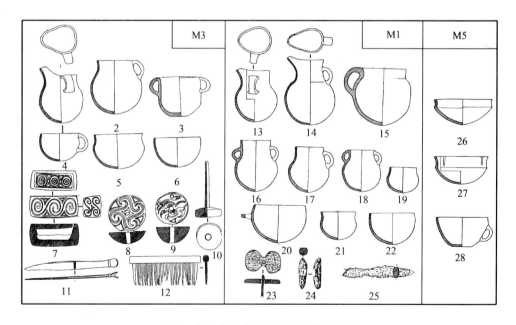

图七　加瓦艾日克墓地出土的部分器物

1~6、13~22、26~28. 陶容器　7. 木盆　8~10. 木纺轮　11. 铜刀　12. 木梳　23. 木蝶形器
24. 船形木器　25. 铁器

3. 圆沙古城遗址和周边古墓群

圆沙古城遗址位于昆仑山的北麓，克里雅河下游克里雅河古河道的西岸，古城周围分布着许多早期墓地，其中1996年调查和发掘了6座墓地，分别编号为A、B、C、D、G、H墓地。根据介绍[13]，古城内采集的遗物数量较多的是夹砂灰陶和黑陶器，钵的形制与扎滚鲁克墓葬同类器相似。另外古城内出土的纺轮（图八，7）、铜镜（图八，6）与扎滚鲁克墓地的同类器也存在着很大的相似性，根据[14]C测定，圆沙古城的上限不晚于西汉。

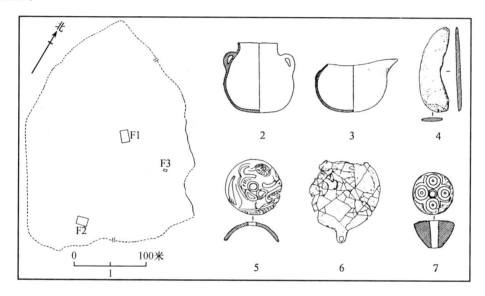

图八　圆沙古城平面图和出土的器物

1. 圆沙古城名面图　2. 双耳罐（96DKC∶8）　3. 单耳陶壶（96DKC∶51）　4. 石镰（96DKC∶65）
5. 铜饰牌（96DKC∶2）　6. 铜镜（96DKC∶1）　7. 骨纺轮（96DKF3∶21）

古城周边墓地仅有D墓地和H墓地有少量的资料发表，从已有的资料看，D墓地流行仰身下肢上屈葬（图九，1），随葬品也以折肩钵为主（图九，2、3），与扎滚鲁克一号墓地A组墓葬相似，且钵的腹部较浅，年代不会太早；H墓地发表了一座墓葬的资料，随葬品很丰富（图九，4~10），与扎滚鲁克一号墓地B组墓葬和加瓦艾日克M1类墓葬非常相似，年代也相近。

从上面的情况看，圆沙古城遗址、D墓地和H墓地与扎滚鲁克一号墓地属于同一类遗存，年代应在战国-西汉时期。

扎滚鲁克古墓群所代表的遗存，在一些文化特征，尤其是带流罐形制方面体现了与察吾呼文化的联系，因此许多研究者将其归入察吾呼文化中[14]，由于该类遗存又与察吾呼文化存在着一定的差别，因此一般被称为察吾呼文化的扎滚鲁克类型[15]，这也体

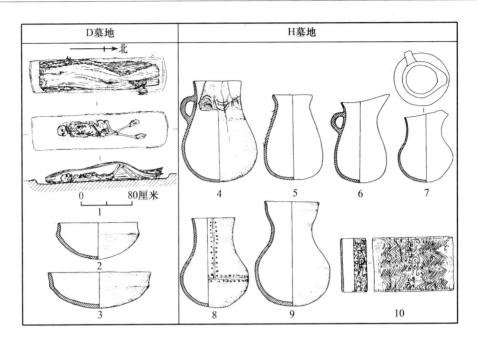

图九　圆沙 D 和 H 墓地出土的部分器物

1. DM9 墓葬平剖面图　2、3. 陶钵（DM12∶1、DM5∶1）　4～10. 均出自 HM1

现了已有研究成果谨慎的研究态度，但近午来随着一些新资料的发表，该类遗存内涵不断丰富，笔者认为扎滚鲁克类遗存具有自身特色，虽与察吾呼文化虽存在着一定联系，但区别更加明显，主要表现在以下几点。

（1）扎滚鲁克墓葬无明显地表标志，主要流行长方形土坑竖穴棚架墓和刀把形单墓道竖穴棚架墓，墓葬中 95% 的葬式为仰身下肢上屈葬，10 人以上的丛葬墓较为常见；而察吾呼文化中，地表有石围、石堆或圆形的封土标志，大量的使用石室，不见刀把形单墓道墓葬，葬式种类较多，早期流行仰身和侧身屈肢，晚期出现了一定数量的仰身直肢葬。

（2）扎滚鲁克墓葬陶器大部分为细砂泥质陶，器表有黑色陶衣，器类以素面折肩圈底钵为主，带流器数量非常少，以扎滚鲁克一号墓地 1996 年发掘为例，可以复原的 95 件陶器中，带流罐仅 6 件，且均为素面；察吾呼文化陶器以夹砂红陶和灰陶为主，多带流器，其次为勺杯，不见黑色陶衣的折肩圈底钵，在其繁荣期，彩陶较为发达。扎滚鲁克的带流器形制与察吾呼文化同类器存在着差别，而且在扎滚鲁克类遗存中出现的时间较晚应视为受到察吾呼文化影响而产生的。

（3）扎滚鲁克类遗存主要分布于塔里木盆地南缘的车尔臣河流域和克里雅河流域，而察吾呼文化主要分布在塔里木盆地北缘，两类遗存都有自己特定的分布范围。

综合以上的分析，我们认为扎滚鲁克类遗存与察吾呼文化之间差别较大，而两者之间的联系可能是扎滚鲁克文化在发展过程中受到了察吾呼文化的影响，或是融入了察吾呼文化的部分移民。因此扎滚鲁克文化应是一支分布于塔里木盆地南缘的年代在春秋—西汉时期的独立的考古学文化。

从目前的资料看，扎滚鲁克文化大致可以划分为两个阶段，早期阶段遗存数量发现较少，主要包括扎滚鲁克一号墓地大部分的 A 组墓葬，年代早于战国，相当于中原的春秋时期；晚期阶段分布范围则较广，扎滚鲁克一号墓地 B 组墓葬、扎滚鲁克二号墓地、加瓦艾日克墓地以及圆沙古城遗址、D 墓地和 H 墓地都属于这一时期遗存，年代为战国—西汉时期。

三、文化来源与周邻地区文化的关系

扎滚鲁克文化中大多数陶器器表有黑色陶衣，据已有的研究成果，这种黑色陶衣陶器在境外的外高加索、哈萨克斯坦以及健陀罗文化等许多遗存中都有发现[16]。而在所有的陶器中折肩（腹）圜底钵形器数量最多（图一〇，1~3），这种器物在扎滚鲁克文化早期占有主导地位，相似形制的陶器在费尔干纳盆地的楚斯特文化中非常流行[17]（图一〇，4~6），楚斯特文化的年代上限在公元前 2 千纪中叶，下限在公元前 1 千纪初，流行年代明显早于扎滚鲁克文化，因此扎滚鲁克文化的这种黑衣折肩（腹）圜底钵形器出现可能与楚斯特文化有关系。从黑色陶衣和折肩（腹）圜底钵的风格以及这两种因素在早期文化中所占的比例看，扎滚鲁克文化可能是一支由西方人群所创造的考古学文化。同时在扎滚鲁克文化中出土了一种双耳圜底罐（图一〇，8），类似的器物在尼雅北部类型遗存中也有发现（图一〇，7），从这一点看，作为外来的扎滚鲁克文化还吸收了少量前一阶段的当地文化因素。

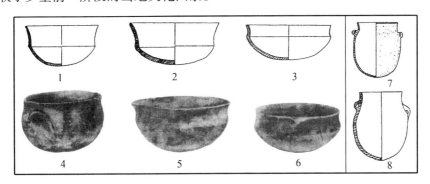

图一〇　扎滚鲁克文化主要器物来源对比图

1~3、8. 扎滚鲁克一号墓地　4~6. 达尔弗津特佩（楚斯特文化）　7. 尼雅北部类型

扎滚鲁克文化在发展的过程中，与还融入了大量的同时期其他文化遗存的因素（图一一，1、2、6、7、10、11），此外扎滚鲁克文化中的部分双耳圜底罐、单耳罐和器表的纹饰亦与群巴克类型的同类器形制相似（图一一，3~5、8、9、12~14），由于

这些因素的相似性，有人甚至把扎滚鲁克文化当成察吾呼文化的一个地方类型。但是正如我们前文所论述的，扎滚鲁克文化实际上应该是一支具有自身特征的独立的考古学文化，该文化中带流罐数量非常少，而且几乎不见在该文化的最早期，应该是受到了察吾呼文化的影响而产生的。另外这些带流器器表也都有黑色陶衣，表明这些器物已经打上了扎滚鲁克文化传统的烙印，因此我们推测，察吾呼文化中晚期向南发展，可能有部分的群巴克类型人群迁徙到且末地区，并逐渐融入了扎滚鲁克文化中。

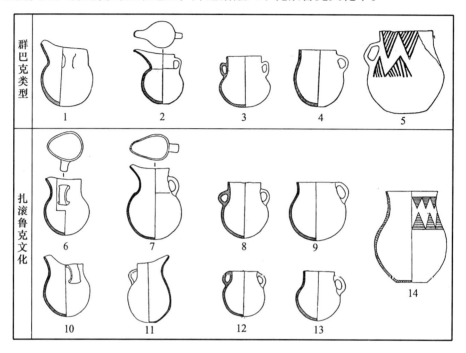

图一一　扎滚鲁克文化与察吾呼文化群巴克类型的联系

1～5. 群巴克墓地（ⅡM7：8、ⅡM10：37、ⅠM13：2、ⅡM1：9、ⅠM3：35）　6～8、12、13. 加瓦艾日克墓地 M1　9、10. 加瓦艾日克 M3　11. 扎滚鲁克一号墓地 1985 年 M4　14. 扎滚鲁克一号墓地 1996 年 M77

其次是与苏贝希文化的联系。扎滚鲁克文化中很多文化因素都与苏贝希文化相似。扎滚鲁克文化中流行的长方形土坑棚架墓、仰身上屈肢的葬式以及该文化晚期出土的木盘、木桶、箜篌和纺轮等大量木器和木器上的"S"纹、涡纹、写实性动物纹等纹饰在苏贝希文化中都有发现。另外扎滚鲁克文化中还发现少量的彩陶器，虽然数量少，但器表的彩陶纹饰均为苏贝希文化的典型纹饰（图一二，1～3）。由于苏贝希文化的年代上限要早于扎滚鲁克文化，因此，扎滚鲁克文化与苏贝希文化的联系可以看做是苏贝希文化向南扩张和影响的结果。

在扎滚鲁克文化很多随葬的木器上都刻有不同的动物题材图案，这些动物图案大体可以分为三类：第一种是反转动物纹（图一三，1、2），第二种是怪兽的题材（图一

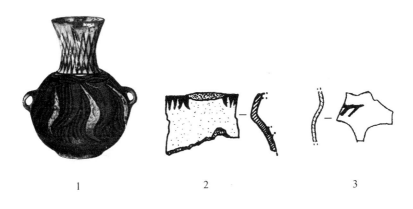

图一二　扎滚鲁克文化出土彩陶器

1. 贝格曼征集[18]　2. 扎滚鲁克墓地1989年采集[19]　3. 扎滚鲁克墓地采集[20]

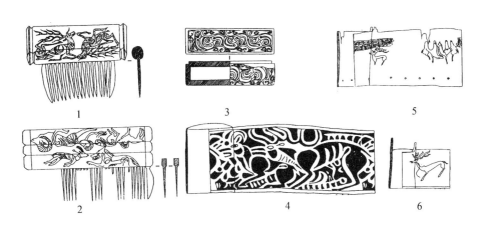

图一三　扎滚鲁克文化的动物风格

1、3~6. 扎滚鲁克一号墓地（M14：33、M24：13、M24：12、M17：4、M95：1）　2. 扎滚鲁克1985年（M5：1）

三，3、4），第三种是鹿和骆驼等写实动物形象（图一三，5、6）。对于写实性的动物纹上文已经提到与苏贝希文化的动物风格一致；而那种反转动物纹和怪兽题材的动物纹，与阿尔泰巴泽雷克文化风格一致，可能属于同一传统的文化因素。

另外在扎滚鲁克文化的晚期墓葬中还出土有彩绘木板、漆器和纨、缦、绢、锦、刺绣等丝织品，这些随葬品的出现表明了这一时期中原文化的影响已经到达了且末地区。

从以上的分析看，扎滚鲁克文化早期是以黑色圜底折肩（腹）钵为代表的遗存，这种文化因素很可能是体现了与境外中亚地区青铜文化，尤其是楚斯特文化的联系，在该文化的发展过程中，融入了吐鲁番盆地的苏贝希文化和察吾呼文化群巴克类型遗存的大量文化因素，同时也存在着与阿尔泰地区巴泽雷克文化风格一致的文化因素，而到了扎滚鲁克文化晚期，与中原王朝也建立了较为广泛的联系。

　　扎滚鲁克文化形成以后，不断发展强盛，分布范围横跨车尔臣河和克里雅河，并沿塔里木盆地南缘向西不断施加影响，包孜东和库兰萨日克墓地遗存中的折肩（腹）钵遗存，很可能就是接受了该类文化的影响。另外，扎滚鲁克文化中的刀把形单墓道墓葬和部分陶器也出现在相邻的但年代较晚的洛浦县山普拉墓地中[21]（图一四），山普拉墓地中这些因素可能也是受到了扎滚鲁克文化的影响。

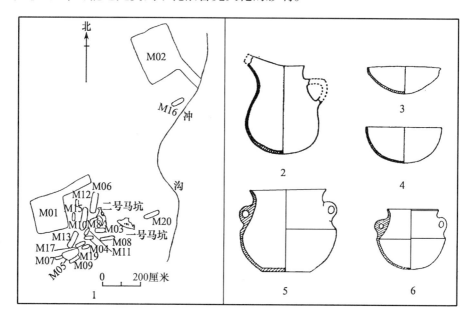

图一四　山普拉墓地墓葬分布图及部分早期陶器

1. Ⅰ号墓地墓葬分布图　2~6. 陶器（Ⅱ号墓地 M1∶2、M3∶220、M1∶4、M6∶238、M3∶67）

　　附记：本文得到了吉林大学哲学社会科学研究项目——博士科研启动基金项目和国家社科基金（项目号07XKG003）的资助。

注　释

［1］　贝格曼. 新疆考古记［M］. 王安洪译，乌鲁木齐：新疆人民出版社，1997：293~315.

［2］　新疆维吾尔自治区博物馆等. 且末扎滚鲁克二号墓地发掘简报［J］，新疆文物，2002（1、2）：1~21.

［3］　龚国强等. 新疆且末县加瓦艾日克墓地的发掘［J］. 考古，1997（9）：21~32.

［4］　新疆文物考古研究所等. 新疆克里雅河流域考古调查概述［J］. 考古，1998（12）：28~37.

［5］　新疆博物馆文物队. 且末县扎滚鲁克五座墓发掘简报［J］. 新疆文物，1998（3）：2~18.

［6］　巴音郭楞蒙古自治州文管所. 且末县扎洪鲁克古墓葬1989年清理简报［J］. 新疆文物，1992（2）：1~14.

［7］　新疆维吾尔自治区博物馆等. 新疆且末扎滚鲁克一号墓地发掘报告［J］. 考古学报，2003（1）：89~136.

［8］　南区西部除了9座刀把形单墓道竖穴棚架墓外，还有 M70、M74、M79 和 M80 四座墓葬，但资料未发表情况不明，暂不予计算在内.

［9］　中国社会科学院考古研究所新疆队. 于田县流水墓地考古发掘简介［J］. 新疆文物，2006 (2)：38～43.

［10］　新疆维吾尔自治区博物馆等. 新疆且末扎滚鲁克一号墓地发掘报告［J］. 考古学报，2003 (1)：132.

［11］　新疆维吾尔自治区博物馆等. 且末扎滚鲁克二号墓地发掘简报［J］. 新疆文物，2002 (1、2)：1～21.

［12］　龚国强等. 新疆且末县加瓦艾日克墓地的发掘［J］. 考古，1997 (9)：21～32.

［13］　新疆文物考古研究所等. 新疆克里雅河流域考古调查概述［J］. 考古，1998 (12)：28～37.

［14］　韩建业. 新疆青铜时代——早期铁器时代文化的分期和谱系［J］. 新疆文物，2005 (3)：57～99.

［15］　陈戈. 察吾乎沟口文化的类型划分和分期问题［J］. 考古与文物，2001 (5)：30～39.

［16］　郭物. 新疆天山地区公元前1千纪的考古学文化研究［D］. 中国社会科学院博士学位论文，2005：175.

［17］　A. 阿斯卡洛夫. 外阿姆河地区铁器时代的开端［A］. 中亚文明史（第一卷）［C］. 北京：中国对外翻译出版公司，2002：337～351.

［18］　贝格曼. 新疆考古记［M］. 王安洪译，乌鲁木齐：新疆人民出版社，1997：293～315.

［19］　巴音郭楞蒙古自治州文管所. 且末县扎洪鲁克古墓葬 1989 年清理简报［J］. 新疆文物，1992 (2)：1～14.

［20］　塔克拉玛干综考队考古组. 且末县古代文化遗存考察［A］. 新疆文物考古新收获（续）［C］. 乌鲁木齐：新疆美术摄影出版社，1997：338～348.

［21］　a. 新疆文物考古研究所. 洛普县山普拉Ⅱ号墓地发掘简报［J］. 新疆文物，2000 (1、2)：11～35；

　　　b. 新疆维吾尔自治区博物馆，新疆文物考古研究所. 中国新疆山普拉——古代于阗文明的揭示与研究［R］. 乌鲁木齐：新疆人民出版社，2001.

The Research of Zaghunluq Culture in Xinjiang

SHAO Hui-qiu

In Che'erchen River and Keliya River valley, south of Xinjiang, there are some remains characterized by Zaghunluq cemetery. These remains have been regarded as a part of Chawuhu Culture for long time. It is mentioned in this article that these remains have their own region and characteristic, as a result we can see it as an independent culture, named Zaghunluq Culture.

透雕网格纹牌饰及相关问题的初步研究

潘 玲

（吉林大学边疆考古研究中心，长春，130012）

矩形透雕动物纹牌饰是两汉时期匈奴和鲜卑遗存中比较有自身特点的牌饰，与这类牌饰常在同一墓地相伴随出现的还有两种数量相对较少的矩形透雕牌饰——网格纹牌饰和阶梯型牌饰，本文专门对其中的透雕网格纹牌饰进行初步研究（以下简称为"网格纹牌饰"）[1]。

前苏联学者最先开始关注网格纹牌饰，戴普列特在 1975 年发表的论文《西伯利亚的栅栏形青铜牌饰》中，通过对一些南西伯利亚、外贝加尔发现的以及中国北方长城地带征集的网格纹牌饰的分析，认为这种牌饰最初起源于中国北方地区，最早的这种牌饰上的纹饰是四条首尾相对、两两相互缠绕的蛇，在南西伯利亚经过多次简单的重复翻制后牌饰逐渐丧失其原来的动物纹形状[2]。1980 年戴普列特发表的论文《西伯利亚的透雕腰带牌饰》全面收集和研究了南西伯利亚和外贝加尔、贝加尔湖沿岸地区发现的透雕腰带牌饰，他将网格纹牌饰和阶梯纹牌饰归入其划分的 I 群牌饰（矩形牌饰）中的第三亚群——栅栏纹牌饰，将其中的网格纹牌饰称为"波浪纹牌饰"，该文对网格纹牌饰的起源和形制演变的认识与作者本人 1975 年发表论文的观点基本相同[3]。1983 年乌恩发表的论文《中国北方青铜透雕带饰》广泛收集了南西伯利亚、外贝加尔、贝加尔湖沿岸发现的相关腰带牌饰，以及中国境内长城地带征集的和西岔沟墓地、二兰虎沟墓地出土的腰带牌饰，该文将网格纹牌饰划入 A 型牌饰（长方形透雕带饰）中的 IV 式（格状或花瓣纹带饰），认为出此类牌饰的二兰虎沟墓地年代可晚到东汉晚期，但是没有就这种牌饰的起源和形制演变作专门的分析[4]。俄罗斯学者米尼亚耶夫 1995 年发表的论文《新发现的青铜艺术品和匈奴艺术中的"几何形风格"形成问题》也对网格形透雕牌饰的起源和演变提出了和戴普列特相似的解释[5]。

纵观以往的研究，不仅涉及网格纹牌饰的研究论文较少，而且对这两类牌饰的演变和起源等方面的认识基本上还停留在戴普列特于 20 世纪 70 年代提出的认识水平。自20 世纪 90 年代以来，国内外陆续发表一些墓葬出土和征集的网格纹牌饰资料，使我们有条件对这网格纹牌饰进行更深入的分析研究。本文即是在广泛收集国内外材料的基础上，就网格纹牌饰的形制演变、分布区域变迁以及相关的其他问题进行更进一步的分析。

一、型式划分

（牌饰发现情况及形制划分详见表一）

表一 网格纹牌饰发现情况一览表

序号	型	式	数量	尺寸（厘米）	出土、征集或收藏地点	文献出处
1	A		1	不详	中国北方长城地带	[6]
2	B	I	1	13.1×6.5	南西伯利亚米奴辛斯克博物馆收藏	[3]，Таблица13，50
3	B	II	1	12.6×6.6	克拉斯诺亚尔斯克边疆区乌茹尔地区克索戈里窖藏	[3]，Таблица15，60
4	B	II	1	残长9，宽6	艾尔米塔日博物馆收藏	[3]，Таблица15，61
5	B	II	1	11.1×5.8	南西伯利亚诺肖洛沃地区	[3]，Таблица13，49
6	B	II	1	11.8×6.5	南西伯利亚克拉斯诺亚尔斯克博物馆收藏	[3]，Таблица14，54
7	B	II	1	11.8×6.3	南西伯利亚克拉斯诺亚尔斯克博物馆收藏	[3]，Таблица14，55
8	B	II	1	12.3×6.4	克拉斯诺亚尔斯克边疆区乌茹尔地区克索戈里窖藏	[3]，Таблица14，56
9	B	III	1	11.1×6.2	克拉斯诺亚尔斯克边疆区乌茹尔地区克索戈里窖藏	[3]，Таблица14，57
10	B	III	1	11.1×5.9	克拉斯诺亚尔斯克边疆区乌茹尔地区克索戈里窖藏	[3]，Таблица14，58
11	B	III	1	11.5×6.1	南西伯利亚米奴辛斯克博物馆收藏	[3]，Таблица13，51
12	B	III	1	11.3×6.1	南西伯利亚米奴辛斯克博物馆收藏	[3]，Таблица13，52
13	B	III	1	11.4×6.1	南西伯利亚米奴辛斯克博物馆收藏	[3]，Таблица14，53
14	B	III	1	不详	外贝加尔伊沃尔加墓地	[3]，Таблица15，62
15	B	III	1	不详	贝加尔湖西部沿岸波列奥列洪附近的查干—胡苏恩2号墓地5号墓葬集合	[11]
16	B	IV	1	12.6×6.5	克拉斯诺亚尔斯克边疆区乌茹尔市克索戈里窖藏	[3]，Таблица15，59
17	B	IV	1	不详	贝加尔湖沿岸奥洛伊地区库尔库特斯克岛2号墓地4号墓	[13]
18	Ca		1	8.5×5.5	察右后旗三道湾墓地M110	[14]
19	Cb		1	8.7×5.6×0.5	山西朔县东官井村M1	[15]
20	Cb		1	8.7×5.5	青海上孙家寨墓地M24	[16]
21	Cc		1	8.6×5.6	河北张家口	[18]

续表

序号	型	式	数量	尺寸（厘米）	出土、征集或收藏地点	文献出处
22	Cc		1	8.6×5.7（算入突纽牌饰总长 10）	宁夏彭阳新集乡白林村	[17]
23	Cc		1	不详	内蒙古鄂尔多斯博物馆收藏	[19]
24	Da		1	9.2×7.2（不计纽宽为 5.22）	内蒙卓资县石家沟墓地	[20]
25	Da		1	长 7	内蒙古察右后旗二兰虎沟墓地	[21]
26	Db		1	8.9×8.1（不计纽宽为 5.83）	内蒙卓资县石家沟墓地	[22]
27	Db		1	76×4.7×0.2	山西朔县东邵庄村 M1	[23]
28	Db		1	不详	中国北方长城地带	[24]
29	Ea		1	不详	中国北方长城地带	[25]
30	Eb		1	长 15（估计不计纽牌饰宽约 5.5）	内蒙古察右后旗二兰虎沟墓地	[21]
31	Ec		1	10.6×5.9	河北张家口市张北县	[27]

（一）网格纹牌饰的形式划分

主要根据纹饰的差别，可将网格纹牌饰分为五个类型。

A 型　纹饰为 4 只两两首尾相对身体曲折缠绕在一起的蛇，蛇的形状比较写实，头部有两只近椭圆形耳，尾部弯曲。牌饰为扁长方形，右侧边缘附近有一圆形穿孔。中国北方长城地带发现 1 件（图一，1）[6]。

B 型　纹饰为四只头的方向相同、身体两两相对呈波浪状的蛇，牌饰呈扁长方形。根据蛇状纹饰的形态变化可分为以下四式。

Ⅰ式：清晰可见蛇头部的浮雕轮廓和蛇头上的两只近椭圆形耳朵，蛇身中部和牌饰边框中部有一条凹槽，中部两只蛇尾的末端向外侧弯曲。俄罗斯南西伯利亚米努辛斯克博物馆收藏 1 件（图一，2）[7]。

Ⅱ式：蛇身和边框中部仍有凹槽，但蛇头部变小且轮廓欠清晰，蛇头上的耳朵变成两个小点，中间两只蛇的尾部末端相对且分辨不出向外弯曲的形状。俄罗斯南西伯利亚地区发现 6 件，其中 2 件出于克索戈里窖藏（图一，3）[8]。

Ⅲ式：蛇身和边框中部仍有凹槽，蛇头部变窄接近蛇身的宽度，中间两蛇的头部连在一起，已经分辨不清蛇头上的耳朵；蛇尾部也完全连在一起并形成一个三角形的小连接带。有的牌饰在中间两蛇头的连接部或蛇尾连接带部有小的圆形穿孔。南西伯利亚发

图一 A型、B型网格纹牌饰

1. A型 2. B型Ⅰ式 3. B型Ⅱ式 4~6. B型Ⅲ式 7、8. B型Ⅳ式

（1. 出于中国北方长城地带 2. 俄罗斯南西伯利亚米奴辛斯克市博物馆收藏 3. 俄罗斯南
西伯利亚诺沃谢罗沃州发现 4. 俄罗斯南西伯利亚米奴辛斯克市博物馆收藏 5. 俄罗斯
外贝加尔地区伊沃尔加墓地出土 6. 俄罗斯贝加尔湖西岸波利奥列洪附近的查干-胡苏恩2
号墓地5号墓葬集合出土 7. 俄罗斯南西伯利亚乌茹尔市克索戈里窖藏出土 8. 俄罗斯
贝加尔湖沿岸科尔库斯克岛2号墓地4号墓葬出土）

现5件，其中2件出于克索戈里窖藏（图一，4）[9]。外贝加尔地区的伊沃尔加墓地发
现1件（图一，5）[10]。贝加尔湖西岸波利奥列洪附近的查干—胡苏恩2号墓地4号墓
葬出土1件（图一，6）[11]。

Ⅳ式：蛇身和牌饰边框上的凹槽已经不见或分辨不清，蛇头与蛇身几乎区别不出来，纹饰已经基本变成菱形网格状。南西伯利亚克索戈里窖藏发现 2 件（图一，7）[12]，贝加尔湖沿岸奥洛伊地区的库尔库特斯克岛 2 号墓地 4 号墓葬出土 1 件（图一，8）[13]。

C 型　纹饰完全脱离蛇的形象，变成菱形网格纹。牌饰轮廓为较短宽的长方形。此型牌饰只发现于中国北方地区。根据纹饰和牌饰形状差别分为三个亚型。

Ca 型　网格交叉处无装饰，边框上无特别加工出的穿孔或突纽。内蒙三道湾墓地 M110 发现 1 件（图二，1）[14]。

Cb 型　网格交叉处有突出的小乳钉，其他特征与 Ca 型相同。山西朔县东官井村 M1 出土 1 件（图二，2）[15]。

Cc 型　网格交叉处有较大的乳钉，牌饰的一侧边有较大的梯形穿孔，有的牌饰在与穿孔相对一侧的背面有铆钉状圆纽（其他的此亚型牌饰发表资料较简略，且无剖面图，不知是否也有此类圆纽），个别的牌饰在梯形穿孔边的侧边上有突纽。青海上孙家寨墓地 M24 出土 1 件（图二，3）[16]，宁夏彭阳（图二，4）[17]、河北张家口地区（图二，5）[18]、鄂尔多斯地区附近各征集 1 件（图二，6）[19]。

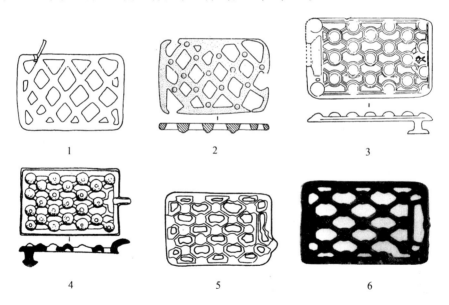

图二　C 型网格纹牌饰

1. Ca 型　2. Cb 型　3 ~ 6. Cc 型

（1. 内蒙古察右后旗三道湾墓地 M110 出土　2. 山西朔县东官井村 M1 出土　3. 青海上孙家寨墓地 M24 出土　4. 宁夏彭阳县新集乡白林村征集　5. 河北张家口地区征集　6.《鄂尔多斯青铜器》发表

D 型　纹饰和牌饰长宽比与 C 型的接近，但是牌饰四角各有一个大半圆形或圆形穿孔纽。皆发现于中国北方长城地带。根据纹饰差别可分为二个亚型。

Da 型　网格交叉处无乳钉。内蒙古察右后旗石家沟墓地（图三，1）[20]、二兰虎沟墓地（图三，2）[21] 各出土 1 件。

Db 型　网格交叉处有乳钉。内蒙古石家沟墓地（图三，3）[22]、山西朔县东邵庄村 M1 出土 1 件（图三，4）[23]，北方长城地带征集 1 件（图三，5）[24]。

E 型　牌饰为扁长方形，只有一横排完整的网格纹，牌饰四角上有 2～4 个圆形或大半圆形穿孔纽。皆发现于中国北方长城地带。根据纹饰形状可分三个亚型。

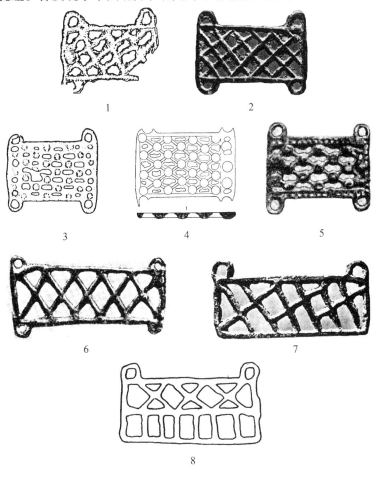

图三　D 型、E 型网格纹牌饰

1　2. Da 型　3～5. Db 型　6. Ea 型　7. Eb 型　8. Ec 型

（1. 内蒙古卓资县石家沟墓地出土　2. 内蒙古察右后旗二兰虎沟墓地出土　3. 内蒙古卓资县石家沟墓地出土　4. 山西朔县东邵庄村 M1 出土　5、6. 出于中国北方长城地带　7. 内蒙古察右后旗二兰虎沟墓地出土　8. 河北张家口地区张北附近征集）

　　Ea 型　有一横排完整的菱形网格纹，四角有圆形穿孔。北方长城地带发现 1 件（图三，6）[25]。

　　Eb 型　菱形网格纹形状不规则，牌饰上边两角各有一大半圆形穿孔纽。二兰虎沟墓地出土 1 件（图三，7）[26]。

　　Ec 型　牌饰上部为一牌菱形网格纹，下部为一横排长方格纹，上边缘两角各有一圆形穿孔纽。河北张家口地区张北县发现 1 件（图三，8）[27]。

（二）由网格纹牌饰演化出的其他形状牌饰

　　此类牌饰皆发现于中国北方长城地带，目前见于发表的有 5 件，大多数牌饰上的网格纹呈浅浮雕状，根据牌饰轮廓差别可分为二型（详见表二）。

表二　由网格纹牌饰演化出来的其他形状牌饰

序号	型	形状	数量	尺寸（厘米）	出土、征集或收藏地点	文献出处
1	A	长方形，上下侧边内凹，有菱形镂孔	1	不详	中国北方长城地带	[28]
2	A	长方形，上下侧边内凹有菱形镂孔	1	不详	中国北方长城地带	[29]
3	B	近梯形	1	长 15	内蒙古察右后旗二兰虎沟墓地	[30]
4	B	近梯形	1	长 5.4、宽 2.6～3.6	内蒙古商都县	[31]
5	B	近梯形	1	长 6.1、宽 3.6、边缘厚 0.2	内蒙古敖汉旗康家营子	[32]

　　A 型　牌饰近长方形，上下边缘向内凹。见于发表的有 2 件。1 件为透雕纹饰，边框和牌饰中部的两条纵向隔栏上有连续的小乳钉纹，牌饰上有 3 个完整的菱形网格，发现于北方长城地带（图四，1）[28]。1 件牌饰正面有两条横向隔栏，牌饰正面饰浅浮雕状的细小菱形网格纹，发现于北方长城地带（图四，2）[29]。

　　B 型　牌饰整体形状近梯形，边角上有数量不等的穿孔纽。见于发表的有 3 件。1 件出于二兰虎沟墓地，牌饰上半部长方形，下半部梯形，四角和两边共有 8 个穿孔纽。牌饰正面饰浅浮雕状的细小菱形网格纹，只有最下一排网格是镂空的（图四，3）[30]。另外 2 件形状相似，牌饰轮廓为梯形，上边正中部有一梯形穿孔纽，牌饰正面有两条纵向隔栏，饰浅浮雕状的细小菱形网格纹。内蒙古商都县（图四，4）[31]、敖汉旗康家营子（图四，5）[32]各发现 1 件。

图四　由网格纹牌饰演化出的其他形状牌饰

1、2. A 型　3、4. B 型

（1、2. 中国北方长城地带发现　3. 内蒙古察右后旗二兰虎沟墓地出土　4. 内蒙古商都县征集　5. 内蒙古敖
汉旗康家营子村东沙地出土）

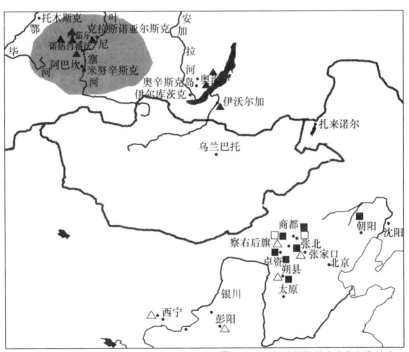

图五　网格纹牌饰分布示意图

二、年代和演变

B 型网格纹牌饰的演变关系非常清晰。可以将 B 型牌饰演变趋势总结如下：

（1）蛇头形状由写实、较宽→抽象变窄→与蛇身分辨不清几乎等宽；

（2）中间相对两只蛇尾的末端向外弯曲→相对→连接在一起形成一个三角形连接带；

（3）蛇身中部和边框中部有凹槽→没有凹槽或分辨不清。

南西伯利亚、贝加尔湖沿岸和外贝加尔地区发现的 B 型网格纹牌饰虽然多数是出土地点不明的征集品，但是还有一定数量的牌饰出土于年代可确定的墓地或窖藏，可据此判断 B 型牌饰的年代。具体情况如下。

克索戈里窖藏出土 2 件 B 型 Ⅱ 式、1 件 B 型 Ⅲ 式、1 件 B 型 Ⅳ 式牌饰；伊沃尔加墓地发现 1 件 B 型 Ⅲ 式牌饰；查干—乌苏恩 2 号墓地 5 号墓葬集合发现 1 件 Ⅲ 式 B 型牌饰。

克索戈里窖藏出塔加尔文化捷西期的水禽雕像和西汉时期匈奴遗存中流行的动物纹透雕牌饰[33]，目前俄罗斯学者普遍认为捷西期的年代在公元前 2～前 1 世纪[34]，克索戈里窖藏的年代也应该在此范围内。伊沃尔加墓地年代主体相当于西汉中晚期，与克索戈里窖藏的年代相当[35]。查干—胡苏恩 2 号墓地已经发掘的 21 座墓葬集合大致呈 3 排，排列紧密，虽然大部分墓葬被盗，但是出土的随葬器物与伊沃尔加墓地和德列斯图依墓地的非常相似[36]。其中出土 B 型 Ⅲ 式网格纹牌饰的 5 号墓葬集合只发现 B 型 Ⅲ 式网格纹牌饰这一件随葬品，但是与之在一排并相邻的 4 号墓葬集合没有被盗，而且出土了阶梯形带饰、有熊的正面图案的铜扣、勺形带扣、长方形腰带牌饰，这些器物都是外贝加尔地区的伊沃尔加墓地和德列斯图依墓地等年代相当于西汉中晚期的匈奴墓地常见的随葬器物[37]。在 4 号墓葬中还发现 1 件用镏金铜丝纽绕成的耳饰，与中国东北地区的年代相当于西汉中晚期的兴隆山墓葬[38]、平洋墓葬砖场 M107 随葬的金耳饰相似[39]。从查干—胡苏恩墓地已经发掘墓葬的情况可知这些墓葬紧密且有规律，随葬品时代特征一致，因此这些墓葬应该是同一时期的。从发现的随葬品可以推测，该墓地出 B 型 Ⅲ 式网格纹牌饰的 5 号墓葬集合的年代相当于西汉中晚期，即公元前 2～前 1 世纪。

由以上出 B 型 Ⅱ、Ⅲ、Ⅳ 式网格纹牌饰遗存的年代可知，B 型 Ⅱ～Ⅳ 式牌饰的年代在公元前 2～前 1 世纪，相当于西汉中晚期。B 型 Ⅰ 式牌饰虽然只有一件征集品，但是其纹饰形状和 Ⅱ 式的非常接近，例如在有些 Ⅱ 式牌饰中还能分辨出和 Ⅰ 式相似的中间两只蛇尾的末端略向外弯曲的特征，蛇的头部、蛇身躯的形状也非常相似（图一，2、3）。因此这两式牌饰存在的年代应该相距不远，即 B 型 Ⅰ 式牌饰年代的上限可能稍早于或相当于公元前 2 世纪。因此可以认为 B 型牌饰存在的年代是公元前 2 或稍早至公元前 1 世纪，相当于西汉中晚期。也就是说，在 100 年或更短的时间范围内，在南西伯利亚及附近的外贝加尔地区，网格纹牌饰完成了从蛇形波浪纹向菱形网格状纹饰的演变，即从动物纹饰演变成几何形纹饰。俄罗斯学者戴普列特等都曾提出过和本文上述类似的演变规律，并且认为这种演变的动因是当地工匠机械地简单复制原有的牌饰，使最初的纹饰越来越模糊[40]，米尼亚耶夫认为这一演变过程是在非常短的时间内完成的[41]。

A 型牌饰目前只在北方长城地带发现 1 件，四条蛇两两首尾相对，身体缠绕在一起。虽然 B 型牌饰已经改为四条蛇头向同一个方向，两条相对的蛇身体不是缠绕在一起而是呈波浪状相对，但是还可以明显看到早期的 B 型牌饰保留了 A 型牌饰的很多特征：如 B 型 I 式牌饰蛇头部还比较写实，中间两只相对的蛇的尾部末端与 A 型牌饰类似各向外侧弯曲等（图一，1、2）。因此俄罗斯学者认为南西伯利亚的网格纹牌饰的原型不在本地，而是长城地带的 A 型牌饰，这一观点是符合实际的[42]。从 A 型牌饰和 B 型 I 式牌饰的相似程度推测两者相差的年代不会太远。根据 B 型牌饰的流行年代，可以推测 A 型牌饰可能存在于西汉早期，也有可能早到战国晚期或秦汉之际。

C、D、E 型牌饰只见于以长城地带为中心的中国北方地区。出 Ca 型、Cb 型牌饰的三道湾墓地[43]、朔县东官井村 M1[44]年代可判定在东汉中、晚期。出 Cc 型牌饰的上孙家寨墓地 M24 年代为东汉晚期[45]。出 Da、Db 型牌饰的石家沟墓地年代在东汉晚期[46]。出 Db 型牌饰的朔县东邵村 M1 也出东汉中晚期出现、东汉晚期在北方地区盛行的长宜子孙铜镜，因此该墓葬的年代应在东汉晚期[47]。出 D、E 型牌饰的二兰虎沟墓地也出土长宜子孙铜镜，结合其他出土器物分析，该墓地主体年代在东汉晚期前后（详细情况见下文）[48]。因此，从整体上看，C、D、E 型网格纹牌饰的年代在东汉中晚期，以东汉晚期为主。从网格纹牌饰总体的演变趋势观察，很有可能有小乳钉纹的 Cb、Cc 亚型牌饰出现时间晚于无乳钉的 Ca 型牌饰的，角上有纽的 D、E 型牌饰出现时间晚于 C 型牌饰的。E 型牌饰的菱形网格纹形状已经发生变异，因此很可能此型的牌饰年代最晚。根据 C、D 型牌饰的年代推测 E 型牌饰的年代下限有可能已经到汉魏之际或稍晚。

由网格牌饰演化出的其他形状牌饰中的 A 型牌饰有的边框上有乳钉，这一特征与 Cb、Cc、Db 型网格纹牌饰的类似；B 型牌饰中的边、角上有纽的特征与 D、E 型网格纹牌饰的类似。因此这两型的年代和 C、D、E 型的应该相距不远。但是网格牌饰演化出的其他形状牌饰中大多数是不透雕的牌饰，这是以前网格纹牌饰不具备的特征。透雕特征的消失和牌饰形状的改变说明网格纹牌饰的演变过程已经到了尾声，由此推测由网格纹牌饰演变出的牌饰的年代整体上晚于北方长城地带的 C、D、E 型网格纹牌饰，其流行年代可能在东汉晚期至汉魏时期，也有可能更晚到魏晋时期。

以上对 C、D、E 型牌饰以及由网格纹牌饰演变出的其他形状牌饰的相对年代和演变关系的分析可概括如下图示所示（示意表见图六）：

Ca 型

↓　　↓

Cb 型　Cc 型　　　Da 型

↓

Db 型

Ea Eb Ec 型　　由网格纹牌饰演变出的
其他形状牌饰（A、B 型）

公元纪年	汉代年代	南西伯利亚	贝加尔湖沿岸	外贝加尔	中国北方长城地带	青海地区
公元前3世纪	战国晚期到秦汉之际					
公元前2世纪	西					
公元前1世纪	汉					
公元1世纪	东					
公元2世纪	汉					

图六　网格纹牌饰演变示意表

综合以上分析，可以对网格纹牌饰的发展演变状况作如下总结：西汉早期或可能早到战国晚期或秦汉之际，写实的 A 型网格纹透雕牌饰存在于中国北方长城地带，在相当于西汉中期的公元前 2 世纪，南西伯利亚地区出现仿效 A 型牌饰的 B 型牌饰，并且在相当于西汉中晚期的公元前 2~前 1 世纪在这里完成纹饰从弯曲的蛇形向菱形网格状纹饰的演变，其中有少量 B 型牌饰也出现于外贝加尔沿岸地区和外贝加尔地区。相隔近 100 年后的东汉中晚期，形状变得宽而短的 C、D 型网格纹牌饰在以内蒙古中部为中心的中国北方长城地带出现，并且演变出带乳钉、带突纽、带梯形穿孔、背面带铆钉状纽、角上带穿孔纽等多种形状。在长城地带，与 C、D 形牌饰同时或稍晚时期出现的，还有形体较长、网格纹饰简化的 E 型牌饰。大约在汉魏时期以后，网格纹牌饰在中国北方长城地带消失。但是在这一地区由网格纹牌饰演化出的其他形状牌饰有可能一直存在到魏晋时期（图六）。

三、相关问题的探讨

1. 功能和用法的改变

网格纹牌饰在南西伯利亚以及贝加尔湖沿岸、外贝加尔地区出现以后，牌饰整体轮廓、功能基本没有发生变化。上述地区的网格纹牌饰中有一部分一侧边缘有圆形穿孔或半弧形磨痕，说明这里是穿过将腰带两端的牌饰连接在一起的皮绳的地方。牌饰是横向放置的，很可能是两个牌饰分别固定在腰带的两端，腰带的一端有一个皮绳穿过一个牌饰外侧边的穿孔，然后折回系结在腰带另一端的网格纹牌饰的外侧上。这种系结方法与西汉时期匈奴的透雕动物纹牌饰的用法相同[49]。但是东汉中晚期网格纹牌饰在中国北方长城地带重新出现后，不仅大多数形状变得短而宽，而且牌饰的固定方法和功能也发生了变化。三道湾墓地 M110 为男、女合葬墓，Ca 型牌饰位于女性头骨下，该牌饰侧边不见有穿孔或穿系细绳的磨痕，但是牌饰的左上边缘上系结一个小皮条，牌饰夹在一个木构件上，牌饰附近没有发现与腰带相关的其他器物和遗迹。这说明这件牌饰已经不是腰带上的有系结兼装饰功能的带饰。估计形状与三道湾这件相近的 Cb 型和 D 型网格纹牌饰可能也已经不是腰带上的带饰。由网格纹牌饰演化出的其他形状的牌饰中的 B 型牌饰则明显变成了在牌饰的顶部或边角悬挂或固定的装饰性的牌饰。

另一方面，Cc 型牌饰的一侧边都有长梯形穿孔，说明此亚型的牌饰仍然是腰带一端的有系结功能的带饰（图二，4~6）。但是上孙家寨 M24 和彭阳白林村出的 2 件 Cc 型牌饰除了有长梯形穿孔之外，在牌饰背面还有一铆钉状突纽，这明显是借鉴了中原传统带钩的依靠背面铆钉状突纽固定在腰带上的方法（图二，4、5）[50]。彭阳白林村的一件不仅背面有铆钉状突纽，而且在右边缘还有一斜向外侧的突纽。这种突纽是长城地带春秋战国时期的带扣和西汉时期匈奴矩形动物纹透雕牌饰上常见的固定用纽。很显然，彭阳白林村的这件 Cc 型牌饰同时吸收了中原的和北方草原的固定腰带方法。

2. 网格纹牌饰演变反映出的长城地带的创新能力

对于南西伯利亚（包括临近的贝加尔湖沿岸、外贝加尔附近地区，以下同）和北方长城地带来说，分别于公元前 2 世纪左右出现的 B 型网格纹牌饰和于东汉中晚期出现的 C、D、E 型网格纹牌饰都是在当地找不到年代接近的原型的情况下出现的，因此都是外来的因素，但是牌饰在两地的发展演变状况却有很大的差别。在南西伯利亚及其邻近地区，B 型牌饰在其存在的时期内整体轮廓、使用方法基本没有变化，牌饰的变化只体现在蛇形纹饰越来越模糊，最后变成分辨不出动物形状的网格形。俄罗斯学者戴普列特和米尼亚耶夫都认为，该地区网格纹牌饰的上述纹饰演变的原因是，当地的工匠以原有的牌饰为原型经过多次简单复制而使牌饰的纹饰越来越偏离最初的形状，对牌饰的纹饰和形状没有进行进一步的再创造[51]。在中国境内的情况则恰恰相反，东汉中晚期网格纹牌饰在中国北方长城地带出现后，在较短的时间内演化出有小乳钉纹、角上有穿孔纽、一侧边有长梯形穿孔、背面有铆钉形纽等多种形状，而且在更晚的时候演化出形状发生更大变化的两类其他形状的牌饰，有些网格纹牌饰的用法和功能也发生了改变。

　　上述两地牌饰演变情况的明显差异，一方面反映出长城地带的铸造小件青铜器的技术明显高于南西伯利亚以及邻近地区，因为只有在先进铸造技术的支持下，长城地带的工匠才能在外来牌饰原型的基础上创造出适合本地使用习惯和审美需求的多种形状网格纹牌饰；而南西伯利亚地区的工匠只能够在一个类型牌饰的基础上进行简单翻模复制，因此也没有能力再创造出其他形状的牌饰。长城地带在小件青铜器铸造方面的创新能力在很长的时期内都高于其北面的草原地带，实际上与网格纹牌饰类似的情况在稍早于两汉时期和更早的时期也多次出现过。例如在战国晚期至西汉中晚期，中国北方长城地带流行以矩形透雕动物纹牌饰为代表的各种形状透雕动物纹牌饰，这些牌饰早期的纹饰题材都不是长城地带起源的，如猛兽噬咬食草动物、动物后蹄翻转等动物纹明显是来自于南西伯利亚一带的所谓“斯基泰式”动物造型风格。但是在长城地带，在借鉴这些外来动物纹饰的基础上，在约西汉前中期左右创造出以牛、马、羊等家畜为主体纹饰的题材多样的矩形透雕动物纹牌饰，并且向北传入南西伯利亚、外贝加尔等地。在上述这两个地区矩形动物纹牌饰没有在纹饰上进一步创新，不仅纹饰题材减少，而且纹饰内容都没有超出长城地带透雕动物纹牌饰的范围。尤其在南西伯利亚地区，此类牌饰纹饰的变化和网格纹牌饰如出一辙，都是经过简单复制原有牌饰而使纹饰越来越模糊，俄罗斯学者米尼亚耶夫和戴普列特对此都有论述[52]。

　　与透雕动物纹牌饰情况不同的是，网格纹牌饰于东汉中晚期在长城地带经过短暂的创新和流行之后不仅很快在长城地带消失，而且没有再向其他地区传播。这很可能是因为东汉中晚期之后，长城地带使用网格纹牌饰的主体人群——魏晋时期的鲜卑人很快接受了中原的文化传统，网格纹牌饰也随着他们的民族传统的丧失而很快消失在历史长河之中。

3. 对三道湾和二兰虎沟等墓地的认识

　　网格纹牌饰于东汉中晚期集中出现于内蒙古中部和晋、冀两省的北部，而且有明确出土地点的该类牌饰多数都是在这一时期突然在当地出现的规模较大的鲜卑墓地发现的（出网格纹牌饰地点最靠西边的青海上孙家寨墓地出“匈奴归义亲汉长”印，一般认为该墓地与匈奴有较为密切的关系）。追溯上述网格纹牌饰最近的来源，只能与公元前 2 ~ 前 1 世纪在南西伯利亚以及临近的外贝加尔附近地区流行的 B 型网格纹牌饰联系，这两个地区正是西汉时期匈奴人居住的或受匈奴文化强烈影响的地区。这使我们不能不联系到东汉中期在汉匈关系史上发生的一件大事：东汉和帝永元中（公元93年），汉将耿夔击破北匈奴，鲜卑由此徙据其地，匈奴余种尚有十余万落，皆自号鲜卑，鲜卑由此渐盛[53]。因此很有可能，东汉中晚在内蒙古中部和晋、冀两省北部突然出现网格纹牌饰的二兰虎沟、三道湾、石家沟等被认定为鲜卑遗存的墓地中，有一部分墓葬是随鲜卑人南下的北匈奴人及其后裔留下的，因为只有这些人才最有可能把已经在长城地带消失百余年的网格纹牌饰从遥远的北方草原带到长城地带[54]。

　　二兰虎沟墓地的墓葬受到严重破坏，已经发表的出土器物不仅数量很少，而且都是在墓地采集的或从村民手中征集的，这种状况使我们很难对墓地做出准确的断代。乌恩先生认为二兰虎沟墓地"年代当为东汉晚期"[55]，也有学者认为该墓地年代应该在东汉晚期以后，晚于三道湾墓地[56]。二兰虎沟墓地不仅出土和三道湾墓地的形状相似的对鹿纹牌饰，而且出在网格纹牌饰中出现年代比较晚的Da型网格纹牌饰、网格纹形状开始变异的Eb型网格纹牌饰、由网格纹演化出的边角多纽的长梯形牌饰（图七）。二兰虎沟墓地集中出现上述年代特征比较晚的网格纹牌饰，且出土东汉晚期在北方地区盛行的长宜子孙铜镜，由此可知上述学者推断该墓地的年代在东汉晚期或晚到汉魏时期是比较合理的。

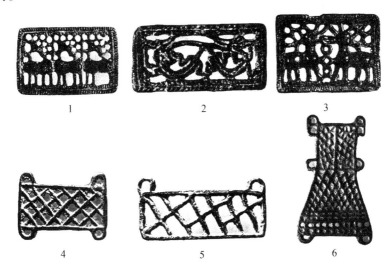

图七　二兰虎沟墓地出土的部分透雕牌饰
1. 三鹿纹牌饰　2. 对龙纹牌饰　3. 对鹿纹牌饰　4. D 型网格纹牌饰　5. E 型网格纹牌饰　6. 由网格纹牌饰演化出的牌饰

注　释

[1]　前苏联和俄罗斯学者将网格纹牌饰又称为波浪纹牌饰，因为在今俄罗斯境内发现的此类牌饰

很多能明显分辨出 4 只身体相对呈波浪状弯曲的蛇的形状。但是在中国北方地区发现的只能看出菱形网格状纹饰，为了使牌饰名称更合理，本文统一称这类牌饰为网格纹牌饰.

[2] Дэвлет М. А. Сибирские решетчатые бронзовые пластины. Археология северной и Центральной азии. Новосибирск. 1975：150 ~ 155.

[3] Дэвлет М. А. Сибирские поясные ажурные пластины. Археология. Москва, 1980.

[4] 乌恩. 中国北方青铜透雕带饰 ［J］. 考古学报，1983（1）：25 ~ 38.

[5] С. С. Миняев Новейшие находки художественной формирвания "геометрического стиля" в искусстве сюнну. Археологические вести. 1995（4）：123 ~ 136.

[6] 该牌饰的线图采自于注 ［5］ 的图 3，1.
该器物的原图发表于 O. 简斯的《草原帝国》（Janse O. L' Empire des Stepps. Revue des arts Asiatiques, Paris. 1935, vol. IX, NO 1, tabl. X.).

[7] 该牌饰照片采自于 ［3］ 注的图版 13，50.

[8] a. 本文的 B 型 II 式牌饰的相关资料来源于 ［3］ 提供的文字和照片资料；
b. 克索戈里窖藏出土 B 型 II 式牌饰的原始资料出于以下文献：
Нащекин Р. В. Косоголъсеий клад. Археологические открытия 1966 гола. Москва. 1967：163 ~ 165；

[9] a. 南西伯利亚地区发现的 B 型 III 式牌饰资料来源于 ［3］ 提供的文字和照片资料.
b. 克索戈里窖藏出土 B 型 III 式牌饰的原始资料出于以下文献：
Нащекин Р. В. Косоголъсеий клад. Археологические открытия 1966 гола. Москва. 1967：163 ~ 165.

[10] Давыдова А. В. Иволгиский могилъник. Санкт-Петербург. 1996.

[11] Харинский А. В. Могилъник Цаган-Хушу- II на западном побережъе Байкала. Археология и социокулътурная антропология Далънего Востока и сопределъных территорий. Благовещенск, 2003：248 ~ 254.

[12] a. 牌饰照片资料来自注 ［3］ 的图版 15，59、60；
b. 克索戈里窖藏出土 B 型 IV 式牌饰的原始资料出于以下文献：
Нащекин Р. В. Косоголъсеий клад. Археологические открытия 1966 гола. Москва. 1967：163 ~ 165.

[13] Асеев И. В. Прибайкалье в средние века. Новосибирск 1980：50, табл. VIII. 1.

[14] 乌兰察布博物馆. 察右后旗三道湾墓地 ［A］. 内蒙古文物考古文集（第一辑）［C］，北京：中国大百科全书出版社，1994：407 ~ 437，图一一-2.

[15] 雷云贵，高士英. 朔县发现的匈奴鲜卑遗物 ［A］. 山西省考古学会论文集 ［C］，太原：山西人民出版社，1992：140 ~ 147，图一-3.

[16] 青海省文物考古研究所. 上孙家寨汉晋墓 ［M］. 北京：文物出版社，1993：13，图八〇-2，图版五三-1、2.

[17] 杨宁国，祁悦章. 宁夏彭阳近年出土的北方系青铜器 ［J］. 考古，1999（12）：28 ~ 37，图七-15，图版伍-1.

[18] 郑绍宗. 略论中国北部长城地带发现的动物纹青铜牌饰 ［J］. 文物春秋，1991（4）：1 ~ 32，

插图 81.

[19] 鄂尔多斯博物馆. 鄂尔多斯青铜器 [M]. 北京：文物出版社，2006：181.

[20] 内蒙古博物馆：卓资县石家沟墓群出土资料 [J]. 内蒙古文物考古，1998（2）：9～21，
图五-16.

[21] 郑隆，李逸友. 察右后旗二兰虎沟的古墓群 [A]. 内蒙古文物资料选辑 [C]. 呼和浩特：内
蒙古人民出版社，1964：99～110，图版贰叁-一一一.

[22] 内蒙古博物馆. 卓资县石家沟墓群出土资料 [J]. 内蒙古文物考古，1998（2）：9～21，
图五-17.

[23] 雷云贵，高士英. 朔县发现的匈奴鲜卑遗物 [A]. 山西省考古学会论文集 [C]，太原：山西
人民出版社，1992：140～147，图一-4.

[24] Дэвлет М. А. Сибирские решетчатые бронзовые пластины. Археология северной и
Централъной азии. Новосибирск. 1975：150～155. Рис. 5, 5.
该器物的原图发表于 O. 简斯的《草原帝国》（Janse O. L'Empire des Stepps. Revue des arts
Asiatiques，Paris. 1935, vol. IX，№1, tabl. X.）

[25] Дэвлет М. А. Сибирские решетчатые бронзовые пластины. Археология северной и
Централъной азии. Новосибирск. 1975：150～155. Рис. 5, 4.

[26] 同注 [21].

[27] 郑绍宗. 略论中国北部长城地带发现的动物纹青铜牌饰 [J]. 文物春秋，1991（4）：1～32，
插图 80.

[28] Дэвлет М. А. Сибирские решетчатые бронзовые пластины. Археология северной и
Централъной азии. Новосибирск. 1975：150～155. Рис. 5, 6.

[29] 水野清一，江上波夫. 绥远青铜器 [A]. 内蒙古长城地带 [M]. 1935.
本文中的该牌饰线图采自《鄂尔多斯式青铜器》86 页图五四，2（内蒙古自治区文物工作队
田广金、郭素新编著，文物出版社，1986 年出版）.

[30] 郑隆，李逸友. 察右后旗二兰虎沟的古墓群 [A]. 内蒙古文物资料选辑 [C]. 呼和浩特：内
蒙古人民出版社，1964：99～110，图版贰叁-一一〇.

[31] 郑绍宗. 略论中国北部长城地带发现的动物纹青铜牌饰 [J]. 文物春秋，1991（4）：1～32，
插图 77.

[32] 内蒙古敖汉旗博物馆. 敖汉文物精华 [M]. 呼和浩特：内蒙古文化出版社，2004：93.

[33] Нащекин Р. В. Косоголъсеий клад. Археологические открытия 1966 гола. Москва. 1967：
163～165.

[34] Пшеницына. М. И. Тесинский этап. Степная полоса Азиатской части СССР в Скифо-
сарматское время. Москва，1992：224～235.

[35] a. 同注 [10]；
b. 潘玲. 伊沃尔加城址和墓地及相关匈奴考古问题研究 [M]. 北京：科学出版社，2007.

[36] a. 同注 [11]；
b. Харинский А. В. Престижные вещи в погребенях байкальского побережья конца I тыс.
н. э. -начала II тыс н. э. как показательных культурно-политических процессов.

Комплексные исследования древних и традиционных обществ Евразии. : 108-118.

查干—胡苏恩 2 号墓地目前只有已经发掘的 21 座墓葬（发掘者称之为"集合"，以下同）的发掘资料有简要介绍，其余大部分墓葬还有待进一步的发掘和研究。已经发掘的大部分墓葬地表有一层石头的堆砌，下面有近长方形墓坑。个别的只在地表发现石堆，或者只有墓坑不见地表石堆。因墓葬大部分被盗掘过，不仅发现遗物较少，而且墓坑被扰动后坑口形状变成近长椭圆形。没有被盗的 4 号墓葬墓坑平面为长方形，由此推测可能其他墓葬最初平面也是长方形.

[37]　a. 同注 [35]；

　　　　b. Минияев С. С. Дырестуйский могилъник. Санкт-Петербург，1998.

[38]　吉林省文物工作队. 通榆县兴隆山鲜卑墓清理简报 [J]. 黑龙江文物丛刊，1982 (3)：65 ~ 69.

[39]　杨志军，郝思德，李陈奇. 平洋墓葬 [M]. 北京：文物出版社，1990.

[40]　同注 [3]、[5].

[41]　同注 [5].

[42]　同注 [3].

[43]　同注 [14].

[44]　同注 [15].

[45]　同注 [16]. 该报告将出网格纹牌饰的 M24 划分在第五期，年代相当于东汉晚期.

[46]　同注 [20].

[47]　同注 [15].

[48]　同注 [21].

[49]　潘玲. 矩形动物纹牌饰的相关问题研究 [A]. 边疆考古研究（第 3 辑）[C]. 北京：科学出版社，2004：127 ~ 145.

[50]　a. 王仁湘. 带钩概论 [J]. 考古学报，1985 (3)：267 ~ 309；

　　　　b. 另两件 Cc 型牌饰的发表资料没有介绍牌饰背面的情况，根据其中《鄂尔多斯青铜器》181 页发表的那件 Cc 型牌饰照片推测，该件牌饰很可能也在背面有铆钉状突纽.

[51]　同注 [3]、[5].

[52]　同注 [3]、[5].

[53]　见《后汉书·乌桓鲜卑列传》，中华书局 1965 年 5 月第 1 版，二九八六页.

[54]　孙危《内蒙古地区鲜卑墓葬的初步研究》（见《内蒙古地区鲜卑墓葬的发现与研究》，科学出版社，2004 年，211 ~ 272）一文曾经提出石家沟墓地、二兰虎沟墓地是"在拓跋鲜卑迁至'匈奴故地'后的一个世纪里，分布在当地的与匈奴有关的部族遗存"，但是该文列举出的存在于两处墓地的匈奴文化因素是值得商榷或有待于新的考古发现证明的。例如该文指出石家沟墓地"墓坑为石块垒砌墓圹，墓顶盖有石板，有的有木棺，并有火葬现象，殉牲有马、牛、羊骨，而以羊骨数量最多，表现出强烈的匈奴文化特征." 实际上石块垒砌墓圹和在墓顶盖石板在汉代匈奴墓地的普通墓葬中很少见（石家沟墓地已经被当地居民破坏没有发掘，墓地调查者从当地老乡处了解到约四分之一墓葬是石块垒砌出墓圹），两汉时期匈奴普通墓葬比较有特点的墓葬结构是在木棺（或椁）壁和墓穴壁之间放石板或石块。牛、马、羊殉牲（羊比较多）也不是匈奴特有的。该文提出二兰虎沟墓地的匈奴文化特征器物有"带有立兽

形双附耳的红陶罐、粗砂红陶壶和双耳小罐”，实际上上述几种陶器在目前发现的两汉时期匈奴遗存中较少见或几乎不见。笔者认为从已经发表的少量二兰虎沟墓地考古资料分析，最能反映该墓地匈奴文化特征的遗物有两种，一种是网格纹牌饰以及网格纹演化出的牌饰，一种是有对龙纹的矩形透雕青铜牌饰。林沄先生在《内蒙古地区鲜卑墓葬的发现与研究》的序中已经指出，孙危该文的上述观点是“一种有新意的思路”，但是有待于更多的相关考古发现对此研究提供坚实的基础.

[55]　同注［4］.

[56]　孙危. 内蒙古地区鲜卑墓葬的初步研究［A］. 内蒙古地区鲜卑墓葬的发现与研究［C］. 北京：科学出版社，2004：211～272.

A Preliminary Study on the Hollow-out Plates with Rhombus Form Net Patterns and the Related Problems

PAN Ling

Net pattern plates are distributed in the Great Wall region of northern part of China, southern part of Siberia and trans-baikal area. This kind of plates first appeared in the Great Wall region in the later stage of Warring States Period, and the pattern on the plates is four snakes which were painted realistically. During the time of 2 century B. C. and 1 century A. D. in the area of Southern part of Siberia and nearby places, the realistically painted snake patterns changed into geometric figure of net pattern. . Net pattern plates appeared in the Great Wall region once again in about the middle and late stage of Eastern Han Period. In this region, not only the net pattern plates evolve into many kinds of new form plates, but also there are many new changes in the use of plate and its function. Most probably, the suddenly appearing of net pattern plates in the Great Wall area have relation with the history event that North Xiongnu were defeated by Eastern Han dynasty, and most people of them were absorbed by Xianbei. There are tombs of these North Xiongnu or their descendants in the cemetery of Sandaogou and Erlanhugou. Based on the analysis of the shape of net pattern plates, the author belives that probably the last date of Erlanhugou cemetery is at the boundary of Han Period and Wei Period.

汉代胶东半岛、辽东半岛及长江中下游地区海路交流的考古学例证

宋　蓉　滕铭予

（吉林大学边疆考古研究中心，长春，130012）

胶东半岛是指山东省胶莱河以东的半岛地区，主要包括烟台、威海、青岛及其所辖县市。这里三面环海，海岸曲折，多深水港湾，自古就是我国海路交通的枢纽。秦汉时期，此处便有徐乡（金黄县西北）、芝罘（今烟台）、成山（今山东半岛成山角）、琅琊（今胶南与日照之间的琅琊山附近）等多处著名的海港（图一）。正是由于如此优越的地理位置，半岛居民较早的开通了近海航线，利用航海方式与周边地区进行经济往来[1]。胶东地区发现的汉代墓葬，为我们进一步深化对该问题的讨论提供了有益的补充。

本义试以义化因素分析的方法，通过与周边地区的比较研究，分析胶东地区汉代墓葬的文化因素构成，探讨胶东半岛与其近邻辽东半岛、长江中下游地区的汉代海路交通问题。

一、文化因素的初步分析

历年来的考古调查显示，胶东地区发现的汉代墓葬或墓地约有140余处，但经过正式发掘并见诸报道的只有10余处[2]。主要有蓬莱大迟家村汉墓[3]、烟台市区汉墓[4]、福山东留公汉墓[5]、莱州朱汉墓地[6]、威海市大天东村汉墓[7]、文登石羊村汉墓[8]、荣成梁南庄汉墓[9]、青岛古庙[10]、莱西董家庄汉墓[11]、岱野汉墓[12]、平度界山汉墓[13]、岔道口[14]（参见图一）。

汉墓材料的发表状况虽不尽如人意，但从已发表的相关材料出发，参考其他的研究成果，我们还是可以对胶东地区的汉代墓葬进行初步分析，并就其文化因素的构成提出若干看法。笼统来看，该区文化因素构成复杂，这本身也成为该区汉墓的一个鲜明特点。下文将从墓葬形制和随葬品两个方面对该问题进行具体论述。

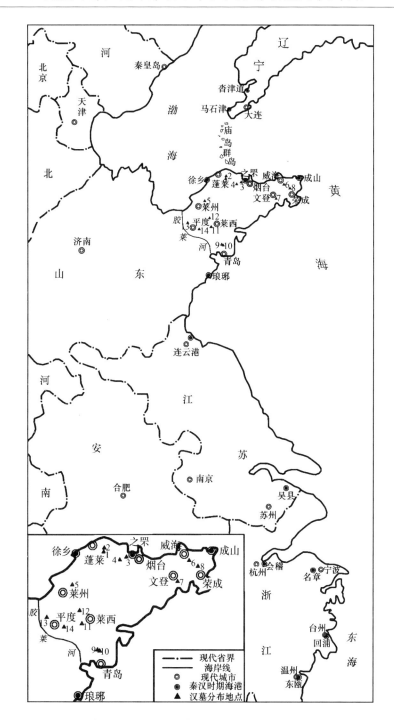

图一 胶东地区汉墓分布及秦汉时期东部沿海港口分布示意图

1. 蓬莱小迟家汉墓 2. 蓬莱大迟家村汉墓 3. 烟台市区汉墓 4. 福山东留公汉墓 5. 莱州朱汉墓地 6. 威海市大天东村汉墓 7. 文登石羊村汉墓 8. 荣成梁南庄汉墓 9. 青岛古庙汉墓 10. 崂山夫妇合葬墓 11. 莱西董家庄汉墓 12. 莱西岱野汉墓 13. 平度界山汉墓 14. 平度岔道口

1. 墓葬形制

胶东地区汉墓主要有带斜坡墓道的砖室墓和竖穴墓两种。砖室墓数量较少，仅发现了三座：烟台市区汉墓和福山东留公村两座画像石墓。根据共出钱币及其他随葬品判断，这三座墓葬的年代可定在东汉晚期[15]。从历时性的角度来看，这种形制的砖室墓在西汉中晚期就已在河南、长安周边、华北等地区广泛流行；进入东汉以后，它成为各地普遍流行的墓葬形制[16]。故可视为汉代墓葬共性因素。

竖穴墓数量较多，因墓室材料和构建方式的差别又可分为石椁墓、木椁墓和砖椁墓三类。

石椁墓是竖穴墓圹底部以石板搭砌四壁，顶部以石板作为顶盖的墓葬形制，部分石椁内又以石板分隔出头箱以放置随葬品（图二，1）。这种墓葬形制在西汉时期的苏鲁豫皖交界地区常见，如鲁西南的枣庄、苏北的徐州和连云港、河南东部、安徽北部均有发现[17]（图二，2），而少见于其他地区。故可视为苏鲁豫皖交界区因素。

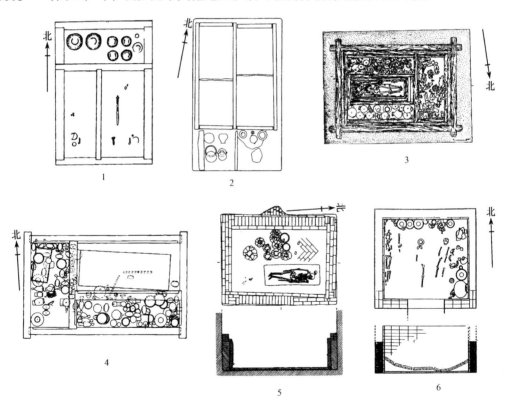

图二　墓葬形制

1. 青岛崂山夫妇合葬墓　2. 枣庄临山 M24　3. 莱西岱野 M2　4. 荆州高台 M6

5. 威海大天东村 M3　6. 营城子 M40

传统意义上的木椁墓在胶东半岛发现数量较少，仅有莱西董家庄 M1、M2[18]、岱野 M2[19] 及蓬莱小迟家 M4[20]。椁室四壁用木板垒成，板的两端凿有子母榫卯，椁底铺木板，顶部以木板覆盖，椁内以木板分隔分出边箱、足箱、棺室（图二，3）。这种椁内分箱的木椁墓具有鲜明的楚文化传统，两汉时期广泛分布于长江中下游战国时期楚地（图二，4），可视为长江中下游楚故地因素。

砖椁墓的数量较多，砖砌四壁，底部铺砖，顶部以木板覆盖，与石椁墓的构建方式类似。这种形制的砖椁墓在鲁北地区十分常见，如潍坊后埠下墓地[21]。但鲁北的砖椁墓内通常仅有简单的一重木棺，而胶东地区的砖椁墓内还有木椁。值得注意的是，胶东地区有的砖椁墓还在木椁与砖椁的缝隙、木椁底部、椁顶盖上填充、覆盖大量的海蛎壳。这种通常所说的"积贝墓"，是汉代流行于辽东半岛和山东半岛北部沿海地区的一种墓葬[22]。有学者研究认为，积贝墓最早发生于战国时期的庙岛群岛，由当地的积石墓（积海卵石）演变而成。之后逐渐扩展到山东半岛、辽东半岛和辽东湾北岸[23]。可见，长期以来胶东半岛和辽东半岛就形成了一个共同的文化底层[24]，这一点在环境资源状况、文化传承与交流上都有反映[25]。如果淡化现行行政区划，从渤海湾东部这一更大的区域视角来考量问题，这种以"积贝墓"为特征的文化因素就该算是胶东地区所自有的了（图二，5、6）。

2. 随葬品

胶东地区两汉墓葬的随葬品按质地可分为：陶器、漆木器、铜器、铁器和玉器。陶器是随葬品大宗，依据胎质的不同可以分成泥质陶和硬釉陶两大类。泥质陶的数量较多，质地疏松，多为灰色或红褐色，烧成温度较低。部分器物的表面装饰红、白、黑三色彩绘。个别器物表面装饰银灰色或黑色陶衣。泥质陶器类丰富，以鼎、壶、钫、罐的组合最为常见，此外还有瓮、盆、盘、耳杯、尊、甑、案、方炉、熏炉等。硬釉陶胎质坚硬、呈灰白色，火候较高，外施淡青色釉，器类有壶和瓿。漆木器做工精细、器类丰富，主要有盘、案、耳杯、碗、奁、盒、尊、勺、卮、几、梳、筐、俑、偶等。铜器种类丰富，主要有鼎、壶、钫、洗、鋞、镳壶、熏炉、奁、盆、釜、弩机、戈及铜镜、钱币、带钩、车马器等。铁器多为刀、削、剑一类的兵器，也有少量的铁制容器，壶、鍪等。

总体来看，铜器的造型与其他地区并无差别，但数量是其他地区同时期规模相当的墓葬不具备的[26]，人均占有铜器 5.8 件[27]，是以淄博为中心的鲁北地区的 1.4 倍，是以临沂为中心的鲁东南地区的 1.54 倍。因此"随葬数量众多的铜器"也可视为本地丧葬习俗的特点之一；漆器在器类、器形、纹饰方面均与临沂地区存在很多共同性，并且与长沙等南方地区出土的漆器有很强的相似性[28]，从历史上看，无论是临沂地区还是长沙地区都是战国楚国的统治区域，文化上保留了浓厚的楚文化传统，因此也可将其视为楚故地因素。

各类陶器组合、器物形态、器表装饰等表现出了明显的地域特色。以下将着重讨论各类陶器所包含的不同文化因素。

鼎、壶、钫、罐这套组合在汉代墓葬中十分常见。但西汉中期以后，中原地区的汉墓中一般已经不出钫[29]，如西安地区和陕县地区的汉代墓葬，以钫作为随葬品的墓葬年代均在西汉早、中期，西汉晚期墓葬的随葬品中已不见钫[30]。而胶东地区以钫随葬的几座墓葬年代均在西汉晚期[31]。苏北的徐州及长江下游地区汉墓中钫的使用一直可以延续到西汉晚期，并且形态与同时期胶东地区汉墓中出土的钫类似[32]（图三，1、2）。战国晚期伴随着楚国势力向东扩展，江苏北部和长江下游地区被纳入了楚国版图，西汉时期这些地区可能还保留了战国以来形成的楚文化传统，并且逐渐影响到了胶东半岛地区。因此可将胶东地区钫的使用视为楚故地因素的影响。

组合中鼎的形态特别，扁腹平底，腹部有明显的凸棱。这种带腰檐的陶鼎常见于辽东半岛西南沿海地区和山东半岛北部沿海地区（图三，3、4）[33]，同积贝墓的分布区域大致相当，是渤海湾东部地区特有的文化因素，若从渤海湾东部这一大的地理范围考虑也可将其视为本地因素。

罐的形态较复杂，其中有一类敞口、短颈、鼓腹、平底的罐数量较多（图三，5）。这种形制的罐也是大连地区的汉代墓葬中非常典型的一类器物，延续时间长，演变规律

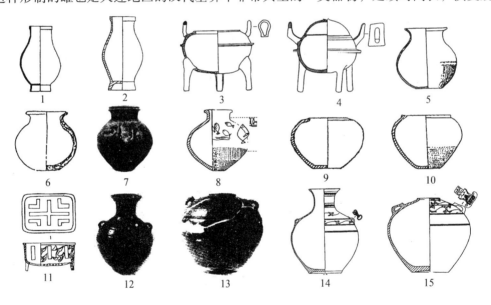

图三　器物图

1. 威海大天东村（M4：21）　2. 徐州凤凰山（M2P2：3）　3. 威海大天东村（M4：19）　4. 大连营城子（M10：83）　5. 威海大天东村（M4：8）　6.（日）营 M1（引自《中国东北地区汉墓研究》）　7. 文登石羊村（中墓）　8. 潍坊女郎山西坡（M17：4）　9. 荣成梁南庄（M2：23）　10. 潍坊女郎山西坡（M2：3）　11. 威海大天东村（M3：21）　12、13. 出自莱西董家庄汉墓　14、15. 湖州方家山（M24：5、M24：8）

清晰（图三，6）[34]。胶东地区发现的这几座汉代墓葬年代偏晚，缺少西汉早期的材料，因此很难讨论它的起源与传播。但从西汉中晚期的情况看，两地所出的同类罐形态相似，演变规律相近。综合考虑其分布地域，可以推测这种敞口、短颈、鼓腹、平底罐的形成可能与前文所论及的积贝墓和带腰檐陶鼎情况类似，可能由于渤海湾东部半岛地区相似的资源分布、相似的自然环境形成了某些类似的生活习俗，这两种器物在两地同时存在正是对这种相似性的趋同适应所致。其他形态的罐，如文登石羊村汉墓出土的罐和荣成梁南庄 M2∶23 分别与鲁北地区的 A 型和 C 型罐形态相似（图三，7～10）[35]。这里与胶东半岛隔胶莱河东西相邻，自然地理环境相近，尤其是胶莱河两岸的莱西、平度与昌邑均位于胶莱平原，海拔 100 米以下。另外这两地均为战国时期齐国的统治疆域，政治的影响力可能产生了某些共同的文化、习俗。正是由于这种地域上的临近和文化传统的近似使两地居民形成了某些相近的生活方式。若从泰（泰山）沂（沂水）以北这个大的地理区域考虑，这两种形态的罐可视为山东北部地区共有的文化因素。因此也可将其作为本地因素。

壶是汉代墓葬中最常见的一类随葬器物，西汉晚期，口部逐渐演化成盘口。胶东地区汉代墓葬中随葬的陶壶形态与其他地区类似，并且形态的演变也与其他地区同步，因此可将其视为汉代墓葬共性因素。

泥质陶中的方炉是一类非常有地域特色的器物，在大连营城子、老铁山、荣成梁南庄以及威海蒿泊大天东村都有出土，而其他地区少见[36]（图三，11）。同上文讨论的积贝墓、带腰檐陶鼎及敞口、短颈、鼓腹、平底罐类似，是渤海湾东部地区的共有因素，也可将其作为胶东半岛的本地文化因素。

以硬釉陶和印纹硬陶随葬是长江下游地区先秦时期以来的传统，西汉时期逐渐形成了鼎、盒、壶、瓿的硬釉陶组合[37]。胶东地区西汉墓葬中随葬的硬釉陶器组合不完整，器类以壶为主，偶见壶、瓿组合，但同类器物的形态与同时期长江下游汉墓所出类似。胶东地区硬釉陶的出现显然是受到了长江下游地区的影响（图三，12～15）。

综上所述，胶东半岛汉代墓葬文化因素构成复杂，为清晰起见，现将基于墓葬形制和随葬品两方面的分析而得出的胶东汉墓的文化因素构成情况列成表一。从表一可以看出，胶东半岛汉代墓葬所含文化因素大致可分为四类：汉代墓葬共性因素、长江中下游文化因素、苏鲁豫皖交界区因素和本地因素，其中长江中下游因素和本地因素又可分为若干细类。汉代墓葬共性因素主要体现在砖室墓的出现以及陶壶的使用方面；长江中下游因素中又可细分为楚故地因素及长江下游地区因素，前者主要体现在木椁墓的使用、以漆器和陶钫随葬等方面，后者则集中体现在硬釉陶的使用上。苏鲁豫皖交界区因素主要指石板墓的使用。此处需对胶东半岛本地因素的情况予以特别说明。如表一所示，胶东半岛本地因素包含了山东北部共性因素、渤海湾东部地区共性因素和胶东半岛因素。之所以将这三种文化因素都看做是胶东半岛本地因素，主要基于如下三点考虑：第一，文章虽以胶东半岛的汉墓作为主要讨论对象，但从大的地理区域出发，胶东半岛是渤海湾东部地区的一部分；此外，以泰沂为界，胶东半岛属于山东北部地区，这里因战国时期皆为齐国疆域而文化传统较为一致。第二，胶东半岛所见汉代墓葬时代偏晚，缺少西汉早期的材料，而西汉中晚期这些文化因素在以上讨论的大地理区域内均很常见，其传播和影响的方向实难确定。第三，胶东半岛是连接东北亚大陆、中原地区和东南沿海地区的海路交通枢纽，与其他地区交流的空间比较广阔，因此即使是其本地因素也应具有相当的开放性。基于以上三点，山东北部共性因素、渤海湾东部地区共性因素皆可归为胶东半岛本地因素一类。

表一　胶东半岛文化因素构成比较表

类别 / 事项		汉代墓葬共性因素	长江中下游因素		苏鲁豫皖交界区因素	本地因素		
			楚故地因素	长江下游因素		山东北部共性因素	渤海湾东部共性因素	胶东半岛因素
墓葬形制	因素构成	√	√		√		√	
	具体内涵	带斜坡墓道的砖室墓	木椁墓		石椁墓		积贝墓	
随葬品	因素构成	√	√	√		√	√	√
	具体内涵	陶壶	陶钫、漆器	硬釉陶		两种形制的陶罐	带腰檐陶鼎、陶方炉、陶罐	以数量丰富的铜器随葬

二、各类文化因素形成原因的探索

　　通过上文的分析，可以看出胶东地区汉代墓葬所包含的各类文化因素分别体现在墓葬形制和随葬品等不同方面，其分布范围和形成原因也各有不同。汉代墓葬共性因素的出现得益于汉王朝的统一；山东北部共性因素文化因素的形成可能是由于地域相邻，文化传统相似，从而形成了相似的生活习俗；胶东半岛因素的形成可能得力于其作为海路交通枢纽的特殊地理位置；除此之外，长江中下游因素、苏鲁豫皖交界区因素及本地因素中包含的渤海湾东部共性因素，这些文化因素的分布存在共同点，即均沿东部沿海地区分布，在胶东半岛西部的鲁北地区不见。这种现象的产生可能与胶东半岛三面环海的地理位置有着密不可分的关系。以下将结合文献讨论这些文化因素形成的原因。

　　山东半岛沿岸居民先秦时期就已开通近海航线，齐初建国，即重视"便鱼盐之利"（《史记·齐太公世家》），利用沿海交通较为优越的条件发展经济，成为富足的"海王之国"（《管子·海王》）。齐人习于海事，《史记·田敬仲完世家》有记"太公乃迁康公于海上，食一城"。刘邦破楚，田横"与其徒属五百余人入海，居岛中"，刘邦以其"在海中不收"而深感不安（《史记·田儋列传》）[38]。以上事例都说明胶东半岛海路交通的发达。秦汉时期这里已有多个初具规模的港口，由此北行渡过渤海湾可以到达辽东半岛，南行可达黄海、东海甚至南海沿岸地区，这里是连接辽东半岛和东南沿海的交通枢纽。汉代人已经掌握了关于航道、季风、洋流、天象等航海知识，海船制造技术也已达到相当水准[39]。各地通过海路交流也已无技术上的障碍。

胶东半岛和辽东半岛之间的文化交流，早在新石器时代就已开始，并且一直延续下来[40]。据王绵厚先生研究，汉魏时期由山东的"东莱郡"（大致包括了胶东半岛地区）海行，经由庙岛群岛可以到达辽东"马石津"（辽东半岛旅顺口老铁山）和"沓津道"（辽东半岛普兰店沙湾河口）[41]。文献中有多条关于这条海上通道的记载。如东汉末年，有许多所谓"遭王道衰缺，浮海遁居"（《三国志·魏书·管宁传》）的情形。东莱黄人太史慈、北海朱虚人邴原、管宁、乐安盖人国渊、平原人王烈等，都曾避战乱入海至于辽东[42]。

地处长江下游的江浙沿海地区秦汉时期也有多处重要海港，如吴县（今江苏苏州）、会稽（今浙江杭州东南）、回浦（今浙江台州）等。"以船为车，以楫为马"的吴越人，以"居东海之滨"的地域优势，较早的掌握了航海技术。文献中对于胶东半岛与江浙地区海上往来的记述主要体现在军事方面。《史记·吴太伯世家》中记述了吴王夫差曾"从海上攻齐，齐王败吴"的历史事件。《越绝书·外传记地》中记述了吴国率众迁都琅琊的过程，其武装部队的主力就有"死士八千人，戈船三百艘"，充分显示了吴国近海航运方面的能力。

航海知识的丰富、航运能力的完善使胶东半岛、辽东半岛以及长江中下游地区的海上交流成为可能。通过前文对胶东半岛汉代墓葬文化因素构成的分析可以看出，胶东半岛同辽东半岛及长江中下游地区存在许多相似性。一种文化因素在特定地区的出现主要有三种情形，一方面，是随着人口的迁徙流动将其原有文化带入了迁徙地，而当地又有相似的自然环境、资源和社会生产力发展水平，从而接受了这种文化并在当地扩展开来；另一方面可能是政治、军事的力量使当地接受了统治者的文化传统，从而形成了与其相似的文化面貌；还有一种可能是由商品的交流、产品的输入而使两地产生了相同的文化因素。

积贝墓在胶东和辽东半岛的出现恰说明了第一方面。海洋为两地居民提供了丰富的贝类资源。同中原地区流行的积石积炭墓一样，积贝墓也有防潮和防盗的功能，积贝是适应当地客观条件、合理利用当地资源的表现。所以当积贝墓在庙岛群岛产生后不久就伴随着渤海沿岸居民的迁徙，在渤海两岸发展起来。汉代的积贝墓仅发现于辽东半岛西南沿海地区和胶东半岛北部地区及庙岛群岛，而在东海、黄河、南海地区不见。并且胶东半岛与辽东半岛积贝墓中还常伴出相同的特色器物，如腰檐鼎、陶方炉等。因此有学者认为，使用积贝墓的居民在人类集团或文化传统上存在着某种内在的联系。正是以渤海为通道的人群移动，加上沿海地区相近的自然环境，使积贝墓在胶东半岛和辽东半岛得以流行[43]。

战国晚期，楚国势力不断向东扩展，东北境已达山东南部[44]。但是山东中北部有实力同样不容小觑的齐国，向北发展必定会面对强大的阻力。胶东地区地处沿海远离齐国统治中心，楚文化通过东部沿海地区向胶东地区渗透更容易实现。胶东地区汉代墓葬中流行木椁墓和漆器，这些均不见于鲁北地区，而在鲁东南的临沂、日照等地汉墓中十分常见。因此，可以推测战国时期楚文化可能是通过山东南部的临沂地区沿东部沿海进入胶东地区，并延续至汉代。

硬釉陶器是江浙地区的特色器物。这一地区与胶东半岛存在着便利的海路交通优势，经济发达。两地在汉代可能就已存在着海路的商品贸易往来。这种硬釉陶不见于鲁北地区同时期的墓葬，而在鲁东南的安丘[45]、日照[46]、五莲[47]等地多有发现。因此，可以推测胶东半岛汉代墓葬中出现的硬釉陶器可能是其与江浙地区海上商品贸易的结果。另外随葬丰富的铜器是胶东半岛葬俗的一大特色，数量如此众多的青铜器，尤其是青铜容器在同时期其他地区同等规格的墓葬中非常少见。墓主人所拥有的墓葬规模和随葬品数量反应了其生前的社会地位及经济实力。胶东半岛的这一丧葬习俗可能正是当地经济发达的体现，而这可能正得益于这里发达的海上贸易。

以淄博为中心的鲁北地区西周以来就是齐文化的中心分布区，汉代仍保持着本地文化传统[48]。因此外来文化因素很难对其产生影响。铅釉陶[49]是西汉中期之后非常流行的一类随葬器物，在西北、华北以及秦淮以南的汉墓中均能见到以这类器物随葬的现象。但铅釉陶在西汉时期的鲁北地区非常少见，到东汉中期之后才逐渐增多。胶东地区的汉代墓葬中也未发现这类器物。鲁北地区随葬品组合简单，陶礼器非常少见。而胶东地区随葬品种类丰富，陶礼器组合完整，与鲁北地区存在较大差异。鲁北地区常见的特色器物，如喇叭口、束颈、扁腹壶，也很难在胶东地区汉墓中见到。因此，通过以上分析可以看出，胶东地区通过鲁北与中原地区的陆路交通似乎不及海路交通发达。

三、结　语

胶东半岛三面环海的地理优势为其与周边沿海地区的经济、文化交流提供了更加广阔的空间，使其有可能接触到其他地区的丰富文化。通过海路往来，加强了这里与辽东半岛和长江中下游地区的联系，形成了独具特色的地域文化。通过前文的分析可将胶东半岛与辽东半岛及长江中下游地区的海路交流概括为以下几点：①与辽东半岛的交流主要体现在积贝墓和一些特色器物的流行方面，这些可能主要是由沿海居民的迁徙造成的；②与长江中下游地区的交流包括了两方面，一方面是战国晚期楚国势力向山东地区的扩张，将楚文化由南部的临沂、日照等地并沿东部沿海渗透到了胶东半岛；另一方面是汉代胶东半岛与江浙沿海地区的商品交流。鲁北地区的保守性阻隔了西部中原地区与胶东半岛的交流，故胶东半岛的文化面貌较多的呈现出与北部和南部沿海地区的相似性。

注　释

［1］　王子今. 秦汉交通史稿［M］. 北京：中央党校出版社，1994：182～191.

［2］　党浩. 胶东地区汉墓的特征及与周边地区的关系［A］. 汉代考古与汉文化国际学术研讨会论文集［C］. 济南：齐鲁书社，2006：314～320.

［3］　罗世恒等. 山东蓬莱市大迟家两座西汉墓［J］. 考古，2006（3）：85～87.

［4］　林仙庭. 烟台市区发现殉鹿汉墓［J］. 考古，1985（8）：762～763.

［5］　a. 李克敏. 山东福山东留公村汉墓清理简报［J］. 考古通讯，1956（5）：16～19；
　　　b. 福山县文化馆图博组. 山东福山县东留公村汉墓画像石［J］. 文物资料丛刊（4）［C］. 北京：文物出版社，1981：244～246.

［6］　党浩. 山东莱州抢救发掘一批汉代墓葬［N］. 中国文物报，2003-04-18（1）.

［7］　威海市博物馆. 山东威海市蒿泊大天东村西汉墓［J］. 考古，1998（2）：25～30.

［8］　山东省文物管理处. 山东文登县的汉木椁墓和漆器［J］. 考古学报，1957（1）：127～131.

［9］　烟台市文物管理委员会. 山东荣成梁南庄汉墓发掘简报［J］. 考古，1994（12）：1069～1077.

［10］　a. 孙善德等. 青岛崂山县发现一座西汉夫妇合葬墓［J］. 文物资料丛刊（9）［C］. 北京：文物出版社，1985：181～184；
　　　b. 时桂山. 山东崂山古庙汉墓［J］. 文物资料丛刊（4）［C］. 北京：文物出版社，1981：242～243.

［11］　莱西县文化馆. 莱西县董家庄西汉墓［J］. 文物资料丛刊（9）［C］. 北京：文物出版社，1985：185～196.

［12］　烟台地区文物管理组. 山东莱西县岱野西汉木椁墓［J］. 文物，1980（12）：7～16.

［13］　青岛市文物局. 山东青岛市平度界山汉墓的发掘［J］. 考古，2005（6）：32～42.

［14］　李秀兰. 山东平度市出土一批青铜器［J］. 文物，1993（4）：95～96.

［15］　同注［4］、［5］.

［16］　黄晓芬. 汉墓的考古学研究［M］. 长沙：岳麓书社，2003：第四章、第五章.

［17］　燕生东等. 苏鲁豫皖交界区西汉石椁墓及其画像石的分期［J］. 中原文物，1995（1）：79～103.

［18］　同注［11］.

［19］　同注［12］.

［20］　同注［3］.

［21］　山东省文物考古研究所等. 潍坊后埠下墓地发掘报告［A］. 山东省高速公路考古报告集（1997）［C］. 北京：科学出版社，2000年：234～286.

［22］　白云翔. 汉代积贝墓研究［A］. 刘敦愿先生纪念文集［C］. 济南：山东大学出版社，1998：404～421.

［23］　同注［22］.

［24］　"文化底层"的内涵主要有二：第一，具有相近的气候、环境、资源的一块区域；第二，具

有相近的物质文化、宗教、社会演进机理等的文明形态。因两者紧密相关、互有影响，或可与"区域共同传统"这一概念有相通之处，如"中国古代文明的环太平洋底层"。这一概念的应用以张光直先生最有代表性。参见张光直. 中国古代文明的环太平洋底层［A］. 中国考古学论文集［C］. 北京：生活·读书·新知三联书店，1999：357～369.

[25]　这一区域皆主要为低山丘陵区，海洋性气候，温暖湿润，无霜期长，雨量丰富，这种自然地理环境为当地居民发展采集、捕捞、农业等多种经济生产方式提供了便利的条件。两大半岛的文化交流从新石器时代中期就已开始，在新石器时代晚期的龙山时代达到兴盛阶段。依据佟伟华. 胶东半岛与辽东半岛原始文化的交流［A］. 考古学文化论集（二）［C］. 北京：文物出版社，1989：78～95.

[26]　同注［2］：317、319.

[27]　所谓人均占有铜器数量是指该地区出土铜器的总数与墓葬埋葬人数的比值。这里统计的铜器包括容器及铜镜、带钩、车马器等小件器物，不包括漆器饰件。

[28]　同注［2］.

[29]　孙机. 汉代物质文化资料图说［M］. 北京：文物出版社，1991：318.

[30]　a. 西安市文物保护考古所等. 长安汉墓［R］. 西安：陕西人民出版社，2004；
　　　b. 中国社会科学院考古研究所. 陕县东周秦汉墓［R］. 北京：科学出版社，1994.

[31]　同注［7］、［9］、［12］.

[32]　分别参见：宋蓉. 徐州地区西汉墓葬的分期和文化因素分析［J］. 华夏考古，待刊；张玲. 长江下游地区西汉至新莽中小型墓葬研究［D］. 吉林大学硕士学位论文，2004.

[33]　同注［22］：417.

[34]　郑君雷. 中国东北地区汉墓研究［D］. 吉林大学博士学位论文，1997：113.

[35]　宋蓉. 山东中北部地区两汉中小型墓葬初论（未刊）.

[36]　注［22］：417.

[37]　杨哲峰. 汉墓结构和随葬釉陶器的类型及其变迁［D］. 北京大学博士学位论文，2005：231～278. 需要特别指出的是，作者在文中称该区为"江东地区"，即"长江下游地区"，为保持文章称谓的一致，本文一律写作"长江下游地区".

[38]　山东半岛海事发展状况依据王子今. 秦汉交通史稿［M］. 北京：中央党校出版社，1994：190、191.

[39]　同注［38］：208～234.

[40]　佟伟华. 胶东半岛与辽东半岛原始文化的交流［A］. 考古学文化论集（二）［C］. 北京：文物出版社，1989：78～95.

[41]　王绵厚等. 东北古代交通［M］. 沈阳：沈阳出版社，1990：72.

[42]　分别见于：三国志·吴书·太史慈传［M］、三国志·魏书·邴原传［M］、三国志·魏书·管宁传［M］、三国志·魏书·国渊传［M］、后汉书·独行列传·王烈［M］.

[43]　注［22］：417.

[44]　《淮南子·兵略训》追忆说："昔楚人之地，南卷沅湘，北绕颍泗，西包巴蜀，东裹郯邳，颍汝以为洫，江汉以为池，垣之以邓林，绵之以方城。"

[45]　贾德民等. 山东安丘县出土一批西汉器物［J］. 考古，1995（2）：186、187.

[46]　何德亮等. 日照海曲汉代墓葬考古的主要收获 [J]. 文物世界, 2003 (5)：41～46.

[47]　潍坊市博物馆等. 山东五莲张家仲崮汉墓 [J]. 文物, 1987 (9)：76～83.

[48]　同注 [35].

[49]　这种釉陶器一般为绿色或黄褐色, 由于釉药内含有大量的氧化铅而得名, 烧制时使用的火候不高。据：北京大学历史系考古教研室. 战国秦汉考古 (中国考古学之四)[R]. 1981：107.

The archeological evidence of the communication of Jiaodong peninsula, Liaodong peninsula and middle and lower Yangtze Rive valley by sea

SONG Rong　TENG Ming-yu

The Jiaodong peninsula lies in the northeast of Shandong; there are long and zigzag sea line and several open ports. it has been a very important area in sea transportation from ancient period. The object of the research in this paper is graves of Jiaodong in the Han dynasty. I investigated the composition and their relationship of cultural elements, and compared with the cultural elements of vicinage. The paper wants to discuss the communication of Jiaodong peninsula, Liaodong peninsula and middle and lower Yangtze Rive valley by sea.

汉唐时期东亚文化的交流

——以人面纹瓦为中心

王飞峰

（中国社会科学院研究生院考古系，北京，100102）

东亚地区作为人类早期文明的中心之一，其文化的交流相当频繁。国内已有学者分别从考古学上研究了3世纪[1]、4世纪[2]的东亚及其文化交流。本文所说的人面纹瓦主要有半圆形的人面纹瓦当、圆形的人面纹瓦当和半圆形的人面纹瓦（当沟）三种。人面纹瓦作为一种颇具特色的建筑材料，战国时期齐国临淄城、燕下都遗址，汉代长安城遗址、章丘东平陵故城遗址，汉魏许都遗址，以后的六朝、十六国、北魏、高句丽、新罗、百济、日本列岛和越南等地均有发现，本文以这一时期东亚地区的人面纹瓦为对象，浅谈一些汉唐时期东亚地区文化交流的管见，以求教于方家。

一、半圆形人面纹瓦当

就目前资料而言，半圆形的人面纹瓦当发现较早，战国时期的齐临淄城、燕下都遗址均有发现。

临淄城半圆形人面纹瓦当。2件，依其人面不同分为二型。

A型　1件，完整。眼、眉、鼻刻画较为粗犷，椭圆形嘴上方有弧形"长须"，眼睛大睁（图一，1）[3]。

B型　1件，完整。人面刻画较为粗犷，其中鼻梁上部为乔木形，嘴为"一"字形，四周有粗壮的短须（图一，2）[4]。

1　　　　　　　　2　　　　　　　　3

图一　半圆形人面纹瓦当

1. 临淄城瓦当（A型）　2. 临淄城瓦当（B型）　3. 燕下都瓦当

燕下都半圆形人面纹瓦当。1件，完整，整体造型较为简练。修眉、斜目、束腰鼻，以小短线代嘴。直径20.2、高10厘米（图一，3）[5]。

二、圆形人面纹瓦当

章丘东平陵故城西汉人面纹瓦。1件，完整。1975年章丘市龙山镇东平陵故城出土。圆形眼、柱状鼻，长弧形眉交于鼻梁上方，以倒"V"字形短线代替嘴，嘴角有条形胡须。直径17.5厘米。现藏于山东省博物馆（图二，1）[6]。

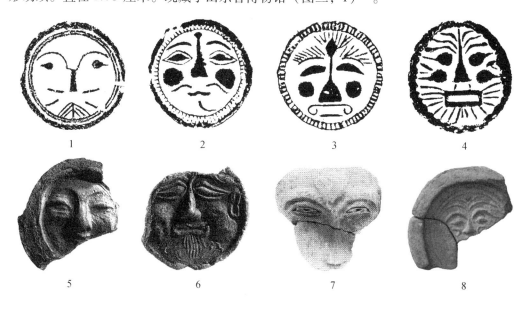

图二　圆形人面纹瓦当

1. 东平陵瓦当　2. 南京瓦当（Ⅰ式）　3. 南京瓦当（Ⅱ式）　4. 南京瓦当（Ⅲ式）　5. 新罗瓦当　6. 百济瓦当（A型）　7. 百济瓦当（B型）　8. 高句丽瓦当

南京地区六朝人面纹瓦当。发现数量较多（至少94件[7]），贺云翱先生较早对此进行过专门研究，认为时代从孙吴至西晋，部分可能延至东晋[8]。王志高、贾维勇先生认为南京地区人面纹瓦当主要流行于孙吴及西晋，东晋时期逐渐被兽面纹瓦当取代[9]。王志高、马涛先生对南京地区出土的人面纹瓦当进行类型学详细分析的基础上对各种人面纹瓦当的具体流行时间进行了较为系统的断代，并对人面纹瓦当的制作工艺和具体含义进行了研究[10]。南京地区出土的人面纹瓦当大体流行于孙吴中期至东晋早期，由于以上学者已进行广卓有成效的研究，本文不再赘述，仅举几例与其他地区瓦当进行对比（图二，2~4）。依其纹样分为三式，年代分别为孙吴中期、孙吴晚期、西晋至东晋早年。

新罗人面纹瓦当。1件，日本学者滨田耕作认为出于兴轮寺[11]，兴轮寺建于真兴王五年，即公元 544 年[12]。但也有学者认为出土于灵妙（庙）寺遗址，当面为新罗女性（甚至可能是新罗善德女王）[13]。灵妙寺建于新罗善德女王四年，即公元 635 年[14]。稍残，整体造型较为写实。面露微笑，五官刻画接近人脸，极为精美（图二，5）。

百济人面纹瓦当。2 件，均出土于王兴寺遗址[15]（《三国遗事》作"弥勒寺"，建于公元 600～634 年），依其人面分为二型。

A 型　1 件，稍残。满面愁容，嘴唇紧闭，下有短须，靠近边轮处有"8"字形耳，直径 13.9、边轮宽 0.6、厚 1.8 厘米（图二，6）[16]。

B 型　1 件，残损严重，残留人面眼眉鼻。刻画较为细腻，最大残径 31.5 厘米（图二，7）[17]。

高句丽人面纹瓦当[18]。1 件，已残。2006 年辽宁省凤城市凤凰山山城（隋唐时期国内最大的高句丽山城，时称"乌骨城"[19]）考古发现，出土于山城内瞭望台遗址。眉头紧皱，眼鼻较为写实，嘴部残缺（图二，8）。

三、半圆形人面纹瓦

汉长安城半圆形人面纹瓦[20]。1 件，完整。瓜子形眼、三角鼻、齿状眉、弯月形嘴角有髭须数根，贴近边轮有两个半圆形凸起，似为耳。长 24.2 厘米（图三，1）。

许昌汉魏人面纹瓦[21]。1 件，完整，出于许昌县张潘古城（曹操迎汉献帝之许都）。曹魏时期许昌、长安、谯、洛阳及邺为五都[22]。四棱形鼻、瓜子形眼、直线形眉、"凹"字形嘴。长 25、宽 12.6、厚 4 厘米（图三，2）。

十六国邺城人面纹瓦。1985 年出土于邺北城十六国遗址，数量较多，公布图像资料 3 件[23]。依其当面可分为三型。

A 型　稍残，三角鼻弯月嘴三齿人面纹瓦（图三，3）。

B 型　稍残，倒"T"字形鼻梭状嘴四齿人面纹瓦（图三，4）。

C 型　完整，三角鼻方形嘴四齿人面纹瓦（图三，5）。

三燕人面纹瓦[24]。出土于朝阳北塔遗址三燕地层，共 70 件，公布图像资料 2 件，稍残。T1⑥AF5：15，蒜头鼻、瓜子形眼、修长眉、四齿人面纹瓦，线条较为粗壮，残宽 28.8、高 15.7、厚 2～2.4 厘米（图三，6）；另有一件，T1⑥AF5：6，形制基本相同，唯线条较为纤细。

前秦人面纹瓦。1 件，完整。内蒙古包头市九原区麻池古城附近征集[25]，正面以单线条塑眉眼鼻，鼻梁竖直，背面较平，宽 22.5、高 13.2 厘米（图三，8）。

北魏人面纹瓦。北魏石子湾古城、平城操场城建筑址及西册田遗址等均有发现，以其当面布局可分为 A、B 二型，其中 A 型又可以分为三个亚型。北魏石子湾古城，位于今内蒙古自治区准噶尔旗沙圪堵乡伏路村，目前城址已被准噶尔旗第七中学占压，人面纹瓦（Aa 型）为 1978 年调查时发现[26]。1 件，完整。三角形鼻、条状眼、眉、须、

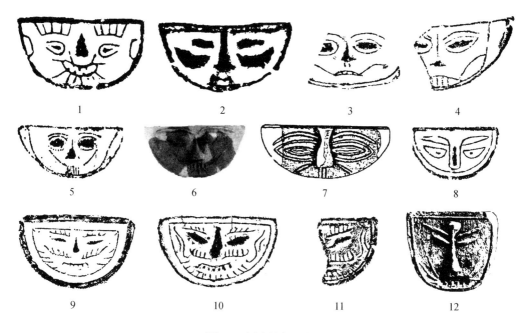

图三　半圆形人面纹瓦

1. 汉长安城　2. 汉魏许都　3. 邺城（A型）　4. 邺城（B型）　5. 邺城（C型）　6. 三燕　7. 高句丽
8. 麻池古城　9. 石子湾古城（Aa型）　10. 操场城（Ab型）　11. 西册田（Ac型）　12. 平城（B型）

嘴均以线条塑造，当面线条感较强，背面平直。夹细沙灰陶（本地土质为沙土），表面涂黑，没有磨光。现藏于准噶尔旗文化馆，直径20.5、厚2厘米（图三，9）。操场城建筑址位于今山西省大同市火车站附近，人面纹瓦（Ab型）为2003年发掘北魏建筑址时采集，共6件，公布1件图像资料[27]，完整。当面布局比石子湾古城所出脸部刻画更为丰富，线条感更强，表面涂黑，没有磨光。直径20.9、厚1.8～2.4厘米（图三，10）。西册田遗址人面纹瓦（Ac型）。5件，残损严重，为日本学者早年采集品[28]。当面布局与操场城遗址所出基本相同，唯细部略有差异（图三，11）。B型，1件，大同市出土（具体地点不详），时代为平城期[29]，整体造型较为粗犷。大半圆形，人面刻画上兼有三燕及南朝人面纹瓦风格（图三，12）。

高句丽人面纹瓦（原文称鬼面瓦）[30]。1件，完整，平壤东明王陵前的定林寺遗址出土，整体造型较为简练。束腰形鼻、梭形眼、莲瓣形眼眶、修长眉，当面表现上多用双线条。较之邺北城十六国和朝阳三燕人面纹瓦更加精美，泥质红陶。长27、高11厘米（图三，7）。平壤土城里还发现高句丽时期的半圆形的兽面纹瓦件[31]。

四、当　沟

当沟即用于建筑屋脊上两个筒瓦瓦垅之间与正脊、垂脊或戗脊之间的部位（图

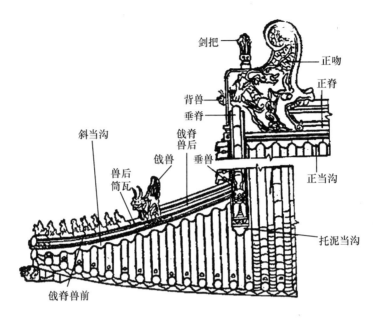

剑把 — 正吻

背兽 — 正脊

垂脊

戗脊
兽后

斜当沟　　戗兽　　垂兽

兽后
筒瓦　　　　　　　　　正当沟

托泥当沟

戗脊兽前

图四　当沟位置图（清代建筑）

四）。当沟亦作当勾，有正当沟和斜当沟两种[32]。其中正当沟安放于正脊上的瓦垄之
间，斜当沟安放于垂脊或戗脊上的瓦垄之间，而每种当沟又分大当沟和小当沟[33]。此
外在垂脊的最下方往往还有托泥当沟[34]。大当沟用于筒瓦屋面，小当沟用于板瓦屋面
（即盖瓦也用板瓦）[35]。与当沟关系最为密切的建筑部分为当沟墙。即黑活屋脊当沟处
砌的一段小矮墙，位于当沟内，多为迎水排水所置，墙体多用两层衬里的胎子砖，外抹
麻刀灰[36]。目前考古资料表明至少在春秋时期秦雍城宫殿建筑上已经使用当沟。

凤翔秦宫殿春秋当沟（原文称饕餮纹砖）。1件，稍残，出于凤翔秦雍城宫殿遗址
（春秋地层）。半圆形，正面饰以简洁的饕餮纹（兽面纹），背面较平，宽23、高11、
厚1.7厘米（图五，1）[37]。与此物同出的还有64件极为精美的秦宫铜质建筑构件——
金釭[38]。

凤翔秦宫殿战国兽面当沟模（原文称贴面砖模）。1件。完整，出土于秦雍城陶质
建材作坊遗址，模面有一俯身翘尾回望的"异兽"（图五，2）[39]。同时还发现半圆形
贴面砖及各种脊兽。

内蒙古东胜秦直道当沟（原文称为陶刀）。3件。完整，泥质灰陶。以其剖面不同
可分三型[40]。

A型　（ⅡH1:6），剖面弧形，长36.8、高13.6、厚1.6厘米（图五，3）。

B型　（ⅡH1:7），剖面楔形，长30、高14、厚2厘米（图五，4）。

C型　（ⅡH1:8），剖面长方形，长34、高14、厚2.8厘米（图五，5）。

与此类当沟伴处的遗物还有卷云纹瓦当、"回纹"砖残件、板瓦及筒瓦残片，结合
雍城所出当沟及其模具，笔者认为此瓦件为当沟无疑。

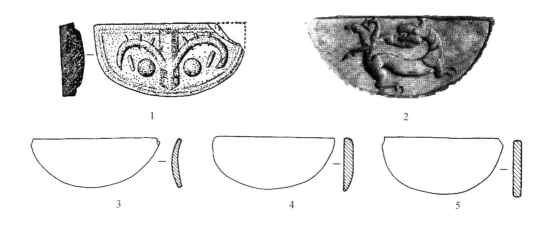

图五　先秦当沟（范）

1. 秦雍城（春秋）　2. 秦雍城（战国）　3. 东胜秦直道（A 型）　4. 东胜秦直道（B 型）

5. 东胜秦直道（C 型）

高句丽当沟。丸都山城及千秋墓均有发现，其中丸都山城宫殿区出土 3 件（原文称为舌形瓦）[41]，剖面均为弧形；千秋墓 2003 年发现当沟 26 件，背面较为平直。以其形制及纹饰的不同可分为二型。丸都山城所出均完整，以其纹饰不同又可以分为三个亚型。

Aa 型　凸面饰有方格纹，凹面有布纹，长 21、宽 17、厚 1.8 厘米（图六，1）。

Ab 型　凸面素面，凹面有直角线纹和布纹，长 23、宽 17、厚 1.4 厘米（图六，2）。

Ac 型　凸面饰有刻划纹，凹面有布纹，长 21、宽 17.5、厚 1.8 厘米（图六，3）。

此类瓦件在新中国成立前日本学者亦有发现[42]。另有 2 件疑似当沟的瓦件，1 件 2003 年出土于 1 号门址[43]，2003JWN1：12，已残，浅红色，凸面饰一残损兽面；上下唇各有八颗牙齿，其中贴近嘴角的两颗为獠牙。1 件 2002 年出土于宫殿区[44]，2002JWGT710③：20，已残，红色，剖面弧形，表面饰有多重指压纹，最厚处约 7.5 厘米。千秋墓当沟均为夹细砂灰陶，部分背面残留有白灰，公布图像资料 3 件[45]，以其剖面不同可以分为二亚型。

Ba 型　（03JMM1000：617），已残，剖面弧形，凸面饰有细绳纹，凹面有布纹，残长 18.5、宽 10、厚 1.6 厘米（图六，4）。

Bb 型　（03JMM1000：619），已残，剖面较为平直，正面素面，背面有布纹，残长 19、宽 10、厚 1.9 厘米（图六，5）。

渤海西古城当沟。见于古城隔墙门址、一号、四号、五号宫殿址及水井遗址。剖面均为弧形，正面素面，背面有布纹，以其形制不同可以分为三型。

A 型　半圆形，04T②：18，2004 年四号宫殿址出土[46]，长 19、宽 7.8、厚 1.6 厘米（图六，6）。

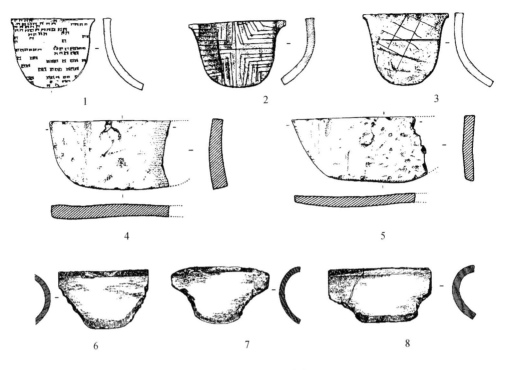

图六　高句丽渤海当沟

1. 丸都山城（Aa 型）　2. 丸都山城（Ab 型）　3. 丸都山城（Ac 型）　4. 千秋墓（Ba 型）　5. 千秋墓
（Bb 型）　6. 西古城（A 型）　7. 西古城（B 型）　8. 西古城（C 型）

B 型　舌形，05T26③:107，2005 年出土于水井遗址[47]，长 19.2、宽 7.6、厚 1.8厘米（图六，7）。

C 型　倒"凸"字形，05T26③:130，2005 年出土于水井遗址[48]，长 20、宽 7.2、厚 2.2 厘米（图六，8）。

五、人面纹瓦用途

人面纹瓦中的半圆形人面纹瓦当和圆形人面纹瓦当，作为瓦当用于屋檐椽头的建筑构件毋庸置疑，由于人面纹造型独特，可能有其特殊含义及用途。王志高、马涛先生认为南京地区六朝人面纹瓦当具有镇火祛灾、压胜避邪的含义[49]。

至于半圆形人面纹瓦，参照高句丽渤海地区发现的当沟尤其是千秋墓所出的三件半圆形当沟，半圆形人面纹瓦应是当沟。一方面从其实用功能而言，半圆形人面纹瓦的使用，既合理的弥补了瓦当、筒瓦及板瓦在房脊上无法合理使用留下的缺憾，又有效地保护了屋脊的防雨防风和延长了建筑的使用寿命；另一方面从其装饰功能而言，半圆形人面纹瓦的使用，既恰当的填充了相邻筒瓦瓦垄与屋脊之间每个空间需要装饰的必要性，又完美的协调了屋脊在整体上和谐统一的装饰性。

　　关于半圆形人面纹瓦使用于何种建筑形制，就目前而言发现地点或为汉长安城遗址、或为汉魏许都遗址、或为十六国邺城宫殿遗址、或为操场城北魏宫殿遗址[50]、或为准噶尔旗北魏"行宫遗址"[51]、或为朝阳北魏皇家寺庙（思燕浮图）遗址，或为平壤高句丽东明王陵定林寺遗址。因此笔者认为半圆形的人面纹瓦主要用于皇家宫殿（包括都城宫殿及"临时行宫"）、直道（驰道）建筑、皇家寺庙、及陵寝寺院建筑（墓上建筑[52]）等。

六、人面纹瓦制作工艺

　　人面纹瓦有半圆形人面纹瓦当、圆形的人面纹瓦当和半圆形人面纹瓦三种。时代上起战国，下至隋唐，瓦当的制法大体有套接式、对接式，半圆形人面纹瓦（当沟）均为压范法。

　　半圆形人面纹瓦当其时代处于战国，其制作方法为套接式，具体可以分为和泥为备料、拍泥成当面、盘筑成筒瓦、切割为瓦当、烧制成建材五个步骤。

　　首先，和泥为备料。制作瓦当之前，选取较为合适的黏土（有的还掺入细砂）和泥制成瓦当的泥料。其次，拍泥制当面。将用于制作瓦当的当范置于较平的地面（或木板）上，选取泥料放于当范上，拍打泥料即制成当面。再次，盘筑成筒瓦。在制好的当面上（由于制作过程的连贯性，当面此时还没有充分干燥，因此当范可能没有取出），以泥条平行盘筑（也有学者认为是螺旋盘筑）制成筒形器，其中筒瓦与当面连接处的内侧添加泥条以起到进一步加固作用，而筒瓦超出当面的部分即成为瓦当的边轮。又次，切割为瓦当。关于切割的方法，主要有以线横切当面和以刀具（金属质或竹木质）外切筒形器，关于二者的顺序可能因工匠的制作习惯而稍有差异；在没有切割的当面背后对钻两个孔，将线穿过钻孔，切割时线的一端固定住，而另一端则切割当面；线切完成后，以刀具在筒形器的外侧切割（一般切割的厚度小于筒形器厚度的二分之一），待筒形器半干时，敲打即制成两个半瓦当的坯料。最后，烧制成建材。将切割好的半瓦当坯料晾干后入窑烧制即成为建筑材料。

　　圆形人面纹瓦当早至汉代、延至六朝、降及隋唐，中国、朝鲜半岛、日本及越南均有发现，其制法西汉瓦当多为套接式，南朝及高句丽瓦当为对接式；新罗、百济、日本及越南瓦当由于难见实物，故制法不详。章丘西汉东平陵故城人面纹瓦当由于使用套接[53]的制作方法，大体步骤上与上述半圆形人面瓦当相同，不同之处在于切割的时候线在两孔之间当面背后的筒瓦上绕半圈而完成切割。南京六朝地区的人面纹瓦当其制作方法王志高及马涛先生已有论述[54]：首先模制当面，再加工下边轮，然后续接上边轮和筒瓦；为使者三部分牢固地连接为一体，还在当面的边缘压印一周三角形锯齿纹或放射纹，部分纹饰甚至侵压在边轮上；亦有在当面与边轮连接处，直接用窄泥条按压。高句丽人面纹瓦当以笔者观察为对接式，笔者对于对接式的高句丽瓦当制作方法已有详细论述[55]，大体可以分为以下几个步骤：首先分别模制当面和制作筒瓦，其次将分别刻有线槽的当面及筒瓦连接，又次在二者连接处进行加固处理（即内侧添加泥条外侧添加泥片），最后对筒瓦的外侧及当面的一部分进行磨光处理。

半圆形的人面纹瓦（当沟）时代大体处于汉唐时期，所有瓦件最高处均在人面鼻梁处，由于瓦件背面较为平直且多有空隙，以笔者所见均为压范法制成。即将和好的泥料置于较平的地面（或木板上），以半圆形人面纹瓦的瓦范压制泥料并剔除多余部分待晾干烧制后即成为建筑材料（当沟）。集安丸都山城、千秋墓及渤海西古城发现的素面或饰方格纹的当沟系利用残损筒瓦打制而成。

七、东亚文化交流

汉代以前的人面纹瓦当见于燕下都及齐临淄城且均为半瓦当，风格迥异，从目前已知的资料来看要找出二者之间的联系也实有难度，至于二者是否与后来汉唐时期的人面纹瓦当及人面当沟有无关系及发展演变，仍有待于新的考古资料的发现和进一步的研究。但也有学者认为战国时期燕秦的兽面纹半瓦当、东周的云纹瓦当及齐国的树纹瓦当都是这一时期人面纹瓦当出现的部分因素[56]。而且就越南已发现的林邑国圆形人面纹瓦当（图七，3~6）[57]来看，可能也是孙吴西晋时期我国人面纹瓦当影响的结果。

1	2	3
4	5	6

图七　中日越圆形人面纹瓦当
1. 唐代羽人瓦当　2. 日本人面纹瓦当　3~6. 越南人面纹瓦当

南京地区孙吴中期至东晋早期的人面纹瓦当应是一脉相承、逐渐影响的，在纹饰上承早期云纹瓦当遗风且由人面向兽面演变最终在东晋时期被兽面纹瓦当所取代[58]。至于朝鲜半岛新罗百济地区出现的人面纹瓦当，考虑到新罗百济与南朝的政治关系[59]和地缘因素，毋庸置疑，应是以南朝为代表大陆文化通过南方海路[60]传播影响的结果。王志高先生认为新罗百济人面纹瓦当实际制作和使用极可能是在公元3世纪后期至4世纪早期，即相当于孙吴后期至东晋早期，新罗人面纹瓦当可能不是直接源自孙吴，而是在百济同类瓦当的影响下制造的，其时代也可能比前者更晚一个阶段[61]。高句丽地区出现的人面纹瓦当，笔者认为同样是由于上述原因半岛南部新罗百济地区影响的结果。虽然1985年青海民和县出土一件唐代的羽人瓦当[62]（图七，1），但目前仍无可靠资料证明其与高句丽凤凰山山城出现的人面纹瓦当有关联。由于日本发现的人面纹瓦当较少，笔者掌握的材料仅有一件（长良废寺，八世纪，图七，2）[63]，与朝鲜半岛及中国人面纹瓦当的相互关系仍有待进一步思考。

和南方孙吴两晋时期大量出现的人面纹瓦当形成鲜明对比的是，宋齐梁陈和北朝则没有出现类似的人面纹瓦当，仅在大同和和林格尔分别发现极为奇怪的北魏"胡人"瓦当（图八，1）[64]和生动活泼的孩童角抵瓦当（图八，2）[65]各一件。笔者推测这种现象一方面可能与以雄踞中原的少数民族为主的胡风文化盛行及以偏安江南一隅的汉族传统文化的衰落有相当的联系；另一方面由于佛教随着丝绸之路东渐，具有明显佛教意义的莲花纹、忍冬纹瓦当出现及流行最终可能使人面纹瓦当消亡[66]。

1　　　　　　　　　　　　　2

图八　北魏人物瓦当
1. "胡人"瓦当　2. 角抵瓦当

秦雍城宫殿遗址及东胜秦直道遗址已经出现饕餮纹、兽面纹及素面当沟，而后在汉长安城遗址、汉魏许都遗址、十六国时期的邺城地区和朝阳地区、北魏平城时期的都城——大同（包括西册田遗址及操场城宫殿遗址）及"行宫"的准噶尔石子湾古城、高句丽集安丸都山城及千秋墓、平壤东明王陵定林寺、渤海西古城均出现人面纹或素面当沟，人面纹当沟背面均较为平直。就现有资料我们不难发现当沟在地域上表现出：秦雍城和东胜直道—汉长安城—汉魏许都—邺城和朝阳—平城和石子湾古城—平壤城和西古城—日本列岛。日本学者称当沟为面户瓦或蟹面户瓦[67]，但在日本列岛还没有发现人面纹当沟。其演变过程则是：兽面纹或素面当沟（正当沟，背面较为平直）—人面纹或素面当沟（正当沟和斜当沟，背面或平直，或弧形）、兽面砖[68]—托泥当沟和垂兽（即垂脊上为托泥当沟和垂兽组合）。兽面砖首先出现在北魏洛阳城宫殿址（图九，1)[69]、阊阖门遗址（宫城正南门）[70]，以后在北齐时期的邺城遗址[71]、唐长安城大明宫遗址[72]、重玄门遗址[73]、太液池遗址[74]、麟德殿遗址[75]、兴庆宫明光门遗址（正南门）[76]、青龙寺遗址[77]、西明寺遗址[78]、荐福寺遗址[79]、唐太宗昭陵寝宫及北司马门遗址（图九，2)[80]、唐九成宫遗址[81]、华清池遗址[82]、唐肃宗建陵遗址（图九，3)[83]、铜川黄堡窑址[84]、富平县窑址[85]、洛阳城上阳宫遗址[86]、皇城内仓窖遗

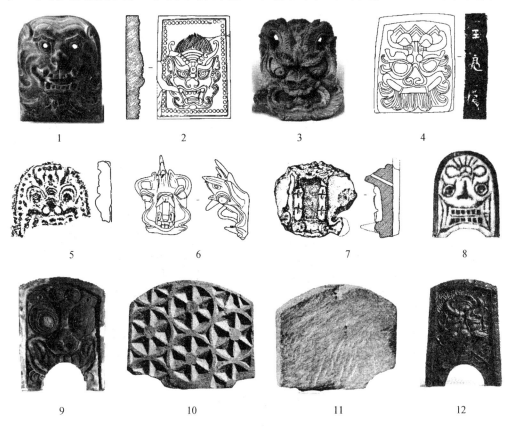

图九　中国及朝鲜半岛兽面砖

1. 北魏洛阳　2. 唐太宗昭陵　3. 唐肃宗建陵　4. 洛阳兽面砖范　5. 唐扬州城　6. 渤海东京城　7. 渤海西古城　8. 高句丽国内城　9. 高句丽平壤城　10. 百济山中腹寺（正）　11. 百济山中腹寺（背）　12. 新罗雁鸭池

址[87]、洛阳东郊遗址（图九，4）[88]、唐扬州城遗址（唐中晚期地层，图九，5）[89]、高句丽国内城遗址（图九，8）[90]、平壤城安鹤宫遗址（图九，9）[91]、清岩里金刚寺遗址[92]、渤海国上京（即东京城）龙泉府遗址（图九，6）[93]、中京西古城宫殿遗址（图九，7）[94]、百济西穴寺遗址[95]、扶余扶苏山中腹寺遗址（石製鬼瓦，图九，10、11）[96]、新罗雁鸭池遗址（图九，12）[97]（始建于公元 674 年[98]）、龙江洞苑池[99]、日本的藤原京（图一〇，1）[100]、山田寺（图一〇，2）[101]、丰浦寺[102]、平安京（图一〇，3）[103]、平城宫（图一〇，5）[104]、太极殿[105]、平城京（图一〇，4）[106]、奈良西隆寺（图一〇，6）[107]、国分寺（图一〇，7）[108]、难波宫（图一〇，8）[109]、飞鸟京苑池[110]等宫殿、皇家仓窖、寺院及苑池遗址均有发现。在日本除宫殿、皇家寺院及苑池外还用于官衙及贵族邸宅，是 6 世纪由百济传入，早期所见鬼面瓦上多饰莲花纹，晚期多饰兽面纹[111]。此外藤原京的太宰府遗址（图一〇，10）[112]、山田寺[113]、药师寺（八世纪末）遗址[114]、巨势寺（白凤时期）（图一〇，9）[115]、难波宫（图一〇，11）[116]等遗址还发现有当沟。其中唐代上阳宫遗址、渤海国上京龙泉府及西京显德府、新罗雁鸭池出土的部分兽面砖施釉。

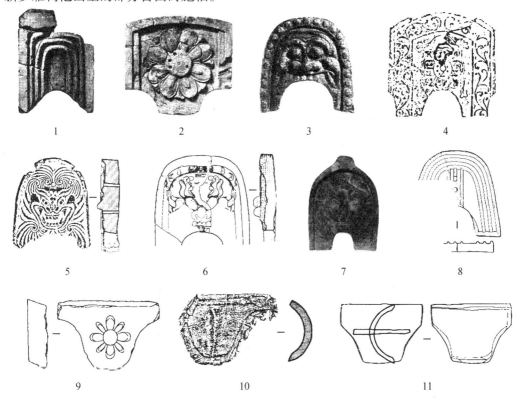

图一〇　日本兽面砖及当沟

1. 藤原宫　2. 山田寺　3. 平安京　4. 平城京　5. 平城宫　6. 西隆寺　7. 国分寺　8. 难波宫　9. 巨势寺

10. 太宰府　11. 难波宫

　　中国这一时期的建筑实物及壁画中也已发现兽面砖（有的为素面）的模型或图案，河南隋代陶屋上垂脊和戗脊前端已发现兽面砖的模型[117]，山西唐代南禅寺大殿垂脊前端（素面）[118]及甘肃敦煌第 158 窟（中唐）东壁天请问经变佛寺垂脊及戗脊前端[119]均有兽面砖的图案。

　　兽面砖（鬼瓦）大体有长方形（兽面多没有小孔）、梯形（兽面有一个或两个小孔）、上圆下方型（有的下部中间开有半圆形缺口）、上圆下尖型（下部中间开有半圆形缺口，两侧留有四分之一圆的缺口）等，至少宋代已经出现角兽并逐渐取代兽面砖，明清时期垂脊前端出现了托泥当沟和垂兽组合，二者最终取代兽面砖并沿袭至今。兽面砖（鬼脸）按位置不同采用大小形制也不同，有雌雄之分，按阴阳学说设置。房屋之东南属上阳据雌瓦，西北属阴而居雄瓦[120]。关于兽面砖的用途，国内部分学者认为饰于垂脊和戗脊的前端[121]。韩钊、张永红先生认为并非正脊或垂脊装饰瓦，而是唐代屋脊的装饰瓦[122]。禚振西、杜葆仁先生认为柱子一类建筑上的构件[123]。李百进先生认为鬼脸是中国早期屋脊收尾的一种工程做法，在汉时已大量使用，唐时由于殿宇正脊两端鬼脸已被鸱尾或鸱吻所取代，因此此种做法只在垂脊、戗脊和次要建筑正脊中使用[124]。朝鲜学者认为是贴在房檐和斗拱上[125]。日本学者则将其复原在垂脊和戗脊的前端（见图一一）[126]。坪井足清先生认为用于屋脊装饰[127]。由于东亚地区发现的兽面

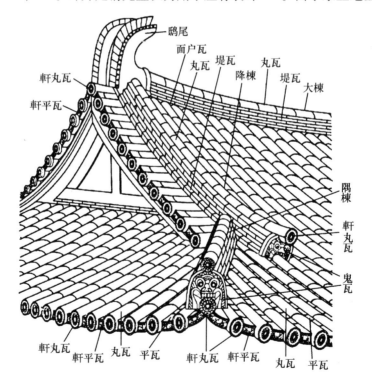

图一一　日本兽面砖（鬼瓦）位置图

砖（鬼面瓦）背面较为平直，正面或采用模印、或模印为主贴塑（堆塑）为辅的制作方法，尤其是目前已经发现用于正脊两端的秦代巨型"夔纹"瓦当[128]和后赵时期模印"大赵萬崴"的建筑构件（笔者认为应是用于正脊两端）[129]，再结合已出土的建筑模型、已有的建筑实例和各种壁画，笔者认为兽面砖应用于垂脊及戗脊前端的建筑和装饰构件。

八、余　　论

人面纹瓦作为一种较有特色建筑构件，汉唐时期在东亚诸国均有发现。其中的人面纹瓦当用于建筑椽头前端，战国时期已经出现，唐代基本以后消失。人面纹贴瓦（当沟）用于建筑屋脊，已经发现春秋时期当沟（兽面）实物，并沿用至今（多为素面）。人面纹瓦的出现不但大大丰富了建筑史、美学史及手工业技术史的研究空间，而且其传播的路线和途径也完美的勾勒了汉唐时期东亚文化交流的时代轨迹。

附记：小文在收集资料过程中曾得到山西省考古研究所张庆捷先生，云冈石窟研究院张焯先生，吉林省文物考古研究所安文荣先生，辽宁省文物考古研究所田立坤先生、李新全先生、李龙彬先生、司伟伟先生，内蒙古自治区文物考古研究所陈永志先生、李强先生、岳够明先生、宋国栋先生，准噶尔旗文化馆刘长征先生，山东省考古研究所郑同修先生，河南省许昌市博物馆陈文利女士，中国社会科学院考古研究所朱岩石先生、汪勃先生、许宏先生等的帮助，一并致谢。

注　释

[1]　王仲殊. 三世纪的东亚细亚 [A]. 第四次亚洲史学会论文集 [C]. 汉城：（韩国）三星美术文化财团，1993：11～31.

[2]　王巍. 从考古发现看四世纪的东亚 [J]. 考古学报，1996（3）：325～338.

[3]　傅嘉仪（编著）. 中国瓦当艺术 [M]. 上海：上海书店出版社，2002：78，图1270：兽面纹瓦当. 笔者认为此为人面纹瓦当.

[4]　杨泓. 北朝瓦当 [J]. 收藏家，1996（5）：7～9. 战国齐树木人物纹半瓦当.

[5]　河北省文物研究所. 河北省易县燕下都第13号遗址第一次发掘 [J]. 考古，1987（5）：414～428，图一七-10.

[6]　山东省文物考古研究所. 新中国出土瓦当集录（齐临淄卷）[M]，西安：西北大学出版社，1999：333，图三三三.

[7]　王志高. 略论南京出土的孙吴人面纹瓦当对朝鲜半岛的影响 [A]. 2007江苏省文博论集 [C]. 南京：南京出版社，2008：94～98.

[8]　a. 贺云翱. 南京出土六朝瓦当初探 [J]. 东南文化，2003（1）：23～33；
　　　b. 贺云翱. 南京出土的六朝人面纹与兽面纹瓦当 [J]. 文物，2003（7）：37～44；

c. 贺云翱. 六朝瓦当与六朝都城［M］. 北京：文物出版社，2005. 以下称六朝瓦当与六朝
都城［M］.

［9］　　王志高、贾维勇. 六朝瓦当的发现及初步研究［J］. 东南文化，2004（4）：63～73.

［10］　王志高、马涛. 论南京大行宫出土的孙吴云纹瓦当和人面纹瓦当［J］. 文物，2007
（1）：78～93.

［11］　京都帝國大學文學部（濱田耕作）. 新羅古瓦の研究［M］（京都大學文學部考古學研究報告
第十三册）. 京都：刀江書院，昭和九年（1934），47. 第四十二图，興輪寺址出土圓瓦.

［12］　金富轼（原著）孙文范等（校勘）. 三国史记［M］. 卷第四，新罗本纪第四·真兴王，长
春：吉林文史出版社，2003 年，52～53：“真兴王立……五年（544），春二月，兴轮寺成。”
以下称三国史记［M］.

［13］　a. 韩钊. 韩国庆州出土的新罗瓦当［J］. 考古与文物，2005（6）：59～64；
b. 贺云翱先生认为出于灵妙寺，六朝瓦当与六朝都城［M］. 19. 图一二：韩国出土人面纹
瓦当；
C. 韩国部分学者也认为出于灵妙寺，（韩）KOREA VISUALS 编辑部（编辑），李华、李华敏
（译）. 韩国文化遗产之旅［M］. 北京：三联书店，2007：325，人面纹瓦当（灵妙寺出土）.
以下称韩国文化遗产之旅［M］.

［14］　三国史记［M］. 卷第五，新罗本纪第五·善德王，64～65：“善德王立，讳德曼，真平王长女
也。……四年（635）。唐遣使持节，册命王为柱国乐浪郡公新罗王，以袭父封。灵妙寺成。”

［15］　三国史记［M］. 卷第二十七，百济本纪第五，2007：320～324：“法王，讳宣……二年
（600），春正月，创王兴寺……武王，讳璋……三十五年（634），春二月，王兴寺成。”

［16］　文化财研究所. 彌勒寺——圖版編（韩文）［M］.（遺蹟發掘調查報告書Ⅰ），汉城：文化财
管理局，1987. 圖版 179：2. 人面瓦. 以下称《彌勒寺（圖版編）》（韩文）［M］.

［17］　彌勒寺——圖版編（韩文）［M］. 圖版 179：3. 人面瓦.

［18］　蒙辽宁省文物考古研究所李新全先生、李龙彬先生、司伟伟先生帮助，敬表谢意. 资料存辽
宁省文物考古研究所.

［19］　王绵厚. 高句丽古城研究. 北京：文物出版社，2002：72、73.

［20］　赵力光. 中国古代瓦当图典［M］. 北京：文物出版社，1998：119. 图 89. 赵力光先生原书
认为是瓦当，但就其形制及人面判断笔者认为是当沟.

［21］　蒙中国社会科学院考古研究所朱岩石先生、许昌市博物馆陈文利女士提供帮助，特致谢意.
黄留春. 汉魏许邺两都瓦滴考释［N］. 中国文物报，1994-01-16（3）：图一. 黄留春先生原
文章认为是瓦滴（即后代的滴水），但就其形制及人面判断笔者认为是当沟.

［22］　陈寿. 三国志［M］. 卷二，文帝纪第二，北京：中华书局，1959：77，“裴松之注引《魏
略》曰：改长安、谯、许昌、邺、洛阳为五都。”

［23］　a. 中国社会科学院考古研究所、河北省文物考古研究所. 河北临漳邺北城遗址勘探发掘简报
［J］. 考古，1990（7）：595～600. 图三-11、12；
b. 黄留春. 汉魏许邺两都瓦滴考释［N］. 中国文物报，1994-1-16（3）：图二.

［24］　辽宁省文物考古研究所、朝阳市北塔博物馆. 朝阳北塔——考古发掘与维修工程报告［M］.

北京：文物出版社，2007：图版六-3、4.

[25]　张海斌. 包头市鲜卑墓 [A]. 内蒙古地区鲜卑墓葬的发现与研究 [C]. 北京：科学出版社. 2004：189～204．图九-2.

[26]　崔璿. 石子湾北魏古城的方位、文化遗存及其他 [J]. 文物，1980（8）：55～61（转96）. 图九-11.

[27]　山西省考古研究所、大同市考古研究所、大同市博物馆、山西大学考古系. 大同操场城建筑遗址发掘报告 [J]. 考古学报，2005（4）：485～513．图一五-11.

[28]　冈村秀典（编）. 雲岡石窟——遺物篇（日文）[M].（京都大学人文科学研究所研究報告），京都：朋友書店，2006：119．図69，46～50.

[29]　傅熹年（主编）. 中国古代建筑史 [M].（第二卷）. 北京：中国建筑工业出版社，2001：249，图2-10-5.

[30]　金日成綜合大学（编）. 呂南喆、金洪圭（訳）. 五世紀の高句麗文化 [M]. 東京：雄山閣，昭和六十年（1985）：148，図152.

[31]　朝鮮総督府. 高句丽麗時代之遺跡（日文）[M].（图版上册）. 東京：大塚巧藝社，昭和四年（1929）：60，図314.

[32]　北京市文物研究所（编）. 中国古代建筑辞典 [M]. 北京：中国书店，1992：114.

[33]　宋·李诚（撰）. 营造法式 [M].（三）. 卷二十六，瓦作. 北京：商务印书馆，1954：70～71：大当沟（以瓴一口造），每二枚七斤八两（每增减一等各加减四分之一，线道同）.……小当沟每板瓦一口造二枚（仍取条子瓦二片）.

[34]　文化部文物保护科研所（主编）. 中国古建筑修缮技术 [M]. 北京：中国建筑工业出版社，1983：180．图3-51：（1）.

[35]　潘谷西、何建中.〈营造法式〉解读 [M]. 南京：东南大学出版社，2005年：157. 以下称〈营造法式〉解读 [M].

[36]　王效青（主编）. 中国古建筑术语辞典 [M]. 太原：山西人民出版社，1996：143.

[37]　凤翔县文化馆、陕西省文管会. 凤翔先秦宫殿试掘及其铜质建筑构件 [J]. 考古，1976（2）：121～128．图三，饕餮纹砖.

[38]　杨鸿勋. 凤翔出土春秋秦宫铜构——金釭 [J]. 考古，1976（2）：103～108.

[39]　田亚岐、景宏伟、王颖、陈钢. 陕西凤翔战国时期秦都雍城陶质建材作坊遗址 [A]. 2006年中国重要考古发现 [C]. 北京：文物出版社，2007：82～86. 贴面砖模具.

[40]　内蒙古自治区文物考古研究所、鄂尔多斯市东胜区文物管理所. 东胜城梁段秦直道遗址发掘简报 [A]. 内蒙古文物考古文集（第三辑）[C]. 北京：科学出版社，2004：144～152. 图七-4～6.

[41]　吉林省文物考古所、集安市博物馆. 丸都山城——2001～2003年集安丸都山城调查试掘报告 [M]. 北京：文物出版社，2004：115，图六八-1～3. 以下称丸都山城 [M].

[42]　池内宏. 通溝（日文）[M].（卷上）. 東京：日満文化協會，昭和十三年（1938）：图版二二.

[43]　丸都山城 [M]. 17. 图一〇.

[44] 丸都山城 [M]. 116. 图六九.

[45] 吉林省文物考古研究所、集安市博物馆. 集安高句丽王陵——1990～2003 年集安高句丽王陵调查报告 [M]. 北京：文物出版社，2004：206. 图一六六-1～3. 以下称集安高句丽王陵 [M].

[46] 吉林省文物考古研究所、延边朝鲜族自治州文化局、延边朝鲜族自治州博物馆、和龙市博物馆（编著）. 西古城——2000～2005 年度渤海国中京显德府故址田野考古报告 [M]. 北京：文物出版社，2007：246. 图一五二-3. 以下称西古城 [M].

[47] 西古城 [M]. 313. 图一九一-3.

[48] 西古城 [M]. 313. 图一九一-4.

[49] 王志高、马涛. 论南京大行宫出土的孙吴云纹瓦当和人面纹瓦当 [J]. 文物，2007（1）：78～93.

[50] 王银田. 试论大同操场城北魏建筑遗址的性质 [J]. 考古，2008（2）：67～79.

[51] 准噶尔旗当地学者认为石子湾古城的性质有三种可能性：①皇家巡游、狩猎的行宫；②管理北魏皇家牧场的官府治所；③通往西域的道上驿站. 见刘玉印（主编）. 准噶尔旗文物志 [M]. 呼和浩特：远方出版社，1998：128. 结合城址出土的"萬歲富貴"瓦当及大型柱础等遗物，笔者认为石子湾古城可能为北魏皇帝的"行宫遗址".

[52] 刘尊志. 徐州出土晋代记事碑及相关问题略考 [J]. 中原文物，2004（2）：49～53. 图八，铜山县班井 M4 出土半圆形人面纹瓦当. 依笔者观察图片并非瓦当，而为本文所说的半圆形人面纹瓦（当沟），且背面有圆形环，形制较为特殊，刘尊志先生原文说明出于江苏省班井县 M4（东汉末）墓上建筑，因墓葬资料尚在整理之中，墓主人身份及墓上建筑形制仍有待墓葬正式报告的发表.

[53] 承蒙山东省考古研究所郑同修先生惠赐东平陵古城瓦当背面照片，在此致谢.

[54] 王志高、马涛. 论南京大行宫出土的孙吴云纹瓦当和人面纹瓦当 [J]. 文物，2007（1）：78～93.

[55] 王飞峰、夏增威. 高句丽丸都山城瓦当研究 [J]. 东北史地，2008（2）：67～74. 图三，高句丽瓦当制作示意图.

[56] 洪梅. 先秦时期瓦当中的兽面纹与人面纹 [J]. 东南文化，2008（3）：70～76.

[57] a. 山形眞理子. ベトナム中部の国家形成期遺跡 [J]. 季刊考古学，1999（66）：66～70. 图 4-1～2；彩版中部ベトナムにおける国家の形成，5. 以上三件瓦当资料承中国社会科学院考古研究汪勃先生告知，敬表谢意；

b. 板井隆、西村正雄、新田栄治. 東南アジアの考古学 [M]. 东京：同成社，1998：119，图 42，人面付瓦当.

[58] 王志高、贾维勇. 六朝瓦当的发现及初步研究 [J]. 东南文化，2004（4）：63～73.

[59] 汉唐时期新罗、百济、高句丽与中原王朝及南朝各政权密切交往，尤以西晋至唐最为频繁，见魏存成. 汉唐时期中国通往朝鲜半岛和日本的文化路线和文化交流 [J]. 吉林大学学报（社科版），2008（1）：89～95. 表 1，西晋至唐期间高句丽、百济、新罗与中原和南方政权交往统计.

[60] 魏存成先生依据大量考古遗物和文献资料详细论述了汉唐时期中国、朝鲜半岛及日本交往的

三条通道：北方陆海相辅，即辽西辽东到朝鲜半岛的陆路和山东半岛出海的海路；南方海路独秀，即长江口出海的海路。见魏存成. 汉唐时期中国通往朝鲜半岛和日本的文化路线和文化交流 [J]. 吉林大学学报（社科版），2008（1）：89~95.

[61] 王志高. 略论南京出土的孙吴人面纹瓦当对朝鲜半岛的影响 [A]. 2007 江苏省文博论集 [C]. 南京：南京出版社，2008：94~98.

[62] 戈父（编著）. 古代瓦当 [M]. 北京：中国书店，1997：192，图316.

[63] 古面の美 [M]. 东京：东京国立博物馆，昭和五十五年（1980）：图466，人面纹轩丸瓦.

[64] 北魏"胡人"瓦当. 已残，采集于大同市帅府路基建工地，现藏于云冈石窟研究院. 当面主题图案为一"胡人"形象，肌肉丰满，形体健硕，为蹲坐状，上身赤裸，下身仅着短裤；右手略残，持有一棍棒状物体，左手弯曲，手后为一身材极为修长的不知名"怪兽"（身后有尾）；边轮内侧有一周凸弦纹，边轮与凸弦纹之间饰有一周凸起的忍冬纹.

[65] 王大方、刘刚. 活泼有趣的北魏"孩童摔跤游戏瓦当" [J]. 内蒙古文物考古，2006（1）：98~99.

[66] 辽宁彰武县西南城子城址（或称小南洼城址，已有学者考证为辽代豪州城）发现 1 件辽代人面纹瓦当，但以笔者目前所见北魏以后人面纹瓦当仅此 1 件，其出现具体原因及含义有待进一步研究，人面纹瓦当图片见李宇峰、孙杰. 辽宁彰武县西南城子城址调查 [J]. 辽海文物学刊，1990（1）：42~50（转64）. 图七，人面纹瓦当. 冯永谦（主编）、张春宇、刘俊玉、孙杰（著）. 彰武县文物志 [M]. 沈阳：辽宁民族出版社，1996. 图版十四-1. 人面纹瓦当. 承辽宁省文物考古研究所李龙彬先生告知，特此致谢.

[67] 因形状似人面或螃蟹故名，见斋藤 忠（著）. 日本考古学用语辞典（日文）[M]. 东京：学生社，1992：65.

[68] 日本学者将中国汉唐时期出现的兽面砖称为鬼（面）瓦，朝鲜学者则称为鬼板瓦。

[69] 中国社会科学院考古研究所. 中国社会科学院考古研究所洛阳分馆 [M]. 北京：文化艺术出版社，1998：63. 兽面砖.

[70] 中国社会科学院考古研究所洛阳汉魏故城队. 河南洛阳汉魏故城北魏宫城阊阖门遗址 [J]. 考古，2003（7）：20~41. 图版拾-6.

[71] 王福生. 浅谈北朝名臣高隆之 [J]. 北朝研究，1997（2）：54~59.

[72] 韩钊、张永红. 试析唐代脊头瓦——兼及与日本鬼瓦的比较 [J]. 考古与文物，2003（4）：71~74. 图一-1.

[73] 李百进（编著）. 唐风建筑营造 [M]. 北京：中国建筑工业出版社，2007：463. 图 7-14-14，唐大明宫重玄门遗址出土（鬼脸）. 以下简称唐风建筑营造 [M].

[74] 奈良文化财研究所. 東ァジアの古代苑池 [M]. 奈良：奈良文化财研究所，平成 17 年（2005）：4. 太液池出土鬼瓦. 以下称東ァジアの古代苑池 [M].

[75] 唐风建筑营造 [M]：463，图 7-14-14. 唐大明宫麟德殿遗址出土.

[76] 唐风建筑营造 [M]：587，图 9-1-84. 鬼脸.

[77] 中国社会科学院考古所西安唐城队. 唐长安城青龙寺遗址 [J]. 考古学报，1989（2）：231~262. 图版拾捌-1-3.

[78] 奈良县橿原考古学研究所附属博物馆. 遣唐使が见た中国文化 [M]. 奈良：明新印刷株式会社，1995：96. 图82-1. 獣面文栋端瓦.

[79]　中国社会科学院考古研究西安唐城队、西安市文物保护考古所. 西安小雁塔东院出土唐荐福寺遗物 [J]. 考古, 2006 (1)：48~53. 图三-1. 兽面砖.

[80]　陕西省考古研究所. 2002 年度唐昭陵北司马门遗址发掘简报 [J]. 考古与文物, 2006 (6)：3~16. 图一六, 兽面脊头瓦.

[81]　中国社会科学院考古研究所（编著）. 隋仁寿宫·唐九成宫——考古发掘报告 [M]. 北京：科学出版社, 2008：图版七二-3. 兽面砖.

[82]　陕西省文物事业管理局. 唐华清池 [M]. 北京：文物出版社, 1998：491, 图二一九-1.

[83]　李浪涛. 唐肃宗建陵出土一件兽面脊头瓦 [J]. 考古与文物, 2006 (5)：112, 图一.

[84]　陕西省考古研究所. 唐代黄堡窑址 [M]. 北京：文物出版社, 1992：210, 图一一〇, 黑瓷贴饰兽面. 以下简称唐代黄堡窑址 [M].

[85]　陕西省考古研究所（编）. 陕西新出土文物选粹 [M]. 重庆：重庆出版社, 1998：118, 图115、119、116.

[86]　東ァジアの古代苑池 [M]. 10. 上阳宫苑池出土施釉鬼瓦.

[87]　洛阳博物馆. 洛阳隋唐东都皇城内的仓储遗址 [J]. 考古, 1981 (4)：309~314. 图六, 兽形砖.

[88]　洛阳发现兽面砖兽面纹砖范, 见洛阳市文物工作队. 洛阳东郊发现唐代瓦当范 [J]. 文物, 1995 (8)：61~63. 图一一, 兽面纹瓦当范.

[89]　李久海、刘涛、王小迎. 扬州城遗址新出土瓦当概述 [A]. 古代东亚地区制瓦技术变迁与传播研究国际学术研讨会·2008·北京 [C]：75~95. 附图五-3.

[90]　耿铁华、尹国有（著）. 高句丽瓦当研究 [M]. 长春：吉林人民出版社, 2001：245. 图版110, 盾形兽面纹瓦当.

[91]　朝鲜历史文物 [M]. 平壤：文物保存社, 1980：图版181, 鬼面板.

[92]　朝鲜総督府. 高句丽麗時代之遺跡（日文）[M]. （图版上册）, 东京：大塚巧藝社, 昭和四年（1929）：59, 图310.

[93]　其中龙泉府东半城 1 号和 9 号佛寺均有出土绿釉兽兽头（背面较为平直, 笔者认为即是本文所说的兽面砖, 以下略）, 见中国社会科学院考古研究所（编）. 六顶山与渤海镇—唐代渤海国的贵族墓地与都城遗址 [M]. 北京：中国大百科全书出版社, 1997：108, 图62. 以下称六顶山与渤海镇 [M]. 但也有学者认为此类构件是鸱尾, 见汪勃. 日本和朝鲜半岛的兽面砖瓦 [J]. 碑林集刊（六）, ·西安：陕西人民美术出版社, 2000：274~287.

[94]　西古城一号、三号、四号及五号宫殿遗址均有出土, 其中一号宫殿出土绿釉兽头见西古城 [M]：100, 图六一. 西侧廊庑出土见第 126 页, 图七八. 东侧廊庑出土见第 156 页, 图九八. 三号宫殿出土绿釉兽头见第 213 页, 图一三二, 1. 四号宫殿出土见第 249 页, 图一五四-1~4. 五号宫殿出土见第 282 页, 图一七三-2、4~8、10.

[95]　大川 清（编）. 百济の考古学 [M]. 东京：雄山閣, 昭和四十七年（1972）：图 25-4. 西穴寺出土古瓦. 以下称百济の考古学 [M].

[96]　百济の考古学 [M]. 图34, 扶余扶苏山中腹寺跡出土石製花文鬼瓦.

[97]　東ァジアの古代苑池 [M]. 12. 雁鸭池出土施釉鬼瓦.

[98]　三国史记 [M]. 卷第七, 新罗本纪第七·文武王·下. 99："十四年……二月, 宫内穿池, 造山种花草, 养珍禽奇兽."

[99]　東ァジアの古代苑池 [M]：15. 龙江洞苑池出土鬼瓦.

[100] 飛鳥藤原宮跡発掘調査部. 藤原宮と京 [M]. 奈良：奈良国立文化財研究所，1991：84-85. 瓦的種類と使用位置. 以下称藤原宮と京 [M].

[101] 藤原宮と京 [M]：87. 山田寺の鬼板.

[102] 藤原宮と京 [M]：87. 豊浦寺の鬼板.

[103] 京都市埋蔵文化財研究所. 平安京跡発掘資料選（日文）[M].（二），京都：真陽社，昭和61年（1986）：24，図64，播磨産の鬼瓦（鳥羽離宮跡）；図65，鬼瓦（臨川寺跡）.

[104] 奈良国立文化財研究所. 平城宮発掘調査報告 XIII（日文）[M]. 京都：真陽社，1991：図版86-2.

[105] 奈良国立文化財研究所. 平城宮発掘調査報告 XIV——第二次大极殿の調査 [M]. 京都：真陽社，1993：114，図64.

[106] a. 奈良国立文化財研究所. 平城京九条大路——県道城廻り線予定地発掘調査概報 [M]. 奈良：共同精版印刷株式会社，1981：17，図35，鬼瓦；
b. 奈良国立文化財研究所. 平城京右京八条一坊十一坪発掘調査報告書（日文）[M]. 奈良：奈良明新社，昭和39年（1965）：35，図26-2.

[107] 奈良国立文化財研究所. 西隆寺発掘調査報告書（日文）[M].（奈良国立文化財研究所40周年紀念學報第52册），奈良：明新印刷株式会社，1993：PL43-1，3.

[108] 東海道の国分寺 [M]. 栃木：栃木県教育委員会，1994：30. 鬼瓦.

[109] 大阪市文化財協會. 難波宮址の研究 [M].（第十），奈良：岡村印刷工業株式会社，1995，図面一五：後期難波宮出土遺物（159. 6920）. 以下称難波宮址の研究 [M].（第十）.

[110] 東ァジアの古代苑池 [M]：21. 東院庭出土各種瓦.

[111] 奈良国立文化財研究所. 四十年春秋：奈良国立文化財研究所40周年紀念図録（日文）[M]. 奈良：岡村印刷工業株式会社，1993：44.

[112] 九州歴史資料館. 太宰府史跡——昭和55年発掘調査概報（日文）[M]. 九州：正光印刷株式会社，昭和56年（1981）：63. 14 図-1、2.

[113] 奈良文化財研究所. 山田寺発掘調査報告（日文）[M]. 岡村印刷工業株式会社，2002：291，図120，面户瓦.

[114] 奈良国立文化財研究所. 薬师寺発掘調査報告（日文）[M]. 奈良：明新印刷株式会社，昭和62年（1987）：147，図72-1.

[115] 奈良県立橿原考古学研究所. 巨勢寺（日文）[M]. 奈良：東洋印刷株式会社，平成16年（2004）：90，72図-1.

[116] 難波宮址の研究 [M].（第十），図面一六-164.

[117] 中国大百科全书 [M].（建筑园林城市规划），北京：中国大百科全书出版社，1995：彩版5，隋代陶屋.

[118] 柴泽俊. 山西古建筑概述 [A]. 柴泽俊古建筑文集 [C]. 北京：文物出版社，1999：32～64. 图二四.

[119] 萧默. 敦煌建筑研究 [M]. 北京：文物出版社，1989：80，图四四.

[120] 唐风建筑营造 [M]：459.

[121] a. 中国社会科学院考古所西安唐城队. 唐长安城青龙寺遗址 [J]. 考古学报，1989（2）：231～262；
b. 六顶山与渤海镇 [M]：107；

　　　　　c. 李殿福（著）、西川 宏（訳）. 高句麗・渤海の考古と历史 ［M］. 东京：学生社，
　　　　　1991：132；

　　　　　d. 李浪涛. 唐肃宗建陵出土一件兽面脊头瓦 ［J］. 考古与文物，2006（5）：112.

［122］　韩钊、张永红. 试析唐代脊头瓦——兼及与日本鬼瓦的比较 ［J］. 考古与文物，2003（4）：
　　　　　71～74.

［123］　唐代黄堡窑址 ［M］：209.

［124］　唐风建筑营造 ［M］：459.

［125］　朝鲜民主主义人民共和国社会科学院考古研究所（编）、李云铎（译）、顾铭学、方起东
　　　　　（校）. 朝鲜考古学概要 ［M］. 哈尔滨：黑龙江文物出版编辑室，1983：169.

［126］　a. 藤原宫と京 ［M］：84～85. 瓦の種類と使用位置；

　　　　　b. 前場幸前. 古瓦考（日文）［M］.（相模国分寺・千代台廃寺），东京：冬青社，1993：
　　　　　51，屋根及び瓦の名称.

［127］　坪井足清. 飛鳥の寺と国分寺 ［M］. 东京：岩波书店，1991：128，图 103，屋根と瓦.

［128］　国内有学者认为此类瓦当纹饰并非"夔纹"，而是一种被称为"宾莲"的植物纹，见方殿
　　　　　春. "宾莲"纹瓦当考释 ［J］. 辽海文物学刊，1997（1）：53～54.

［129］　朱岩石、何利群. 河北磁县北朝墓群发掘 M63 及十六国窑址 ［N］. 中国文物报，2007-7-27
　　　　　（2）.

Exchange of Culture In Eastern Asia during Han-Tang Period—In perspective of human-face-design tiles

WANG Fei-feng

　　The Area of Eastern Asia is one of the earliest centers of hunman civilization, the exchange of culture is very frequent. The article is in perspective of human-face-design tiles appeared in the Area of Eastern Asia during Han-Tang Period, and researches on exchange of culture during the period. Human-face-design tiles mainly contain hemicircle human-face-design tile-ends, circle human-face-design tile-ends and hemicircle human-face-design tiles (danggou). Human-face-design tiles are very special building materials, and found in the site of Qi Linzi City of Warring States Period, the site of Yan Xiadu, the site of Chang'an City of Han Dynasty, the site of Dongpingling City in Zhangqiu, the site of Xudu during Han-Wei Period, and later Six Dynasties, Sixteen States, Three Yan, Northern Wei, Koguryo, Silla, Baekje, Janpan Islands and Vietnam and so on. The appearance of human-face-design tiles are not only largely abundant in the research on content of the history of architecture, art and the technique of handicraft, but also the route and approach of spread ideally manifest times track on exchange of culture in Eastern Asia during Han-Tang Period.

3~6世纪中国东北地区出土的釉陶

彭善国

（吉林大学边疆考古研究中心，长春，130012）

东汉政权灭亡后，中原北方地区一度发达的低温铅釉釉陶随之进入衰落阶段。以往由于资料的局限，古陶瓷界对3~6世纪北方地区釉陶生产的面貌并不是很清楚，仅对西晋釉陶[1]及高句丽釉陶[2]有所涉及。近年来随着辽宁北票喇嘛洞墓地、吉林集安禹山M3319、集安国内城体育场地点等一批新材料的揭示，这一时期东北地区的釉陶资料大为丰富，进行综合比较研究的条件较之以往成熟了许多；同时，陕西咸阳平陵十六国墓地、山西大同地区诸北魏墓群等资料的刊布，也使我们能以更开阔的视野关注和研究两晋北朝时期北方釉陶的发展态势。3~6世纪中国东北地区出土的釉陶，无论从发展的阶段性上，还是从地域特征上，都可以分为辽宁地区魏晋十六国釉陶以及高句丽釉陶两个系列。本文拟结合新发表的资料，重点对这两个系列作初步探索。不当之处，敬希指正。

一

为研究的方便，现将辽宁地区魏晋十六国墓葬出土的釉陶列为表一。

表一　辽宁地区魏晋十六国墓葬出土釉陶统计表

序号	墓葬名称	出土釉陶类型/数量/尺寸（高度，单位：厘米）	出处
1	沈阳伯官屯M5	酱釉双系罐1（6.5）	[3]
2	辽阳三道壕M8	酱釉双系罐1（6.8），酱釉小壶1（3.1）	[4]
3	朝阳十二台砖厂79年3号墓	酱釉双系罐1（3.6）	[5]
4	北票喇嘛洞ⅠM30	酱釉四系罐1（9.4）	[6]
5	北票喇嘛洞ⅡM64	酱釉四系罐1（10.5）	[6]
6	朝阳王子坟山墓群台M8705	豆青釉陶罐1（7）	[7]
7	北票喇嘛洞ⅡM28	酱釉羊形器1（26.2）	[6]
8	锦州前山墓	青绿釉钵1（6）	[8]

序号	墓葬名称	出土釉陶类型/数量/尺寸（高度，单位：厘米）	出处
9	朝阳十二台砖厂 88M1	酱釉罐 2（8.7）	[9]
10	朝阳袁台子壁画墓	酱釉钵 6（2.9～3.8），茶褐釉钵 8（2.9～3.7）	[10]
11	北票喇嘛洞 II M148	黄绿釉罐 1（16.5）	[6]
12	北票冯素弗墓	黄绿釉壶 1（32.3）	[11]
总计	12 处墓葬	釉陶 26	

上表之外，喇嘛洞墓地 II 区的 M9、M17、M33、M294、M329、M358 也发现了釉陶器，但资料尚未刊布。可将如上釉陶分为 A、B 两组。

1. 各组特征

A 组　包括沈阳伯官屯 M5、辽阳三道壕 M8、朝阳十二台砖厂 79 年 3 号墓、北票喇嘛洞 I M30、北票喇嘛洞 II M64 等几处遗存。釉陶类型较少，红褐色胎，釉色只有酱釉一种，器形仅见双系、四系的小罐以及无系的小壶（图一）。

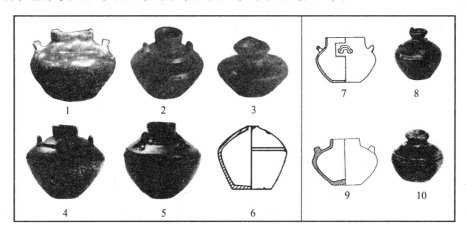

图一　辽宁魏晋十六国时期的釉陶（A 组）及参照图（比例尺不一）

1. 沈阳伯官屯 M5　2、3. 辽阳三道壕 M8　4. 北票喇嘛洞 II M64　5. 北票喇嘛洞 I M30　6. 朝阳十二台砖厂 79 年 3 号墓　7. 洛阳谷水晋墓 M4　8. 临沂洗砚池西晋墓 M1　9. 嘉峪关西晋墓 M6
10. 南京仙鹤观东晋墓 M6

B 组　主要包括北票喇嘛洞 II M28、朝阳十二台砖厂 88M1、朝阳王子坟山墓群台 M8705、朝阳袁台子壁画墓、北票喇嘛洞 II M148、北票冯素弗墓等几处遗存。釉陶类型趋于多样，胎色除红褐色外，还有烧成温度较高的灰胎；釉色仍以酱釉为多，另有黄绿、茶色、黑褐等釉；器形有羊形器、壶、罐、钵等，器体明显增大（图二）。

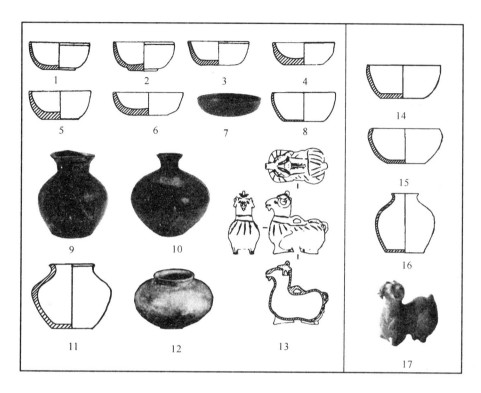

图二　辽宁魏晋十六国时期的釉陶（A 组）及参照图（比例尺不一）

1～7. 朝阳袁台子壁画墓　8. 锦州前山墓　9. 北票喇嘛洞Ⅱ M148　10. 北票冯素弗墓　11. 朝阳
王子坟山墓群台 M8705　12. 朝阳十二台砖厂 88M1　13. 北票喇嘛洞Ⅱ M28　14. 锦州前燕李廆墓
15、16. 朝阳后燕崔遹墓　17. 南京象山东晋初年 7 号墓（14～16 为泥质灰陶　17 为青瓷）

2. 各组时代的推断

A 组中伯官屯 M5（M4～6 为墓室相连的 3 座墓）的釉陶出土在漆奁内，漆奁内同时出"位至三公"铜镜以及纹饰锈蚀的铁镜；十二台砖厂 79 年 3 号墓出土的铜镜锈蚀较重，镜背花纹与"位至三公"镜极其相似。"位至三公"铜镜东汉晚期时期出现，西晋特别流行[12]。与三道壕 M8 号墓同在一墓地的 7 号墓出土"太康二年（281）八月造"的瓦当。喇嘛洞的两座墓，材料发表欠详细，但同墓地的 M314 也出土了一件"位至三公"镜[13]。综上可以推断，A 组釉陶的年代约为曹魏末到西晋，下限在 4 世纪初。

B 组中冯素弗墓时代明确，为北燕太平七年（415）；袁台子壁画墓有"二月己……"的墨书题记，田立坤先生推断最有可能是 354 年，其次是 366 年[14]；王子坟山墓群台 M8705，简报定为两晋，该墓出土的双联腹陶壶与大同南郊北魏迁都平城初期（公元 368～439 年）的墓葬 M170 出土的双联腹陶罐形制如出一手[15]；十二台砖厂 88M1 出土完备的甲骑具装，时代在前燕也无疑问；喇嘛洞 Ⅱ M148 褐釉羊，与南京象山东晋初年 7 号墓出土青瓷羊形器十分接近[16]；前山 M1 出土的圆形陶桶在南方地区东晋出现并流行[17]。综上可以推断，B 组釉陶的年代为东晋十六国，约从 4 世纪初到 5 世纪前期。

3. 各组釉陶的文化因素

A 组中双系、四系的酱釉小罐以及无系的酱釉小壶，是黄河流域西晋墓（如洛阳谷水 M4[18]、临沂洗砚池 M1[19]）常见而具有指征性的随葬器物，在长江下游（如南京仙鹤观 M6[20]）以及河西一带（如嘉峪关 M6[21]）的两晋墓中也屡有发现（参见图一）。东汉政权灭亡之后，中原地区一度发达的釉陶生产全面衰落，这两种釉陶器即成为整个曹魏西晋时期釉陶生产虽一蹶不振，但仍一息尚存的象征。辽宁地区所出者，与中原基本没有差别，不排除有从内地输入的可能。

B 组釉陶中的酱釉，应是 A 组西晋因素的沿袭。但黄绿釉等多种釉色的出现，突破了曹魏西晋酱釉一统的格局。平底或饼状假圈足钵、罐出土数量较多，器形与锦州李廆墓（324 年）[22]、朝阳后燕崔遹墓（395 年）[23]以及袁台子壁画墓等辽西三燕（部分为东晋初）墓葬经常出土的轮制灰陶钵、罐相同，体现了釉陶制作中的本地因素。至于褐釉羊形器，显然是受到南方瓷器影响而出现的器形。

二

中国东北地区高句丽墓葬遗址出土釉陶数量较多，列为表二。

表二　中国东北地区高句丽墓葬遗址出土釉陶统计表

序号	遗址名称	出土釉陶类型/数量/尺寸（高度，单位：厘米）	出处
1	集安麻线沟 M1	黄釉壶 2（33），盆 1（8.8），灶 1（16）	[24]
2	集安七星山 M96	黄褐（绿）釉壶 3（均残）	[25]
3	集安万宝汀 M78	黄绿釉壶、罐、盆、灶（均残）	[26]
4	集安禹山 JYM3319（355～357 年）	黄褐（绿）釉壶 6（56～60），带盖盘口壶 1（残），黄釉盆 2（8.3），钵 3（5～6.3），茶绿釉圆口盘（高 1.8～3），八折盘 2（残），耳杯 2（5.5），熏炉 2（残），虎子（残）	[27]
5	集安禹山 JYM3501	黄（绿）釉壶 1（残）、釜 1（8）、甑 1（9）、盆 1、钵 1（残）、耳杯 1	[28]
6	集安禹山 JYM1340	黄绿釉罐 1（14.8）、甑（11）、盆 2（口 30）	[28]
7	集安禹山 JYM3160	黄绿釉釜 1（残）	[28]
8	集安山城下墓区 M983（莲花墓）	绿釉陶壶、灶（均残）	[29]

续表

序号	遗址名称	出土釉陶类型/数量/尺寸（高度，单位：厘米）	出处
9	集安粮食局宿舍地点（2000JGL）T2③	绿釉碗 1（残）	[30]
10	集安审计局职工宿舍地点（2000JGSJ）T1③	绿釉盆 1（残），绿釉纹饰陶片 2	[31]
11	集安体育场地点灰坑（2003JGTYC）	黄釉盆 1（6.2），褐釉盖奁 1（20.8），绿釉瓮 1（口 39.6），黄褐、墨绿釉壶、罐、奁、盆残片	[32]
12	集安体育场地点（2003JGTYC）③、④	黄釉、绿釉罐、器盖残片	[33]
13	集安禹山 JYM1897	黄釉盆 1（6.4），釜 1（残）	[34]
14	集安禹山下 M41（JYM1041）	黄绿釉壶 3（40），灶（残）	[35]
15	集安长川 2 号墓	黄绿釉壶 1（56），灶 1（30）	[36]
16	集安长川 4 号墓	黄釉壶 1（31.2），灶 1	[37]
17	集安洞沟三室墓	茶绿釉壶 1（31.5），钵 5（6.6～7.3），耳杯 1（5.7），灶（22.2）	[38]
18	京都大学藏	黄釉壶 1（40.5），盆 1（7.9），灶 1（长 67）	[39]
19	桓仁米仓沟将军墓	黄釉壶 3（37），茶绿釉灶 1（27.5）	[40]
20	集安东大坡 M365（JSM365）	酱釉盘口长颈壶 1（25）	[41]
21	抚顺施家北山 M5	茶绿釉罐 1（残）	[42]
22	抚顺施家北山 M2	绿釉陶片	[42]
23	抚顺前屯 M13	茶绿釉 1（11.5）	[43]
24	抚顺洼浑木 M2	黄釉罐 1（15.5）	[43]
25	沈阳石台子山城	1998 年第二次发掘的陶器中，青灰、黄褐、红褐等釉陶占 1.7%。第一次发掘也出土了少量釉陶	[44]
总计	24 处墓葬遗址	约 80 件（残约 20 件）	

　　本文并不打算对高句丽釉陶进行细致的类型学分析，只是在总结以往学者的研究成果的基础上，结合最近几年来的新发现，将高句丽釉陶分为甲、乙、丙三组。

1. 各组的特征

　　甲组　主要包括集安禹山 M3319、集安国内城体育场地点灰坑、集安禹山 JYM3501、集安七星山 M96、集安禹山 JYM1340 等出土的釉陶。器物釉色复杂，有黄釉、茶绿釉、酱釉等；造型多样，有颈部粗短的四耳壶及无耳壶、盆、甑、釜、耳杯、钵、圆口盘、八折盘、瓮、奁、带盖小罐、鸡首壶、虎子、熏炉等。壶的肩部、盆的底部、八折盘的内壁、奁及鸡首壶的腹部普遍装饰垂幛纹及篦点组合交叉纹，纹饰层次较为丰富（图三）。从禹山 M3319 出土的釉陶观察，釉层厚而莹净，釉面玻璃质感强，有爆釉现象。盘、耳杯的外底有支钉痕。

乙组　主要包括集安麻线沟 M1、集安禹山下 M41、集安长川 M2、桓仁米仓沟将墓、集安洞沟三室墓、集安禹山 M1897、集安长川 M4 等出土的釉陶。器物类型较甲组贫乏，主要是口沿外展的四耳壶、盆、灶等，耳杯、釜、钵只有少量发现。仅在四耳壶的肩部装饰垂幛纹及篦点组合交叉纹，纹饰层次趋于简化（图四）。

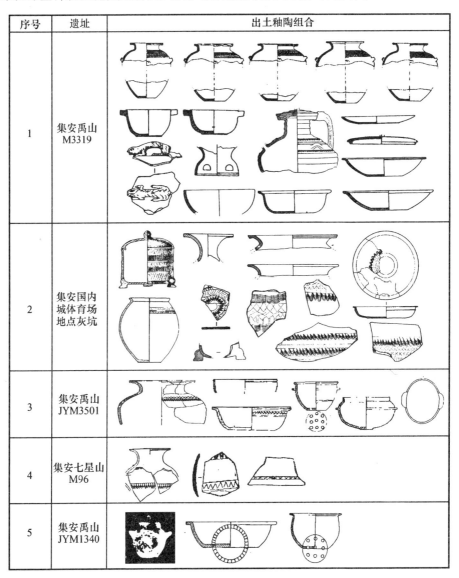

序号	遗址	出土釉陶组合
1	集安禹山 M3319	
2	集安国内城体育场地点灰坑	
3	集安禹山 JYM3501	
4	集安七星山 M96	
5	集安禹山 JYM1340	

图三　高句丽釉陶器物（甲组）（比例尺不一）

序号	遗址	出土釉陶组合
1	集安麻线沟 M1	
2	集安禹山下 M41	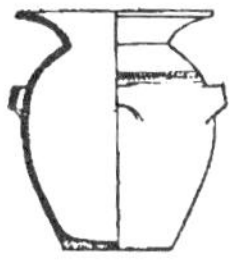
3	集安长川 M42	
4	桓仁米仓沟将军墓	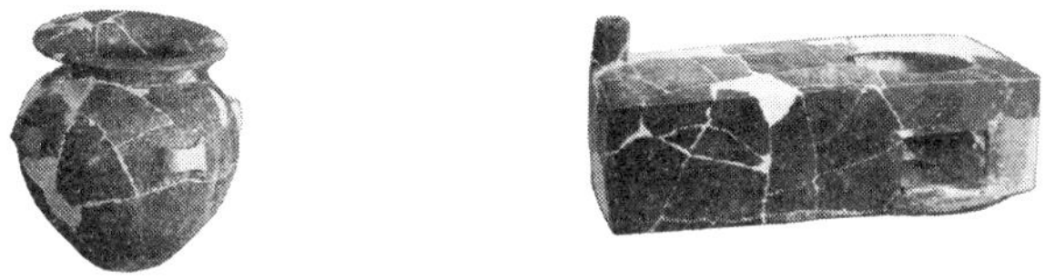
5	集安洞沟三室墓	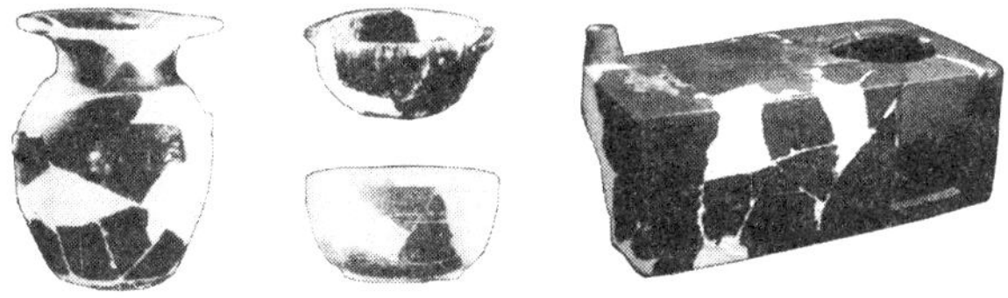
6	集安禹山 M1897	
参考釉陶器物	京都大学藏	

图四　高句丽釉陶器物（乙组）（比例尺不一）

丙组　包括集安东大坡 M365、抚顺施家 M5、抚顺前屯 M13、抚顺洼浑木 M2 等 4 处墓地出土的釉陶。器物类型有盘口长颈壶、粗颈鼓腹罐、矮领球腹小罐。这些器物的肩、腹部都有弦纹（图五）。

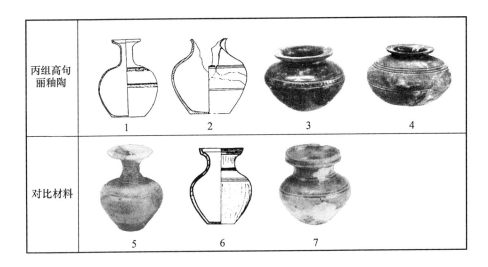

图五　高句丽釉陶器物（丙组）（比例尺不一）

1. 集安东大坡 M365　2. 抚顺施家 M5　3. 抚顺前屯 M13　4. 抚顺洼浑木 M2　5、7. 大同南郊北
魏墓 M110　6. 大同南郊北魏墓 M26

2. 各组的年代

甲组中禹山 M3319 为阶坛积石砖室壁画墓，1961、1983 年在墓上发现"丁巳"铭文的纪年瓦当，1997 年发掘出土"乙卯年"铭文的卷云纹瓦当。发掘者推测"乙卯"、"丁巳"应分别为公元 355 年和 357 年，1979 年在墓上采集以及 1997 年发掘出土的具有 4 世纪中叶东晋青瓷特征 4 件青瓷盘口壶也支持这一年代判断。集安国内城体育场地点灰坑，一方面既伴出了典型的东晋青瓷，另一方面在层位上又略早于同地点出土"（戊戌）年造瓦故记岁"题铭卷云纹瓦当的 2 号房址。"（戊戌）年"据发掘者推断，当不早于公元 338 年。所以体育场地点灰坑的时代应在 4 世纪中期前后。综上可将甲组高句丽釉陶的年代定为 4 世纪中期前后，下限约到 4 世纪末。

乙组釉陶多数出土于大型的封土石室壁画墓，经过前贤多年的研究，对这几处墓葬的时代已有较为一致的认识[45]。其时代约在 5 世纪初到 6 世纪前半。

出土丙组釉陶的几座墓，都是规模较小的封土石室墓，墓葬的结构，绝大多数的多数研究者都认为与吉林敦化六顶山等地的渤海早期墓葬相近，与施家墓地 M5 形制相同的 M18 还出土了两枚"开元通宝"。东大坡 M365 出土的盘口长颈壶、施家 M5 出土的粗颈罐、前屯 M13 盘口罐都与大同南郊北魏墓 M26、M110 出土的釉陶瓶、陶壶、釉陶盘口罐接近，发掘者推断 M26、M110 的年代约在北魏迁洛的 6 世纪之后[46]。综上所述，丙组釉陶的年代当在 6 世纪之后。

3. 各组的文化因素

甲组高句丽釉陶文化因素复杂。中原地区东汉晚期至曹魏西晋墓葬中习见甑、耳杯、奁、盆等器物，辽宁东汉晚期墓葬也不例外[47]。体育场灰坑出土的奁，与山东邹城西晋刘宝墓出土的釉陶奁形制颇近[48]。甲组高句丽釉陶中的甑、釜、耳杯、奁等，应是受到内地影响出现的。此外，东汉晚期以来的垂幛（或称垂幔）纹，据称是袭自汉画像石上以卷起的帷帐作为画面边缘的装饰纹带（图六，6、7）[49]，见于河南洛阳王城公园东汉墓出土的陶鼎、陶敦[50]，在河南巩义芝田西晋墓[51]、甘肃嘉峪关西晋墓[52]、敦煌祁家湾西晋墓[53]以及青海大通上孙家汉晋墓[54]中，也都发现装饰垂幛纹的陶器（图六）。垂幛纹装饰影响到高句丽釉陶并与篦点交叉纹组合使用，已经是东晋中期了。特别值得指出的是，禹山M3319出土的柄端龙首衔含盘口的釉陶鸡首壶，器形仿自东晋青瓷，但肩部设置的四个横耳，肩腹装饰的双重垂幛纹，绝不见于南方青瓷鸡首壶，体现出模仿过程中添加的本地因素。

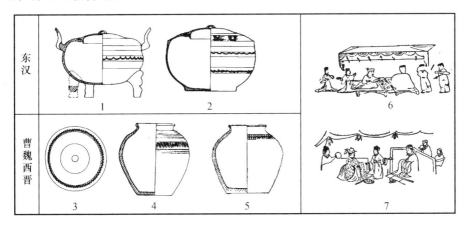

图六　东汉魏晋垂幔纹的演进

1、2. 洛阳王城花园墓 C1M8567　3. 巩义芝田墓 88HGZM27　4. 嘉峪关壁画墓 M5　5. 本溪晋墓

6. 辽阳三道壕窑业第四现场汉墓壁画　7. 辽阳棒台子 M2 壁画

乙组釉陶中，因循甲组的釜、耳杯、盆数量明显减少，表明这些汉代以来的文化因素在逐渐衰减。壶、灶成为基本的、相对稳定的釉陶组合，凸现了较为鲜明的地域特色。

丙组釉陶与甲、乙两组时代颇有悬隔，器物形态上亦无沿袭、继承。盘口长颈的壶以及粗颈鼓腹的罐，是北魏陶器（包括釉陶）的典型器类，在大同发现尤多，从定都平城到迁洛，壶、罐经历了由溜肩、瘦高腹到宽肩、矮腹的演变[55]。辽西地区的北魏墓葬，如辽宁朝阳凌河机械厂家属宿舍区北魏墓（88CLM1、88CLM2）[56]、朝阳南大沟墓[56]、朝阳西上台珍珠岩厂 M1[57]、朝阳市老城区养路费征稽处北魏墓 96CZM4[58]、朝阳工程机械厂墓地[59]，这类壶、罐也经常出土。此外，前屯 M13 盘口罐与大同北魏墓 M110 出土者如出一手。尽管丙组高句丽釉陶器类贫乏，可资对比的材料不足，但从前述器物形态的相似，推测其与北魏釉陶存在某种联系或是成立的。

4. 高句丽釉陶的使用

甲、乙两组高句丽釉陶，集中出土于集安的王城遗址及贵族墓葬，体现出较高的使用等级。其中灶及与之配套的甑、釜，显然不适宜实际炊爨，应是专门的随葬明器，故均见于墓葬，在国内城多处生活居址未曾发现。至于壶、罐、盆、钵、耳杯、盘等器类，墓葬之外，居址亦有较多出土[60]，尤其国内城体育场地点出土的釉陶瓮，高、宽均在 60 厘米左右，盆的口径也近 40 厘米，体量都较大，故不排除这些釉陶器作为日常生活实用器的可能。丙组釉陶均出土在构制较简陋的封土石室墓中，在一定程度上反映了高句丽末期釉陶使用等级的变化。

三

十六国至北朝初期，北方地区釉陶的生产与曹魏西晋相比，有了一定的恢复。釉陶器的发现有如下几个中心区域。朝阳、北票地区；集安、桓仁地区；咸阳、西安地区；大同地区。这 4 个地区也分别是三燕、高句丽、前（后）秦、代魏（平城时代）统治的中心区域，釉陶生产在这些地区的复兴恐怕不是偶然的。

朝阳、北票地区的釉陶，从前述喇嘛洞墓地的材料来看，开始于西晋末期。永嘉之乱，"时二京倾覆，幽冀沦陷。（慕容）廆刑政修明，虚怀引纳。流亡士庶，多襁负归之"[61]。以致"流人之多旧土十倍有余，人殷地狭"[62]。《资治通鉴》卷八十九《晋纪》载，"（建兴二年，公元 314）是时中国流民归（慕容）廆者数万家"。慕容廆、慕容皝还多次侵辽东，并徙辽东大姓于棘城[63]。在这种历史背景下，辽西地区的开发进入新阶段，考古揭示的丰富多彩的三燕遗存即为明证。袁台子壁画墓出土的釉陶碗，内底或外底多数存留垫渣痕 3 枚，可见采用了多件仰置叠烧的装烧方法，这表明当时釉陶的生产似有一定的批量和规模。5 世纪中叶之后辽西的北魏墓葬，迄今未见釉陶出土。究其历史背景，北魏征服北燕的过程中（436 年灭北燕），曾一度将当地民众大量西徙，辽西一带釉陶生产的停滞局面应与此有关。

4 世纪初，中原板荡，北方各族割据混战，高句丽乘隙侵掠辽东，至后燕慕容熙时（5 世纪初）最终控制辽东，期间平州刺史崔毖（公元 319 年），冬寿、郭充（公元 336年）逃奔高句丽，慕容皝多次东击高句丽（公元 339、342 年），高句丽与辽东、辽西联系频繁。集安、桓仁地区高句丽釉陶的生产从前面分析看，始于 4 世纪中叶前后，应该与当时历史态势相关，而与公元 313 年占据乐浪郡关系似乎不大[64]。甲组高句丽釉陶，时代与辽宁地区 B 组釉陶相当，故一开始就以泛绿的黄釉为基调，器类也较杂多。曹魏西晋时期流行的四系、双系的酱釉小罐以及无系的酱釉小壶在高句丽遗址均未发现。

咸阳、西安地区近年来屡有十六国时期墓葬发现，但与前两个地区相比，出土釉陶器却很少，平陵墓M1最具代表意义[65]。该墓出土的釉陶器均为黄褐釉，器形有壶、铠马俑和虎子。壶口部残缺，细颈，球腹，与北票北燕冯素弗墓、大同迎宾大道M74[66]出土的釉陶壶十分接近。虎子前端管口外凸，背有提梁，器形与冯素弗墓出土青铜虎子近似，类似的虎子，在南方青瓷中非常多见。釉陶的铠马俑，目前仅见于这一地区。

大同是北魏釉陶集中发现的地区，南郊、七里村、迎宾大道、沙岭40余座墓葬[67]，出土釉陶容器约70件，绝大多数为酱黄釉，根据X射线荧光分析，南郊墓出土部分釉陶的釉是以铁为着色剂的低温铅釉[68]。大同北魏釉陶的器形，以壶、罐最多，基本不见碗类。

四个区域釉陶的类型，存在较大差异，反映出釉陶生产的地方性特征。随着北魏统一中原北方，除了高句丽统治的集安一地之外，这种地方性的历史背景已不复存在。北朝后期，中原地区釉陶的生产持续下来，同时河北、河南、山东等地揭开了青瓷生产的序幕。青瓷的登场与持续生产的釉陶之间存在何种工艺技术的联系？这个问题已超出本文探讨的范围了。

附记：本文为教育部人文社会科学重点研究基地重大项目（编号2007JJD780114）、吉林大学人文社会科学青年基金项目（2005QN002）阶段成果。

注　释

[１]　谢明良. 魏晋十六国北朝墓出土陶瓷试探［A］.（台湾大学）美术史研究集刊（第五期）［C］. 1994：1～37.

[２]　30年前，日本学者冈崎敬（1979）曾简要叙述高句丽釉陶的器类，并认为可能与墓葬祭祀有关（冈崎敬. 高句丽的土器、陶器和砖瓦［A］. 世界陶瓷全集（第17卷）［C］. 韩国古代. 小学馆，1979：180～182.）；耿铁华、林至德（1984）在对吉林集安高句丽墓葬出土陶器的综合研究中，将高句丽釉陶出现和流行的时段推定为4世纪初到5世纪末，6世纪之后釉陶已极少发现。同时他们关于高句丽釉陶纯系丧葬明器的看法被此后的研究者普遍接受（耿铁华，林至德. 集安高句丽陶器的初步研究［J］. 文物，1984（1））；朝鲜学者李光熙（1990）认为高句丽釉陶出现于3世纪之前，但并没有提出充足有力的证据（李光熙. 高句丽墓所见釉陶的出现时期［J］. 朝鲜考古研究，1990（4））；乔梁（1999）指出，高句丽釉陶从东晋开始十分流行，北朝时期占据了高句丽陶器的主导地位。他还认为釉陶的广泛流行是高句丽文化面貌剧烈变化的突出表现（乔梁. 高句丽陶器的编年与分期［J］. 北方文物，1999（4））；日本学者东潮（1988）、韩国学者崔钟泽（2000）等人的研究，也都涉及高句丽釉陶器的编年（东潮. 高句丽文物编年［A］. 橿原考古学研究所论集（第10辑）［C］，1988. 崔钟泽. 高句丽陶器的形成［A］. 韩国高句丽研究财团：韩国高句丽研究论文集［C］. 2006：565～604. 认

为高句丽釉陶出现于 4 世纪之后）；耿铁华（2001）则在原来研究的基础上，进一步将高句丽釉陶分为 3 期（4、5、6 三个世纪各为 1 期）9 段（每期各分 3 段）（耿铁华. 高句丽釉陶器的类型与分期 [J]. 考古与文物，2001（3））：71 ~ 81.

[3]　沈阳市文物工作组. 沈阳伯官屯汉魏墓葬 [J]. 考古，1964（11）：图版叁-8，553 ~ 558.

[4]　王增新. 辽阳三道壕发现的晋代墓葬 [J]. 文物参考资料，1955（11）：37 ~ 45.

[5]　李宇峰. 辽宁朝阳两晋十六国时期墓葬清理简报 [J]. 北方文物，1986（3）：23 ~ 26.

[6]　辽宁省文物考古研究所编. 三燕文物精粹 [M]. 沈阳：辽宁人民出版社，2002：147.

[7]　辽宁省文物考古研究所等. 朝阳王子坟山墓群 1987、1990 年度考古发掘的主要收获 [J]. 文物，1997（11）：4 ~ 18.

[8]　鲁宝林等. 辽宁锦州市前山十六国时期墓葬的清理 [J]. 考古，1998（1）：92.

[9]　辽宁省文物考古研究所等. 朝阳十二台砖厂 88M1 发掘简报 [J]. 文物，1997（11）：19 ~ 32.

[10]　辽宁省博物馆文物队. 朝阳袁台子东晋壁画墓 [J]. 文物，1984（6）：29 ~ 45.

[11]　黎瑶渤. 辽宁北票县西官营子北燕冯素弗墓 [J]. 文物，1973（3）：2 ~ 28.

[12]　徐苹芳. 三国两晋南北朝的铜镜 [J]. 考古，1984（6）：556 ~ 563.

[13]　辽宁省文物考古研究所编. 三燕文物精粹 [M]. 沈阳：辽宁人民出版社，2002：103.

[14]　田立坤. 袁台子壁画墓的再认识 [J]. 文物，2002（9）：41 ~ 48.

[15]　山西大学历史文化学院，山西省考古研究所，大同市博物馆. 大同南郊北魏墓群 [M]. 北京：科学出版社，2006：275.

[16]　南京市博物馆. 南京象山 5 号、6 号、7 号墓清理简报 [J]. 文物，1972（11）：23 ~ 41.

[17]　中国硅酸盐学会. 中国陶瓷史 [M]. 北京：文物出版社，1982.

[18]　洛阳市第二文物工作队. 洛阳谷水晋墓 [J]. 文物，1996（8）：37 ~ 45.

[19]　山东省文物考古研究所等. 山东临沂洗砚池晋墓 [J]. 文物，2005（7）：4 ~ 37.

[20]　南京市博物馆. 江苏南京仙鹤观东晋墓 [J]. 文物，2001（3）：4 ~ 40.

[21]　甘肃省文物队编. 嘉峪关壁画墓发掘报告 [R]. 北京：文物出版社，1985：31.

[22]　辛发等. 锦州前燕李廆墓清理简报 [J]. 文物，1995（6）：42 ~ 46.

[23]　陈大为，李宇峰. 辽宁朝阳后燕崔遹墓的发现 [J]. 考古，1982（3）：270 ~ 274.

[24]　吉林省博物馆辑安考古队. 吉林辑安麻线沟一号壁画墓 [J]. 考古，1964（10）：520 ~ 528.

[25]　集安县文物保管所. 集安县两座高句丽积石墓的清理 [J]. 考古，1979（1）：27 ~ 32.

[26]　吉林省博物馆文物工作队. 吉林集安的两座高句丽墓 [J]. 考古，1977（2）：123 ~ 131.

[27]　吉林省文物考古研究所，集安市博物馆. 洞沟古墓群禹山墓区 JYM3319 号墓发掘报告 [J]. 东北史地，2005（6）：19 ~ 31.

[28]　吉林省文物考古研究所，集安市文物保管所. 集安洞沟古墓群禹山墓区集锡公路墓葬发掘 [R]. 耿铁华，孙仁杰编：集安博物馆高句丽研究文集 [C]. 延边：延边大学出版社，1993：57 ~ 59.

[29]　李殿福. 集安洞沟三座壁画墓 [J]. 考古，1983（4）：308 ~ 314.

[30]　吉林省文物考古研究所，集安市博物馆. 国内城——2000 ~ 2003 年集安国内城与民主遗址试掘报告 [R]. 北京：文物出版社，2004：66.

[31]　同注 [30]：81.

[32]　同注［30］：139.

[33]　同注［30］：45.

[34]　张雪岩. 集安两座高句丽封土墓［J］. 博物馆研究, 1988（1）: 58~60.

[35]　吉林省博物馆文物工作队. 吉林集安的两座高句丽墓［J］. 考古, 1977（2）: 123~131.

[36]　吉林省文物工作队. 吉林集安长川二号封土墓发掘纪要［J］. 考古与文物, 1983（1）: 22~27.

[37]　转引自耿铁华. 高句丽釉陶器的类型与分期［J］. 考古与文物, 2001（3）: 71~80.

[38]　集安县文物保管所, 吉林省文物工作队. 吉林集安洞沟三室墓清理记［J］. 考古与文物, 1981（3）.

[39]　冈崎敬. 高句丽的土器、陶器和砖瓦［A］. 世界陶瓷全集（第17卷）［C］. 韩国古代. 小学馆, 1979: 180~182.

[40]　武家昌等. 桓仁米仓沟高句丽壁画墓［A］. 辽宁省文物考古研究所编: 辽宁考古文集［C］. 沈阳: 辽宁民族出版社, 2003: 64.

[41]　张雪岩. 吉林集安东大坡高句丽墓葬发掘简报［J］. 考古, 1991（7）: 600~607.

[42]　辽宁省文物考古研究所, 抚顺市博物馆. 辽宁省抚顺市施家墓地发掘简报［J］. 考古, 2007（10）.

[43]　王增新. 辽宁抚顺市前屯、洼浑木高句丽墓发掘简报［J］. 考古, 1964（10）: 529~532.

[44]　沈阳市文物考古工作队. 辽宁沈阳市石台子高句丽山城第二次发掘简报. 考古, 2001（3）; 辽宁省文物考古研究所, 沈阳市文物考古工作队. 辽宁沈阳市石台子高句丽山城第一次发掘简报［J］. 考古, 1998（10）: 1~12.

[45]　魏存成. 高句丽遗迹［M］. 北京: 文物出版社, 2002: 172~198.

[46]　山西大学历史文化学院, 山西省考古研究所, 大同市博物馆. 大同南郊北魏墓群［R］. 北京: 科学出版社, 2006.

[47]　如辽阳青年大街汉墓M8（王来柱. 辽阳青年大街发现的两座汉墓［A］. 辽宁考古文集［M］. 沈阳: 辽宁民族出版社, 2003: 51~57）、沈阳沈州路东汉墓M1（沈阳市文物考古研究所. 辽宁沈阳沈州路东汉墓发掘简报［J］. 北方文物, 2004（3）: 1~8）等.

[48]　山东邹城市文物局. 山东邹城西晋刘宝墓［J］. 文物, 2005（1）: 4~26.

[49]　卢兆荫. 略论两汉魏晋的帷帐［J］. 考古, 1984（5）: 454~467.

[50]　洛阳市文物工作队. 洛阳王城公园东汉墓［J］. 文物, 2006（3）: 49~57.

[51]　郑州市文物考古所. 巩义芝田晋唐墓葬［R］. 北京: 科学出版社, 2003: 88HGZM27出土的盆, 41.

[52]　甘肃省文物工作队等. 嘉峪关壁画墓发掘报告［R］. 北京: 文物出版社, 1985: 24. M5、M7均出土垂幛纹陶罐.

[53]　甘肃省文物考古研究所戴春阳, 张珑. 敦煌祁家湾——两晋十六国墓葬发掘报告［R］. 北京: 文物出版社, 1994: 69. M307、M323出土的陶盘内刻划垂幛纹.

[54]　青海省文物考古研究所. 上孙家寨汉晋墓［R］. 北京: 文物出版社, 1993: 114. M35、M4出土刻划垂幔纹的陶及釉陶盘.

[55]　山西大学历史文化学院, 山西省考古研究所, 大同市博物馆. 大同南郊北魏墓群［R］. 北京: 科学出版社, 2006: 472.

［56］　辽宁省文物考古研究所等. 朝阳市发现的几座北魏墓［J］. 辽海文物学刊，1995（1）：
　　　　140 ~ 146.

［57］　朝阳地区博物馆等. 辽宁朝阳发现北燕、北魏墓［J］. 考古，1985（10）：915 ~ 929.

［58］　寇玉峰. 辽宁朝阳养路费征稽处北魏唐代墓葬［A］. 边疆考古研究（第 3 辑）［C］. 北京：
　　　　科学出版社，2004：314.

［59］　辽宁省文物考古研究所，朝阳市博物馆. 辽宁朝阳北朝及唐代墓葬［J］. 文物，1998（3）：4 ~ 26.

［60］　石台子山城出土釉陶的器类不详，李龙彬曾揭示了 T105 出土的一件盏，参其石台子高句丽山
　　　　城及墓葬发现与研究［D］. 吉林大学硕士学位论文，2006.

［61］　晋书·慕容廆载记［M］.

［62］　晋书·慕容皝载记［M］.

［63］　田立坤. 三燕文化墓葬的类型与分期［A］. 汉唐之间文化艺术的互动与交融［M］. 北京：
　　　　文物出版社，2001.

［64］　乐浪郡地区出土釉陶的几处墓葬，如贞梧洞 5 号墓、土城洞 45 号墓、南寺里 29 号墓、贞柏
　　　　洞 69 号墓，根据王培新先生的研究，其时代为新莽、东汉前期到东汉末、曹魏前期，与高句
　　　　丽釉陶出现时间上差度较大. 王培新. 乐浪文化——以墓葬为中心的考古学研究［M］. 北
　　　　京：科学出版社，2007：41、81 ~ 85.

［65］　咸阳市文物考古研究所. 咸阳平陵十六国墓清理简报［J］. 文物，2004（8）：4 ~ 28.

［66］　大同市考古研究所. 山西大同迎宾大道北魏墓群［J］. 文物，2006（10）：50 ~ 71.

［67］　山西大学历史文化学院，山西省考古研究所，大同市博物馆. 大同南郊北魏墓群［R］. 北京：
　　　　科学出版社，2006. 大同市考古研究所. 山西大同沙岭北魏壁画墓发掘简报［J］. 文物，2006
　　　　（10）：4 ~ 24. 大同市考古研究所. 山西大同七里村北魏墓群发掘简报［J］. 文物，2006
　　　　（10）：25 ~ 49. 大同市考古研究所. 山西大同迎宾大道北魏墓群［J］. 文物，2006（10）：
　　　　50 ~ 71.

［68］　姚青芳. 釉陶器的釉成分分析［A］. 山西大学历史文化学院，山西省考古研究所，大同市博
　　　　物馆编著：大同南郊北魏墓群［C］. 北京：科学出版社，2006：579.

Glazed pottery unearthed in north-east China from 200 A. D. to 500 A. D

PENG Shan-guo

The glazed pottery unearthed in north-east China from 200 A. D. to 500 A. D can be divided into two different sets: the Liaoning area Wei, Jin, Sanyan glazed pottery and the Koguryo glazed pottery. Group A of the Liaoning area glazed pottery is similar with the inland and Group B reflects more local characteristics. Group A of the Koguryo glazed pottery contains complicated cultural influence of the inland pottery and the northern celadon; Group B reflects more local characteristics; Group C may be related with the North Wei glazed pottery.

再论百济武宁王陵形制与构造的若干问题

赵俊杰

（吉林大学边疆考古研究中心，长春，130012）

　　自百济武宁王陵被发现以来，各国学者从考古、历史、宗教、社会生活等多角度对其进行了深入细致的考察，建树颇丰。其中我国学者的研究主要着眼于武宁王陵在形制构造、随葬品上体现的南朝墓葬特征展开，取得了一定的成果，但仍存在一些问题需要进一步廓清。笔者不揣浅陋，试图在前贤成就的基础上，通过对武宁王陵形制结构特征的再探讨，追溯这些特征的渊源，重新审视武宁王陵的建造者，疏漏与不足之处敬请方家斧正。

一、武宁王陵的形制与构造

　　武宁王陵[1]位于韩国忠清南道公州西北的宋山里墓地，是一座带有墓道、甬道的长方形单室券顶砖室墓（图一）。墓道和甬道均位于墓室南面，墓道长9.3米，平面呈梯形，口部较窄，与甬道相接处较宽。甬道长2.9米，宽1.04米，高1.45米，用莲花纹砖以"四顺一丁"法砌筑两壁，以"三顺一丁"法砌筑券顶，券顶同时使用楔形砖。地面以砖铺成人字纹，略高于墓室地面而与棺床等高。地面与墓室相接处用一排竖砖锁口，其上又铺一层平砖。甬道口外左右两侧及券脸上部用莲花纹砖、钱纹砖和素面砖混和平砌，通高约3.04米。甬道口券脸为两重叠涩式，口部用剩余砖封堵，封门砖下部砌法为"三顺一丁"，上部为平砌。

　　墓室南北长4.2米，东西宽2.72米，以棺床为基准，高度为2.93米。墓室前部约长1.05米的一段地面低于甬道和棺床31厘米。四壁以"四顺一丁"法砌筑，侧壁与后壁近直，券顶用"三顺一丁"法并使用楔形砖砌

图一　武宁王陵砖室

筑。南北两壁的上部因为券顶收缩而采用平砌法。墓砖模印莲花纹，顺砖花纹为两个六瓣莲花夹菱格网纹，丁砖花纹有两个六瓣莲花和八瓣莲花两种，其中八瓣莲花系用两块砖拼合而成，四角各配一枝忍冬。在东、西、北壁上共有五个用两块半圆形砖拼合的深约 8 厘米的火焰形壁龛，其中北壁一个，东、西两壁各两个。每个壁龛里各置一青瓷灯盏，内有灯芯残迹。壁龛下方树立四块起棱砖和五块平面砖，构成直棱窗形。

墓室后部为棺床，铺抵后壁，与甬道等高。棺床用两层素面砖平铺而成，下层横平铺，上层为人字纹排列。前沿锁口方式与甬道同。棺床与甬道间的地面结构同于棺床。

此外，发掘中还发现武宁王陵有排水沟，全长 18.7 米，宽 5 厘米，开口于甬道与墓室相接处，沿甬道中部向南穿越墓道中部直通到丘陵的斜坡上。排水沟的结构为：底部用相叠的两块砖横铺成行，再用两块砖在其上左右两侧以中空 5 厘米的间隔纵行排列，然后再在上面横铺一层砖盖顶，最后再纵压一层砖而成。

甬道中部发现王和王妃志石各一块，通过铭文可知该墓为百济武宁王与王妃的合葬墓[2]，武宁王死于公元 523 年，葬于 525 年；王妃死于公元 526 年，葬于529 年。

二、武宁王陵形制构造的渊源

百济与南北朝的交往，文献多有记载，此不赘言。据韩昇先生的研究，百济与北朝和南朝的交往比为 5∶33，显示出百济与南朝的密切关系。当南朝偏安江南的心态固定下来以后，其对外关系的价值取向已经逐渐由注重政治军事向注重文化交流转变，而二者间这种文化的交流，到梁朝达到了顶峰[3]。自武宁王陵被发现以来，其在总体形制和构造上对我国南朝墓葬的承袭以及许多出土文物体现的南朝特点，经过多位学者的考察和论证[4]，在学界已基本达成共识。最近，王志高先生又进一步发展了这种认识，认为武宁王陵从葬地的选择、墓葬封土、斜坡墓道、排水沟、砖室的形制结构、墓砖上都与建康地区的东晋、南朝墓葬有着惊人的相似，因此武宁王陵可以称作典型的"建康模式"[5]。这一观点实际上将武宁王陵看作为典型南朝墓葬。我们认为，要追溯武宁王陵形制构造的渊源，必须要从以下两方面入手：一是其形制构造与同时期同等级南朝墓葬的再比较；二是探寻其形制构造承袭的本地因素。

百济与南朝隔海相望，二者联系极为紧密；加之南朝墓葬等级森严，且对百济又存在事实上的册封关系，因而我们以为，在比较武宁王陵和南朝墓葬的形制异同时，几乎可以将文化传播的滞后性忽略不计，从而将它们置于相同的年代和等级框架内。年代的不同意味着墓葬形制的变化，等级的高低则体现出墓葬规模、葬制的差异。所以，可用于和武宁王陵作横向比较的应是年代在525年前后的梁代贵族墓葬[6]。迄今可确认或推定属于梁代贵族的墓葬有数座，其中5座似为宗室王墓，分别是甘家巷桂阳敦王萧象墓[7]、桂阳简王萧融墓[8]以及被推定为安成康王萧秀墓的甘家巷M6[9]、被推定为临川靖惠王萧宏墓的白龙山南朝墓[10]、南平元襄王墓的尧化门南朝墓[11]。此外，我们拟将年代据墓志为梁普通二年（公元521年）的燕子矶梁墓[12]以及对门山南朝墓[13]、甘家巷M30[14]也一并列入考察范围（图二）。

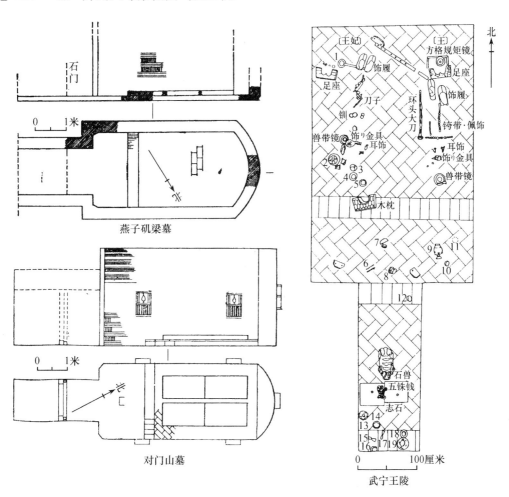

图二　燕子矶梁墓、对门山墓与武宁王陵形制比较（附武宁王陵遗物分布）

1. 铜熨斗　2. 铜钵　3、14、16. 铜碗　4. 铜托银盏　5. 皿形铜器　6. 铜箸　7、8. 铜盖　9. 长颈四耳盘口壶　10、12. 铜盏　11. 白瓷小碗　13. 青瓷大耳短颈壶（小）　15、17. 铜匙　18. 青釉方形纽罐
19. 青釉六耳短颈壶

表一为武宁王陵与上述墓葬的简要比较：

表一　甘家巷 M30、白龙山南朝墓、尧化门南朝墓、燕子矶梁墓、对门山南朝墓与武宁王陵对比

位置	墓主	全长（米）	墓门	墓室宽（米）	墓室高（米）	墓壁
南京甘家巷	梁桂阳王萧象	10.5	一进（石）	2.96	2.28（残）	花纹砖
南京甘家巷	梁桂阳王萧融	9.8	一进（石）	3.15	1.78（残）	花纹砖
南京甘家巷	梁安成王萧秀？	10.3	一进（石）	3.25	3.7	花纹砖
南京白龙山	梁临川王萧宏？	13.4	一进（石）	4.42	5.25	花纹砖
南京尧化门	梁南平王萧伟？	10.25	一进（石）	3.48	4.44	花纹砖
公州宋山里	百济武宁王	7.1	一进（木）	2.72	2.93	花纹砖
南京燕子矶	？（辅国将军）	7.4	一进（石）	2.35	1.78（残）	花纹砖
南京对门山	？	8.76	一进（石）	2.44	3.14	花纹砖
南京甘家巷	萧秀次子萧推？	6.7	一进（石）	1.8	0.5（残）	？

从规模上看，武宁王陵与梁宗室王墓有一定的差距，略大于甘家巷 M30，而基本与燕子矶墓和对门山墓相当，这表明武宁王陵在形制上反映的等级要低于梁宗室王墓。因此，我们将比较对象选定为以燕子矶墓和对门山墓为代表的大中型梁墓。这些墓葬在形制构造上主要有以下特点：

（1）为带长甬道的"凸"字形单室券顶或穹隆顶砖室墓，甬道中普遍设一道门额半圆形的石门，门上多有浮雕仿木的人字架结构。

（2）墓室前壁与侧壁以折角相接，侧壁近直或略外弧，后壁外弧。

（3）砖砌棺床一般位于墓室中后部，不铺抵后壁，前后均以竖平砖锁口。棺床上多有石棺座，有的在棺床前安置石祭台。

（4）墓室内普遍使用各类花纹砖砌壁，以四出莲花纹砖最具代表性，四出钱文砖数量也颇多。

（5）侧壁和后壁上装饰有直棂窗，其上设置火焰形灯龛。

通过比较我们可以发现，武宁王陵虽然也是"凸"字形单室券顶砖室墓，使用莲花纹砖与钱纹砖砌壁，设有灯龛与直棂窗，但其在细部形态和构造上却与上述梁墓有很大的不同。如甬道设一道木门，侧壁和后壁近直，后壁上部垂直接顶，棺床直接铺抵后壁等，都反映了武宁王陵在形制和构造上的自身特点。王志高先生已经注意到了这种区别，他认为武宁王陵的形制与刘宋早期大中型墓葬相近，体现了武宁王陵形制演进的迟缓性，考虑到武宁王陵在墓室内部构造上与梁墓的相似性，进而认为其中缘由与武宁王陵的造墓匠师代表了刘宋的工艺传统，制砖匠师代表了梁的工艺传统有关[15]。但是，代表晚期传统的工匠将早期的工艺运用到晚期墓室构筑中的可能性还值得进一步考虑。事实上，除了砖室墓的传统以外，刘宋的筑墓工艺似乎并未被后世所继承，这一点也可以从齐梁墓葬的形制构造有别于刘宋墓葬得到证明。与其一味地从南朝墓葬中寻找武宁

王陵形制构造的渊源，我们不妨拓宽视野，充分考虑其中某些因素源于百济当地的可能性，重新审视武宁王陵形制构造中诸要素的构成。

在已经发掘的百济墓葬中，石墓数量最多，其中石室墓占有较大比例，值得注意的是，可以确认的百济高等级墓葬几乎都为石室墓。以王室墓地为例，公州宋山里墓地[16]已发掘的王陵级墓葬和贵族墓葬中，石室墓占大多数；年代稍晚的扶余陵山里墓地[17]已发掘的王陵级墓葬与贵族墓葬均为石室墓，这表明百济统治阶级在死后普遍使用石室墓作为埋骨之所。表面看，武宁王陵砖室墓的性质似乎与百济统治阶级的葬制格格不入，但实际上，如果抛开建筑材料的差异，武宁王陵中一些与梁墓抵牾的细部形态和构造倒可以在百济地域内分布的石室墓中找到先例。

京畿道骊州郡梅龙里二号墓[18]墓室呈横长方形，四壁基线近直[19]，甬道与棺台等高，棺床敷石，铺抵后壁，墓室地面与甬道相接，低于甬道和棺台，并将棺床一分为二。左右棺台上紧贴后壁处共发现5个石枕，表明该墓是五人合葬墓（图三）。除去为求五人合葬而将墓室筑成横长方形外，梅龙里二号墓的构造理念几乎与武宁王陵完全相同。需要指出的是，武宁王陵中也发现王与王妃的头枕和足枕4个，似乎反映出百济墓葬中用枕的现象并不是偶然。此外，在年代约为6世纪前后的宋山里一号墓（原报告第五号墓）、四号墓（原报告第一号墓）[20]甬道底面中央发现有排水沟（图四），从甬

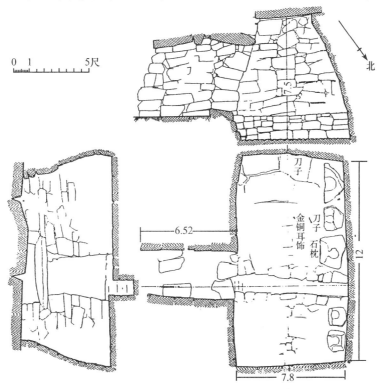

图三　梅龙里二号墓平剖面图

图四　宋山里四号墓排水沟

道与墓室交接处一直延伸至甬道外，且深度逐渐增加，构造与武宁王陵的排水沟如出一辙。这一现象表明，最晚在 6 世纪左右，排水沟设施已经被引入百济墓葬的构筑中，不能排除其源于更早时期的六朝墓葬，甚至还可能追溯到 4 世纪乐浪、带方的砖室墓的可能性[21]。尽管在型式学上尚没有更充足直接的证据证明武宁王陵与上述百济墓葬存在谱系关系，且梅龙里二号墓的年代目前还有争议，但这些墓葬无疑是我们探寻武宁王陵形制本地渊源的重要材料。

一些韩国学者也曾对此做过有益的探索，尹武炳先生通过比较公州砖墓和南朝砖墓筑造技法和内部构造的差异，指出百济砖墓所具有的自身特点[22]；李南奭先生在一方面肯定武宁王陵墓葬制的诸多要素是从南朝导入的同时，又认为如果将筑造材料的差异排除在外，武宁王陵的葬制实际上与百济横穴式石室墓大同小异[23]。但是他列举的百济券顶石室墓的年代似乎都要晚于武宁王陵，其中还包括陵山里王陵，有颠倒传承关系之嫌。鉴于百济早期墓葬的研究仍显薄弱的现状，要将本文中进行的"点对点"类比扩允为墓葬间形制结构上完整的发展序列，尚有待今后发掘和研究工作的进一步开展。

三、武宁王陵的建造者

武宁王陵的建造者实际上应该包括烧制墓砖者和建墓者。韩昇先生从文献出发，阐述了梁朝同百济非同一般的关系以及数次应百济要求向百济派遣工匠的事实，并结合公州出土的刻有"梁官瓦师"的铭文砖指出不仅武宁王陵是由梁朝造墓工匠营造的，而且连墓砖也是由梁朝的制砖工匠制造的[24]。王志高先生对于武宁王陵墓砖的类型、铭文、纹饰都作了深入研究，并将其与南朝墓葬用砖进行了详细比对，认为武宁王陵所用的砖与同时期梁墓用砖极为相似[25]（图五）。据此我们应当可以认定武宁王陵墓砖是由萧梁工匠烧造的，在此不再赘述。本部分的论述我们将主要围绕该墓的建造者展开。

我国学者对于该墓的建造者有着较为一致的看法——武宁王陵为南朝工匠所建。其中王仲殊先生的观点具有代表性："东晋、南朝的墓室都建于地下，在营建和待葬期间按理不许一般官民进入观看，埋葬以后更是谁也无从得见。百使者虽数次朝贡，但绝无参观墓室的可能性。武宁王陵在形制结构上与南朝墓葬近似，规模宏大，在建造过程中应以百济工匠为主，中国工匠起了指导作用。"[26]这一观点的思路无疑具有指导意义，但我们对于结论则持不同看法。

　　　　　　　　1　　　　　　　　　　　　　　　　　2

图五　武宁王陵与南朝墓墓砖及排列方式比较
1. 武宁王陵墓壁一部　2. 南京油坊村南朝大墓第二甬道壁花纹砖拓本

　　锦江流域的百济墓葬一般位于丘陵的南侧倾斜面，墓向大多南北向，高等级墓葬普遍有封土；丧葬习俗上，"父母及夫死者，三年居服"[27]，可以看出，武宁王陵在这些特征上都与墓葬中所体现的百济丧葬观念相合。我们以为，丧葬观念是一种约定俗成的社会观念，是一个民族文化中最顽固的内核，它并不会在短时间内因外来文化的导入轻易地被改变。百济的丧葬观念中若存在和南朝相同的部分[28]，并不意味着其源于南朝，更大程度上是两地的人们各自独立形成的世界观、宗教观中对待逝者的相同认识。从随葬器物的摆放位置看，棺台上武宁王与王妃的随身陪葬器物几乎均为有浓郁百济特点的金属器，而集中体现南朝特征的青瓷器、墓志、买地券、五铢钱均置于墓室前部与甬道内，中间有墓室地面相隔，似乎是埋葬当时有意为之，这表明武宁王陵的葬制具有复合性，一方面已经接受并采用了部分南朝葬制，另一方面，在最能体现文化内涵的棺台上，施行的依然是百济葬制。前述该墓形制构造上显现的不同于梁墓的特点也表明百济不仅固守其葬制，还试图将梁墓的形制构造本土化，而这一过程在随后不长的时间内得以完成[29]。由此我们得出结论：武宁王陵是以百济的丧葬观念为指导建造的。在这种指导思想下，武宁王陵在形制和构造上显现百济特征自然在情理之中。

　　那么，如何解释武宁王陵中出现的梁墓特征呢？在一个以石墓为中心的地区突然出现一座前所未见，形制构造又很成熟的大型券顶砖室墓，很显然有梁朝宫廷工匠直接参

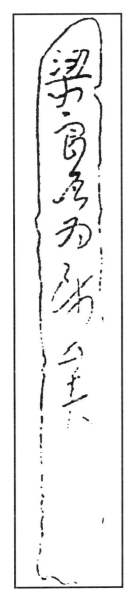

图六　"梁官瓦为师矣"
铭文砖

与了墓葬的营建；其次，不同规格用途的墓砖上往往刻有不同的铭文，各类墓砖侧面和端面模印的花纹也各有不同，只有经验丰富的梁朝工匠才能将各种墓砖准确地砌筑于墓室之中。另外，同为砖室墓而年代稍晚的宋山里六号墓中百济文化因素较之武宁王陵明显增加[30]，其封门砖上刻有的"梁官瓦为师矣"铭文（图六）说明当时百济工匠通过向梁朝宫廷工匠的学习，已经能够自己烧制墓砖，且该墓墓室砌砖不如武宁王陵严整有规律，表明该墓可能是百济工匠独立建造的，这一发现使我们可以从工艺本土化的角度来进一步论证上述的观点。基于上述认识，我们认为，武宁王陵是在百济丧葬观念的指导下，由梁朝宫廷匠师建造的。从性质上看，武宁王陵是一座南朝化的百济墓葬。

四、结　　语

以上我们讨论了百济武宁王陵形制结构的渊源及其建造者，武宁王陵的形制构造在借鉴梁墓的同时，许多细部构造沿袭了早一时期的百济墓葬，它们更早的源头或许应到年代更早的高句丽石室墓甚至乐浪、带方的砖室墓中去寻找，同时我们也要更加关注早一时期百济地区与南朝的文化交涉。

另一方面，武宁王陵之所以认同并采用部分梁墓的构建方式，使墓葬性质具有复合性，归根到底和当时两国亲密的政治外交关系密切相关。日本学者江介也把这种属性归结为"由与特定的国家或势力之间的政治关系而选择或被规定的属性"[31]，其说甚是。在传世的梁"职供图"中，百济使者在东亚各国使者中排名居首[32]，显示出梁对百济的态度；同时，百济积极输入南朝文化，武宁王陵的形制构造说明当时百济统治阶级对于南朝的学习已经深入到接受其丧葬文化的程度，达到了对外来文化受容的顶点。自此之后，百济逐渐完成了从纯粹的文化导入到文化内涵有选择性吸收利用的本土化转变。

注　　释

[1]　　a. 金元龍. 有光教一監修, 永島暉臣慎訳. 武寧王陵［M］. 韓国文化財管理局編, 1974；

　　　　b. 贾梅仙. 朝鲜南部武宁王陵简介［J］. 考古学参考资料（6）［C］. 北京：文物出版社, 1983. 以下凡引用此注释之处不再注明.

［2］ 武宁王墓志铭："宁东大将军百济斯麻王年六十二岁癸卯年五月丙戌朔七日壬辰崩到乙巳年八月癸丑十二日甲申安厝登冠大墓立志如左"；王妃墓志铭："丙午年十一月百济国王大妃寿终居丧在酉地己酉年二月癸未朔十二日甲午改葬还大墓立志如左"，背面铭文："钱一万文右一件乙巳年八月十二日宁东大将军百济斯麻王以前件钱讼土王土伯土父母上下众官二千石买申地为墓故立券为明，不从律令"．因随葬品不是本文考察的对象，篇幅所限，不一一介绍．

［3］ 韩昇．四至六世紀百濟在東亞國際関係中的地位和作用［A］．第七回百濟研究國際學術會議：百濟社会的諸問題［C］．忠南大學校百濟研究所，1994．

［4］ a. 尹武炳．武寧王陵宋山里6号墳塼築構造對考察［A］．百濟研究（5）［C］．忠南大學校百濟研究所，1974；

b. 姜仁求．中國墓制对武寧王陵的影響［A］．百濟研究（10）［C］．忠南大學校百濟研究所，1979；

c. 冈内三真．百济武宁王陵と南朝墓の比较研究［A］．百濟研究（11）［C］．忠南大學校百濟研究所，1980；

d. 杨泓．吴、东晋、南朝文化及其对海东的影响［J］．考古，1984（6）；

e. 金元龍．韓國考古學概說［M］．一志社．1986：186～188；

f. 王仲殊．东晋南北朝时代中国与海东诸国的关系［J］．文物，1989（11）．

［5］ 王志高．百济武宁王陵形制结构的考察［A］．东亞考古論壇（創刊號）［C］．忠清文化財研究院，2005．

［6］ 这主要取决于武宁王外藩王的身份以及宁东大将军（梁官制一品二十二班）的官品，以上论述不是本文分析的重点，故考证从略．

［7］ 南京博物院．梁朝桂阳王萧象墓［J］．文物，1990（8）．

［8］ 阮国林．南京梁桂阳王萧融夫妇合葬墓［J］．文物，1981（12）．

［9］ 南京博物院等．南京栖霞山甘家巷六朝墓群［J］．考古，1976（5）．

［10］ 南京市博物馆等．江苏南京白龙山南朝墓［J］．考古．1998（8）．

［11］ 南京博物院．南京尧化门南朝梁墓发掘简报［J］．文物．1981（12）．

［12］ 南京市文物保管委员会．南京郊区两座南朝墓清理简报［J］．文物，1980（2）．

［13］ 同注［12］．

［14］ 同注［9］．

［15］ 同注［4］：168～170．

［16］ 野守健等．公州宋山里古墳調查報告．昭和二年度古蹟調查報告（第二册）［M］．朝鮮古蹟研究會，1935．

［17］ a. 野守健，小川吉京．大正六年度古蹟調查報告［M］．朝鮮總督府，1920；

b. 梅原末治．扶餘陵山里 東古墳群の調查．昭和十二年度古蹟調查報告［M］．朝鮮古蹟研究會，1938．

［18］ 同注［16］：28．

［19］ 事实上，由于石材的限制，使用"割石"构筑的石室墓墓壁基线很难达到平直，只有晚期一些使用加工精美的石板来构筑墓室的高等级墓葬才能做到．

［20］ 同注［16］：7、20．

［21］　同注［16］：7.

［22］　同注［4］，a.

［23］　李南奭. 百济石室墳研究［M］. 學研文化社，1995：236～239.

［24］　同注［3］：200.

［25］　同注［5］：165～167.

［26］　同注［4］，f.

［27］　北史·卷九四·百济［M］. 中华书局。

［28］　同注［5］：158～159.

［29］　由于此观点涉及武宁王陵、宋山里六号墓、宋山里五号墓的相对年代关系，而学界对此尚有不同看法，参见：

　　　　a. 尹武炳. 武寧王陵與宋山裏 6 號墳磚築搆造的考察［A］. 百濟研究（5）［C］. 忠南大學校百濟研究所，1974；

　　　　b. 姜仁求著，冈内三真訳. 百济古墳研究［M］. 学生社，1984：90～94；

　　　　c. 齋藤忠. 百济武寧王陵と中心する古墳群の編年的序列とその被葬者関する一試考［A］. 朝鮮学報，1976：81. 笔者拟另文探讨。

［30］　宋山里六号墓的形制构造与出土随葬品的具体情况参见：

　　　　a. 輕部慈恩著. 百濟美术［M］. 寶雲社，1946；

　　　　b. 百濟遺跡の研究［M］. 吉川弘文館，1971.

［31］　江介也. 魏晋南北朝墓の分类と地域性·文化圈［A］. 东亞考古論壇（創刊號）［C］ 忠清文化財研究院，2005.

［32］　王素. 梁元帝（职供图）新探［J］. 文物，1992（2）.

More Discussion on the Modality and Conformation the Peakche Muryung King Tomb

ZHAO Jun-jie

This paper gives the transverse comparison of the Peakche Muryung King Tomb and tombs of Liang（梁）Dynasty By seeing about the modality and characters of the conformation, and open out that the Peakche Muryung King Tomb are following the pattern of the conformation of the early tombs in Peakche. the Peakche Muryung King Tomb which was built by Palace crafts-man of Liang（梁）Dynasty, under the Funeral idea of Peakche. Total see, it shows the Compound of characteristic and it was a Peakche tomb having the south dynasty（南朝）turn.

朝阳北塔出土泥塑像的渊源及奉安场所探讨

梁银景

（韩国釜山大学考古系）

一、序　言

北塔位于辽宁省朝阳市双塔街，除北塔外，朝阳还现存有南塔与东塔（图一）。北塔由基坛、塔身和上轮部组成[1]，现高42.6米，为13层的方形砖塔（图二）。

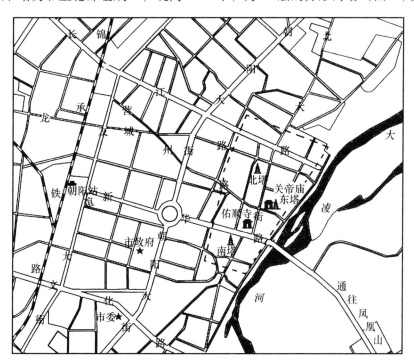

图一　朝阳北塔地理位置示意图

（辽宁省文物考古研究所，朝阳市北塔博物馆. 朝阳北塔——考古发掘与维修工程报告.
北京：文物出版社，2007：2，图1）

1986年在北塔塔基周围曾出土泥塑佛像、菩萨像、弟子像、飞天像、莲花化生像、狮头及建筑物的柱等遗物，出土时均已残，完整的一例未见，现藏于朝阳市北塔博物馆

图二　朝阳北塔全景（作者拍照）

与辽宁省博物馆（图三）。遗憾的是，对于这些泥塑像的制作时期、造像风格源流及奉安场所的研究仍显薄弱。

迄今经过发掘的南北朝时期寺院遗址除朝阳北塔外，还有山西大同方山思远佛寺、内蒙古包头市城圐圙遗址、河南洛阳永宁寺遗址、河北邺南城寺遗址等共五处。对这些发掘工作均围绕木塔址展开，但只有永宁寺进行了细致准确的发掘与复原。相应的，学界也仅对永宁寺遗址出土塑造像的编年、造像风格、奉安场所有所调查和研究，对于其他寺院遗址的研究却很欠缺。

北塔所在的朝阳市自古就是辽宁地区的中心城市，就与高句丽的关系而言，其重要性亦不言自明。公元370年前秦灭前燕，并于公元372年将佛教传入高句丽，传播的路线很可能由前秦首都长安出发，经由前燕首都龙城（现朝阳）而前往高句丽。此后在北魏佛教与佛教美术东传高句丽的过程中，朝阳也应当扮演了重要的角色。

北塔出土的泥塑像不仅是研究中国南北朝时期寺院遗址出土泥塑像的样式、奉安场所的重要材料，也是高句丽佛像研究中重要的对比材料。

关于北塔出土泥塑像的重要性，本文在简单介绍北塔的调查现状、出土遗物、建立缘由的基础上，通过与辽宁、山西、内蒙古、河南等地佛像的比较，试图探求泥塑像的制作时期与雕刻样式的渊源；最后以永宁寺的实例以及同时代石窟文献记录为中心，探讨塑造像的奉安场所。

图三　辽宁省博物馆所藏的北塔出土泥塑像（作者拍照）

二、北塔调查的状况与出土遗物

北塔历经岁月变迁，破损严重，现将迄今在北塔与北塔周边的调查及出土遗物情况叙述如下。

1973 年在北塔基坛东北侧一砖洞内出土佛坐像 1 躯（图四），武士像 4 躯。佛坐像为三尊像，现高 36 厘米。从雕刻样式看，当为北魏时期作品。武士像高 71.5 厘米，推定为唐代作品[2]。

在中国政府的推动下，1984 年起，开始对北塔进行修缮。1986 年辽宁省文物考古研究所与朝阳市博物馆联合组成"北塔考古勘察队"，于同年 5 月 5 日至 5 月 12 日对北塔周围进行了发掘，在南北 13 米的范围内，确认了南北朝、唐及辽代的地层，并有瓦片和塑造像出土[3]。

图四　北塔出土石坐像
（同图一引：105，图42-1）

同年 11 月，在北塔基坛土筑台基与砖砌基座之间发现地宫（图五）。地宫呈长方形，无门，砖筑，南北长 2.05 米，东西宽 1.76 米，高 4.48 米。其内出土石经幢 1 个，石函 1 方，"第三度重修"铭文砖，"砌将作头"铭文砖，陶瓷器 18 件，各种管饰 374 粒，竹刻人物像 2 躯，铜装饰 5 件，铜钱 33 枚（图六）。

石经幢幢身雕刻有佛像、塔铭、佛经咒语等，特别是通过第四节幢身末端所刻"司司干辕勘梵书东班小底张日新书大契丹国重熙十三年岁次甲申四月壬辰朔八日己亥午时再葬迄像法更有七年入末法石匠作头刘继克镌孟承裔镌"的铭文可以确认，地宫于 1043 年修成。另外，地宫内部出土的"第三度重修"铭文砖上阴刻有"霸州邑众诸官同共齐心结缘第三度重修所有宝安法师奉随文帝敕葬舍利未获请后知委"的内容，可知隋文帝建舍利塔的当时，此处原已有塔[4]。

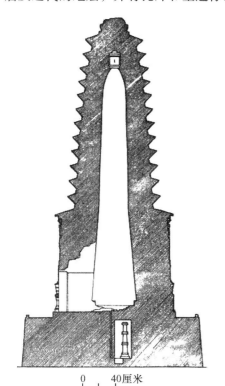

0　40厘米

图五　北塔断面图与天宫、地宫位置图
（朝阳北塔考古勘察队．辽宁朝阳北塔天宫地宫清理简报．文物，1992（7）：1，图2）

1988 年 11 月在去除塔顶部的作业过程中，于 13 层发现天宫（参见图五）。天宫为砖筑，平面呈"中"字形。宫室为方形，长 1.3 米，宽

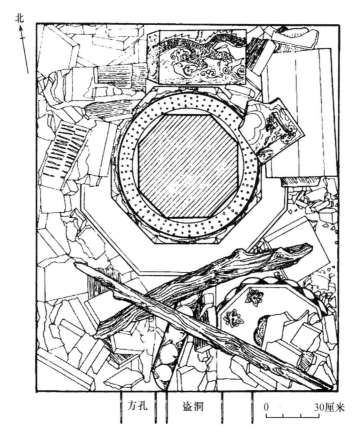

北

方孔　　盗洞　　　　　0　　30厘米

图六　北塔地宫文物分布图
(同图五引：17，图35)

1.39 米。宫室内部与门道下方各放置有一方石函。宫室内部的石函较大，其内出土金银塔、金铜菩萨像、铜菩萨像、白瓷、银制装饰品、玻璃瓶、水晶等遗物；门道下方的石函内则发现有铜钱、铜镜、水晶、银制香囊、玉、金塔、金铜菩萨像等遗物[5]。

　　大石函石门门板外部刻有铭文，惜剥落过甚，仅存数字尚可判读，结尾部分为"大契丹重熙十二年四月八日午时再葬像法更有八年入末法故置斯记"。另外，石板左右的砖上还刻有"延昌寺塔"铭文[6]。我们可以得知，天宫始建于公元 1044 年，当时北塔名为"延昌寺塔"。

　　1988 年秋北塔被国务院指定为全国重点文物保护单位，1990 年春于塔东侧 40 米处发现刻有"万"、"贵康"的文字瓦残片[7]，发掘和维修一直持续至 1992 年。

　　通过迄今为止的调查，我们可以确认北塔始建于北魏，其间历经隋、唐、辽代再建与重修。现存基坛的时代属于北魏、隋、唐，上部塔心为唐代所建，13 层砖筑外廊则为辽代所修。以下简单整理介绍北塔的建立及沿革。

　　1986 年在北塔基坛内部发现柱础石，具有三燕、北魏时期的特征。柱础石平面呈长

方形，分内外两重，外重 20 块，内重 12 块。外侧
四角的柱础石为方形覆斗式或覆盆式，内侧柱础石
形态已不可知。柱础石上刻有龙、凤、虎等纹饰
（图七）。东南角的覆斗式柱础石为汉—魏晋时期流
行的样式，其余覆盆式柱础石为魏晋南北朝时代样
式[8]，与朝阳袁台子壁画墓（东晋）出土的础石样
式相同。柱础石上所刻龙、凤、虎等纹饰也与朝阳
附近三燕墓葬出土马具上纹样非常相似[9]。

从北塔遗址出土的泥塑像的样式看，现在北
塔所在位置很可能是北魏文明太后发愿建造的思
燕佛图所在（详见下章）。

《广弘明集》卷十七《佛德篇·庆舍利感应
表》云："营州舍利三度放光白色旧龟石自然析解
用书石函。"[10] 隋代也曾在思燕佛图旧址营建新塔，
但从北塔的现状看，找到隋代的痕迹已非常困难。

现存的北塔内部方形室与外部南侧券门为唐
代所建。塔体上下贯通，自下而上面积逐渐缩小。
唐代塔为 15 层砖塔，7 层檐头南侧和西侧现存有
卷草纹和朱书"天宝"二字，可知此处彩绘的时
期当为唐玄宗天宝年间（公元 742~756 年）[11]。

从北塔地宫与天宫出土遗物看，我们认为北
塔在辽代曾有过两次重修，第一次重修时将土基
坛用砖包围，形成现在的方形基坛，将各层重新

图七　北塔柱础石

（董高．朝阳北塔"思燕佛图"基址考．辽海
文物学刊，1991（2）：100，图3）

用白灰粉刷，并砌筑券门、塔心室。第二次重修规模较大，设置了东、西、北三侧的假
门，并对券门、塔心室加以修缮。此外还砌筑地宫、天宫，并在塔身四面雕刻佛坐像一
具、菩萨立像两具、飞天、象、孔雀、塔铭等（参见图二）。第一次重修时间已不可
知，第二次重修时间为 1043~1044 年。当时北塔名为"延昌寺塔"[12]。

综上所述，现在北塔所在位置在北魏时初建思燕佛图木塔，历经以后隋、唐、辽代
增建和重修，形成了现存的砖塔。

三、泥塑像的制作时期与造像风格的渊源

北塔塔基周围出土的泥塑像数量总计达 1670 余件，可分为大、中、小型塑像与其
他泥塑饰件四类[13]。其中小型佛像均为坐像，菩萨像均为立像。塑造佛像背面平滑，
有凹槽，显然是为了挂于墙上所开。佛像与菩萨像颈部均开有凹槽，反映出头部与身体

当为单独制作，采用木芯、铁芯相结合的方法做成。以下我们将探讨塑造佛像与菩萨像的制作年代和造像风格的渊源。

1. 通过与辽宁地区佛像的比较看泥塑像的制作年代与样式渊源

北塔出土的小型泥塑佛残高不足 30 厘米，面庞圆润，肉髻较高，素发，身着通肩衣，手结禅定印（图八）。这种造型与冯素弗墓（公元 415 年）出土的金饰内侧表现的三尊像较为类似（图九）[14]。但是，二者在衣物皱褶的处理方式上有明显的差异。在北塔泥塑佛像上，通肩式与袒右式均有表现，其中身着通肩式袈裟佛坐像的衣物皱褶呈阴刻的浅"V"字形，从颈部一直垂至腹部，两手以下部分的褶皱线竖直，两脚踝部分的褶皱线呈水波状下垂。特别是圆襟的右裾延伸到左肩后方，并顺着左肩呈水波状垂下。而袒右式则是将大衣微微盖住右肩后，在右肩后侧垂下；同一衣裾盖住左肩后，亦于左肩后自然垂下。右侧手臂、胸口处的大衣皱褶均呈水波状（图一〇）。

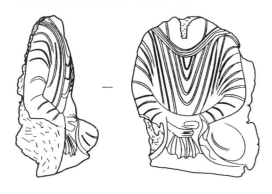

图八　北塔小型泥塑坐佛像

（同图一引：46，图 15-1）

图九　冯素弗墓出土金饰

（刘建华. 辽宁义县万佛堂北魏石窟分期研究.

考古学报，2001（2）：129，图 111）

图一〇　北塔小型泥塑佛坐像（作者拍照）

这种大衣的表现手法与冯素弗墓出土佛像不同，却与炳灵寺第 169 窟的西晋时期佛像（图一一）、北凉石塔中有 426 年铭的马德惠塔上佛像、莫高窟第 268·272 窟、金塔寺石窟佛像等甘肃地区十六国时期的佛像相似。十六国时期甘肃地区这类佛像的大衣表现手法应当受到了当时库车、和田等地的西域佛像的直接影响[15]。

实际上辽宁地区与佛教有关的最早记录见于《晋书》卷一百九《载记第九·慕容皝》中 345 年于龙山修建龙翔寺的内容[16]。该记录亦见于《资治通鉴》卷九十七《晋记十九》[17]、《十六国春秋·前燕录》[18]、《水经注》卷十四《大辽水》等史料[19]，可知前燕于 345 年在龙山，即现在的凤凰山修建佛教寺院。

较之稍早的公元 338 年，后赵石虎携佛图澄攻打辽西，亦不能排除后赵发达的佛教在当时传入辽西地区的可能性。至公元 352 年，前燕灭后赵，公元 357 年并迁都至邺

图一一　炳灵寺第 169 窟 7 龛立面测绘图

（甘肃省文物考古研究所，炳灵寺文物保管所．炳灵寺

一六九窟．深圳：海天出版社，1994：6，图9）

城，自然深受后赵发达的佛教文化浸淫[20]。根据河北定县宋代塔基内部出土的石函上所刻铭文，后燕慕容鲜卑族于公元 384～397 以中山（现河北省定州一带）为都时，曾进行过佛事活动[21]。

公元 397 年后燕迁都龙城后，通过慕容宝与僧人支昙猛的关系，以及公元 407 年王妃符氏去世后慕容熙令僧侣着素服的史实，我们可以了解当时龙城的佛教情况[22]。

北燕的佛教情况我们从《高僧传》记载的出身于北燕的僧侣们的活跃程度可见一斑。其中较有代表性的有公元 420 年昙无竭率 25 人西行至南天竺[23]，在北燕与江南均铸造金像的僧诠，作为江南栖霞寺住持而参与大佛造成的法度等[24]。

由于现存的佛像材料极少，因而我们只能通过上述文献记录对三燕的佛教状况有一个大致的了解。

北塔出土的泥塑佛像的样式可以在辽宁义县万佛堂石窟第 6 窟后壁的佛龛内现存的佛坐像上找到关联（图一二）。该坐像身着通肩衣，手结禅定印，高肉髻，素发。两脚踝上有纵向的衣物皱褶表现。这种雕刻样式基本与北塔出土塑造佛像相同。紧邻第 6 窟的第 5 窟内部现存有"太和二十三年营州刺史元景造窟题记"碑文，可知该窟完工于 499 年。从石窟形制和雕刻样式看，第 6 窟与第 5 窟完工年

图一二　万佛堂石窟西区第 6 窟后壁千佛龛像

（同图九引：65，图68）

代相差不会太远，也应当是太和年间建成的[25]。

北塔出土菩萨像两肩上所盖天衣被表现为与佛衣类似的通肩式，天衣褶皱线呈阴刻的浅"V"字形，从颈部一直延伸到腹部，天衣下方末端则表现为起伏的水波纹状（图一三）。这种菩萨像天衣的表现形式在金塔寺石窟东窟中心柱西侧面中间层的菩萨立像、炳灵寺第 169 窟壁画中的菩萨立像等甘肃地区十六国时期菩萨像上都有体现（图一四）。

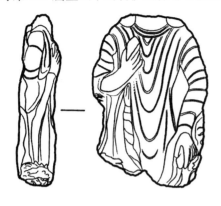

图一三　北塔小型泥塑菩萨立像
（同图一引：46，图 15-6）

图一四　炳灵寺第 169 窟 11-12 龛立面测绘图
（同图一一引：8，图 12）

图一五　万佛堂石窟西区第 6 窟
左、右壁高浮雕菩萨立像
（同图九引：63，图 65）

但是，西晋、北凉时期通肩式菩萨像的手或为合掌，或藏于衣袖内；上衣在膝盖以下形成水波纹，下方自然垂下，与北塔出土的菩萨像在样式上并没有直接的渊源关系，北塔出土的菩萨像反而与万佛堂第 6 窟后壁的菩萨像较为相似（图一五）。后者身着通肩式上衣，上衣在两膝盖中间呈三角形，下部自然垂下。

1973 年北塔出土的石佛像也是此次北塔出土泥塑佛像很好的对比材料。该三尊像依然维持了太和年间形成的太和样式。万佛堂石窟西区第 1 窟从石窟形制和雕刻样式看（图一六），与前述第 5、6 窟一样，均属云冈第 2 期，即开凿于太和年间。但是，褒衣博带式袈裟，秀骨清像等又晚于太和年间流行的样式，同样的，也晚于北塔出土的雕刻像。

与万佛堂石窟相距不远的尚姑堂石窟亦是很好的对比材料。尚姑堂石窟开凿于义县头大乡尚姑堂村西山，1989 年秋发掘，为单窟，现在风化严重。平面呈方形，平顶。东西长 4.5 米，南北宽 4.3 米，高 2.3 米[26]。石窟内部雕刻像已遗失，但从石窟构造、石窟外力士像以及檐头痕迹看，其开凿时期当为北魏末期。

辽宁地区可与北塔出土的泥塑像相比较的佛像材料只有金属与石质佛像，而泥塑的陶俑仅有少量存世。以朝阳为中心分布的三燕、北魏墓葬中出土的遗物以马具、带钩、步摇等金属制品为主，工艺水平也相当高[27]。陶俑以三燕前山墓出土品为代表，墓内出土人物像一具，马一件，均为手捏而成[28]。造型古拙，与同时期其他地区的陶俑相比显得非常粗糙。

《高僧传》卷七《义解》四中关于宋余杭方愿寺释僧诠的记录云："释僧诠姓张，辽西海阳人……过后江止京师……诠先于黄龙国造丈六金像，入吴又造人中金像，置于虎丘山之东寺。"[29]僧诠先在北燕铸造"丈六金

图一六　万佛堂石窟西区第 1 窟主室中心柱
南面上层佛坐像
（同图九引：23，图15）

像"，北燕灭亡后，又南下入宋，于宋铸造金像，这说明北燕优秀的金属制作技术也向南方传播。

由于对属于三燕时期佛教寺院的发掘工作一直未能进行，尽管得出以下的结论比较困难，但以现存的遗物为出发点来判断，我们认为，北塔出土的泥塑像并没有直接继承三燕塑造像的制作技术。

公元 436 年北魏灭北燕前夕，高句丽援兵首先到达龙城，讲北燕王公贵族与百姓共万户迁往高句丽[30]。冯弘出逃前将龙城内宫阙付之一炬，大火一旬未灭[31]。当时被掳往高句丽的大量民众中亦不能排除有工匠集团存在的可能性，因此三燕佛像样式在以后北魏时期继续在此地存续就变得较为困难。

《魏书》记载[32]，北魏时期曾担任该地区最高行政长官的有万寿、任城王元云、思誉、安丰王元猛、慕容契、崔敬邕等。参照表一，我们认为其中在建造北塔当时担任地方长官的最有可能为安丰王元猛。元猛是文成帝之子，也是冯太后的异母子。遗憾的是，文献中并没有有关其在该地区从事佛事活动的具体记录。

表一　北魏时期龙城地区地方官员

	记载内容	年代	职位	出处	王	出处
万寿	和平二年秋七月，万寿为乐浪王，加征北大将军，镇和龙三年正月癸未，乐浪王万寿薨	461～462	征北大将军	《魏书》卷五《高宗纪》第五，119～120 页	景穆帝的十二王子之一	《魏书》卷十九上《景穆十二王列传》第七上，441 页

	记载内容	年代	职位	出处	王	出处
任城王云	和平五年封，拜使持节、侍中、征东大将军、和龙镇都大将	464	和龙镇都大将	《魏书》卷十九中《景穆十二王列传》第七中，461 页	景穆帝 12 的十二王子之一	《魏书》卷十九上《景穆十二王列传》第七上，441 页
思誉	高祖初…出为使持节、镇东大将军、和龙镇都大将、营州刺史	470 年之后	和龙镇都大将、营州刺史	《魏书》卷十九下《景穆十二王列传》第七下，516 页	景穆帝的孙子	
安丰王劢	太和五年封，加侍中，出为和龙镇都大将、营州刺史	481	和龙镇都大将、营州刺史	《魏书》卷二十《文成五王列传》第八，529 页	文成帝的子	《魏书》卷二十《文成五王列传》第八，525 页
慕容契	太和末，以功迁太中大夫、光禄少卿、营州大中正，赐爵定陶男，正始初，征房将军、营州刺史	470 ~ 504	营州大中正	《魏书》卷五十《列传》第三十八，1123 页		

综上所述，北塔出土塑造佛像与菩萨像的样式反映了北魏太和样式。太和样式在辽宁地区现存的雕刻样式中较为常见，且辽宁地区在太和朝以后的雕刻像上依然被保留并继续流行。五胡十六国时期该地区存在的三燕佛像数量虽急剧减少，但从现存的实例看，仍然如实地反映了当时盛行的样式。因此我们认为，北塔出土的塑造佛并未直接继承三燕的佛像样式。

2. 通过与平城地区佛像的比较看泥塑像的制作年代与样式渊源

北塔出土的塑造佛像额与肩较宽，高肉髻，禅定印的样式与以云冈石窟昙曜五窟为代表的云冈第 1 期（公元 460 ~ 465 年）佛像样式近似。尤其是北塔出土泥塑佛像的祖右式佛衣与云冈第 19、20 窟本尊佛像十分相似。

公元 439 年北魏灭北凉后，徙北凉居民 3 万户至平城，其中自然包含僧侣。这些僧侣此后在平城非常活跃，为平城的佛教发展做出了巨大贡献[33]。例如曾为景穆帝老师的玄高之前时期在麦积山与炳灵寺一代活动，尚书韩万德的门师慧崇也是凉州出身；道人通师贤出身罽宾国，在凉州活动频繁，沙门统昙曜亦是从凉州移居平城的僧侣。当时除了凉州以外，随西域各国使节团而来的僧侣也携带佛像、画像等前往平城[34]。

太武帝、文成帝时期，作为北魏都城的平城内，西域、凉州等地僧侣非常活跃。随之十六国时期甘肃地区、西域的佛像样式也直接影响到云冈石窟第 1 期的雕刻样式[35]。

云冈第 1 期的雕刻样式在第 2 期，即太和年间出现了些许变化，但总体仍继续盛行并形成了所谓"太和模式"[36]。太和模式高肉髻，袒右式或通肩式佛衣的基本特点在太和年间制作的石佛、金铜佛上普遍盛行。

十六国时期炳灵寺第 169 窟，天梯山石窟，金塔寺东、西窟，北凉石塔等佛教雕刻样式应源于库车、和田等地的西域佛教雕刻[37]。北魏平城地区的佛像样式也可以从带有强烈西域佛像特征的甘肃地区佛像样式中找到渊源。

北魏佛事活动的情况可以通过《魏书》卷一百一十四《释老志》的记录得到了解。其中以公元 398 年建五级佛图、耆阇崛山与须弥山殿；公元 452 年建酷似文成帝的石像，在五级大寺为太祖以下五位先帝铸造 5 具释迦立像；公元 460 年云冈石窟开凿；公元 467 年永宁寺七级佛图建立，天宫寺金铜释迦立像建成；公元 467～470 年三级石佛图建立；公元 470 年献文帝探访鹿野苑石窟；公元 476 年孝文帝建建明寺；公元 479 年建思远佛寺等事件最有代表。尤其是孝文帝在位时，有记载平城佛寺有 100 余座，僧侣逾 2000 人，这充分反映了北魏首都平城佛教的繁盛状况[38]。

如上文所述，北魏平城时期佛教如此繁盛，但迄今经过科学发掘的寺院遗址仅有方山思远佛寺一处。冯太后于方山所建陵园位于现大同市东 25 公里的西寺而梁山（北魏时称方山），陵园遗迹从北往南依次分布有万年堂、永固陵、思远佛寺、斋堂、灵泉池等[39]。公元 481～484 年修成的永固陵即为公元 490 年冯太后去世后埋骨之所。

1970 年对思远佛寺进行了地表调查[40]，1981 年 7 月 17 日至 23 日，同年 8 月 5 日至 9 月 6 日对其进行了发掘。寺院位于第二平台之上，第一平台南北长 87.8、东西宽 57.4 米，发掘出山门、木塔、佛殿、僧房等遗迹（图一七）[41]。第二平台东西两侧出土瓦、柱础石、生活用器、泥塑像等遗物，中部现存有塔心实体，平面呈长方形，南北残长 12.05 米，东西残宽 12.2 米，现高 1.25 米。

泥塑像大部分出土于塔基的东、南、西三侧回廊部，僧房内也有一件出土，共 36 个残片。均为手捏塑，色彩大部脱落。残片高 5～12 厘米，推测原高当为 50～70 厘米。头部、身躯均为高浮雕式，侧面与背面较平，原来应挂于壁面[42]。

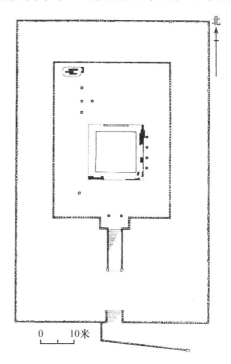

图一七　思远佛寺遗址平面图

（大同市博物馆. 大同北魏方山寺院佛寺遗址发掘报告. 文物, 2007（4）: 7, 图5）

图一八　思远佛寺遗址木塔出土泥塑
菩萨头像

（同图一七引：15，图25-1）

出土的泥塑像从种类来看，有菩萨像、飞天像、兽面装饰物、莲花装饰物等，其中菩萨像出土数量最多。菩萨像头部有头戴宝冠，亦有头发之间饰以圆珠装饰的例子（图一八）。这类菩萨像与北塔出土的塑造菩萨像相同（图一九）。此外，从身躯弯曲，面庞丰满圆润的特征看，二者也非常相似。这反映了北塔出土的泥塑菩萨像的整体样式与思远佛寺出土的菩萨像的相似性。

思远佛寺出土的泥塑像的造像风格也可以和平城地区制作的陶俑做一比较。宋绍祖墓（公元477年）[43]、司马金龙墓（公元484）[44]、下深井墓等北魏墓中出土的陶俑面庞圆润丰满[45]，面部形态总体看与思远佛寺出土的泥塑像极为相似。

平城思远佛寺的泥塑佛像与朝阳北塔出土的泥塑佛像的造成年代分别为公元479～490年和公元484～490年，二者相当接近，且都由于冯太后的发愿所制作。朝阳北塔最初为文明太后冯氏营造的"思燕佛图"，顾名思义，该塔为冯氏思念燕国而在故乡营建的佛塔。

文明太后为北燕末代皇帝冯弘的孙女，公元442年出生于长安[46]，公元456年成为皇后，自公元465年北魏文成帝驾崩后至公元490年去世，数十年间一直掌握着北魏政权[47]。成为皇后的翌年，即公元457年十月东巡时文明太后命太宰常英于辽西黄山营建行宫。公元458年亦巡幸辽西黄山宫[48]。辽西本是三燕的故土，我们认为，文成帝很可能是为了北燕后裔的文明太后而去此地巡幸。

图一九　北塔小型泥塑菩萨头像

（同图一引：43，图14-6）

《魏书》卷十三《列传》第一《文成文明皇后冯氏传》云："太后立文宣王庙于长安，又立思燕佛图于龙城，皆刊石立碑。"[49]其中也有冯太后于龙城建造思燕佛图的记载。"龙城"这一名称用于公元342年前燕定都于此至北燕灭亡的公元436年，北魏时期称"龙城"、"和龙城"或"营州"[50]。文明太后于公元479～484年在方山营建自己的陵墓和寺院，那么在公元484年到其去世的公元490年之间修建思燕佛图的可能性很大。

现在龙城内城遗迹的发掘正在进行之中。内城位于北塔东南300米，发现大型土城、石铺道路、砖铺道路以及城墙[51]。北魏思燕佛图建于原三燕宫殿区范围之内，那么将宫殿区内残存的柱础石挪作思燕佛图的柱础石的可能性很高。

在这种历史背景下，朝阳地区与平城地区木塔出土的泥塑佛样式一致。因此，朝阳北塔泥塑造的样式渊源当来自于当时北魏首都平城的泥塑像。

下面简单探讨北魏平城地区佛教样式向龙城地区传播的路径。从平城到龙城的交通线——上谷路、赤城路一线分布的佛教遗迹、遗物看，我们认为雕刻样式的传播依次为平城→密云→平刚（现辽宁省凌源县）→龙城[52]。

从辽宁省境内发现的北魏时期石佛、石窟看，我们也能见到这种传播方式的受容。但是，思燕佛图为冯太后直接发愿所建，其样式与平城地区佛教寺院出土的塑造像相似，另外，北燕都城内工人集团目前仍是空白，从以上几点推断，我们亦不能排除冯太后派遣平城的工匠直接前往龙城营建思燕佛图的可能性。

这一推断也可以从两地出土的瓦件中得到证实。朝阳北塔出土的瓦件大部分在井字形方格内刻有"万"、"贵康"、"万岁富贵"等字样，1993 年在朝阳营州路遗址中也曾出土刻有"万"、"岁"、"富"等字样的同类瓦件，这些北魏时期的瓦件在文字内容、规格、四角与中央的圆乳等特征上都与平城思远佛寺出土的瓦件相同。相反，同时期平城北魏城址以及云冈山出土的文字瓦，不论在文字内容还是边角数量上都与思远佛寺出土品不同。由此可以看出，两地发现的瓦件、塑造像很可能是由同一批工人制作的。

3. 通过与内蒙古、洛阳地区佛像的比较看泥塑像的制作年代与样式渊源

下面我们还将简单探讨北塔出土塑造像与其他地区塑造像的渊源关系。1979～1980 年考古工作者发掘了内蒙古包头市固阳县的城圐圙古城遗址，发掘中于 T2 发现寺院遗迹，出土了瓦件及塑造像，此外还在寺院遗迹西侧的基座外堆积中发现 36 块塑造像残片[53]。因此，出土塑造像的地点很可能是木塔遗迹所在[54]。

塑造像表面施红色、黑色、白色彩绘，种类有佛像、菩萨像、弟子像、飞天像（图二〇）。面庞丰满圆润。菩萨像头部或戴宝冠，或头发向上梳高髻。特别是 T2：4 为代表的菩萨像头部形态、面庞、耳饰形状、圆领、从颈部开始的连续"V"字形衣褶、

图二〇　圐圙古城遗址出土泥塑像

（内蒙古文物工作队，包头市文物管理所．内蒙古白灵淖城圐圙北魏古城遗址调查．考古，1984（2）：149，图6）

右手抬起，手持莲花或禅杖的特征与方山思远佛寺、朝阳北塔出土的菩萨像一致。另外，城圐圙古城遗址出土的塑造佛像的禅定印、圆领、从颈部开始的连续 "V" 字形衣褶、沿双脚垂下的波折衣裾也与北塔出土的塑造佛像相似。

该遗址是北魏时期六镇中怀朔镇所在，是皇帝巡幸北方时的重要地点[55]。遗址的建造年代为北魏平城时期，遗址内出土的塑造像从雕刻样式看制作时期当为云冈 1、2 期。内蒙古北魏墓葬中亦出土许多泥塑陶俑[56]，这些材料不仅从一个侧面说明北魏时该地塑造佛像制作的兴盛，也揭示了其与平城陶俑间的内在联系。综上，内蒙古包头市出土的塑造像制作时期与北塔出土的塑造像相近，也是受到平城佛像样式的影响发展起来的。

图二一　永宁寺遗址出土泥塑像
（作者拍照）

公元 494 年北魏迁都后进行的最有代表性的佛事活动即为永宁寺的修建。依胡太后发愿于公元 516 年开始营建的永宁寺 9 层木塔至公元 534 年因火灾焚毁为止，始终在洛阳的塔中规模最大。1979 年通过实际发掘，确认了佛殿、木塔、门等遗迹，特别是塔基周围地层中出土塑造像约 1560 余具[57]。

根据复原后的高度，塑造像可分为大型（3 米）、中型（1～1.4 米）、小型（0.5 米左右），其中小型像最多。从种类看，有佛像、菩萨像、弟子像、僧侣像、礼佛人物像、与佛殿，经辩内容相关的人物像、动物像、飞天、力士像、树木、莲花等[58]。

永宁寺出土的泥塑像秀骨清像、褒衣博带式袈裟、供养人像的宝冠和头部形态等特点具有云冈第 3 期，即公元 494 年以后雕刻样式的特征（图二一）。永宁寺出土的泥塑像与北塔出土的泥塑像在样式上有所不同，制作年代也稍晚，因此后者的样式源流与前者不合，二者在样式上并无关联。

四、奉安场所与其原形推定

思燕佛图的泥塑像出土于现北塔的南侧。思燕佛图废弃后，原址上又历经隋、唐、辽代数次重修，因此要想复原北魏创建当时木塔的规模与原形非常困难。

方山思远寺遗址、内蒙古地区寺院遗址、永宁寺遗址、邺城寺院遗址等南北朝时期寺院遗址中发现的泥塑像均出土于木塔址。除思远寺遗址有一躯泥塑造像出土于僧房址以外，其余基本上均出土于木塔柱础石与塔心之间或柱础石外侧的空间[59]。根据这一现象，出土于木塔附近的泥塑像当与木塔有明显的关系。

实际上，从南北朝时期佛教寺院内建筑物的配置看，塔在其中占有很重要的位置[60]。思远佛寺、永宁寺、邺城寺院址的木塔都位于中轴线的中心，规模也最大，是南北朝时期佛教徒的重要礼拜对象。我们认为，木塔周边出土的泥塑像原来应奉安在木塔内部，这也可以通过文献记录及考古发现得到证实。

《魏书》卷四下《世祖纪》第四下云："太平真君七年（公元446年）夏四月戊子，邺城毁五层佛图，于泥像中得玉玺二。"[61]《法苑珠林》卷三十九《伽蓝篇·感应录》中也有刘宋谯王义季建江陵长沙寺塔，塔内有刃利天工所造素像的记载[62]。以上记载表明，木塔与塑像有着极为密切的联系，具体而言，塑像或奉安于木塔内部。

从对永宁寺木塔的考古发掘看，我们可以准确地推定当时泥塑像在木塔内的奉安事实与奉安原形。以木塔内部的28块柱础石为中心，在夯土塔心体的东、南、西三侧共有5处砖筑墙体。东、南、西三侧的5个壁龛为佛龛，即为安置塑造像之处，塔心体北侧设有登塔的台阶[63]。础石间距约为3米（图二二）[64]。

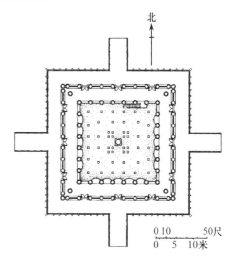

图二二　永宁寺木塔平面复原图
（钟晓青.北魏洛阳永宁寺塔复原探讨.文物，1998
（5）：56，图2）

现在去永宁寺参观，我们可以见到复原后的佛龛形态——东、南、西三侧的佛龛位于木塔内部第一层，泥塑塔心之外。这种配置在方山思远佛寺的木塔内部也可以得到确认。现存夯土塔心第一层外部壁面用砖砌成一直线，在塔心与外侧柱础石之间的地面也有少量铺砖。此处出土的泥塑像中还发现有与壁面粘连的残片痕迹，由此可知泥塑像原应粘贴在塔心外表面上。思远佛寺木塔内部北侧塔心与永宁寺一样设置有通往2层的台阶[65]，因此我们推断思远佛寺也很可能在东、南、西三侧塔心外表面粘贴作为礼拜对象的泥塑造像。

现北塔塔基内柱础石内部的堆积推测为北魏时期塔心体夯土，现存的柱础石很可能为当时设置于塔心体内部与外部壁面佛龛左右的础石（图二三）。这样的话，出土于现北塔南侧的泥塑像为当时奉安在佛龛内泥塑像的可能性最大。木塔内部的夯土塔心体在迄今发掘的北魏——北齐木塔中均有发现，在云冈石窟、巩县石窟等北朝时期营造的中心主窟的方形塔内也发现了与实际木塔内部相同的构造特征。

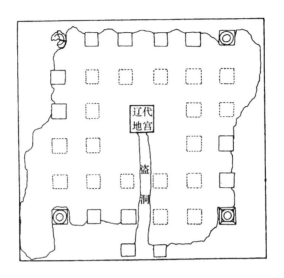

图二三　思燕佛图柱础石平面图
（同图五引：30，图 2）

南北朝时期北朝与南朝均盛行修建木塔，但是两地木塔构筑的方法却有差异。如前所述，北朝一般在内部以夯土台为塔心，在其外营建大型木构塔身。南朝木塔的构筑根据《高僧传》卷十三兴福《晋京师安乐寺释慧受》[66]、《晋并州竺慧达》的记载[67]，则是先树立心柱，然后围绕心柱层层构筑；或采取直接先构筑第一层，后采用层层构筑的方法，因此南朝的木塔多为纯木构建筑，这种结构直接影响到日本飞鸟、奈良时期的木塔构筑[68]。

朝阳北塔出土的泥塑像在木塔内部究竟位于何处，以什么形态奉安？我们将结合现存的塔、永宁寺木塔以及石窟材料进行探讨。永宁寺木塔内部第一层塔心体壁面外东、南、西三侧各设有 5 个佛龛，龛内安放泥塑造像。佛龛深 40 厘米，宽为 2～2.5 米[69]。

中国也有不在塔心体外表面掏佛龛，而在方形的塔心体壁面直接粘贴泥塑像的例子，其中以山东省济南市神通寺四门塔内部的四面石佛较有代表性。1973 年在塔的顶部发现"隋大业七年造"铭文，再根据佛像样式，该佛像为隋代所造无疑[70]。单层石塔内部安置的石佛像虽然为隋代作品，但单从塔内佛像的奉安状况考虑，这也是可以利用的参考材料。

北塔出土的泥塑像当时被安放于思燕佛图内塔心体外壁的可能性很大。与思燕佛图造成时期相近的，现藏于台湾历史博物馆的 466 年铭 9 层石塔[71]、云冈石窟第 1 窟中心塔柱、第 6 窟南壁浮雕石塔、第 11 窟西壁浮雕石塔等均建于高台基之上，且四面均开有圆形或帷帐形的佛龛，龛内安置佛像（图二四）。与上述云冈石窟现存小石塔的例子相同的是，我们认为，木塔出土的泥塑像也是在塔心体外表面掏佛龛后，放置于佛龛内之物（图二五）。泥塑柱子原应位于佛龛两侧，狮面塑造像的位置当与云冈第 7 窟后室北壁上层的佛龛类似，很可能位于帷帐卷起之处。飞天像则位于佛龛内、外侧的间隔部分，而莲花化生像一般配置在雕刻像与雕刻像之间（图二六）。

云冈石窟内现存的各种塔共 120 余座，大部分为方形楼阁式[72]。这种塔的形式受到汉代楼阁式建筑的影响而形成，带有明显的中国式特征，十六国时期甘肃省天梯山石窟、金塔寺石窟就已经开始出现实例。现存的十六国时期塔墓窟均为方形多层，北魏云冈石窟的塔墓窟亦是如此。但是，北魏迁都洛阳后，洛阳地区的巩县石窟中出现了方形单层的结构，北齐响堂山石窟也是同样。由此我们认为，思燕佛图营建当时，地上木塔的结构普遍为方形多层。

《续高僧传》卷二十六《隋京师净影寺释宝安传》载："宝安……开皇七年，慕义入关住净影寺……仁寿二年，奉敕置塔于营州梵幢寺，即黄龙城也，旧有十七级浮图，拥在其内，安置舍利……"[73]公元 602年，居于京城长安净影寺的僧人宝安奉命将舍利奉送至营州，即黄龙城的梵幢寺。宝安到达此地时，有记录表明，此地旧有一座 17 层塔。也就是说，《续高僧传》已经明确指出北魏思燕佛图为 17 层。山崎宏先生认为"营州"为现湖南省一地名，因此宝安前往的梵幢寺也应在湖南省境内，我们认为这一推断不准确[74]。

与文献记载中出现的 17 层塔不同，可以作为比较对象又现存的云冈石窟的塔、其他北魏时期佛塔以及《魏书·释老志》中提及的塔均为 3、5、7、9 层，尚未见 9 层以上佛塔。洛阳的情况也是如此。《洛阳伽蓝记》中记载的塔大部分为木塔，层数为 3、5、7、9 层。另据文献记载，当时南朝层试图想要营建

图二四　云冈石窟第 11 窟西壁
浮雕佛塔

（杨超杰，严辉．龙门石窟雕刻粹编——

佛塔．北京：中国大百科全书出版社，

2002：49，图17）

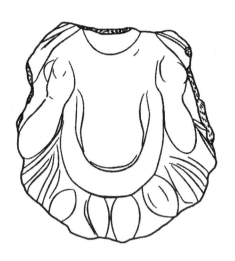

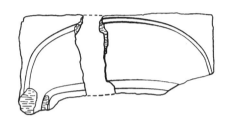

图二五　北塔泥塑龛楣

（同图一引：47，图 16-5）

图二六　北塔泥塑化生童子身像

（同图一引：47，图 16-1）

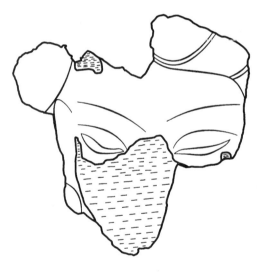

图二七　北塔大型泥塑菩萨头像

（同图一引：32，图 10-6）

12 层木塔，后因侯景之乱未能完成[75]。因此我们判断，南北朝时期要营建 10 层以上木塔似较为困难。若非要对《续高僧传》的记载做出解释，那么所谓 17 层或指木塔的暗层。也就是说，从外观能看到的木塔层数与木塔内部实际构造的层数可能会有差异。

思燕佛图木塔内部塔心体推测从第 1 层到顶部均为夯土筑成，泥塑像也很可能从第 1 层到顶部均有奉安。残高 25 厘米的菩萨头像残块等属于大型塑像奉安于木塔下层（图二七）；现辽宁博物馆所藏佛像、菩萨像通高 30 厘米左右，规格较小，均属于小型塑像有可能奉安于木塔上层或下层佛龛周围。作为南北朝时期供养者的礼拜对象的，并不是木塔的木结构外观，而是奉安于木塔内部的泥塑造像（图二八）。换言之，礼拜者需进入木塔内部，对木塔中心部塔心体东、南、西三侧外壁上奉安的泥塑像进行礼拜。

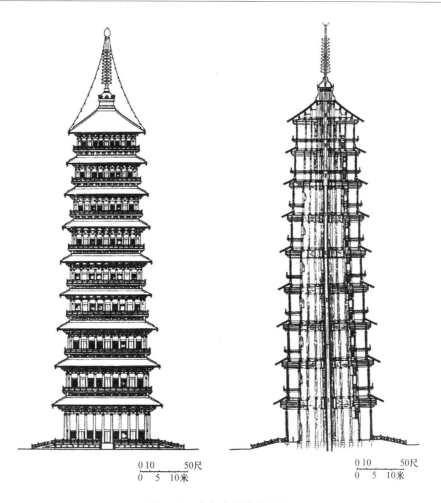

图二八　永宁寺木塔复原图

（同图二二引：61，图7、8）

五、结　　论

以上我们对辽宁省朝阳市北塔出土的泥塑像进行了探讨。

第二章我们首先从北塔的复原过程出发，以迄今进行的发掘与调查为基础，通过对遗物的整理和分析，简略地考察了北塔的历史沿革。北塔最初为北魏冯太后发愿所营建的思燕佛图，现存的北塔塔心体为唐代所建，外观砖结构与雕刻为辽代重修，内部的柱础石很可能是从北燕宫殿址搬来并沿用。

第三章我们重点考察了出土于北塔南侧堆积层的泥塑像的造成年代与样式渊源，并以北塔出土的泥塑佛像和菩萨像为中心，通过辽宁地区、平城地区、内蒙古、洛阳地区泥塑像的对比，认为北塔出土的泥塑像如实反映了北魏太和年间雕刻样式的特点，与辽宁地区三燕雕刻样式很难找到直接的联系。北塔出土的泥塑像上明显可以看出当时北魏首都平城佛像样式的影响，其与方山思远佛寺出土的泥塑像尤其相似，不论是雕刻手法、雕刻样式还是色彩的运用，两地区的塑造像基本相同。形成这种现象的背景，当为供养发愿者的同一性，即执掌北魏政权的冯太后分别在自身陵墓附近和故土营建木塔。冯太后很可能驱使了当时技能最出众的匠人集团来从事营建工作，亦不能排除两处木塔为同一批工匠所建的可能性。

　　第四章我们尝试推定了北塔出土泥塑像的奉安场所及奉安原形。到目前为止经过发掘的南北朝时期的佛教寺院址有山西大同方山思远佛寺、内蒙古地区寺院遗迹、河南洛阳永宁寺、河北邺城寺院址，这些寺院址的发掘表明，木塔位于大部分寺院的中心部，其重要性可见一斑。换言之，由于在南北朝时期木塔是最重要的礼拜对象，因而在寺院建筑中规模也最大。当时人们礼拜的对象并不是木塔的外观，而是木塔内部奉安的泥塑造像。这些塑造像应当奉安在位于木塔内部夯土塔心体的东、南、西三侧的佛龛内，而佛龛内的泥塑像也随着夯土塔心体的升高从底层到顶层均有奉安。现在北塔出土的塑造像整体高度不超过 30 厘米，因此不大可能奉安在底层的佛龛内，相反，奉安在塔心体上部或底层佛龛周围可能性更大。属于大型塑像奉安于木塔下层。

注　释

［1］　杜斌主编. 朝阳北塔——中国东北第一塔［M］. 长春：吉林摄影出版社，2006：2.

［2］　张剑波，王晶辰，董高. 朝阳北塔的结构勘查与修建历史［J］. 文物，1992（7）：35.

［3］　朝阳市北塔考古勘察队，朝阳市北塔维修办公室. 朝阳北塔——1986～1989 年的考古勘察纪要［J］. 辽海文物学刊，1990（2）：15.

［4］　朝阳北塔考古勘查队. 辽宁朝阳北塔天宫地宫清理简报［J］. 文物，1992（7）：21～28.

［5］　纪兵，王晶辰. 辽宁历代佛教文物集粹——佛教遗宝［M］. 沈阳：辽宁人民出版社，2005：4.

［6］　朝阳北塔考古勘查队. 辽宁朝阳北塔天宫地宫清理简报［J］. 文物，1992（7）：1～17.

［7］　董高. 朝阳北塔"思燕佛图"基址考［J］. 辽海文物学刊，1991（2）：103.

［8］　董高. 朝阳北塔"思燕佛图"基址考［J］. 辽海文物学刊，1991（2）：97～101.

［9］　田立坤，李智. 朝阳发现的三燕文化遗物及相关问题［J］. 文物，1994（11）：20～32.

［10］　《广弘明集》卷十七［M］. 上海：上海古籍出版社，1994：226.

［11］　张剑波，王晶辰，董高. 朝阳北塔的结构勘查与修建历史［J］. 文物，1992（7）：31.

［12］　张剑波，王晶辰，董高. 朝阳北塔的结构勘查与修建历史［J］. 文物，1992（7）：32～34.

［13］　辽宁省文物考古研究所，朝阳市北塔博物馆. 朝阳北塔——考古发掘与维修工程报告［R］. 北京：文物出版社，2007：29～52.

［14］　冯素弗墓的例子为帽正，高 6.8 厘米，宽 7.6 厘米. 黎瑶渤. 辽宁北票县西官营子北燕冯素弗墓［J］. 文物，1973（3）：10.

［15］　梁银景. 甘肃省金塔寺石窟的开凿年代与北凉佛教之关系［J］. 科学与艺术，2008，待刊.

［16］　中华书局标点本. 1996：2825～2826.

［17］　中华书局标点本. 1992：3065～3066.

［18］　崔鸿撰. 十六国春秋——王云五主编国学基本丛书［M］. 台北：台湾商务印书馆印行，1968：66.

[19] 史念林等注. 水经注（上）[M]. 华夏出版社, 2006: 301.

[20] 董高. 三燕佛教略考 [J]. 辽海文物学刊, 1996 (1): 1～2.

[21] 定县博物馆. 河北定县发现两座宋代塔基 [J]. 文物, 1972 (8): 39～42.

[22] 董高. 三燕佛教略考 [J]. 辽海文物学刊, 1996 (1): 2.

[23] "释昙无竭, 此云法勇, 姓李, 幽州黄龙人……遂以宋永初元年（420）, 招集同志沙门僧孟、昙朗之徒二十五人, 共斋幡盖供养之具, 发迹北土……";《高僧传》卷三 译经 下（慧皎撰, 汤用彤校注. 高僧传. 中华书局, 1996: 93～94.

[24] 《高僧传》卷八 译解 五（慧皎撰, 汤用彤校注. 高僧传. 中华书局, 1996: 330～332.

[25] 刘建华. 义县万佛堂石窟 [M]. 北京: 科学出版社, 2001: 94～99.

[26] 锦州市文物考古工作队. 义县尚姑堂石窟调查 [J]. 辽宁文物学刊, 1991 (1): 104～105.

[27] 田立坤, 李智. 朝阳发现的三燕文化遗物及相关问题 [J]. 文物, 1994 (11): 20～29.

[28] 鲁宝林等. 辽宁锦州市前山十六国时期墓葬的清理 [J]. 考古, 1998 (1): 92～94; 辽宁省文物考古研究所. 三燕文物精粹 [M]. 奈良文化财研究所, 2004: 149.

[29] 中华书局标点本 [M]. 中华书局, 1996: 272～273.

[30] 池培善. 中世中国史研究-慕容燕与北燕史 [M]. (韩国) 延世大学校出版社, 1998: 404～407.

[31] "元嘉十三年（436）五月乙卯, 燕王帅龙城见户东徒, 焚宫殿, 火一旬不灭"（《资治通鉴》卷一百二十三《宋纪》五. 中华书局, 1992: 3862）

[32] 中华书局标点本. 中华书局, 1995.

[33] 宿白. 云冈石窟分期试论 [A]. 中国石窟史研究 [C]. 北京: 文物出版社, 1996: 76～84.

[34] 汤用彤. 汉魏两晋南北朝佛教史 [M]. 石家庄: 河北教育出版社, 1996: 362～373.

[35] 宿白. 云冈石窟分期试论 [A]. 中国石窟史研究 [C]. 北京: 文物出版社, 1996: 76～84.

[36] 马世长等著, 梁银景译. 中国佛教石窟. (韩国) 多河, 2006: 231～255.

[37] 梁银景. 甘肃金塔寺石窟的开凿年代及其北凉佛教的关系 [J]. 科学与艺术, 2008, 待刊.

[38] 中华书局标点本: 3030～3040.

[39] 大同市博物馆, 山西省文物工作委员会. 大同方山北魏永固陵 [J]. 文物, 1978 (7): 29～33.

[40] 出光美术馆编. 北京大学サックラ考古艺术博物馆·中国の考古学展——北京大学考古学界发掘成果 [R]. 平凡社, 1995: 118～119.

[41] 大同市博物馆. 大同北魏方山寺院佛寺遗址发掘报告 [J]. 文物, 2007 (4): 4～9.

[42] 大同市博物馆. 大同北魏方山寺院佛寺遗址发掘报告 [J]. 文物, 2007 (4): 15～21.

[43] 山西省考古研究所, 大同市考古研究所. 大同市北魏宋绍祖墓发掘简报 [J]. 文物, 2001 (7): 19～39.

[44] 山西省大同市博物馆, 山西省文物工作委员会. 山西大同石家寨北魏司马金龙墓 [J]. 文物, 1972 (3): 20～33.

[45] 大同市考古研究所. 山西大同下深井北魏墓发掘简报 [J]. 文物, 2004 (6): 29～34.

[46] 《魏书》卷十三《列传》第一 文成文明皇后冯氏传. 北京: 中华书局, 1995: 328.

[47] 金圣熙. 北魏文明太后的时代-以政治势力间的对立样相为中心 [A]. 魏晋隋唐史研究（韩国）[C]. 1999 (7): 27～58.

[48] 《资治通鉴》卷一百二十八《宋纪》十 [M]. 中华书局, 1992: 4031.

［49］　中华书局标点本. 329.

［50］　田立坤. 朝阳史地考略［A］. 庆祝张忠培先生七十岁论文集［C］. 北京：科学出版社，2004：571～572.

［51］　黄斌，黄瑞. 走进东北古国［M］. 北京：远方出版社，2006：218～222；田立坤，万雄飞，白宝玉. 朝阳古城考古记略［A］. 边疆考古研究（第6辑）［C］. 北京：科学出版社. 2007：301～311.

［52］　刘建华. 辽宁义县万佛堂北魏石窟分期研究［J］. 考古学报，2001（2）：180～183.

［53］　内蒙古文物工作队，包头市文物管理所. 内蒙古白灵淖城圐圙北魏古城遗址调查［J］. 考古，1984（2）：145～152.

［54］　宿白. 东汉魏晋南北朝佛寺布局初探［A］. 庆祝邓广铭教授九十华诞论文集［C］. 石家庄：河北教育出版社，1997：47，注16.

［55］　内蒙古文物工作队，包头市文物管理所. 内蒙古白灵淖城圐圙北魏古城遗址调查［J］. 考古，1984（2）：151；周一良. 北魏镇戍制度考及续考［A］. 魏晋南北朝史论集［C］. 北京：北京大学出版社，1997：215～238.

［56］　郭素新. 内蒙古呼和浩特北魏墓［J］. 文物，1977（5）：38～41.

［57］　中国社会科学院考古研究所. 北魏洛阳永宁寺——1979～1994年考古发掘报告［R］. 北京：中国大百科全书出版社，1996：1～136；段鹏琦. 汉魏洛阳城［M］. 中国社会科学院考古研究所，考古博物馆洛阳分馆. 文化艺术出版社，1998：59.

［58］　钱国祥. 北魏洛阳永宁寺塑像的初步研究［J］. 中原文物，2005（1）：76～85.

［59］　中国社会科学院考古研究所洛阳工作队. 北魏永宁寺塔基发掘简报［J］. 考古，1981（3）：224；内蒙古文物工作队，包头市文物管理所. 内蒙古白灵淖城圐圙北魏古城遗址调查［J］. 考古，1984（2）：147；朱岩石. 邺城遗址东魏北齐佛寺塔基遗迹. 2002中国重要考古发现［C］. 北京：文物出版社，2003：99；中国社会科学院考古研究所，河北省文物研究所. 河北临漳县邺城遗址东魏北齐佛寺塔基的发现与发掘［J］. 考古，2003（10）：3～6；大同北魏方山寺院佛寺遗址发掘报告［J］. 文物，2007（4）：8～9.

［60］　刘敦桢. 中国古代建筑史［M］. 北京：中国建筑工业出版社，1981：83～84.

［61］　中华书局标点本. 101.

［62］　"长沙寺……殿前塔，宋谯王义季所造. 塔内素像，忉利天工所造"［M］. 上海：上海古籍出版社，1995：309.

［63］　中国社会科学院考古研究所. 北魏洛阳永宁寺——1979～1994年考古发掘报告［R］. 北京：中国大百科全书出版社，1996：17～19.

［64］　钱国祥. 北魏洛阳永宁寺塑像的初步研究［J］. 中原文物，2005（1）：83.

［65］　大同市博物馆. 大同北魏方山寺院佛寺遗址发掘报告［J］. 文物，2007（4）：8～21.

［66］　慧皎撰、汤用彤校注. 高僧传［M］. 北京：中华书局，1996：481～482.

［67］　慧皎撰、汤用彤校注. 高僧传［M］. 北京：中华书局，1996：477～478.

［68］　钟晓青. 北魏洛阳永宁寺塔复原探讨［J］. 文物，1998（5）：57～58.

［69］　中国社会科学院考古研究所. 北魏洛阳永宁寺——1979～1994年考古发掘报告［R］. 北京：中国大百科全书出版社，1996：18.

［70］　陈东梅. 四门塔与隋文帝. 四门塔阿閦佛与山东佛像艺术研究［M］. 北京：中国文史出版社，2005：45 ~ 46.

［71］　黄永川. 中国佛雕艺术［M］. 历史博物馆，2002：31.

［72］　杨超杰，严辉. 龙门石窟雕刻粹编——佛塔. 中国大百科全书出版社，2002：47 ~ 48.

［73］　《大正新修大藏经》：674 上，中.

［74］　山崎宏. 支那中世佛教の展开［M］. 清水书店，1971：336.

［75］　《建康实录》卷一七《舆地志》.

A Study of Clay Figures From the Northern Towerer in Chaoyang in Liaoning Province

LIANG Yin-jing

I arranged artifacts from excavation and research throughout restoration process, and I also examined about erection history shortly. The square column formed the core of the northern towerer was established at Tang dynasty and bricks and sculptures in apperance were repaired Liao dynasty. Foundation stones inside were brought from royal place site in Northern Yan and the northern towerer was founded as Pagoda of Missing Yan by Empress Feng's prayer in Northern Wei.

I looked into the foundation date and the origin of form of clay figures which was excavated in sedimentary layers at northern towerer of south. I drew a conclusion through comparison Statues of Buddha and Statues of Bodhisattva from the northern towerer and clay figures of Liaoning Province, Pengcheng area, Neimenggu province, Luoyang area. In conclusion, clay figures from the northern towerer were fairly appeared that those were similar with sculpture form of the time of Taihe in the North Wei, and it was very difficult to find direct origin relationship with Three yeon in Liaoning Province.

Clay figures from the northern towerer had relationship with Buddha form of Pengcheng where was the capital in those day, especially they were quite similar with clay figures from Fangshan Siyuan Temple Woodern Pagoda.

Clay figures from both provinces are almost equal in sculpture method, sculpture form and cloring. Like this, the reason that the origin of Clay figures from the northern towerer had connection with Siyuan Temple of Pencheng area was equality of memorial service prayer in both places. At that time, Empress Feng who assumed power established two wooden towers near her tomb and hometown. She probably hired the best craftsmam group, and we couldn't exclude the possibility that the same group took part in those two works.

I tried to presume about the enshrinement position of clay figure from the northern towerer and the original form. The temple sites of the Period of North and South Dynasties where were excavated till nowadays were Shanxi Province Siyuan Temple, Neimenggu Province Temple Site, Henan Province Yongning Temple, Hebei Province Ye City Temple Site. The excavation of these temple sites were given undue value to a large size wooden pagoda which was located center of temple.

In other words, the wooden pagoda was the most important worship subject during the Period of North and South Dynasties, so it was the biggest thing for all the temple building. At that time, prayer worship to clay figures in the wooden pagoda, not to the outward of wooden pagoda.

It was presumed that the clay figure from the northern towerer was enshrined in eastern, western and southern buddhist niches of the square column formed the core which were established inside the wooden pagoda. the square column formed the core was established from 1st floor to the last floor, and clay figure which was enshrined was also attached 1st floor to the last one. The total height of excavated clay figure from the northern towerer was not even 30cm at all, so it was presumed that clay figure was enshrined upside, not in the 1st floor.

俄藏黑水城宋代军政文书所见"西军"溃散兵员问题探析

张春兰

（河北大学宋史研究中心，保定，071002）

黑水城为西夏旧城址，位于今内蒙古额济纳旗东南 25 公里处。19 世纪末 20 世纪初，一批外国考察队从黑水城废墟中发掘出大量夏、元两代文书，其中 90% 的文书都用西夏文写就，也有少量汉文文书。黑水城文献主要分为三部分，收藏主体也分三处：第一部分，由俄国探险家科兹洛夫发现，他于 1909 年将这批文献运回俄国，收藏于俄罗斯科学院东方研究所圣彼得堡分所；第二部分，系英国考古学家斯坦因 1914 年所发现文书，现藏于英国；第三部分，系内蒙古考古队（现名内蒙古文物考古研究所）1983、1984 年发掘所得的成果。

其中，庋藏俄国的这批文书，是黑水城文献的主体，具有极高的研究价值。经过中、俄两国学者的共同努力，此批文书陆续得到出版。2000 年 12 月，俄罗斯科学院东方研究所圣彼得堡分所、中国社会科学院民族研究所和上海古籍出版社合编的出土文献总汇——《俄藏黑水城文献》终于面世（当年出版十一册，前六册为汉文文献），引起了学界的广泛关注，方便了辽、宋、夏、金、元史的研究。

本文所要探讨的，是宋金战争中驻守陕西诸路的"西军"[1]溃散兵员问题，《俄藏黑水城文献》提供的材料，可作极好的佐证。

一、俄藏黑水城宋代军政文书中有关"西军"溃散兵员的文书

在《俄藏黑水城文献》第六册收录的"宋西北边境军政文书"中，有几页文书涉及"西军"的溃散兵员问题，分别为"宋西北边境军政文书"的第 63 页、64 页、39 页、73 页、44 页和 3 页。今按时间先后分录如下：

第 63 页[2]文书：

［前缺］

（1）统制鄜延军马刘刺史申，已差使臣杨仲舆

（2）去，伏乞指挥 火急差人勾集溃散官兵，及

（3）⊡申 民兵等，差官管押前来。沿河寻先例应

（4）使唤。

（5）右剳付第七将，详前项所申事理，

（6）疾速施行。仍具勾集发遣过人马数

（7）目，军分姓名，供申。准此

（8）第七将

（9）⊡靖 康二年四月十八日

［后缺］

第 2 行的"去"，《俄藏黑水城文献》第六册《附录？叙录》原作"久"，今据图版改之。本页可分三个层次：第一层为首行至 4 行，是"统制鄜延军马刘刺史"所申明的内容，讲的是刘刺使要求各指挥勾集溃散官兵及民兵，并押赴鄜延路经略安抚使司备用；第二层为 5～8 行，是鄜延路经略安抚使司付第七将剳的内容，要求第七将迅速贯彻上级命令，将勾集到官兵的数目和姓名等上报；第三层为第 9 行，是文书的形成日期。

第 64 页[3]文书：

［前缺］

（1）⊡鄜 延路第七副将

（2）准第七将牒四道，并为招收诸处溃散兵马，仍希已施

（3）行。次第公文回示者，

（4）依准。

（5）⊡指 挥已出牓通庆城街市，晓谕招集，施行去讫。谨具申

（6）第七将，谨状

（7）靖康二年四月 日忠朝郎权知⊡通 庆城权⊡第⊡七⊡副⊡将⊡灌⊡通

武功郎鄜延路第七副将张顺出

［后缺］

本页含三层意思：1～4 行为第一层，是第七将牒的指示，内中提到第七将曾下达四道牒文，命令副将招收诸处溃散兵马并将施行情况写成公文上报；5～6 行为第二层，是第七副将的回文，内容为报告正将各指挥招集溃散兵员的具体内容；7 行为第三层，是文书的落款和时间。

第 39 页[4]文书：

［前缺］

（1）□已下本将勘会有无招收到秦凤⊡路

（2）⊡人 兵去讫，至今未见申到。须专再准

（3）右劄付第七将，一依前去指挥，疾

（4）速勘会。一面回报元河北河东沿边安

（5）抚使司掌管机密文字刘保义讫。申

（6）准此。（两方墨印）

（7）第七将

（8）建炎元年五月拾玖日（此行有朱印）

［后缺］

4行"元"字，《附录·叙录》原作"充"，今据图版改。本页主要内容为鄜延路经略安抚使司要求第七将申报招收秦凤路溃散兵员的情况，并要求将招收情况回报河北河东沿边安抚使司掌管机密文字留存。

第73页[5]文书：

［前缺］

（1）承节郎鄜延路第十将队将杨仲舆

（2）□准第七将牒。今将招到溃散马军汉弓［箭］

（3）手第二十七指挥张景一名。着人监押往彼，请□

（4）□管者。

（5）仲舆已将汉弓箭手第二十七指挥马军张景一名收

（6）□。有汉二十七指挥程晖、田俊、侯亮、张贵、党顺，汉三 十 一

（7）指挥苏玘，汉九十九指挥陈万等七人切知，逐人并

（8）□将出首了当。伏乞

（9）□□日下将前项程晖等差人监押前来延安 府 ，

（10）□□仲舆出头所贵管押前去，勒

（11）□□使唤。谨具申

（12）第七将，谨状立便返上页人发落

（13）建炎元年七月 日承节郎鄜延路第十将队将杨仲舆

初六

［后缺］

2行"准第七将牒"前所缺字应为"申"，对照下面第44页文书录文"申准第十将队将杨仲舆公文"即可知；4行所缺第一字为"收"，可以参考44页"有已出首程晖等八人，未审合与不合，发遣前去本官 收 管 "处内容和前录第18页、28页的相关内容。同样，6行首字当为"管"。

本页所述为第七将付第十将牒和第十将队将杨仲舆呈状的内容。全文可分三部分：1～4行为第一部分，是第七将牒的内容，要求第十将对汉弓箭手第二十七指挥张景实行收管；5～12行"谨状"处为第二部分，是杨仲舆呈状的内容。此部分包含两个事

项：5~6 行首字为第一层，是杨仲舆对第七将要求的答复；6 行以下为第二层，是杨仲舆报告程晖等七人的身份并请求亲自将他们押赴延安府；13 行为第三部分，是文书的落款和日期。

第 44 页[6] 文书与第 73 页所议之事相关：

［前缺］

（1）鄜 延路经略安抚使司

（2）□状申准第十将队将杨仲舆公文。

（3）□汉二十七指挥程晖、田俊、侯亮、张

（4）贵、党顺，汉三十一指挥苏玘，汉九十

（5）九指挥陈万等七人切知，并赴本

（6）□出首了当，□［差人监押前来］。

（7）契勘前项溃散人，除陈万未来出首

（8）外，有已出首程晖等六人，未审

（9）合与不合，发遣前去本官收管，

（10）□指挥降

［后缺］

此页 2 行缺字应为"具"，可根据本页的续文即第 3 页 2 行"具状申"语补入；6 行第一个字图版亦缺，今补入"司"字。从内容看，本页当撰拟于 73 页后，讲述的是第十将队将杨仲舆通过第七将上报鄜延路经略安抚使司，报告七名溃散军人的姓名和原来军籍，并把其中已出首的六名"监押前来"。鄜延路经略安抚使司批准了杨仲舆的公文，将六名军人收管。

第 3 页[7] 文书：

［前缺］

（1）已出首程晖等六人

（2）具状申解赴当司。准此。

（3）第七将

（4）建炎元年七月二十一日

［后缺］

据《附录·叙录》介绍，第 3 页文书为第 44 页的附页。1 行"已出首"三字据上页文书补入。

以上六页文书，第 63 页时间为靖康二年（1127 年）四月十八日，第 64 页为靖康二年（1127 年）四月，第 39 页为建炎元年（1127 年）五月十九日，第 73 页为建炎元

年（1127 年）七月，第 3 页为建炎元年（1127 年）七月二十一日，第 44 页时间虽然已缺，但考虑到其内容与其他五页文书内容相关，可以相信其形成时间与此五页文书的时间大致相当。而此段时间，宋金两朝战火正酣，"西军"因为拥有较强战斗力，在西北地区与金军周旋，苦苦坚守阵地。又，第 63 页文书的内容有"差人勾集溃散官兵"等语，第 64 页有"并为招收诸处溃散兵马"等语，第 39 页有"勘会有无招收到秦凤路人兵"等语，第 73 页有"今将招到溃散马军"等语，第 3 页有"[契] 勘前项溃散人"等语，都涉及有关处理溃散官兵的内容。根据这两点认识，完全可以断定以上六页文书均属于与"西军"溃散兵员问题相关的文书。

二、从文书看"西军"对溃散兵员的处置

（一）对出首者——特与免罪，停职收管

从文书可见，"西军"对待出首的溃散军人一般都"特与免罪"，"宋西北边境军政文书"第 18 页[8]、28 页[9]、44 页、69 页[10]、73 页都对此有所反映。第 18 页"今来措近溃散人已特与免罪，许令经所属出首，即团结管押赴军前使唤"，说明溃散人一出首就被押赴军前使唤，可见战争形势紧急，因而对曾经溃散的军人抱既往不咎的态度，让他们立即投入战斗。

第 28 页"帅守不曾差官，总率见今啸乱，未敢出首，无路自新，并限壹月前所在首身。其已前罪一切不问"等句中，前文已解释清，"帅守"为经略安抚使，"总率"为经略使下一级军官都统制，经略安抚使和都统制都是级别较高的军事指挥官，对他们尚且能够"其已前罪一切不问"，可见此时对出首军人的处置确实宽松。

北宋一朝曾针对溃散、逃亡的军人设立过逃亡法，此法内容经历了由严苛到宽松的变化过程。"国初，禁军逃亡满一日者斩，仁宗朝改满三日，熙宁五年诏增为七日……元丰四年，诏沈括：'奏以军前士卒逃亡，溃散在路，本非得已，须当急且招安。'宣和二年，童贯言：'欲乞在京并京畿、京西、陕西、河东路逃军，自今指挥到日，通未满赦限共一百日，许令首身免罪，依旧军分职次收管。仍免本营勾当，及放免官捕。'"[11]到宣和末，宋廷又下诏："应诸路逃窜军人或已该赦恩出身避免，却归出戍去处再行逃窜之人，令于所在去处首身，并特与免罪，于一般军分安排，支破请给，发赴军前使唤。"[12]这也是因为严刑竣法不适应战争形势的需要而采取的宽松措施。

这里还涉及允许出首的时限问题。第 28 页中"限一月前所在首身"，《宋会要辑稿》却有这样的记载："……应逃亡在两路、未首获军人，欲限两月内随所在官司首

身，特与放罪，依旧收管，限满不首，依法施行”[13]。文书内规定的出首时限比《宋会要辑稿》所记要短，可能是鄜延路经略安抚使司为了敦促溃散军人迅速归队而有意缩短了允许自首的时限。

第 28 页“军人依旧本营元职名收管”一句，表明溃散军人出首后被停职收管。这是宋金战争时期“西军”处理溃散兵员问题的一种常用办法。如第 44 页有“契勘前项溃散人，除陈万未来出首外，有已出首程晖等六人，未审合与不合，发遣前去本官收管”等语；第 69 页有“劄付德靖寨，仰依前项，指挥多出文牓招收，权行收管”等语；第 73 页有“仲舆已将汉弓箭手第二十七指挥马军张景一名收管”等语。此外，同组文书第 18 页、28 页、96 页[14]也出现有“收管”一语，都是对“收管”制度的体现。

所谓“收管”，本指宋代暂时拘捕原告、证人、自首者等涉案人员的制度，如《宋会要辑稿·刑法三》有宋仁宗皇祐三年（1051 年）六月三日诏，称：“昨差推直官郭伸锡往庆州华清县置院勘马祐公事。勘官自二年十二月到彼，马祐至次年三月方勾追到院。今后朝廷差官往外州军院推勘公事，须预先劄下置院，仰先勾追元进状人收管知在，或关禁讫，疾速入马递申奏，以凭发遣推勘官往彼，免致辞推狱虚有留滞。”[15]这里的“收管”实际就是朝廷在派官员到地方推勘疑案、大案前，要求地方官控制原告的一种强制措施。但具体到黑水城文书出现的“收管”，则是对溃散军人实行的一种暂时的羁押制度，既带有惩罚性质，又体现了战时军法较为宽松的一面。

（二）对拒不出首者——收捉得获，依法施行，亲属连坐

尽管“西军”对溃散军人采取了较为宽松的处置办法，出首便可得到赦免，但仍有部分溃散军人拒不出首，于是各级军事指挥机构只好用强硬手段招集在逃的溃散兵员。“宋西北边境军政文书”第 18 页和 96 页都有相关内容。

18 页“如不出首，即将所有家产尽没入官。父母妻男兄弟子孙并收管禁系，昼监夜名。赏钱一千贯。收捉得获，依军法施行”等语，即是说对不肯出首的军人要没收其财产，收管其亲属，并悬赏提拿，一旦抓获，就要受到军法处置，而不再赦免。96 页集中反映出对在逃军人的处罚办法，为了便于说明，兹移录文书内容如下：

贰拾柒日，

（1）保安军　牒　第七将

（2）准　经略　使衙牒：准

（3）御前会合军马入援所牒：据陇州申．□□□

（4）准京兆府路都总管示牒，开坐到 逃.　　

（5）走义兵、弓手，请立便指挥所属，将 逐.　　

（6）人父母妻男枷禁监捉。许诸色人 告.　　

（7）捉赴官，依法施行讫申州.　　

（8）挥密切行下诸县，并应干.　　

（9）紧行收捉外，其间有奇兵、义兵.　　

（10）勇、效用及弓手，并系募到勤

（11）王之人，头项各别有在。经略左承

（12）军下逃走，或于中路不趁大队私 归,

（13）或与金贼战斗便即溃散，内有将

（14）官物器甲或空手逃窜之人，情.　　

（15）一若将来捉获，未审各合如.　　

［后缺］

以上录文，系据《俄藏黑水城文献》第6册后附《附录·叙录》的释文并对照文书图版而成。据《附录·叙录》，此页文书首钤墨印"贰拾柒日"，当是文书的签发时间或收到时间。1行的"保安军"为鄜延路经略安抚使司下辖诸州军之一。据《宋史》卷八七《地理志》陕西保安军条，保安军"同下州。崇宁户二千四十二，口六千九百三十一"，辖德靖、顺宁二寨和园林一堡，并领金汤城等。保安军即是此页文书的行文单位。

9～11行"其间有奇兵、义兵、□勇、效用及弓手，并系募到勤王之人"一句，"□勇"当为"义勇"。奇兵为宋军兵种之一，义兵、义勇、效用及弓手都是宋代乡兵之名[16]。

本页文书残缺内容甚多，8行"〈指〉挥密切行下诸县，并应干□□□"处，笔者以为当补入"办公事"三字，因为宋代曾设"勾当公事"一职，南渡后，为避宋高宗名讳，改称"干办公事"，见《宋会要辑稿》："十五日诏两浙西路安抚大使许置参谋、参议、主管机宜文字、主管书写本司机宜文字官各一员，干办公事官五员，其请给令尚书省立定则例行下。尚书省言今定参谋、参议官欲依本路提举茶盐官例支破。主管及书写机宜文字、干办公事已上，欲京朝官依通判，选人以依签判支给。"[17]此职也可称"干当公事"，是经略安抚使司的属官。

此页文书是保安军在接到御前会合兵马入援所和鄜延路经略安抚使司两个上级主管部门的牒文后撰拟的。文书分为两部分，首行至11行"经略左承"前为第一部分，此部分又包括两个层次。第一层从首行至9行"紧行收捉外"处，是御前会合军马入援

所牒文中引用京兆府路都总管示牒的内容，要求陇州官衙将逃散军人的家属捉拿并监禁，同时鼓励告密，督促总管司的属官干办公事将逃散军人及时捉拿归案；"其间有奇兵、义兵、忠勇、效用及弓手，并系募到勤王之人，头项个别有在"几句为第二层，是御前会合军马入援所牒的内容，对逃散军人中属于勤王兵者做了特别说明。11 行"经略左承"后至 15 行构成了文书的第二部分，讲述的是鄜延路经略安抚使司下达给保安军牒文的内容。此部分规定了哪几种溃散或逃亡军人要被捉拿。15 行后的内容已缺，估计是对溃散或逃亡军人的处理办法。整页文书包括三个机构的牒文，分别是御前会合军马入援所、京兆府路都总管司和鄜延路经略安抚使司。其中京兆府路都总管司的牒文出现于御前会合军马入援所向鄜延路经略安抚使司下达的文页中，因此本页的结构显得很复杂。此外，文书还应有保安军对第七将的具体指令，但因文书后缺而不得知。

从文书可见，陕西宋军对逃兵采取了严厉的强制措施，对于"逃走义兵、弓手"，宋军要求立刻指挥所属，将每个逃兵"父母妻男枷禁监捉"，并允许"诸色人告捉赴官"。对于"军下逃走"、"中路不趁大队私归"，对于与金兵战斗溃散携带官物者，或者"空手逃窜之人"，宋军都要求"将来捉获"。这反映了陕西宋军处置逃兵措施的严厉程度。

总而言之，"西军"在处理溃散军人的过程中，采取了两种截然不同的手段，即对于溃散军人，先出榜招收，凡自首的溃散兵员一概既往不咎，"特与免罪"，仅停职收管，以备再用；而对于不愿应牓归队的逃散官兵，一旦"收捉得获"，便"依军法施行"，甚至亲属连坐。由此可知，频繁的战争严重削弱了宋朝军队的战斗力，也使广大官兵极度厌恶战争，号称劲旅的"西军"也不例外，"宋西北边境军政文书"就反映了"西军"溃散兵员问题突出的实际情况。在此危难关头，为保证有充足的兵力与金军抗衡，宋朝各级军事指挥机构便只好采取这种先宽后严、宽严并蓄的治军方法。

注　释

[1]　杨倩描. 吴家将 [M]. 保定：河北大学出版社，1996.

[2]　俄藏黑水城文献（第六册）[M]. 上海：古籍出版社，2000：226.

[3]　俄藏黑水城文献（第六册）[M]. 上海：古籍出版社，2000：227.

[4]　俄藏黑水城文献（第六册）[M]. 上海：古籍出版社，2000：202.

[5]　俄藏黑水城文献（第六册）[M]. 上海：古籍出版社，2000：236.

[6]　俄藏黑水城文献（第六册）[M]. 上海：古籍出版社，2000：207.

[7]　俄藏黑水城文献（第六册）[M]. 上海：古籍出版社，2000：166.

[8]　俄藏黑水城文献（第六册）[M]. 上海：古籍出版社，2000：181.

[9]　俄藏黑水城文献（第六册）[M]. 上海：古籍出版社，2000：191.

[10]　俄藏黑水城文献（第六册）[M]. 上海：古籍出版社，2000：232.

[11]　[元] 脱脱. 宋史 [M]. 北京：中华书局，1977：4811，4814.

[12]　[元] 脱脱. 宋史 [M]. 北京：中华书局，1977：4816.

[13] ［清］徐松. 宋会要辑稿［M］. 中华书局，1957：6935.

[14] 俄藏黑水城文献第六册［M］. 上海：古籍出版社，2000：259.

[15] ［清］徐松. 宋会要辑稿［M］. 北京：中华书局，1957：6609.

[16] 关于效用能否算乡兵番号的问题，王曾瑜先生有不同看法，他在《宋朝兵制初探》（中华书局，1983 年版）中提到，北宋中期军中出现的效用，因来源、身份和差使各有不同，有的效用还担任文职，故尚不能算作效用兵。宋神宗时设置陕西、河东的勇敢效用才可算作效用兵。随着北宋末的军事动乱，勇敢效用和其他效用的界限在无形中消失了，效用兵在军中占有的比例越来越大.

[17] ［清］徐松. 宋会要辑稿［M］. 北京：中华书局，1957：3217.

The Questions about Defeated and Dispersed Soldiers of "Western Army" Reflected by Military and Political Documents of Song Dynasty Hidden in Russia

ZHANG Chun-lan

This article discusses the questions about defeated and dispersed soldiers of "Western Army" during the war between the Song Dynasty and the Jin Dynasty, depending on "Literature on City of Heishui Hidden in Russia". "Western Army" applied two different measures to dispose the defeated and dispersed soldiers: Forgiving some soldiers who gave themselves up and giving them an opportunity to defend their motherland; arresting some soldiers who refused to give in and punishing them by military laws.

北宋熙春阁与元上都大安阁形制考

冯恩学

（吉林大学边疆考古研究中心，长春，130012）

大安阁是元上都中最重要的宫殿，"宫城之内不作正衙，此阁岿然遂为前殿矣"[1]，道出大安阁实际起到正衙的作用。大安阁与北宋的熙春阁有渊源关系，本文在前人研究基础上对大安阁和其前身熙春阁的形制再做进一步探索。

一、大安阁遗址

元上都遗址位于内蒙古自治区锡林郭勒盟正蓝旗上都河镇东北 20 公里处。城南临蜿蜒的闪电河（滦河上游），城北地势渐高为东西横卧的龙岗。元上都城分为宫城、皇城、外城三重城墙，中央为宫城；围绕宫城之外者为皇城；外城在皇城西、北两面，呈半包围式。宫城为元上都的主要建筑，位于皇城中部偏北处，略呈长方形，与皇城呈回字形结构。东墙长 605 米，西墙长 605.5 米，北墙长 542.5 米，南墙长 542 米。宫城设有三门，分别位于宫城东、西、南三墙之中部。宫城内留有大型建筑遗迹有 40 余处，其中最醒目的建筑遗址是 1 号和 2 号建筑址。1 号建筑址在宫城正中，通往三个城门的大街相汇之处，是一座大型的长方形建筑址。2 号建筑址是宫城北墙正中位置的"阙式"建筑，夯土台基高大，台基与城墙等高，为宫城内最大建筑。

对大安阁遗址认定有两种观点。第一种观点认为最高最大的建筑即 2 号建筑是大安阁[2]。第二种观点认为 2 号建筑是穆青阁，1 号建筑址是大安阁[3~5]。

元人周伯琦诗有："北阙笤峣号穆青，北山迢递绕金城。四时物色图丹壁，翠辇时临号太平。"[6]明确说明宫城北的高耸陡峻的阙式建筑叫穆青阁。元人虞集在《道园学古录》中有对王振鹏所绘大安阁图的跋文，跋文为"世祖皇帝在藩，以开平为分地，即为城郭宫室。取故宋熙春阁材于汴，稍损益之，以为此阁，名曰大安。既登大宝，以开平为上都，宫城之内不作正衙，此阁岿然遂为前殿矣。规制尊稳秀杰，后世诚无以加也"[7]。从"此阁岿然遂为前殿矣"的位置可以推测大安阁不会是依北墙修建的 2 号建筑址。1 号建筑址所处宫城中心，南面大街直通正门御天门，从其占有中心的特殊位置分析 1 号建筑址肯定是大安阁址。

1259 年 7 月蒙哥汗在四川钓鱼山战死。11 月忽必烈的幼弟阿里不哥谋立为大汗，皇后谴使密报给在湖北攻宋的忽必烈，请速还。1260 年 3 月忽必烈回到开平，召开忽里台大会即汗位。随后阿里不哥在哈剌和林称汗，双方争斗 4 年。1260 年 5 月忽必烈开始建立年号，建元中统。1263 年升开平府为上都。1264 年 7 月阿里不哥归降，8 月改燕京为中都，改中统五年为至元元年，大赦天下。1266 年 12 月建大安阁于上都。1267 年开始营建北京的大都。以大都为正都，上都为陪都。1271 年忽必烈废除"蒙古"号，定国号"大元"。忽必烈用 12 年时间，通过建年号、定都城、修建施政的宫殿、营建二都、建国号等系列步骤，实现了建立符合汉式传统朝廷的目的。可见，建大安阁是忽必烈在彻底战胜争夺汗位的阿里不哥势力之后，作为上都处理朝政的中心建筑修建的，是由蒙古大汗向汉式皇帝形象转变的一个重要步骤，是完善两都制的重要举措。把大安阁选择在上都城的中心，阁前大街直通宫城正门御天门，也符合唐宋宫城之制。

二、熙春阁的形制

1. 北宋的熙春阁是大安阁的前身

元人周伯琦在诗后自注曰："右二首咏大安阁，故宋汴熙春阁也，迁建上京。"[8]明确说明大安阁是把北宋汴京的熙春阁迁到元上都重新修建的建筑，虞集在《大安阁图的跋文》中也有同样记载。要认识大安阁的形制，首先从分析熙春阁形制入手。

刘祁《归潜志》："（金）南京同乐园，故宋龙德宫徽宗所修，其间楼阁花石甚盛。每春三月花发及五六月荷花开，官纵百姓观。虽未再增葺，然景物如旧。（金哀宗）正大末，北兵入河南，京城作防守计，官尽毁之。其楼亭材大者为楼橹用。其湖石皆凿为炮矣。迄今皆废区坏址，荒芜，所存者独熙春一阁耳。盖其阁皆杪木壁饰，上下无土泥，虽欲毁之，不能。世岂复有此良匠也。"[9]北宋的汴京，金称南京。熙春阁本是北宋汴京龙德宫的主要建筑，为木构多层建筑。北宋元符三年（1110 年）正月宋哲宗病逝，哲宗无子，皇太后立神宗的第十一子端王为皇帝，即徽宗。同年二月徽宗把他的美丽的端王府宅邸名为龙德宫[10]。汴京城由外城、里城和宫城三重城组成，在里城北城墙景龙门外开掘的护城河叫景龙江。龙德宫位于景龙江北岸，是园林建筑群，宫内不仅有楼阁，还有花竹池沼，其间散起庐舍。在金兵大举进攻的形式下，宋徽宗在宣和七年（1125 年）退位给钦宗，以道君太上皇的名号，出居龙德宫[11]。靖康二年（1127 年）二月金军逼徽宗和钦宗就范，占领汴京城，北宋灭亡。金朝时龙德宫仍保存完好，改名为同乐园，每年春天花开季节官府允许百姓到园中观赏。金朝没有对同乐园进行修补，熙春阁仍然保留北宋时原貌，所以元人虞集和周伯琦把熙春阁称为"故宋汴熙春阁"。

《归潜志》说金哀宗正大末年，蒙古兵攻入河南，金南京官府拆毁同乐园内建筑，楼阁木材用于修城墙上的楼橹，湖石被用做炮石。熙春阁因为是全木结构，十分坚固而没有拆除成功，独自保留下来。为何一座木构建筑能坚固到不能拆除的程度而独存令人生疑，《金史》的有关记载为我们揭开此迷提供了线索。正大九年（1232 年），正月初五占领河中府的蒙古军队在河清县白坡渡过黄河，东趋郑州、汴京。正月十三金哀宗下诏"修京城楼橹及守御备"，次日"大元兵游骑至汴城"，旋即离去，京师逃过一劫，正月十九日金朝改元开兴[12]。金末正大九年只有一次突然增修外城之楼橹，即正大九年正月十三至十八日。当蒙古军队过黄河兵锋直指汴京时，京城出现极度恐慌心理，官府下令大拆距离外城北墙较近的同乐园内建筑是这种恐慌心理的直接结果。次日蒙古游骑至汴城，随后离去，汴城内恐慌自然消解，拆取同乐园建筑材料的行动也就停止。拆撤活动先从小型易毁建筑开始，熙春阁因为高大难拆而留后，则幸免独存。

2. 熙春阁的形制

　　王恽的《熙春阁遗制记》是复原的主要依据。其文记载至元 23 年有一位被世人称为良匠的木工钮氏，把界画熙春阁给王恽观看，并讲述熙春阁的规模和架构，王恽曾经三次登临熙春阁，听钮氏讲述后撰写《熙春阁遗制记》。《熙春阁遗制记》对熙春阁的描述应该是基本可信的。其文曰："高二百二十尺，广四十六步有奇，从则如之。四隅缺角，其方数纡馀。于中下断鳌为柱者五十有二。居中阁位与东西耳。构九楹而中为楹者五，每楹尺二十有四焉。其耳为楹者各二，共长七丈有二尺。上下作五檐覆压。其檐长二丈五尺，所以蔽亏日月而却风雨也。阁位与平座叠层为四。每层以古座通藉，实为阁位者三。穿明度暗而上，其为梯道凡五折焉。世传阁之经始二子掖醉翁过前，将作者曰：'此即阁之制也'。取其成体故两翼旁构，俯在上层栏杆之下止一位而已。其有隆有杀，取其飘渺飞动上下尊卑之序，此阁之形势所以魁伟特绝之称也。予因念汴自壬辰兵后，故苑无没，惟熙春一阁岿然独存。昔尝与客三至其上，徙依周览，虽怅然动麦秀黍离之感，且诧其截崇壮丽如神营鬼构，洞心骇目有不可端倪者。至不藉井干，不阶峻址，飞翔突起于青霄而蠹上，又似夫鳌掀而凤骞也。"[13]下面依据此文对其形制进行推测。

　　（1）熙春阁的高度与广度

　　魏坚先生对熙春阁的高度与广度进行推算。以国家博物馆收藏宋铜尺 31.6 厘米计算，熙春阁高为 220 尺，合 69.52 米。宋代 1 步为 5 尺[14]，"四十六步"为 230 尺，合 72 米[15]。

　　（2）平面形状

　　"四隅缺角，其方数纡馀"。熙春阁平面总体是方形，四角有缺而形成数次弯转。这样的形制与河北省张北县的元中都城址中的西南角台建筑台基相同，元中都西南角台是方型，角部做三级转折（图一）[16]，以此实例可以推测熙春阁四隅可能是三级直角转折。

　　（3）层数、平座

　　"阁位与平座叠层为四。每层以古座通藉，实为阁位者三"。这里平座和古座是正确理解句意的关键。以往学者把平座理解为基座，因而得出熙春阁是 3 层建筑的错误认识。平座是阁屋建筑下带铺作的坐，楼阁是垂直的聚合建筑，习用平坐作为上下层的联

图一　元中都西南角台建筑台基的转角
（图采自张春长论文）

系、过渡[17]。阁层带平座可以从同时代的全木构叠层建筑得其形制，如山西应县木塔
（建于辽清宁二年，1056 年，相当于北宋仁宗嘉祐元年）为 5 层楼阁式塔，除底层外，
向上 4 层都带平座[18]（图二）。天津蓟县独乐寺观音阁为辽统和二年（公元 984 年）
重建，外观 2 层阁，上层阁带平座[19]（图三）。平座的上顶和下底铺板，所以是暗层或
叫夹层。"每层以古座通藉，实为阁位者三"，每层以古字形的座与下层相通连，座实
际是 3 个暗阁层。藉：践踏、坐垫，指坐于下一层上。古座即上句中的平座。平坐是古
代重叠建筑中作为上下层联系、过渡的结构层，以加强多层建筑结构的强度和稳定性。
上句平座是指外观而言，此句古座是从内部结构而言。座从内部观之实际是 3 个暗阁层
（或称夹阁层）。熙春阁外观 4 层，所以有 3 个暗阁层，是 7 层建筑。

（4）房檐层数

"上下作五檐覆压。其檐长二丈五尺，所以蔽亏日月而却风雨也。"熙春阁外观有 5
层房檐。房檐向外伸展 2 丈 5 尺，所以遮住了阳光和月光的直射，但是能够有效挡住风
雨对阁体的侵蚀。熙春阁外观 4 层，却有 5 层檐，第一层应该是重檐。一层重檐是高等
级建筑的房檐形式，与熙春阁为皇家建筑身份相符。以往认为熙春阁外观 3 层，则与 5
层檐不合。

（5）围栏

平座外围下接外伸的房檐，上承绕阁体一周的可眺望风景的围栏。同乐园是在春天
花开时对百姓开放，王恽"昔尝与客三至其上，徙依周览，虽怅然动麦秀黍离之感，
且诧其截崇壮丽如神营鬼构，洞心骇目有不可端倪者。"意为我绕转四周凭依栏杆观览
景致，虽然有如麦穗摇动黍粒要脱落掉的眩晕的不舒适感觉，而且惊诧其高崇壮丽好像
是神鬼建造的，站在上面向下看令人心跳目眩害怕，又说不出来其中原由。此句可以证
明各层有外探的围栏。

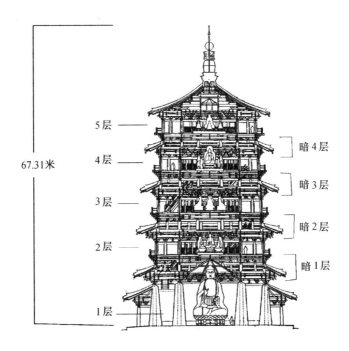

图二　山西应县辽代木塔结构图

（图采自《中国建筑史》）

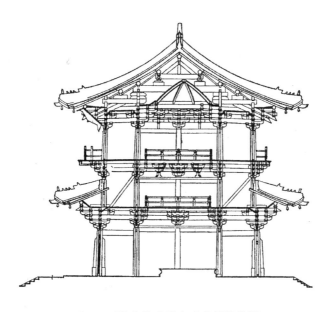

图三　天津蓟县独乐寺观音阁结构图

（图采自《中国建筑史》）

（6）梯道

"穿明度暗而上，其为梯道凡五折焉。"熙春阁内部除了阁屋外，还有上下的梯道。梯道穿过明阁层、度过暗阁层，共5次转折。5次转折，应该有6段梯道。从1层为起点，每上一层有1段梯道，到7层正合6段梯道（图四）。5折梯道与7层建筑相合。

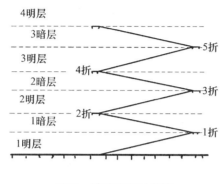

图四　梯道五折示意图

（7）整体气势

"飘渺飞动"是"此阁之形势所以魁伟特绝之称也"。明确道出其最大的特点是飞动。

"昔尝与客三至其上，徙依周览，虽怅然动麦秀黍离之感，且诧其截崇壮丽如神营鬼构，洞心骇目有不可端倪者。"此句通过登上最高层的栏杆向下望而有眩晕的感觉，来说明其兀立崇高的特点。"洞心骇目"是下望的感觉，并不是该建筑的外观面貌令人可怕。

"飞翔突起于青霄而矗上，又似夫鳌掀而凤鶱也"，在天空中飞翔突起，矗立其上，又好似大海龟抛掀而起，凤凰向上飞升。这是结尾句，用形象的比喻总结熙春阁建筑之崇高和飞动的气势。

熙春阁的飞动的气势可以从武汉黄鹤楼的复原建筑得到启示。黄鹤楼为三级转角，现代复原建筑中每隅都有三个檐脊头上翘，形成强烈的飞动气势（图五）。所以方形平面的角部呈三级转折能够增加房檐和房脊的数量和密度，从而增强楼阁建筑的飞动气势。

熙春阁高为69.52米，长宽为72余米。应县木塔高67.31米，八角形平面，底直径30米。熙春阁体量比应县木塔还大。应县木塔是9层结构（外观5层，暗层4层），塔顶还有11米的塔刹，熙春阁是7层结构（外观4层，暗层3层），每层举架要比应县木塔高得多。第1层是重檐，举架比其他层高。超高的举架，增加了选材和建造的难度。"中国古代的多层木建筑是若干单层木构架（其间施以暗层、斜撑等加固措施）的重叠。其关键是上下层柱的交接。"[20]宋代有叉柱造和缠柱造的交接方法，流传下来的建筑只有叉柱造，"其法将层檐柱底部十字开口，插在平座柱上的斗拱内，而平座柱则

图五　武汉黄鹤楼复原建筑

叉立在下檐斗拱上，但向内退进半柱径”[21]。熙春阁向上每层的收分也应该是半柱径，不会有大的缩进。

三、大安阁的建筑形制

元人谓大安阁是“故宋汴熙春阁也，迁建上京”。作为上都处理朝政的中心建筑，决定了大安阁不能完全照旧重建。虞集在大安阁图的跋文中说“取故宋熙春阁材于汴，稍损益之，以为此阁，名曰大安”，是符合实际的。那么何处损益？是进一步了解大安阁形制结构的关键。

（1）平面规模缩小

1996 年和 1997 年两次对 1 号建筑基址发掘，其上层堆积为明清时期的喇嘛庙，下层是方形建筑基址，即大安阁的地基。地基的边缘平铺石条，东西宽 36.5 米。根据部分揭露的东边地基和钻探等迹象推测南北长度也在 36 米左右。地基的东侧和西南角处，有成排的木柱，是筑地基时打下的“木钉”。底层砂岩质石条地基长 0.9～1.4 米，宽 0.5 米，石条之间凿有燕尾槽。在南边的东西两角发现高大的汉白玉浮雕龙纹角柱[22]。

大安阁遗址的台基东西宽 36.5 米，南北长也在 36 米左右，与熙春阁"广四十六步有奇"（约合 72 米）相差较大。

（2）平面形状与气势的改变

大安阁遗址为方形台基，与熙春阁"四隅缺角，其方数纤馀"的曲折角方形不同。

曲折角增加了四隅墙体的变化，增加了角部檐脊的数量，从而增加了建筑的飞动气势。大安阁改变熙春阁的四隅结构，失去"飞动"的特点，所以在元代诗人描写的大安阁诗中只有赞美其高、突出因高而寒特点的诗句，没有言其飞动之势的诗句。如："大安御阁势岧亭，华阙中天壮上京。虹绕金堤晴浪细，龙蟠粉蝶翠冈平。"[23]（皇帝所在的大安阁是气势如山峰的高亭，华丽的穆青阁宫阙高耸入半天空，给上京增添了雄壮气势。城南滦河如彩虹盘绕金堤，翻腾着亮丽的波浪，城北龙盘踞彩蝶飞舞的翠绿冈阜地势缓平。）"层甍复阁接青冥，金色浮图七宝楹。"[24]（层层屋檐复叠屋阁接近青天，金色的佛像和七宝供奉于楹堂）。"大安阁是广寒宫，尺五青天八面风。"[25]（大安阁因高而寒如月亮中的广寒宫，所占据的五尺青天八面有冷风）。

为什么大安阁要改变熙春阁飞动的气势特点？熙春阁本是宋徽宗的龙德宫内建筑，宋徽宗是历史上少有的迷恋艺术的玩乐皇帝，飞动别致的熙春阁是满足其风雅嗜好而设计的。虞集在《跋大安阁图》中有"规制尊稳秀杰，后世诚无以加也"。说出要改变气势的原因，大安阁作为正朝使用的大殿要"规制尊稳"，故而变曲折角方形为直角方形，改飞动之势为平稳，以符合规制之稳。把阁名"熙春"改为"大安"表达了忽必烈皇帝的内心愿望，就是希望这幢象征元朝皇权的建筑永远安稳，国家永远安稳。皇帝圣意变成了建筑设计的理念：舍飞动求平稳。

（3）转角增加龙纹石柱

熙春阁"皆杪木壁饰，上下无土泥"，墙壁是全木结构，没有使用石材的记载。在大安阁遗址台基转角发掘出 2 件高大的汉白玉石柱，其中出土于西南角的石柱完整高 2.1 米，在正面和西侧分别竖向浮雕有一条对称的五爪龙，并配以牡丹、菊花和荷花。石柱上的龙纹具有 4 个鲜明的时代特征。其一，龙的上嘴唇横宽而长大，宋辽金龙都没有这个特征，是元代新出现的。其二，龙有獠牙，粗壮而弯曲，而元以前的龙纹中从未见过獠牙。其三，龙角后的鬣毛密集，呈 4 缕火焰状弯转前冲。北宋的龙纹鬣毛稀疏而后飘，以定窑瓷碗龙纹为典型[26]。在北京房山金陵 M5 出土的磁州窑陶罐上的龙纹才出现前冲的鬣毛，M5 出土了金章宗铸造的泰和重宝钱，年代在金的晚期[27]。与大安阁石柱最类似的龙纹鬣毛见于江西永新县元代窖藏出土的影青瓷碗上的龙纹（图六）[28]。其四，石柱龙爪为轮状五爪，这与宋金为鹰爪不同，而是元代新出现的式样。因此可以确定这些龙纹石柱是建大安阁时新增添的构件。元代五爪龙是只有皇帝使用的特殊龙纹，在台基的四角设立高大的五爪龙柱以体现皇帝的至尊。

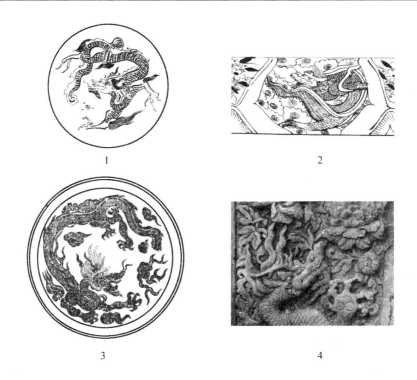

图六　大安阁石柱龙纹与宋金元龙纹的比较

1. 曲阳北镇出土北宋定窑碗的龙纹　2. 房山金陵遗址 M5 出土瓷罐上的龙纹

3. 江西永新窖藏元代瓷碗上的龙纹　4. 大安阁石柱上的龙纹（魏坚摄）

熙春阁"不阶峻址"，说明没有很高台基。大安阁台基被明清时期的喇嘛庙破坏，所留只是最下部分，台基的实际高度可以根据石柱高 2.1 米推测。西南石角柱在南侧面和西侧面分别竖向浮雕龙纹和花卉，这两个面是朝外的，两个侧面没有花纹是埋在台基内的里面，台基应该与石角柱等高或略高。

（4）大安阁立面结构

大安阁立面结构有两种设想，第一种结构是保持北宋熙春阁的即明 4 层暗 3 层的 7 层结构，第二种结构是因为边长减少一半，而变成明 3 层暗 2 层的 5 层结构。根据元诗中称赞大安阁耸高如山峰、可上接青天、楼上因高而寒的特点推测，第一种结构最有可能。

（5）平座围栏

大安阁每层外观是上有房檐、下有平座围栏。平座主要作用是加固上下明层之间的木柱连接，内有斜撑等构件，上下铺楼板形成暗层。据《元史·阿沙不花传》载，康里人阿沙布花 14 岁入侍忽必烈，初到上都上早朝时，因为宫城草多露水，而光着脚行走，"帝御大安阁，望而见之，指以为侍臣戒。一日，故命诸门卫勿纳阿沙布花，阿沙布花至，诸门卫皆不纳，乃从水窦中入。帝问人，以实对，且曰：'臣一日不入侍，身将何归？'帝大悦，更谕诸门卫听其出入"。可知在大安阁四周有大内围墙，设多个门，围墙下有水涵洞。同时也说明在大安阁上可以居高远眺墙外的上都风景，为有平座围栏之旁证。

大安阁基本形制可以推测为：边长 36 米、高 69 米左右的 7 层（外观 4 层，暗层 3 层）高阁建筑。第 1 层重檐，以上 3 层单檐，每层带围栏。建筑平面为方形，基座的转角设立五爪龙纹石柱。内设楹堂隔室和 5 折 6 段梯道。以往中国古都正衙建筑皆为单层结构的大殿建筑，而大安阁是多层的楼阁建筑，不符合"正衙"建筑制度，所以元上都不把大安阁称为"正衙"，而把它称为"前殿"，但是从实际发挥的作用分析大安阁完全起到了正衙的作用。它开创了避暑陪都宫殿建筑规划新特点——礼制与实用相结合。

注　释

［1］　（元）周伯琦. 是年（至正二年）五月扈从上京宫学纪事绝句二十首，近光集 ［M］. 卷一，文渊阁《四库全书》别集类.

［2］　石田干之助. 关于元上都 ［J］. 元上都研究文集 ［C］. 北京：中央民族大学出版社，2003：9.

［3］　陈高华，史卫民. 元上都 ［M］. 长春：吉林教育出版社，1988.

［4］　李逸友. 元上都大安阁址考 ［J］. 内蒙古文物考古，2001（1）.

［5］　魏坚. 元上都的考古学研究 ［D］. 吉林大学博士学位论文，2000：38.

［6］　同注 ［1］.

［7］　（元）虞集. 道园学古录 ［M］. 卷一○，《跋大安阁图》条，文渊阁《四库全书》别集类.

［8］　同注 ［1］.

［9］　（金）刘祁. 归潜志 ［M］，中华书局，1983.

［10］　宋史 ［M］. 卷十九《徽宗本纪》.

［11］　宋史 ［M］. 卷二十二《徽宗本纪》.

［12］　金史 ［M］. 卷十七，《哀宗本纪上》.

［13］　（元）王恽. 熙春阁遗制记 ［A］. 秋涧集 ［M］. 卷三八，文渊阁《四库全书》别集类.

［14］　宋史 ［M］. 卷一百四十九：仁宗天圣五年，内侍卢道隆上记里鼓车之制，"以古法六尺为步，三百步为里，用较今法五尺为步，三百六十步为里".

［15］　还可以有其他的计算方法。如《元典章》记载"庶人墓田，四面去心各九步，即是四围相去一十八步。按式度地，五尺为步，则是官尺每一向合得四丈五尺，以今俗营造尺论之，即五丈四小尺是也"。这里的元代 1 官尺 = 1.2 营造尺，1 营造尺 ≈0.834 尺 ≈26.333 厘米。以元营造尺进行计算，熙春阁高 220 尺合 57.93 米。元官尺 5 尺为 1 步；1 步 = 5 官尺 = 31.6 厘米 × 5 = 1.58 米。则熙春阁宽四十八步合 72 米，与大安阁遗址实际宽度相差一倍.

［16］　张春长. 元中都考古研究 ［D］. 吉林大学硕士学位论文：51、68.

［17］　参见陈明达. 中国古代木结构建筑技术 ［M］. 北京：文物出版社，1990.

［18］　中国建筑史编写组. 中国建筑史 ［M］. 北京：中国建筑工业出版社，1984：105、96、176.

［19］　同注 ［18］.

［20］　同注［17］.

［21］　同注［18］.

［22］　同注［5］.

［23］　（元）周伯琦. 次韵王师鲁待制史院题壁二首［A］. 近光集（卷一）［M］. 文渊阁《四库全书》别集类.

［24］　同注［1］.

［25］　（元）许有壬. 竹枝十首和继学韵［A］. 至正集（卷二七）［M］. 文渊阁《四库全书》别集类.

［26］　妙济浩、薛增福. 河北曲阳北镇发现定窑瓷器［J］. 文物，1984（5）.

［27］　北京市文物研究所. 北京市房山区金陵遗址的调查与发掘［J］. 文物，2004（2）.

［28］　杨后礼. 江西永新发现元代窖藏瓷器［J］，文物，1983（4）.

An study about the Xichun Pavilion of the North Song Dynasty and the Da'an Pavilion of the Yuan Dynasty

FENG En-xue

The Da'an Pavilion of the Yuan Dynasty was established by the materials which were belonged to the Xichun Pavilion in the Dongjing city of the North Song Dynasty. This article advances that the specifications of the Xichun Pavilion are 69 meters high and more than 72 meters long and broad, wooden structure of 7 storeys (outward appearance 4 storeys and 3 blindstoreys), 5 storeys of eaves, and the first eave was one on top of another. The Da'an Pavilion changed so much that the planimetric shape was square, and there were stone pillars with dragon veins in the basis corners, and we infer that the Da'an Pavilion was a large and tall pavilion of 7 storeys (outward appearance 4 storeys and 3 blindstoreys), which were 36 meters length of a side, and 69 meters high.

考古发掘现场环境突变对出土文物的破坏及应急保护研究

王蕙贞[1,2]　冯　楠[2]　宋迪生[1]

（1. 西北大学，西安，710069；2. 吉林大学边疆考古研究中心，长春，130000）

考古学和文物保护学的研究对象都是具有重要历史、科学和艺术价值的文物。考古发掘现场是考古学者发现并获取文物及文物保护工作者保护文物的联合工作现场和接合面。近年来随着考古事业的不断发展，考古发掘的遗物和遗迹越来越丰富，学术研究也硕果累累。但是，考古发掘出土的文物，由于没有及时进行科学有效的稳定性处理而遭到环境突变带来的严重破坏，甚至是毁灭性的破坏。因此必须充分认识考古发掘现场环境突变对文物破坏的重要性以及考古发掘现场对文物进行应急稳定性处理的重要性和必要性。对发掘出土的遗物和遗迹进行及时的科学有效的稳定性保护处理。力争将文物的实体、历史遗迹及考古发掘现场的各种相关信息全面完整地保存下来，为今后进行全面系统地科学研究提供科学依据。考古发掘现场文物保护是文物保护过程中十分重要的第一步，它的成败，直接影响到后续文物保护工作的质量。

1. 考古发掘现场文物保护的重要意义

（1）考古发掘现场的文物保护是保护和获取文物各种信息的重要手段

考古发掘出土的文物不仅本身带有十分丰富的各种信息，这些珍贵的信息直接关系到文物历史、科学及艺术价值的科学准确评价，而且可全面提供文物保存环境的各种信息，如埋藏环境的温、湿度，出土前及出土后的温湿度及其变化，埋藏环境中与文物直接接触的土壤的酸碱度，水分及溶盐的成分及含量，文物出土时的保存状况等，为后续文物保护提供科学依据。

（2）考古发掘现场的文物保护是防止因环境突变对文物产生严重破坏的应急抢救性保护措施

文物埋藏在地下长期处在一个深埋、无光、缺氧、湿度很大甚至长期浸泡在水中或温湿度基本不变或变化不大的平衡体系中。发掘出土后马上接触一个含氧量丰富，温湿度大幅度，频繁变化，光照特别是紫外光照射，环境中漂浮的大量微生物孢子，昆虫虫卵等与地下埋藏环境完全不同的环境。由于环境突变，会使文物受到严重甚至是毁灭性的损害。为了减少文物在考古发掘现场因环境突变而遭到破坏，必须现场就进行应急的稳定性处理，使其得到及时的科学抢救性保护，才能使文物实体及其所携带的各类信息全面、安全、完整地保存下来。因此应急抢救性保护措施具有十分重要的科学意义和实际应用价值。

（3）考古发掘现场文物保护是"以防为主，防治结合"保护文物的首要场所

考古发掘现场的文物保护，是发掘出土的文物保护的第一步，是影响整个文物保护质量的关键一步。为了防止和减少文物在发掘现场因环境突变而受到破坏，要设法控制发掘现场环境突变，同时还必须对文物及时进行稳定性保护处理，这样"以防为主，防治结合"才能确保出土文物在发掘现场不遭受破坏。

2. 考古发掘现场文物保护的主要任务

（1）尽可能减少因环境突变对考古发掘现场出土文物的破坏

要在保留出土文物资料完整性和不影响后续保护处理及考古研究两大前提下，采取科学、有效、简便、快速的抢救性保护措施，尽可能减少因环境突变对考古发掘现场出土文物的破坏。如从墓葬中发掘出浸泡在水中的漆木竹器类文物，应马上放入水中，以防在空气中快速脱水而发生起翘、变形和开裂。

（2）对考古发掘现场出土的文物进行杀菌、预加固等稳定性处理

因文物在地下埋藏成百上千年，埋藏的土壤及地下水中因污染而带有菌类微生物，出土后应尽快进行杀菌，并进行预加固等稳定性处理，防止出土后菌类生长繁殖及因文物强度太差而在挪动或搬运过程中发生断裂、破裂、粉碎性破坏等，造成无可挽回的损失。

（3）考古发掘现场环境进行全面调查、记录

对考古发掘现场环境必须进行全面认真的调查与记录，如埋藏文物的土样、空气样、溶盐样、浸泡文物的水样，后期取回实验室可以作土壤含水量、土壤 PH 值、溶盐成分及含量、水样的 PH 值、水样及空气中有害成分、微生物等，为文物的科学有效保护与保存提供一些数据和参考。

（4）对考古发掘现出土文物情况的调查、登记

对考古发掘现场出土文物的数量、类别、名称、形状、颜色、保存情况（包括残缺的位置及形状）以及在墓葬中埋藏的层位、深度进行认真、详细的记录。还包括对文物进行的应急保护的操作程序和步骤的文字记录、照相、录像等音像资料。这些调查记录是出土文物保护修复的第一手资料，也是为进一步保护修复文物工作提供借鉴和参考。

3. 考古发掘现场文物保护的特殊性

（1）考古发掘现场出土文物保护是整个文物保护处理的第一步，是直接影响后续文

物保护工作难度和工作质量的关键。

（2）考古发掘现场保护工作条件简陋，不可能对文物的组成成分、腐蚀、锈蚀及风化情况作全面、细致、准确的分析，因而难以对文物进行周全细致的保护，只能作些临时应急抢救性的保护。

（3）考古发掘现场文物保护要为后面进一步保护打下良好而坚实的基础，而不能为后续文物保护带来麻烦，更不能使后面的保护工作无法进行。临时预加固的材料要有可逆性。

4. 考古发掘现场环境突变对文物的危害

（1）发掘现场环境含氧量突增对出土文物的破坏

1）发掘现场因含氧突增对出土有机质文物的危害

发掘现场出土的有机质文物，由几乎无氧墓葬中突然暴露在含氧量丰富的大气环境中，对有机质文物破坏特别严重，氧使纤维素类文物成分中的植物纤维发生光氧化、光敏氧化、光催化氧化而老化、使纤维断裂。使动物纤维丝毛组分蛋白质，脂肪氧化降解、腐烂、粉化；含氧量突增使尸体类文物腐烂的氧化反应迅速进行，各种菌类在尸体内迅速繁殖，导致出土尸体快速腐烂；使由16种氨基酸及胶原蛋白组成的皮革类文物迅速发生类似尸体文物腐烂、硬化、皱裂、变形，甚至粉化；使骨角质象牙类文物中起胶结作用的蛋白，脂肪（占骨质总量30%）发生氧化变质而流失，使骨质糟脆，甚至一触即碎。

2）发掘现场环境含氧量突增对无机质类文物的破坏

一些无机质类文物如铁器、铜器暴露于含氧量突增的环境中时，会使铁器、铜器文物的腐蚀作用加速：

$$4Fe + 3O_2 + 2H_2O \longrightarrow 4FeOOH$$

使铁的锈蚀产物进一步腐蚀：

$$FeS + O_2 \longrightarrow FeSO_4 \xrightarrow[H_2O]{O_2} FeOOH + H_2SO_4$$

生成的硫酸（H_2SO_4）进一步腐蚀铁器：

$2Cu(S) + 1/2O_2 \longrightarrow Cu_2O$ 　　　　$\triangle G°Cu_2O = -146 \cdot 35KJ/mol$

$2Cu(S) + O_2 \longrightarrow 2CuO$ 　　　　　$\triangle G°CuO = -127 \cdot 19KJ/mol$

$Cu_2O + O_2 + H_2O + CO_2 \longrightarrow Cu_2(OH)_2CO_3$

$Cu_2(OH)_2CO_3 + Cu_2O + O_2 + CO_2 + H_2O \longrightarrow 4Cu_3(OH)_2(CO_3)_2$

$Cu_2O + O_2 + H_2O + HCl \longrightarrow Cu_2(OH)_3Cl$（粉状锈）

因此，考古发掘现场出土的铁、铜器应尽快搬离潮湿含氧的发掘现场。

（2）考古发掘现场湿度突变对出土文物的破坏

文物出土会遭遇到湿度的频繁变化，特别刚一出土时湿度的突变，使文物在短时间内发生剧烈变化，甚至毁灭性变化。当文物从高湿的地下环境进入空气中时，它所含的水分向外散发，导致本身的水分减少，如果这种挥发进行太快，就会使内部水分向外扩散不同速，就会导致外层干燥收缩，如果没有进一步采取措施，这些本身脆弱的文物就会起翘、开裂、破碎。而湿度减小的结果则是引起文物如陶器、石质文物内部可溶盐的结晶，水分挥发快时盐分在内部结晶，挥发慢时在外层结晶，这两种情况都会对文物毛细孔隙进行挤压，造成文物机械强度降低，酥碱开裂。

漆木竹器发掘出土由于湿度骤降器物失水太快而导致变形、起翘、开裂；纺织品文物出土后由于水分迅速蒸发而使纤维变脆、不耐折、不耐压，甚至一触即碎；由于环境湿度骤降，使在地下吸水膨胀的纸张迅速失水而发生皱缩，甚至糟朽粉化；使皮革类文物中水分因环境湿度突降迅速蒸发而导致皮革硬化、皱裂、变形、粉化；使骨角质、象牙类文物组织中水分快速蒸发而导致骨角质象牙类文物干裂酥粉；使彩绘陶器因湿度突降而使颜料与陶器之间胶结材料起翘、干裂、剥落而导致颜色脱落掉色；因环境湿度突降而使墓葬壁画地仗层、支撑体中水分迅速向外迁移、蒸发而导致壁画地仗层、画面层空臌剥落，可溶盐随水迁移而在画面层与地仗层之间结晶而导致二者联结力减弱，使地仗层疏松、画面层酥粉；使在地下易锈蚀严重的铁器锈蚀更严重更疏松而呈片状脱落。

（3）考古发掘现场光辐射对出土文物的破坏

光辐射可使刚出土的纤维类文物发生光氧化、光敏氧化、光催化氧化而导致键断裂，使漆木竹品起翘开裂，使纸质、纺织品失水、发黄变脆；使彩绘壁画上颜料发生光化学反应而变色，如：

$$Pb_3O_4 \xrightarrow{H_2O} Pb(OH)_2CO_3 \longrightarrow PbO_2 + CO_2 + H_2O$$

　　　　红色　　　　　　　　　　　　黑色

光辐射会使染料发生化学键断裂或染料分子生色基团发生变化而褪色或颜色完全消失。

（4）考古发掘现场空气中飘浮或尘埃中夹带的有害微生物对出土文物的破坏

有害微生物和有机质文物之间存在着密切的腐生关系，有害微生物以有机质文物为丰富营养基，快速生长繁殖，代谢过程分泌的纤维素酶、淀粉酶、蛋白酶、果胶酶等及主产的几十种霉菌，在酶的作用下使纤维素及蛋白质发生一系列水解作用：

$$(C_6H_{10}O_5)_n + \frac{n}{2}H_2O \xrightarrow{\text{纤维酶}} \frac{n}{2}C_{10}H_{20}O_{10} \xrightarrow{H_2O} nC_6H_{12}O_6 \xrightarrow{O_2} nCO_2 + nH_2O$$

$$蛋白质 + H_2O \xrightarrow{\text{蛋白酶}} 二肽 + 多肽 \xrightarrow[H_2O]{\text{肽酶}} 氨基酸 \xrightarrow[H_2O]{\text{脱氢酶}} 羧酸 + 氨$$

$$脂肪 \xrightarrow[H_2O]{\text{脂肪酶}} 甘油 + 羧酸 \xrightarrow[O_2]{\text{嗜氧微生物}} 乙酸 + 甲基酮$$

菌孢子一旦降落并附着于壁画及彩绘陶器上，就会迅速繁殖，分泌的代谢产物有机酸及酶，分解壁画地仗层中的麻、棉、草及颜料层中的动植物胶，使壁画空臌、颜料层剥落酥粉。霉菌繁殖还会遮盖彩绘图案。

锈蚀严重的铁器粗糙、疏松、多孔道、皱纹，很容易吸附空气中带菌尘埃和水汽，菌类代谢产物有机酸腐蚀铁器，铁细菌、硫细菌、硫酸盐还原菌对铁器腐蚀更厉害，使铁发生下列一系列腐蚀反应：

$$Fe \longrightarrow Fe^{2+} + 2e \qquad 2H^+ + 2e \longrightarrow H_2$$

$$Fe + SO_4^{2-} + 2H_2O \longrightarrow \qquad FeS + 2FeOOH + 2OH^-$$

尸体类文物一出土，菌孢子附着于尸体上以尸体中的蛋白质、脂肪作为营养、迅速繁殖，代谢过程分泌的有机酶加速尸体中蛋白质脂肪水解、降解，使尸体迅速腐烂。所以尸体一旦出土应立即放入高效、广谱的防腐防霉剂溶液中妥善保存。

综上所述，可清楚看出，考古发掘现场出土文物因环境突变而受的破坏是多方面的、普遍的、严重的，有时可能是毁灭性的，因此，考古发掘现场应做好一切应急处理的准备，确保文物安全。

5. 考古发掘现场文物采集时的稳定性处理

（1）考古发掘现出土饱水漆木竹器保湿防霉腐稳定性处理

为防止发掘现场出土饱水漆木竹器因湿度突降迅速失水而导致收缩变形、开裂，可在提取前用喷洒过杀菌防霉剂水溶液的麻袋包盖，如果器物较小，可制作保湿、防光、防霉、防虫的小环境保存。为了防止木质中铁离子污染使文物变色，出土后用去离子水或8%的六偏磷酸钠 $Na_2[Na_4(PO_3)_6]$ 浸泡、络合、抽提、清洗除去木质中的铁离子。

（2）考古发掘现场出土纺织品文物的稳定性处理

干燥环境中出土完好的纺织品文物，取出后应该放在避光、有防虫剂、干燥的密闭容器中保存，而潮湿环境中出土糟朽的纺织品文物，应及时整体避光提取并转移，若出土时飘浮在棺液中的织物，应用纱网小心托捞，移回室内缓慢干燥。

（3）考古发掘现场出土纸质文物的稳定性处理

考古发掘现场出土的纸质文物稳定性处理的关键是现场保湿，防止失水皱折、断裂、粉化，对于在现场难以清理的，可整体提取，保湿，避光运回文物保护实验室小心细致处理。

（4）考古发掘现场出土皮革类文物的稳定性处理

皮革文物一出土就会很快硬化皱裂，如环境潮湿又会很快发霉变质，因此出土皮革类文物应喷洒0.03%"霉敌"水溶液后尽快封存，避光保存，或用甘油、液蜡等将其封护保存。

（5）考古发掘现场出土骨角质象牙类文物的稳定性处理

表面看似完整而又一触即碎的骨角质象牙类文物，提取前予加固，然后再整体提取后清理，予加固剂可逆性要好，以便提取回实验室清理修复时黏在文物上的泥土时能用溶剂软化后除去；干燥而极其脆弱的骨角质一出土，可用 5% 聚乙烯醇缩丁乙醛溶液用软毛刷接触渗吸加固，也可用 3% 聚甲基丙烯酸甲酯接触渗吸加固；出土极其脆弱而又潮湿的骨角质象牙类文物，用 10% WD—10 有机硅醇溶液进行稳定性处理。因乙醇可与潮湿骨角质象牙器中水分相溶，WD—10 渗入器物组织细胞隙时，形成"倒漏斗形"结构，使潮湿器物中水分可移出，而外界水及有害气体不能进入。操作时先用 10% WD—10 乙醇溶液接触渗吸加固，再用此溶液涂刷两遍予以封护。

（6）考古发掘现场出土的尸体类文物的稳定性处理

考古发掘现场出土的干尸应尽快消毒杀菌，置于干燥处密封保存。而出土的鲜尸应尽快放入高效、广谱、低毒的杀菌防腐防霉剂"霉敌" 0.03% 水溶液中保存，可保持尸体不变色、皮肤不皱、肌肉有弹性。处理简便，不需取出内脏大脑，而使尸体文物完整保存。

（7）考古发掘现场出土彩绘陶器的稳定性处理

出土时先用黑色软塑料布连同黏附在彩陶上的湿泥土一起包住提取，保持湿度，提取出来后以 8%—10% WD—10 酒精溶液用注射器穿过湿泥层对彩绘层颜料予加固。

（8）考古发掘现场出土铁器的稳定性处理

考古发掘现场一旦出土铁器，应尽快提取并离开潮湿而富氧的现场，否则下列腐蚀反应加快进行：

$$4Fe + 3O_2 + 2H_2O \longrightarrow 4FeOOH$$

铁器提取离开发掘现场迅速进行干燥处理后，放在一个真空干燥器中，使铁器处在一无氧、无水、无有害气体、无灰尘的安全环境中保证它不再生锈。

（9）考古发掘现场出土青铜器的稳定性处理

青铜器出土后应尽快提取离开潮湿富氧的发掘现场，尽快剔除附在青铜器表面潮湿且含有酸碱物质及可溶盐的泥土，干燥后放在有干燥剂的容器待进一步保护修复处理。如果仅仅贪图方便就将出土青铜器放在发掘现场或临时搭建的潮湿库房里，对青铜器是很有害的，将会加剧青铜器的腐蚀过程。

6. 考古发掘现场文物出土时环境控制

文物在考古发掘中经历了从地下较稳定的平衡体系到出土后环境的突变这个突变过程中，各类文物均发生不同程度的病变。控制发掘现场环境，将因环境突变使文物受到的损害降到最小。发掘现场环境控制应从湿度控制，微生防疫，灰尘及有害气体预防来着手。

（1）考古发掘现场湿度的控制

湿度突变对文物造成的危害在前面已谈过了。这里主要讨论湿度控制。

发掘现场湿度太小时，可用湿布、湿麻袋覆盖、包裹文物，或放在保湿或加湿的容器中，保持文物一定的含水率，或向文物喷洒含杀菌防霉剂的水溶液，既可保湿又能防霉。

如湿度过大，这主要来自降雨，墓葬遗址过深时活动的地下水和空气中水分。考古发掘现场一般采取搭保护大棚用来防降水。地下水可采取在墓室边缘开排水沟坑，将排出之水及时吸除。空气中水分采取通风排湿，控制排风速度，排风时间和排风量，更换或去除吸湿剂，或增减吸湿剂用量，或延长或缩短吸湿时间来控制发掘现场湿度。

（2）考古发掘现场紫外光的控制

在考古发掘现场搭建保护大棚，在棚布上涂紫线吸收剂，没有建保护棚时，应用防紫外线的遮阳伞消除紫外线对文物的危害。

（3）考古发掘现场空气污染的控制

应作好保护大棚防空气污染的密闭性处理，在保护大棚安装有害气体吸收过滤网，对进入发掘现场的空气中的有害气体、灰尘、悬浮颗粒进行净化处理，也可在发掘现场放置上面带孔的木箱，内装块状生石灰，以吸收发掘现场空气中的有害气体，吸收原理如下列反应式以示：

$$NO_2 \qquad\qquad Ca(NO_3)_2$$
$$SO_2 \qquad\qquad CaSO_3 \xrightarrow{O_2} CaSO_4$$
$$CaO + CO_2 \longrightarrow CaCO_3$$
生石灰
$$HCl \qquad\qquad CaCl_2$$
$$Cl_2 + H_2O \qquad CaCl_2 + Ca(OCl)_2$$
$$H_2S \qquad\qquad CaS \downarrow$$

7. 考古发掘现场出土文物的采集

（1）考古发掘现场文物采集的基本原则

1）采集样品的工具，装样品的器具必须洁净，不能使样品受到任何污染。

2）采样必须确保文物安全，不影响文物文饰，图案，颜色的原则下，尽量选择残器、残片或破损器物不被注意的部位小心采样。

3）必须明确采样的层位，环境以及共存遗物的情况。

4）采样必须精心操作，在满足考古及文物保护研究需要的原则下，取尽量少的样品。

（2）考古发掘现场采集的基本内容

1）采集文物样品主要采集颜料、漆片、织物、金属饰品锈蚀产物、粮食、食品、器物上的附着物，沉积物等以研究文物的组成、结构、性质、埋藏过程发生的变化等。

2）采集发掘现场的环境样品，采集发掘现场环境中直接接触和影响文物的各种环境因素。如环境中水样、土样、空气样、溶盐样、菌样。

（3）考古发掘现场采样的保管

1）考古发掘现场采样必须清楚标明采样名称，采样地点、部位。

2）采样必须严格科学保管，避免任何外界因素的干扰，确保样品分析结果的真实性、科学性、可靠性。

3）考古发掘现采集的菌类样品的保管。考古发掘现场采集的菌类样品，首先必须在适当的温湿度条件下保证菌类活着，以便进行科学培养、分离、鉴定。严防外来菌种的污染，影响菌类鉴定的科学性、真实性。

8. 考古发掘现场出土文物的提取

（1）考古发掘现场出土文物提取前必须考虑的问题

1）提取前必须了解文物的强度，提取前是否需要做一些补强处理。

2）必须全面考虑文物提取过程中因环境突变可能出现的问题及采取的应急措施。

3）必须考虑好提取的方法及提取时所需的器材工具、容器及出现特殊情况时的应急处理方法。

4）要考虑文物提取过程中文物及环境信息的捕捉。

5）考虑发掘现场文物提取过程中的搬拿。

文物提取搬拿时必须戴经过杀菌消毒处理的手套；采取科学搬拿方法轻取轻放，根据出土文物的类别、强度、形体、重量、埋藏情况等采取适合的提取方法。

（2）考古发掘现场文物的提取方法

1）强度好体积小的文物的提取

强度好体积小的金、银、铜等金属文物或瓷器、玉器等文物，提取时先将器物及一层埋藏环境的包裹物与埋藏环境的泥土、沙石等分离后，双手牢牢捧起离开原埋藏位置，放在平稳安全之处。

2）强度较好体积较大的文物的提取

强度较好体积较大的文物如铜器、瓷器、陶器、石质文物等提取时，先将器物与埋藏环境的包裹物分离，然后一手托底，另一手扶持器物，或双手捧着器物中下部，小心捧着离开原埋藏位置。如需多人协作提取时，可以每人一手托底，另一手扶持，一起抬起，小心移开原埋藏位置。

3）非常脆弱或复杂迹象文物的提取方法

① 箱取法　将欲提取的脆弱文物与周围埋土分开，然后从分割时四周开宽深 20～30 厘米的沟套上木箱，然后将底部掏空，将文物剥离出来。

② 插板法提取　将具有一定硬度和韧度的薄金属板或塑料板，插入欲提取文物下

的土中，将文物整体取出，为了插入方便顺利，插入板向土一方制成比较锋利的刀刃状。

③ 托网法提取　欲提取的文物不在一个平面上，或下面还有文物，按文物的形状，逐一插入细铁丝，最后将这些铁丝编结在外围粗铁丝上形成网状，将网启起则可托起欲提取的文物。

④ 木匣插取法　对于非常脆弱的小件文物可制作一个四面如簸箕状的木匣，当将欲提取文物下垫土四周挖掉后，用一块前两边为弧状的白铁皮，从土根部平插切入，当承托文物的整块土与地下脱开时，抽出铁皮插板，将木匣的簸箕沿逐渐插进去，或直接用铁皮托取放入木匣，然后用石膏封固拧上盖板。

⑤ 石膏托固法　考古发掘现场出土非常脆弱的文物可盖上封土，铺上塑料薄膜，用石膏拌麻线将其糊成半个蚌壳状，将文物底部插切取下后翻过来去除多余土，覆盖塑料薄膜，再用石膏拌麻丝糊成另一半蚌壳状，然后安全运回室内清理。

4）考古发掘现场大的片状文物的提取。

考古发掘现场大的片状文物主要是墓葬壁画。由于墓葬壁画类型复杂，强度不同，因而揭取的方法也不同，有整体迁移法，部分揭取法和画面迁移法。

① 整体迁移法　当墓葬壁画的画面层、地仗层和支撑体墓壁都结合比较牢固，而且壁画画面层机械强度也比较好时，可将整个壁画与墙体一起切割下来，全部搬走。

② 部分揭取法　对于画面层和地仗层之间黏合牢固，且强度较好的壁画，将画面层与地仗层一起揭取下来，揭取前采取有效加固措施，使画面层与地仗层牢固结合成一个整体。画面层也应予加固，以保护画面层。墓葬壁画若太潮湿，应烘干后再加固。画面上有裂纹应用纸条或布条贴布加固。若残缺较大，较深，应用原制作壁画的泥土加合成树脂溶液，调成糊状填充进去后，再贴布加固。

③ 画面迁移法　壁画无地仗层或画面层与地仗层之间黏合不牢固，可揭取画面层。画面层揭取的主要方法有：

a. 拆取法：将画面用托板托住后，在墙身外面拆除墙体支撑结构（砖块或土坯），自上而下逐层拆除，每隔 50～70 厘米加上挡板，当墙体拆除到底边时，迅速将托板连同壁画地仗一起向内推倒，平放在托板上，此法简单可行。

b. 锯取法：用细而长的锯条将画面连同地仗层锯开，使画面脱离原来的墙体，操作时先放好托板，并用纱布将画面与托板固牢，以防脱开，由下而上地锯，以避免滑脱及锯下来的泥土堆积画面背后而将画面膨破，在锯上下边的同时，迅速将托板连同锯下的壁画推倒平放在地下。

c. 震取法：此法与锯取法大致相同，当地仗层与支撑体之间结合比较牢固不易锯开时，采用震动法。用钻子从壁画地仗层一端打入到泥层中间去，使周围灰泥层受到钻打强烈震动而与墙体分离开来。

d. 撬取法：壁画出现大面积空臌时，采用撬取法比较安全。先用带木柄的平铲，从壁画的背后插入到地仗层与墙体脱离的空隙中，自上而下轻轻撬动，直到地仗层和墙体全部脱开，把壁画揭取下来。

e. 套取法：先作一个与画面尺寸大小相同的木箱，在箱底垫上棉花或软纸，然后在画面四周挖槽，将木箱套上去，直挖到木箱底挨紧画面，再将壁画与墙挖断，壁画装入木箱，取下木箱，使画面向下，在背面加盖后，用夹棍绞绑后，将画面向上，即可运输。

④ 画面层的揭取方法　画面层与地仗层之间黏结力较小及不带地仗层的壁画，可用此法揭取。揭取前画面先去污，若画过湿时，先进行人工烘干，再用 5% 的聚乙烯醇缩丁醛乙醇溶液作加固剂，先在画面上涂胶贴布，一定要贴平，不能留气泡，待第一层干后贴第二层布，贴第二层胶应稍稀，以防布的编织纹在画面留下印痕，可用棉布或麻布贴布，若画面不大也可用纱布。

当画面贴布干燥后开始揭取，先用解剖刀紧贴壁画背面的墙壁进行切割，使画面与支撑部分剥离开来，然后仔细铲除残留在画面背后的灰泥，用丙烯酸酯类材料喷雾或涂刷加固画面层背部，背面加固材料应与正面加固材料不同，最好是互不干扰的材料。

画面背面的底衬，一般用棉花和合成黏合剂溶液作成。国外也有人用帆布或金属网作成，也有人用水泥和石棉混合物压制的薄片制得。还有用涂蜡的防水木质纤维板做成。这样的底层实际上起着壁画地仗层的作用。国外近来发展了一种用干燥黏合剂揭取壁画的新技术。干燥黏合剂的配方：

纯松节油（两分）+ 浓丙烯酸树脂溶液（三分）+ 黏稠克赛因胶（一分）+ 穗状花

油 + 大量钛白粉 $\xrightarrow{\text{搅拌}}$ 用精馏松节油调匀

得到黏度相当高的混合物，来提取较厚的画面层。此法之优点是不会弄湿画面，不会伤害画面，不会使画面变暗、颜色褪色，也不会污染画面或出现亮点，特别适合保护画面比较脆弱的壁画。由于壁画揭取工作十分复杂，难度大、步骤多，稍有不当，都会给壁画带来危害，因此，有条件现场保护，就尽量不揭取，只有当现场条件不好，无法保存，又无法改变条件的情况下，才采取揭取迁移的方法。

9. 结束语

考古现场发掘过程中，不要操之过急，针对不同质地不同种类的文物，都要力求保持文物最佳状态，不能放弃任何可以获取到的信息来源。田野工作中的工作人员也应该认识到考古现场发掘中渗入文物保护的概念的重要性和必要性，掌握操作的基本技能，形成一套规范合理的操作程序，使文物在后期得到全方位的保护，并且为日后进一步的文物保护提供必备的前提条件。

参 考 书 目

李最雄：《丝绸之路土遗址保护》. 北京：科学出版社，2003 年.

宋迪生等编：《文物与化学》. 成都：四川教育出版社，1992 年.

王蕙贞：《文物保护材料学》. 西安：西北大学出版社，1985 年.

The damage of buried objects by environmental abrupt change on the excavation field and the urgent conservation research

WANG Hui-zhen   FENG Nan   SONG Di-sheng

With the development of archaeology，the excavation of multitudes of burial objects，It is a very important subject that how to treat and protect this historical remains. Based on the research of destroy mechanism caused by surrounding elements，this paper introduce some methods of treating different historical remains on the excavation field.

中国乌银工艺的首次发现和初步研究

崔剑锋[1] 刘　爽[1,2] 魏　东[2] 吴小红[1]

（1. 北京大学考古文博学院，北京，100871；2. 吉林大学边疆考古研究中心，
长春，130012）

一、引　言

本文研究的标本出土于重庆市奉节县宝塔坪墓群中墓葬编号为 01FBIM1006 的一座唐代墓葬之中。在该墓墓主人头部有一由两侧顶骨经翼区至下颌，环绕颅骨一周的金属圈。该金属圈下颌部位稍宽，其余部分细长平直，表面通体覆盖蓝绿色锈蚀产物，已残损断裂为数段（图一）。发掘者将其命名为下颌托，编号为 01FBIM1006：3。

图一　重庆市奉节县宝塔坪唐墓墓主人颅骨及金属圈

为了明确该金属圈的合金成分及制作工艺，吉林大学边疆考古研究中心取极小量样品送至北京大学考古文博学院科技考古实验室对其进行了显微结构和成分分析（表一）。

表一　样品描述

实验室编号	原编号	名称	出土地点	时代
LS-XHT	01FBIM1006：3	金属片	重庆市奉节县宝塔坪墓地	唐

二、样品描述和分析方法

从金属表面蓝绿色锈蚀情况看，易让观察者认为其材质为铜质，但在对其表面进行清理打磨时，锈壳成片状剥落，露出里面银白色金属基体。使用盐酸和硝酸加热溶解时，有大量的白色沉淀生成。由此我们初步判断，金属成分里可能含银。为了确证这一点，我们对该样品采用金相显微观察和扫描电镜观察以及外接能谱成分分析的方法进行了检测。

其中金相观察分析方法如下：样品使用酚醛树脂镶嵌，金相砂纸打磨至 1000 目，金相抛光机抛光，在 Leica3000 型金相显微镜上观察并拍照。浸蚀剂分别使用了三氯化铁盐酸酒精和硫酸重铬酸钾氯化钠水溶液。

扫描电镜观察方法如下：在中国文化遗产研究院，使用 Hitachi S-3600N 扫描电子显微镜，分析电压为 20KV；美国 EDAX 公司 Genesis 2000XMS 型 X 射线能谱仪。选取典型位置进行观察并拍照，并使用其外接能谱进行各部分的无标样定量（ZAF）成分分析。

三、分　析　结　果

1. 金相观察结果

金属片的显微观察结果参见图二。从图二·1 中可以看到金属片基体存在严重的织构组织，据此说明这件金属片是使用冷加工而成的。需要指出的是，部分基体的表面出现了分层翘曲的现象，参见图二·2，这说明该金属片可能并非一次锻成，而很可能是经过多次折叠锻打成型，这和宏观观察结果显示的该金属片极易分层脱落的结果相符合。图二·3 为该器物的暗场照片，据此可以判断，其表面的锈蚀产物为较典型的铜的腐蚀产物，包括绿色的孔雀石、蓝色的蓝铜矿和暗红色的赤铜矿，证明该器物的合金元素中很可能含铜。

令人感兴趣的是，如图二·1 所示，在器物的上下表面，锈层和金属基体之间，都有一层厚薄均匀边界平直的蓝灰色薄层，该层和基体分界明显。从图二·2 可以看出，基体的锈蚀产物将这一层顶起，说明该层可能并非埋藏生出的锈层，而很有可能是人为的镀层。

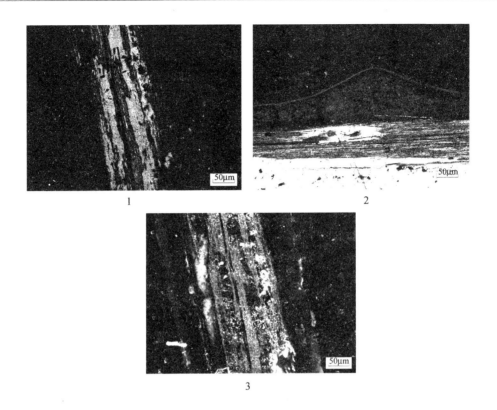

图二　金属片的金相和偏光观察结果

2. 扫描电镜观察结果

为了确知该金属片的合金组成，对其进行了电镜观察和外接能谱分析。图三为扫描电镜背散射电子照片。由于背散射照片的明暗对比反映了各区域之间原子序数的差别，因此从图三中可以更清楚地看到表面层和基体的不连续，以及各部分的成分差异。按照照片中从上至下的顺序，每层分别选择特定区域进行了能谱面扫描，分析其各自的成分，结果参见表二，分析顺序号见图三。

表二　基体成分 SEM-EDS 分析结果

顺序号	Ag（%）	Cu（%）	S（%）	Au（%）	Cl（%）	O（%）
A	2.21	64.50				33.30
B	4.26	62.18	0.56		0.97	32.30
C	74.10	5.16	0.90		11.18	7.93
D	92.32	4.15		1.74	0.60	
E	92.16	4.22		1.65	0.80	
F	56.60	26.80	2.39	2.94	9.84	大量
G		66.13				33.87

注：C、D、E、F 还分析到极少量的 Al、Mg 等元素，而 F 点还有较多量的氧。

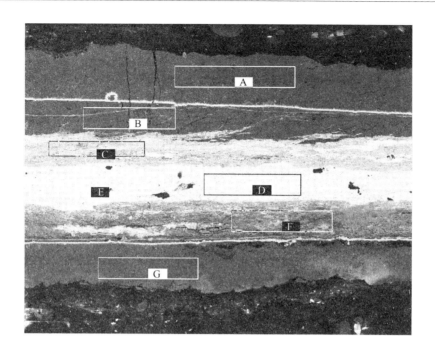

图三　银片基体扫描电镜背散射照片

能谱的分析结果表明，这件金属片为含少量铜、金的银质残片（参见 D、E 两点的分析结果）。平均成分为 Ag：92.24%，Cu：4.19%，Au：1.7%。其中所含有的金和铜应为银中所含的杂质元素。

最表面一层（A、G）为铜的锈蚀产物，分析结果显示氧和铜的原子比接近 2：1 左右，和孔雀石或者蓝铜矿（$Cu_2CO_3(OH)_2$）的比例近似，由此表明的表面锈蚀产物和金相观察的情况一样，为孔雀石和蓝铜矿。

此外，基体内部靠近外表面的地方也发生了腐蚀，成分分析的结果（参见 C、F 两点的分析结果）表明腐蚀产物主要为氯化银—角银矿。

对锈层和金属基体之间的镀层还进行了局部放大观察分析，扫描电镜照片参见图四。根据金相图中标尺测量，这两层的厚度为 20 微米左右，厚度十分均一，涂层也相当平直。用能谱分析了该层的主要成分，分析结果见表三，共分析了两个区域，分析顺序号如图中所作标记。

表三　表面涂层 SEM-EDS 分析结果

顺序号	Ag（wt%）	Cu（wt%）	S（wt%）
A	85.68	3.87	9.59
B	81.35	7.86	10.07

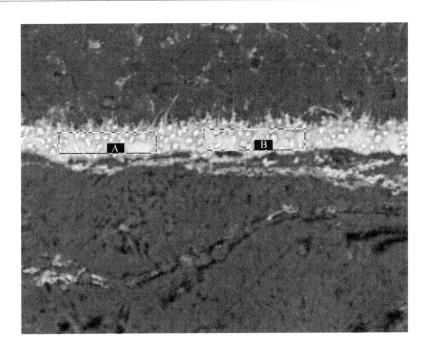

图四　金属片表面层扫描电镜背散射照片

分析结果显示，这一层以银的硫化物为主，同时还兼有少量的铜的硫化物。根据原子比计算以 Ag:S 为 1:2 和 Cu:S 比为 1:1 计算，其中似仍应有少量的金属银。该层物质的确切分子结构需要对其进行 X 射线衍射方能确定。但基本结果是可以肯定的，就是金属片所涂敷的表面层为 Ag 和 Cu 的硫化物的混合物。

综上分析，宝塔坪墓地唐墓所出的这件金属片质地为银质。银片纯度可达 92% 以上，所含杂质元素主要为铜和金，经过锻打成型，同时该器物的表面具有一层银和铜硫化物的混合物涂层。

四、讨　　论

根据黄盛璋先生的总结[1]，我国银的生产可追溯到公元前 2000 年前甘肃的火烧沟文化，该文化曾出土银鼻环和银耳环。春秋战国时期大量的错银、鎏银铜器的发现，说明这一时期银主要用来做铜器表面的装饰材料。战国时期的中原地区开始出现较多的银器，如平山战国中山王墓、洛阳金村东周墓、洛阳中州路战国车马坑等。此外，巴蜀文化在此时亦有大量使用金银器的迹象。而大约从战国晚期开始，银开始作为货币进入流通领域，属于这个时期的河南扶沟古城村出土了银质布币。唐代是金银工艺大发展的时期，其制作工艺达到了古代金银制作工艺的巅峰。到目前为止，已经发现了数量众多、种类丰富、制作精美的金银器物，如著名的陕西西安市郊何家村窖藏、陕西扶风县法门寺地宫塔基遗址以及江苏丹徒县丁卯桥窖藏遗址等[2]。

宝塔坪墓地这件银器的发现，再次证明了唐代拥有发达的银器制作工艺。根据齐东方先生的总结，认为唐代银器的制作工艺主要有铸造、捶揲、刻镂以及焊缀等[3]。宝塔坪墓地这件银片使用捶揲工艺捶锻成型。这种成型方式正是唐代金银器制作的主要工艺手段之一。

根据对何家村窖藏出土的灰白色金属渣块的化学成分分析，有学者认为它们都是灰吹法提银时的炼渣，并据此推测唐代我国已经广泛使用灰吹法提炼银[4]。灰吹法主要依据银在铅中的溶解度极高的原理，利用铅将银精矿中的银提出，然后将铅氧化为密陀僧后，银就被提炼出来了[5]。这种方法可得到纯度十分高的银，如何家村窖藏出土的一些银器，根据分析，纯度可达98%以上，齐东方先生认为它们可能是使用灰吹法提炼的结果。但宝塔坪墓地银器中铜的含量达到5%左右，而没有检测到铅，据此我们认为这件银器中的银并非使用灰吹法提炼。此前经过成分分析的我国早期的银器，大都含有较多量的铜。如孙淑云先生分析的西汉南越王墓出土的银器[6]和晋宁石寨山出土的银器[7]等。值得关注的是，这些早期的银器多检测不到铅的存在，由此或许可以说明，我国早期提炼银的方法可能并不是灰吹法，而是直接冶炼铜银共生矿。

宝塔坪墓地银器最令人感兴趣的是，在其表面涂敷了银和铜的硫化物。这种在银器表面镶嵌或者涂敷银、铜、铅的硫化物的工艺被西方学者称之为"乌银"（Niello）工艺，相应的这种硫化物被称为乌银。类似的工艺兴起于古罗马时期，到了中世纪特别是波斯萨珊王朝时期，乌银工艺成为银器表面装饰的主要工艺手法之一，其主要功用类似珐琅。由于乌银的黑色和银器的银白色可形成鲜明的颜色对比，因此可以在银器的表面形成黑白相间的装饰效果[8]。通常制作乌银工艺的步骤为先在银器表面錾刻花纹，然后将乌银粉末倒入花纹凹槽，最后加热使之熔解后黏附在银器的表面。亦有一些情况是在器物的表面直接喷涂乌银材料，如大英博物馆收藏的一件属于公元1世纪的罗马皇帝尼禄（Nero）的青铜雕像[9]。乌银的制作工艺在西方的古代文献中有大量记载，D. A. Scott曾有详细的文献综述[10]。

在我国古代的银器表面是否存在类似的镶嵌、涂覆工艺，一直未被研究者所关注。通常认为，银器表面发黑的部分主要是由于氧化腐蚀形成的，所以很多情况下银器表面的乌银很有可能在未进行科学分析的情况下，被当作银器的锈蚀产物去除掉了。唐代所发现的大量银器都和西方文化密切相关，齐东方先生将之划分为粟特系统、萨珊系统和罗马—拜占庭系统[11]。而这个时期正是乌银工艺在西方广泛流行的时期，很自然会随着西方金银器的输入而进入中国。从发表的一些器物照片看，许多表面装饰了花纹的唐代金银器很可能使用了乌银工艺。这提醒我们在今后进行银器制作工艺研究时，应该加强对此类问题的关注。

宝塔坪唐墓的这件银器，从金相观察结果看，似乎整个银器的表面都涂覆了乌银，而不是刻出纹饰后镶嵌进去的。乌银的成分显示银的含量明显过剩，说明该乌银的制作方法很可能是通过银粉和硫黄粉共同发生反应形成，银粉过量而硫黄粉反应完全。需要指出的是，由于锈蚀严重和分析样品的数量较少，该器物表面纹饰的整体情况目前尚不清楚，因此该器物为何会使用乌银工艺也无法进行更深入的讨论。

这件银器是目前我国发现的唯一一件有科学依据的表面使用了乌银工艺的银器。它的发现，说明唐朝的工匠可能从当时的西方学习了更多的金银器制作工艺和表面装饰技法，由此也证明大唐盛世中西方文化交流的广泛和深入。

五、结　　论

综上所述，重庆市宝塔坪墓地出土的位于墓主人颅骨部位的金属圈残片为银质残片，该器物使用捶揲工艺冷锻而成，同时，该器物表面使用了喷涂乌银的工艺，是中国境内首次乌银工艺的发现，充分体现出我国大唐盛世中西方文化交流的广泛和深入。

致谢：北京大学考古文博学院陈建立副教授和中国文化遗产研究院张治国先生在实验分析方面给予了热情的帮助，在此深表谢忱。

注　　释

［1］　黄盛璋. 论中国早期（铜铁以外）的金属工艺［J］. 考古学报，1996（2）.

［2］　齐东方. 唐代金银器研究［M］. 北京：中国社会科学出版社，1999.

［3］　同注［2］.

［4］　一冰. 唐代冶银术初探［J］. 文物，1972（6）. 需要指出的是，在这块氧化铅渣块中，仅有 0.003% 的银，这种银含量即使和文章列举的现代灰吹法渣块都明显的偏低很多.

［5］　韩汝玢，柯俊编. 中国科学技术史·冶金卷［M］. 北京：科学出版社，2007.

［6］　孙淑云. 西汉南越王墓出土铜器、银器及铅器鉴定报告［A］. 见柯俊等编：中国冶金史·第二集［C］. 北京科技大学学报增刊，1994.

［7］　李晓岑，韩汝玢，蒋志龙. 云南晋宁石寨山出土金属器的分析和研究［J］. 文物，2004（11）.

［8］　Moss, A. A. Niello［J］. *Studies in Conservation*, Vol. 1, No. 2.（Jun., 1953）.

［9］　Oddy W. A. Bimson M. Niece S. La. The composition of Niello decoration on gold, silver and bronze in the antique and mediaeval periods［J］. *Studies in Conservation*, Vol. 28, No. 1. 1983.

［10］　David A. Scott *Copper and Bronze in Art*［M］. The Getty Conservation Institute, 2000.

［11］　齐东方. 唐代金银器研究［M］. 北京：中国社会科学出版社，1999.

The first discovery and elementary research of niello in China

CUI Jian-feng   LIU Shuang   WEI Dong   WU Xiao-hong

A metal fragment of Tang Dynasty unearthed from Baotaping Cemetery in Fengjie County is analyzed by metallographic microscope and SEM-EDS。The results indicate that it is a silver fragment with some copper and gold as impurities. It was cold forged to shape and it was painted on surface by niello. This fragment reflects widely culture and technological communication between Tang Dynasty and the Western World.

内蒙古林西县井沟子西区墓地人骨的
稳定同位素分析

张全超[1]　Jacqueline T. ENG[2]　王立新[1]　塔　拉[3]

（1. 吉林大学边疆考古研究中心，长春，130012；2. 麻省州立大学，美国
马萨诸塞，100071；3. 内蒙古自治区文物考古研究所，呼和浩特，010011）

井沟子遗址位于内蒙古林西县双井店乡敖包吐村井沟子自然村北，西北距林西县政府所在地林西镇约 40 公里，南距西拉木伦河 8 公里。遗址坐落于一条西北高、东南低的向阳坡岗上，背依高山，俯临河川。2002～2003 年，吉林大学边疆考古研究中心与内蒙古文物考古研究所联合对该遗址西区墓地进行了两个季度的抢救性考古发掘，共清理墓葬 58 座、灰坑 9 座。从出土遗物看，以这 58 座墓葬为代表的遗存文化面貌十分独特，年代大致在春秋晚期至战国前期。其反映的文化内涵与夏家店上层文化相比，已有本质的区别，与主要分布于老哈河流域，年代与之大体相当的水泉文化相比，亦有很大差异。它很可能代表了继夏家店上层文化之后以西拉木伦河流域为分布重心的一种新的青铜文化类型，可称为井沟子类型[1]。该墓地的发掘对于综合考察内蒙古东南部地区的早期游牧文化及其形成机制，继续探寻东胡族的相关考古学遗存都具有非常重要的意义。

近几十年来，古代人群的食谱研究已经成为科技考古学的一个重要组成部分，也是当前国际科技考古学研究领域的一项前沿性课题。重建古代食谱的有效方法通常是利用人类骨骼的化学元素分析（包括稳定同位素分析和微量元素分析）。其中利用古代居民骨骼和牙齿进行稳定同位素分析的方法已经成为这项研究的一个十分有效的途径，对全面科学地复原与重建古代社会具有重要的启示作用。本文通过对井沟子遗址西区墓地出土人骨中 C、N 同位素比值的测定，初步探讨了该墓地古代居民的饮食结构，为进一步分析井沟子类型的经济形态与居民的生产和生活方式提供了重要的科学依据。

一、实验仪器及过程

1. 仪器

同位素比值测定仪器：Thermo Finnigan 公司的 DELTA plus 型同位素比值质谱仪

（isotope-ratio mass spectrometers，IRMS），同位素制备系统：Thermo Electron SPA 公司的 FLASH EA 1112 型元素分析仪。

2. 试剂

硝酸、盐酸均为优级纯。实验过程中所使用的玻璃仪器均经 10% 硝酸浸泡 24 小时后，用蒸馏水冲洗，干燥备用。实验用水均为二次去离子水。

3. 标准物质

利用国际原子能机构的稳定同位素 NBS-22（[13]C 同位素标准物质，[13]C 值为—29.7）、和 IEAE-N-1（N 同位素标准物质，$\delta^{15}N$ 值为 +0.4）标准物质标定 CO_2 和 N_2 钢瓶气，以标定的钢瓶气作为标准气体，测定骨胶原 C、N 同位素 δ 值。

4. 骨胶原的制备

选取股骨骨干中段锯取约 3 立方厘米作样品，先用无菌刀片和毛刷去除骨样表面污垢，清洗骨样，在研钵中磨碎，过筛，收集 0.25 ~ 0.5 毫米的粉末骨样。在天平上称取一定质量的粉末骨样，倒入事先放有玻璃丝的杀青漏斗中，使骨样较为均匀地分布于玻璃丝上。加入 0.2MHCl 进行脱钙，大约 3 天左右，每隔一天换一次溶液，直到漏斗中看不到颗粒为止。换用蒸馏水洗至中性。再加入 0.125MNaOH，室温放置 20 小时，期间搅拌以除去骨样中掺杂的腐殖酸等。用蒸馏水洗至中性后，在 0.001MHCl（PH = 3）95℃ 浸泡 10 小时，趁热过滤，烘至近干后冷冻干燥，收集明胶化的骨胶原。

5. 样品的测试

利用锡箔杯将骨胶原包好，放在自动进样器内，通过自动进样器将样品送到元素分析仪氧化炉燃烧（1020℃），所释放出的 NO_2 和 CO_2 通过还原炉还原（650℃），经色谱柱分离、纯化后进入 DELTA plus 型同位素比值质谱仪（isotope-ratio mass spectrometers，IRMS）测定 C 和 N 的稳定同位素比值。C 和 N 均以标定的钢瓶气为标准，用 IAEA-N-1 标定氮钢瓶气（以空气为基准），用 USGS 24 标定碳钢瓶气（以 PDB 为基准），同时与相关单位进行横向校正。C 同位素的分析精度为 0.11‰，N 同位素的分析精度为 0.12‰。C 和 N 稳定同位素比值的计算公式为：

$$\delta^{13}C = \left\{ \frac{[(^{13}C/^{12}C)_{sample} - (^{13}C/^{12}C)_{standard}]}{(^{13}C/^{12}C)_{standard}} \right\} \times 1000\%$$

$$\delta^{15}N = \left\{ \frac{[(^{15}N/^{14}N)_{sample} - (^{15}N/^{14}N)_{standard}]}{(^{15}N/^{14}N)_{standard}} \right\} \times 1000\%$$

6. 数据的统计分析

统计分析采用美国社会统计软件 SPSS11.5。

二、结果与分析

1. 骨样的污染检验

判断骨样中稳定同位素是否受到污染，是使用其比值推断古代居民饮食结构的前提条件。当骨样发生污染，其有机成分——骨胶原将在各种因素的影响下发生降解，而 C 和 N 的含量也相应随之降低。因此，骨胶原中 C 和 N 的含量，成为检验骨胶原保存状况的一个重要的指标。一般认为，现代骨骼中骨胶原的 C 含量约为 41%，N 含量为 15%，C/N 比值为 3.20[2]。由表一可知，该组样品的骨胶原中，C 的含量为 41.38% ~ 43.95%，平均值为 42.85%。N 的含量为 15.19% ~ 16.29%，平均值为 15.76%，C 和 N 的含量均接近现代骨骼中骨胶原的含量，保持了较高的水平，并没有因为在长期的埋藏过程中而全部分解，非常有利于进行稳定同位素的测试。此外，骨胶原的 C/N 摩尔比值是判断骨样受污染程度的另一项重要指标，DeNiro 等认为，如果 C/N 比值为 2.9 ~ 3.6，说明该样品保存较好，测定^{13}C 和^{15}N 的结果也比较可靠[3]。如果 C/N 比值高于 3.6，说明骨样中可能受到腐殖酸的污染，如果 C/N 比值低于 2.9，说明骨胶原中很可能掺杂了一定量的无机物质[4]。表一的结果显示，该组样品的 C/N 比值均为 2.9 ~ 3.6，较为理想地落在了未污染样品的范围之内，且 C/N 比值的平均值为 3.17，与现代骨骼骨胶原中 C/N 比值 3.20 相比，十分接近，从而保证了稳定同位素最终测定结果的可靠性。

表一　样品的分析测试值

墓葬编号	N%	C%	δ15N（‰）	δ13C（‰）	C/N	C3（%）	C4（%）
02LJM23	16.29	43.95	9.76	− 12.89	3.15	45	55
02LJM29	15.19	41.38	9.99	− 10.81	3.18	29	71
03LJM58: A	15.67	42.62	10.19	− 12.91	3.17	45	55
02LJM3: A	15.79	43.08	9.41	− 12.75	3.18	44	56
02LJM30: A	15.44	42.27	9.38	− 12.12	3.19	39	61
02LJM18	15.58	42.41	8.97	− 11.67	3.18	36	64
02LJM33: A	16.19	43.70	10.53	− 12.38	3.15	41	59
02LJM27	15.44	42.44	8.72	− 12.98	3.21	46	54
03LJM50: A	15.84	42.98	10.63	− 12.45	3.17	42	58
02LJM11	16.12	43.68	9.92	− 12.80	3.16	45	55

注：按照蔡莲珍和仇士华先生提供的计算公式[5]。

2. 结果与分析

由表一可知，井沟子组测试的所有样品的 $\delta^{13}C$ 值在 -10.81‰ ~ -12.98‰ 的范围内，平均值 -12.38‰，居于 C_4 类植物的范围之内，反映了该墓地古代居民的植物性蛋白中以 C_4 类植物所占比重较大，占54% ~71%，而 C_3 类食物所占比例约为29% ~46%。古代居民对植物性食物的获取，始终依赖于周边的环境，而 C_4 类植物通常生长于高温干燥的地区。因此，井沟子居民骨胶原中的 $\delta^{13}C$ 值，充分反映了当时周边环境中可能生长有大量的 C_4 类植物，同时也暗示了当时的气候应为高温干燥类型，这一推论也被环境考古的研究结果所证实[6]。

N 在不同营养级之间存在着同位素的富集现象，按营养级的上升，每上升一级，大约富集3‰ ~4‰，即食草类动物骨胶原中的 (^{15}N 比其所吃食物富集 3‰ ~4‰，以食草类动物为食的食肉类动物又比食草类动物富集 3‰ ~4‰[7]。其中，食草类动物的 (^{15}N 值大约为3‰ ~7‰，杂食类动物的 (^{15}N 为7‰ ~9‰，一级食肉类动物以及各种鱼类则大于9‰[8]。因此，根据 (^{15}N 值，我们大体可以推断先民所处的营养级状态，井沟子古代居民骨骼中的 $\delta^{15}N$ 值为 8.72‰ ~ 10.63‰，平均值为 9.75‰，表明该组居民食物中应该包含了大量的肉食或鱼类。

三、结论与讨论

通过对井沟子遗址西区墓地古代居民骨骼中 $\delta^{13}C$ 和 $\delta^{15}N$ 的比值测定，我们对该墓地居民的饮食结构有了一个初步了解，得出了以下几点认识。

（1）井沟子古代居民骨骼中的 $\delta^{15}N$ 值偏高，表明该组居民在日常饮食习惯中保持着较高比例的动物性食物摄入，暗示出饲养业和狩猎业在当时的经济生活中占据重要的位置。井沟子西区墓地用牲的现象十分普遍，在发掘清理的 58 座墓葬中，有 50 座出土有数量不等的动物遗存，占墓葬总数的 86.21%。所用牲畜主要是适于放养的马、牛、羊、驴、骡，其中以马的数量为最多。墓内未见随葬农业生产工具，反映出畜牧业在当时的经济生活中占有主导性的地位。此外，墓内还出土有少量的野生哺乳类动物骨骼，有鹿、獐和狐狸，同时还有水生的背角无齿蚌和淡水螺[9]。在随葬的人工制品中，角器所占的比例相当高，几乎所有的骨镞以及马镳、角锥等都是以马鹿的角为原料制作而成的。这些遗物充分表明渔猎活动很可能是当时居民经济生活的一项重要补充手段。总之，井沟子墓地所体现的这种以畜牧业为主，以渔猎经济为辅的经济形态，为井沟子居民提供了充足的肉食来源。

（2）井沟子墓地古代居民植物性食物中以 C_4 类植物的摄入为主，而 C_4 类植物通常生长于高温干燥的地区，这类植物通常包括部分灌木、牧草、小米、玉米等。井沟子墓地所在的林西县地处大兴安岭南延弧形隆起地带的北端，群山起伏，沟谷相间，海拔多为 750 ~ 1300 米。年平均气温为 4. 2 ℃，年降水量 385 毫米，无霜期 100 ~ 125 天，属中温带半湿润半干旱型气候。地势较高的山麓多生灌丛，间有稀疏的桦、杨、栎、榆，近河的坡岗台地则多生针茅与羊草，总体表现为山地疏林草原景观[10]。这里冬季漫长且寒冷，夏季短暂而温热，昼夜温差较大。雨热同季，降水集中且年际变化大，秋雨多于春雨，春温高于秋温，气温年差较大，日差更大。积温有效性高，无霜期短，四季较为分明。现代林西县的种植业仍以小米、玉米、小麦为主要作物[11]，这也与稳定同位素的分析结果十分吻合。总之，除了日常较高比例的肉食摄入外，井沟子古代居民也充分利用了周围环境中的 C₄ 类植物，使其成为食物结构中植物性蛋白的主要补充，充分体现了人类对环境资源的依赖。随着田野发掘规范日益完善[12]，我们应该充分利用现代科学技术手段更多的提取发掘中的信息，力争全面复原古代社会。

附记：本文的研究得到了教育部人文社会科学重点研究基地重大项目基金（课题号 05JJD780102）；吉林大学哲学社会科学研究项目—博士科研启动基金项目（2006BS33）；国家基础科学人才培养基金项目（课题号 J0030094）；国家社科基金项目（项目编号 06BKG001）；新世纪优秀人才支持计划（NCET-05-0314）以及中国博士后科学基金资助项目（资助号 20060390520）的资助。文章的写作过程中吉林大学化学学院的金海燕先生提出了宝贵的意见，在此一并致以衷心的感谢。

注　释

[1]　吉林大学边疆考古研究中心，内蒙古文物考古研究所. 2002 年内蒙古林西县井沟子遗址西区墓葬发掘纪要 [J]. 考古与文物，2004（1）：6 ~ 19；王立新. 内蒙古东南部地区早期游牧文化初探. 亚洲的本土文化及其互动. 光州：韩国全南大学校，2007.

[2]　Ambrose S. H. Butler B. M. Hanson D. H. el. Stable isotopic analysis of human diet in the Marianas Archipelago, western pacific [J]. *American Journal of Physical Anthropology*. 1997（104）：343 ~ 361.

[3]　DeNiro M. J. Post-mortem preservation of alteration of in vivo bone collagen isotope ratios in relation to palaeodietary reconstruction [J]. *Nature*. 1985（317）：806 ~ 809.

[4]　Van Klinken, G. J. Bone Collagen Quality Indicators for Palaeodietary and Radiocarbon Measurements [J]. *Journal of Archaeological Science*. 1999（26）：687 ~ 695.

[5]　蔡莲珍，仇士华. 碳十三测定和古代食谱分析 [J]. 考古，1984（4）：949 ~ 955.

[6]　塔拉，王立新，汤卓炜，张淑芹. 井沟子遗址所反映的经济形态与环境背景 [J]. 内蒙古文物考古，2004（1）：85 ~ 88.

[7]　Bocherens H. Fizet M. Mariotti A. Diet. physiology and ecology of fossil mammals as inferred from stable carbon and nitrogen isotope biogeochemistry：implications for Pleistocene bears [J]. *Paleogeograpgy, Paleoclimatology, Paleoecology*. 1994（107）：215 ~ 225.

[8]　Ambrose S H Katzenberg M A. *Biogeochemical Approaches to Paleodietary Analysis* [M]. New York：

Kluwer Academic/Plenum Pub-lisher, 2000.

[9]　陈全家. 内蒙古林西县井沟子遗址西区墓葬出土的动物遗存研究 [J]. 内蒙古文物考古, 2007 (2): 107 ~ 121.

[10]　内蒙古自治区测绘局综合队. 内蒙古自治区地图册 [M]. 呼和浩特: 内蒙古自治区测绘局出版, 1989.

[11]　内蒙古农业地理编辑委员会编. 内蒙古农业地理 [M]. 呼和浩特: 内蒙古人民出版社, 1982.

[12]　冯恩学, 张全超, 林雪川. 田野考古学 (第三版) [M]. 长春: 吉林大学出版社, 2008.

Paleodiet studies using stable carbon isotopes from human bone: example from Jinggouzi cemetery, Inner Mongolia

ZHANG Quan-chao　Jacqueline T. ENG　WANG Li-xin　TA La

In this article, ten ancient human bones unearthed from the Spring and Autumn- Warring states period cemetery at the Jinggouzi site in Linxi county, Inner Mongolia were studied. we examine Jinggouzi human paleodiet using stable isotope ratios of carbon and nitrogen in bone collagen. Nitrogen isotope ratios of bone collagen show that Jinggouzi ancient inhabitants in primarily ate animal products with only a small amount of plant products, Carbon isotope ratios of bone collagen show that most plant products come from C_4 plant.

内蒙古凉城县春秋时期古代马线粒体 DNA 分析

蔡大伟[1]　曹建恩[2]　陈全家[1]　韩　璐[3]　周　慧[1,3]　朱　泓[1]

(1. 吉林大学边疆考古研究中心考古 DNA 实验室，长春，130012；
2. 内蒙古自治区文物考古研究所，呼和浩特，010010；
3. 吉林大学生命科学学院，长春，130023)

一、前　　言

2003 年 5 月至 10 月，内蒙古文物考古研究所对位于凉城县境内岱海南岸的小双古城墓地和北岸的板城墓地进行了抢救性考古发掘。

小双古城墓地面积很小，占地仅 3000 平方米，清理墓葬 16 座。墓穴底部放置殉牲的马、牛、羊头骨及蹄骨，头骨均正置，吻部朝前，蹄骨散放于头骨之间。其中羊头骨最多，马、牛头骨较少。根据墓葬的性质，陪葬的器物，推测此墓地的年代为战国早期[1]。

板城墓地占地面积 15000 平方米，共清理墓葬 67 座。除被破坏的墓葬外，墓穴前部填土中均见殉牲，种类有马、牛、羊、狗的头骨和蹄骨。动物头骨多下颌朝上摆放，头向与人骨一致，马、牛等大型动物的头骨置于前部，羊、狗的头骨放在后边，蹄骨散落于其间，推测该墓地年代属春秋晚期[1]。

受内蒙古文物考古所曹建恩先生委托，吉林大学边疆考古研究中心考古 DNA 实验室对两处遗址出土的马骨进行了线粒体 DNA（mtDNA）分析，现将结果报告如下。

二、材料和方法

1. 样品的采集和处理

样品是由内蒙古文物考古所曹建恩先生提供，一共是 11 个牙齿标本，其中 7 个来自板城墓地（实验编号 LB1 ~ 6），4 个来自小双古城墓地（实验编号 LS1 ~ 4）。首先用毛刷清理样品表面的灰尘和泥土，紫外线照射 30min，用钻头（Strong 90）打磨骨样表面，进一步除去骨表面的杂质以及外源 DNA（重复 3 遍打磨掉 2～3 毫米厚），液氮中保存过夜，第二天，将样品放入球磨机的磨碗中打磨成骨粉，分装成 2g/管，—20℃冷冻保存。

2. 古 DNA 抽取、扩增和测序

每个样品取 2 克骨粉，按照杨东亚等人的方法进行古 DNA 抽提[2]。利用一对套叠引物扩增 300 bp 的 mtDNA 控制区片段（位点 15473-15772）[3]。PCR 扩增产物通过 2% 琼脂糖（Biowest，German）凝胶电泳检测，用 QIAEX® Ⅱ GEL Extraction Kit 胶回收试剂盒（QIAGen，Germany）纯化 PCR 产物。使用 ABI PRISM® 310 Genetic Analyzer 全自动遗传分析仪（Applied Biosystems，USA）通过 Dyeprimer 试剂盒进行测序反应。

3. 数据分析

古马 DNA 序列被截取到位点 15494—15755（262 bp），利用 Clustal X 1.83 软件进行序列对位比对，确定变异位点及单倍型。利用 NetWork 软件构建系统发育网络。

三、结　　果

1. 古马 mtDNA 序列变异

利用两对套叠引物从 11 个样品中成功的扩增出 300 bp 的 mtDNA 控制区序列。所有的抽提和扩增的空白对照均为阴性，表明在骨样的抽提和扩增过程中无可观察到的污染发生。在所得到的 11 个序列中，共发现 11 个单倍型，与参考序列 X79547 相比，一共有 35 个变异位点，全部是转换，没有颠换发生（表一）。

2. 系统发育网络

Vila[4] 等发现现代家马的世系具有广泛的起源，Jansen[5] 和 McGahern[6] 等将现代家马划分为 7 个 mtDNA 世系（A，B，C，D，E，F，G），其中几个较大的世系之中又可以进一步划分为多个亚簇，世系 A 共有 7 个亚簇 A1～A7，世系 B 和 C 各有 2 个亚簇 B1～B2 和 C1～C2，世系 F 和 D 各有 3 个亚簇 F1～F3 和 D1～D3。世系 E 和 G 是相对较小，没有进一步划分亚簇。为了进一步分析古马和现代家马的母系遗传关系，我们从 GenBank 上选取了东亚、中亚、近东、欧洲等地的代表性家马品种作为比对序列，此外我们还选择了一些其他遗址（哈萨克斯坦 Berel 遗址、俄罗斯 Yakutsk 遗址、韩国 Jeju 遗址、Alaska 遗址、瑞典南部几个考古遗址）出土的古马序列

表一　古马 mtDNA 序列变异

单信型编号	变异位点	样品编号
	1111111111111111111111111111111111111	
	5555555555555555555555555555555555555	
	4445555555555556666666666666677777777	
	9992233448999900001134556600122234	
	4561648025567812345659090673980 3670	
X79547	TTAGTCAACGAAATTCTGAACAATAGATCCGCGTA	
LB01	. C .. .. TA . G . T . ... T . G . A . C .. A ...	LB01
LB02	. C .. C .. G . A ... . T ...... G ...... T A ...	LB02
LB03	. C .... A ... C T .... A	LB03
LB04	C C G . T ...... T C .. G .... A	LB04
LB05	. C .... C T .... A	LB05
LB06	. C	LB06
LB07	. C .... G . T . A .... G C . A	LB07
LS01	. C ...... T . G . T ... T . G . A . C .. A ...	LS01
LS02	. C ...... A ... T .... A	LS02
LS03	. C .... C . T .. G ... C . A ...	LS03
LS04	. C .... T .... C .. A . G	LS04

以及普氏野马的序列，共 458 个序列构建单倍型的系统发育网络（彩版一），我们发现 11 个凉城县古马的序列分布在 5 个世系中（A，C，D，F，G）及其亚簇中，其中 LB5，LS3 聚集在 A1 簇，LS1 和 LB6 聚集在 A6 簇；LB1 聚集在 D1 簇；LB4 和 LB7 聚集在 C2 簇；LB3 聚集在 F1 簇。普世野马全部分布在世系 A 的亚簇 A2 中，并没有古代马和现代马聚集其中。

四、讨　论

在人类漫长的历史中，马的驯化是一个划时代的事件，家马的出现极大地提高了人类运输和战争能力，骑马民族的扩张活动导致人类的迁徙、种族的融合、语言和文化传播[7]。然而，马是何时何地被驯化的仍旧是个谜。在中国，家马和马车是商代晚期（大约 3000 年前）突然大量出现的，在河南安阳殷墟、陕西西安老牛坡、山东滕州前掌大等商代晚期的遗址中，发现了很多用于殉葬和祭祀的马坑和车马坑，在墓室中也出现了马骨[8]。然而晚商之前有关马的考古材料非常少，虽然有零星的马骨记录，但数量极少，材料又很破碎，很难断定是家马还是野马，早期驯化阶段的缺失和商代晚期家马的"突然"出现，使中国驯马历史显得扑朔迷离。而且，关于中国家马的起源形成了两个截然不同的假说，一种观点认为，马和马车是从黑海和里海之间的中亚草原地带传入中国的，中国西北的甘青地区有可能是中亚家马进入中原地区的一个驿站[9]；另一个观点认为，尽管中亚和西亚地区考古发现的家马较早，但中国内地的家马不一定是从西方或北方传来的，言外之意，中国是一个独立的家马起源中心，普世野马可能是中国家马的野生祖先[10~14]。

春秋时期是一个家马迅速发展的时期，战车和战马盛行，马已经成为军事上的首要动力。在家畜中，此时马已经成为六畜之首。内蒙古地区地处欧亚大陆草原地带，是蒙古马起源与驯化的中心地区。据陈全家先生观察，小双古城和板城墓地出土的古马，在颅骨形态上与小型的蒙古马十分接近。存在于古生物遗骸中的古 DNA 序列，可以直接反映古代群体中的遗传信息，是人们探寻漫长年代中生物种群的系统发生与演变规律的重要资料[15]。因此，我们希望用古 DNA 技术分析这些古马的 DNA，为揭示中国家马的起源提供一个有价值的线索。

本研究分析了古马的 mtDNA 世系的分布情况，mtDNA 是真核细胞内较为简单的DNA 分子，具有母系遗传、极少发生重组、进化速率快等特点，作为动物进化研究的一类重要标记已经被广泛的用于家马的起源研究。本研究中，11 个古马的 mtDNA 序列分布在现代家马的七个 mtDNA 世系中的五个，其中一些序列分享世系亚簇的建立者单倍型，表明这些古马对现代家马基因池的形成具有重要的贡献。这些古马所在的谱系显示了一定的地理分布趋势，世系 F 在亚洲，尤其是东亚家马中有着较高的分布频率，世系 D 在伊比利亚半岛的家马中有着最高的分布频率。这一结果反映了中国家马具有广泛的母系来源，中国家马的起源比以前想象的要复杂，可能既有本土起源的因素，也有外来基因流入的因素。至于，中国家马的野生祖先问题，我们发普氏野马独自分部在A2 亚簇中，并没有古马、甚至任何其他现代马聚集其中，这表明 A2 是普氏野马所特有的谱系，鉴于本研究的 DNA 数据较少，我们尚不能明确普氏野马与中国古代马的关系。

五、结　　论

我们分析了内蒙古凉城县两个春秋时期遗址出土古马的 mtDNA，我们发现中国古代马的母系来源十分广泛，表明在驯化的过程中，有来自不同地域的 mtDNA基因流进入，中国家马的起源比以前想象的要复杂，可能既有本土起源的因素，也有外来的因素。普氏野马与中国古代马的关系尚有待于进行大规模的古马 mtDNA分析来确定。

附记：该成果得到国家基础科学人才培养基金资助项目（批准号：J0530184）和教育部重点研究基地项目（批准号：05JJD780004）资助。

本研究的马骨标本由内蒙古考古研究所曹建恩先生提供，吉林大学边疆考古研究中心的陈全家负责进行了形态学鉴定，作者在此并致谢忱。

注　释

［1］　曹建恩. 内蒙古中南部商周考古研究的新进展［J］. 内蒙古文物考古，2006（2）：16~26.

［2］　Yang D Y Eng B Waye J et al. Technical Note: impoved DNA extraction from Ancient Bones using silica-bsed spin columns［J］. *American Journal of Physical Anthropology*，1998，105：539~543.

［3］　蔡大伟，韩璐，谢承志等. 内蒙古赤峰地区青铜时代古代马线粒体 DNA 分析［J］. 自然科学进展，2007，17（3）：385~389.

［4］　Vila C Leonard J A Gotherstrom A et al. Widespread Origins of Domestic Horse Lineages［J］. *Science*，2001，291（5503）：474~477.

［5］　Jansen T Forster P Levine MA et al. Mitochondrial DNA and the origins of the domestic horse［J］. *Proceeding of the National Academy of Sciences of the Unitied States of America*，2002，99（16）：10905~10910.

［6］　McGahern AM Edwards CJ Bower MA Heffernan A Park SDE et al. Mitochondrial DNA sequence diversity in extant Irish horse populations and in ancient horses［J］. *Animal Genetics*，2006（37）：498~502.

［7］　Anthony D W. The "Kurgan culture," Indo-European origins, and the domestication of the horse: a reconsideration［J］. *Curr Anthropol*，1986（27）：291~313.

［8］　陈星灿. 也谈家马的起源及其他［N］. 中国文物报，1999-6-23.

［9］　袁靖，安家瑗. 中国动物考古学研究的两个问题［N］. 中国文物报，1997-4-27.

［10］　王宜涛. 也谈中国马类动物历史及相关问题［N］. 中国文物报，1998-8-12.

［11］　〔美〕斯坦利丁·奥尔森，殷志强译. 中国北方的早期驯养马［J］. 考古与文物，1986（1）.

［12］　〔日〕吉崎昌一，曹兵海，张秀萍译. 马和文化［J］. 农业考古，1987（2）.

［13］　王志俊，宋澎. 中国北方家马起源问题的探讨［J］. 考古与文物，2001（2）：25~30.

［14］　张春生. 野马、家马及东亚养马中心［J］. 农业考古，2004（1）：252~254.

［15］　常娥. 古 DNA 分析技术在考古学研究中的应用［J］. 文物春秋，2004（1）：22~31.

Mitochondrial DNA analysis of horses excavated from Liangcheng County, Inner Mongolia, during the Spring and Autumn Period

CAI Da-wei   CAO Jian-en   CHEN Quan-jia   HAN Lu
ZHOU Hui   ZHU Hong

In order to explore the origin of Chinese domestic horses, mitochondrial DNA (mtDNA) analysis was carried out on 11 horses recovered from Xiaoshuangguchen and bancheng archaeological sites in Liangcheng County, Inner Mongolia, during the Spring and Autumn Period. Ancient DNA sequences were successfully retrieved from all samples. Combing mtDNA D-loop sequences from GenBank representing different breeds from East Asia, Central Asia, Near East and Europe, we constructed a phylogenetic network to investigate the relationship between ancient and modern horses. The phylogenetic network showed that the 11 horses were distributed into five lineages (A, C, D, F, G), suggesting that the Chinese ancient horses have the widespread origins and contributed to the gene pool of modern domestic horses. We think that the origin of Chinese domestic horses was more complex than previously thought. Both the native origin and external mtDNA gene flow input have been probably involved in the domestication of Chinese domestic horses.

通榆县三处史前遗址调查与遗存分类

朱永刚　　郑钧夫

（吉林大学边疆考古研究中心，长春，130012）

　　2007 年春，吉林大学边疆考古研究中心与吉林省文物考古研究所、白城市博物馆、通榆县文管所组成考古队，对吉林省通榆县进行了为期 11 天的考古调查。

　　此次考古调查的目的有两个：一是了解吉林省白城地区西南部史前遗址分布及保存状况。通榆县位于科尔沁沙地北缘，地处西辽河、嫩江下游和第二松花江三大考古学文化区的结合部，以往有关部门虽做过多次文物普查，但所获资料与信息十分有限。因此，选择通榆县进行的考古调查，不仅仅是查漏补缺，填补"空白"，更重要的是使三大考古学文化区在地域上衔接起来，这无疑具有重要的学术意义；二是通过对遗址文化内涵进行分析，初步建立起本区史前考古学文化的编年序列，为进一步探究与周邻文化的关系寻找线索。

　　在这次调查的 36 处遗址中，敖包山、大坝坨子和老富大坨子三处遗址地形地貌较为典型，文化内涵复杂多样，对说明通榆县史前文化遗存具有代表性。现整理撰文予以发表（图一）。

一、敖　包　山

　　遗址编号 TAB[*]。敖包山位于兴隆山镇长胜村（镇政所在地）西北 1.5 公里，遗址现状为沙岗，西南—东北走向，长约 450 米，宽近 250 米，相对高程 10 米左右。岗北较陡，其余三面皆为缓坡。敖包山南部地势较低，调查中发现有散布的蚌壳，说明这里原来应存大面积的地表水。遗址现已被辟为耕地，其间错落的沙丘上长有低矮的灌木，及碱草、狗尾草、骆驼刺等混生群丛。

　　该遗址是 1960 年文物普查时发现的，1981 年被确定为省级重点文物保护单位，此后，白城市博物馆和通榆县文管所又进行过多次考查，也作过简要报道[1]。由于遗址的范围较大，在调查开始时，首先在岗顶中心位置设定坐标点，GPS 定位

---

　　* 遗址编号由 3 个字符组成，首个字母 T 表示通榆县，后 2 个字母取自遗址所在地名的第一、二字拼音的辅音字母，下同。

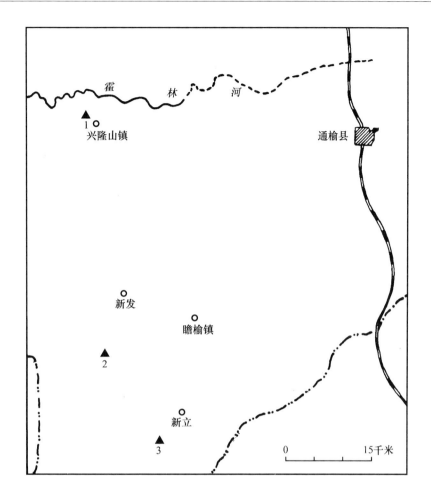

图一　遗址位置示意图

1. 敖包山　2. 大坝坨子　3. 老富大坨子

坐标为北纬44°50.846′，东经122°25.362′，海拔183.7米。以中心点为原点，以正南北为中纵轴，正东西为横轴。将遗址分为四区：即东北A区，东南B区，西南C区，西北D区。在C区，位于遗址中心点附近的未开垦荒坡上，有一个取土大坑，周围隐约可见一些不规则的灰土遗迹。据称早年调查时曾发现成排分布的房址，房址内有成堆的灰烬，中间夹杂有鸟、兽骨和贝壳，并采集到陶、石、玉等质料遗物[2]。如果地点吻合的话，这里已遭严重破坏。事实上C区地表大片砂土裸露，所见遗物较少。D区的情况与C区相似，采集遗物不多。地表遗物主要集中在A、B两区，局部见有灰土并散布有大量的陶片、石器、蚌壳碎片及残骨等。采集遗物有石器、陶蚌制品、兽骨和陶片。

1. 石器

有磨制和琢制两种。磨制石器有凿、刀、磨盘、磨棒等。琢制石器又分两种：一种是较大型石器，有琢磨兼制的石刀，打磨兼制的石矛；另一种是细石器，有凹底或平底的石镞，带柄手的石钻，龟背形刮削器等。前者只在刃部琢制，后者为通体琢制。另外还有大量的石叶和打下的废石片（图二）。

2. 陶、蚌制品

有陶饼、陶纺轮、陶制人面、穿孔蚌饰等。

3. 动物骨骼

均为碎块，难辨种属。据以往调查报道有野兔、鸟、鱼、蚌等，但均未作正式鉴定。

4. 陶器

采集遗物数量最多的是陶片，整理时凡边长不足 2 厘米的不计算在内，共得 424 片（件），经拼对复原器物 1 件。从一些口沿、器底、器耳等标本，可对该遗址陶器的基本特征大体有所了解。敖包山陶器按质地可分为砂质、夹蚌和夹砂三种，砂质陶含砂粒极为细少、均匀，夹蚌和夹砂陶应为有意羼入。陶色以黄褐色为主，有少量的红褐、灰褐色。一般烧造火候不高，许多陶片内胎呈灰褐色。

5. 纹饰

纹饰陶片占采集标本的 61.3%，其余为素面陶（含器底、器耳）。由于纹饰陶（包括素面陶）对认识本遗址文化内涵及遗存分类具有重要意义，兹将采集的全部陶片编制成纹饰统计表。

从表一中可以看出，菱格纹、麻点纹（窝点纹）、绳纹和素面陶数量较多，其余纹饰数量较少，篦点纹最少，仅有 2 片。器底及连带腹片部分如不见纹饰者，专门区分出来进行统计。

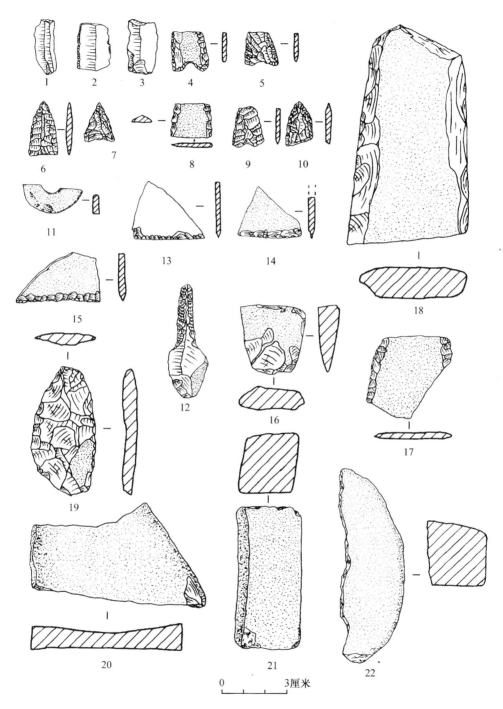

图二　敖包山遗址采集石器

1~3. 石叶（TAB：44、TAB：45、TAB：46）　　4~10. 石镞（TAB：47、TAB：48、TAB：49、TAB：50、TAB：51、TAB：52、TAB：53）　　11. 石环（TAB：65）　　12. 石钻（TAB：54）　　13~15、18. 石刀（TAB：55、TAB：56、TAB：57、TAB：58）　　16. 石凿（TAB：59）　　17、19. 石矛（TAB：60、TAB：61）　　20、22. 磨盘（TAB：62、TAB：63）　　21. 磨棒（TAB：64）

表一　敖包山陶片纹饰统计表

数量 采集区 纹样	菱格纹	麻点纹 （窝点纹）	之字纹	篦点纹	绳纹	附加堆纹	乳丁纹瘤状耳	素面	器底	小计	合计
A	33	15	3	2	31	1	2	47	21	156	
B	47	16	7		44	2	3	74	6	198	
C	17	5	3		30	1		3	5	64	
D	1	2						3		6	
小计	98	38	13	2	105	4	5	127	32		424
百分比（%）	23	9	3.1	0.4	24.7	0.8	1.2	30	7.6		100

（1）麻点纹：陶质主要有砂质和夹蚌两种。火候不高，一些陶片内胎呈灰褐色。这种纹表面极为粗糙，深浅不一，不规则的触点呈麻点状。看似用成束的植物根茎戳印所致（图三，4~8）。另有一种窝点纹，只见于夹蚌和砂质陶，密而有序，触点窝不平整，疑似用钝头工具戳印而成，视觉效果与麻点纹相似（图三，1~3）。这两种纹饰可辨器形有筒形罐、斜口器、钵、壶等。口沿经修抹，器内壁打磨较光滑。壁厚 0.5~0.8 厘米。

（2）菱格纹：陶制有砂质、夹蚌和夹砂三种，以前两者为主。菱格纹样大部分为水平方向的短对角线，交错排列，间距均匀，规范有序，纹理较浅，凹陷的纹底平整。仔细观察，这种菱格纹一般不见拍印纹常见的交错叠压现象，故推定是以一种刻有纹饰的圆柄类器具，在陶器表面连续滚压而就（图三，9~13）。可辨器型有斜口器、筒形罐、盆、壶等，器口沿均经修整，圆唇，器内壁刮抹或打磨，较光滑。壁厚 0.5~0.8 厘米。个别陶片有缀合修补的钻孔。

（3）之字纹：有砂质和夹砂两种。火候一般，陶色以黄褐色为主。夹砂陶施纹方法有压印和刻划两种。压印之字纹，一种纹样较短，之字中间连线很浅，两端楔形凹窝较深，竖压横排，排列紧凑；另一种长幅略有弧度，无明显支点窝，多横压竖排，间距疏朗。刻划纹极少，多用尖头工具刻划而成，纹饰纤细，疏朗。砂质陶只采集到压划标本，长幅，略有弧度，竖压横排。一般壁厚 0.5 厘米，最厚的达 1 厘米。

（4）绳纹：陶质有砂质、夹蚌和夹砂三种，火候不高，质地疏松。陶色以红褐色为主，有的内胎呈灰黑色，普遍施纹饰。纹饰风格细密，纹理较浅，个别模糊不清，基本为纵向施印，可见交错叠压现象。从器形来看有直口、侈口和微敛口三种，腹壁较直，口沿经修理，圆唇，内壁有刮抹痕迹。有的陶片上施有缀合修补的钻孔。壁厚 0.5~0.8 厘米。

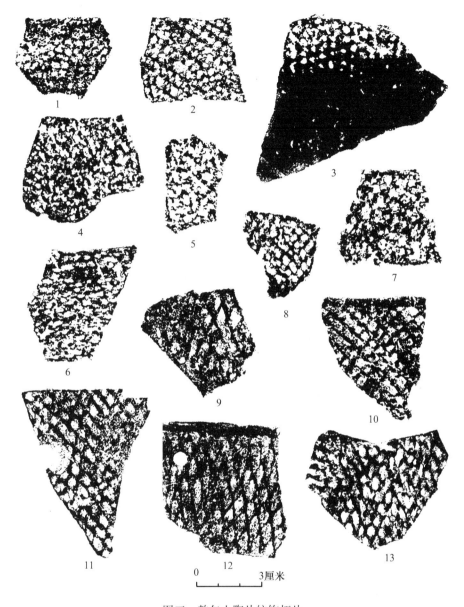

图三　敖包山陶片纹饰拓片

1～3. 窝点纹（TAB：1、TAB：2、TAB：3）　　4～8. 麻点纹（TAB：4、TAB：5、TAB：6、TAB：7、
TAB：8）　　9～13. 菱格纹（TAB：9、TAB：10、TAB：11、TAB：12、TAB：13）

（5）素面陶：按单项统计，素面陶所占的比例最高（不排除包含施纹陶器的素面部分），有砂质、夹蚌、夹砂三种，黄褐色为主。器表既有平整光滑的，也有较粗糙者，还有一些陶片因风蚀严重，无法判断器表是否经过加工修整。遗址唯一复原的一件素面筒形罐（TAB：28），夹砂黄褐陶，口沿下有一条附加堆纹，堆纹及口沿沿面施切压纹。敞口，弧腹壁，腹腔较深，罐底与腹部结合处有明显折角。器表经打磨但不平整。

口径 6.5 厘米，底径 4 厘米，高 6 厘米，壁厚 0.4 厘米（参见图五，7）。其他还发现有少量的条形附加堆纹、乳丁纹、瘤状耳等贴塑类纹饰。

通过以上对各类纹饰及施纹方法的考察，可以看出它们各具特色。说明敖包山遗址可能包含了不同性质的文化遗存。根据陶质、陶色、纹饰、器型的类型学比较与分析，可将这批材料分为四组：

第 1 组：以 TAB:28 附加堆纹筒形罐为代表的素面陶；

第 2 组：麻点纹、窝点纹、菱格纹；

第 3 组：之字纹；

第 4 组：绳纹。

二、大 坝 坨 子

遗址编号 TDB。新发乡孙家窝棚自然村南约 5 公里处有一南北向漫岗，当地俗称大坝坨子。遗址位于大坝坨子南端，范围东西长约 100 米，南北宽约 70 米。中心点坐标 44°27.186′北纬，122°27.571′东经，海拔 145 米。遗址现已辟为耕地，现场调查发现有数十处大小不等的盗坑，地表散落有人骨、陶片及少量的石器。两年前这里曾发生过集体盗掘古墓事件，据通榆县文管所同行介绍，墓葬均为土坑竖穴，在人骨头部随葬有陶罐，并称还出土了玉环、玉璜等器物。

采集的遗物有石器和陶片。

1. 石器

仅发现有凹底石镞、刮削器、石核、石叶及制作石器产生的废石片（图四，1～4）。

2. 陶器

采集到的标本数量不多，如果按纹饰分类，陶片数量超过 10 片的仅有之字纹和线型刻划纹两种。

（1）之字纹：均夹砂，陶胎内含砂粒细小，分布均匀，火候一般，基本呈黄褐色。依施纹风格及纹样差别分 3 种，第一种压印短弧线之字纹，纹样呈半圆弧线形，无明显支点窝，器表面较粗糙，壁厚 0.4～0.6 厘米；第二种压印短直线之字纹，竖压横排，两端有较深的楔形凹窝，中间连线很浅，大多模糊不清。可辨认器形有筒形罐，器表较粗糙，壁厚 0.5～0.8 厘米；第三种刻划之字纹，系尖头器具在陶器表面刻划所致，为横压竖排，排列密集紧凑，器表打磨光滑，器壁 0.5 厘米。

（2）线型刻划纹：夹细砂陶为大宗，次为夹砂陶，基本呈黄褐色，亦有少量陶片为黑灰色。这种纹饰系片状尖头工具在陶器表面压划所致，纹痕极细，有人字纹、交错平

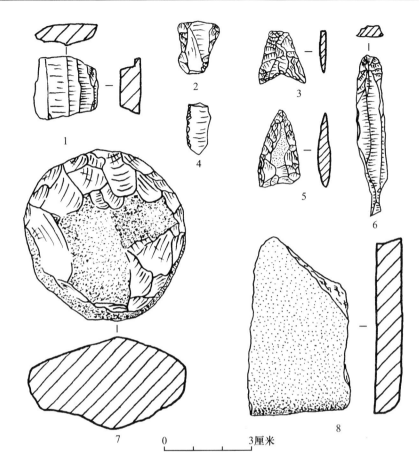

图四　大坝坨子、老富大坨子采集石器

1. 石核（TDB:28）　　2、4、6. 刮削器（TDB:29、TDB:30、TLF:30）　　3、5. 石镞

（TDB:31、TLF:31）　　7. 盘状器（TLF:32）　　8. 残石器（TLF:33）

（1~4. 采集于大坝坨子　　5~8. 采集于老富大坨子）

行线纹、复线"己"字形纹以及由平行线与戳印连点纹和平行线组成的复合纹饰。可辨器形有筒形罐、钵，内外表面普遍经过打磨，器壁较薄，一般厚0.3~0.5厘米。

其余纹饰有条形附加堆纹、钝头工具戳印的窝点纹和篦点纹。

按以上表述，经与相关材料比对，可将大坝坨子采集陶片分为两组。

第1组：压印短弧线之字纹；

第2组：压印短直线之字纹、刻划之字纹、线型压划纹和戳印连点纹等。另外，依陶质、陶色、器表面经过打磨和器壁较薄等特点，可将大部分素面陶片归入这一组。

条形附加堆纹和以钝头工具戳印的窝点纹发现的数量很少，纹样别致，分别与敖包山第1组、第2组同类纹饰相同。

三、老富大坨子

遗址编号TLF。老富大坨子位于包拉温都乡新立村西南8公里处，由南北毗连的两个坨子组成。北坨子地势较高，北临文牛格尺河。南坨子呈慢坡状，地势略向南倾，东西两侧为干涸的河槽，西南接包拉温都乡至瞻榆镇公路。遗址南北长近100米，东西宽约60米。中心点坐标44°20.668′北纬，122°34.512′东经，海拔154米。2005年白城市博物馆对这里进行过调查，据称保存状况比现在好。

遗物主要采集自北坨子，有石器、陶片、鸟类肢骨、啮齿类动物骨骼和蚌壳等。

1. 石器

发现的细石器有凹底石镞、条形刮削器、盘状器和残石器（图四，5~8）。

2. 陶片

在整理时将边长不足2厘米及个别风蚀严重的陶片剔除后，得64片。所见纹饰有之字纹、人字纹、短斜线纹、条形附加堆纹和少量的彩陶片。

（1）条形附加推纹：夹石英砂黄褐陶，质地疏松。因烧造不良，陶色不均匀，局部呈灰黑色。据观察，这种纹饰是将细泥条等距离平行贴附于器表，间距1厘米左右，有横、竖两种排列方式。贴附后又在泥条之间以扁尖头连续切压，使其牢固。纹样为直条，呈绳索状。可辨器形有筒形罐，器壁薄厚不均，可见泥片套接痕迹，壁厚0.6~0.7厘米。

（2）之字纹：有夹蚌和夹砂两种，火候一般，陶色以黄褐色为主，亦有少量的红褐色。依施纹风格及纹样差别分三种，第一种为压印的短弧线之字纹，弧线曲度较大，两端均显示有支点窝，壁厚0.4~0.7厘米；第二种夹砂红褐陶，为压划长幅之字纹，横压竖排，纹样稀疏略有弧度，支点处有明显划出的现象，壁厚0.5~0.8厘米；第三种为压印短直线之字纹，竖压横排，施纹严密紧凑，两端支点凹窝较深，中间连线大多模糊不清，壁厚0.4~0.6厘米。以上可辨认器形有筒形罐，斜口器等。

（3）彩陶：仅3片，夹砂红陶。红衣黑彩，有平行横线、三角、半圆和垂幛等图案。器表打磨光滑，壁厚0.7厘米。

（4）人字纹：夹细砂陶黄褐陶，色泽偏暗。分压划和刻划两种，前者系片状圆头工具所致，纹饰为压划人字纹，壁厚0.5厘米；后者为尖头工具刻划的极细复线人字纹，和由人字纹构成几何图案。器表较粗糙，壁厚0.5厘米。可辨器形有筒形罐和钵。

（5）短斜线纹：砂质黄褐陶，质地硬，火候较高。这种纹饰系片状圆头工具戳压所致，纹痕较深，斜向平行排列，有的与直线组合。标本为尖唇，略侈口，器壁很薄，厚度仅0.4厘米。

（6）口沿饰附加堆纹的素面陶：陶质有砂质和夹砂两种，质地较密实，陶色呈浅黄褐色泛白。按陶系归为一类的素面陶，口沿经加厚处理或在口沿处施有附加堆纹，并在堆纹上施切压纹。可辨器形有筒形罐，平沿，侈口，尖圆唇，器底与腹壁结合处有明显折角，呈浅台底状。制法为泥片套接，套接时将上段泥片插接在下段泥片内侧，结合部器表面留有明显的下段泥片外翻而形成的凸棱。器表不平整，打磨草率。壁厚0.4～0.7厘米。

按上述陶质、陶色、纹样及施纹特点，可将老富大坨子采集陶片分为四组：

第1组：器表施条形附加堆纹、口沿经加厚处理或饰附加堆纹的素面陶；

第2组：压印短弧线之字纹、压划长幅之字纹、彩陶；

第3组：压印短直线之字纹、人字纹；

第4组：短斜线纹。

此外，在该遗址南坨子采集到几片夹砂红褐陶细绳纹陶片，其中有鬲足，纹饰特点与敖包山第4组相同。

四、文 化 类 别

本次调查所获材料均为地面采集，虽然没有共存关系和地层依据，但敖包山、大坝坨子和老富大坨子三处遗址采集的陶片，每一处在纹饰类型、施纹方法及陶质、陶色、器形等方面都有差别，文化面貌复杂，说明各遗址均包含了不同性质的文化遗存。在各遗址分组的基础上，经比对、检视以往的一些发掘材料和研究成果，综合分析，共划分出六种文化类别的遗存，它们的对应关系如表二所示。

表二　遗址各组与文化类别对应表

文化类别 ＼ 遗址	敖包山	大坝坨子	老富大坨子
A 类	1 组	√	1 组
B 类	2 组	√	
C 类	3 组	1 组	2 组
D 类		2 组	3 组
E 类			4 组
F 类	4 组		√

注：√表示有可查明的此文化类别的陶片。

A 类遗存，包括敖包山1组、老富大坨子1组，此外大坝坨子也见有少量这种遗存的陶片（图五）。A 类遗存器表或口沿普遍施条形附加堆纹，在附加堆纹上往往饰切压纹，部分陶器口沿唇部较厚，唇下缘饰短斜线纹。采集标本多为直口，少量微敛口，器底既有平底也有浅台底，可辨器形仅见筒形罐一种。从复原的 TAB:28 筒形罐看，制法

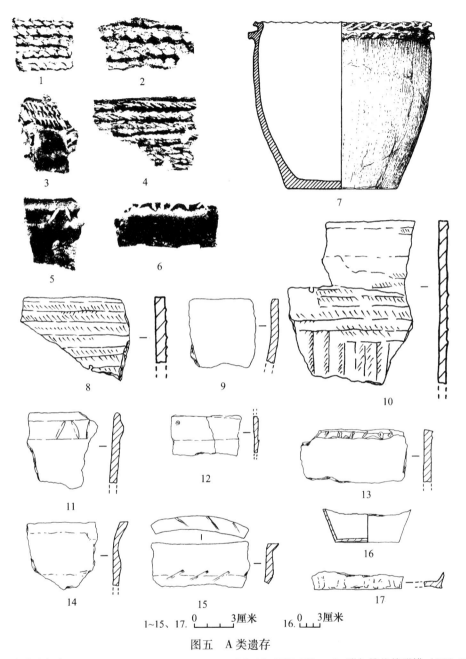

图五　A类遗存

1~6. 加堆纹拓片（TLF:3、TDB:1、TLF:4、TLF:1、TLF:16、TLF:17）　　7. 附加堆纹筒形罐（TAB:28）

8~15. 器口沿（TLF:1、TLF:18、TLF:2、TLF:16、TLF:21、TLF:17、TLF:19、TLF:20）　　16、17. 器底

（TLF:24、TLF:25）

为泥片套接，在结合部器表面留有明显的接茬痕迹。整体特征与昂昂溪文化和镇赉县黄家围子遗址早期遗存相似[3]。关于昂昂溪文化，学者们对其年代有不同看法，[14]C年代数据上至距今7000年以远[4]，下达距今4500~4000年[5]。实际上所谓"昂昂溪文化"，很可

能包含了不同性质，不同发展阶段的考古遗存。据笔者观察，以往主要见于嫩江下游含条形附加堆纹的新石器文化遗存，可以分为四个阶段[6]，A 类遗存大体与额拉苏 C 地点为代表的第一阶段和黄家围子遗址早期遗存更为接近。同类陶片在通榆县民主苗圃南岗遗址、长岭县公爷府屯西南岗遗址[7]和本次调查的长坨子遗址也有发现，可见这种以条形附加堆纹为主要特征的新石器文化遗存，在嫩江下游以南也有较广泛的分布。

B 类遗存除见于敖包山 2 组外，在大坝坨子也有很少的陶片，具有独特的文化面貌。过去这类遗存发现的极少，尚没有将其作为一种独立的文化遗存识别出来。B 类遗存包含的菱格纹、糙面麻点纹和窝点纹陶片，可辨认器形有筒形罐、斜口器、盆（钵）、壶等，除纹饰方面的差别外，其余特征基本一致，尤其是器口沿处缘外都留程度不等的回泥痕迹，说明制作工艺相同（参见图三，图六）。菱格纹在松辽分水岭以南的东北各新石器考古文化中都没有发现过，而与三江平原的新开流文化[8]及俄罗斯滨海州的鲁德纳亚、马雷舍沃、孔东等遗址的菱形纹陶器纹样相似[9]，即俄罗斯学者称的“阿穆尔编织纹”。它们共同的特点是压印密集规整，菱形纹样均匀，很少交错叠压，很可能是以刻纹的圆棒类器具滚压所致。不同处是 B 类遗存的菱格纹样为水平方向的短对角线分布，而新开流文化及俄罗斯滨海州的新石器文化则为水平方向的长对角线分布。另外，B 类遗存也不见后者流行的鱼鳞纹、篦点纹等。糙面麻点纹是新发现的一种纹饰，在通榆县长坨子遗址第Ⅱ地点和四海泡子渔场遗址第Ⅱ地点也采集到这类陶片[10]。笔者还曾对采自科左中旗（保康）道兰套布苏木白菜营子遗址的麻点纹陶片作过仔细观察，在可辨认的筒形罐和斜口器经修整的口沿上也留有回泥的痕迹，其器表的触点深浅不一，糙面呈麻点状，纹饰特点与敖包山 2 组所见完全相同。总之，B 类遗存在这一地区的发现颇值得注意，虽然对它的了解还很有限，但却为认识一种新的考古学文化提供了线索。

C 类遗存，包括敖包山 3 组、大坝坨子 1 组和老富大坨子 2 组，属红山文化（图七）。这类遗存的之字纹陶片，纹样呈圆弧形，两端无明显支点窝，排列方式既有竖压横排，也有横压竖排，施纹娴熟。之字纹特点和彩陶纹样与红山文化西水泉期相似[11]。这是目前所知明确出有红山文化陶片最北的分布地点。

D 类遗存，以大坝坨子 2 组和老富大坨子 3 组为代表，纹饰多样，有之字纹、人字纹、平行线纹、戳印纹以及由复线“己”字纹和复线人字纹构成的几何纹图案（图八）。可辨器形有筒形罐、斜口器、钵等，器壁较薄，内外表面普遍打磨光滑。该遗存压印的短直线之字纹，排列密集，纹样两端有明显的楔形凹窝，之字中间连线很浅或模糊不清。这种类型的之字纹主要见于辽东半岛的小珠山文化系列，早晚演变规律是从规整有序到潦草、散乱，之后逐渐被刻划类纹饰所取代。第二松花江流域以吉长地区为中心的左家山文化系列，也大体符合这一演变规律。D 类压印之字纹与小珠山下层偏晚和左家山二期文化的同类纹饰风格一致。另外，细密的压划之字纹、人字纹、平行斜线纹和戳印连点纹等也与左家山二期文化相似，所以基本可归入左家山二期文化。不过这种遗存中的复线"己"字形及"人"字形构成的几何图案似乎又具有赵宝沟文化纹饰的特点。这除了说明左家山二期文化可能吸收了来自辽西地区的文化因素外，也不排除存在地域文化差异的可能。上述情况还有待于进一步开展工作，同时也需要从文化的总体格局上来认识。

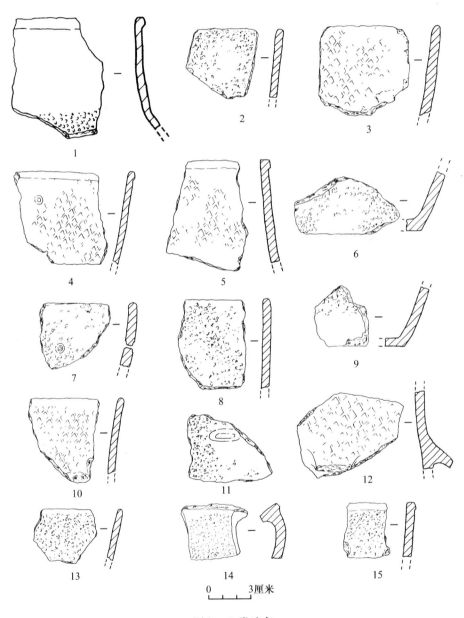

图六　B 类遗存

1～5、7、8、10、13、15. 器口沿（TAB：14、TAB：15、TAB：16、TAB：12、TAB：17、TAB：18、TAB：19、TAB：10、TAB：1、TAB：20）　6、9. 器底（TAB：21、TAB：22）　11. 瘤状耳（TAB：23）　12、14. 器耳（TAB：24、TAB：25）

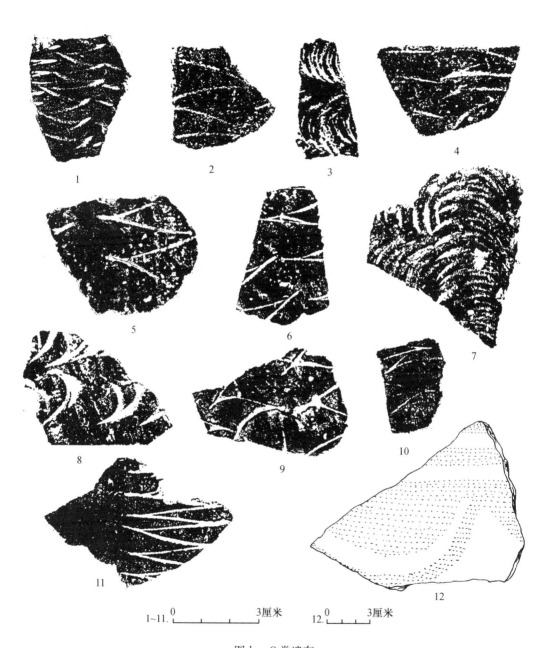

图七　C类遗存

1～11. 之字纹拓片（TAB: 26、TAB: 27、TDB: 29、TLF: 6、TLF: 7、TLF: 8、TDB: 3、TLF: 9、

TAB: 30、TAB: 31）　12. 彩陶片（TLF: 10）

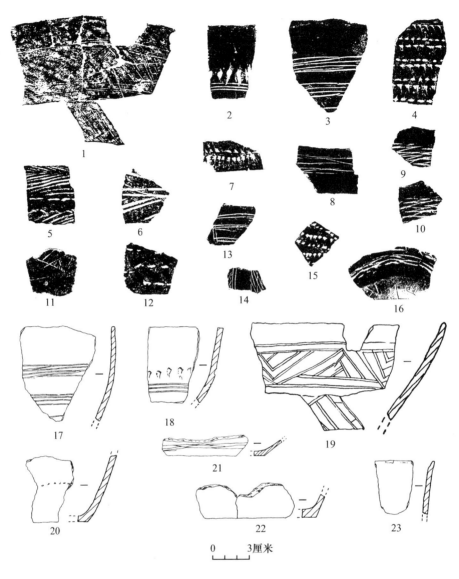

图八　D 类遗存

1~3、5、6、8、11~14. 划纹和戳印纹拓片（TLF：11、TDB：4、TDB：5、TLF：12、TDB：6、TDB：7、TDB：9、

TDB：10、TDB：14）　　4、7、9、10、15、16. 之字纹拓片（TLF：13、TDB：15、TDB：16、TDB：17、TDB：18、

TDB：19）　　17~19、23. 器口沿（TDB：5、TDB：4、TLF：11、TDB：20）　　20~22. 器底（TDB：21、TDB：22、

TDB：23）

　　E 类遗存，仅发现于老富大坨子 4 组（图九，1~4）。识别的遗物很少，陶片纹饰只有压划的短斜线纹，施纹仅限于器物上部。口沿微侈，尖唇，薄胎。这种纹饰具有小珠山上层和左家山三期文化的特点，具体比较与东丰县西断梁山遗址上层出土陶器上的纹饰更为接近[12]。

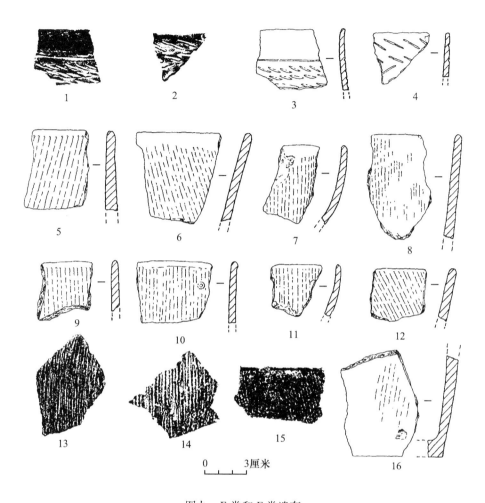

图九　E 类和 F 类遗存

E 类遗存：1、2. 短斜线纹拓片（TLF: 14、TLF: 15）　　3、4. 器口沿（TLF: 14、TLF: 15）

F 类遗存：5~12. 器口沿（TAB: 32、TAB: 33、TAB: 34、TAB: 35、TAB: 36、TAB: 37、TAB: 38、
　　　　TAB: 39）　　13~15. 绳纹拓片（TAB: 41、TAB: 42、TAB: 43）　　16. 器底（TAB: 40）

　　F 类遗存，陶片均呈红褐色，绳纹，纹理较浅细密（图九，5~16）。除以上划分的
敖包山 4 组和老富大坨子南坨子采集到这类遗存的陶片外，在通榆县四海泡子Ⅲ号地点
也有发现[13]。四海泡子Ⅲ号地点文化内涵单纯，陶片均为夹砂红褐细绳纹，个别绳纹
陶片上还施有珍珠纹，器形有花边口沿鬲和侈口或直口的筒形罐。F 类遗存纹饰风格及
相关遗址采集标本的特征组合与白金宝遗址二期遗存最为接近，可以认定属同一种考古
学文化。白金宝二期文化是嫩江下游小拉哈文化与白金宝文化之间的一种过渡性文
化，[14]C 测定的年代数据为晚商[14]。

五、小　结

地处松辽平原中部偏西的通榆县，西部地势较高，属松辽分水岭洪基台地，间有岗地，沙丘，局部微地形较为复杂；东部地势平坦，属湖积冲积平原。境内主要河流有流经北部的霍林河和南部的文牛格尺河，较大的向海泡、蛤蟆泡终年盈水。近年来，由于持续干旱，多数泡塘已干涸，沼泽地的面积不断萎缩，土质沙化严重。

本次调查的 36 处遗址主要位于霍林河、文牛格尺河沿岸和较大的泡塘周围，多座落于岗阜沙丘之上。除少数几处遗址地面发现的遗物比较集中或时断时续的分布范围较大外，大多数遗址面积较小，地层堆积薄，遗迹少见。由于过渡垦殖、放牧及人为盗掘，遗址均遭到不同程度破坏，保存状况普遍不好。采集到的陶片因风蚀往往纹饰模糊，可辨器形者不多。

调查表明，通榆县境内的史前遗存比较丰富，其中敖包山、大坝坨子和老富大坨子三处遗址具有代表性。经分析归纳可区分出六类遗存：A 类，昂昂溪文化，更接近于黄家围子早期遗存；B 类，以菱格纹和糙面麻点纹等为显著特征的一种新发现的考古遗存；C 类，红山文化；D 类，左家山二期文化；E 类，左家山三期文化；F 类，白金宝二期文化。它们的年代关系是，A 类最早，B 类晚于 A 类或大体与 C 类同时[15]，D、E 两类分别相当于小珠山下层偏晚和小珠山中层文化，F 类晚于小拉哈文化而早于白金宝文化，年代可至晚商。以上认定的五种新石器文化和一种早期青铜文化，初步确立了该地区可资比较的文化序列标尺。

这次调查发现的考古遗存呈现出复杂多样的特点，丰富了我们对本地区史前文化的认识。若从大的人文环境来看，松辽分水岭以北至嫩江下游以南的松辽平原中西部地区，是连接辽西、第二松花江流域和嫩江下游三大考古学文化区的交汇点，也是研究三者之间复杂关系之要冲。但这里是否只是各区域间文化交流与传播的边缘地带，或是在与周邻文化的互动与联系中也有自身文化特点，还是按其自身文化特点可以划定一个独立的文化区。现作为问题提出来，以引起大家的注意。相信随着田野工作的进一步开展，新的考古发现将使本地区一系列考古文化现象的解析及与周邻文化关系的讨论更加深入。

附记：此项研究得到教育部人文社会科学重点研究基地基金资助（项目批准号：2007JJD780122）。

注　释

[1]　　a. 王国范. 吉林通榆新石器时代遗址调查 [J]. 黑龙江文物丛刊，1984（4）：55 ~ 59；

b. 白城市博物馆，通榆县文管所. 吉林省通榆县敖包山遗址复查 ［J］. 博物馆研究，2006
（4）：42~47.

［2］ 同［1］，a.

［3］ 吉林省文物考古研究所. 吉林镇赉县黄家围子遗址发掘简报 ［J］. 考古，1988（2）：
141~149.

［4］ 中国社会科学院考古研究所. 中国考古学中碳十四年代数据集（1965~1991）［M］. 北京：
文物出版社，1992：98.

［5］ 赵宾福. 东北石器时代考古 ［M］. 长春：吉林大学出版社，2003：347~354.

［6］ 朱永刚. 论西梁遗存及其相关问题 ［J］. 考古，2006（2）：15~25.

［7］ a. 吉林省文物志编修委员会. 通榆县文物志 ［M］. 内部资料，1985：49~52；
b. 吉林省文物志编修委员会. 长岭县文物志 ［M］. 内部资料，1987：26~27.

［8］ 黑龙江省文物考古工作队. 密山县新开流遗址 ［J］. 考古学报，1979（4）：491~518.

［9］ 冯恩学. 俄国东西伯利亚与远东考古 ［M］. 长春：吉林大学出版社，2002：199~214、
236~243.

［10］ 本次调查材料.

［11］ 杨虎. 关于红山文化的几个问题 ［A］. 庆祝苏秉琦考古五十五年论文集 ［C］. 北京：文物
出版社，1989：216~226.

［12］ 吉林省文物考古研究所. 吉林东丰县西断梁山新石器时代遗址发掘 ［J］. 考古，1991（4）：
300~312.

［13］ 本次调查材料.

［14］ 朱永刚. 论白金宝二期文化 ［A］. 新果集——庆祝林沄先生七十岁论文集 ［C］. 待刊.

［15］ 据王立新相告，2007 年下半年，在白城洮南县双塔遗址的发掘中，发现随葬麻点纹陶器和红
山文化节状兽面玉佩的墓葬，直接打破昂昂溪文化原生堆积的层位关系.

The Survey of Three Prehistoric Sites in Tongyu County and Classifing Remains

ZHU Yong-gang　ZHENG Jun-fu

In the spring of 2007, Frontier Archaeological Research Center of Jilin University and other units surveied 36 sites, which contain three representative prehistoric sites as Aobaoshan Site、Dabatuozi Site and Laofudatuozi Site, in Tongyu County of Jilin Province. After the classification of the collected samples of the these three sites, we divided six categorical remnants: A category is belong to Ang'angxi Culture, closer to the early remnants of the Huangjiaweizi Site; B category is for the diamond-shaped and rough dot ornamentations as the notable features, the equivalent of Hongshan Culture period; C category is belong to Hongshan Culture; D category is belong to Zuojiashan Second Period Culture; E category is belong to Zuojiashan Third Period Culture; F category is belong to Baijinbao Second Period Culture, which is an early Bronze Culture newly established in Nenjiang River downstream, later than Xiaolaha Culture an earlier than Baijinbao Culture. This achievement not only tentatively established the prehistoric archaeological sequence in this region, also provided a clue to explore the relationship between the cultures in this region and surrounding cultures.

额济纳古代遗址测量工作简报

吉林大学边疆考古研究中心
内蒙古自治区文物考古研究所

2001 年 9～10 月，吉林大学边疆考古研究中心配合内蒙古自治区文物考古研究所对额济纳旗的古代遗址进行的调查和试掘工作，对额济纳地区的 13 处古代遗址进行了考古测量（图一）。以往的考古工作对其中的大部分遗址进行过调查，对少数遗址进行过发掘和测量[1~3]。

野外测量工作全部使用全站仪（Total-Station）完成，每一遗址的测量原点均使用全球卫星定位系统（Global Position System，简称 GPS）测出数据。野外测量的数据直接输入计算机，利用 Autodesk Map 画出遗迹的测量图。

所测 13 处遗址中，大部分遗址年代清楚，性质明确，以下据遗址年代依次简报。

1. 绿城遗址

绿城遗址位于额济纳旗所在地达来呼布镇东南 40 公里处，是此次工作年代跨度最长、遗迹现象最丰富、所涉面积最大的城址。绿城遗址的年代包括了青铜时代、汉代、魏晋、西夏等时期，除了在测量区域西部的城址以外，还有障、房屋、庙、塔、墓葬、水渠等各种不同的遗迹，涵盖范围达 6.25 平方公里。内蒙古自治区文物考古研究所2001 年 9 月至 10 月在城内北部进行了发掘，发现了属于青铜时代文化的房址和墓葬。

由于绿城遗址范围过大，为了能够清楚的表现不同时期不同性质的遗迹，将全部测量区域分为以青铜时代城址为中心的西区，以魏晋时期墓葬为中心的东区和以汉代、魏晋墓葬为中心的南区（图二）。这样即可以了解城址本身与分布在城址周围遗迹间的关系，又可以清楚地看到在这一大的范围中不同局部遗迹分布的详细情况。

青铜时代城址分布在西部，呈不规则椭圆形，东西长 450 米，南北最宽处约 280 米。城门位于东南墙。城墙时断时续，大部分为夯筑，部分地段有后代用土坯修补的痕迹，高出地表最高处约 2 米。

城内南部偏西处有一近方形的汉代障城，西墙无存，北墙保存较好，东墙和南墙仅存部分。城外北侧发现有一平面呈不规则圆角三角形的小城，在西墙和东北墙各有一缺口，可能是门址所在。年代可能亦为汉代（图三）。

一条水渠由西南穿过城址向东北延伸，水渠东西长度超过 2 公里，两端均已出超出测量区域。渠壁为夯筑，部分地段还可以看出当年流水的渠槽。

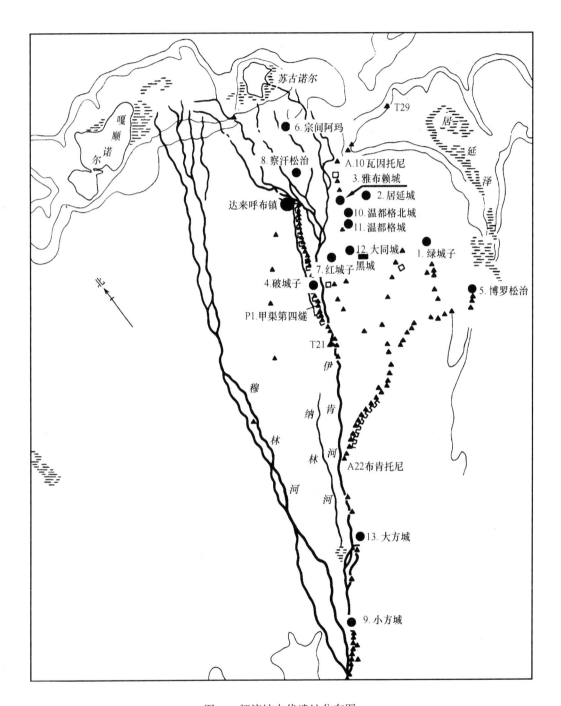

图一　额济纳古代遗址分布图

● 此次测量的遗址，前面的编号与文中编号同

（据《中国大百科全书·考古学》中"居延烽燧遗址分布图"改制）

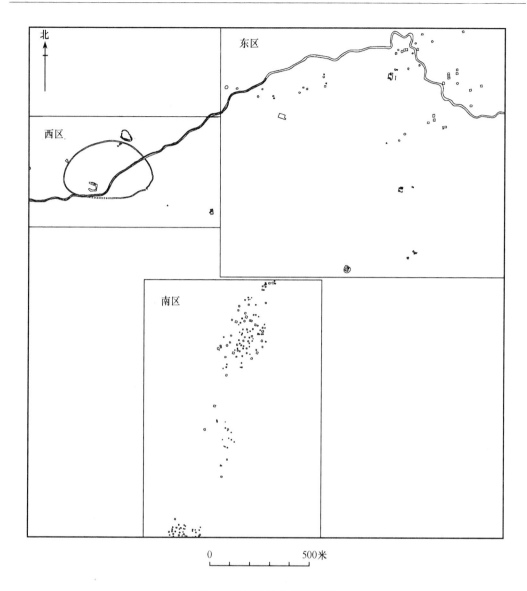

图二　绿城遗址分区示意图

在西距城址约 500 米处开始向东，在水渠的两侧，尤其是南侧，分布有大量的遗迹。其中包括汉代墓葬，大多尚保留有高出地表的圆形封土。还有魏晋时期墓葬，均在地表修建方形高台，高台的四周为夯土，内填黄土，在靠近高台的地下修建小砖墓室。在水渠的南侧稍远处还散布有西夏时期房址和庙址（图四）。

水渠除了在其西段穿越城址时一部分叠压在城墙之上，在其东段与上述遗迹没有发生任何叠压或打破关系。

从距城址东南约 750 米的地方，向南有大量的汉代墓葬和魏晋时期的墓葬交错分布，还有少量西夏时期的庙、塔的基址等（图五）。

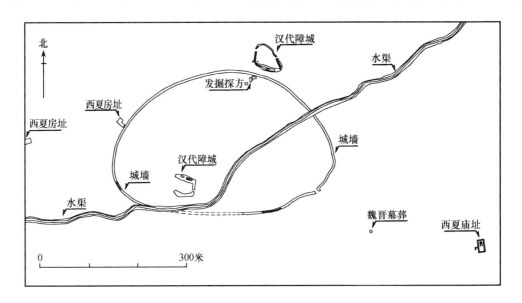

图三　绿城遗址西区

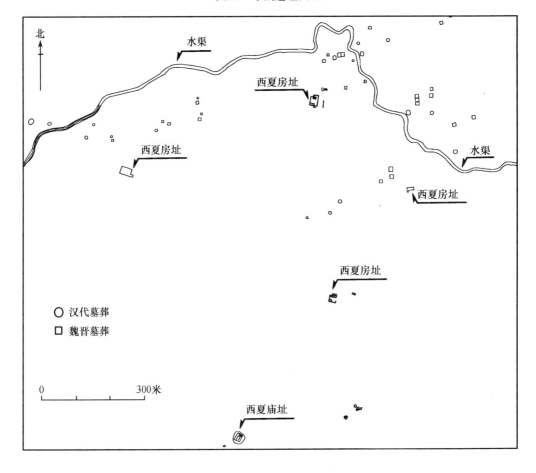

图四　绿城遗址东区

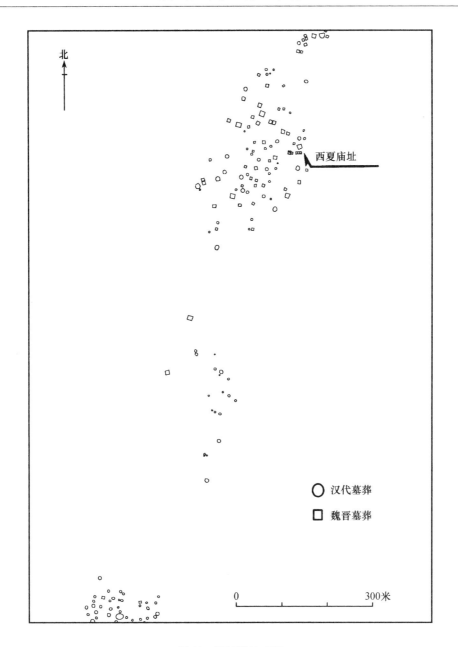

图五　绿城遗址南区

2. 居延城

　　居延城遗址为汉代张掖郡下属的居延县治所，位于达来呼布镇东 20 公里处的戈壁上，周围多大型沙丘和红柳包。

　　城址平面基本为方形，方向为北偏东，边长为 125～130 米，城墙夯筑，西北角和西墙南端都已被流沙掩埋。城墙的东北角和东南角均稍有凸起，推测原建有马面。城门在南墙中部，并建有瓮城。在瓮城南墙内侧基部发现一条用扁长形方砖砌成的水渠，水渠先向西然后向北进入城门，成曲尺形。在城内西部有几座沿西墙成排分布的房屋遗迹，其他地点亦有零散的房屋遗迹。在城内外发现了 300 多个 0.6～1 米见方、深 0.7～1 米左右的方形或长方形小型窖穴遗迹，具体用途不详（图六）。

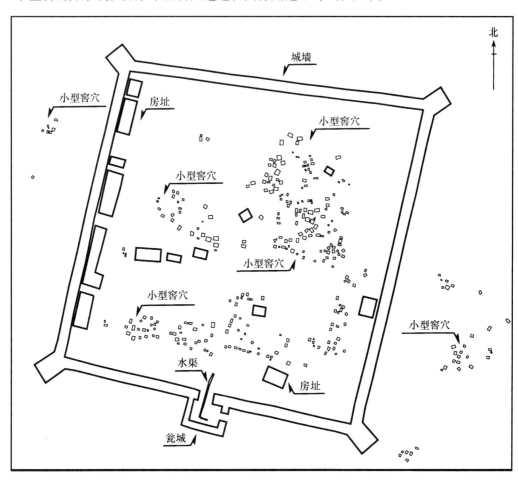

图六　居延城遗址

3. 雅布赖城

雅布赖遗址是汉代居延都尉府所在地，位于达来呼布镇东 10 公里处的戈壁上，周围分布着大量的红柳包，连绵不断的沙丘遍布城内外。

城墙多处都被流沙掩埋，在地表仅可观察到断断续续的残段，据此可知城址平面为北偏东的正方形，城墙为夯筑，边长为 120～130 米左右（图七）。

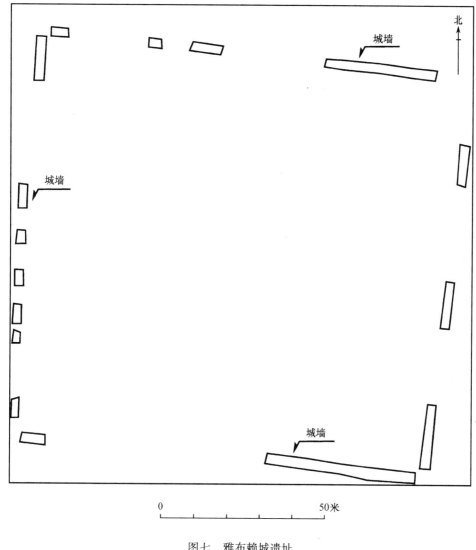

图七 雅布赖城遗址

4. 破城子

破城子遗址为汉代张掖郡居延都尉所辖甲渠侯官的治所，位于达来呼布镇南28公里处。1931年西北科学考察团曾在此地发掘了四个地点，后甘肃省考古研究年于1973～1974年再次进行发掘[4]。

遗址由障和坞两部分组成。障位于坞城的西北角外，平面方形，每边长23米左右。在南墙近东侧有可以通向障墙顶部的台阶。靠近最低一阶台阶的障墙开有通向坞城的门洞，是障与坞之间的唯一通道。

坞城位于障的南部，平面为正方形，南北长47米，东西宽约45.5米。坞墙由土坯砌筑。东墙有带瓮城的坞门，已被焚毁。

坞和障内分别有保存较好的房屋遗迹。

在坞城南部约 50 米处有一高出地表 0.5 米的小台，可能为一烽台遗址（图八）。

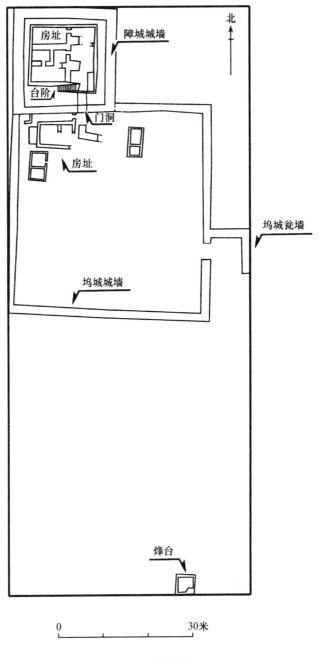

图八　破城子遗址

5. 博罗松治

博罗松治遗址是汉代张掖郡居延都尉府卅井侯官治所,位于达来呼布镇东南60公里处。遗址坐落在一个自然形成的三阶台地上。

烽台位于最高一层台地,平面呈方形,土坯砌成,保存较好,周围可见到有多次修建的痕迹。东南侧可见到依烽台台壁建筑的房屋,还保留有部分残断的墙壁。在这里曾清理出铜镞、残简等汉代遗物。

第二层台地仅见于西南侧,较为平缓,在此台地上可见到残墙,基本形成一方形院落,在台地的东侧有依第三层台地修建的房屋(图九)。

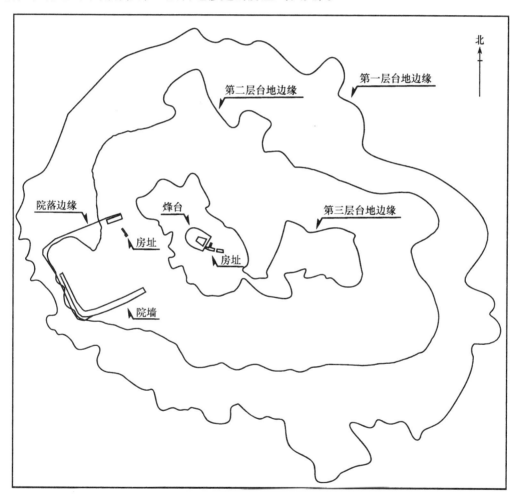

图九　博罗松治遗址

6. 宗间阿玛

宗间阿玛为汉代张掖郡居延都尉所辖殄北侯官的治所，位于达来呼布镇北 21 公里左右处。

现地表仅见障城，坞城已不存。障城修筑在一高出地表约 3 米的风蚀台地上，平面为方形，边长约 30 米。障墙保存情况不一，以西南角保存最好，可清楚看到土坯修筑的情况，西北角和东墙亦较好。障门开在南墙偏东。障内呈锅底形。在障内西部发现有房屋。在台地外侧发现了可能为水道的遗迹（图一○）。

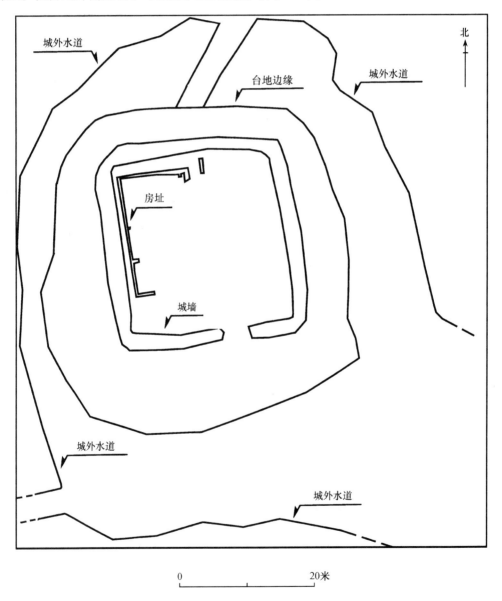

图一○　宗间阿玛遗址

7. 红城子

红城子为汉代障城遗址，位于达来呼布镇南约13公里处，西距伊肯河3公里，周围地势平坦。城平面为方形，边长23米左右，城墙为土坯砌筑，保存完好，高7米左右，墙上有高0.7米左右的女墙。城内西南角保留有当时登上城墙的坡道。城门位于南墙的东南角。东墙中部有后期挖开的通道。在城内和城外没有见到任何遗迹现象（图一一）。

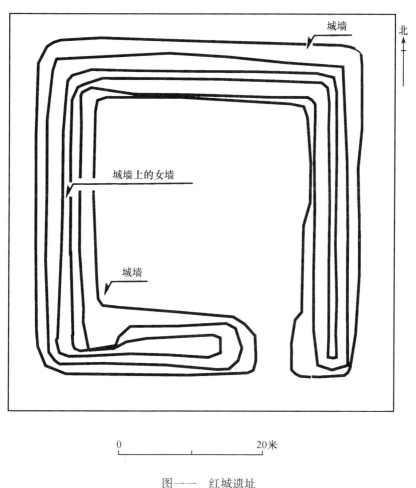

图一一　红城遗址

8. 察干松治

察干松治遗址为汉代居延都尉府殄北侯官所辖烽燧，位于达来呼布镇北10公里处一个自然形成的不规则台地上。

烽台位于台地的南部，平面呈方形，土坯砌成，在烽台的东侧还清楚的保留有当年由台底攀上台顶的通道。烽台北侧用土坯垫起，上面修建有房屋，地表可看到有残墙。因中部有隔墙，似为两间（图一二）。

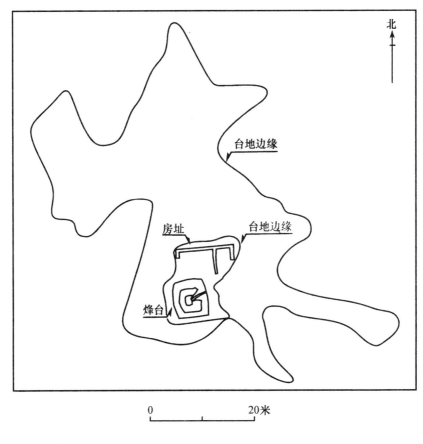

图一二　查干松治遗址

9. 小方城

小方城遗址为汉代张掖郡肩水都尉最北的广地侯官的治所，位于北距达来呼布镇 125 公里的伊肯河东岸。

位于北距达来呼布市 125 公里的伊肯河东岸。遗址由坞和障组成，坞平面为长方形，保存不好，但在地表原为坞墙处的植被与周围的植被有明显差异，可据此进行测量，南北长 55 米，东西宽 40 米左右。障城位于坞内的东北角，平面为方形，边长 20 米左右。障墙用土坯修建，保存较好，现最高处为 5～6 米，障门开在南侧，在西墙和北墙的中部被近人挖出缺口以便进出。在障和坞内没有发现其他遗迹（图一三）。

10. 温都格北城

是唯一一座在以往的调查中没有发现和记录的城址，因位于温都格城北约 1 公里处而暂称其为温都格北城。在遗址的西北角有一烽台，平面方形，边长 5.5 米左右，现高

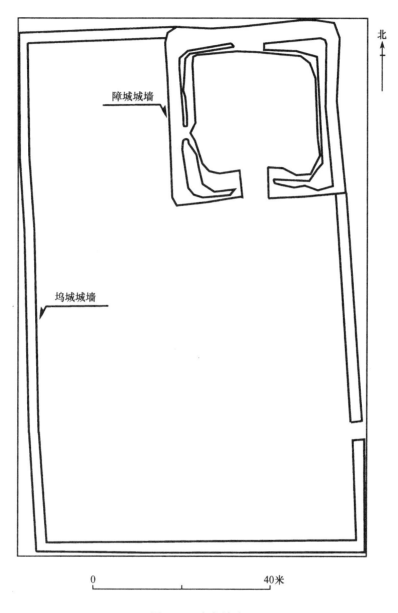

图一三　小方城遗址

出地表约 3 米。烽台的东南侧连接有城墙，从残断的城墙看，似为一边长为 25 米左右的方形小城。年代不详（图一四）。

11. 温都格城

温都格城位于达来呼布镇东南 16 公里处的戈壁，周围地势平坦，方向为北偏西。可能为汉代城址。

温都格城为具有双重城墙的回字形城。外城的北墙和东墙保存完好，现均高出地表

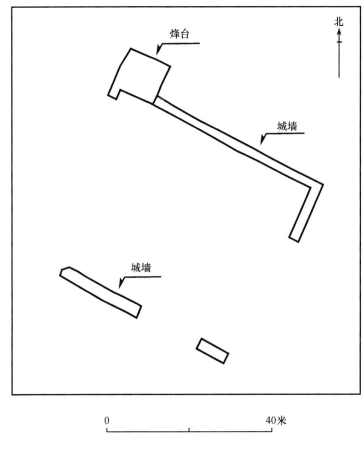

图一四　温都格北城遗址

6 米左右。西墙仅可观察到两段。南墙无存。内城仅存部分东墙、南墙和西北角。据内城残段的城墙观察，内城应为方形，边长为 25～27 米。年代不详（图一五）。

12. 大同城

大同城位于达来呼布镇东南 20 公里处的戈壁上，城址周围地势平坦，方向北偏西，双重城墙呈回字形，为不同时期修建，其中内城的年代较早，可能是唐代，外城的年代较晚，可能到元代。

内城为方形，边长为 85 米左右，城墙为夯筑，仅西北角和东墙南端、南墙东端保存较好。墙体内外都有护坡。南墙中部缺口，可能是门道。

外城为长方形，东西长 210 米左右，南北宽 167 米左右，城墙为夯筑。在东墙和西墙的中部都有城门。东门门道宽约 8 米，还保留有基本完好的瓮城遗迹。西门仅存门址。在东墙、南墙以及东北角、东南角和西南角还隐约可见方形马面的遗迹。外城的西北角及北墙的西端已被破坏（图一六）。

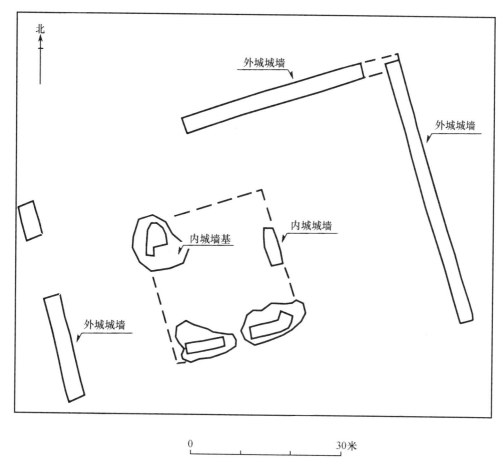

图一五　温都格城遗址

13. 大方城

大方城遗址可能是唐代以后的烽燧遗址，北距达来呼布镇 100 公里。

遗址周围有方形的用土坯砌成的城墙，边长 45 米左右。其东城墙保存较好，现高出地表 2～3 米，其西、南、北墙则基本不见。东墙中部有城门，东南角和东北角保存有圆形凸出的马面，西南角和西北角虽然现地表已看不到有马面的遗迹，但从整体情况推测，亦应有同样的马面。烽台紧靠西城墙，位置居中，平面近方形，南北长约 7 米，东西宽约 6 米，由石片砌成，保存完好（图一七）。

如上文所述，此次测量的遗址中以汉代的都尉治所、县治、侯官和烽燧等与汉代塞防有关的遗址为主，还包括了商周时期的城址，以及部分较晚时期的城址或烽燧遗址，涉及的遗迹有烽台、墓葬、房址、庙址、窖穴、水渠等，对于了解额济纳地区古代、尤其是汉代的政治、经济、军事以及宗教等方面提供了重要的基础资料。

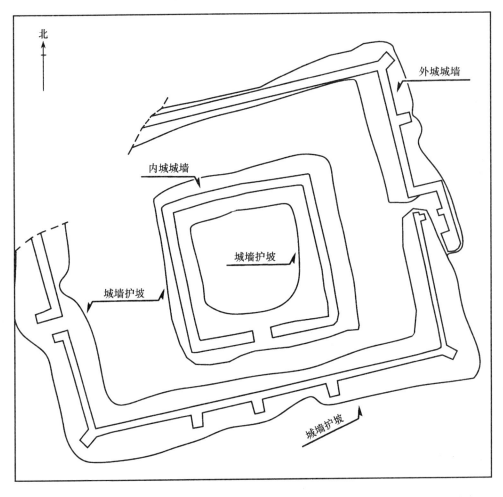

北

外城城墙

内城城墙

城墙护坡

城墙护坡

城墙护坡

0　　　　　　　　50米

图一六　大同城遗址

　　此次测量工作得到了额济纳旗文化局和额济纳旗文管所的鼎力协助。参加测量工作的人员有内蒙古自治区文物考古研究所魏坚、杨春文、那玮，额济纳旗文管所策仁扣、宝力道、巴图，吉林大学边疆考古研究中心教师滕铭予，研究生方启、李法军、郑丽慧。谨向为此次测量工作付出努力的所有同仁表示真诚的谢意。

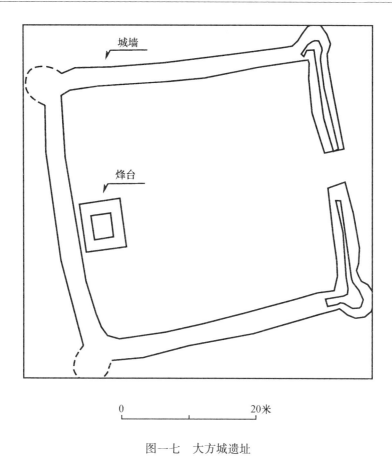

图一七 大方城遗址

附记：此次测量工作与简报的编写得到了"吉林大学'985 工程'项目"资助。

执 笔：滕铭予

注 释

［ 1 ］ 陈梦家. 汉简考述 ［J］. 考古学报，1963（1）：1～77.

［ 2 ］ 甘肃居延考古队. 居延汉代遗址的发掘和新出土的简册文物 ［J］. 文物，1978（1）：1～25.

［ 3 ］ 甘肃省文物工作队. 额济纳河下游汉代烽燧遗址调查报告 ［A］. 汉简研究文集 ［C］. 兰州：
甘肃人民出版社，1984：63～84.

［ 4 ］ 甘肃居延考古队. 居延汉代遗址的发掘和新出土的简册文物 ［J］. 文物，1978（1）：1～25.

Brief Report on the Measurement of Ejin Ancient Sites

Research Center for Chinese Frontier Archaeology of Jilin University

Inner Mongolia Institute of Cultural Relics and Archaeology

This article is a brief measurement report of thirteen sites in Ejin region in the autumn of 2001. The Commandant governments, County governments, Hou governments of Han Dynasty and the sites of military barriers of Han Dynasty such as beacon towers are in the center of the measurement; besides, the town sites of Shang and Zhou Dynasty and a part of town sites or beacon tower sites of later periods are included in the report, and the concerned relics involve beacon towers, graves, dwelling sites, temple sites, storage pits, channels, and so on. The results provide important basic information which helps to know the politics, economy, military, and religion of the Ejin region in the ancient time.

罗布泊地区小河流域的考古调查

新疆文物考古研究所

在塔里木盆地东端，库鲁克塔格山脉、阿尔金山与罗布泊干湖床之间，有一片面积辽阔的塔里木河—孔雀河三角洲，卫星图像显示，有许多古河道由三角洲北缘呈放射状向东和东南方向展布。小河，就是其中的一条。小河河道由孔雀河下游河道向南分出，分岔点大致在营盘和雅尔丹布拉克之间的雅钦里克库勒附近，其尾间深入罗布荒漠南缘。1934年，由中瑞西北科学考察团成员瑞典人贝格曼命名。贝格曼在罗布猎人奥尔得克的引导下，率考察队沿小河南行60余公里，在河道两侧发现了包括小河墓地在内的多处古代遗迹，引起了中外学者的关注。

2002～2007年，新疆文物考古研究所在小河墓地发掘过程中以及发掘结束后的现场遗迹保护期间，利用前后合计约三周的时间，对小河墓地周边区域进行了踏查。踏查的范围大致在西起东经88°25′、东至东经88°45′，北自北纬40°25′、南抵北纬40°10′。在这一范围内发现古遗存点19处。其中，7处为墓地，5处为遗址。遗址的情况较为复杂，除发现可能是窑址的遗迹外，未发现保存在原生层位的遗迹、遗物，不过地面遗物分布相对集中的区域，说明曾有人类的频繁活动，故也将这些地面遗物视为遗址的一部分。另外的7处，只在地表零星地采集到遗物，未见任何遗迹，则视为采集点（图一）。

调查中遗存的编号，每个地点的编号由3个字符组成，XH为"小河"两字拼音缩写，其后的字母表示遗存的类型，如："M"表示墓葬，"Y"表示遗址，"C"表示采集点。"M"末尾的罗马数字为墓地的序号；"Y"、"C"末尾的阿拉伯数字为遗址和采集点的序号。在记录同一个地点不同年份获得的标本时，在字符的最前端再加上阿拉伯数字表示采集的年份。

下面报道的是各遗存点的调查情况。

一、墓　　地

（一）XHM I 墓地

XHM I 位于小河墓地西约3.5公里处，处于小河干河道东侧。通过GPS（全球定位系统）定位，墓地坐标为：北纬40°20′12.9″、东经88°37′50.16″。

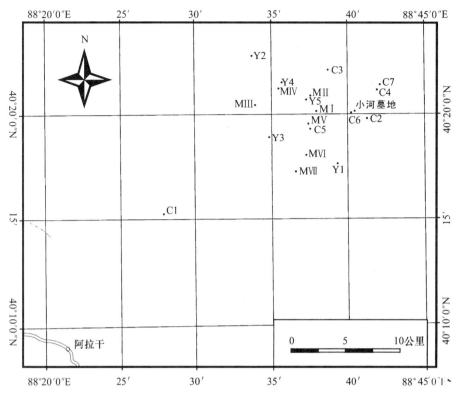

图一　小河流域调查区域内各遗存点位置图

1. 墓地概况

墓地墓葬有东西两处，都位于红柳沙包旁低缓的沙丘上，两处墓葬相距百米左右。墓地周围遍布流动的沙丘，地貌经常会有一些变化。2002 年调查时，西侧墓葬发现 3 座，次年调查时，其中两座完全被流沙覆盖，其上形成新的沙丘，东侧的墓葬，则到 2007 年调查时因风蚀暴露在外方被发现。

西侧墓葬，靠近一座红柳沙包，红柳已干枯。在红柳沙包一侧堆积有很厚的芦苇草，当中夹杂有骆驼的粪便。墓葬 3 座，完全暴露于地表。其中一座尚存木质棺具，已干裂变形，可以看出是用粗大的胡杨树干掏空中部制成的槽形棺，未见棺盖板和挡板。棺内淤入流沙，内葬一成年个体，仅存枯骨，仰身直卧，头向东北。稍清理，见死者身下残存少许动物毛皮，可能是裹身之物，未见随葬品。另外两座墓葬，死者骨架酥朽，散落在沙地上，不见葬具和随葬品。在墓葬之间，倒伏着 4 根 2 米左右的胡杨木柱，上有人工削砍的痕迹（彩版二，1）。

东侧墓葬，只发现一具成年个体的骨架，头骨和肢体完全散开。骨架附近见七、八块干裂、弯曲的胡杨木槽或木板，应该是棺具。

2. 遗物

地表除残棺具和木柱外，未见其他遗物。

（二）XHM Ⅱ 墓地

XHM Ⅱ 位于小河墓地西偏北 4.4 公里处，地理坐标：北纬 40°21′0.198″、东经 88°37′26.76″。与东南的 XHM Ⅰ 相距 1 公里多。

1. 墓地概况

墓地位于沙丘间一座小的雅丹台地上，台地周围高大的沙丘连绵，沙丘与沙丘之间偶尔也有同样的小雅丹，雅丹断壁上风成或水成的层理清晰可见。墓地远处有多个红柳沙包，有的红柳尚存活，有的沙包上还有残断的巨大的胡杨枯树。

墓地所在雅丹台地，平面不规则，面积约 35 米×10 米左右。台地窄端与沙丘相连，宽端已坍塌，形成高 2～3 米的断壁。台地表面平缓，上面满是倒伏的胡杨木板、木柱等，它们杂乱地堆挤在一起，台地两边坍塌，不少木头也随之散落下来（彩版二，2）。这些木板、柱大都已严重干裂，有的已完全变形。但仔细观察，还是能够辨认出其中大部分是棺具的残件。如大量宽平的长方形木板应该是箱式棺的侧板，其长 2 米左右、宽 0.3～0.4 米，板两端出扁榫，侧边凿长方形卯孔；还有一些高不到 1 米、侧边也有卯孔的四方柱，应是箱式棺四边的角柱。也有和 XHM Ⅰ 一样的用掏空的胡杨树干制成的槽形棺。还有一些可能是木构件，如一头凿出方形凹槽的粗柱和一种带有丫杈的粗柱，从形制上看，有可能是用来承托横梁的立柱；一些长 3.5 米的木柱，可能是梁柱。但这些木构件和墓地墓葬之间的关系已很难知晓。

台地上及周围都没有发现人的骨骸。在一具槽形棺的内壁还黏附着小片彩色栽绒毯的残片，残片上连缀着白色绢片和棉布片。在台地表面沙地上，发现散落的残铜器、玻璃珠等遗物。

2. 遗物

采集的遗物标本如下。

铜环　4 件。

02XHM Ⅱ：1，由一根铜丝弯扭成两圈成垂直的"8"字形，长 4.4 厘米（图二，7）。

03XHM Ⅱ：3，呈圆环状，外径 5.4 厘米，内径 4 厘米（图二，4）。

03XHM Ⅱ：5，2 件。03XHM Ⅱ：5-1，由一根铜丝弯扭而成，一端为圆形，一端三角形。长 4.3 厘米。03XHM Ⅱ：5-2，由一根圆杆铜丝弯曲成钥匙状。长 4.7 厘米（图三，1、5）。

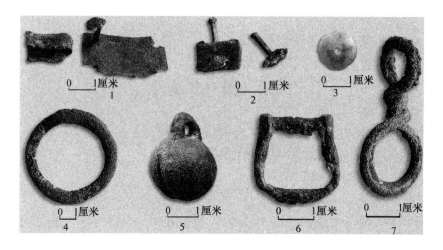

图二　XHMⅡ、MⅢ、MⅦ墓地采集铜器等标本

1. 铜器残件（03XHMⅡ:6-1、2）　2. 铜钉（03XHMⅡ:4-1、2）　3. 钻孔贝饰（03XHMⅦ:1）

4、7. 铜环（03XHMⅡ:3、02XHMⅡ:1）　5. 铜铃（03XHMⅡ:2）　6. 铜带扣（03XHMⅢ:1）

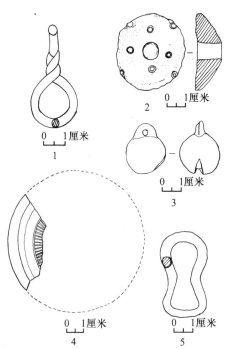

图三　XHMⅡ、MⅣ墓地采集铜、陶器标本

1、5. 铜环（03XHMⅡ:5-1、2）　2. 陶纺轮（03XHMⅣ:1）　3. 铜铃（03XHMⅡ:2）　4. 铜镜（03XHMⅡ:7）

铜铃　03XHMⅡ:2，保存较好，圆球状。铜铃底部开口，内含小铜丸。顶端带弓形纽，纽上穿孔，孔径 0.3 厘米（图三，3；图二，5）。

铜钉　03XHMⅡ:4，2 件。03XHMⅡ:4-1，四棱形铜针，长 1.6、粗约 0.1 厘米，针部嵌入一正方形铁质垫圈中，垫圈边长 1.4 厘米。03XHMⅡ:4-2，为圆形铜帽下连接四棱形铜针，长 1.2 厘米（图二，2）。

铜镜　03XHMⅡ:7，现只残存一部分，圆形，正面光滑，背面外侧有一圈突棱，内侧饰射线纹。直径约 7.7 厘米（图三，4）。

铜器残件　03XHMⅡ:6，2 件。03XHMⅡ:6-1，残断，长方形铜片对折后，中部用铜钉铆合。03XHMⅡ:6-2，不规则长方形铜片，一角处钉有一铜钉（图二，1）。

料珠　03XHMⅡ:1，3 颗。湖蓝色，两颗呈珠状，直径 0.5 厘米。一颗呈管状，形体较小。

织物残片　03XHMⅡ:8，栽绒毛毯残片，上粘连着残绢片和棉布片。毛毯片残存65厘米×18厘米，平纹结构，结马蹄扣，红、蓝、白、粉红、黄等色绒头显现花纹，但残片窄小，纹样看不清楚。绢片和棉布片都为白色，平纹。

（三）XHMⅢ墓地

位于小河墓地正西9.2公里处，处于小河河道的西侧，地理坐标：北纬40°20′35.88″、东经88°33′49.74″。

1. 墓地概况

XHMⅢ所在区域的地貌与XHMⅠ、XHMⅡ略有不同，这里很少见特别高大的沙丘，沙丘间常有大片平坦、表面无沙的黏土洼地，沙丘和洼地上多存红柳、芦苇等植被残迹。在墓地西侧有一条东北—西南向开阔的河床样低地，地面上发现很多淡水螺壳。从方位上看，这应该是小河丰水期河水泛滥冲蚀造成的。在此地南、北方约1公里多，各有一座近代牧羊人用胡杨木、芦苇搭建的简陋茅屋。附近还有石油物探部门专设的两条东西、南北相互交叉的测线。

墓地墓葬有南北两处，相距20余米。南侧墓葬在一座低缓的沙丘上，沙丘面积约70米×40米，上面留有大片芦苇枯根和多处小的红柳包。墓葬发现在沙丘的西南部，有两座，没有棺具，骨架裸露在地表，已遭严重风蚀，骨骼不全。可以看出是仰身直肢，头向北略偏东。从骨骼特征上看，一为成年男性，一为成年女性，都不见随葬品。在沙丘上发现一块中部带半圆凹槽的圆形木板，长25、宽18厘米；还见一具干裂的胡杨木槽，长约2.05米，这些可能都是棺具的残件。

北侧墓葬，位于一处稍高于周围洼地的面积约20米×10米的低丘上，其上流沙很薄，露出发白的黏土地表。有墓葬3座，和南侧的墓葬一样，骨架暴露在地表，已完全风化、酥朽。其中两具可判断葬式为仰身直肢，1具只见碎骨渣。在一死者头端发现一些动物的牙齿，需鉴定。

2. 遗物

两处墓葬所在沙丘上都未见遗物，在南侧墓葬沙丘旁采集到陶纺轮、铜带扣和残铁器。采集标本如下。

纺轮　03XHMⅢ:2，手制，夹砂灰陶，不规则圆饼状，直径3.6、厚2厘米。单面穿孔，孔径0.7~1厘米。

铜带扣　03XHMⅢ:1，大致呈闭合的"U"字形。长2.5、宽2.3厘米（图二，6）。

残铁器　03XHMⅢ:3，有铁片、铁块等。铁片有圆形、方形，表面有小孔。铁块较残碎，形状不规则。

（四）XHM IV 墓地

XHM IV 位于小河墓地西偏北 7.3 公里处，处于小河干河床的西岸，西南与 XHM III 相距 2 公里左右。墓地坐标：北纬 40°21′24.54″、东经 88°35′24.59″。从位置和遗迹看，此即贝格曼编号的小河 4 号墓地。

1. 墓地概况

XHM IV 与 XHM III 临近，所在区域的地貌环境也基本相同。墓地位于一处布满红柳残根断枝的低沙丘上，墓地近旁是成片的黏土洼地，远处散布着几个高 5~6 米的大红柳沙包，偏西发现一条南北向宽 2 米左右的小渠，渠内低洼处散落淡水螺壳。

墓地情况和贝格曼调查时差不多，已被风蚀破坏殆尽，大致有 4 或 6 具残朽的棺木散落于地表，墓地沙丘旁的洼地上也有凌乱的棺板。经辨认，木棺形制有和 XHM II 所见大致相同的带榫卯结构的箱式棺，也有掏空胡杨树干的槽形棺，但这里的槽形棺似与 XHM I、XHM II 发现的略有不同，树干两端并不凿通，无需另加挡板（彩版三，1）。

墓地上未发现人骨，在附近洼地上采集到陶纺轮 1 件。贝格曼当年曾在墓地发现有很少的骨骸和丝、毛、棉织物残片。

2. 遗物

纺轮　03XHM IV：1，手制，夹砂灰陶，不规则半球体形。直径 3.6、厚 1.4、孔径 0.9 厘米。平整一面上，用管状器物戳压有八个凹点，凹点中又带有凸点（图三，2）。

（五）XHM V 墓地

XHM V 位于小河墓地西偏南约 4.4 公里处，处于小河干河床南侧。地理坐标：北纬 40°19′37.85″、东经 88°37′20.34″。

1. 墓地概况

XHM V 与 XHM I 相距不远，所在区域的地貌环境大致相同。墓葬在一座红柳沙丘旁，沙地上横七竖八倒伏着一些胡杨木棒。一具掏空胡杨树干的槽形木棺暴露在地表，木棺的头端未凿通，足端已残断，不见盖板和一端挡板（彩版三，2）。棺内仰身直卧一成年个体，骨骸已风蚀发白。腹部和颈部见丝毛织物，应是衣物的残片。

2. 遗物

织物残片，07XHMⅤ:1，3 片。07XHMⅤ:1-1，白色粗毛布，2/2 斜纹组织，残片约 15 厘米×10 厘米。07XHMⅤ:1-2，红色几何纹绮，平纹地上 3/1 斜纹显菱格、折线纹，残片约 5 厘米×3 厘米。07XHMⅤ:1-3，白色平纹素绢，残片约 27 厘米×5 厘米。

（六）XHMⅥ墓地

XHMⅥ位于小河墓地西偏南约 6 公里处，地理坐标：北纬 40°18′5.88″、东经 88°37′8.94″。在墓地之北，大致南北向的小河河道向东延伸约 3 公里后，重又转向南。从位置和遗迹看，该墓地即贝格曼编号的小河 6 号墓地。

1. 墓地概况

XHMⅥ所在区域，沙丘平缓，沙丘间矗立着一些大大小小的红柳包。由墓地北望可以看见一片活的胡杨树林，还有茂密的芦苇、红柳等干旱区植被。

墓葬分布在一处低沙丘的顶部和四周，沙丘上残存着几簇红柳枯根。沙丘地表散落着一些胡杨木棺具，有的棺板被人为地堆放在一起，并用红柳枯枝覆盖起来。在墓地北部相对集中地倒伏着大片胡杨木柱。墓地地表未见人骨。

当年贝格曼到达墓地时，墓地的保存状态相对要好些。他在墓地清理遗迹 4 处，包括 3 座墓葬以及北部胡杨木柱集中的区域。清理的 3 座墓葬，棺具都暴露在沙表，两具木棺用半根胡杨树干掏成，长 2 米左右，棺两端另加挡板，其中一具还存盖板，盖板上覆盖着灌木枝；一具长方形四足箱式棺，棺板已散，贝氏将其完整拼合，测得其长 173、宽 34～44、高 55 厘米。三具木棺，一具棺内尚存完整的尸体，是一成年女性，头东脚西，上身穿丝绸襦、胸衣，下身着灯笼长裤、长裙。随葬纺轮、铁镜、铁剪、香囊、丝绸冥衣以及人的发束等。在墓地北部，贝氏认为可能有一个矩形的围墙遗迹，"墙"由倒卧在地上的约 0.6 米长的胡杨木柱构成，围墙圈出 6 米×7.5 米的面积。在"围墙"中部贝格曼清理出 4 个带平头环形耳的木杯。

2. 遗物

墓地地表未发现遗物。

（七）XHMⅦ墓地

XHMⅦ位于小河墓地西南约 7.5 公里处，地理坐标：北纬 40°17′17.29″、东经 88°36′27.43″。XHMⅦ北距 XHMⅥ约 1.7 公里，两墓地同位于小河河道西侧。贝格曼编号的小河 7 号墓地即在此处。

1. 墓葬概况

XHMⅦ与 XHMⅥ所在区域的地貌环境相同。墓葬分布在沙丘间一处平顶的红柳沙包的顶部和四周。

在沙包顶部地插立着一些胡杨木柱，非常引人注目，木柱的上端已干裂残断，柱与柱间隔 0.7～1.5 米，木柱围成不规则的一圈，木柱圈的长径约 5 米。贝格曼对柱圈中部的流沙做了清理，除出土一件残陶罐外，未见其他任何遗迹（彩版三，3）。

在沙包的边缘发现 4 具人的骨骸风蚀暴露在外。其中沙包北缘发现 2 具，都没有棺具，骨架完全酥朽，散落在沙坡上。南缘红柳包的断壁上发现 1 具，木棺和尸体露出了大半，木棺是胡杨木槽棺，不见盖板和挡板，尸体仰身直肢，枯骨上粘连着少许碎布片。沙包东缘的一具，也以胡杨木槽棺葬敛，棺木和尸骨都被抛掷在坡地上，木棺残成多块，尸骨散乱。在墓地沙包东侧的丘间风蚀洼地上也发现一具木棺，木棺系一截长约 1.4 米的中空的胡杨树干，当中塞进一具儿童的尸骨，尸骨用细毛毡及白色棉布包裹，头、脚部已被风蚀。在木棺旁的地表上采集到 1 件钻孔贝饰。

此外，在墓地沙丘上、旁边的洼地上都可以见到一些凌乱散落的棺具残件，有箱式棺和木槽棺，箱式棺的侧板长 1.53～1.9 米，棺四角的角柱高 0.6 米；木槽棺长 1.8～1.9 米。在墓地沙包顶部有一高出地面近 2 米的木柱，旁边有箱式棺的残棺板，推测这种木柱可能是墓葬地表的标志物。

在墓地之西有一低于墓地的小红柳沙包，红柳枯枝下压有一峰死骆驼，已成枯骨。

贝格曼当年在墓地清理了两座墓，并采集了颅骨。上述新发现的 5 具骨架应该是贝氏调查之后经风蚀新暴露出的。贝格曼清理的一座墓葬保存相对较好，木棺独特，是在槽形木棺下又安装了 4 条木足。墓主男性，鼻孔塞丝绸鼻塞，身着带锦缘的丝绸服饰。

2. 遗物

钻孔贝饰　03XHMⅦ:1，圆片状，轻薄、光滑。直径 1.2、孔径 0.1、厚不足 0.1 厘米（图二，3）。

二、遗　　　址

（一）XHY1 遗址

XHY1 位于小河墓地南偏西约 4 公里左右，西距 XHMⅥ和 XHMⅦ墓地 2 公里左右。遗址地表遗物较集中的区域经 GPS 定位，坐标：北纬 40°17′38.32″、东经 88°39′10.10″。

1. 遗址概况

遗址处于小河河床两岸低缓的沙丘及丘间黏土洼地上，周围红柳沙包随处可见。在遗址西侧百米处有一座近代牧羊人的茅屋，屋里还遗留有破渔网。

遗址中发现的遗迹不多，重要的是一处位于沙丘间的红烧土堆，疑为陶窑残迹。还有两处是丘间低地上非常集中的陶片堆，从陶片口沿形制看，应该是大型陶器如陶缸类器物。在这些遗迹周围进行踏查，不断发现散布在地表的陶片、铜、铁、石器等。从这些相对集中的地面遗物的分布情况，推测遗址的范围大致在2公里左右。

2. 遗物

对遗址地表部分遗物做了采集，以下分类介绍。

（1）陶器

没有发现完整器物，采集到的多为口、底部及其他有特点的部位残片。陶质多夹砂红陶，个别夹砂灰陶或火候不均形成的双色陶，也偶见泥质陶。另采集有陶纺轮多件。

陶器口沿残片　02XHY1：11，4件，均夹砂红陶。02XHY1：11-1、2，口微侈，小平沿，颈略束，流肩（图四，1、2）。02XHY1：11-3，颈部存残柱状耳。02XHY1：11-4，器形较大，直口，短领，斜肩。壁厚均约0.5厘米（图四，3）。02XHY1：12，6件，均夹砂灰陶。其中3件，口微敛，宽折沿，器壁厚1～1.2厘米（图四，5、6）；另3件，口微侈、小平沿，壁厚0.7厘米。02XHY1：13，残成碎片。火候不均，灰皮红胎双色夹砂陶。侈口，斜尖沿。壁厚0.4厘米。02XHY1：14，3件。1件泥质红陶，口沿残片，为子母口，内外壁见有灰黑色釉层。壁厚0.6厘米（图五，1）。2件夹砂红陶，口微侈、小平沿，壁厚0.5厘米。02XHY1：17，3件。02XHY1：17-1，夹砂红陶，束颈，侈口，圆唇，颈部带一桥形耳。胎壁颜色不一，外壁呈红色，内胎红褐色，表面可见黄色陶釉。口径12.5厘米（图四，8）。02XHY1：17-2，夹砂红陶，束颈，敞口，尖圆唇，口径12.4厘米（图四，4）。02XHY1：17-3，夹砂红陶，侈口、圆唇、束颈、颈部带耳（图四，9）。02XHY1：21，包括2件，均夹砂灰陶，口微敛，宽折沿，壁厚1厘米（图五，4、7）。02XHY1：32，为1件大型缸类器物的口沿残片，侈口，微束颈，尖圆唇，溜肩，内壁口沿处有压印纹，似动物纹。外壁肩部有划线纹（彩版五，1、2）。07XHY1：1，平折沿，尖圆唇。夹砂红陶，表面涂抹白色陶衣，内壁隐约有压印纹。壁厚0.8厘米。

陶器器耳残片　02XHY1：11-5，鋬耳，夹砂红陶，手制，耳边缘捏成波浪状长6.5、宽2.4厘米（图四，7）。03XHY1：2，形同02XHY1：11-5，长6、宽3.5厘米（图五，9）。

图四　XHY1 遗址采集陶器标本

1~6、8、9. 陶器口沿残片（02XHY1：11-1、2、4，02XHY1：17-2，02XHY1：12-1、2，02XHY1：17-1、3）

7. 陶器器耳残片（02XHY1：11-5）

流嘴残片　02XHY1：19-1，包括 2 件。手制，管状流，夹砂红陶，管长 6、径分别为 2.7、3.5 厘米（图五，6）。03XHY1：1，同 02XHY1：19，管长 6 厘米、径 4 厘米（图五，3）。

陶器器腹残片　02XHY1：18，包括 6 片。分为夹砂红陶和泥质灰陶，其中夹砂红陶片为手制，外表饰有弦纹、波浪纹、刻划纹等（图五，2、5、8）；泥质灰陶内壁见有轮制痕迹。壁厚 0.6~0.8 厘米。

陶器器底残片　02XHY1：11-7，夹砂灰陶，平底，器腹近底部内收，壁厚 0.7 厘米。02XHY1：11-8，灰皮红胎，平底，器腹近底部外敞，壁厚 0.6 厘米。

陶纺轮　02XHY1：20，包括 6 件，分为夹砂红陶和夹砂灰陶。纺轮大小不一，形状有圆饼形和半球形，中部均有穿孔。大的直径 6、小的直径 2 厘米，孔径一般 0.8 厘米。03XHY1：3，3 件，残，手制，圆饼状。03XHY1：3-1，夹砂红陶，直径 2.5、厚 0.5、孔径 0.5 厘米。03XHY1：3-2，夹砂灰陶，直径 6.2、厚 0.8、最大孔径 1 厘米。

图五　XHY1 遗址采集陶器标本

1、4、7. 陶器口沿残片（02XHY1：14-1、02XHY1：21-1、2）　2、5、8. 陶器器腹残片（02XHY1：18-1、2、
3）　3、6. 陶器流口残片（03XHY1：1、02XHY1：19-1）　9. 陶器器耳残片（03XHY1：2）

03XHY1：3-3，夹砂灰陶，直径4、厚约0.5、孔径0.8厘米。02XHY1：10，8件。其中7件为夹砂红陶，形状有圆饼形和半球形，中部均有穿孔。另有1件圆饼形纺轮，因火候不均而形成双色，一面为灰色，一面为酱红色。直径1~5.3厘米。

（2）铜器

器型有镜、扣、戒指、顶针、镞、钱币、勺，还有一些可能属带扣或饰件之类。

铜镜　03XHY1：8，呈圆形，现只残存一半，锈蚀绿色铜锈。正面光滑，背面中部为圆纽，纽上有孔。纽外侧先饰柿蒂纹，其外再饰内向连弧纹。直径约11.9厘米（图六，8）。

铜扣　02XHY1：4，整体呈"棒球帽"形，一面为椭圆形，一端凸起，另一面为桥形耳。通长3.2、宽1厘米（图六，1；彩版五，3）。

铜戒指　03XHY1：10，残碎，只剩余戒面部分。戒面呈椭圆形，长径2、短径1.2厘米。

顶针　07XHY1：2，铜质，呈圆环状，外径2、壁宽0.6、厚不足0.1厘米。外壁有三道凹弦纹，中间布满针刺状小凹点（图六，6）。

　　铜镞　03XHY1：9，较厚重，整体呈柳叶形。双翼，带銎管。长4.1、宽1.6厘米，其中銎管长约1厘米（图六，2）。

　　五铢钱　2件。02XHY1：7，圆形方孔，正面自右向左书写"五铢"字样。外径2.7、孔径0.9厘米（图七，2）。04XHY1：2，锈蚀严重，圆形方孔，从形状看为剪轮五铢，较轻薄。外径2、孔径0.9厘米（图七，1）。

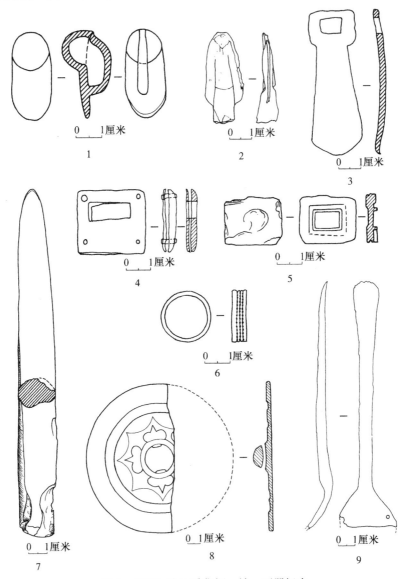

图六　XHY1遗址采集铜、铁、石器标本

1. 铜扣（02XHY1：4）　2. 铜镞（03XHY1：9）　3~5. 铜器残件（02XHY1：8-1、2、3）　6. 铜顶针
（07XHY1：2）　7. 石棒（02XHY1：32）　8. 铜镜（03XHY1：8）　9. 铜勺（02XHY1：5）

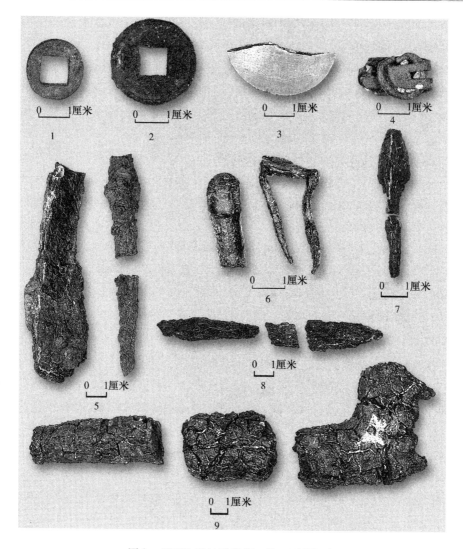

图七　XHY1 遗址采集铜、铁、石器标本

1、2. 五铢钱（04XHYI：2、02XHY1：7）　　3. 圆片状石器（02XHY1：23）　　4. 铜器残件
（04XHY1：3）　　5. 铁刀残件（02XHY1：29）　　6. 铜器残件（02XHY1：9-1、2）　　7. 铁镞
（02XHY1：6）　　8. 铁刀残件（03XHY1：6）　　9. 铁器残件（02XHY1：30）

铜勺　02XHY1：5，勺头部残断，两边钻穿有小孔。勺柄呈圆杆状（已残断为数
截），尾端扁平。通长 14.5 厘米（图六，9）。

铜环　04XHY1：1，圆形环状，直径 1.9，孔径 1.6、壁宽 0.8 厘米，外壁刻划三圈
弦纹。

铜器残件　02XHY1：8，3 件。02XHY1：8-1，呈碑首状，下部有一方孔，长 6.4 厘
米。02XHY1：8-2，呈长方形，由一铜片和一铁片由铜钉铆合而成，中部开有一长方形的
小孔。02XHY1：8-3，呈长方形片状，一面下凹。长 2.2、宽 1.7 厘米（图六，3～5）。

02XHY1∶9，2件。02XHY1∶9-1，呈不规则"U"形，长3.8、宽1.8厘米。02XHY1∶9-2，管形，一端制成斜口。通长3、直径0.8、孔径0.5厘米（图七，6）。04XHY1∶3，一块长条形的铜片，对折后用铜钉铆合，中间夹有一铜环。长2.5、宽1.2厘米（图七，4）。

铜片　02XHY1∶16，残碎，长3.5厘米，器形不明。

碎铜块　03XHY1∶7，锈蚀严重，大致呈棒状，一端被打制成薄片状。长13、粗0.7厘米。

（3）铁器

铁镞　02XHY1∶6，三翼，头端残。通长5.5、铤长3.1厘米（图七，7）。

铁器残件　5件。02XHY1∶29，残碎，形状有柱状、有长条状，用途不明。其中长条状薄片，可能为铁刀残件，最长的一片长11、宽2.7厘米（图七，5）。02XHY1∶30，残碎，有的呈柱状，用途不明。最粗的一段残长7.5、直径约3厘米（图七，9）。03XHY1∶4，残碎成四块，呈柱状。直径2.5～3、长5～9.5厘米。03XHY1∶6，残碎，锈蚀严重，呈长条状，可能为铁刀碎片。最长处5.2、最宽处1.5厘米（图七，8）。07XHY1∶3，残碎成两块，锈蚀严重，器形不明。

（4）石器

其中部分标本可推测器形，部分用途不甚明了。

砺石　02XHY1∶15，残断，片状。一端有穿孔，表面有磨制痕迹。残长3、宽2.5、厚0.6厘米（图八，3）。02XHY1∶26，长条形，表面磨制光滑，一端有穿孔，长5.8、宽2.3、厚0.4厘米（图八，2）。

圆片状石器　02XHY1∶23，白色，圆片状，磨制光滑。一面凹，一面微凸。直径3.8、厚0.3～0.4厘米（图七，3）。

磨石　02XHY1∶24-1，一端残，呈长条状，表面有磨痕，中部有凹槽。残长6、宽2.5、厚0.8厘米（图八，7）。02XHY1∶27，长条形，表面磨制光滑，长8.7、宽1.9、厚2～3厘米（图八，1）。03XHY1∶5，包括3件，一件为条状，另两件为片状。表面磨制光滑，为磨刀石残片。

石器一组　02XHY1∶25，5件，均残。02XHY1∶25-1，砍砸器，扁圆形，一边残断，长8.5、宽3.5～4.5、厚3～4.5厘米（图八，4）。02XHY1∶25-2，片状斧形，长11、宽4.5～8.5、厚1.5厘米，有使用痕迹（图八，10）。02XHY1∶25-3，石磨盘残片，灰色砂岩，呈片状，一面有磨制凹状痕迹，残长8.5、宽5～7、厚2厘米（图八，5）。02XHY1∶25-4，灰绿色，条形，两端残。表面磨制光滑，宽3、厚2厘米，为磨刀石残片。02XHY1∶25-5，外表磨制非常光滑，残长6.5、宽4厘米，用途不明。02XHY1∶31，3件。02XHY1∶31-1，呈长方形片状，中部两侧有使用痕迹，长10.5、厚1.5厘米。02XHY1∶31-2，砺石，长条形，残断，表面磨制光滑。长6.5、宽2.5厘米。02XHY1∶31-3，呈规则的三棱形，表面磨制光滑，两端残断，残长3.5、棱面宽4～4.7厘米，用途不明（图八，8、6、9）。

图八　XHY1 遗址采集石器标本

1. 磨石（02XHY1：27）　　2、3、6. 砺石（02XHY1：26、02XHY1：15、02XHY1：31-2）　　4. 砍砸器
（02XHY1：25-1）　　5. 石磨盘（02XHY1：25-3）　　7. 磨石（02XHY1：24-1）　　8. 片状石器（02XHY1：31-1）
9. 三棱状石器（02XHY1：31-3）　　10. 斧形石器（02XHY1：25-2）

　　石球　02XHY1：28，椭圆形，橘黄色。长径 2.8、短径 1.8 厘米。用途不明。

　　石棒　02XHY1：32，青灰色石棒，表面经磨制，一端微残，略扁，另一端变细，呈圆形。长 36.5、直径 1.8～4 厘米（图六，7）。

　　石片　04XHY1：6，灰色石片，表面有两道平行的刻划纹。

　　（5）其他

　　玉珠　02XHY1：1，米黄色，算珠形。直径 1.5、孔径 0.15 厘米。

　　料珠　02XHY1：2，棕黄色，算珠形。直径 1.3、孔径 0.3 厘米。

　　玛瑙珠　2 件。02XHY1：3，白色，圆珠形。直径 0.8、孔径 0.1 厘米。02XHY1：22，红色，呈四棱橄榄状，中间穿孔。长 1.2、最大径 1.1、孔径 0.15 厘米。

（二）XHY2 遗址

　　XHY2 位于小河墓地西偏北约 11 公里左右，东南距 XHMⅣ 墓地 3.5 公里左右。遗址地表遗物较集中的区域经 GPS 定位，坐标：北纬 40°22′57.29″、东经 88°33′38.16″。

1. 遗址概况

　　遗址所在区域有大片开阔的河床样洼地，地表无沙，局部地方有水蚀或风蚀的沟壑，遗址东北沙丘、红柳包遍布，西北大沙丘连绵，南侧有一条东西向的河道，河道旁有一个大湖塘，塘底低洼处有淡水螺壳。

　　遗址分布范围有 2 公里左右。遗址区内发现和 XHY1 所见差不多的红烧土堆，有 4 处，西偏北 2 处，北偏东 2 处，土堆上下及周围布满大大小小的红烧土碎块。在平坦的洼地地表散布着一些陶片，有的片区陶片特别集中（彩版四，1）。调查中有选择地对地表遗物进行采集，采得陶片、铜、铁、石器等。

2. 遗物

　　以下分类介绍采集的标本。

　　（1）陶器

　　多为陶器残片，成型器物有纺轮和 1 件陶杯。

　　陶器残片　03XHY2：38，存陶器口沿至底部分。手制，夹砂红陶，平沿，敞口，斜弧腹，平底。高 9.5、壁厚 0.5～1.1 厘米。制作较粗糙，外壁凸凹不平（图九，12）。04XHY2：3，器腹残片，夹砂红陶，外壁刻划有短线。壁厚 0.4 厘米（图九，3）。04XHY2：5，器腹残片，夹砂红陶，外壁刻划三角纹，内填密密的戳点。壁厚 0.7 厘米（图九，9）。03XHY2：14，器座残片，夹砂红陶，柱状，两端粗，中部稍细，底平。高 4、直径 3.7～5.5 厘米（图九，2）。03XHY2：28，流口残片，管状，手制，夹砂红陶。流口残长 8、直径 4.5 厘米，胎壁厚薄不均，厚 0.3～0.6 厘米（图九，1）。03XHY2：29，2 件，陶器鋬耳残片，手制，夹砂红陶。03XHY2：29-1，大致呈梯形，外壁有白色陶衣，长 3.5～6、厚 2.5 厘米；03XHY2：29-2，耳边缘捏成波浪状，长 5、宽 4、厚 1 厘米（图九，11、10）。

　　纺轮　质地有夹砂红陶、灰陶，也有泥质灰陶，纺轮形制有圆饼状、半球状、算珠状等，还有一些未钻孔的圆陶片，可能是纺轮的半成品。一些纺轮上还有刻划的纹样 03XHY2：16-1、2，泥质灰陶，圆饼状，单面穿孔。直径 4.5、厚 0.9、孔径 0.9～1 厘米（图一〇，2）。03XHY2：18-1、2，夹砂红陶，分别呈圆形和算珠形。直径 3～3.2、最厚处 1.6 厘米（图一〇，3）。03XHY2：22，3 件。03XHY2：22-1，残，夹砂灰陶，半球体形，残厚 1 厘米，平整面上穿孔向外有两道凹点纹，原应是对称的共四组。

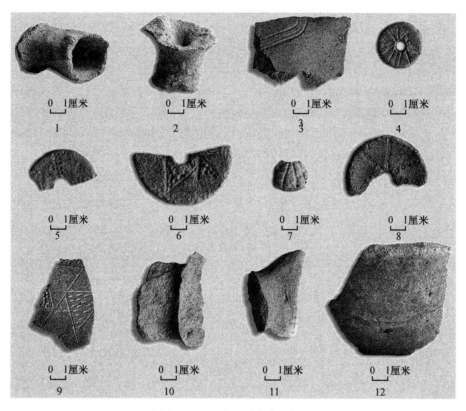

图九　XHY2 遗址采集陶器标本

1. 陶器流口残片（03XHY2：28）　 2. 陶器座残片（03XHY2：14）　　 3、9. 陶器器腹残片（04XHY2：3、
04XHY2：5）　 4～7. 陶纺轮残片（03XHY2：32、03XHY2：22-1～3）　 8. 陶纺轮残片（04XHY2：1）　　 10、11. 陶
器耳残片（03XHY2：29-2、1）　 12. 陶器残片（03XHY2：38）

03XHY2：22-2，残，夹砂红陶，半球形，平整一面刻划有三角纹，在三角纹中又有戳刺
纹，直径6、厚2.2、孔径1厘米。03XHY2：22-3，夹砂红陶，极残，可以看出是算珠
形，厚2厘米，外表有一面围绕穿孔有一圈放射状竖线纹，线的两端各有一各凹点纹
（图九，5、6、7）。03XHY2：32，夹砂红陶，圆饼形，一面刻划射线纹。直径3、厚
0.7、孔径0.7厘米（图九，4）。04XHY2：1，残，夹砂红陶，半球形，在平整的一面，
用管状物戳压形成圆点组成的射线纹（图九，8）。03XHY2：22，圆形，无孔，夹砂红
陶，直径4、厚0.7厘米。可能是纺轮的半成品。

陶杯

03XHY2：13，手制，夹砂红陶。口部残，口小底大，敛口，微鼓腹，平底。口径
3、底径4、高3.7厘米（图一○，4）。

（2）铜器

铜器盖　03XHY2：4，较沉重，器盖呈瓜蒂形，下部平整，顶端有一桥形纽，纽上
带孔，内穿"8"字形铜环状提梁。高3、直径3.8厘米（图一○，7；彩版五，4）。

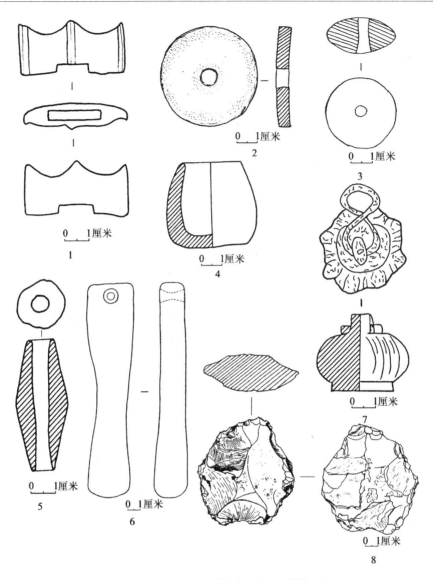

图一〇　XHY2 遗址采集陶、铜、石器标本

1. 铜剑格（03XHY2：37）　2、3. 陶纺轮（03XHY2：16-1、03XHY2：18-1）　4. 陶杯（03XHY2：13）
5. 玉饰（03XHY2：1）　6. 砺石（03XHY2：34）　7. 铜器盖（03XHY2：4）　8. 砍砸器（03XHY2：24）

铜带扣　03XHY2：35，带扣大致呈半圆形，直径2.3厘米。一面圆弧，一面有"U"字形凹槽。中部穿孔，孔径1.3厘米（图一一，6）。

铜剑格　03XHY2：37，一面光滑，一面的两侧边缘及中部起三道凸棱。长4.3、宽1.3~2、厚0.9厘米。侧面中空，穿孔长2.2、宽0.4厘米（图一〇，1；彩版五，5）。

五铢钱　2件。03XHY2：7，圆形方孔，较轻薄，正面自右向左有"五铢"字样。外径2.1、孔径1厘米（图一一，5）。03XHY2：23，圆形方孔。锈蚀严重，字体不明，从形状看，似为"五铢"。外径2.3、孔径0.9厘米。

图一一　XHY2遗址采集铜、铁、石器标本

1. 片状石器（03XHY2∶25）　2. 石斧（03XHY2∶11）　3. 圆形石器（03XHY2∶10）　4. 砺石（03XHY2∶12）
5. 五铢钱（03XHY2∶7）　6. 铜带扣（03XHY2∶35）　7. 铁环（03XHY2∶36）　8. 铜器残件（03XHY2∶39）
9. 铜钉（04XHY2∶2）　10. 铜环（03XHY2∶6-1）　11. 铜球（03XHY2∶8）　12. 铁釜残片（03XHY2∶27）　13. 铜片
（03XHY2∶9）　14. 残铁刀（03XHY2∶4）　15. 铁器残片（03XHY2∶5）

铜钉　03XHY2∶2，圆杆形，较弯曲。一端尖，一端砸压扁平，两侧卷曲。长8.5、直径0.5厘米（图一一，9）。

铜环　03XHY2∶6，包括2件，圆形环状。03XHY2∶6-1，保存较好，外径3.3、内径2.2厘米（图一一，10）。03XHY2∶6-2，形体小，外径1.7、内径1.3厘米。

铜球　03XHY2∶8，圆形实心铜球，酱红色，直径2.4厘米（图一一，11）。

铜片　2件。03XHY2∶9，条形薄片，两端呈尖状。长4.5、宽0.4～0.7、厚约0.1厘米（图一一，13）。03XHY2∶15，残，形体较小，由一块长方形铜片对折而成。长1.6、宽1.1、厚约0.1厘米。

铜器残件　03XHY2∶39，由铜丝弯曲而成长方形，现已残断。长4、宽2.5厘米（图一一，8）。

（3）铁器

铁釜残片 03XHY2:27，残碎，鼓腹、平口、折沿。壁厚 0.4~0.8 厘米（图一一，12）。

铁环 03XHY2:36，呈椭圆形，由一段扁平的细铁丝弯曲而成。长径 2.5、短径 1.2 厘米（图一一，7）。

残铁刀 03XHY2:4，锈蚀严重，呈长条状，刀背很薄。残长 6.5、宽 1.3 厘米（图一一，14）。

铁器残片 03XHY2:5，残断，后端带銎孔，可能为箭镞。长 6、宽 1.5 厘米（图一一，15）。

（4）石器

部分标本可从使用痕迹上推测用途。

圆形石器 03XHY2:10，砺石，圆形，两面扁平。有使用痕迹。直径 6.5、厚 3.5 厘米（图一一，3）。

石斧 03XHY2:11，灰色，条形，表面平整，刃缘处有使用过的痕迹。长 9、宽 6.5、厚不足 2 厘米（图一一，2）。

砺石 03XHY2:12，残断，表面光滑，中间穿有一孔，为砺石的一侧端头。残长 3.2、宽 3.1、厚 0.6 厘米（图一一，4）。

砍砸器 03XHY2:24，燧石，黑色，基本呈圆形，扁平状。两面周缘有打制加工的疤痕。长 8.8、宽 7.8、厚约 2.2 厘米（图一〇，8；彩版五，6）。

片状石器 03XHY2:25，灰色砺石，片状，一端平、一端圆钝，一面有使用痕迹。长 7、宽 5.5 厘米（图一一，1）。

砺石 03XHY2:34，灰色长方形，中部略内收。长 17、宽 2~3.5、厚 2 厘米。一端对穿有小孔，最大孔径 1.2 厘米（图一〇，6）。

（5）其他

玉饰 03XHY2:1，管状，中部鼓，两端细。长 5、直径 1~2 厘米。两面穿孔，最大孔径 0.7 厘米（图一〇，5；彩版六，1）。

料珠 03XHY2:2，数件，均残碎，形状有圆珠、双联圆珠、管状珠。颜色有湖蓝色、草绿色。

饰件 03XHY2:3，包括 3 件。03XHY2:3-1，灰白色玛瑙石珠，大致呈圆形，直径 1.1 厘米。中部穿孔，孔径约 0.1 厘米。03XHY2:3-2，管状玻璃器，湖蓝色。残长 3、直径 0.6、孔径 0.4 厘米，器壁中可见微小的气泡。03XHY2:3-3，扁平的椭圆形玻璃珠，姜黄色。长径 2、短径 1.5、厚 0.3 厘米左右，竖向对穿孔，最大孔径 0.2 厘米。外壁有竖向刷痕。

炭精块 03XHY2:30，覆斗形，下边长 1、上边长 1.8、高 0.6 厘米。

（三）XHY3 遗址

XHY3 位于小河墓地西偏南 8 公里左右，处于小河干河床西侧。东北距 XHM V 近 4 公里。遗址地表遗物较集中的区域 GPS 坐标：北纬 40°19′0.425″、东经 88°34′44.72″。

1. 遗址概况

遗址所在区域西北是连绵小沙丘、红柳包，西南有大片开阔的丘间洼地，由此向西南远望可见一片活的胡杨林。

遗址分布范围大致有 1.5 公里左右。在遗址区内的丘间洼地上，发现一些较规则的圆形和方形的浅坑，其中土色有别于周围发白的黏土地表。洼地上散布有陶片、铜、铁、石器等。遗址区西南端靠近一片红柳沙包，有 2 座高大的红烧土堆，东西排列，间隔 50 米，其中最大的一个直径有 5.6 米，土堆上满是的红烧土碎块。

2. 遗物

以下分类介绍采集的标本。

（1）陶器

单耳陶罐　03XHY3:14，夹砂红陶，平沿，侈口，束颈，鼓腹，圜底。肩部有一桥形耳，宽 2 厘米。耳孔较小，只容一指穿过。在肩部刻划有一圈网格纹。口径 8 厘米（图一二，4）

陶器残片　03XHY3:18，陶器流口残片，喇叭形，手制，夹砂红陶。残长 5、直径 2.5～4.5、壁厚 0.7 厘米（图一三，4）。03XHY3:21，陶器口沿残片，手制，夹砂灰陶。微侈口，斜沿，尖圆唇，壁厚 0.5 厘米。（图一三，11）。

纺轮　03XHY3:19，包括 2 件，手制，夹砂红陶，圆饼状。03XHY3:19-1，直径 3.3、厚 0.4 厘米，对穿孔，最大孔径 0.5 厘米。03XHY3:19-2，残，直径 3.2、厚 1～1.2、孔径 1 厘米。03XHY3:6，包括 4 件，均手制。03XHY3:6-1，半球体形，夹砂红陶。直径 4、厚 1.5、孔径 0.7 厘米。03XHY3:6-2，半球体形，夹砂红陶。直径 3.5、厚 1、孔径 0.9 厘米。03XHY3:6-3，残，不规则半球体形，夹砂红陶。直径 7、厚 1.7、孔径 1～1.3 厘米。03XHY3:6-4，圆饼状，夹砂灰陶。直径 2.8、直径 0.7、孔径 0.7 厘米。

（2）铜器

铜铃　03XHY3:11，残，呈钟状。高约 3.1 厘米。顶端带弓形纽，纽上穿孔，孔径 0.3 厘米（图一二，2；图一三，9）。

五铢钱　03XHY3:10，圆形方孔，一面隐约可见"五铢"字样。外径 2.4、孔径 1 厘米。

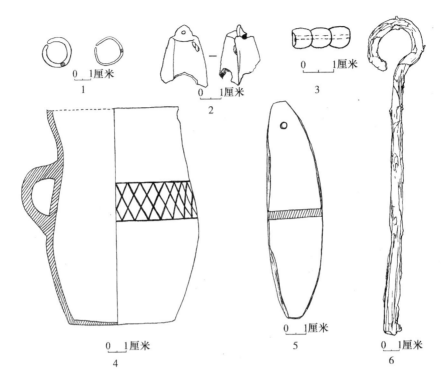

图一二　XHY3 遗址采集铜、陶、石器等标本

1. 铜环（03XHY3∶9）　　2. 铜铃（03XHY3∶11）　　3. 料珠（03XHY3∶1）　　4. 单耳陶罐
（03XHY3∶14）　　5. 砺石（03XHY3∶2）　　6. 铜器（03XHY3∶4）

铜环　03XHY3∶9，包括 2 件，环状。03XHY3∶9-1，由一段铜丝弯曲而成，外径
1.8、内径 1.4 厘米。03XHY3∶9-2，由一段很窄的扁平铜丝弯曲而成，大致呈圆形，直
径 1.6 厘米左右，可能为耳环（图一二，1）。

残铜器　03XHY3∶4，残，一根直径 0.8 厘米的铜棍，在一端弯曲成圆圈。长 19.6
厘米（图一二，6）。

铜片　2 件。03XHY3∶8，均残碎，锈蚀严重，多呈条状和片状。在一对折的铜片
上发现嵌有铆钉。03XHY3∶12，残碎，片状，器形不明。

（3）铁器

铁釜残片　03XHY3∶5，残碎，形体较大，厚重。平口，折沿。两侧带桥形耳（图
一三，10）。

铁镞　03XHY3∶15，残断，三翼。长 2.8 厘米。

残铁块　03XHY3∶20，柱状。长 5.8、直径 3 厘米。

（4）石器

砺石　03XHY3∶2，灰黑色柳叶形，一端穿孔，长 10.7、最宽处 2.1 厘米（图一
二，5）。

图一三　XHY3 遗址采集陶、石、铜、铁等标本

1. 砺石（03XHY3：13-1）　　2. 磨石（03XHY3：13-2）　　3、6. 砍砸器（03XHY3：13-3、03XHY3：17-1）　　4. 陶器流口残片（03XHY3：18）　　5. 石磨盘（03XHY3：16）　　7. 刮削器（03XHY3：17-2）　　8. 玻璃残片（03XHY3：3）　　9. 铜铃（03XHY3：11）　　10. 铁釜残片（03XHY3：5）　　11. 陶器口沿残片（03XHY3：21）

石器一组　03XHY3：13，包括 3 件。03XHY3：13-1，为残长条砺石，长 10、宽 4 厘米。03XHY3：13-2，表面光滑，可能也是一种磨石，分别长 13、宽 4.3、厚约 2 厘米。03XHY3：13-3，呈块状，一侧宽，一侧窄，窄侧面有使用痕迹，可能是砍砸器。通长 8、宽 6 厘米（图一三，1～3）。03XHY3：17，包括 2 件。03XHY3：17-1，为红色砾石制成的砍砸器，侧面有使用痕迹。通长约 7.2、宽 5.5、厚 1.2～3.7 厘米。03XHY3：17-2，为绿色刮削器，三角形。通高 4.3、底边宽 4.3 厘米（图一三，6、7）。

石磨盘　03XHY3：16，砂岩质，从中间残断。正面内凹，背面圆弧。长 14、宽 9 厘米（图一三，5）。

（5）其他

海贝　03XHY3∶7，白色，椭圆形，一面磨制平滑，长径 1.8、短径 1.3 厘米。

料珠　03XHY3∶1，灰黑色，连珠形，长 1.8、直径 0.7、孔径 0.3 厘米。外壁有划痕，可见气泡（图一二，3）。

玻璃残片　03XHY3∶3，黄褐色，可见大的气泡，外壁平整，壁上有两个残存的圆弧凹面纹饰。应为器皿残片（图一三，8）。

（四）XHY4 遗址

XHY4 位于小河墓地西偏北约 7 公里左右，其南紧邻 XHM Ⅳ 墓地，两者相距 500 余米。遗址内红烧土堆所在区域 GPS 坐标：北纬 40°21′31.5″、东经 88°35′27.08″。

1. 遗址概况

遗址位于小河干河床西北沙丘带的边缘，在这里的沙丘和丘间洼地上常可以见到活的红柳、芦苇，偶尔也有几株活的胡杨树。

遗址区内发现四座红烧土堆，相距 10 余米，土堆都不高，其上红烧土细碎（彩版四，2）。四个土堆的面积分别为 5.5 米 ×5.3 米、4.5 米 ×3 米、2.5 米 ×2.2 米、6.5 米 ×7米。土堆附近约 500 米的范围内，地表见夹砂红陶、铁器残片、石料残块、料珠等。

2. 遗物

以下分类介绍采集的遗物标本。

（1）陶器

陶器口沿残片　04XHY4∶17，夹砂灰陶，侈口，小平沿，有轮制痕迹。口径约 7、壁厚 0.5 厘米（图一四，12）。04XHY4∶18，包括 2 件。04XHY4∶18-1，夹砂灰陶，侈口、平折沿，方唇。壁厚 1.1 厘米。04XHY4∶18-2，夹砂红陶片，敞口、方唇微卷。壁厚 0.5 厘米（图一四，10、11）。04XHY4∶19，夹砂灰陶，较残碎，侈口、平沿。壁厚 0.5 厘米。

陶器底残片　04XHY4∶16，夹砂灰陶，平底，壁厚约 1 厘米。

纺轮　03XHY4∶3-1，手制，夹砂红陶，圆饼状，对穿小孔。直径 3.5、厚 0.9、最大孔径 0.5 厘米。04XHY4∶6-1，夹砂灰陶，呈不规则圆饼状，中间穿孔。最大直径 3.5、孔径 0.8 厘米。

（2）铜器

铜戒指　04XHY4∶1，完整，由一段细铜丝弯曲而成，不闭合。中部戒面呈椭圆形，戒面上有一圆形凹窝，以嵌物。戒环圆形，直径 2.1 厘米（图一五，1）。

铜簪　04XHY4∶13，保存完整，由一段圆杆形铜丝对折弯曲而成。弯曲处打制扁平，表面有一道弦纹，两头端尖锐。长 19、最大径约 0.4 厘米（图一五，4）。

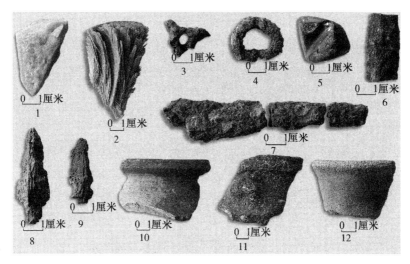

图一四 XHY4 遗址采集陶、铁、石器标本

1. 玉料（04XHY4：9） 2. 角器（04XHY4：5） 3. 残铁器（04XHY4：7） 4. 铁环（04XHY4：11） 5. 眉石（04XHY4：2） 6. 石器（04XHY4：8） 7. 残铁刀（03XHY4：2） 8、9. 铁镞（04XHY4：10-1、2）
10~12. 陶器口沿陶片（04XHY4：18-1、2，04XHY4：17）

铜镊 04XHY4：14，残断，由一段扁状条形铜丝对折弯曲而成。前端宽，打制扁平，较薄，表面有交叉的刻划纹；后端窄，弯曲处呈圆环状。前后端过渡的地方呈梯形状。中部用一圆环相扣固定。通长 7.2 厘米（图一五，3）。

铜带扣 04XHY4：15，整体呈心形，一侧有小穿孔，对应一侧嵌有一段铁丝呈突脊状。长 2.4、宽 2.3 厘米（图一五，2）。

小铜器 04XHY4：4，1 组，形体小，有小铜环、铜钉及铜钉帽盖残片等，大小均不超过 1 厘米。

（3）铁器

铁刀 03XHY4：2，残碎，锈蚀严重，形状大小不明（图一四，7）。

铁镞 04XHY4：10，包括 2 件。均锈蚀严重，三翼。04XHY4：10-1，铤部残断，长 4.7 厘米。04XHY4：10-2，残长 3.2 厘米（图一四，8、9）。

铁环 04XHY4：11，锈蚀严重，大致呈环

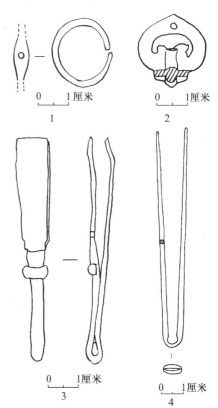

图一五 XHY4 遗址采集铜器标本

1. 铜戒指（04XHY4：1） 2. 铜带扣（04XHY4：15）
3. 铜镊（04XHY4：14） 4. 铜管（04XHY4：13）

状，由圆杆铁丝弯曲而成。直径 3、铁丝粗 0.6 厘米（图一四，4）。

铁戒指 04XHY4：12，残断，锈蚀严重。戒面呈椭圆形，戒环为圆形。直径 2.1 厘米。

残铁器 04XHY4：7，残碎，呈三棱形，中间有一圆形穿孔，孔径 0.8 厘米（图一四，3）。

（4）其他

玻璃珠 03XHY4：1，两颗，湖蓝色，形体较小，算珠形，直径 0.5 厘米左右，器壁中可见气泡。

玉料 04XHY4：9，呈三角形，橘黄色，多面残断。长 4.5、厚 1.5 厘米。用途不明（图一四，1）。

石器 04XHY4：8，长条形，打制而成，两侧刃缘锋利。可能为石箭镞的残片。长 3.5、宽 1.7 厘米（图一四，6）。

眉石 04XHY4：2，黑色，不规则几何形，炭精质。表面磨制光滑。一面有一道凹槽，是长期使用摩擦留下的痕迹（图一四，5）。

角器 04XHY4：5，干裂，锥状。一端粗，一端细。粗端有规整的切割痕迹。长 7、粗端直径 3.5 厘米（图一四，2）。

（五）XHY5 遗址

位于小河墓地西 4 公里左右，西侧与 XHM Ⅰ、XHM Ⅱ 两墓地毗邻。遗址区北部陶片集中区域坐标：北纬 40°20′48.85″、东经 88°37′14.31″。

1. 遗址概况

遗址与 XHM Ⅰ、XHM Ⅱ 两墓地区域间地貌环境基本相同。

在西北—东南 1 公里多的范围内，沙丘间平坦的洼地上，屡见散落的陶片等遗物。遗址区北端大沙丘之间，发现一大一小的两个相连的布满夹砂灰陶碎渣的沙丘，碎渣中还见成块的灰黑色烧结物，沙丘旁散落着一些夹砂灰陶片。

2. 遗物

以下分类介绍采集的遗物标本。

（1）陶器

陶器残片 02XHY5：1，包括 3 件均陶器口沿残片，夹砂红陶，平折沿，尖圆唇，颈微束。一件表面见有白色陶衣。壁厚 0.5～0.8 厘米（图一六，1～3）。02XHY5：9，包括 4 件陶器口沿残片，均为夹砂红陶，束颈，侈口，折沿，尖或圆唇。壁厚 0.4～0.6 厘米（图一六，5～8）。02XHY5：15，夹粗砂红陶。为同一处采集同质同色的陶器口沿和残片，为侈口，折沿，平底。壁厚0.7、底径约19厘米（图一六，4）。02XHY5：17，陶器口沿残片，手制，夹砂红陶。微侈口，尖圆唇，折沿，束颈。壁厚0.7厘米（图一六，9）。02XHY5：11，陶器流口残片，管状，夹砂红陶。长8、管径4、壁厚1厘米（图一七，2）。02XHY5：16，陶器器腹残片。手制，夹砂灰陶，外表面有压印的绳纹。壁厚0.7厘米（图一六，12）。02XHY5：20，包括3件陶器器底残片。手制，有夹砂红陶和夹砂灰陶。底部陶片均为小平底，壁厚0.4～0.6厘米（图一六，10）。

纺轮　02XHY5：10，3件，圆饼形。一件为夹砂红陶，中间穿孔，残碎；一件为夹砂灰陶，直径5、厚1、孔径0.81厘米；另一件大致呈圆柄形，形体小，无穿孔，为半成品。02XHY5：19，半球形，夹砂红陶，单面穿孔。直径4、孔径0.6～0.8厘米。平面上有刻划纹（图一六，11；图一七，7）。03XHY5：3，残，呈半球体形，手制，夹砂红陶。平面穿孔周缘有一圈弦纹。直径2.3、高2、孔径0.7～0.9厘米。

（2）铜器

铜戒指　02XHY5：3，椭圆形戒面，戒面上刻有一侧身人物头像。戒面一端连接有一圆凸。戒环为圆形。戒面长3.4、宽2.1、戒环直径2厘米（图一七，4；彩版六，2、3）。

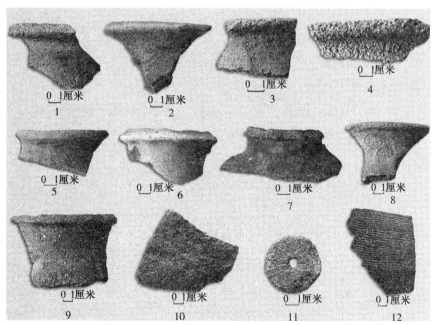

图一六　XHY5遗址采集陶器标本

1～3.陶器口沿残片（02XHY5：1-1、2、3）　4.陶器口沿残片（02XHY5：15）　5～8.陶器口沿残片（02XHY5：9-1、2、3、4）　9.陶器口沿残片（02XHY5：17）　10.陶器器底残片（02XHY5：20）　11.陶纺轮（02XHY5：19）　12.陶器器腹残片（02XHY5：16）

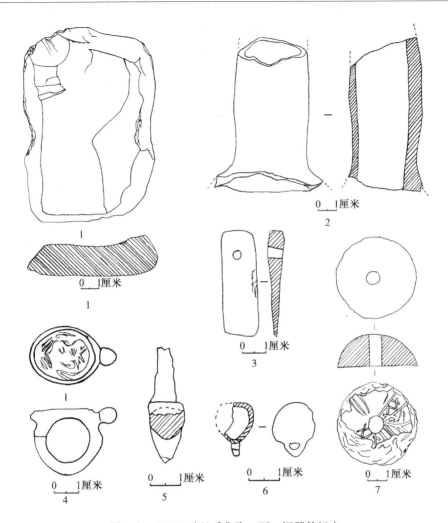

图一七　XHY5 遗址采集陶、石、铜器等标本

1. 玉器（02XHY5：2）　　2. 陶器流口残片（02XHY5：11）　　3. 砺石（02XHY5：7）　　4. 铜戒指（02XHY5：3）
5. 铁镞（02XHY5：6）　　6. 铜铃（02XHY5：8）　　7. 陶纺轮（02XHY5：19）

　　铜钱　03XHY5：4，残，圆形方孔。锈蚀严重，字体不明。外径 2.1、孔径 0.9 厘米。

　　铜铃　02XHY5：8，残剩一半，圆形、中空，形体较小。上带一桥形纽，纽上穿孔。直径 1.3 厘米（图一七，6）。

　　（3）铁器

　　铁锅　02XHY5：14，残碎，弧形壁，平折沿，尖圆唇。一块残片上带有一柱状足。口部残片最宽处 9 厘米（彩版六，4）。

　　残铁刀　2 件。03XHY5：2，锈蚀严重，长条状。长 14.5 厘米（图一八，10）。02XHY5：12，多件残块，锈蚀严重，有条状，有环状。可能为环首的铁刀（图一八，8）。

图一八　XHY5 遗址采集石、铁、木、玻璃器标本

1、3、4. 磨石（02XHY5：13-2、3、4）　2. 石球（02XHY5：13-1）　5. 木碗（02XHY5：4）　6. 小白石块
（03XHY5：5）　7. 玻璃残片（03XHY5：6）　8、10. 残铁刀（02XHY5：12、03XHY5：2）　9. 三角形石器
（03XHY5：1）

铁箭镞　02XHY5：6，锈蚀严重，圆锥状，形体小。前端尖圆，略粗，后端变径变细。长 3 厘米（图一七，5）。

铁器残件　02XHY5：18，锈蚀严重，壁厚 0.4～1.6 厘米。02XHY5：21，残碎严重，器形不明。

（4）石器

砺石　02XHY5：7，灰黑色砾石磨制而成，形体较小。长条形，一侧厚，另一侧磨制渐渐变薄。厚的一端单面穿孔，孔径 0.4～0.5 厘米（图一七，3）。

三角形石器　03XHY5：1，三角形，土黄色，前端略尖。用途不明。长 6.6、宽 3 厘米（图一八，9）。

石器一组　02XHY5：13，包括 4 件。02XHY5：13-1，椭圆石球，直径 2.1～3.2 厘米，用途不明。02XHY5：13-2～4，均呈扁平状，可能为磨石残片。三件尺寸分别为 5×2.7-0.6 厘米、3×5.7-2.6 厘米、7×4.3-2.2 厘米（图一八，1～4）。03XHY5：5，残，白色，外表光滑，形体较小。残长 2.3、宽 1.7 厘米。用途不明（图一八，6）。

（5）其他

玉器　02XHY5：2，长方体形，中部两侧内收，有加工痕迹。长 10.5、宽 7.5，厚 1.5 厘米，用途不明（图一七，1；彩版六，5）。

玻璃残片　03XHY5:6，残，绿色，柱状，两端残，为容器足部残片。直径 1.9 厘米（图一八，7）。

木碗　02XHY5:4，残，鼓腹、尖圆唇。外壁口沿处刻划一圈弦纹，肩、腹部各刻划两圈弦纹。口径约 10 厘米，胎壁厚薄不均，厚 0.4 ~ 1.5 厘米（图一八，5）。

三、采 集 点

（一）XHC1 采集点

位于小河墓地西南 20 公里处沙丘间，是考古队进入小河墓地的途经之地。坐标：北纬 40°15′18.66″、东经 88°27′48″。在沙地上发现木勺 1 件，周围未见其他遗物。

木勺　02XHC1:1，因长期暴晒，已干裂发白。由一整块木头削砍制成，呈长方形，口大底小。口沿一端带短柄，在勺内侧底部见有明显的削砍痕迹。通长 24.5、宽 11.5、柄长 4.5 厘米（图一九，1）。

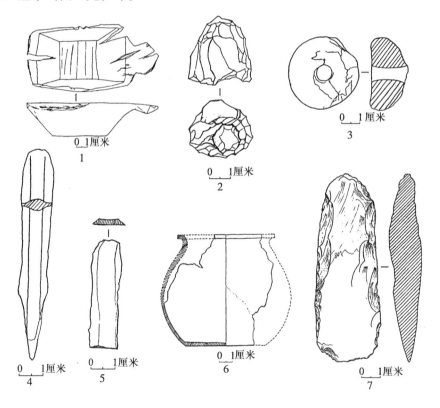

图一九　各采集点遗物标本

1. 木勺（02XHC1:1）　2. 细石核（03XHC7:4）　3. 陶纺轮（03XHC5:2）　4. 残铜器（03XHC4:2）

5. 细石叶（03XHC7:1）　6. 陶罐（03XHC4:1）　7. 玉斧（02XHC2:1）

（二）XHC2 采集点

位于小河墓地东南 1.6 公里处丘间洼地上，坐标：北纬 40°19′55.15″、东经 88°41′10.01″。在丘间洼地上发现玉斧 1 件。

玉斧　02XHC2:1，微残，长条形，墨玉，质地经测定为透闪石。两面磨制光滑，刃缘锋利。长 20、宽 7、最厚处 2.5 厘米（图一九，7；彩版六，6）。

（三）XHC3 采集点

位于小河墓地西北 3.5 公里处，坐标：北纬 40°22′19.14″、东经 88°38′37.32″。这里大沙丘连绵，在丘间洼地上采集玉器、石器各 1 件。

玉镞　03XHC3:1，椭圆薄片，表面磨制光滑，周缘尖锐锋利。长径 4、短径 2.1 厘米。为透闪石玉（图二〇，11）。

石器一组　03XHC3:2，包括 2 件。03XHC3:2-1，尖状石器，灰黑色，扁平，表面磨制光滑，一端尖，器用不明，长 6.5、宽端 2.1 厘米。03XHC3:2-2，绛红色石块，一头大一头小，似砍砸器。长 7、宽 5.2 厘米（图二〇，1、2）。

（四）XHC4 采集点

位于小河墓地东北 2.6 公里处，坐标：北纬 40°21′18.66″、东经 88°41′50.64。在丘间洼地上采集残陶罐及石器等。

陶罐　03XHC4:1，夹砂双色陶，外壁为灰色，内胎为红色。侈口、折沿、方唇、鼓腹、平底。口径 13、底径约 14 厘米（图一九，6）。

石器　包括 3 件。04XHC4:1，灰色砾石，有使用过的痕迹。长 7、宽 6.2 厘米（图二〇，4）。03XHC4:3，长条形，两端窄，中部略宽。长 9.5、宽 0.9～1.3 厘米。03XHC4:4，灰黑色，扁平状，两面光滑。一侧边缘有剥离痕迹。

残铜器　03XHC4:2，呈扁平状，两面突脊，一端尖。长 8.2、宽 1.1 厘米（图一九，4）。

残铁块　03XHC4:5，外侧锈蚀红色铁锈，不规则方形，较沉重。高 9、厚 4 厘米（图二〇，9）。

（五）XHC5 采集点

位于小河墓地西南 4.5 公里处，坐标：北纬 40°19′26.22″、东经 88°37′26.52″。此

图二○　各采集点遗物标本

1. 尖状石器（03XHC3∶2-1）　　2、3. 砍砸器（03XHC3∶2-2、03XHC5∶4）　　4. 石器（03XHC4∶1）　　5. 细石叶（03XHC7∶1）　　6. 陶器口沿残片（03XHC6∶1）　　7. 圆形石器（03XHC7∶2）　　8、10. 石磨盘（03XHC5∶5、03XHC7∶3）　　9. 残铁块（03XHC4∶5）　　11. 玉镞（03XHC3∶1）　　12. 砺石（03XHC5∶6）

地点临近小河河床，在一片丘间洼地上采集陶纺轮、石器等。

陶纺轮　03XHC5∶2，2件。均手制，夹砂红陶，半球体形，中间穿孔。一件平整，一面穿孔，周缘有四个小凹点。直径3.8、高2.2、孔径0.9厘米。另一件，残，单面穿孔。直径4.1、高2、孔径0.9~1.1厘米（图一九，3）。

料珠　3件。03XHC5∶1，包括2颗，均为湖蓝色，一颗呈橄榄状，长1.2、最大径0.5、孔径0.2厘米。另一颗残碎，呈联珠状。03XHC5∶3，残碎，深黄色，直径1.1厘米左右，器壁中可见气泡。

石器　3件。03XHC5∶4，砍砸器，形状不规则，外表有使用痕迹。长9、宽7.5厘米（图二○，3）。03XHC5∶5，残石磨盘，灰色砂岩石，一端高，中间表面下凹。宽约11厘米（图二○，8）。03XHC5∶6，砺石残片，中部对穿孔，宽3.2、最大孔径0.4厘米（图二○，12）。

（六）XHC6 采集点

位于小河墓地西南 700 余米处。坐标：北纬 40°20′8.04″、东经 88°40′6.66″。在沙丘缓坡上发现灰黑色的火烧痕，旁边散落灰陶碎片。

陶片　03XHC6：1，泥制灰陶，火候不均，部分胎壁呈红色。胎壁较薄，厚 0.4 厘米。从一块口沿可以看出为侈口，尖圆唇，可能为陶罐残片（图二〇，6）。

（七）XHC7 采集点

位于小河墓地东北 3 公里左右，与 XHC4 相距不到 1 公里。坐标：北纬 40°21′31.72″、东经 88°42′0.12″。在丘间洼地上先后采集石器 5 件。

砍砸器　02XHC7：1，青绿色，不规则方形，长 6 厘米，两侧有使用磨损痕迹。

圆形石器　03XHC7：2，扁圆形砾石，外表有 5 个不规则平面。有使用痕迹。直径 6 厘米（图二〇，7）。

细石叶　03XHC7：1，灰褐色长条状，两侧缘有压剥痕迹。长 4.4、宽 1.1 厘米（图二〇，5）。

石磨盘　03XHC7：3，砂岩质，从中间残断。截面呈半圆状，一面平，一面圆弧。长 14、宽 9.5、高 5 厘米（图二〇，10）。

细石核　03XHC7：4，燧石，灰黑色，锥状。上下两面各有一个台面。侧面有压剥的疤痕。高 3.2 厘米（图一九，2）。

四、结　　语

20 世纪初瑞典考古学家贝格曼首次对小河流域进行考察，此后直到 21 世纪，中国学者才开始进入小河流域进行考古工作，特别 2002 年至 2005 年间小河墓地的全面发掘再次引起国内外学界对小河考古的关注。小河墓地周边区域的考古调查，使我们对小河中下游区域古代遗存的分布、文化性质以及现今的生态环境等有了进一步的了解。新的考古发现，为罗布泊地区考古文化、古代交通、环境等多方面的研究提供了新的资料。

这次调查的 7 处墓地，几乎都被破坏殆尽。在这些墓地地表散落的棺具残件中普遍发现一种用半块掏空的胡杨树干做成的槽形棺，或称独木舟形棺。这类棺具在罗布泊地区青铜时代墓葬中只是偶见，1934 年斯文赫定在罗布泊北发现的 36 号墓中就有这种木棺；到了汉晋时期，独木舟形棺普遍发现，如孔雀河流域的营盘墓地、LH 墓地（1914 年斯坦因发掘）、35 号墓地（1934 年斯文赫定发掘）等都曾发现过这类棺具。小河流域的 XHMⅡ、MⅣ、MⅤ、MⅥ、MⅦ墓地都采集到丝绸和服饰残件，其中有锦、绮等显花织物，其技法、图案是典型的汉式特点，这些纺织品无疑是来自中原；M Ⅵ中还发现有 3~4 世纪新疆地产的重组织丝绸—锦绣[4]，该墓地还发现一件女式绢襦，它的两襟上缝缀三角形的布片作为装饰，这种特色鲜明的服装样式，在营盘墓地以及楼兰 LE 壁画墓中都有发现，被认为是汉晋时期罗布泊地区流行的服装款式[5]。M Ⅵ墓地死者佩有香囊、随葬冥衣、发束，M Ⅶ死者鼻孔中塞有丝绸鼻塞等，这些奇异的葬俗在营盘墓地都可以见到。据此推测，这 7 处墓地的时代可能都在汉晋时期。

这次调查的遗址与采集点中，五处遗址都发现有疑为陶窑的红烧土堆积，但因为没有发掘，其性质还不能最终确定。文物均为地表采集，从年代上，大体可分为早晚两期，早期文物属于史前时期，晚期大多属汉晋时期。

早期文物中，具有年代特征的基本为石器，偶见铜器。石器中常见的有砍砸器、石磨盘、穿孔砺石、石斧、石棒、细石器等，铜器仅 1 件铜镞。从新疆地区总的情况来看，这些石器，早者可溯至石器时代晚期，在青铜时代较为流行，晚者至早期铁器时代，个别甚至到汉[6]。XHY1 采集 1 件石棒，过去习惯将这类器物称为石杵，而在小河墓地的一座具有祭祀性质的墓葬中，出土 1 件同类石棒，它插在角状器中，可能具有某种祭祀功能[7]。XHC2 采集到 1 件玉斧，这种玉斧和同类型的石斧，在亚欧草原地带新石器时代到青铜时代的遗址中经常发现，同类器物历年在楼兰附近多有采集，但未有发掘品，而在其后的早期铁器时代和历史时期的遗址和墓葬则基本不见，据此推测在罗布泊地区广泛发现的石斧（包括玉斧），属于石器时代晚期到青铜时代的遗物，更可能属于青铜时代[8]。XHC7 发现的细石核和细石叶，在天山南北普遍有所发现。据新的考古资料，这类细石器主要流行于青铜时代[9]；XHC3 发现柳叶形玉镞 1 件、XHY1 采集柳叶形铜镞 1 件。形态呈柳叶状的镞，最早也出现于新疆地区青铜时代初期的墓葬中，如哈密天山北路墓地中就发现不少形制相近的铜镞[10]，小河墓地底层堆积中也发现 1 件相同的铜镞[11]。所以，小河流域发现的玉斧、细石核和细石叶、柳叶状的石镞和铜镞，都应该是罗布泊地区青铜时代考古文化的遗物。小河流域发现的穿孔砺石在新疆早期铁器时代的墓葬中最为常见，青铜时代和汉晋时代的墓葬中也有少量发现，但目前对这类器物还缺乏类型学的研究。

晚期的遗物中，具有时代特征的器物有陶器、铜器、玻璃器、眉石等。陶器基本为残片，各遗址、采集点发现的陶器口沿特征、耳、流口、刻划纹饰等彼此接近，而具有相同或类似的口唇部特征的陶器，在罗布泊地区以及塔里木盆地南缘的车尔臣河、安迪尔河、尼雅河等流域的 3~5 世纪的遗址中普遍存在[12]；管状流、錾耳、刻划纹样在尼雅遗址陶器中都能找到基本完整的器型[13]。铜器中有断代意义的是五铢钱和铜镜。XHY1 和 XHY2 中都发现有五铢和剪轮五铢铜钱，同类遗物在楼兰遗址中多有采集，从铭文和特征上看，都属东汉钱币[14]。XHY1 采集到 1 件连弧柿蒂纹铜镜残片，这种铜镜在楼兰城郊平台墓地出土有风格基本相同的一件，都属西汉晚期铜镜[15]。另外，XHY3 采集一件钟形小铜铃，同类型的铜铃在内蒙南部汉代墓葬中见到过[16]，小河流域发现的这件铜铃时代可能还要晚一些，可推至汉晋时期。XHY3 发现 1 件玻璃残片，壁上有两个残存的圆弧凹面纹饰，带这种磨饰的完整的玻璃器，在营盘墓地 1995BYYM9[17] 和且末扎滚鲁克一号墓地 M49[18] 中各出土 1 件，都是玻璃杯，其器型及圆形磨饰被认为是伊朗高原萨珊玻璃的风格。1969 年，在里海岸边的诗曼姆（Shimam）也出土过类似的玻璃杯，墓葬的年代为帕提亚晚期，即大约 3 世纪[19]。营盘墓地的时代发掘者定在东汉魏晋时期，扎滚鲁克一号墓地 M49 定在东汉至南北朝时期，延续的稍晚一些。XHY4 采集 1 件眉石，眉石和眉笔在新疆早期铁器时代的墓葬中屡有发现，晚到汉晋时期的墓葬依然存在。温宿包孜东墓地 85WBBM41 中曾有出土，其大小、器型与 XHY4 的十分接近，而且和石眉笔同出，这座墓的年代发掘者判断为公元前后[20]。从时代和地域看，以上涉及的这几处地点都曾属于大鄯善国文化范围，这些标本也都属于大鄯善国时期的文化遗物。

如今，小河流域的古代遗存都已沦为荒漠中的废墟。而小河墓地的全面发掘以及小河流域的考古调查表明，大致在公元前 2 千纪前后开始到 2 千纪中叶，塔里木河—孔雀河联合大三角洲有着良好的生态，在小河流域曾有过相当大规模的部落集团活动。但包括小河流域在内的整个罗布泊地区，缺乏明确的属于公元前 2000 纪末到纪元前后的遗存，其原因已引起多学科学者们的高度重视[21]。公元前后开始，罗布泊地区迎来了楼兰国时期，这里成为中原王朝经营西域的桥头堡。这次小河流域的调查所发现的汉晋时期的墓葬、遗址等，基本沿小河河道南北铺展，实际上指示出了和罗布泊北著名的"楼兰道"相交的一条南北向的交通线，汉晋时期，由罗布泊地区南部的鄯善等绿洲国家到焉耆附近诸国或车师前王廷，都可经此道。这条道路虽不见于史载，但它对于沟通塔里木盆地东部南北交通有着举足轻重的作用[22]。斯坦因在阿拉干附近发现的麦代克古城是一处汉晋时代的遗址[23]，可能是这一南北交通线靠南端的一站，由此沿小河下游河道向北在小河墓地西南 18 公里处贝格曼发现一座汉晋烽燧[24]，它与孔雀河北岸营盘古城附近烽燧南北呼应，营盘是"楼兰道"与这条沿小河北上的南北道的交汇点。这次小河流域的考古调查，使我们可以从新的视点，进一步论证罗布泊地区古代交通的实态。

领　　　　队：伊弟利斯

参加调查人员：伊弟利斯、刘国瑞、伊力、
　　　　　　　尼加提、李文瑛、刘玉生、
　　　　　　　伊力夏提、牛耕等

资料整理：伊弟利斯、李文瑛、胡兴军、刘国瑞

摄　　影：刘玉生、伊弟利斯、刘国瑞

制　　图：哈斯也提、李文瑛、康晓静、孙雪松等

文物保护：尼加提、伊力夏提

执　　笔：伊弟利斯、李文瑛、胡兴军、尼加提

注　释

［1］　贝格曼原编号为小河 5 号墓地，该墓地是小河流域规模最大、最具特色的遗存，现在的考古
报告中简称为小河墓地，所以我们凡称"小河墓地"，即特指这一墓地.

［2］　〔瑞典〕贝格曼著，王安洪译. 新疆考古记［M］. 乌鲁木齐：新疆人民出版社，1997.

［3］　7 处墓地中有 3 处贝格曼 1934 年发现并做过调查.

［4］　李文瑛. 营盘出土丝织品初探［J］. 吐鲁番学研究，2002（2）；赵丰. 新疆地产绵线织锦研
究［J］. 西域研究，2005（1）：51 ~ 59.

［5］　李文瑛. 新疆尉犁营盘墓地考古新发现及初步研究［A］. 载巫鸿主编：汉唐之间的视觉文化
与物质文化［C］. 北京：文物出版社，2003；伊弟利斯·阿不都热苏勒，李文瑛. 楼兰 LE
附近被盗墓及其染织服饰的调查［A］. 大漠联珠——环塔克拉玛干丝绸之路服饰文化考察报
告［C］. 上海：东华大学出版社，2007.

［6］　由于这些石器主要是采集品，同时缺乏类型学研究，它们在新石器时代、青铜时代和早期铁
器时代的遗存均有发现，所以具体年代难以确定.

［7］　小河考古队. 新疆罗布泊小河墓地全面发掘圆满结束［N］. 中国文物报. 2005-4-13.

［8］　同类型石斧在欧亚北部的草原地区可早到新石器时代. 参见冯恩学. 俄国东西伯利亚与远东
考古［M］. 长春：吉林大学出版社，2002.

［9］　新疆发现的有确切出土单位的细石器有 3 个地点，一是孔雀河古墓沟墓地，一件细石镞射入
一男性个体的骶骨处；二是木垒四道沟遗址出土有柱状石核和块状石核；三是近年来在伊犁
河谷穷科克遗址下层，被安得罗诺沃文化层叠压的文化层出土两件柱状石核，石核体上压剥
细石叶的疤痕非常明显，不少地点在采集到细石器的同时，还采集有小的铜片和陶片等. 据
这些有明确出土层位关系的考古发现推测，新疆地区细石器遗存延续到公元前 2 千纪到前 1
千纪中前后，或者更晚.

［10］　资料未发表，笔者参加了墓地的发掘工作。该墓地的年代推测在公元前 1500 ~ 前 2000 年。参
见刘学堂、李文瑛. 中国早期青铜文化起源及其相关问题新探［A］. 载四川大学中国藏学研
究所主编：藏学学刊，第 3 辑，"吐蕃与丝绸之路研究专辑"［C］. 成都：四川大学出版
社，2007.

［11］　资料尚在整理。实物现存新疆文物考古研究所.

［12］　参见塔克拉玛干综考队考古组. 且末县古代文化遗存考察［J］. 新疆文物，1990（4）：
20 ~ 29.

［13］　尼雅遗址历年的调查资料，尚在整理中. 实物存新疆文物考古研究所.

［14］　新疆钱币编辑委员会编. 新疆钱币［M］. 新疆美术摄影出版社、香港文化教育出版社联合出
版，1991：6 ~ 7.

［15］　新疆考古研究所楼兰考古队. 楼兰城郊古墓群发掘简报［J］. 文物，1988（7）：23 ~ 39.

［16］　参见魏坚编著. 内蒙古中南部汉代墓葬［M］. 北京：中国大百科全书出版社，1998.

［17］　新疆文物考古研究所. 新疆尉犁县营盘墓地 1995 年发掘简报［J］. 文物，2002（6）：4 ~ 45.

［18］　新疆博物馆等. 新疆且末县扎滚鲁克一号墓地发掘报告［J］. 考古学报，2003（1）：89 ~ 136.

［19］　参见安家瑶. 魏晋南北朝时期的玻璃技术［A］. 载干福熹等著：中国古代玻璃技术的发展

［M］. 上海：上海科学技术出版社，2005：122～123.

［20］　新疆博物馆等. 温宿县包孜东墓葬群的调查和发掘［J］. 新疆文物，1986（2）；新疆维吾尔
自治区文物事业管理局等编. 新疆文物古迹大观［M］. 乌鲁木齐：新疆美术摄影出版社，
1999：250，图版0677.

［21］　过去历史、考古学者对罗布泊地区环境变迁关注的焦点，多集中在对汉晋楼兰文明衰废制因
的探讨上。而近几年研究者开始注意罗布泊地区史前时期环境的变化。参见《罗布泊地区环
境变迁和西部干旱区未来发展》，第254次香山科学会议交流材料，2005年。会议主要成果
将以《中国罗布泊》专著形式于近期出版.

［22］　新中国成立前后，中外一些学者已不同程度地注意到这条南北向交通道的存在。（瑞典）贝
格曼著、王安洪译. 新疆考古记［M］. 乌鲁木齐：新疆人民出版社，1997：253～256；林梅
村. 敦煌写本钢和泰藏卷所述帕德克城考［J］. 敦煌研究，1997（1）：127～133；李文瑛.
营盘遗址相关历史地理学问题考证——从营盘遗址非"注宾城"谈起［J］. 文物，1999
（1）：43～51.

［23］　参见林梅村. 敦煌写本钢和泰藏卷所述帕德克城考. 敦煌研究，1997（1）：127～133.

［24］　（瑞典）贝格曼著、王安洪译. 新疆考古记［M］. 乌鲁木齐：新疆人民出版社，1997：129.

The Archaeological Investigation in Xiaohe Valley, Lop Nor

Xinjiang Institute of Cultural Relics and Archaeology

An archaeological research of Xiaohe Cemetery was carried out by Xinjiang Institute of Cultural Relics and Archaeology between 2002 and 2007. Seven graveyards, five remains and seven sites were discovered. The graves all belong to Han and Jin. According to the items excavated from the remains and sites, they can be divided into two parts, the earlier and the later. The earlier part belongs to prehistory; however the later mostly belongs to Han and Jin. The discovery of the prehistoric remains from Xiaohe Valley proves that there was a nice ecological environment and wide range of tribe activities in Xiaohe Valley from the beginning to the middle of the 2nd millennium BC. The graves and the remains discovered this time are basically located along the valley of Xiaohe River and extended to the north and the south. This, in fact, shows a south – north road crossed with the famous Lou Lan Road in the north of Lop Nor. We can have a clearer picture of the ancient traffic condition in Lop Nor from that.

新疆丹丹乌里克遗址新发现的佛寺壁画

新疆文物考古研究所

丹丹乌里克遗址位于新疆塔克拉玛干沙漠腹地，策勒县城以北约 90 公里处。遗址
西约 60 公里是和田河，东约 35 公里是克里雅河（图一）。

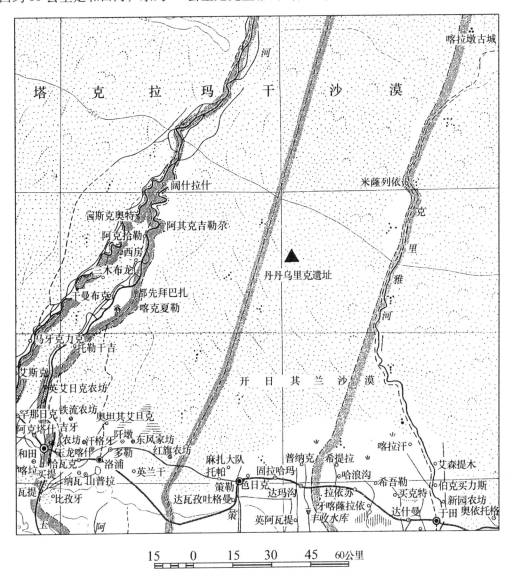

图一　丹丹乌里克遗址位置示意图

遗址于 1896 年由瑞典探险家斯文赫定在穿越塔克拉玛干沙漠途中发现，1900 年英籍考古学家斯坦因依据斯文赫定的资料找到丹丹乌里克遗址并进行了发掘。据所著考古报告《古代和田》介绍，共清理居址和庙宇 14 间，出土有汉文和婆罗迷文文书、木板画、雕塑像、壁画等大量珍贵文物。1905 年美国亨廷敦，1928 年瑞士博斯哈特等曾到此地考察。此后近 70 年间，该遗址一直沉寂在塔克拉玛干沙漠之中，直到 1996 年新疆文物考古研究所的专业人员再次找到丹丹乌里克遗址。据国外有关报道，1998 年一位瑞士人组织的探险队也曾进入丹丹乌里克遗址。

2002 年 10 月，新疆文物局、新疆文物考古研究所和日本佛教大学尼雅遗迹学术研究机构共同组队考察丹丹乌里克时，发现一座佛寺遗址暴露出部分残存的精美壁画，同年 11 月由新疆文物考古研究所对这座佛寺进行了抢救性发掘。这是中国文物考古专业机构对丹丹乌里克遗址的首次正式调查与考古发掘。

一、佛寺的调查与发现

考察队于 2002 年 10 月 26 日乘越野车从乌鲁木齐出发，当日至轮台。27 日晨从轮台出发，经沙漠公路，过民丰到于田，在于田县补充了部分给养后，28 日晨离开于田县城，越野车沿着克里雅河北下，下午 3 时到达克里雅河边的巴斯卡克艾格勒（小地名）。考察队从在这里骑骆驼穿越克里雅河，西行，前往丹丹乌里克。经 GPS 测定，巴斯卡克艾格勒距丹丹乌里克遗址的直线距离约 33 公里。依骆驼的行进速度，抵达丹丹乌里克至少需要 2 天时间，因此，全体队员将装备和给养从越野车卸下后，由驼工们以最快的速度开始梆骆驼，1 小时后驼队越过克里雅河向丹丹乌里克方向进发，近 40 峰骆驼在延绵起伏的沙海中迂回行进，在沙漠中露宿两夜，于 30 日下午抵达了神秘的丹丹乌里克。稍事休息后即开始到遗址区考查，途中即发现这座佛寺东墙倒塌壁画的一角，稍加清理就露出了颜色鲜艳的壁画，因未带清理和加固工具，当时只能回填处理。考察队对遗址作了短暂的考察后于 10 月 31 日下午离开丹丹乌里克，11 月 2 日回到克里雅河东岸，改乘越野车后于 11 月 4 日返回乌鲁木齐市。

对此次考察中发现的佛寺壁画的保护问题，新疆文物局十分重视，于 11 月 5 日下午召集相关领导和专家进行研究，决定由新疆文物考古研究所尽快组织专业人员赴丹丹乌里克对佛寺进行全面的考古清理，并将壁画揭取后运回乌鲁木齐作保护和研究。经过紧张的准备之后，考古队于 11 月 11 日从乌鲁木齐出发，11 月 16 日抵达丹丹乌里克，开始了对佛寺的清理和壁画的加固揭取。经过全体队员十多天的艰辛努力，11 月 29 日完成了考古记录、壁画的清理、揭取、加固和包装等工作。

11 月 30 日加固好的壁画由骆驼运输，返回克里雅河东岸，转乘汽车后，于 12 月 5 日运回到乌鲁木齐。

日本佛教大学尼雅遗迹学术研究机构代表、新疆维吾尔自治区人民政府文化顾问小岛康誉先生，作为 2002 年丹丹乌里克考察队日方队长，不仅积极支持了考察活动的顺利进行，也是壁画揭取工作的促成者，揭取后的壁画运回新疆文物考古研究所后，小岛康誉先生对这批壁画的保护十分关心，提出由中日双方合作，共同对这批壁画进行保护和研究。经新疆文物局报请国家文物局批准，中日双方壁画保护和研究方面的专家经过反复讨论，共同制定了壁画保护实施方案，2004 年 5 月 9 日在北京科技大学，由国家文物局文物保护专家组组长王丹华教授主持的专家论证会上给予充分肯定。新疆文物考古研究所与日本佛教大学尼雅遗迹学术研究机构合作进行的壁画加固保护工作于 2004 年 11 月初开始启动，至 2006 年 4 月壁画的修复加固全部完成。

佛寺位于丹丹乌里克遗址区北片西区，根据我们用全站仪对丹丹乌里克遗址区的遗迹进行分布测量的统一编号，这座佛寺编号为：CD4（原发掘简报编号为 CDF1，见《新疆文物》2005 年 3 期），地理坐标为北纬 37°46.466′，东经 81°04.367′，海拔 1257 米。在其西北 100 米外是编号 CD3 的包括佛寺、居住址等在内的一组建筑群。经清理发掘，佛寺为长方形，南北长 8.2、东西宽 6.02 米，墙基残存高度 20～100 厘米（南墙保存较高）。墙为胡杨立柱夹芦苇的木骨泥结构。外回廊轮廓保存基本完整，内回廊约 5 米见方，中心有木质十字框架，或为中心柱支架，门朝北，清理并揭取大小壁画 30 余块，其中大块壁画均出自倒塌的东墙，内容较清晰的有佛像、骑士、婆罗谜文题迹等（图二）。

壁画是直接绘在佛寺的细草泥墙壁上，很容易脱落。其中东墙外回廊系整墙朝外倒，所以壁画保存基本完整，图案为佛像和呈连环画形式的故事画。其余三面，内外回廊均坍塌，或朝内或朝外、有的壁画上下迭压；在外回廊北壁、南壁和西回廊内残存少量壁画。清理中发现，南回廊和西回廊内有整块切割壁画的痕迹，在西回廊中段还发现十数张 1927 年的德文报纸压在 1 块壁画下，其中夹有 1 张署名"瑞士植物学家博斯哈德"的名片，证明此人确于 1928 年到达丹丹乌里克，被切割壁画可能也是其所为。

经修复加固的壁画大大小小共有 30 块，最大的约 1 米见方、最小的 20 厘米左右。现将图案保存较好的壁画依其分布位置，从东墙、北墙、南墙、西墙等顺序逐块作简要介绍和分析。

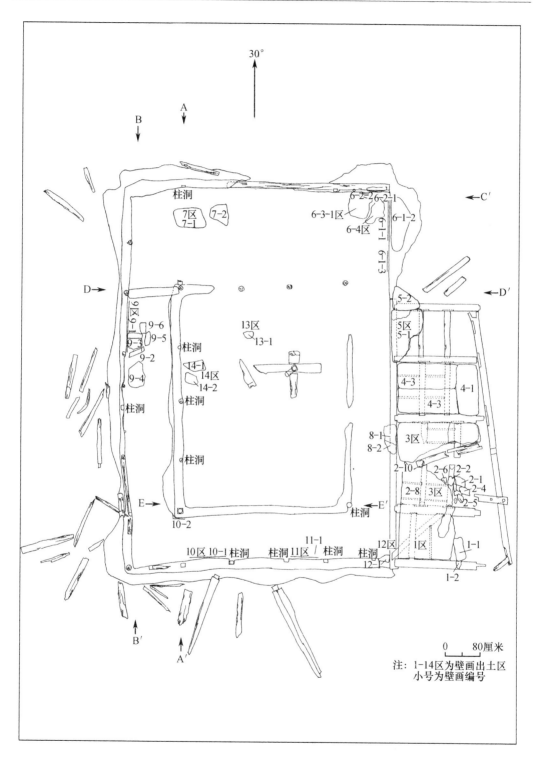

图二 佛寺平面图

二、壁画的图像学特征

1. CD4:18（东墙 1）

高 130、宽 100 厘米。持宝瓶菩萨像。面部损毁较为严重，从残存的部分可看出菩萨正面端坐，细长的眼睛正视前方，墨点睛瞳，鼻短而宽，深红色的线条勾勒的双唇丰厚圆润，唇上还绘有一条黑色的蝌蚪状胡须。菩萨袒裸上身，一条深红色披帛缠绕着双臂飘向身侧，胸前隐约可见部分缨珞，手臂上饰有臂钏和手镯，左手叠压在右手之上捧着一宝瓶，宝瓶上饰有几何纹装饰图案。菩萨的下半身着深红色围腰布兜蒂，交脚坐于莲花座上，莲花座的中心还绘出了红色的莲蓬孔。菩萨的头光有三道，由内向外依次为：红色、褐色、深红色。在左侧的背光中绘有三身小禅定佛，表明该菩萨身份地位殊高。壁画用笔紧劲流畅，尤其是菩萨双臂的线条勾勒力度均匀一致，准确实在，配以极淡的晕染，将菩萨圆润的双臂表现得相当充分，可说是于阗画派用笔如"屈铁盘丝"的绘画风格的准确再现（彩版七，1）。

2. CD4:01（东墙 2）

略呈方形。高 104、宽 97.5 厘米。画面右侧。上端残存一尊立佛的下半部分，惟余袈裟下摆及佛跣足左、右分立于莲台之上，莲台上绘有莲蓬孔，轮廓线用朱砂勾画，绵劲有力。残立佛下部为又一立佛形象，较完整。立佛具焰肩、背光及夹光，光圈分别用朱砂及灰蓝色间隔画出。佛具灰蓝色高肉髻，面相圆满，四分之三右侧视，额头有朱砂所绘白毫，以黑色画出弯眉，眼睛细长，上下眼睑分别以墨、朱两色绘出，墨点睛瞳。鼻梁高直，鼻翼窄小，嘴部上唇较薄，下唇呈两圆瓣，唇上有蝌蚪形胡须外撇，佛耳长而饱满，颈部绘两道纹。佛着圆领通肩式朱色袈裟，用墨线绘衣纹，三角形焰肩。佛右手抬起，掌心外翻置于胸前，刻画传神，掌心绘有掌纹，拇指与食指间绘缦璞纹，左手下垂半握。

壁画左部上端绘一大禅定坐佛，头部残损，着朱色袈裟，全结跏趺坐于莲台上，持禅定印，具身、头光。下部亦绘一大禅定坐佛，面部同右侧立佛，有肉色淡淡晕染，持禅定印，着尖圆领口灰色袈裟，结跏趺坐于莲台上，具头，身光，身上绘有黑色衣纹。

大禅定佛下方分别绘两身小禅定佛，形象与以上所绘禅定佛基本一致，惟残损严重，胸部以下基本无存。

大禅定佛之左侧，自上而下绘一列五身小禅定佛形象。上起第一身残存半边，第二身头部残损。第三、四身形象完整，第三身具白色头光、蓝色身光，第四身具蓝色头光、白色身光。禅定佛四分之三侧视，黑色高肉髻，神情安详。以上四身形象均持禅定印，着尖口通肩袈裟，禅坐在有七瓣俯莲禅台之上，形式与前述画面中部大禅定佛一致。

第五身坐佛位于此列禅定佛最下部，具头光、为圆形白色，淡蓝色圆形身光，形象外侧以朱砂色填绘背景。禅定佛神态同上述形象，但袈裟留白上用朱砂绘有形象。佛持禅定印、黑色肉髻、侧右视。佛衣右肩部朱绘月亮，左部为太阳，右上部臂上绘一长方形形象，似为金刚杵，左肩上部为长方形套叠形象，颈部饰有三珠纹项圈，胸部绘一宝珠，上有尖长形装饰，宝珠外侧绘树叶形装饰，右腿膝上绘有五个圆形中心带点图像，佛像为结跏趺坐。据此特征判断，应是卢舍那佛形象（彩版七，2）。

3. CD4：05（东墙3）

壁画呈斜三角形。高101、宽99厘米。上部左侧为两身并列禅定佛与立佛形象，禅定佛大部残，只有下半部可辨，下绘莲台；右为一立佛，仅残余半只右脚。画面中部左侧为一身禅定坐佛。饰黑色肉髻，面相圆润，四分之三侧面，右侧视，细眉弯曲，墨绘；高直鼻梁，小嘴，下唇较厚，眼如柳叶，上下眼睑分别以黑与朱砂色描绘，睛瞳墨点，神态安详，左耳长大，显内外耳廓，耳垂长大，绘有穿孔，佛下绘两道纹。佛身着白色圆领口通肩式袈裟，衣上绘有粗重衣纹，脸、手、莲台轮廓朱笔绘出，具圆形身、背光，双手拇指相触，手指相迭，持禅定印，手下绘有宽大袖口，佛全结跏趺坐于仰莲台上，莲台上绘两排红色莲蓬，莲蓬孔为白色，莲叶为朱色。禅定佛右侧为一穿朱色袈裟的禅定坐佛残像，袈裟上部为黑红色，下部为朱砂所绘，头光为黑红色。坐下莲叶为白色边勾画，莲蓬为白底朱色。此坐佛右亦有一形象，朱色线描，似是一莲座。两身坐佛头部朱底内中间有一莲花，墨色勾轮廓，花为白色，三瓣合苞。

画面最左边有三图像，自上而下依次为：

第一身具圆形头光，兽头，尖嘴微张，口中吐出一条尖长条形舌头，上画纹路，头下多毛，耳朝上，戴大耳环，右侧视，绘有三道纹。身袒，戴粗项圈，披帛从右绕外，于身后自左臂垂下，握于左手。右手曲举于胸前，手持长条形物，左手臂弯曲，手握帛带置于左座前。下身与"亚"字形台座连为一体，座中部开左右对称似壶门式缺口。全像用朱色绘出，未施色。

第二身形像是一只用黑线白描神态警觉的野狼。狼头朝右方蹲伏，长耳高耸，背生粗硬鬣毛，前肢伏地，后肢曲跣，尾巴粗大拖地。狼在佛教图像中少见，是否与祆教有关？

第三身为女相，圆形头光，头戴多瓣式黄色宝冠，冠下及双肩露黑发，披巾垂于肩后，面部圆润，右侧视，有白毫，五官刻画如禅定坐佛。左耳垂有一缕卷曲黑发。上身袒，戴项圈，双手持一在襁褓中的小孩子与胸前，襁褓紧卷，外绘四道斜纹，小孩露头、发，五官分明。神像腕戴手镯，下身与束腰式山岩座隐为一体。多以朱色线描画形象，头光、座用黑色重描。此处描绘的应是突出鬼子母护法的宗教属性。壁画最下方为一列四身形象，依次排开：

自左至右第一身，具头光，兽头，头戴三瓣式宝冠，四臂四手，右侧视，口微张，露出上下两排大齿，头颈长毛，颈下绘两道纹。耳毛耸于头左右，左耳垂大耳环。身上绘叉形黑色纹三排。肩部左右各出一手，左手擎日，右手托月，下部另有一右手托一鸡（？），头朝左，持于胸前。下部左手弯曲握披帛一角于座前。腕带手镯，披巾自下部右手绕过身后，左手上臂下垂，握于下部左手中，下身与束腰山岩座隐为一体。头部有黄色染色，形象神态机警干练，充满动感。

第二身，为童子面，三头四臂，双重头光。坐前有一孔雀翘头回望，山岩座。主形象三头，中间的头圆大，右侧视，额际有刘海，后有束发垂于肩部。左右又生二头，也有刘海，童子浓眉大眼，嘴角含笑。头左右出二手，左手举日，右手托月，四臂均戴手镯。下部肩两侧另有双手，右手持一鸟，鸟头朝右，举于胸前，左手握拳屈支于左腿上。双腿交叠置于身前。上身袒，有双点装饰，下部双手戴有桃形臂钏，下身着白色腰裙，束腰，双腿亦有双点装饰，披巾自身后环绕于下左手臂弯，又自下左上臂垂下。

第三身，似女相，头后有头光，右侧视，袒双乳，颈系项链，双手上扬抓举一袒体之人，倒悬身前，女神左手捉人足，右手握人手，被举之人头仰于后，望向画外，头发呈尖束状下垂，面露紧张痛苦表情。女神形象威严蕴怒，袒身着裙，双腿交叠，形象全部用朱色绘出。

第四身形像残损较严重，为男性神只。头光，右侧视，蓄八字胡须，戴大耳环，颈佩宽项圈，戴臂钏，双腿交叠置于身前，坐于方形座上（？）。身前有两匹马相向而立，右边为黑色骏马，棕毛卷曲下垂，左边为白马，残存头部（彩版七，3）。

4. CD4∶19（东墙 4）

高 119、宽 114 厘米。壁画右侧最上端绘着深红色袈裟之坐佛像。在坐佛像的下方绘一菩萨坐像，菩萨头戴黄色宝冠，黑色的长发披在肩上。面部丰圆，右视四分之三侧面，黑眉黑瞳，鼻梁高直，鼻翼窄小，嘴唇小巧，尤其下唇用红色填染，圆润饱满，一条红色的线条将鼻与上唇连接起来。菩萨袒上身，佩戴着项圈、臂钏、手镯等珠宝饰物。一条长长的披帛缠绕着左臂，斜披至腰间呈半圆形垂落，披帛的另一端似搭于右臂之上。双手交叠捧着一细颈宝瓶，交脚坐于一白色莲花座上，莲花用黑色粗线勾勒。菩萨有头光和背光，在背光的左上角绘有一身小坐佛像。

紧接着菩萨的下方绘一三头四臂交脚像，有头光。中间的头圆大，右侧视，有黑色胡须，右边的头略小，左边的已残毁。四臂中上举的两臂已模糊不清，而下面的右手持一钵状物放于胸前，左手则不见。该像上身袒，下身着黄色腰裙，双腿交脚置于身前。在其脚下绘一头向左卧之动物，头部毁，用粗重的黑色线条勾勒身体的轮廓线，粗黑的尾巴夹在两条后腿之间。

壁画左侧残存一身高大的立佛像，佛像的上半身已漫漶不清，目前可见的只有用墨线勾勒的稠密的袈裟衣纹及残余的双足。佛跣足，足下各有一覆莲台座。在佛的两腿间绘一女性（？）形象，大眼高鼻，黑色齐耳短发，身着深红色左衽窄袖衣，腰束一条灰蓝色腰带，胸前挂一长串白色珠链，手臂上搭绕着一条长长的披帛，双手上扬托举着佛的足掌。在壁画左侧立佛像与右侧菩萨像之间还绘有几身小禅定佛像，其中有两身较为清晰，造型与本寺所出千佛像基本一致（彩版七，4）。

5. CD4:04（东墙5）

壁画残片略呈纵长方形。高 57.5、宽 113 厘米。画面左部绘有一身立佛的残余双足及袈裟下摆，下有一力士托举立佛双足。立佛着红色袈裟，绘黑色稠密衣纹，下部衣摆为深紫红色，并有弧状衣褶。立佛跣足，双足呈八字外展，以朱砂色画出外部轮廓，饱满有力。脚为白色，双足下各有一覆莲台座，叶型饱满，佛足底部画出了莲蓬孔。小腿上各绘一上尖下方的尖叶型三瓣式脚钏装饰，内有套叠方格形装饰纹样。

立佛双脚间墨线绘一力士，力士浓发大眼，鼻梁高直，双唇紧闭，上唇蓄浓须，着翻领左衽式窄袖外衣，束腰带，下身残漶。力士双手上扬，托举佛足掌。佛足后以墨线描绘出一条用砖砌成的呈三面式凸起的迭涩，长墙下部有方格，绘波浪形纹样，砖墙上施灰蓝色。墙上左端朱底内绘有一列骑马人物，左起第一身骑白条纹黑马，马尾下垂，做行进状。马后蹄下有三瓣式白底莲花；第二匹骑乘人物残损严重，隐约可见四马蹄及下垂马尾，马也做行进状，两匹马蹄后方绘有弧状连绵黑线，似是表示朝拜佛陀路途中有连绵不断的沙丘，喻其艰难。画面中下部佛右足边城墙下两朵朱色双层莲瓣带莲蓬的俯莲。画面下方在白底内绘一带头光、骑白色阁楼斑马的人物，面部略残。形象为用红色勾底，墨色定稿的眉毛、眼睛、颊下有浓须一圈，人物头戴帽，着圆领窄袖衣，腰系带，足穿黑色尖头靴，腰悬长柄刀及箭箙，左手牵马缰，右手残，持盏状物，在人物头的右上方亦有一玄色大鸟飞下。马作行进状缓步前进，马尾下垂。骑马人物身后有一佛足（残），足下踩一莲台，佛足及莲台均用朱色线勾画（彩版七，5）。

6. CD4:02（东墙6）

壁画残块略呈长方形。高 47、宽 96 厘米。壁画上部残存三排千佛，自上而下第一排只残存一身穿红色袈裟的禅定佛像。第二排存全结跏趺坐八身禅定佛像，左起第一身禅定佛着红色袈裟，右手压左手交叠置于腹前，禅定印。左起第三身坐佛着白色袈裟，持禅定印，但双手拇指上翘。第三排只残存三身禅定千佛，基本与上同。千佛用笔绵延紧密，挺力遒劲，显然是于阗画派"屈铁盘丝"式用笔。千佛表现面相半圆，肉髻低平，着低圆领口通肩袈裟，袈裟一角敷搭左肩。眼睛饱满，状如细鱼，上眼睑用墨色勾画，下眼睑用朱色描绘，墨点瞳仁。脸庞形似满月，面部均作四分之三侧视，鼻梁高直，嘴小而上翘，颈部饰有三道弯。千佛神情专注，仪态恬安。袈裟、面部皆用红色起稿线，身后均画圆形身项光。

画面下部（即第四排）绘有一列骑马人物，马右前腿均曲抬，行进状。以形象看，均为雄马。形象第 1~4 身较清晰，第 5 身只残存隐约可见的前后马蹄各一只，亦略见马尾下垂。

第一身骑马人物，骑白马，马有鞍，骑一人，左手拉缰绳，右手已残，着黑色尖靴，腰悬刀，左手臂弯披帛后翻。人物头部已残，隐约可见头光，马做行进状，马尾束扎，有两条扎带下垂。

第二身人物，骑白底黑圆斑马，头部以上残损，装束同第一身，左手拉马缰，右手上举，持一盏状物，盏上有一物，漫漶不清，推测可能与第四身一样，应为一只俯身下飞的黑鸟。马尾散垂。

第三身人物，骑枣红色骏马，马尾下垂，马臀部用晕染法画出，极富立体浑圆效果。人物只残存左手拉缰，腰悬长刀，披帛后翻，胸以上部分已漫漶不清。

第四身人物最为清楚，骑白底枣核形黑纹花马，骑乘之人头部具圆形背光，头顶有发髻，额上发束前有一圆形装饰，面庞圆满，耳大下垂，耳后二条束发带飘于肩部。五官眉弯、眼长鼻直、口小，上唇有外翻八字形胡须。身着圆领衣，腰束带，披身飘飞于身后，腰带分三条散垂，下身着裤，脚蹬红色尖头靴，腰部悬佩长刀，斜挂身侧。左手平抬于身侧握缰绳，右手屈伸，手持一盏形器皿，盏形器上方有一只玄鸟自空中急速俯飞而下。人物目祝前方，神态安详，因有圆形头光，显出这一列供养人的身份高贵（彩版七，6）。

第四排人物与乘骑均以黑色勾线，第三匹马身及第四身骑乘人靴子用红色渲染，其余均为白色素地。画面比例准确，表情生动，用线流畅，造型精熟，人物鞍马富有动感，绘制水平较高。

7. CD4:20（东墙 7）

高 42、宽 54 厘米。漫漶不清（彩版八，1）。

8. CD4:21（东墙 8）

高 82、宽 50 厘米。壁画右侧绘一立佛，只存部分头部及身体的右半部分。佛呈四分之三右侧视，具灰蓝色高肉髻，额头朱砂绘白毫，黑色长眉，鼻梁挺直，向右低视的细长的右眼眼角线超过脸部轮廓向外延伸，这种飞眼特征为本寺佛像所共有。

佛身着红色圆领套头袈裟，双手在身体右侧呈合十状。在残存的右肩上朱绘月亮，袈裟的袖口处也隐约可见一螺纹图案。该立佛的头光和背光是本寺所有佛像中最为复杂的，头光有三层，由内向外分别为：白色、深红色、白色。背光由内向外依次为：红色、白色、红色、白色，在红色内还填绘有白色，形成红白相间的菱形图案，显得十分华丽，富于变化。

壁画左部上端隐约可见一小禅定佛，其下方绘一身较大的禅定佛像，面部已模糊不清，着深红色套头袈裟，有黑、红两层背光（彩版八，2）。

9. CD4：22（东墙9）

高54、宽98厘米。壁画残损严重。在画面右侧隐约可见一坐佛的头光和背光，头光有两圈，内圈围黑色，外圈为白色；背光有三圈，由内向外依次为白色、红色和黑色（彩版八，3）。

10. CD4：23（东墙10）

高33、宽78厘米。千佛。残损严重，隐约可见三排6身佛像。佛着白色V领套头袈裟，头后有白色头光，身光为深红色（彩版八，4）。

11. CD4：14（北墙东1）

高15、宽30厘米。向画面左方向行进的骑马人物像。马为白底枣核形黑纹花马，马尾散垂，右腿曲抬呈行进状，马身用黑色线条勾勒，用笔紧劲洒脱。骑在马上的人物亦用黑色勾画轮廓，圆脸大耳，长发披肩，头后残存圆形头光。身穿圆领衣，一条长长的披帛绕过胳膊飘飞于身后，下着裤，足蹬黑靴。左手持握缰绳，右手曲抬，手中持有一盏形器皿，与斯坦因在丹丹乌里克收集的骑马人物木板画相类似（彩版八，5）。

12. CD4：15（北墙东2）

高12、宽21厘米。画面右侧残存向左行进的骑马人物像，马为枣红色，只存部分头部和臀部。骑马之人头部已残，可见部分白色头光，头后可见两条舞动的飘带。曲抬的左手呈握缰绳状，其余已漫漶不清。在画面左侧写有五行草体婆罗迷文（彩版八，6）。题记为婆罗迷字母书写的晚期于阗语。经北京大学段晴、文欣先生转写、翻译："且，供养人Budai令绘此八天神。愿他们保佑！"

13. CD4：16（北墙西1）

高44、宽62厘米。千佛。存五排约29身结跏趺坐禅定佛像，坐于简易的莲花座上。千佛造型基本一致，均作四分之三右视，右视的眼睛也采取了本佛寺中最具特色的飞眼手法。佛身着V字领套头袈裟，袈裟的颜色有三种：红色、褐色和黑色，三种颜色间隔排列，在整齐划一中又富于变化（彩版九，1）。

14. CD4：17（北墙西2）

高23、宽33厘米。千佛。存四排8身结跏趺坐禅定佛像。其造型与北墙西1相同（彩版九，2）。

15. CD4∶24（南墙东）

高 38、宽 102 厘米。漫漶不清（彩版九，3）。

16. CD4∶25（南墙西）

高 32、宽 103 厘米。为一条装饰带。分三层，上层绘红色连续正三角纹，在三角纹中心还绘有白色的圆珠纹；在每个三角纹之间又填绘一白色菱形纹和黑色倒三角纹，白色菱形纹的中心绘圆珠纹，在菱形纹的边线上也点有白色。中层绘两条黄色长条带，条带间绘出忍冬纹。下层虽漫漶不清，但从残存的状况看，图案似与上层相同（彩版九，4）。

17. CD4∶26（西墙 1）

高 33、宽 76 厘米。残存两层共 11 身小佛像，上层 5 身损毁比较严重，下层的 6 身较为完整。佛均坐于用深红色线条勾勒的椭圆形联珠圈内，身着红色圆领套头袈裟结跏趺坐持禅定印，领口上一条白色的线强调了袈裟的一角是搭在左肩上的。有白色头光，面相半圆，作四分之三右视。除黑色的肉髻、黑眉、黑瞳外，其余部分均用深红色线条勾勒。在上、下、左、右四个椭圆形联珠圈的连接之处所形成的小菱形格内也被填上了用黑色线条勾勒的圆形莲花纹。与北墙所绘方格内千佛有节奏的色彩变换不同的是，此墙上的千佛色彩一致，均为红色袈裟配白色的背光，显得整齐划一，略显单调。在坐佛下方残存一装饰带，深红色的底子上还能看到一些白色的正三角图案和用白线勾勒的叶子、圆珠纹等（彩版九，5）。

18. CD4∶27（西墙 2）

高 13、宽 17 厘米。残存 2 排 5 身小佛像，其构图、造型与西墙 1 基本相同（彩版九，6）。

19. CD4∶28（西墙 3）

高 20、宽 44 厘米。存 2 排 7 身小佛像，构图、造型与西墙 1 完全相同（彩版一〇，1）。

20. CD4∶29（西墙 4）

高 36、宽 31 厘米。装饰带。画面最上方存白地黑线勾勒的长方格形图案。在它的下面是一黑、一白两个正三角形纹样，其上绘有白色和黄色的点，在三角形之间隐约可见一用白色和黑色的线条描画的椭圆形圆圈。画面最下方绘两条黄色条带，条带中间绘卷草纹（忍冬纹？）（彩版一〇，2）。

21. CD4:03（西墙旁1）

壁画残片略呈斜四边形。高43、宽29厘米。画面主要形象为一佛像。画面残存一条灰蓝色弧形条带，上部外缘有一圈白色小联珠纹，下部有红色填色，并有一条白线分割画面，其下即为佛像。佛像有灰蓝色头光。身后有三道身光，身光外侧左上角底为灰蓝色，身、背光轮廓均用白色勾出流畅匀滑的线条。

佛像头部有灰，石青色高肉髻，面如满月，耳硕大，画有肉耳廓及耳垂。五官刻画神采奕奕，目视左前方，以四分之三侧面表现。佛像眉毛弯长，用石青色绘出，眼如小鱼，双目上眼睑墨色绘出，下眼睑用朱色勾画，眼眶用朱色上、下勾画，墨点睛瞳，以白色画出眼白，眼角内用石青色淡淡晕染，灵动传神。鼻梁端直，下绘鼻沟，嘴部上唇较薄，下唇凸出，口角微挑。鼻、口及脸部轮廓均以朱砂色勾画，绵劲有力。脖下有二道弯。佛着袈裟，领口呈倒三角形，下部残缺，因此无法详知袈裟样式（彩版一〇，3）。

整幅壁画佛像线描流畅，紧密绵劲，富有弹性。佛像表情专注慈悲，极富个性，是佛教壁画遗存中的精湛之作。

22. CD4:30（西墙旁2）

高28、宽24厘米。画面右侧红色底子上绘一白色水珠状图案，水珠用黑色线条勾勒，中心圆环内填红色，红色圆环边缘绘白色珠纹。画面中心是一条白色竖状条带。画面左侧则残存一白底描红色三角形，与编号CD4:01中立佛的三角形焰肩十分相似（彩版一〇，4）。

23. CD4:06

高30、宽10厘米。壁画略呈长方形，残存两排千佛。上排存两身结跏趺坐禅定佛像的下半身，左边的禅定佛像着黑色袈裟，右边的着红色袈裟。下排存三身千佛，也应为结跏趺坐持禅定印，现仅存佛像的上半身。佛像面庞圆润，肉髻低平，眼睛饱满如细鱼状，弯长的眉毛及上眼睑用黑色勾勒，墨点瞳仁。高直的鼻梁、微微上翘的嘴唇、眉间白毫及面部轮廓线则用红色勾描。佛像均右视，神情安详专注（彩版一〇，5）。

24. CD4∶07

高 10、宽 10 厘米。佛头像，只存头部的左半部分。佛向左视，脸部轮廓及鼻、眼、眉间白毫用红色（朱色）勾勒，上眼睑及眼珠用黑色绘出，头发及眉毛用青色描绘。残存两道头光，内圈为黑色，外圈为白色，另外还存有小部分的红色身光。虽然佛只存一左眼，但其专注的眼神仍极富个性（彩版一〇，6）。

25. CD4∶08

高 26、宽 35 厘米。千佛像。残存三排千佛像，均向右而坐。自上而下第一排存一身穿黑色袈裟的禅定佛像，面部残损，其左侧残存穿红色袈裟坐佛像。第二排左起第一身佛像只存头部，第二身较为完整，佛着红色 V 字领口通肩袈裟，头光亦为红色，身光为黑色。第三排残存两身坐佛像。千佛造型基本相同，只是通过不同颜色的袈裟和头光、身光相搭配，如袈裟为红色，头光亦为红色，而身光即为黑色；而如果袈裟为黑色，头光也表现为黑色，而身光就会是红色。通过这样的搭配，使画面显得简单而富于变化（彩版一一，1）。

26. CD4∶09

高 11、宽 7 厘米。千佛残片。上下各一身，上半部分只存结跏趺坐与简单的白色莲花座，下半部分存佛头的左半边脸及头光、背光（彩版一一，2）。

27. CD4∶10

高 9、宽 14 厘米。残存的佛像，应为千佛中的一身。用红色的线条勾勒佛的肉身、衣着及头光、背光，发髻与脸部的眉毛、眼珠及上眼睑线为黑色，袈裟和背光为白色，头光为深红色，有如白描（彩版一一，3）。

28. CD4∶11

高 16、宽 13 厘米。方形格内存两身坐佛，画面左侧的佛像着红色 V 领套头袈裟结跏趺坐，领口上一条白色的线条表明袈裟的一角是搭在左肩上的。右侧的佛像穿黑色袈裟，头部已不存（彩版一一，4）。

29. CD4∶12

高 8、宽 12 厘米。佛像残片，只存部分用红色勾勒的佛的下颌、头光、背光，如白描（彩版一一，5）。

30. CD4:13（佛寺中心出土）

高9、宽12厘米。画面主要形象为一佛像，仅存头部及部分红色V领套头袈裟。佛面相圆润，右视四分之三侧面。与本佛寺中的其他佛像的表现方式一样，用黑色的线条描画眉毛、瞳仁和上眼睑，红色的线条勾勒五官及衣纹。红色的头光，黑色的背光，有趣的是，在头光和背光边缘又都加有一条粗重的白色线条，十分醒目。在佛像上方残存一黑色装饰带，上绘白色的四瓣花（彩版一一，6）。

三、壁画内容的分析

1. CD4:01号壁画中的千佛及卢舍那形象

德国柏林印度艺术博物馆收藏的一块丹丹乌里克佛寺壁画残片（馆藏编号：MIK III 9273f)[1]，尺寸为19.5厘米×16.2厘米，画面残存四身千佛，整体色调呈暖棕色。千佛袈裟以白、朱二色间隔、发髻、眉、眼、及袈裟轮廓线用黑色勾画，脸、毫光、耳、鼻嘴、手及三道弯用朱砂勾线。朱衣千佛具白色身光，白衣千佛绘朱色身光，千佛结跏趺坐、持禅定印坐于仰莲瓣构成的莲座上，神态安详。整幅作品用笔松动，风格粗犷，略显呆泄，造像表情拙稚，于阗画派总的特征并不明显，并无"屈铁盘丝"式的用线形式美，与2002年在丹丹乌里克所发掘壁画中的用线遒健无碍、细密锦劲的艺术特点迥然有别。

但是，柏林印度艺术博物馆藏品中千佛的低平肉髻、发尖突出、上下眼睑分色勾勒、通肩袈裟有尖圆式领口以及左侧视等特征则与这次新出土的壁画完全一致，除去造型中的相同因素不论，只能推测是两者画手水平存在差异，因而反映在艺术作品中的面貌似乎也存在差异。据德国学者研究，柏林藏品的时代约在公元8世纪左右[2]。此外，德国藏的这块壁画背交及袈裟处理的形态有似晕染的技法，但据我们分析可能是作画时墙壁未干，因此有"湿壁画"的特征，此点与本次在丹丹乌里克新发现的壁画又决然不同。

以CD4:01壁画中的形象用笔来看，较多体现了于阗画派屈铁盘丝式线描的艺术风格，线的运用刚颈有力，准确生动，体现出这一地区独特的艺术风貌及魅力。

画面左下角的卢舍那形象采用白描式描绘手法，佛身上分别绘以日、月、摩尼宝珠、金刚杵等形象，与今藏印度新德里博物馆的出自和阗巴拉瓦斯特遗址的卢舍那坐像十分相像，此像下半身残，后经德国学者复原（图三）。

丹丹乌里克新出的这块壁画上的形象下半部虽有漫漶，但较为完整。两者所不同的是巴拉瓦斯特之像为正面，而丹丹乌里克之像为四分之三侧视。此外，后者形像为交脚坐姿。

近年来有学者研究认为，卢舍那信仰的产生与《华严经》信仰有关。在四世纪末

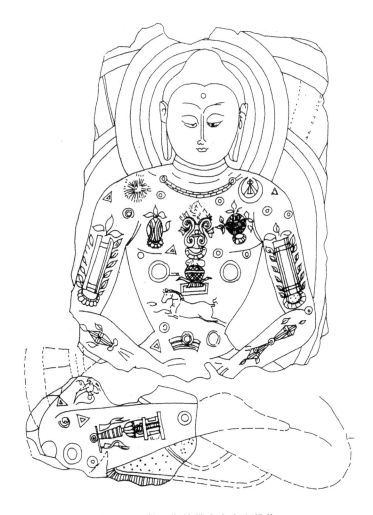

图三　巴拉瓦斯特佛寺卢舍那佛像

前后《华严经》梵本入华汉译均是出自于阗[3]，因此于阗早期存在有较多的卢舍那造像，造像分立式和坐姿两种，包括木板彩绘、壁画残片及木雕残件。这类造像在北朝至唐代除流行于于阗外，还传入中原地区，今天所见如美国费利尔美术馆[4]、山东青州博物馆、台湾震旦艺术博物馆等均有此像收藏。丹丹乌里克新出的卢舍那坐像，应是与巴拉瓦斯特遗址所出的于阗一系的卢舍那造像，反映了《华严经》在于阗的影响。另外，卢舍那造像在龟兹、敦煌等地石窟壁画中亦有描绘。1999 年在库车新发现的阿艾一号石窟右壁有明确题记的卢舍那造像[5]，这些遗存都充分反映了古代《华严经》信仰的盛行，以及在于阗地区卢舍那信仰的流行。

2. CD4：02 壁画上的器皿

在这块壁画一列五骑带头光形象中（初步认定这是地位极高的供养人）第四骑人

物最为清晰。他的右手前伸抓举一碗状宽口器皿，在器皿上方有一只玄色鸟急速飞下。
这种碗状宽口器皿，又见于中亚地区片治肯特遗址壁画宴饮图中，据蔡鸿生先生研究可
能是胡人饮葡萄酒时的一种名叫"叵罗"的酒器[6]。如是，此列供养人应是特叵罗供
佛，至于叵罗内盛何物则不得而知。今藏英国伦敦大英博物馆由斯坦因在丹丹乌里克挖
出的一块木板画上（图四），最上面的一身形象骑黑斑花马，右手持叵罗前伸，上有一
玄鸟俯冲飞下，凡乎与上述第四身形象一模一样。所不同者，大英博物馆所藏木板画上
的马头上戴有一日月星微，而 CD4：02 第四身马头上没有。另外，大英博物馆藏木板画
上的马尾束扎，在 CD4：02 中第一身骑马人物的坐骑马尾也是如此。这些重要的细节对
于研究确定供养者种族等问题会有一些帮助，但是，叵罗上部有玄鸟俯冲飞下的具体意
义尚不得解。

图四　大英博物馆藏丹丹乌里克出土木版画

图五　和田布盖乌于来克佛寺地神画

3. CD4:04 壁画上的地神形象

地神形象在于阗地区的佛寺遗址壁画上多有发现，1982 年在布盖乌于来克佛寺遗址中，即发现有佛足中央跪一女性合掌礼敬佛陀，头部有波浪式的光波射出（图五），此即坚牢地神。《金光明经·坚牢地神品》中记载，坚牢曾经起宏愿：若有人宣讲《金光明经》时，她将自地涌出，并设案座，以为护持。

在 CD4:04 壁画中在佛足下托举佛足的地神形象密发浓须，显然是男性形象，这与佛经记载不符。但应该也是属于地神形象。此外，此地神着左衽翻领衣，腰束带，完全是一副世俗化的当地土著居民打扮，这或许与当地信仰中对于佛经艺术形象理解的变通有关。

在库车县克孜尔尕哈第 14 窟右甬道内壁也有一身坚牢地神形象，此象为女像（图六）托举者是龟兹礼佛王族供养者。

另外，在敦煌莫高窟五代时期的第 98 窟门壁右侧于阗国王李圣天供养像下，亦有女性地神托举李圣天双足，地下且有云气涌出（图七）。

图六　库车克孜尔尕哈第 14 窟地神画

从上述材料可以看出，地神形象在于阗、龟兹及敦煌地区的发展线索。地神的职能与性别也并不完全依据佛经所记，帝王贵族为了突出其身份在供养像中也用地神来烘托出地位的尊贵与特殊。

图七　莫高窟 98 窟地神画

4. CD4:05 壁画中的诸形象

丹丹乌里克新发现的壁画中，以这块形象比较复杂。

这块壁画右边自上而下第一身形象为一兽头展长舌形象，右手握于胸前似持一金刚杵（?），这身形象极为特殊，目前还尚未找到准确的形象经典依据，因此，不能确指。

右下第二身形象为一只狼的肖像，这在以佛教信仰为主体的壁画场景中显得极为突兀。现藏于法国国立图书馆的敦煌遗书 P·4518（24）号卷子[7]上的白画祆教二女神中有二犬形象，有学者研究认为在琐罗亚斯德教中的善恶观中，狼正是犬的恶魔化的对应物，并由此推导出了祆教信仰中的善与恶神。[8]据此，似乎可以认为祆教中是以犬喻善，以狼指恶。在佛教图像中，尚未找到直接于佛教神祇旁画狼这一形象的例证。当然，由于丹丹乌里克这块壁画中是以佛教诸像为主，突兀地出现狼这样一个形象，也无法确指其供养者就一定是祆教与佛教二教并信的多元宗教信徒，对此，还有待再作考证。

右下第三身形象为女相，双手抱一在襁褓中的婴儿，应是鬼子母形象，鬼子母已有千子，却喜食国中孩子，佛感化之事迹在《鬼子母经》，《经律异相》中有这个故事的详尽记述[9]。斯坦因曾在法哈特·伯克·亚依拉克第 12 号佛寺遗址盗挖走一幅约 6 世纪的正面画的鬼子母像壁画，画面鬼子母慈祥宽容，一派母性的模样，双肩、右臂、怀里有四个小孩嬉闹，表现了祥和安怡的母子同乐场景，该画设色浓丽，人物身体晕染，与丹丹乌里克这幅白描中略施淡彩的形象风格截然不同。鬼子母被佛感化之后皈依佛教成为佛教护法之一，亦成为人们心目中小孩的保护神。在这里的描绘应是突出鬼子母佛教护法的宗教属性。

这块壁画最下部有一列四神祇，应属于天部护法。

右起第一身形象为兽头、四臂，分别持有日、月及鸡（？），面目狰狞，神情警觉。这一形象目前还不能确指，但其左侧形象为鸠摩罗天，因此推测这身形象或为摩醯首罗天，但却是兽头、持有鸡（？），而且未骑白牛，这一点又与经文不符[10]。一般来讲摩醯首罗天与鸠摩罗天是同时出现，如山西云冈石窟第 8 窟拱门上。但这里的形象因有与经文不同的疑点，还需再作考释。

右起第二身形象为童子相，三头四臂，手托日、月并持一鸟，座前有一孔雀回首翘望，此与经论所记鸠摩罗天，亦即散脂修摩形象一致，可以确认。据《翻译名义集·八部》："此翻云密。谓名行理智、四皆密故。天台释天大将军，乃云金光明以散脂为大将。……大论又称鸠摩罗伽。此云童子。骑孔雀、警鸡、持铎、捉赤幡。复有韦纽。此云偏闻。四臂、捉贝、持金翅鸟。皆是诸天大将。"[11]从壁画形象看此鸠摩罗天手中所持于胸前者，似应是一只金翅鸟，而不是鸡。

右起第三身形象为女相，双手倒提一人悬于座前。斯坦因在于阗达玛沟喀达里克寺庙遗址中所挖的一块壁画残块，[12]画面四周是千佛像，画面中心为一佛二菩萨，主佛座下正中画有一架六枝佛灯（斯坦因称为六臂华柱），两边各有一像，斯坦因认为，"右面的是一个袒胸露腹的白发苦行者，左面是一个野猪头鬼怪，双臂张开攫住一个人的身体作吞食状，可看出血从这鬼怪的嘴里流下来。"[13]这块壁画中的千佛图像也是左侧视，斯坦因称"在风格上与丹丹乌里克 D·II 寺庙遗迹中的壁画非常相似，这一点是不容置疑的。"[14]由此可以看出这一形象在于阗地区有一定普及性，这一图像在中国石窟艺术遗存及造像碑诸神王鬼怪图像中，只限于阗见，尚未发现相同形象。我们只找到了二例近似形象，一例是陕西扶风法门寺唐代地宫中所出白石灵帐须弥座四周浮雕人物之一（图八）。

该形象为天王貌，四臂，最上二臂左右紧绷一条布幔，左手抓一人头发，右手似抓提一猪（？）形动物[15]整个形象显得凶悍威猛。另一例是现藏于台北震旦艺术博物馆的一具唐代大理石禅床壶门上的形象（图九）[16]，形象为天王相，六臂，上二手举起布幔二角绷于身后，右手抓起一跪缚者头发，左手抓一山羊状动物。上述二例图像至今亦无明确的定名，一般只是笼统地称为天王或神王。丹丹乌里克壁画上的这一形象，从周围诸护法的属性判断应该是属于佛教天部的某一护法神。

图八　陕西法门寺浮雕人物　　　　　　图九　台湾震旦博物馆藏唐代禅床人物

画面最下层右起第一身形象，人物戴冠垂发，身前有对马形象，目前尚难下确论。

在密教经典《金刚顶经》所授五部曼拏罗法曼荼罗中，有佛、莲花、金刚、宝、业五部神，其中宝部为宝性佛（Ratnabhava），骑乘为马座，金色[17]。但这又与壁画描绘形象不合，另外，依残存画面也无法推定出此列神像是曼荼罗中的五部神。

《杂阿含经》卷四十记：“释提桓因（即帝释天）欲入园观时，敕其御者，令严驾千马之车，诣于园观。御者奉敕，即严驾千马之车”[18]。

依此，再结合图像分析，该图像为帝释天的可能性较大。

虽然在中国石窟中如云冈[19]，龙门[20]，克孜尔[21]等石窟中帝释天形象多为乘象或乘龙，这与《大楼炭经·忉利天宫品》卷四所载：“尔时诸天王……即其往至天帝释所……复念伊罗摩龙王，尔时伊罗摩龙王……便化作三十六头象，一一头化作六牙……往至天帝释所在前住。”又“尔时天帝释，整衣服，着冠帻，蹈龙王肩上，坐其顶上，两边各有十六小王侍坐，天帝释便往至粗坚园观中”[22]的所记相契合，由此经亦明确可知帝释的乘骑为龙王所变化的龙象。

又，《别尊杂记》卷五十五中关于帝释天等十二天的记载为：帝释□身金色，乘白象[23]。

据上引文献可知：帝释天之骑乘分别为第一种：千马；第二种：龙化的龙象；第三种：龙。而该壁画上的图像与第一种，即《杂阿含经》卷四十中所记之帝释天骑乘千马最为契合。

若依经中所记为骑乘千马，但此像所绘仅是座前有两对马，这或许正是中国佛教艺术中多用的以少喻多，以一当十的艺术权宜处理手法[24]，由于该地区图像所特有的复杂性，只能依经文和实物做如上推测。

另外一种可能是此像为日天形象。在龟兹地区，石窟前室、双甬道、后室顶部的空间（中脊）中多有日天形象，在《别尊杂记》卷五十五中记日天为：车辂，驾赤五马。日天形象一般为青年形象，可是在 CD4：05 中却为一有须的壮年，这或许是两图像的区别所在。

四、结　　语

由于目前昆仑山以北的塔里木盆地南缘的古代佛教寺院遗址尚未进全面系统的考古发掘，各点只是零星的考古发现，早期材料又分散收藏在海外博物馆，很难一窥全貌。因此，有关这一地区佛寺遗址的年代学问题，目前只能作初步推断。

丹丹乌里克新发现的壁画中，CD4：03画中所用的绘画技法，显然与《历代名画记》卷九所记的于阗人尉迟乙僧的画风"用笔紧劲，如屈铁盘丝"一致[25]，而尉迟乙僧之父尉迟跋质那的画风是"洒落有气慨"[26]，这一面貌又与02CDF1：5画中的坐佛等形象较为一致，这种于阗产生并大受青睐于中土唐代的画风以《历代名画记》所记，于大样式下尉迟文子的画风面貌又略具不同，这一点在丹丹乌里克新出的五块壁画上亦有反映。结合龟兹地区唐代汉风洞窟的绘画时代特点研究[27]，在绘画风格、用色习惯、构图程式等特征上均有差异，并不完全相同，龟兹地区画风在唐代是于阗风与唐风两种风格并存发展，同期遗存中于阗风格的洞窟占多数，唐风则似是一种"时髦"的新样式，在龟兹地区唐代石窟中并不占支配地位。

从丹丹乌里克壁画画面中密教内容的出现及表现手法推断，这批壁画的时代上限似应在唐代初叶，即7世纪晚期。同时，我们也注意到CD4：04画面下方骑马者的左腰上所佩箭箙与CD4：02画面下方一列五骑供养者中左腰下悬的长刀有明显不同。经比对，CD4：04画面中的箭箙与唐懿德太子墓中壁画中的仪卫所佩一致。有学者研究，此即唐人所称的"弯韬"，它是一种最早见于中亚地区的弓袋，在中原地区流行的时间在6～7世纪[28]，正是中原追慕胡风炽盛之时。

据斯坦因所获资料及相关研究，丹丹乌里克遗址寺院的始筑年代可能早到公元4～5世纪，直到公元8世纪吐蕃占据于阗前，佛教寺院的香火仍然旺盛，它是唐代丝绸之路南道上的重镇"杰谢镇"所在。这座佛寺的形制、壁画风格与前人的发现有许多相通之处，应也是唐代遗存。

调查者：（中方）盛春寿　李军　张铁男　佟文康　托乎提　买提卡斯木　张玉忠
　　　　（日方）佛教大学尼雅遗迹学术研究机构代表小岛康誉等
发掘清理：刘国瑞　尼加提　佟文康　张铁男　张玉忠
壁画修复：中方：铁付德　佟文康　尼加提　何晓　阿里甫江　何林　刘勇
　　　　　日方：冈岩太郎　辻本与志一　富泽千砂之　龟井亮之
摄影：祁小山　刘国瑞　阿里甫江
整理、执笔：张玉忠　古丽比亚　屈涛　刘国瑞　佟文康　尼加提

注　释

［1］　〔德〕赫尔穆特·吴黎熙著，李雪涛译. 佛像解说［M］. 北京：社会科学文献出版社，
　　　　2003：169，图版 61.（德文版：Helmut uhlig Das Bild des Buddha，Safari Verlag Berlin，1979）.

［2］　上揭书［M］：170.

［3］　李静杰. 卢舍那法界图像研究［J］. 佛教文化，1999 年增刊：39 ~ 41.

［4］　林保尧. 费利尔美术馆藏北周石造交脚弥勒菩萨七尊像略考——光背僧伽梨线刻素画研究史
　　　　上的一些问题［J］. 艺术学，1996（15）.

［5］　1999 年在库车县阿格乡发现的阿艾一号石窟右壁亦有立姿卢舍那佛像，并有明确榜题：参见
　　　　新疆龟兹石窟研究所. 库车阿艾石窟第 1 号窟清理简报［J］. 新疆文物，1999（3、4 期合
　　　　刊）：67 ~ 74，图版五之 3.

［6］　蔡鸿生. 唐代九姓胡与突厥文化［M］. 北京：中华书局，1998：11 ~ 14、31.

［7］　姜伯勤. 敦煌艺术宗教与礼乐文明［M］. 北京：中国社会科学出版社，1996：180，图一.

［8］　姜伯勤. 敦煌白画中粟特神祇图像的再考察［A］. 载《艺术史研究》（第二辑）［C］. 广州：
　　　　中山大学出版社，2000：279.

［9］　南朝·梁·僧旻、宝唱等撰. 经律异相.（卷四十六）. 鬼神部·杂鬼部第四. 之. 鬼子母先
　　　　食人民佛藏其子然后受化八［M］. 上海古籍出版社，1988：246 ~ 247.

［10］　宋·普润大师. 翻译名义集. 八部，中云："摩醯首罗，大论、此云大自在. 正名摩诃莫醯
　　　　伊湿伐罗. 八臂三眼骑白牛. 普门疏云，楼炭称为阿迦尼吒. 华严称为色究竟. 或有人以为
　　　　第六天. 而诸经论多称大自在、是色界顶."台北新文半出版股份有限公司，1979：52.

［11］　上揭书［M］：52.

［12］　〔英〕斯坦因著，刘文锁等译. 踏察尼雅遗址［M］. 桂林：广西师范大学出版社，2000：44，
　　　　图 45.

［13］　上揭书［M］：45.

［14］　上揭书［M］：46.

［15］　韩金科. 法门寺文化史［M］. 北京：五洲传播出版社，1998：205，图 25.

［16］　佛光缘美术馆. 佛教东传二千年——佛教文物暨地宫珍宝特展［M］. 佛光缘美术馆出版，
　　　　2000：175.

［17］　金刚顶经［M］. 见大正藏（卷十九）：865.

［18］　杂阿含经［M］.（卷四十），见大正藏（卷二）：99.

［19］　云冈石窟第五十窟窟顶骑象人为帝释天，见阎文儒. 云冈石窟研究［M］. 桂林：广西师范大
　　　　学出版社，2003：325.

［20］　龙门石窟火烧洞门楣浮雕骑龙天人，似是帝释天，但亦有学者认为是东王公，本文以帝释天
　　　　来讨论. 线描图见于阎文儒等著. 龙门石窟研究［M］. 北京：书目文献出版社，1995：
　　　　图 86.

［21］　克孜尔石窟帝释天形象分别见于第 205、123 等诸窟，均乘白象，白描图见贾应逸等编. 新疆
　　　　壁画线描精品［M］. 乌鲁木齐：新疆美术摄影出版社，1993：107，图版 45，108，图版 46.

［22］　大楼炭经·忉利天宫品（卷四）［M］. 见大正藏（卷一）：23、277.

［23］ 别尊杂记［M］. 日本高野山真别处圆通寺藏本。

［24］ 吐鲁番吐峪沟石窟中有一比丘像，结跏趺坐，具头光、焰肩，持禅定印，座前有二马，并绘有双翼，应是飞马，此图像亦十分特殊. 图见于上揭（21）所引书，115，图158. 这种处理方式亦是运用以少喻多的表现手法。

［25］ 范祥雍点校. 历代名画记（修订版）［M］. 北京：人民美术出版社，2004：172.

［26］ 同上揭书.

［27］ 盛春寿主编. 20世纪末的新发现——阿艾石窟［M］. 乌鲁木齐：新疆美术摄影出版社，2001. 关于龟兹地区汉风洞窟的论述见马世长. 库木吐喇的汉风洞窟. 原载中国石窟·库木吐喇石窟［M］. 文物出版社、日本平凡社，1992：203～224.

［28］ 钟少异. 6～8世纪中国武器中的外来影响［A］. 载于北京大学考古文博院、大阪经济法科大学编：7～8世纪东亚地区历史与考古国际学术讨论会论文集［C］. 北京：科学出版社，2001：127～134.

Temple Mural-A New Discover in Dandanwulike Site

Xinjiang Institute of Cultural Relics and Archaeology

In October of 2002, a Chinese-Japanese expedition found a part of a temple mural during the research in Dandanwulike area. Soon after that, in November a salvage excavation was carried out. The rest of the mural was taken down. According to the materials got by Stein and the relative research, the time of this site can be dated to 4th-5th century A. D. Till the 8th century, incense in Buddhism temples was still quite vigorous. It was an important town on the southern way of Tang Silk Road, named "Jie Xie Town". The characteristic and the style of the mural are quite similar to those were found before. It should be the remain of Tang Dynasty.

吉林省珲春八连城遗址 2004 年调查测绘报告

吉林大学边疆考古研究中心　吉林省文物考古研究所

一、前　　言

　　八连城遗址位于吉林省珲春市西 6 千米，现在城址及周边地带属珲春市良种场耕地（图一）。自 1938 年日本学者鸟山喜一提出八连城遗址为渤海国东京龙原府故址的观点后，渤海史地研究者多采用其说[1]。

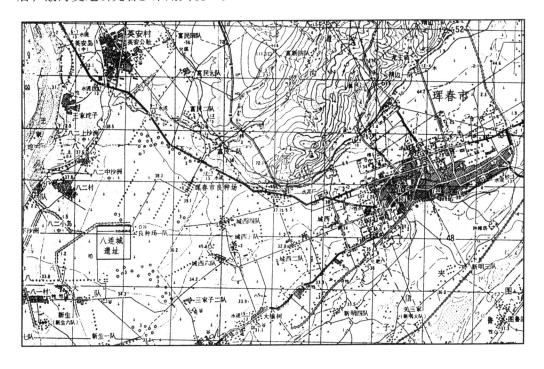

图一　八连城遗址地理位置图

　　1928 年珲春县公署刊行的《珲春县志》对八连城遗址有以下记载：八连城又名半拉城，西距县治十五里，城形正方，纵横各二百五十丈，东西北三面城迹尚高三尺许，南至略高，西墙以为大道穿越，四面门各一，内有子城，北有横墙一道，土名北大城，并七城而为八，故称八连城。子亦具正方形，纵横各五十丈，南城并有重垣遗迹，倾圮渐尽[2]。

1937 年，鸟山喜一、藤田亮策对八连城遗址进行考古调查，并发掘了内城北部的二处建筑址及城址东南方的一处渤海寺庙遗址[3]。

1942 年，斋藤优对八连城遗址进行调查，发掘了位于八连城内城北部的七处建筑址、内城南门址、内城西门址。斋藤优在调查发掘报告中认为，现存的八连城遗址仅为渤海东京龙原府故址的内城遗存，并依据城址南面二处渤海时期寺庙遗址及城址外存在其所认定的"道路迹象"等推测，在八连城遗址的外围还应存在规模宏大的外城（图二）[4]。

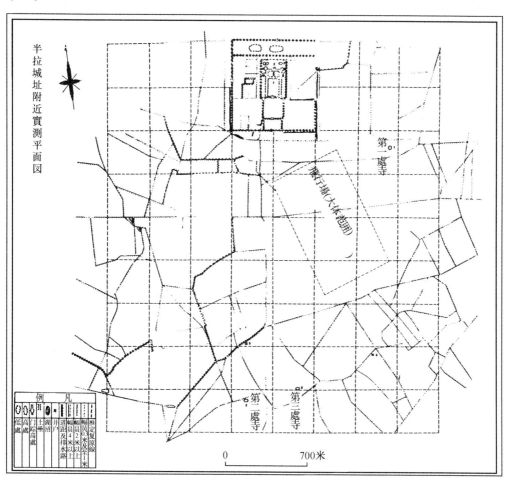

图二　八连城遗址及附近遗迹平面图

20 世纪 50 年代以来，吉林省文物考古部门对八连城遗址做过多次调查和测量。1958 年，珲春县文教科调查八连城遗址，建立保护档案，开始了八连城的保护工作。1961 年，吉林省人民政府公布八连城遗址为吉林省重点文物保护单位。1979 年，吉林省考古训练班调查、测量八连城遗址。1983 年，吉林省文物志编委会组织的珲春县文物志编写组对八连城遗址进行了全面考古调查。1992 年，吉林省人民政府公布八连城遗址保护范围和建设控制地带。2001 年，国务院公布八连城遗址为第五批全国重点文物保护单位。

2004 年 10 月，吉林省文物考古研究所与吉林大学边疆考古研究中心组成联合考古队，对八连城遗址进行了考古调查及地形图测绘。

二、城址现状调查与测量

八连城遗址地处珲春平原的西北部，近处地势平坦河渠密布，远处群山环抱。城址西 2.1 千米图们江自西北向东南流淌，东 7 千米珲春河自东北流向西南，于城址南方汇入图们江。遗址中心地理坐标为东经 130°16′58″，北纬 42°51′30″，高程 36 米，城址中轴线呈极南北方向。

八连城遗址现处于农业耕种环境，城内构筑物较少。城址内部多已开垦成水田，外城东北部和内城北部地势稍高，为小面积的旱田。由于长期的农业耕作，特别是水田的开垦，现在八连城遗址及其周边田畦阡陌、沟渎纵横，遗址原貌已有较大改变。本次测绘工作由北京特种工程设计研究院承担，测量应用 GPS 测绘技术，执行《工程测量规范》GB50026-93 要求，平面坐标采用《1954 北京坐标系》，高程基准为《1985 国家高程基准》，控制点由珲春市设计院提供。

由于已有研究成果对八连城遗址保存遗迹定名并不统一，本报告根据考古调查情况，对现存遗迹按其所处方位定名。

八连城遗址现存内、外两重城垣。外重城垣构成八连城外城，内重城垣构成八连城内城。通过地面调查可以确认的遗迹包括：外城四面城垣、内城四面城垣、内城南门址、内城北部部分建筑基址、外城北部隔墙、外城南部隔墙。

八连城遗址内、外城城垣均已受到不同程度的破坏，本报告以现存城垣顶部中心点为基准计算城垣长度，以城垣墙体保存状况较好处为例，报告各面城垣现存高度和底部宽度。

1. 外城城垣

外城城垣呈南北向稍长的长方形，除东墙北段和北墙东端墙体已被破坏之外，其他部分的墙体均有遗存。现存外城城垣多已成为道路，门址等遗迹已无法通过地面调查得到认定。

南墙墙体现为机耕道路，顶部平坦。南墙长 698.4 米，底部宽 5.4～10.8 米，高 0.4～0.5 米，最高处约 1 米（图三，1）。外城城垣西南角东 14、115、143 米处有排水涵管穿过墙体，西南角东 246.6 米处有宽 11.7 米的豁口，东南角西 270 米有水渠穿过墙体。南墙西段（外城西南角 0～264 米）破坏较为严重，墙体低矮。中段（外城西南角东 264～423 米）和东段（外城西南角东 423 米～外城东南角）保存较好，中段墙体上存有数座现代墓葬。

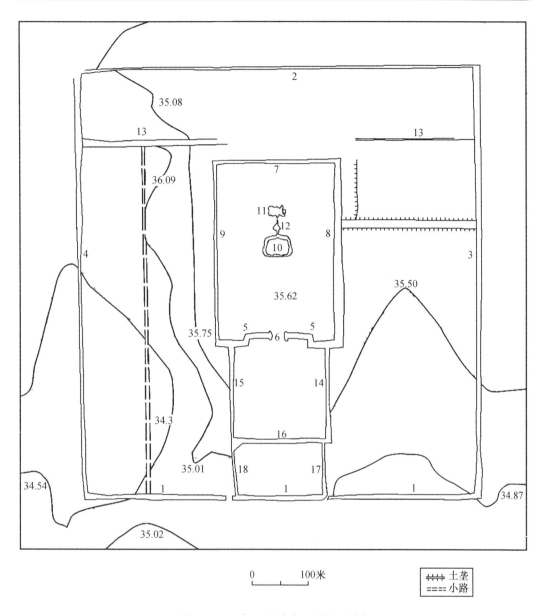

图三 2004年八连城遗址测量图副本

北墙北侧紧邻一条灌溉主渠，现存墙体较其他三面城垣窄且高。北墙顶部现为农耕小路。北墙东端的一段墙体已经破坏遗迹不存，自外城城垣西北角至北墙延长线与东墙延长线交汇点，全长709.2米，现存北墙墙体长657米，底部宽2.7～4.5米，高1.7～1.9米，最高处2.6米（图三，2）。外城城垣西北角破坏严重，墙体迹象不明显。西北角东15米有水渠穿过墙体，西北角东83米处城垣有一处宽8.8米的塌方，西北角东269米和507米处有排水涵管穿过城垣墙体。

东墙北段墙体无迹象可辨，现在已为耕地。东墙中段为道路，南段处于自然保存状态。自外城城垣东南角至东墙延长线与北墙延长线交汇点，全长743.4米，现存东墙墙体长462.6米，底部宽5.6~11.7米，高0.6~0.7米，最高处1米（图三，3）。外城城垣东南角北34米处有沟渠穿过，东南角北104米处城垣有一处塌方，东南角北69米和165米处分别有宽8.8米和23米的豁口。

西墙墙体现为机耕道路，顶部平坦宽阔。西墙长734.4米，底部宽3.8~10.8米，高0.4~0.6米，最高处0.8米（图三，4）。外城城垣西北角南123米处有沟渠穿过墙体。

2. 内城城垣、内城南门址

内城位于外城中央略偏北，城垣呈南北向长方形。内城南墙距离外城南墙266米，内城北墙距离外城北墙162米，内城东墙距离外城东墙248.4米，内城西墙距离外城西墙237.6米。

南墙基本处于自然保存状态，墙体上杂草、灌木丛生，墙体南侧有相当数量的现代墓葬。南墙中段（内城城垣西南角东52.3~167.4米）北折13.5米，从内城西南角至内城东南角直线距离216米，南墙底部宽9.8~12.6米，高1.7米（图三，5）。中段中央部位宽24.3米的地段无墙体，该处尚存一块础石为内城南门址（图三，6）。内城城垣西南角东25米和东北角西15.3米处有水渠穿过墙体，中段两侧北折墙体的中部均有豁口。

北墙西段现为机耕道路，东段受到耕地破坏墙体低矮，东北角已被夷平墙体难辨。北墙长219.6米，底部宽5.4~7.2米，高0.4米（图三，7）。

东墙墙体北段现为机耕道路，顶部较宽阔墙体低矮，南段处于自然保存状态。东墙长316.8米，底部宽10~18.5米，高0.6米（图三，8）。中部有一处宽约8米的豁口，可能是内城东门遗址。

西墙墙体现为机耕道路，墙体内外两侧均有水渠，墙体较内城其他三面城垣窄。西墙长313.2米，底部宽3.6~5.4米，高0.3米（图三，9）。

3. 内城北部建筑基址

内城的南半部已全部开垦成水田，遗迹现象已不可辨认。内城北半部多为旱田，还有小面积的荒地，通过地面调查可确认出部分建筑基址遗迹。

在内城中心的位置，有一座东西约52米，南北约36米，高出周围地面约2米的椭圆形土筑台基，1942年发掘八连城遗址的斋藤优将该台基编号为"第一殿址"，当时此土筑台基就已经成为附近居民的墓地[5]。本次调查时，此台基上面仍有百余座无主墓葬，通过对迁葬墓墓圹壁面的观察，可知台基为一层黄土夹一层河卵石交替夯筑建造（图三，10）。

内城中心建筑台基北侧约37米，有一处约高出周围地面30厘米的低矮建筑台基，当为 1942 年斋藤优发掘的 "第二殿址"[6]。斋藤优发掘后并未回填，因台基表面为河卵石层，故未开垦为耕地，现在仍保留了发掘后的遗弃状态。此台基可辨遗迹范围东西约 30、南北约 20 米，尚有数块础石散布其上（图三，11）。

以上两座建筑台基均位于内城南北中轴线上，其间有一条南北向隆起，推测为连接两建筑的廊道遗迹（图三，12）。

4. 外城北部与外城南部隔墙

外城北墙南约 133 米，有一条东西向隔墙遗迹，隔墙与外城北墙平行，呈东西向。外城北部隔墙的西段现为机耕道路，中段已被耕地破坏墙体不存，东段仅存低矮土垄。隔墙西端与外城西墙连接，现存长 261 米，底部宽约 5 米，略高于两侧地表。隔墙东段底宽约 2 米，长 217.8 米，略高于两侧地表（图三，13）。

内城城垣东南角西 23.4 米，有一条北端与内城南墙相接，长 164.7 米的南北向隔墙，墙体现为机耕道路，略高于周围地表，底部宽 5.4 ~ 10 米（图三，14）。内城城垣西南角东 25.2 米，有一条北端与内城南墙相接，长 165.6 米的南北向隔墙，墙体现为机耕道路，略高于周围地表，底部宽 4.5 ~ 10.5 米（图三，15）。在这两条隔墙的南端，连接一条长 171 米的东西向隔墙，墙体现为机耕道路，略高于周围地表，底部宽 7.5 米（图三，16）。此三条隔墙与内城南墙合围，在内城南侧形成一处东西约 170、南北约 160 米的封闭区域。在此封闭区东南角西 9 米，有一条北端与此区南墙相接，南端与外城南墙连接，长 97.2 米的南北向隔墙。墙体现为机耕道路，略高于周围地表，底部宽约 4.5 ~ 7.5 米（图三，17）。此封闭区西南角东 9 米，有一条北端与此区南墙相接，南端与外城南墙连接，长 97.2 米的南北向隔墙。墙体现为机耕道路，略高于周围地表，底部宽约 3.6 ~ 4.5 米（图三，18）。这两条隔墙与内城南侧封闭区南墙及外城南墙合围，又形成一处东西约 156 米、南北约 95 米的封闭区。

三、结　　语

以往的考古调查及测量成果认为，八连城遗址有内、外两重城垣，外城城垣呈南北向稍长的长方形，四面城垣的中部各设一门，外侧有护城壕。内城位于外城中央略偏北，城垣呈南北向长方形。在外城北部有一条东西向隔墙将外城北部分隔为一个单独的区域，在内城南侧还有两处南北相连由隔墙围成的单独区域。建筑遗迹分布在内城北部中轴线上及其两侧[7]。

通过本次调查了解到，八连城遗址内城城垣大部分保存状况较好，外城城垣除东墙北段及北墙东端墙体已被夷平之外，其他部分均有遗迹存留。八连城内、外城城垣及外城北部、外城南部隔墙，现多已成为农耕道路，除内城南门址外，其他门址已无法通过地面调查得到确认。以往调查、发掘所认定的建筑基址，除位于内城北部中轴线上的两座建筑台基尚可认定以外，其他建筑遗迹均已不见迹象。此外，外城城垣现存的几处豁口，因缺乏考古学方面的证据，尚不能判断是后期破坏所致，还是城垣原有结构。外城外侧多有水渠，地面调查已不可辨认护城壕遗迹。

珲春八连城为渤海国东京龙原府故址、和龙西古城为渤海国中京显德府故址的观点，已被多数渤海史地研究者接受。两城建筑年代接近，作用、性质类同，从城址平面形状、规模、城内建筑布局等方面比较，八连城遗址与西古城遗址既有较多的相似性，也存在一定程度的差别。

八连城外城城垣接近方形，西古城外城城垣为南北向稍长的长方形。

八连城内城位于外城中央略偏北，西古城内城位于外城中央北部。

八连城中轴线上最南面建筑址位于内城中央，西古城中轴线上最南面建筑址位于内城南部。

八连城在外城北部及南部建多条隔墙形成若干封闭区域，西古城则在内城北部设一条东西向隔墙将内城分隔为南北两区。

随着八连城遗址与西古城遗址考古工作的不断开展，将为渤海都城建制发展、演变等问题的研究提供重要的考古学资料。

附记：本课题研究得到国家社会科学基金项目（08BKG001）资助。

执笔：王培新　梁会丽　王　昭　李今锡

注　释

［1］　鸟山喜一. 渤海东京考［A］. 京城帝国大学文学会论纂. 史学论丛（7）［C］. 东京：岩波书店，1938：305～355.

［2］　转引自鸟山喜一，藤田亮策. 间岛省古迹调查报告［M］. 1937：46～55.

［3］　鸟山喜一，藤田亮策. 间岛省古迹调查报告［M］. 1937：46～55.

［4］　斋藤优. 半拉城及其他史迹［M］. 半拉城史刊行会，1978：1～47.

［5］　斋藤优. 半拉城及其他史迹［M］. 半拉城史刊行会，1978：1～47.

［6］　斋藤优. 半拉城及其他史迹［M］. 半拉城史刊行会，1978：1～47.

［7］　吉林省地方志编纂委员会. 吉林省文物志［M］. 长春：吉林人民出版社，1991：64～66.

2004 Survey Report of the Baliancheng City Site

Research Center for Chinese Frontier Archaeology of Jilin University

Jilin Provincal Institute of Cultural Relics and Archaeology

The Baliancheng city site, which was used to be seen as the Dongjing Longyuanfu of Bohai, located in Hunchun, Jilin Province. In 2004, the Research Center for Chinese Frontier Archaeology of Jilin University and the Jilin Provincal Institute of Cultural Relics and Archaeology made a survey of this site. The wall of the city was twofold, the inner city located in the center.

吉林省敦化市双胜村元代窖藏

吉林大学边疆考古研究中心　敦化市文物管理所

一

2007年10月1日，敦化市江南镇双胜村在自来水管网改造施工中，发现一处古代窖藏。由于缺少文物保护意识，部分窖藏文物一度被村民哄抢。敦化市文物管理所闻讯随即对其进行了抢救清理。同时，敦化市各级政府工作人员也展开耐心细致的工作，使散失的文物得以追回。

窖藏（编号2007DSJ）位于双胜村村委会东北约200米处，处在村道中央，两侧是蔬菜大棚。窖藏坑所在的地层堆积自上而下依次为修建村道形成的垫土层、黄色生土、河沙。由于施工破坏，坑开口层位不清楚，周围亦未发现与之关联的文化堆积。从残存迹象推断，窖藏坑大体呈锅底形，坑口直径约2米，坑底直径约0.80米，深约1.70米。坑内东西向排列三个缸胎粗瓷缸，仅东侧一个完整，所有遗物即发现于这三个瓷缸中。

二

双胜村窖藏共出土可复原的器物124件，以瓷器为大宗，其次为釉陶，另有少量铜器、铁器和陶器。此外还发现北宋"元丰通宝"铜钱1枚。分别介绍如下。

1. 铜器

2件，分别为高足杯和盆。

高足杯　1件（2007DSJ：122），略残，宽展沿，深直腹，喇叭状高足，足底甚宽，向上逐次内收。杯身有少量绿锈。口径21.5、径18.5、高25厘米（彩版一二，1）。

盆　1件（2007DSJ：123），宽展沿，弧腹、圈足，圈足上有四个对称小孔。器身有斑驳绿锈。口径29、足径21、高5厘米（彩版一二，2）。

2. 铁器

4 件。有锅、壶和熨斗，均有不同程度的锈蚀。

锅 2 件。形制各不相同。2007DSJ：124，敛口，上腹部外展宽沿，腹底平，三柱状足。口径 22、底径 23、锅深 14、足高 8 厘米。2007DSJ：125，直口、深腹、圜底，三足，口部残存半环状耳一个。口径 26、通高 22.5 厘米。

壶 1 件（2007DSJ：126），子母口，帽形盖，鼓腹，柱状直流，平底，壶肩部同高度有三个等距离小横耳，耳中有孔，孔中有铁楔，推测用来系绳或铁线，作悬挂之用。口径 8.5、底径 10、通高 19 厘米（彩版一二，3）。

熨斗 1 件（2007DSJ：126），残，锈蚀较为严重。熨盆敞口、平底。熨斗柄残，与熨盆相接处有一"山"字形挡耳，挡耳两端有 2 个小孔。口径 20.5、底径 15.5、深 7 厘米，残柄长 6 厘米。

3. 陶器

罐 1 件（2007DSJ：120），通体灰褐色，胎体夹砂、疏松。圆唇，直口，矮领，领外附加花边一周，鼓肩，球腹，平底。口径 10、腹径 28、底径 18、通高 19.5 厘米。

4. 三彩釉陶

10 件。均为盘，无完整器，多数可以复原。圆唇，敞口，弧腹，圈足。砖红色夹细砂陶胎，施白化妆土。内底均刻划花纹，并分别施黄、绿、白三种釉彩，以绿釉为基调。

2007DSJ：054，残，内底刻出牡丹花纹两朵，枝叶绿釉，花纹黄釉，白色地釉。内壁刻有一圈云纹和线条构成的图案。外腹壁绿釉，剥落殆尽。高 6.5 厘米（彩版一二，4）。

2007DSJ：055～063，9 件。形制完全相同，口径 11.3、足径 5.5、高 2.2 厘米。2007DSJ：055，花纹相同，盘内自口沿到内底依次为绿釉条带、黄釉条带、绿釉条带、白釉变体花纹带、绿釉条带、黄釉圆圈。外壁半绿釉（彩版一二，5）。2007DSJ：061，花纹相同，盘内自口沿到内底依次为绿釉条带、黄釉条带、绿叶黄花（花心为绿釉）的折枝菊（彩版一二，6）。2007DSJ：063，内底刻划盛开的向日葵花一朵，四周刻有 7～8 片叶子，花朵填黄色，叶子填绿色，以牙白为底色。

5. 瓷器

数量最多，可复原者 107 件。有白釉、白地黑花、青白釉、青釉、黑釉、酱釉、钧釉、翠蓝釉等品种，器形主要有碗、盘、罐、四系瓶、缸等。按釉色品种分别叙述如下。

（1）白釉瓷器

完整及可复原者 22 件。器形有钵、碗、盂、盘、碟、梅瓶等。

钵 1 件（2007DSJ：097），圆唇，平展沿，深腹，圈足。土黄色瓷胎，白釉微泛黄。内满釉，内底有六枚圆点状支钉痕。外釉不及足。口径 30、足径 9.5、高 18 厘米（彩版一三，1）。

碗 1 件（2007DSJ：077），圆唇，侈口，弧腹，圈足。米黄色瓷胎，釉色白中泛黄。内满釉，内有支烧痕。外釉不及足。口径 13、高 4.9 厘米。

盂 1 件（2007DSJ：078），平唇，直口，直腹，圈足。灰白色胎，灰白色釉，有缩釉。内满釉，外釉不及足，足底墨书似为"武"字。口径 9.5、足径 5.5、通高 4.2 厘米。

盘 2 件。圆唇，口微侈，浅弧腹，圈足。盘内印花。细白胎，胎断面发涩，釉色洁白。除足根外，均施釉。2007DSJ：001，盘内印植物花纹，足底中部刻划行书"花"字。口径 30、足径 13、高 6 厘米（彩版一三，2）。2007DSJ：002，盘内印三爪腾龙，龙须飘逸。口径 29、足径 13、高 6.3 厘米（彩版一三，3）。

碟 15 件。可分为二型。

A 型 10 件（2007DSJ：003～012），形制完全相同，圆唇，宽折沿，曲腹下部平折接圈足。内底均印折枝花纹，花纹明显凸出釉面。釉色灰白，胎洁白细腻。内满釉，底有五枚圆支钉痕。外釉多不及足。口径 12.6、足径 4.3、高 3.5 厘米（彩版一三，4、5）。

B 型 5 件（2007DSJ：080～083、119），形制相同，圆唇，侈口，浅弧腹，圈足。土黄色粗胎，釉色灰白。外施半釉，内底有涩圈。口径 9～9.5、足径 4.2～5.2、高 2.2～2.4 厘米（彩版一四，1）。

梅瓶 2 件（2007DSJ：098、099），形制相同。小口，卷唇，矮领，丰肩，长腹，下腹部外侈，圈足。釉不及足，口沿施一周酱釉。口径 3、底径 11.5、高 28 厘米（彩版一四，2）。

（2）白地黑花瓷器

完整及可复原者共 28 件，器形有碗、盘、四系瓶、罐、瓮。黄灰色瓷胎，上施白色化妆土，白釉下绘赭黑色花纹。

碗 12 件。形制基本相同，唇口，腹较深，腹壁斜直，圈足。外壁上白釉下黑釉，釉不及足。碗内满釉，内壁白釉下绘弦纹 2～3 周，内底绘各不相同的简率花纹。

2007DSJ：084，内底绘三片花叶。口径 17.5、足径 7、高 8 厘米（彩版一四，3）。2007DSJ：085，内底绘写意的飞鸟。口径 18、足径 7.2、高 8 厘米。2007DSJ：088，内底绘蟹爪纹。口径 18、足径 7.2、高 8 厘米（彩版一四，4）。

盘 13 件。形制基本相同，侈口，圆唇，浅弧腹，圈足。外腹壁上白釉下黑釉，釉不及足。口沿施一周黑釉。盘内白釉，内壁与内底交接处绘弦纹带，内底绘各不相同的折枝大花。

2007DSJ：017～021，造型、纹饰相同，口径大小略有差异。2007DSJ：017、021，盘内上下各3道弦纹组成的条带内交错绘弧线点纹，内底主题纹饰为折枝花纹。口径21～22、足径9.5、高5.3厘米（彩版一四，5、6）。2007DSJ：022～027、094、095，大小、造型、纹饰相同。2007DSJ：022、027，盘内绘3条弦纹，内底绘折枝花纹。口径18、足径7～7.5、高4.3～4.5厘米（彩版一四，7、8）。

四系瓶　1件（2007DSJ：093），口残，小口，矮领，溜肩，肩与领间有四个条形系，橄榄形腹，圈足。腹部自下而上约三分之一的部分施黑釉，此外为白地黑花。肩部用3道弦纹分隔，内绘小花瓣，其下绘3道弦纹，弦纹以下绘缠枝大花两朵。通高43厘米（彩版一五，1）。

罐　1件（2007DSJ：092），圆唇，矮领，鼓腹，圈足。腹部白地黑花纹饰以4组弦纹间隔，分为上中下三组，上部绘有四朵花纹及花叶，中部绘花瓣一圈，下部绘半圆状连续波浪纹。口径13、底径10、通高25厘米（彩版一五，2）。

坛　1件（2007DSJ：096），略残。卷唇，鼓肩，深腹，平底。肩腹部的白地黑花纹饰以弦纹间隔分为三组，均绘四片柳叶状花叶。口径32、最大腹径40、底径17、通高44厘米（彩版一五，3）。

（3）青白瓷器

完整及可复原者5件。器形有高足杯、盘。胎质灰白、细腻、坚硬，釉色青白、光亮。

高足杯　2件。形制相同，侈口，深腹，喇叭状高足。2007DSJ：028，碗内壁模印展翅飞翔的凤纹。口径11.5、足径3.5、高13厘米。2007DSJ：029，内壁无纹饰（彩版一五，4）。

盘　3件（2007DSJ：030～032），形制相同。侈口，圆唇，弧腹，圈足。内底模印葵花纹、牡丹纹等，纹饰较模糊。口径10.3～12.8、高4厘米。2007DSJ：031，盘内花纹中间残存两字，能辨认出一"尚"字。

（4）青瓷器

完整及可复原者21件。器形有碗、盘。

碗　9件。圆唇，弧腹，圈足。灰白色胎，青灰色釉。可分为二型。

A型　花口。3件（2007DSJ：034、035、101），形制完全相同，六出花口，内壁亦有与之对应的六条出筋。2007DSJ：034，口径16、足径6、高7.8厘米（彩版一五，5）。

B型　圆口。6件（2007DSJ：033、036、037、038、100），形制相近。内满釉，圈足无釉，露胎处呈红褐色。2007DSJ：033、100（彩版一五，6），碗底有模糊的模印花纹，其余碗无纹饰。2007DSJ：038足底露胎部墨书"王里坝"。口径16～19、足径6.4～6.8、高7.5～8.5厘米。2007DSJ：044，内底涩圈露胎。口残，足径4.8、高5厘米。

盘　12件。可分为二型。

A 型　宽平展沿。7 件（2007DSJ：040～043，107～109），圆唇，弧腹，圈足较宽。灰白胎，釉色青中泛灰，内满釉（2007DSJ：109 内底涩圈），圈足露胎，呈淡红色。外壁刻划莲瓣纹，内底除 2007DSJ：108 模印双鱼外，均无纹饰。口径 11.5～12.5、足径 4.8～6、高 3～4 厘米（彩版一六，1、2）。

B 型　侈口。5 件（2007DSJ：39、102～105），圆唇，弧腹，圈足。土黄色胎，釉色青中泛黄。内满釉，外釉不及足，足底墨书"王"字。口径 14、足径 6.3、高 4.3 厘米（彩版一六，3、4）。

（5）黑釉瓷器

11 件，器形有碗、缸。

碗　10 件（2007DSJ：045～053、110），形制相同，圆唇外卷，腹壁斜直，圈足。2007DSJ：045、046，黄白胎，黑釉肥润，内壁多数有规则分布的酱色条纹。内满釉，外釉不及足（彩版一六，5、6）。2007DSJ：050、051，足底均有墨书"十"字。口径 17.5～18.5、足径 6.5～7、高 7.7～9.2 厘米。

缸　1 件（2007DSJ：121），大口，圆卷唇，鼓肩，弧腹，圈足。粗缸胎，黑褐釉。在距缸底 5 厘米处有一直径 2 厘米的圆形小孔。口径 53、足径 35、通高 60.5 厘米。

（6）酱釉器物

碟　16 件（2007DSJ：064～073，111～116），形制相同，圆唇微敛，浅弧腹，圈足。胎粗，土黄色。酱釉不均匀。内底涩圈或大部露胎，外施半釉。2007DSJ：064，圈足内部墨书文字，内容不识。口径 9～9.5、足径 5、高 3.7～5.7 厘米。

（7）钧釉瓷器

碗　3 件（2007DSJ：074、075、106），形制相同，圆唇，敛口，斜腹，圈足。胎质土黄色，比较疏松，天青色钧釉。内满釉，外釉不及足。2007DSJ：074，圈足底部无釉处有一墨书"王"字。口径 19、足径 6.8、高 9.8～10.2 厘米（彩版一六，7、8）。

（8）翠蓝釉瓷器

罐　1 件（2007DSJ：117）。方唇，大口，短直领，鼓肩，弧腹，圈足。土黄色粗胎，外表除罐口与罐底外，其他部分施翠蓝釉，胎釉结合不紧密，有剥釉现象，釉下绘黑色花纹。罐内施白釉。口径 9、足径 7、高 11 厘米（彩版一三，6）。

三

1. 窖藏的时代

双胜村窖藏没有发现明确的纪年材料，由伴出的一枚"元丰通宝"铜币，可知窖藏形成的年代不会早于北宋神宗元丰年间（1078～1085 年），至于其年代下限，还需通过窖藏文物的横向比较来推定。

白釉梅瓶造型与河南洛阳赛因赤达忽墓（1365 年）[1]出土黑釉梅瓶相同，类似的梅瓶，亦见于河北磁县南开河元代沉船（1352 年之后）[2]、辽宁绥中三道岗元代沉船[3]等。白地黑花四系瓶与北京张弘纲墓（1305 年）[4]、山东章丘女郎山 M71（1314 年）[5]出土者造型、装饰非常接近。研究表明，这种类型白地黑花四系瓶的时代均为元代[6]。2007DSJ:088 白地黑花碗，造型、纹饰与河北涿州李仪夫妇合葬墓（1331 及 1339 年）出土碗[7]相近。2007DSJ:100 青瓷碗、2007DSJ:107、108 外壁刻划莲瓣纹的展沿盘与内蒙古察右前旗元集宁路故城出土青瓷碗、盘[8]相同。与 2007DSJ:074、075 形制相近的钧釉碗亦见于河北宣化葛法成墓（1277 年）[9]、辽宁建昌李伯宥石棺墓（1294 年）[10]等。

通过如上比较，可以推断敦化双胜窖藏应是一处元代窖藏。

2. 瓷器的窑口

双胜村窖藏，是一处以瓷器为主要内涵的窖藏。敦化地区，乃至现在的整个吉林省，尚未发现宋元时期的窑址，双胜窖藏瓷器，都是输自外地的产品。白瓷中的盘、A型碟，其胎釉、装饰、装烧特征与山西霍县陈村窑元代产品相似[11]；其他白釉瓷器，质地较粗，或来自北方或东北地区普通窑场。白地黑花瓷器，大抵可以笼统地归入"磁州窑系"或"磁州窑类型"，但其产地不易确定。距敦化较近的元代烧造白地黑花瓷器的窑址，目前已知有辽宁辽阳江官屯窑、河北隆化鲍家营窑[12]、河北抚宁潘庄窑[13]等。青白瓷高足杯、盘，内底模印花纹，胎釉及装烧特征与元代景德镇湖田窑产品相近[14]。青瓷中的碗及 A 型盘，与浙江龙泉窑产品特征相同[15]；B 型盘胎釉均粗，土黄胎，青黄釉，大概是铜川立地坡、上店耀州窑元代产品[16]。翠蓝釉黑花罐，或来自冀南磁州窑或晋中、南的元代窑址[17]。钧釉器的产地亦不易确定，因元代这类产品的制烧由河南扩展到河北、山西、内蒙古中南部等地，器物特征颇为相近[18]。至于双胜窖藏的黑釉、酱釉瓷器，均系元代北方窑场习见产品，其确切产地就更不好断定了。

3. 窖藏的性质与发现意义

窖藏瓷器中，有多件足底墨书汉字，最常见的为"王"字，更有一件墨书"王里坝"者。瓷器之碗、盘、瓶、罐等，均为日用饮食或盛贮器；近底处有圆孔的黑釉大缸，或用于酿酒；铜盆、高足杯、铁锅、熨斗及带盖壶，也都是日常用具。墨书题记以及量多质精的瓷器，表明这位"王"姓的窖藏主人，具有一定社会地位或拥有一定经济能力。至于是战乱，还是其他变故，迫使他将这些生活用器埋于地下，我们就不得而知了。

早年在敦化林胜乡新房子村发现的元代瓷器窖藏，34 件瓷器均为内底涩圈、质地粗糙的钧釉器[19]。双胜窖藏显然较其内涵丰富的多，可谓目前延边地区，乃至整个吉林省最重要的一处元代窖藏，其价值堪比吉林农安金代瓷器窖藏[20]。东北地区元代瓷器，以辽宁地区窖藏、村落址发现最多，北至哈尔滨水田村窖藏[21]，瓷器的类型组合较为固定。双胜窖藏不仅类型多，组合全，更发现了东北其他地区罕见的翠蓝釉黑花以及成组的元代三彩。有赖这些窖藏、村落遗存的发现，我们才得以透过阙略、单薄的文献记载，了解元代对东北地区的开发，推知当地与内地的经济文化交流，感受民众生活的一般状况。

　　附记：本文为教育部人文社会科学重点研究基地重大项目（编号 2007JJD780114）、吉林大学人文社会科学青年基金项目（2005QN002）阶段成果。

执笔：王星中　王　波　彭善国
摄影：王星中

注　释

[1]　洛阳市铁路北站编组站联合考古发掘队. 元赛因赤达忽墓的发掘［J］. 文物，1996（2）：22～34.

[2]　磁县文化馆. 河北磁县南开河村元代木船发掘简报［J］. 考古，1978（6）：388～399.

[3]　张威主编. 绥中三道岗元代沉船［M］. 北京：科学出版社，2001.

[4]　北京市文物研究所. 元铁可父子与张弘纲墓［J］. 考古学报，1986（1）：95～114.

[5]　济青公路文物考古队惠绣分队. 章丘女郎山宋金元明壁画墓的发掘［A］. 山东省文物考古研究所编. 济青高级公路章丘工段考古发掘报告集［C］. 济南：齐鲁书社，1993.

[6]　彭善国. 柳孜运河遗址出土"仁和馆"铭四系瓶及相关问题［J］. 中原文物，2004（6）：61～65.

[7]　河北省文物研究所等. 河北涿州元代壁画墓. 文物［J］，2004（3）：42～60.

[8]　内蒙古自治区文物考古研究所. 内蒙古集宁路古城遗址出土瓷器［M］. 北京：文物出版社，2004：图版 54、63、64.

[9]　张家口市宣化区文物保管所. 河北宣化元代葛法成墓发掘简报［J］. 文物，2008（7）：49～54.

[10]　冯永谦，邓宝学. 辽宁建昌文物普查中发现的重要文物［J］. 文物，1983（9）：66～72.

[11]　陶富海. 山西霍州市陈村窑址的调查［J］. 考古，1992（6）：522～525；宋国栋. 山西霍窑相关问题探讨［J］. 文物世界，2008（4）：39～43.

[12]　姜振利等. 河北隆化金元时期兴州窑发掘简报［J］. 文物春秋，1995（3）：12～19；河北省文物研究所. 隆化鲍家营古窑址发掘［A］. 河北省考古文集［C］，北京：东方出版社，1998.

[13]　河北省文物研究所等. 河北抚宁县潘庄古瓷窑遗址调查简报［J］. 华夏考古，2007（2）：39～51.

[14]　江西省文物考古研究所，景德镇民窑博物馆. 景德镇湖田窑址——1988～1999 年考古发掘报

告 [R]. 北京：文物出版社, 2007.

[15]　浙江省轻工业厅编. 龙泉青瓷研究 [M]. 北京：文物出版社, 1989；浙江省文物考古研究
　　　所. 龙泉东区窑址发掘报告 [R]. 北京：文物出版社, 2005.

[16]　耀州窑博物馆等. 立地坡、上店耀州窑址 [R]. 西安：三秦出版社, 2004.

[17]　秦大树. 试论翠蓝釉瓷器的产生、发展与传播 [J]. 文物季刊, 1999 (3)：59~67.

[18]　权奎山. 简论钧窑系形成的过程 [J]. 中原文物, 1999 (3)：59~65.

[19]　姚震威. 吉林敦化市出土金代窖藏瓷器 [J]. 博物馆研究, 1996 (3)：102 转 101.

[20]　吉林省博物馆，农安县文管所. 吉林农安金代窖藏文物 [J]. 文物, 1988 (7)：74~81.

[21]　田华等. 黑龙江哈尔滨市郊发现元代瓷器窖藏 [J]. 考古, 1999 (5)：93.

Yuan Period Porcelain Hoard in Shuang-sheng, Dunhua, Jilin Province

Research Center for Chinese Frontier Archaeology of Jilin University

Cultural Relics Management of DunHua

The Shuangsheng hoard, which was found accidently in Oct 2007 in Dunhua, Jilin Procince, contains 128 cultural relics in all. Almost of the hoard are Yuan period porcelain bowls, plates, and pots. The porcelain types are white glaze (Huo-zhou Kiln of Shanxi Province and others), black designs under white glaze (Ci-zhou type), bluish-white glaze (Jingdezhen Hutian Kiln of Jiangxi Province), celadon (Longquan kiln of Zhejiang Province), Jun wares and others.

征 稿 启 事

　　《边疆考古研究》是由教育部人文社会科学重点研究基地吉林大学边疆考古研究中心主办的学术刊物，每年结集一册，由科学出版社出版。自2002年第1辑问世以来，至今已连续出版7辑，在国内外考古学界形成了一定影响。2008年起，《边疆考古研究》正式入选中文社会科学引文索引（CSSCI，Chinese Social Sciences Citation Index）来源集刊。

　　《边疆考古研究》刊文范围：①中国边疆及毗邻地区的考古新资料（考古简报或报告）；②探讨中国边疆及邻近地区古代文化、人类与环境的专题论文；③相关周邻国家最新考古发现与研究的综述或译文；④考古学理论及方法方面的论文；⑤中国边疆地区文化遗产的保护、利用等方面的学术论文。

　　《边疆考古研究》稿件具体要求：①论文、简报、报告、译文等均要求首发；②论文、译文字数以15000字以内为宜，考古简报、报告等原则上不超过30000字；③文后请附中文摘要、英文题名及摘要（300字左右）、中英文关键词（3~6个）及作者简介；④注释格式统一采用尾注，注释形式请遵循考古刊物的规范；⑤译文需取得原作者的授权，以免发生版权纠纷。

　　由于编辑部人力有限，目前只接受电子版文稿，请统一用Word2003文档格式编辑，发到编辑部邮箱。也可刻录成光盘邮寄至编辑部。请务必注明作者详细的联系方式，以便及时联系。

　　联系方式：

　　（1）电子邮件投稿请发至 pengshanguo@ yahoo. com. cn

　　（2）光盘请寄：吉林省长春市前进大街2699号　吉林大学边疆考古研究中心　彭善国　蒋璐　邮政编码：130012

《边疆考古研究》编辑部

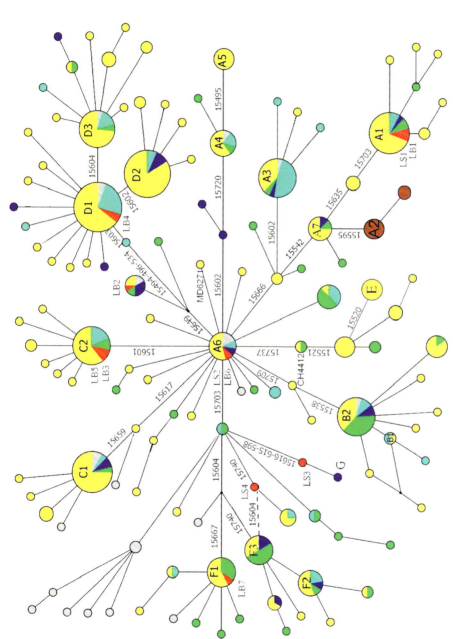

458匹家马、野马、古马的系统发育网络图

图中的圆圈代表mtDNA的单倍型，圆圈的大小与单倍型的数量成正比，圆圈中的字母代表聚簇的名称。红色代表板桥乡和小双古城遗址古马，灰色代表从GeneBank获得的古马，黄色代表欧洲家马，绿色代表乐都家马，蓝色代表中亚家马，浅蓝色代表近东家马，褐色代表普氏野马。

1. XHM Ⅰ 墓地

2. XHM Ⅱ 墓地

罗布泊地区小河流域墓地

1. XHMⅣ墓地木棺

2. XHMⅤ墓地木棺

3. XHMⅦ墓地顶部

罗布泊地区小河流域墓地

1. XHY2遗址地表陶片

2. XHY4遗址中的红烧土堆遗迹

罗布泊地区小河流域墓地

1. 陶器残片（02XHY1：32）

2. 陶片上的压印纹样（02XHY1：32）

3. 铜扣（02XHY1：4）

4. 铜器盖（03XHY2：4）

5. 铜剑格（03XHY2：37）

6. 石器（03XHY2：24）

罗布泊地区小河流域遗址遗物

1. 玉饰（03XHY2：1）

2. 铜戒指（02XHY5：3）

3. 铜戒指局部（02XHY5：3）

4. 铁锅残片（02XHY5：14）

5. 玉器（02XHY5：2）

6. 玉斧（02XHC2：1）

罗布泊地区小河流域遗址遗物

1.持宝瓶菩萨像（CD4：18　东墙1）

2.佛像（CD4：01　东墙2）

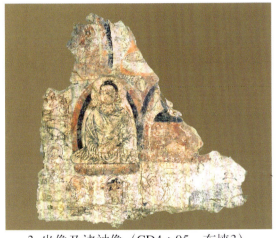

3.坐像及诸神像（CD4：05　东墙3）

4.女供养人像（CD4：19　东墙4）

5.男性供养人像（CD4：04　东墙5）

6.骑马人像（CD4：02　东墙6）

新疆丹丹乌里克遗址佛寺壁画

1.（CD4：20　东墙7）

2.立佛像（CD4：21　东墙8）

3.（CD4：22　东墙9）

4.（CD：23　东墙10）

5.骑马人像（CD4：14　北墙东1）

6.于阗文及骑马人像（CD4：15　北墙东2）

新疆丹丹乌里克遗址佛寺壁画

1. 千佛像（CD4：16　北墙西1）

2. 千佛像（CD4：17　北墙西2）

3.（CD4：24　南墙东）

4. 装饰带（CD4：25　南墙西）

5. 千佛像（CD4：26　西墙1）

6. 千佛像（CD4：27　西墙2）

新疆丹丹乌里克遗址佛寺壁画

1. 千佛像（CD4：28　西墙3）

2. 装饰带（CD4：29　西墙4）

3. 佛像（CD4：03　西墙旁1）

4. 装饰带（CD4：30　西墙旁2）

5. 千佛像（CD4：06）

6. 佛像（CD4：07）

新疆丹丹乌里克遗址佛寺壁画

1. 千佛像（CD4：08）

2. 千佛像（CD4：09）

3. 佛像（CD4：10）

4. 千佛像（CD4：11）

5. 佛像残块（CD4：12）

6. 佛像（CD4：13）

新疆丹丹乌里克遗址佛寺壁画

1. 铜高足杯（2007DSJ：122）

2. 铜盆（2007DSJ：123）

3. 铁壶（2007DSJ：126）

4. 三彩盘（2007DSJ：054）

5. 三彩盘（2007DSJ：055）

6. 三彩盘（2007DSJ：061）

吉林省敦化市双胜村窖藏铜铁器及三彩

1. 白釉钵 （2007DSJ：097）

2. 白釉盘 （2007DSJ：001）

3. 白釉盘 （2007DSJ：002）

4. A型白釉碟

5. A型白釉碟

6. 翠蓝釉罐 （2007DSJ：117）

吉林省敦化市双胜村窖藏瓷器

1. B型白釉碟

2. 梅瓶（2007DSJ：098、099）

3. 白地黑花碗（2007DSJ：084）

4. 白地黑花碗（2007DSJ：088）

5. 白地黑花盘（2007DSJ：017）

6. 白地黑花盘（2007DSJ：021）

7. 白地黑花盘（2007DSJ：022）

8. 白地黑花盘（2007DSJ：027）

吉林省敦化市双胜村窖藏瓷器

1. 白地黑花四系瓶（2007DSJ：093）

2. 白地黑花罐（2007DSJ：092）

3. 白地黑花坛（2007DSJ：096）

4. 青白釉高足杯（2007DSJ：029）

5. 青瓷碗（2007DSJ：034）

6. 青瓷碗（2007DSJ：100）

吉林省敦化市双胜村窖藏瓷器

1.A型青瓷盘（2007DSJ：044、108）

2.A型青瓷盘（2007DSJ：041、042）

3.B型青瓷盘（2007DSJ：39、102）

4.B型青瓷盘（2007DSJ：104）

5.黑釉碗（2007DSJ：045）

6.黑釉碗（2007DSJ：046）

7.钧釉碗（2007DSJ：074）

8.钧釉碗（2007DSJ：074）

吉林省敦化市双胜村窖藏瓷器